U0530967

语　言　论
——语义型语言的结构原理和研究方法

徐通锵　著

商务印书馆
2019年·北京

本课题获国家教委"八五"社科基金资助，并列入国家"九五"出版规划项目、国家教委"九五"出版规划项目。

自　　序

这是一本以汉语的研究为基础而写成的理论语言学著作。

汉语有悠久的语言研究历史，与希腊-罗马、印度的语言研究一起构成了世界语文研究的三大传统。每一个传统都有自己的特点。汉语研究的传统重实际语言材料的整理与研究，很少进行理论的探讨，因而我们的祖先没有给我们留下系统的理论语言学论著。现在流行的语言理论都是从西方语言学中引入的。这样，"中国没有自己的语言学理论"、"所有的语言理论都是外来的"就成为汉语学术界的一种通论。面对这样的议论，从事语言研究，特别是从事语言理论研究的人一方面不得不承受这种压力，另一方面也不能不承认这种严酷的、与国家的学术地位不相适应的现实。从无到有，在建立一门新学科的初期，介绍和引进是必要的，在学科发展的过程中吸收西方语言学的立论精神以发展自己的语言研究，也是完全正确的，但老是躺在西方语言理论、方法的"大床"上咀嚼人家"吃"过的东西，总不是发展学术研究的正确和有效的途径。正确的办法应该是"结合"，把西方的语言理论和汉语的研究结合起来，揭示汉语的结构规律和演变规律，阐释它的普通理论意义。但是，"'结合'二字谈何容易"（吕叔湘，1986b）。自《马氏文通》以来，中国语言学基本上是用印欧语的理论、方法来分析汉语，探索"结合"的道路，虽然开创了语言研究的一个新时期，但是也给汉语的研究带来了"印欧语的眼光"，用印欧语的结构原理来观察汉语的结构。追溯这方面的原因，主要是由于缺乏一个正确的立脚点。以往的"结合"基本上以印欧系语言的理论、方法为基础把汉语结合进去研究,而不是以汉语的研究为基础,去吸收西方语言学的立论精神,因而难免出现用西方的语言理论来观察汉语的结构这样的弊端。根据百年来的"结合"的经验教训,我们想转移"结合"的立脚点,就是以汉语的研究为基础吸收西方语言学的立论精神,阐释汉语的结构规律和演变规律,为语言理论研究开拓一条新的途径。这一设想实在是"雄心可嘉,壮志难酬",不自量力。但是,"中国没有自己的语言学理论"的状况总得设法改变,总得有人迈出第一步,哪怕摔倒了,碰得头破血流,也可以给后人做一块"此路难行,过往行人,小心在意"的路标。鉴于此,我们也就不自量力地去走这艰难的第一步。

我们清楚地知道,前进的道路荆棘丛生,为了减少阻力,尽可能把"路"走得好一点,稳一点,差不多花了近20年的时间,分三个阶段摸索前进。第一阶段(1978－1981)是和叶蜚声先生一起,从总结入手,考察"五四"以来汉语语法研究和音韵史研究的理论和方法,以便从中了解中西语言学的"结合"的成效和局限。我们发现,音韵研究的"结合"的成效远远强于语法研究,因为音韵研究没有离开自己的传统,而语法研究由于一切需要从头做起,受西方语言理论的束缚太大。这一考察对我们后来的研究很有启发。第二阶段(1982－1986)是联系汉语方言和音韵的研究,吸收西方历史语言学的理论和方法进行历史语言学的研究,撰写专著《历史语言学》。这一阶段我们对"结合"的研究有了一点深切的体会,就是在文白异读的研究中总结出一种新的叠置式音变的理论和方法,丰富了现行的历史语言学理论。这说明,以汉语的研究为基础是可以总结、提炼出相关的理论和方法的。我们这两个阶段的研究受到了学术界的一些鼓励,因而增强了我们在"结合"的道路上继续探索的勇气和信心。从1987年开始,我们进入了第三阶段的探索,前后历经10年,走了很大一段弯路,才写成现在的这一本《语言论》。头5年,以语言变异的研究为基础,探索语言系统的动态运转规律,想突破索绪尔的静态语言系统说。写了几篇文章后发现,以汉语方言变异的研究为基础进行语言理论建设,虽然可以在局部问题上对现有的理论提出一点补正,但无法建立一种适合于汉语研究的理论框架;如果要在整体上有所突破,光说"以汉语的研究为基础"还不行,必须找到汉语结构的基点。在汉语音节结构规则的指引下,我们终于找到了"字",觉得在"结合"的道路上汉语音韵研究、方言研究的成效所以强于语法、强于语言理论,其中的一个重要原因就是它们从来没有离开过"字"。习惯的力量是顽固的、可怕的。我提出"字"是汉语的基本结构单位之后,从我的同事、朋友到学生,差不多都反对,认为"字"是视觉的符号,是书写的,属于文字的范畴。其实,这是极大的误解。"字"首先是说的,其次才是"写"的;我们要人家说得慢一点,只能说"你一个字一个字慢慢说",绝不会说"你一个词一个词慢慢说",即使是语言学的泰斗也不例外。这就是说,字是汉语社团中具有心理现实性的结构单位,仅仅把它看成一种书写的符号,实在有点儿本末倒置。我坚信这一观察的正确性,认为以汉语的研究为基础进行语言理论的建设就得以"字"为结构本位去探索前进的道路。另一方面,我也很幸运,就在我"四面楚歌"的时候,清华大学为纪念赵元任先生诞辰100周年而翻译出版了他的论文选,其中《汉语词的概念及其结构和节奏》一文明确提出汉语没有与英语的 word 相当的结构单位,"汉语是不计词的,至少直到最近还是如此。在中国人的观念中,'字'是中心主题……"权威学者的话是有分量的。赵元任先生的论断改变了一些人的看法,也减轻了我们前进的阻力。

字与词尽管只是一字之差,但涉及整个理论体系的改造,涉及东西方思维方式的差异和语言结构的差异。这是由初始条件的微小差异而形成的不同的发展道路。70年代发展起来的混沌理论的一个重要成果就是所谓"蝴蝶效应"。1979年12月,洛伦兹在华盛顿的美国科学促进会的一次讲演中指出:一只蝴蝶在巴西扇动翅膀,有可能会在美国的德克萨斯引起一场龙卷风。从此以后,"蝴蝶效应"不胫而走,名声远扬。这种"效应"的核心意思是:初始条件的十分微小的变化经过不断放大,对其未来的状态会造成极其巨大的差别。我们对混沌学不甚了了,但我国"失之毫厘,谬以千里"的古训,意思与这种"蝴蝶效应"完全一致。我们强调字与词的差异就是想关注初始条件、初始状态和理论出发点的"失之毫厘"的微小差异给语言结构带来的"谬以千里"的巨大影响,并以此为基础进行相应的语言理论建设。印欧系语言以词为基本结构单位,它的研究重点始终是语法,从亚里斯多德到现在,这种重点从来没有发生过变化。汉语以字为基本结构单位,它的研究重点就不能是印欧语类型的那种语法,而是语义。语义是语言学各个领域中研究基础最薄弱的一个部门,难度最大。有人把它比附为"泥潭",陷进去就拔不出来,直至没顶。那我们为什么还要去"闯"这样的"泥潭"?主要是基于两方面的考虑:第一,任何复杂的现象都隐含着一条驾驭它的简单线索,这已为科学发展史所证明,但问题是如何去发现这种线索;第二,坚信传统,相信在悠久的汉语研究传统中隐含着我们必须继承和发展的真理。汉语研究传统虽然具体表现为文字、音韵和训诂,但其核心是语义。《尔雅》、《说文》系列的著述和古籍的注疏都是经典的语义分析,虽然散见于一个字一个字的解释中,缺乏系统性,但无疑已为我们进行语言理论建设奠定了坚实的基础。如何吸收传统的研究成果,用系统性的眼光来观察语义的结构?我们参照汉语社团"比类取象"、"援物比类"的两点论思维方式的特点,提炼出"向心"、"离心"这两个概念,即以

"类"为经，以"象"为纬，"向"纵，"离"横，从两个不同的角度观察汉语纵横交叉的语义结构网络，建立语义句法的框架。这是统率全书的基本线索，也是我们以"字"为基点进行语言理论建设的粗浅思路。我们想以此为基础，一方面吸收西方语言学中于我有用的理论和方法，另一方面继承和发展中国语言学的优良传统，设法实现中西语言学的结合和现代语言学与汉语传统研究的结合。至于这两个"结合"的成效和得失利弊，限于我们的水平，而且是初创，肯定有诸多我们自己难以觉察的弊病。这只能由读者去评说、补正和改进了。

本书的主要内容曾在北京大学中文系研究生的"语言研究方法论"课程中讲授过，在教学的反馈中受到不少启发。王洪君、郭锐、李娟等同志曾随班听过一个教学过程，并参与了一些重要问题的讨论，提供了很好的意见。博士生叶文曦在听课的基础上还选择字义的组配规律撰写学位论文《汉语字组的语义结构》，提出字义的结构格式。这些意见和研究对完善我们的分析、提高本书的质量都很有帮助。东北师范大学出版社的同志不远千里前来约稿，而后又多次奔波，编辑加工，费了很大的精力。值此本书出版之机，谨向这些协助过本书的编写、出版的同志致以诚挚的谢忱。

1998年是《马氏文通》出版100周年，也是我的两个母校宁波中学和北京大学建校100周年，谨以此书敬献给培育我成长的前辈和母校，以资纪念。

徐通锵
1997年3月16日于北大寓所

目 录

绪论:西学东渐和中国的语言学 …………………………………… 1
 一 语文研究的三大传统和它们的相互结合 ……………………… 1
 二 "印欧语的眼光"和汉语的研究 ………………………………… 5
 三 字的研究和摆脱"印欧语的眼光"的束缚的途径 …………… 10

第一编 一般原理

第一章 语言是现实的编码体系 ………………………………… 21
 一 两种对立的编码原则和语言研究 …………………………… 21
 二 音义结合的理据性和汉语的编码机制 ……………………… 30
 三 编码方式与思维 ……………………………………………… 39
 四 语言的两种结构类型 ………………………………………… 54
第二章 语言的结构原理 ………………………………………… 58
 一 共时、历时的划分和静态的语言系统说 …………………… 58
 二 变异和动态的语言结构 ……………………………………… 68
 三 结构关联和语言的自组织性 ………………………………… 80
第三章 印欧系语言的结构原理 ………………………………… 93
 一 "主语-谓语"结构和印欧系语言的结构基础 ……………… 93
 二 词的结构与"主语-谓语"框架的结构关联 ………………… 100
 三 重音在结构关联中的地位和音系的研究 ………………… 108
 四 语义的研究和它对印欧语结构关联的冲击 ……………… 114

第四章　汉语的结构原理 ⋯⋯⋯⋯⋯⋯⋯⋯⋯⋯⋯⋯⋯⋯ 121
　一　字和汉语的结构关联 ⋯⋯⋯⋯⋯⋯⋯⋯⋯⋯⋯⋯⋯ 121
　二　音节与字音的结构 ⋯⋯⋯⋯⋯⋯⋯⋯⋯⋯⋯⋯⋯⋯ 129
　三　字的顽强的表义性和汉语语义型语言的结构特点 ⋯⋯⋯ 137

第二编　音韵

第一章　声母和声母系统 ⋯⋯⋯⋯⋯⋯⋯⋯⋯⋯⋯⋯⋯⋯ 147
　一　声母和声母位置上辅音的运转规律 ⋯⋯⋯⋯⋯⋯⋯ 147
　二　介音的作用和声母的演变方式 ⋯⋯⋯⋯⋯⋯⋯⋯⋯ 153
　三　i 介音和汉语声母系统的历史演变 ⋯⋯⋯⋯⋯⋯⋯ 164

第二章　音系的结构原理和元音系统的演变 ⋯⋯⋯⋯⋯⋯ 174
　一　汉语的韵母系统和音系的非线性结构 ⋯⋯⋯⋯⋯⋯ 174
　二　音核和元音的运转方式 ⋯⋯⋯⋯⋯⋯⋯⋯⋯⋯⋯⋯ 186
　三　离散式音变和音系结构的调整 ⋯⋯⋯⋯⋯⋯⋯⋯⋯ 193
　四　合口韵的形成 ⋯⋯⋯⋯⋯⋯⋯⋯⋯⋯⋯⋯⋯⋯⋯⋯ 201

第三章　韵尾的变化和阴阳对转 ⋯⋯⋯⋯⋯⋯⋯⋯⋯⋯⋯ 206
　一　韵尾的变化和音系结构格局的调整 ⋯⋯⋯⋯⋯⋯⋯ 206
　二　阴阳对转和它的性质 ⋯⋯⋯⋯⋯⋯⋯⋯⋯⋯⋯⋯⋯ 209
　三　现实方言的"阴阳对转"和叠置式音变 ⋯⋯⋯⋯⋯⋯ 215
　四　阴阳对转和方言差异 ⋯⋯⋯⋯⋯⋯⋯⋯⋯⋯⋯⋯⋯ 219
　五　《广韵》阳声字的阴阳异切和它的文白异读的性质 ⋯⋯ 224
　六　汉语语音演变的机制 ⋯⋯⋯⋯⋯⋯⋯⋯⋯⋯⋯⋯⋯ 229

第四章　声调的性质、起源和发展 ⋯⋯⋯⋯⋯⋯⋯⋯⋯⋯ 234
　一　字和声调 ⋯⋯⋯⋯⋯⋯⋯⋯⋯⋯⋯⋯⋯⋯⋯⋯⋯⋯ 234
　二　音节内部响度变化的规律与声调的起源 ⋯⋯⋯⋯⋯ 240

三　汉语声调系统的成因和定型 ·· 248

四　汉语声调的演变 ·· 260

第三编　字和汉语的构辞法

第一章　字和汉语的理据性编码机制 ································ 271
一　"六书"和临摹性编码 ·· 271

二　声训和理据 ··· 280

三　理据和语言的结构 ·· 294

第二章　字族和汉语的语义结构 ··· 301
一　字族和字义结构的基本原则 ······································ 301

二　向心性字族和语源研究（上）：声训论和"右文"说 ······· 312

三　向心性字族和语源研究（下）：上古音系的拟测和字族的构建 ··· 322

四　离心性字族和字的本义的研究 ··································· 330

第三章　结构的不平衡性和单字结构格局的解体 ················· 339
一　编码体系的结构不平衡性和结构格局的调整 ················ 339

二　单字结构格局和联绵字的"一分为二" ······················· 348

三　联绵式的结构和理据性编码机制的转移 ······················ 354

四　双音辞的形成和单字编码格局的解体 ························· 361

第四章　核心字和汉语的语义构辞法 ································· 367
一　汉语构辞法的性质 ·· 367

二　核心字和汉语构辞法的基本原则 ································ 369

三　向心构辞法和它的语义基础 ······································ 374

四　离心构辞法和它的语义基础 ······································ 383

五　改进构辞法的研究，就汉语论汉语 ···························· 390

第五章　音义的相互转化和变音构辞法 ………… 396
　　一　音义的相互转化和四字格的结构 …………… 396
　　二　变音构辞法 …………………………………… 405

第四编　语义句法

第一章　字和汉语的语义句法 ……………………… 419
　　一　语形句法和语义句法 ………………………… 419
　　二　语义句法的结构框架：话题-说明 …………… 427
　　三　语义句法的结构单位：字、辞、块、读、句 …… 438

第二章　语义范畴 …………………………………… 451
　　一　语法范畴和语义范畴 ………………………… 451
　　二　"离散/连续"和结构单位的语义分类 ………… 455
　　三　定量和变量 …………………………………… 465
　　四　肯定和否定 …………………………………… 474
　　五　有定和无定 …………………………………… 480

第三章　字块和它的标记 …………………………… 489
　　一　标记 …………………………………………… 489
　　二　"离散/连续"对立范畴的相互转化和"的"字结构 … 497
　　三　"了、着、过"和带有时间特征的字块 ………… 505
　　四　"把"、"被"和有定性结构单位的移位 ………… 516

第四章　字块和语序 ………………………………… 523
　　一　语序和时间观 ………………………………… 523
　　二　向心字块的结构和它的语序 ………………… 528
　　三　离心字块的结构和它的语序 ………………… 539
　　四　语序与虚字 …………………………………… 552

第五章　有定性范畴和语法结构 ·········· 562
一　有定性范畴和语法研究 ·········· 562
二　汉语的有定性范畴和它的语法结构 ·········· 572
三　自动和使动——汉语的两种基本句式 ·········· 588

引用书目 ·········· 605
新版后记 ·········· 632

绪论　西学东渐和中国的语言学

一　语文研究的三大传统和它们的相互结合

0.1.1　语言研究在世界上主要有三个不同的传统:希腊-罗马、印度和中国的小学。它们都以书面语为研究对象,基本上属于语文学的范畴,研究的目的主要也是为其他学科服务,没有把语言作为一种独立的研究对象。严格地说,它们还没有成为语言学,但是由于现代语言学是在这种语文学的基础上发展起来的,我们的讨论也只能从这里开始。

0.1.2　希腊-罗马传统的语言研究以古希腊的哲学,特别是亚里斯多德的逻辑学说为基础,重点研究句法和词形变化;语音的研究依附于语法,没有独立的地位;基本上不讲构词法。虽然偶尔谈到派生(derivation)或构词(word-formation),但分量很轻,缺乏独立性。现在流行的语言理论基本上就是在这一传统的研究基础上发展起来的。具体的问题我们以后再讨论。

0.1.3　印度传统以巴尼尼语法为代表。印度有文献记载的最早语言就是公元前 1000 年的《梨俱吠陀》的吠陀梵语,巴尼尼语法就是为适应这种语言研究的需要而发展起来的。

巴尼尼(Pāṇini)是人名,根据《大唐西域记》,他在公元前 4 世纪左右出生于娑罗睹罗(Salātula),在现在巴基斯坦的白沙瓦附近。"吠陀"(Veda)是一种经文,巴尼尼语法是解释、诵读这种经文的一种师徒相传的口诀,它本身的体裁就是一种经体(sūtra)。由于语言的发展,巴尼尼时代的语言和吠陀经的语言已经有了很大的不同。当时掌握文化大权的祭司阶层(婆罗门)为了保持其所垄断的神圣经典的完整,实行了本阶层内部口头相传的各种严格的诵读方式。由于这种特殊的背景,以巴尼尼语法为代表的印度传统对语音的研究很细致、准确,词的结构的分析也很严密而具体,已经明确地分出词根、词干、词尾、前缀、后缀、派生词、复合词等等。这就是说,它的研究重点是语音和构词法,而这正好是希腊-罗马传统的薄弱环节。梵语是一种印欧语系的语言,和希腊、拉丁等语言有亲属关系,相互有很多共同的特点,因而它的研究成果很快被欧洲人吸收,形成了两个语言传统的结合。"……梵语语法体系照明了希腊语、拉丁语和很多欧洲语言的研究,因而出现了存在着一个印度-欧罗巴语系的结论,使我们了解许多语言的亲属关系及其发展前途,并由此对照出非印欧语系的一些语言的特点。这种着重从语言的词的形态(音)分析并比较语言的语法构造和词的关系的研究,在19世纪的语言学中占了主要地位。"(金克木,1981,211)

"结合"是科学研究方法论的一条重要原则。印欧系语言研究的两大传统的结合形成了一种统一的印欧语的研究传统,使语言研究的内容和方法发生了很多重大的变化,其中最重要的标志就是历史比较法的诞生和历史比较语言学的发展。另一方面,由于仿效梵语研究的语音分析和构词分析,在语言研究中产生了两个新的领域:语音学(phonetics)和形态学(morphology),这为而后结构语言学的形成和发展奠定了良好的基础。语言研究的这些发展除了得力于两大传统的结合之外,还从当时发展起来的科学思潮(主要是生物学)中吸取了自己所需要的理论和方法。比方说,morphology 一词原是生物学的术语,指生物机体的"形式",借入语言学之后指构词和构形;历史比较法和当时盛极一时的比较生物学的研究方法比较一致,因而研究物种变异的比较方法也渗入并支持语言的比较研究。马克思和恩格斯(1845–1846,518)在谈到这一点的时候指出:比较解剖学,比较植物学,比较语言学"这些科学正是由于比较和确定了被比较对象之间的差别而获得了巨大的成就,在这些科学中比较具有普遍意义"。历史比较法的诞生是语言研究方法论的一次重大转折,它使语言研究摆脱了只为其他学科服务的附庸地位而成为一门独立的科学。

印欧系语言研究两大传统的结合正值资本主义的高速发展时期,随着贸易的发展和文化的扩张,西学东渐,印欧语的研究传统也就敲开了中国语言学的大门,要求与之结合,从而又促进了中国语言学的变革和发展。

0.1.4 汉语的研究传统俗称小学。它以"字"为中心研究文字、音韵、训诂。文字研究"形",音韵研究"音",训诂研究"义",是形、音、义三位一体的研究传统,目的是为了读通先秦的典籍。"训诂声音明而小学明,小学明而经学明",王念孙在给段注《说文》写的序言中说的这句话清楚地说明了小学与经学的关系。这种研究传统到了乾隆、嘉庆时期达到了顶峰,形成了一般所说的乾嘉学派。这个学派重功力,轻理论;重视一字一义的研究,忽视整体思路的把握。一部《说文解字》或《尔雅》、《广雅》的"注"和"疏",对每一个字的来龙去脉可以说得很清楚,但没有明确的理论概括和系统分析,用《孟子》中的"明足以察秋毫之末,而不见舆薪"这句话来概括这一学派的方法论,可能是比较合适的。这种研究传统的特点和印欧系语言的研究传统很不一样,因而随着西学东渐,不能不发生两种传统的尖锐冲突。五四时期的"打倒孔家店"和其后出现的"整理国故"的思潮就是这种矛盾冲突的具体表现形式。

胡适是五四新文化运动的一个代表人物,他所倡导的用科学的方法整理国故在推进两大传统的结合,促进国学研究的现代化、科学化中具有重要的地位。以他为编辑委员会主任的《国学季刊》的《发刊宣言》是这方面的一篇重要文献,对明末以来的国学研究进行了一次方法论的总结:旧国学的缺点,一是"研究的范围太狭窄……大家的眼光与心力注射的焦点,究竟只在儒家的几本经书。古韵的研究,古词典的研究,古书旧注的研究,都不是为这些材料本身价值而研究的";二是"太注重功力而忽视了理解",因而在"这三百年中,几乎只有经师,而无思想家;只有校史者,而无史家;只有校注,而无著作","300年第一流的精力,2 430卷的《经解》,仍旧不能替换朱熹一个人的几部启蒙的小书";三是"缺乏参考比较的材料"。针对这三大缺点,《发刊宣言》提出了三点改进的意见:"第一,用历史的眼光来扩大国学研究的范围;第二,用系统的整理来部勒国学研究的材料;第三,用比较的研究来帮助国学的材料的整理与解释。"其中在比较的研究中还以高本汉、钢和泰等人的研究为例,强调指出"音韵学上,比较的研究最有功效"。这是面对西学的冲击而在方法论上提出改进国学研究的《宣言》,用我们的话来说,就是要在方法论上实现西学与中学的结合,实现印欧语研究传统和汉语研究传统的结合。这种方法论当时已经成为学术研究的主流和指导思想,音韵学的研究还据此向传统的研究发起了一次冲击,展开了汉语音韵学研究一场大辩论(徐通锵、叶蜚声,1980b),为传统语言学的改造开辟了一条前进的道路。汉语研究传统和印欧语研究传统的初步结合使中国语言学发生了一些重要的变化,这主要表现在:使汉语的研究摆脱了经学的附庸地位而成为一门独立的学科;摆脱了一字一音一义的资料式的考证,而进入系统的、理论的研究。这种结合推进了中国语言学的发展,但也提出了一系列新的问题,需要我们进行清理和总结。

二 "印欧语的眼光"和汉语的研究

0.2.1 汉语研究传统和印欧语研究传统的"结合"结束了中国语言学自我封闭的研究格局和"重功力,轻理解"的研究道路。"结合"的探索首见于1898年出版的《马氏文通》,它仿效拉丁语的语法体系建立起一套汉语的语法;差不多与此同时,马伯乐、高本汉、钢和泰等人用西方历史语言学的理论和方法来研究汉语的音韵,为汉语语音的历史发展勾画出一个清楚的轮廓。这些研究的方法论原则都是"结合",但是"结合"的成效却有很大的差异。总的说,汉语音韵的研究发展比较顺利,而汉语语法、词汇、语义、语言理论等的研究情况就不同了,碰到了各种各样的暗礁,意见分歧大,争论多。"结合"道路上的这种反差值得我们仔细地琢磨思考,以便从中总结相应的经验和教训。

0.2.2 在汉语的各个领域中,把西方语言理论和汉语实际相结合,成效比较显著的是汉语音韵学的研究。究其原因,主要是高本汉等学者在用历史比较法、内部拟测法来研究汉语音韵史的时候没有割裂汉语的研究传统,相反,他们积极运用传统音韵学的研究成果,用历史比较法、内部拟测法等给这些成果进行语音学的描写。高本汉以《切韵》为基础,下联今音,上推古音,为汉语语音的演变整理出一条比较清楚的线索。比方说,在中古音系的研究中,高本汉利用《广韵》的反切资料整理出古音字类表,为历史比较建立起一个音系结构的框架,而后再用汉语的方言和各种域外的借音为这些音类拟测出具体的音值;在上古音的研究中,清儒的研究成果也是高本汉赖以建立上古音系的可靠根据。后来,李方桂、罗常培、王力、董同龢、张琨等人的研究又在高本汉的基础上前进了一步,但基础的工作应该说始自高本汉(徐通锵、叶蜚声,1980b,1981)。如果没有传统的汉语音韵的研究成果,没有《切韵》、《广韵》之类的一系列韵书,完全凭借历史比较法,从汉语方言的差异中探索汉语语音的演变线索,高本汉是没有可能取得他所预期的研究成果的。高本汉(1940)自己对这一点说得很清楚,认为他在汉语音韵研究中碰到过两次好运气:研究切韵音系的时候有《切韵》系统的各种韵书、韵图和日、朝、越等各种对音材料;研究上古音系的时候有诗韵和汉字的谐声系列,使他有可能拟测周初王都的发音的主要特征。这一表述是比较符合他的实际情况的。

高本汉的汉语音韵史研究为"结合"的研究提供了一个成功的范例。

0.2.3 汉语的语法研究始自《马氏文通》。汉语传统的研究只有文字、音韵、训诂,没有语法,因而语法的研究没有可靠的基础,只能以西方的语法理论为根据,仿效印欧系语言(特别是其中的英语)的语法框架来建立汉语的语法,或者说,把汉语嫁接到印欧语的语法理论中去研究,用印欧语的结构原则来观察汉语,因而在汉语研究中产生了一种奇特的"印欧语的眼光","把印欧语所有而为汉语所无的东西强加给汉语"(朱德熙,1985)。所以,语法研究一开始就与音韵研究呈现出不同的"结合"格局。

"印欧语的眼光"是朱德熙首先明确地提出来的,但这种看法语言学界早有议论,只是没有形成一种明确的说法。"印欧语的眼光"的产生有它的客观原因。汉语的口语和书面语长期以来是脱节的。小学只研究文言文,不研究汉魏以来发展起来的、与文言文不一致的口语。19世纪末20世纪初的资产阶级民主革命要求言文一致,需要研究白话文的结构规律,以便普及教育,开通民智。孙中山(1918)的下述一段话就是这一客观要求的反映。他说：

> 中国向无文法之学……以无文法之学，故不能率由直径，以达速成。此犹渡水之无津梁舟楫，必当绕百十倍之道路也。中国之文人，亦良苦矣！自《马氏文通》出后，中国学者，乃始知有是学。马氏自称积十余年勤求探讨之功而后成此书。然审其为用，不过证明中国古人之文章，无不暗合于文法，而文法之学，为中国学者求速成图进步不可少者而已；虽足为通文者之参考印证，而不能为初学者之津梁也。继马氏之后所出之文法书，虽为初学而作，惜作者于此多未窥三昧，讹误不免，且全引古人文章为证，而不及今时通用语言，仍非通晓作文者不能领略也……所望吾国好学深思之士，广搜各国最近文法之书，择取精义，为一中国文法，以演明今日通用之言语，而改良之也。夫有文法以规正言语，使全国习为普通知识，则由言语以知文法，由文法而进窥古人之文章，则升堂入室，易如反掌，而言文一致，亦可由此而恢复也。

这段话明确提出编写"演明今日通用之言语"的语法的重要性，要求"吾国好学深思之士"去完成这个任务。社会发展的需要和五四白话文运动的胜利推动了中国语法学的发展，而发展的办法只能是"广搜各国最近文法之书，择取精义，为一中国文法"，这就为汉语研究中"印欧语的眼光"的流行开辟了道路。

0.2.4 汉语的研究传统"向无文法之学"，从来不讲主语、谓语、宾语和名词、动词、形容词，现在要建立分析白话文的语法，只能学习西方，从国外引进语法理论和方法，也用主语、谓语、宾语和名词、动词、形容词这一类概念来分析汉语，这就提出如何把西方的语言理论和汉语的结构相协调的问题，也就是如何把西方的语言理论和汉语的实际结合起来研究汉语的结构规律。由于汉语没有语法学的研究传统,"结合"的探索就不能不是一个漫长而充满争论的艰苦过程。从《马氏文通》开始,经历了20年代的直接模仿、30年代的文法革新问题的讨论、40年代用西方语言理论来解释汉语,直至50年代及其以后借用某些研究方法来揭示汉语的结构规律(徐通锵、叶蜚声,1979),前后经历了近一个世纪,但是应该承认,"结合"的成效不是那么显著,其最重要的标志就是语法的一些基本问题,例如词类的划分、主宾语的确定以及句子成分的分析等问题一直没有得到很好的解决,经常发生周期性的争论。这种情况很值得我们深思。是我们没有吸收、借鉴国外的一些行之有效的语法理论吗?否!西方的主要语法理论和方法,从传统语法到里特(A. Reed)的图解法,从叶斯柏森的三品说到勃吕诺(F. Brunott)的语言和思想互为表里的语法格局的设想,从结构分析法到转换-生成分析法,我们都认真地学习过,运用过,但并没有解决上述那些汉语语法的基本问题。是我们的学者没有水平吗?否!我们在语法研究中不乏令国外学者倾倒的第一流学者。既然不是语言理论本身和研究人员的素质造成的,那我们只能从理论和研究对象(汉语)之间的矛盾中去寻找它的答案,或者说,这种情况是由"印欧语的眼光"造成的。

前面的分析说明两点:第一,"印欧语的眼光"的产生有其客观的原因;第二,这种"眼光"阻碍了我们去实事求是地研究汉语的结构。

0.2.5 汉语的研究如果不能从"印欧语的眼光"的束缚中解脱出来,就无法实现西方的语言理论和汉语研究的有效结合。"结合"是一种方法论原则,不是列举汉语的几个例子给西方的语言理论做注释。吕叔湘(1986b)在总结近百年来的汉语语法研究的经验时指出:"过去,中国没有系统的语法论著,也就没有系统的语法理论,所有的理论都是外来的。外国的理论在哪儿翻新,咱们也就跟着转。

这不是坏事,问题是不论什么理论都得结合汉语的实际,可是'结合'二字谈何容易,机械地搬用乃至削足适履的事情不是没有发生过。"这里的"'结合'二字谈何容易"八个字,字字千钧,既是对过去的总结,也是对未来的告诫,不摆脱"印欧语的眼光"的束缚,就无法实现这种"结合"。

语言理论和汉语语法研究一样,很难从我们的传统研究中找到直接的借鉴,因而除了把西方的语言理论和汉语的实际相结合的途径之外,就很难找到别的途径和方法了。如果说,汉语语法的研究情况不尽如人意,那么语言理论的研究,无论就其基础还是成效来说,那就更不能与它同日而语了。解放前,虽有胡以鲁的《国语学草创》、王古鲁的《言语学》等著作,但偏重于介绍,独立研究的内容不多,自然不可能形成为一个独立的研究领域。解放后,"一边倒"学习苏联的语言学,语言理论开始作为一个独立的研究领域分离出来,展开了相关的研究,使理论语言学得到了一些发展。但是,在苏联语言学的影响下,我们的语言理论研究一开始就存在两大弊端:一是教条气十足,想摘引一些马、恩、列、斯的有关论述建立所谓"马克思主义语言学",而把西方的语言理论统统贬为"资产阶级语言学说"加以批判;二是很少研究具体的语言现象,脱离实际的弊病很严重。这两个弊端集中一点,就是自我封闭,自我鼓吹,拒绝了"结合"的研究途径,使语言理论研究难以得到有效的发展。当时的理论语言学界,北方以高名凯为代表,南方以方光焘为旗帜。他们两人都留学法国,都崇尚索绪尔的语言理论,都有深厚的功底,因而即使在"一边倒"学习苏联语言学的背景下,也能在语言理论研究中做出自己的贡献。方光焘自己很少写文章,一些重要的观点大体上都反映在他的学生黄景欣、施文焘的论著中。高名凯是一位多产的学者,思路敏捷,敢于提出问题,解放后的一些重要的学术论争,如汉语的词类问题、语言发展的原因、语言与言语等,差不多都是他首先发难的。他的语言理论著作主要有《普通语言学》、《语法理论》和《语言论》。这些论著在中国理论语言学的发展中无疑占有一定的地位,但不可否认,它们都带有上述的两个弊端,因而在学术界颇多微辞;特别是理论脱离实际这一点,受到的非议最多。应该承认,这种非议是有道理的。40年代的语法研究,不管是王力、吕叔湘,还是高名凯,在理论联系实际这一点上做得都是比较好的,而在50年代"一边倒"学习苏联语言学之后,在这个问题上却倒退了一大步。学习苏联语言学而出现的两大弊端阻碍了我国理论语言学的正常和有效的发展,教训至为深刻。1978年以后,由于改革开放,学术环境发生了变化,苏联语言学的影响已经消失,"语言学的阶级性"没有人再坚持,和国外语言学的联系也逐步加强,这就为中西语言学的结合创造了一个良好的环境。这一时期的语言理论研究在"结合"的道路上取得的一点小小的进展应归功于改革开放的学术环境,归功于对"结合"的探索。这种艰苦的历程可以加深对吕叔湘所说的"'结合'二字谈何容易"的认识。

0.2.6 在"结合"的道路上,无论是音韵史研究的成功经验,还是语言理论研究的失败教训,抑或是语法研究的艰苦探索,都从不同的侧面启示我们,必须以汉语的研究为基础,找出一个可靠的结合点,这样才能摆脱"印欧语的眼光"的束缚,实现西方语言理论和汉语研究的有效结合。

三 字的研究和摆脱"印欧语的眼光"的束缚的途径

0.3.1 西方语言理论和汉语实际的结合,以往的研究基本上都是以西方的语言理论为基础,把汉语结合进去,或者说,以"印欧语的眼光"来观察汉语的结构,使之符合西方的语言理论。这是一种方向性的失误。汉语有汉语的特点,要实现西方的语言理论和汉语实际的有效结合,应该把我们的立脚点转过来,即立足于汉语的结构基点去吸取西方语言学中那些于我有参考价值的理论和方法,进而揭示汉语的结构规律和演变规律。什么是汉语的结构基点?那就是"字",我们应该以此为基础实现和西方语言理论的结合。前面说到的"结合点",也应该定在这里。

0.3.2 汉语语法著作讲"语法单位"的时候说的都是语素、词、词组和句子,从来不讲字,认为"字"是文字问题,根本不是语言学的研究对象。现在,我们把字看成汉语句法的基本结构单位,人们可能会说:"这是胡说八道,连语言和文字都分不清,还谈什么语言研究。"这种责难不能说没有一点道理,但应该说这主要是《马氏文通》以后由于印欧系语言的语法理论的输入而逐步形成的一种偏见。传统的汉语研究都以"字"为基础,我们不能说我们只有文字的研究,而没有语言的研究。要真正揭示汉语的结构特点,离开"字"的分析恐怕很难达到预期的目的。

不错,字有它自己的书写形体,可以用来指文字,但它绝不是文字的专利品,口头说的单位也是"字"。赵元任(1968,78)的"社会学的词就是'字'。不光是写出来的字,也是嘴里说的字"这一论断很有道理,已开始考虑字在语言结构中的地位。

字是汉语所特有的一种结构单位,印欧系语言没有和此相当的结构。它的含义广泛、模糊,没有专一的所指。许慎的《说文解字》的"字"指字的书写形体;平常说"吐字清楚"、"字正腔圆"、"咬字不准"中的"字"指字音,即音节;而"夫人之立言,因字而生句,积句而成章"(《文心雕龙》),"只有一个字:不服"(朱时茂和陈佩斯主演的小品《拳王擂台赛》中"挑战者"的一句话),"可以用一个字来形容:惊心动魄"(中央电视台《正大综艺》主持人杨澜介绍尼亚加拉大瀑布时说的一句话),这三句话中的"字"则是指音义结合的语言结构单位,而且有时候还可以不限于一个音节。我们平常跟人说话,如果对方讲得太快,就会说:"别着急,一个字一个字慢慢说。"绝不会说:"你一个词一个词慢慢说。"即使是语言学家也不例外。显然,这里的"字"指的就是语言的结构单位。这些情况都可以清楚地说明,"字"是汉语社团具有心理现实性的结构单位,写出来的字仅仅是把这种心理现实性书面化而已。这就是说,字首先是说的单位,从汉语形成的时候开始人们就用字说话,而后才把这种说的字写出来,至今还只有几千年。我们现在看到"写"的字,而否定"说"的字,实在有点本末颠倒。"字"可以指"言",而另一方面,"言"也可以指"字",如"五言诗"、"七言诗"、"万言书"。"言"与"字"可以互指,说明把"字"仅仅看成一种文字的书写单位,这是没有道理的。传统的汉语研究,不管是文字、音韵、训诂、方言、句读,还是别的什么,都以"字"为基础,从来不讲语素和词,不讲和此相联系的主、谓、宾和名、动、形,这绝不是我们的祖宗"落后","没有语法观念",而是汉语的结构本身允许这样的研究,需要这样的研究。我们需要重新认识"字"在汉语结构中的地位,用现代语言学的理论和方法去研究它的性质和作用,使传统和现代结合起来,推进汉语的研究。

0.3.3 首先对"字"的性质做出明确论述的是赵元任(1968,1975)。这位老先生经过几十年的语言研究,最后发现汉语句法的基本结构单位是"字",而不是"词"。他明确指出,印欧系语言中 word (词)这一级单位"在汉语里没有确切的对应物"。"在说英语的人谈到 word 的大多数场合,说汉语的人说到的是'字'。这样说绝不意味着'字'的结构特性与英语的 word 相同,甚至连近于相同也谈不上。'字'和 word 的关系就好比通常用'橘子'对译英语的 orange,其实橘子在构造上属红橘(tangerine),与 orange(甜橙)是不同的植物。但由于橘子是中国最常见的柑橘属水果,就像甜橙在其他国家中最常见一样;于是,'橘子'这一名称的作用就变成指'最常见的柑橘属水果'了"。英语的一个词我们通常叫作一个字,情况就同用"橘子"去对译 orange(甜橙)那样。赵元任在用大量的语言事实分析了"字"和词(word)的相似性和区别性之后得出结论,认为"'字'这个术语本身所指模糊:既可以指口说的音节,又可以指它的书写形体,还可以兼指两者"(241);"汉语中没有词但有不同类型的词概念"(246)。根据西方语言学家的眼光来分析汉语并确定像词这样的单位可能有用,"但这不是汉人想问题的方式,汉语是不计词的,至少直到最近还是如此。在中国人的观念中,'字'是中心主题,'词'则在许多不同的意义上都是辅助性的副题,节奏给汉语裁定了这一样式"(248)。赵元任在文章中还两次警告人们不要在汉语里去寻找在其他语言中存在的实体,认为重要的是确定"字"和句子之间的那级单位是什么类型的,至于叫作什么,那是其次考虑的问题(233,239)。迄今为止,这是对"字"的语言性质和作用所做出的最明确、最科学的论述。

什么是"中心主题"?用现在流行的术语来说,就是语言的结构本位。说"字"是中国人观念中的"中心主题",就是说汉语的结构以字为本位,应该以字为基础进行句法结构的研究。本位,这是研究语言结构的理论核心,牵一发动全身。如果能正确地把握语言结构的本位,就有可能为深入地分析语言结构的规律,顺利地解决有关问题的争论开辟前进的道路。赵元任是结构语言学的大家,是把西方语言学的理论用于汉语的研究、开创汉语研究新局面的一代宗师,他到晚年的时候却令人钦佩地放弃了"按西方语言学家的眼光来分析汉语"的思路,而按照"汉人想问题的方式"提出"在中国人的观念中,'字'是中心主题"的新论断,为汉语的研究确立了一个新的立脚点。

在1992年10月赵元任百年诞辰纪念以前,生活在国内的语言学家好像还没有一个人了解赵的观点,但这并没有影响人们按照"汉人想问题的方式"去考虑"字"在汉语结构中的地位。徐通锵(1992)于1991年在香港举行的"华语社会中的语言学教学"研讨会上提出"字"是汉语的基本结构单位,是语音、语义、语法、语汇的交汇点,应该以"字"为基础研究汉语的结构。《语言研究》编辑部的汪平也在根本不了解赵元任、徐通锵的观点的情况下于1992年初写出《字本位语法》的文章,只是怕与流行的观点发生冲突,没有发表(我这里根据的是他送给我的打印稿)。不同地区、不同年龄、不同层次的语言学家在相互并不了解对方观点的情况下都向着以"字"为基本结构单位的方向去研究汉语的结构,说明学术研究的客观条件已经成熟,要求语言学家回到汉语的立场上来,用汉语的眼光来观察汉语的结构。

0.3.4 现在我们可以来考察在"结合"的道路上音韵研究和语法研究(含语义、语汇和语言理论等,下同)的成效为什么会有那么大的反差的原因了,这就是音韵的研究从来没有离开过"字",不管是高本汉,还是后来的王力、李方桂等;不管是国内的音韵学家,还是国外的汉语音韵学家;不管各派音韵学家的意见的对立多么尖锐,但都以字为本位去研究汉语音韵的结构规律和演变规律。他们没有中断汉语的研究传统,而是用现代历史语言学的理论和方法对汉语传统的研究进行语音学的描写,因而成效比较显著。

汉语方言研究的情况大体与音韵的研究类似。方言的调查和研究兴起于结构语言学的兴盛时代,而其奠基的学者就是结构语言学派的权威学者赵元任,但是他没有照搬结构语言学的语言调查的理论和方法,而一切以字为基础,并于20年代编成《汉语方言调查字表》;有了这个《字表》,我们就能照字记音,进行方言结构规律和演变规律的研究。不要小看这本《字表》,它一开始就使我们摆脱了结构语言学的纯分布的语言调查方法和先音位后语素的机械的方法论。直至今天,这本《字表》仍旧是我们进行汉语方言调查和方言研究的一本必不可少的手册。方言连读变调的研究现在已经取得了长足的进展,这也是以"字"为单位进行研究的,讲"二字组"、"三字组"的连读变调,从来不说语素和语素的连读变调。这种以"字"为基础的理论和方法使汉语方言的研究取得了开创性、突破性的进展。

音韵和方言的研究虽有很多争论的问题,但从来没有发生过要不要以"字"为基础的争论,这说明它们的研究方向没有偏离汉语的结构本位,因而其研究的成果都比较成熟。语法研究的情况截然相反,它抛弃了"字",而以印欧语类型的词为基础,这就偏离了汉语的结构本位,因而引起了一系列争论。

"字"和"词",看起来仅仅是一字之差,但以哪一种单位为基础去研究语言的结构,却代表了两种不同的语言观、两种不同的理论体系。

0.3.5 "词"是印欧系语言的基本结构单位,以此为基础而建立起来的语言理论基本上就是"主语-谓语"的结构框架以及和此相联系的名词、动词、形容词的划分。所谓"印欧语的眼光",它的核心内容恐怕就在于此。"字"与这种理论体系无关。自《马氏文通》以来,学者们曾一再对汉语研究中的"印欧语的眼光"进行过批评,但都以词为基础,这无异于站在印欧语的立场上批评"印欧语的眼光",因而很难有什么成效。有时候,有的学者用这一种"印欧语的眼光"去批评其他学者的那一种"印欧语的眼光",结果是这种"眼光"只是改变了表述的方式,而无实质性的变化。50年代,汉语语法研究发生了两件大事,即主语宾语问题的讨论和汉语词类问题的讨论。这两次讨论都主张根据汉语的特点用新兴的结构分析法来研究汉语,反对用"印欧语的眼光"来观察汉语的结构,特别是在汉语词类问题的讨论上这种呼声尤为强烈。但有讽刺意味的是,学界批评了这一种"印欧语的眼光"(例如汉语实词因没有形态变化而不能分类),却为另一种"印欧语的眼光"的流行和发展开辟了前进的道路;或者说,在批评表层的"印欧语的眼光"的过程中却又深化了深层的"印欧语的眼光"。这主要表现在两方面。第一,谓语中心,这是对印欧系语言动词中心说的一种改进,"连动"和"兼语"统一为"连谓",使句子的结构更符合"主语-谓语"框架中的只有一个主语、一个谓语的标准。第二,用"语素"代替"词"作为汉语语法结构的基本单位,把汉语完全纳入结构语法的框架中去研究。这恐怕是"印欧语的眼光"的一种更深沉、更本质的反映。如果说"汉语中没有词但有不同类型的词概念",那么汉语中不仅没有"语素"这种单位,而且连这种概念也没有。可能有人会说,"字"就是"语素",因为它们都是语言中最小的结构单位。否!字与语素是两种不同性质的语言现象。这个问题恐怕需要在这里多说几句。一种语言的基本结构单位在语言社团中应该具有心理现实性,就是说,应该与本族人的语感相吻合。汉语社团具有心理现实性的单位是字,而印欧语社团则是词。为什么有些人会把"不服"、"惊心动魄"之类的现象看成为一个字?正是由于它们在人们的心理现实中是一个最小的结构单位。这些现象虽然可以说明字与语素的本质差异,但还不能消除我们日常形成的一个音节一个字的观念。诚如赵元任所说,字这个概念所指模糊,现在我们想给这种"模糊"再增加一点内容,就是由几个音节构成的一个结构单位也可以叫作"一个字",传统所说的联绵字就是这种模糊性的一种表现。现在,我们把字看成为汉语的基本结构单位,那就应该尽可能地使这个概念的含义明确。为了把说的字和写的字区别开来,使字这个概念尽可能地符合汉语社团的心理现实性,我们把"字"定义为:语言中有理据的最小结构单位。这里强调"有理据"、"最小"和"结构单位"三层意思。理据就是概念得名的理由,人们可能对此有疑虑,认为单音字何来理据?这只要看看汉语研究的传统以及它所取得的成就,就不难理解这个论断。这是我们后面需要重点讨论的问题,这里不赘。"最小",这在不同的历史时期有不同的特点。在上古时期,"最小"大体上就是一个字一个音节,但双声、叠韵的联绵字已经和此有矛盾,说明"最小"的客观标准不能只限于一个音节;由于当时的主流是一个字一个音节,因而这种认识一直延续到今天,我们也就习以为常,没有什么怀疑。但是,随着语言的发展,汉语结构单位的理据性的表现形式有变化,单字的理据转移到字的组合,形成大量的复音字,使汉语的最小结构单位不再局限于一个音节,因而在人们的心理现实中也就逐渐把诸如"不服"、"惊心动魄"之类的现象纳入字的范畴。严格地说,像"高"之类的现象应该叫作单音字,"彷徨"、"朋友"之类的叫作双音字,"绿油油"之类的叫作三音字,"稀里哗啦"、"惊心动魄"之类的叫作四音字;汉语字的音节高限是四,"打肿脸充胖子"之类的熟语不属于字的范畴,需要另行分析。但是,为了行文的方便和照应现在一般的习惯,我们把固定性组合的双音字、三音字和四音字叫作"辞";"词"与"辞"是相通的,叫作"词"也未始不可,但由于"词"在语言学界已与 word 纠缠在一起,为避免混淆,我们改叫"辞"。我们在后面的行文中,"词"专指 word 之类的单位,而用"辞"指称汉语中由几个音节组成的最小结构单位;不过在引文中我们还得照录作者的原文,它用什么字,我们只能引什么。所以,把字等同于语素,这实在是观念上的一大失误;语素既没有理据,也不是句法的最小结构单位,它们之间没有任何共同之点,无法相互类比。(§4.1.3.3)

0.3.6 上面的回顾主要是想说明两个问题。第一,汉语语法的研究由于舍"字"而取"词",这就不能不使语言事实与语法理论之间发生尖锐的冲突。近百年来,汉语的词类问题以及与此相联系的主、宾语问题等为什么一直解决不好？为什么会发生周期性的争论？实质上就是汉语的"字"对印欧系语言的语法理论提出的一种"抗议"，我们应该从这里吸取必要的教训。第二，中国语言学家的"印欧语的眼光"已经根深蒂固，反对"印欧语的眼光"的学者，他本身的"眼光"不一定不是"印欧语"的，因为我们从学习语言学的第一天起就在接受印欧系语言理论和方法的熏陶，对"印欧语的眼光"已经习以为常，不是主观上想摆脱就能摆脱得了的。我们非常反对汉语研究中的"印欧语的眼光"，但在评述"五四"以来汉语语法研究的理论和方法时却是用这种"眼光"来分析有关的问题的，(徐通锵、叶蜚声，1979)因而分寸的掌握不大准确。朱德熙是反对"印欧语的眼光"最力的一位学者，但他对汉语语法结构的看法却打有很深的"印欧语的眼光"的烙印，用他自己的话来说，就是"我们现在在这里批评某些传统观念，很可能我们自己也正在不知不觉之中受这些传统观念的摆布。这当然只能等将来由别人来纠正了，正所谓后之视今，亦犹今之视昔"(朱德熙，1985)。这方面的具体问题，后面再讨论。100年来，汉语研究中成功的经验和失败的教训，都要求我们回到"字"的立场上来，以汉语的研究为基础，实现和西方语言理论、方法的结合。我们这里就以"字"为基础建立汉语研究的理论和方法。

第一编 一般原理

第一章 语言是现实的编码体系

一 两种对立的编码原则和语言研究

1.1.1.1 什么是语言？通常的说法是：语言是人类最重要的交际工具；语言是系统。前者着眼于语言与社会的关系，关注语言在人类社会生活中的地位和作用；后者着眼于语言本身的构造，关注语言系统的结构层次和每个层次的结构单位之间的关系以及各个层次之间的关系。语言学曾对这些问题进行过具体的研究，提出过各种各样的假设，但都没有涉及语言与现实的关系，很少涉及语言的编码功能。"工具"说也好，"系统"说也好，离开了编码，很多问题说不清楚，特别是像汉语这样的语言，仅仅是说"工具"和"系统"，是很难说清楚它的性质和特点的。

语言现象很复杂，因而有的语言学家把语言研究比喻为"瞎子摸象"，说"印度有六个瞎子，从来不知道大象是什么东西。他们去摸象的不同部位。一个摸到象鼻子，说大象像一条粗绳；一个摸到身子，说大象像一堵墙；我想语言像是大象，我们都摸到它的一个部分。但是要见到全象，见到整个语言，你必须愿意通过多种途径，不能只限于一种途径"（马蒂索夫，1984，233）。近百年来，我们基本上跟着西方语言学家"摸大象"，很少自己独立地去摸一摸"大象"的不同部位，因而一碰到汉语的一些具体问题，就难以做出合理的解释。我们把语言看成为现实的编码体系,就是想着眼于"编码",着眼于语言与现实的关系,以汉语的研究为基础,去独立地摸一摸"大象"的状态,提出我们的理论假设。这至少可以给语言研究提供一条可供参考的途径,在窥视"全象"的面貌时也许有一些积极的作用。

我们需要从语言研究的最基本的问题开始讨论语言的编码体系问题。

1.1.1.2 语言是"听"的,是负载信息的音流。它一发即逝,只在时间中流动,好像是一种单维向(dimension)的社会现象。但是这种单维向的音流不是单纯的生理-物理现象,而是用来传递信息的,而信息的实质就是人类对现实世界的反映和认识,因此单维向的音流中隐含着多维向的内容,或者说,线性的音流隐含着非线性的结构。这里涉及现实、人对现实的认知和语言三方面的因素,它们之间的相互关系可以简述为:

现实——语言·思维——现实

公式两头的两个"现实",含义不一样。第一个"现实"是纯客观的现象,其规律隐蔽在无穷无尽的表面偶然性之中,而第二个"现实"则体现人们对现实的认知,已经能够从无穷无尽的表面偶然性中找出必然性的规律,而语言和思维则是联系两个"现实"的中介和桥梁。它们相互依存。我们着眼于这一点来认识语言的性质和结构。这可以概述为:语言对第一个"现实"的功能是编码,即语言(通过思维)将现实转化为"码",而后将"码"组织起来,通过交际去认知现实,即转化为公式中的第二个"现实"。所以,从语言的性质来说,它是现实的一种编码体系;从功能来说,它是人类最重要的交际工具,而所谓"交际",其实质就是交流对现实的认知。根据这一认识,我们认为语言研究的根本任务就是要弄清楚语言对现实的编码规则以及这些规则如何在交际中进行自我调整,以适应和满足不断增长的交际需要。

1.1.1.3 语言如何将现实编成"码"？第一，需要依赖于思维，依赖于对现实的认知，人们只有将无穷无尽的现实现象一般化、概括化，使无限转化为有限才能为编码奠定必要的基础。黑格尔曾说过这么一句话："语言实质上只表达普遍的东西，但人们所想的却是特殊的东西、个别的东西。"（据列宁，1915）这句话深刻地揭示了语言的一般性和现实现象的特殊性、无限性之间的辩证关系。第二，需要将一般化、普遍化了的认知成果表达出来，使之成为人们都能运用的"码"，这种表达的工具就是由发音器官的协同配合而发出来的语音。思维是大脑的机能，是"内"，语音是发音器官发出来的声音，是"外"，它们都是每一个人随身"携带"的机能和工具，不会给编码增加特殊的负担。这是我们的祖先给我们留下来的既经济、有效，又平均分配给每一个人的"取之不尽，用之不竭"的遗产。

编码不是哪一个人的个人活动，而是一个言语社团千百万人的共同创造。这种由个人携带的"机能"和"工具"在参与社会的共同创造时既不能开会讨论，也不能事先谋划或事后总结，而是通过交际活动而进行的自发的调整和协调。这就是说，语言对现实的编码首先是为了满足别人的需要，让别人了解自己的认知活动的成果；失去了这种需要，语言就会失去存在的价值。一个长期生活在孤岛上的人因无交际的需要，他就会失去语言能力。所以，交际的过程既是相互交流认知活动的成果，也是人们自发地相互协调语言的结构，使之成为人们必须遵守的严密系统，以便把个人的认知活动的成果纳入社会共同创造的洪流。

编码过程中的这种"内"与"外"只是为了分析、说明的方便，不是可以有如此清楚的"一"与"二"的区分。特殊的、个别的现实现象之所以能够一般化和普遍化，就是由于有语音的表达，不然无法把个别的现实现象"编"成语言的一般的"码"。因此，把语言看成为现实的编码体系,碰到的第一个重要问题就是音与义(体现思维认知活动的成果)的关系。这也是人类语言研究碰到的第一个重要问题。世界三大语文研究传统的语言研究差不多都是从这个问题开始的:先秦时期中国有名实之争;古希腊时期有按本质规定与按习俗约定之争,争论的核心就是音义之间的联系是有理据的还是没有理据的。这一争论对促进语言研究的深入发展具有重要的意义。我们过去对这一争论的认识有些教条化、简单化,现在有必要进行一些新的讨论。我们先讨论希腊-罗马传统的规定说与约定说的争论和语言研究的关系。

1.1.1.4 规定说和约定说的争论的实质是语言与现实的关系问题,涉及人类如何将现实"编"成"码",以及人们如何理解它,掌握它。这是两种对立的编码方式。自古至今,编码方式的口号不断在变化,但是争论所涉及的问题却始终困扰着语言学家的头脑。有人主张这一种意见,有人主张那一种意见,通过不同的形式展开争论。所以,音义之间的关系实是语言研究的一个核心问题。

规定说主张音义结合的关系是有理据的,早期的依据主要是一些拟声词之类的语言现象。这自然难以驳倒约定说所主张的音义结合的约定性、任意性理论。规定说与约定说的争论对推进语言研究的深入发展有重要的作用,因为对立的双方为了维护自己的主张就得仔细研究词的结构,这就促进了词源的研究。亚里斯多德是约定论者,认为"语言是约定的,因为没有一个名称是按本质产生的",而斯多葛派则偏重于规定说,认为"最初的声音就是模仿所称呼的事物"(据罗宾斯,1979,22-23)。这两种对立意见的争论在语言学史上很重要,因为它又引发出一次新的、更深刻的争论,即类比论(analogia)与变则论(anomalia)的争论,前者强调语言结构的规则性,认为词入句之后所产生的形态变化是可以"进行类比"的,而后者强调人的天赋能力和语言结构的不规则性,认为不管语言显得多么不规则,人们照样能够接受和运用。类比论是约定说的继承和演化,而变则论是规定说的发展,两种对立的意见各有自己的语言事实的根据,因而争论进行了很长的时间,"在整个古代和中世纪,这种原则的冲突有时表现得很隐蔽,有时表现得很明显,这可以视为语言学思想和实践的历史中一种反复出现的特色"(罗宾斯,1979,26)。我们这里想补充说明的是,这种争论不仅延续到中世纪,而且延续到近、现代,只是争论的方式、理论的表现形态发生了重大的变化。洪堡特和索绪尔是近代两位伟大的理论语言学家,他们关于语言系统的学说实际上是约定说和规定说的一种新的表现形态。

1.1.1.5 洪堡特原来是一个职业外交官,懂得很多种语言。1819年以后由于与当权派的政见不合而退出政坛,致力于语言的研究。他是语言学史上第一位探讨语言的一般性质、结构原理和发展规律的理论语言学家,"对语言理论做出了划时代的贡献"(H. Dove,据伍铁平、姚小平,1988,52)。《论人类语言结构的差异及其对人类精神发展的影响》是他的代表作,被誉为"第一部关于普通语言学的巨著"(布龙菲尔德,1933,19)。洪堡特语言理论的基本精神是强调语言与民族精神的联系,认为"一个民族怎样思维,就怎样说话,反之亦然,怎样说话,就怎样思维",因此,"每一语言里都包含着一种独特的世界观"(洪堡特,1936,57,45)。这种语言理论以民族精神为基础,强调语言的创造性和不同语言的编码原则的特殊性,所谓"语言内部形式"的理论就是以此为基础提出来的。"内部形式"关注词中音义之间的理据性联系,找出概念得名的原因,认为"只有内在地把握每一概念本身固有的特征和它与其他概念的关系,发音的意识才能找到名称所必需的语音"(同上,51)。譬如在梵语里,大象有时叫作"饮两次水的"(先用鼻子吸水,再往嘴里送)的动物,有时叫作"用一只手做事的"或"双齿的"动物。在印欧系语言里,这种"内部形式"除了像拟声词之类的得名理据外,主要存在于由若干个语素构成的词里,人们可以从语素的组合中看到音义结合的理据。例如英语由 rail(铁)和 way(路)组合成的 railway,由 im-(不)和 possible(可能)组合成的 impossible,等等。语言内部形式是一种重要的语言理论,后来由于青年语法学派的语音规律说的巨大成就吸引了人们的注意力,致使语言学忽视了语言内部形式的研究,陷入了一种片面性,"历史循环论形成了十九世纪末盛极一时的新语法学派。也许正是由于历史循环论对语言研究这种单方面影响所引起的反响,二十世纪的一些结构主义语言学家和描写语言学家不厌其烦、一再轻蔑地提到'新语法学派滥调'和'新语法学派的原子主义'"(罗宾斯,1979,228)。"历史循环论"的说法不确切,应该是否定的否定,是螺旋式的上升,不过我们这里可以借用来说明某些语言理论之间的关系。洪堡特的语言理论不属于新语法学派这一轮循环,而与音义关系的规定说、语言结构的变则说则有一些循环性联系,例如强调语言的内部民族精神,强调语言的天赋创造性,强调音义结合有理据的"内部形式",等等,都可以直接或间接地追溯到规定说和变则说,不过它的表述更成熟,更富有理论色彩。

和规定说、变则说不同的是,洪堡特特别强调语言结构的系统性,不过这种系统性以语言内部的民族精神为基础,认为语言的本质就在于把外界物质浇铸成思想形态,用词代替事物的位置;语言中"没有零散的东西,它的每一个成分都只显示它是整体的一部分"、"它的每个成分只能借助别的成分而存在,所有成分只能借助那一种贯穿整体的力量而存在",它"不以一团死块存在于心灵的深处,而是作为法则(规律)决定着思维力量的功能。所以第一个词就已经预示并决定了整个语言"。例如,由正面引出反面,部分引出整体,单一性引出多样性,结果引出原因,一种空间和时间的范畴引出另一种空间和时间的范畴……每个已说出的东西构造着或者准备着未说出的东西(译文见《国外语言学》1987,4,148,145,146)。这些观察是很深刻的,说明语言对现实的编码不是零散的、互不相干的活动,而是"第一个词就已经预示并决定了整个语言"。这是一个非常重要的问题,遗憾的是人们长期来忽视了这方面的研究。总之,洪堡特的语言理论的基本精神是强调语言内在的精神力量和创造性,其中的"每一语言里都包含着一种独特的世界观"和"内部形式"理论还为现代语言学的义场、义素理论和方法的研究奠定了理论基础。

1.1.1.6 索绪尔比洪堡特晚半个多世纪,是青年语法学派的一个成员。他正处于科学思潮的一个转折时期,因而他的语言理论的基本精神与洪堡特有很大的区别。他着眼于语言结构单位的线性结构关系,强调语言符号的音义结合的任意性和线条性,想从各种结构单位的结构关系中去探索语言的结构规则,就语言研究语言,排除任何非语言因素的干扰。这是为了使语言规则性的研究跃上一个新的台阶,使之进入系统的网络而付出的一种代价,也是对约定说和类比说的基本精神的一次改造和升华,是所谓"历史循环论"的新发展。它否定了旧理论的不足,建立起一种新的、符合社会发展需要的新理论。索绪尔的语言系统说不是从天上掉下来的,而是当时科学思潮的发展在语言研究中的反映。19世纪末20世纪初,以牛顿物理学为基础的机械论的认识论开始崩溃,"相互作用关系组成的集合开始成为注意的中心。到处都碰到那种令人惊异的复杂性,甚至在原子这样的基本物理实体内部也是这样。牛顿机械论对这种复杂性做出解释的能力受到严重怀疑。相对论在物理学领域代之而兴起;在微观物理学领域,接替机械论的是关于量子理论的科学"(拉兹洛,1985,9)。"相互作用关系组成的集合开始成为注意的中心"这种世界观、认识论代替机械论的认识论,这是科学发展思潮的一次深刻转折,索绪尔的《普通语言学教程》就是这一思潮的反映,在语言中研究"相互作用关系组成的集合"。为了实现这一点,索绪尔首先区分语言和言语,认为"言语活动是多方面的、性质复杂的,同时跨着物理、生理和心理几个领域,它还属于个人的领域和社会的领域"(《教程》,30。下同),因而是异质的,而"语言却是同质的:它是一种符号系统;在这系统里,只有意义和音响形象的结合是主要的;在这系统里,符号的两个部分都是心理的"(36),所以语言是一种同质的系统(homogeneous system);而为了进一步认清这种系统中的"相互作用关系组成的集合",就必须把语言分成共时态和历时态,语言要素之间的相互作用的关系只存在于语言的共时态中,应该集中力量研究这种共时态,因为"我们绝对没有办法同时研究它们在时间上的关系和系统中的关系"。有了这样严格的限制,索绪尔就进一步规定语言这种同质系统的性质:"语言是形式,而不是实质"(119,158);所谓"形式",按索绪尔的理论,就是指语言的音韵、语法和语义的结构,即语言要素之间的相互关系,其中最重要的就是组合关系和聚合关系。这样,索绪尔就在语言研究中把"相互作用关系组成的集合开始成为注意的中心"这种科学发展的思潮具体化了,使语言研究的方法论出现了一次重大的转折。这种转折的主要特点是从上一世纪只着重研究个别语言成分的"原子主义"方法向系统的研究转化,后来的结构分析法和转换分析法是这一转折的深化和发展。

和洪堡特的语言理论相比,索绪尔的语言理论没有语言的民族精神,没有语言的创造性,没有语言的内部形式,而只有语言单位之间的聚合关系和组合关系,从人们能够观察到的语言单位之间的关系中去研究语言结构的系统性。这是两种对立的语言观,由此而产生的语言理论自然也是两种对立的体系。这种"对立"有利于学术研究的发展,相互可以展开竞争,互补长短。索绪尔和洪堡特的语言理论对语言学的发展都产生了积极的影响。

1.1.1.7 前面的简要分析说明,音义关系的理据性和约定性的争论看起来很简单,但实际上涉及语言研究的一系列基本问题,不同的研究传统差不多都是从这里开始迈出了语言研究的第一步。随着语言研究的深入发展,这种争论好像已与语言研究无关,但这只是表面现象,实际上语言研究中很多原则问题的争论都直接地或间接地与这种争论有关。我们今天仍旧需要研究这方面的问题。

从语言与现实的关系来说,约定说和规定说是两种对立的编码方式:约定说强调编码的规则性,而规定说则强调人类编码能力的创造性和在实际语言中表现出来的不规则性,它们各有自己的语言事实的根据,揭示出人类语言对现实进行编码的方方面面。编码的这种规则与不规则的争论在语言学史上构成不同学派相互竞争的一条主轴,不同的理论大体上都围绕着这一主轴而展开自己的论述。中世纪以前固然如此,中世纪以后,即使是19世纪语言学成为一门独立的科学以后,这方面的基本情况也没有发生变化。例如,谱系树理论强调语言分化的规律性,而波浪说则强调因语言的相互影响而产生对规律的干扰;青年语法学派认为"语音规律无例外",强调音变规律的绝对性,而方言地理学派则认为"每一个词都有它自己的历史",否定音变的规律性;索绪尔的语言理论和而后出现的结构语言学派(含转换-生成理论)强调语言共时结构的系统性,而词汇扩散理论和社会语言学的语言变异理论则强调语言的扩散和变异。抓住由规定说和约定说的争论派生出来的规则论和不规则论的竞争,可以帮助我们了解语言学史的发展线索。

约定论与规定论、规则论和不规则论的竞争在印欧系语言的研究中以哪一种理论占优势?是约定说、规则论。这不是个人的主观臆断,而是根据每一种理论的影响的广度和深度提炼出来的结论。亚里斯多德和《希腊语语法》的作者特雷克斯(D. Thrax)都是约定论者,他们的语法理论是后世语法研究的基础,其影响远远超过主张规定说的斯多葛学派;谱系树说较之波浪说,青年语法学派较之方言地理学派,索绪尔的语言理论和后来的结构语言学派较之词汇扩散理论和社会语言学的变异理论,情况也是如此。在每一对相互对立的理论中,前一种理论的影响的深度和广度都远远超过与之相对立的后一种理论。为什么会出现这种情况? 其终极的原因可能就是印欧语对现实的编码原则以约定性为基础,或者说,它偏重于约定性。

二 音义结合的理据性和汉语的编码机制

1.1.2.1 和希腊-罗马传统的约定说与规定说的争论相似,早期的汉语研究也有"名"、"实"关系的争论,不过情况不同于希腊-罗马传统。

中国古代的哲学家大多是规定论者。关于"名"与"实"的关系,老子就已有明确的规定性的论述,认为"名"生于"道":"道之为物,惟恍惟惚。惚兮恍兮,其中有象,恍兮惚兮,其中有物。窈兮冥兮,其中有精,其精甚真,其中有信。自古及今,其名不去,以阅众甫。"(二十一章)这段话的大体意思是:在虚无飘渺、恍惚不定的"道"中已可隐约地看到真实事物的形象,已存在着名称的精素,可以据名去观察万物(众甫)。这就是说,万物在它飘渺恍惚的状态中就已经有了名称;名称与它所指的对象同生同在,不可分离,从古到今没有变化,人们可以据名去认识万物。如果说,这一表述有点混沌和"恍惚",那么管子的叙述就更明确了,认为"名生于实"(《九守》),"物固有形,形固有名"(《心术上》)。这些论述讲的都是名称决定于现实现象的性质,相当于希腊-罗马传统的规定说或理据说。不同的是,汉语的规定说不仅是一种哲学学说和语言理论,而且深入社会政治生活。孔子正名说的哲学思想根源就是名实关系的规定说,到了西汉的董仲舒,就借"圣人"之名把名实关系的规定说和封建统治的合理性结合起来,认为"名号之正,取之天也";"名则圣人所发天意,不可不深观也"(《春秋繁露·深察名号》)。源于规定说的正名理论是中国几千年封建统治的精神支柱,要求人们按照"君君,臣臣,父父,子子"的名分维护社会秩序,不得逾越。(参看姚小平,1992)名实关系的规定说或理据性在古代的各种学说中都占有特殊的重要地位。这些讨论似乎说得远了一点,但由于这是与汉语的编码原理有关的重要问题,需要做一些必要的介绍。

汉语研究中有没有相当于希腊-罗马传统的约定说的观点?过去人们一直引用荀子的"名无固宜,约之以命,约定俗成谓之宜,异于约谓之不宜。名无固实,约之以命实,约定俗成谓之实名"(《荀子·正名》)的观点,认为这是汉语研究中约定说的代表,并以此证明我们早在两千多年前就有这种音义结合任意性的论述,远远早于索绪尔的语言符号任意性的学说。细阅荀子《正名》篇,这里的"约定俗成"与语言中音义关系的约定性不是一回事儿。《正名》篇是为了批评"公孙龙、惠施之徒乱名改作,以是为非"(见《荀子集解》题解)而写的,为的是循名守实,建立和维护一种有秩序的社会制度:"今圣王没,名守慢,奇辞起,名实乱。是非之形不明,则虽守法之吏,诵数之儒,亦皆乱也。若有王者起,必将有循于旧名,有作于新名。然则所为有名,与所缘以同异,与制名之枢要,不可不察也……贵贱不明,同异不别,如是则志必有不喻之患,而事必有困废之祸,故知者为之分别制名以指实,上以名贵贱,下以辨同异。贵贱明,同异别,如是则志无不喻之患,事无困废之祸,此所为有名也……"这里强调的是"知者为之分别制名以指实",而不是社会的约定;在文章的其他地方也有不少类似的论述,例如"后王之成名,刑名从商,爵名从周,文名从礼";"王者之制名,名定而实辨,……";"(王者)然后随而名之……";"是散名之在人者也,是后王之成名也"等等。可以看出,在荀子的理论体系中,"制名以指实"是"王者"、"知者"的事情,老百姓无权定名指实;即使是"散名之在人者也",也得由"王者"来审定其合法与否,不然就是异辞邪说,荀子反对名家公孙龙、惠施"乱名改作"的原因恐怕也就在这里。我们需要从这种理论体系中去考察荀子关于"约定俗成"理论的真实含义,而不能望文生义,以今人的理解代替古人的认识。李葆嘉(1986)根据荀子的思想理论和语辞的结构对此做过具体的分析,认为"约定俗成"的"约定"是规定、确定、制定的意思;"俗"字据段注《说文》,其义是:"俗,习也。习者,数飞也,引申之凡相效谓之习",应是"相效"之义;"成"的意思是成就、实行、推广。所以"约定俗成"的实际含义是"王者制名,其民相效,而不是'人们(或社会)的共同意向决定'"。这一解释比较符合荀子正名论的原意。

　　既然荀子的"约定俗成"说与语言符号的任意性、约定性不是一回事儿,我们就不要根据印欧语研究的理论标准来看汉语的编码原则。那么,汉语的编码原则是什么呢? 从各种迹象来看,好像是"名生于实"的规定性、理据性原则。这一论断似乎有点违背常理,但可能是最接近实际的真理。汉语已经经历了千万年的发展,语音和语义都发生了巨大的变化,我们现在已经无法一一指明每一个字的音义结合的理据性联系,但语言运转的机制和汉语研究的传统却给我们提供了这种理据性的线索。这主要有两方面:第一,汉字和汉语的关系;第二,汉语独特的研究传统。我们可以据此做出宏观上的假设。

1.1.2.2 文字是记录语言的书写工具,必须适合语言的结构特点。在创制文字的时候,人们在理论上并不知道语言的结构特点,但经过千百年的摸索和实践,最终会找到适合语言结构特点的文字表现形式。在语言和文字的关系中隐含着语言编码机制的重要信息。

世界上各自独立形成的文字体系,如中国的方块字、埃及的圣书字、两河流域的楔形字和中美洲的玛雅文,都是意音文字(裘锡圭,1988);当时人们所能分辨的最小语音结构单位是音节。这些文字体系所记录的语言,汉语的符号(字)是单音节的,其他语言是多音节的。在这种简单现象的背后隐含着人类语言的重大编码原理,这就是:音节对于汉语的编码来说是一种自足的单位,一个音节就可以编成一个"码"(字),而对于埃及等其他语言来说,音节不是语言编码的自足的单位。"差之毫厘,谬以千里",这种差异影响文字的不同发展方向:一个音节与一个"码"对应的向表义化方向发展,不对应的向表音化方向发展;印欧系语言是多音节语,因而很容易接受闪美特人以埃及圣书字为基础而创制出来拼音文字,并经改造而形成后来广泛流行的希腊文、拉丁文和斯拉夫文。日本学者铃木修次(1986,16)在论述汉字性质的时候已经涉及这方面的问题,认为文字的发展由象形经表意到字母文字,适合于印欧语系统的研究,汉字文化圈的研究却不能照搬,印欧系语言"本来就是多音节语言,由词尾变化区别单复数,由动词的格变化来区别人称和时态,具有这种语言形态的欧美语言,在使用音标符号文字时,要尽可能符合语音,这是合理的必然的方向。但是对于由单音节语言发展来的,语言既没有性的变化,也没有词尾变化的汉语来说,与其机械地去符合语音,还不如一个音节由一个文字表示,用少数字就行了,效率也高。因此,汉语采用字母系文字以外的另一套办法反而是合理的"。杭州大学博士研究生何丹(1995)的学位论文《汉字二度成熟研究暨人类文字演变阶段和演变规律比较研究》根据文字的发展规律,认为表音和表义是文字演变的两个不同的方向,而不是两个不同的发展阶段。这些论断我们很受启发,与根据编码原则得出来的结论,可以说是殊途同归。

音节是不是编码的一种自足的语音单位,这一点对编码原则的形成有决定性的影响。音节不能成为编码的自足单位,说明该语言社团的最小语音感知单位是音素,需要把若干个音素组合起来构成音节,而后再把若干个音节组合起来才能指称现实现象,编成语言中的一个"码"。这种语言由于音素和音节无法单独与意义相联系,一个"码"需要几个音节又是不定的,因而只能采用约定性的编码原则。并以此为基础形成它的编码体系。它以词根为中心,加上一些辅助码(前缀、后缀、中缀、词尾等),组成语言的结构单位,因此语言的理据性主要表现在符号和符号的组合上。这种编码体系的语言都重分析:一个词有几个构成成分(词缀),一个构成成分在语音上可分几个音节,一个音节可分几个音素,以便用"拼"的办法把不同的音素"拼"起来去编制语言中的"码",因而在文字体系上一般都采用音位文字,因为它与语言的编码机制相适应。这一类语言的最小书写单位、最小听觉单位和最小结构单位都是不一致的:书写单位是字母,听觉单位是音节,结构单位是词或语素。

汉语的情况与印欧语不同,音节既是听觉的最小单位,也是编码的一种自足的单位,一个音节就可以编成一个"码";人们感知语音的最小单位不是音素,而是声母和韵母,作诗押韵和双声、叠韵等现象已为这种感知做了最好的注解。所以汉语的结构单位取双拼的办法,即一个声母和一个韵母相拼构成一个音节,指称现实现象,编成"码",这就是字。字首先是说的,用书写形体写下来的字是第二性的,只是把口说的字书面化而已。因此,汉语的最小书写单位、最小听觉单位和最小的结构单位三位一体,形、音、义三位一体。这是汉语的一个重要特点。这种三位一体的字的音义关系,从理论上来说,约定性或理据性,都有可能。但是,语言的编码最讲求经济,都是设法用最简单的规则去驾驭尽可能多的语言现象,它绝对排除那些可有可无、冗杂臃肿的东西。约定性是由于音节不能成为编码的自足单位而产生的一种编码原则,音义之间的联系没有理据,它只有把约定性的符号组合起来才能表现出理据,构成语言的规则。汉语的音节是一种自足的编码单位,自然有可能直接进入理据性的编码,不必先约定,后理据,"多此一举"。如果说,印欧系语言的理据性表现在符号(码)和符号的组合上,或者说,表现为符号的"外",那么汉语的理据性则表现为符号的"内",可以在字中探寻汉语的结构规则。汉语传统的文字、音韵、训诂就是从不同的侧面去研究字的结构规则的不同学科。

1.1.2.3 人们可能会说:你根据形、音、义三位一体和书写单位、听觉单位、结构单位三位一体的情况就推断汉语编码的理据性原则,不免有点主观,缺乏根据。我们现在自然还难以完全肯定自己"不主观",但有些现象可以直接支持我们的假设。世界上独立形成的文字体系,早期都是通过形来表意的,在埃及和两河流域,后来闪美特人就以这种"形"为基础,把它改造为字母,例如现在的字母 n 就是"蛇"的表形字的改造和改进。"语言学概论"和"字母的故事"之类的书这方面谈得很多,我们这里没有必要赘述。相反,汉语的表形(意)字则直接发展为书写的字,具体体现语言符号的理据。人们可能会说:这种理据是文字问题。不错,这是由文字表现出来的理据,但对于形、音、义三位一体的字来说,就不能把它单纯地看成为文字问题,而应该看成为语言编码理据的外在表现。汉字的发展可以为我们的这一论断提供直接的支持。假借是汉字发展的一个重要阶段,但汉人拒绝这种借字表音的方法,最多只是把它作为一种权宜的应急措施而使用一个时期,最后弃置一边,代之以形声字。(§3.1.1.4)汉语社团为什么会拒绝假借?为什么没有通过假借而走上拼音化的道路?这是由于假借的前提是音义结合的约定性和任意性,与汉语的理据性编码机制有矛盾,言语社团自然会设法摆脱这种表达方法。形声字是有理据的,它最适合表达汉语。编码的理据性,或者说,它的理据性就是汉语编码的理据性的外在表现。

印欧系语言的拼音文字,汉语的方块汉字,各自适合于自己语言的编码机制,因而我们可以从文字与语言的关系去悟察语言的编码原则。这方面的具体问题,我们将在第三编再进行专门的讨论,这里从简。

1.1.2.4 汉语的研究传统,如前所述,以字的研究为基础,分音韵、文字、训诂三部分:音韵研究字音,文字研究字形,而同时兼及形、音、义三者的关系的是训诂。训诂的方法基本上是"以形求义"和"因声求义"两种途径,前者研究形义结合的理据,后者研究音义结合的理据。由于"形"对语言来说毕竟是第二性的,再加上字形的变化和干扰,难以成为训诂的最佳途径,因而到了清朝的乾嘉时期,因声求义的途径应运而生,找到了训诂的最佳途径,从而使汉语的研究取得了空前的发展和突破性的进展。

"因声求义"的"声"指声符。为什么可以"循声以求义"?就是由于声中有义,声义一体,存在着理据。乾嘉学派由于抓住了汉语编码的"纲",因而使音义关系的研究跃上了一层新台阶。"训诂音声,相为表里。"(戴震,见段玉裁《六书音韵表·序》)"窃以训诂之旨,本于声音,故有声同字异,声近义同,虽或类聚群分,实亦同条共贯。譬如振裘必提其领,举网必挈其纲。故曰本立而道生,知天下之至赜而不可乱也。此之不悟,则有字别为音,或望文虚造而违古义,或墨守成训而少会通,易简之理既失而大道多歧矣。今则以就古音求古义,引申触类,不限形体。"(王念孙:《广雅疏证·序》)这是对"字"的音义关系的一种理论表述,言简意赅,抓住了汉语编码机制的"领"与"纲",使训诂研究的重点再一次从"形"走向"音"。这是汉语研究中的一种重要的理论贡献。胡适等的《国学季刊·发刊宣言》批判清儒只重功力而轻视理解,(§0.1.4)从宏观上看,这种批评是有道理的,而从微观上看,似欠公允,因为清儒在"明足以察秋毫之末"的一字一音的研究中已包含着诸如"因声求义"这样的理论创造,只要我们能够从他们的零散的、不系统的分析中提炼出相应的条理,就能成为汉语理论研究的可靠基础。

清儒"重功力轻理解"的研究集中表现在一系列《字》书和《雅》书的注疏上,而其代表性著作自然要推段玉裁的《说文解字注》和王念孙的《广雅疏证》。段玉裁的字义注释精辟而准确,对语义研究有重要影响,其中的一个重要原因就是它紧紧抓住字中音义之间的理据性联系,力创"以声为义"的理论,认为"凡字之义必得诸字之声"("鏓"字注),"于声得义"("象"字注),"凡古语词,皆取诸字音,不取字本义"("緹"字注),等等。这种以声求义的理论虽然散见于各处,但却是段注的一种重要指导思想,也是他取得成就的一种理论基础。这种方法论原则的集中表述还见之于他为王念孙的《广雅疏证》所做的序中:"小学有形、有音、有义,三者互相求,举一可得其二;有古形、有今形,有古音、有今音,有古义、有今义,六者互相求,举一可得其五。"为什么能够互相求? 就是相互存在着理据性联系;抓住了音义之间的理据性联系,就等于抓住了因声以求义的"领"与"纲"。用"因声求义"的方法来训释古籍而取得巨大成就的,王念孙还应该居于首位。他和他的儿子王引之在"因声求义"方面的成就,根据刘又辛、李茂康(1989,205-213)的研究,主要表现在三个方面:

第一,打破字形的束缚,以古音为线索,将一些义同、义近的字归纳、系联为同族字。例如:"般,大也。"(《方言》)从"般"得声的字皆有"大"义。"槃,大也,言所以自光大也。"(《士冠礼》注)"幋,覆衣大巾也。""鞶,大带也。"(《说文》)"磐,大石也。"(据《文选·啸赋》所引注)胖、伴从"半"得声,"胖犹大也",与"般"通;"伴,大貌"(《说文》),与"般"声近义同。"般"与"半"上古同为帮母、元部,它们的读音相同或相近。都有"大"义,可系联为一组同族字。

第二,考订假借字,将"声近义同"的学说用于假借字的考订,使"学者改本字读之,则怡然理顺;依借字读之,则以文害辞"(《经义述闻》卷三十二《通说下·经文假借》)。

第三,考辨联绵字,对其音义关系做出了科学的解释,认为"双声叠韵之字,其义即存乎声,求诸其声则得,求诸其文则惑矣"(《广雅疏证》卷六上)。"凡连语之字,皆上下同义,不可分割,说者望文生义,往往穿凿而失其本指"(《读书杂志·汉书第十六·连语》)。

这三方面的成就,归根结蒂,只有一条,就是:坚持"因声求义"的方法才能有效地解决训诂的问题。第一方面是讲排除字形的束缚,因声以求义;第二方面的要旨是破除音义结合任意性的假借,恢复音义结合理据性的本来面目;第三方面的文意已经说得很清楚,应该循声求义,不能望文生义。所以,清儒训诂学的巨大成就都是与恪守音义结合的理据性原则密切相联系的。这一点很值得我们去深入思索。

1.1.2.5 比较印欧系语言的编码机制和汉语的编码机制,就可以发现相互间的重大差别:印欧系语言以不可论证的约定性、任意性为基础,而汉语则偏重于可加以论证的理据性。语言研究的基本任务就是要弄清楚编码的理据。为什么?因为理据是现实规则的反映,是语言规则的语义基础,一种语言的理据表现在哪一个层次,那个层次就会成为这一语言的研究重点。印欧系语言的编码机制以没有理据的约定性为基础,这是就其基础性的语言符号(根词)的音义结合关系来说的,至于以根词(在构词中就是词根)为基础,加上前、后缀而形成的语言符号,那都是有理据的,因而印欧系语言的研究主要集中于符号的组合,即我们现在一般所说的构词法和造句法。索绪尔(1916,185)把印欧语看成为约定性降到最低点而偏向于采用语法工具因而成为超等语法标本的语言,正是在这个意义上说的。这就是说,汉语编码的理据性集中于符号——字,因而字就成为重点研究的对象,而印欧系语言的编码的理据性集中于符号的组合,因而词的构造规则和句子的构造规则就成为语言学的主要内容。汉语传统的研究为什么只有以字的研究为基础的文字、音韵、训诂三部分,而没有构词法和造句法。其终极的原因就在这里。

为了形象地表述理据性在编码体系中的地位,我们可以用下面的图表来表示汉语和印欧语在编码机制上的差异:

	约定性	理据性
汉语		符号
印欧语	符号(词)	符号的组合

语言规则,归根结蒂,都是现实规则的投射,印欧语和汉语接受投射的层次不一样:汉语是符号(字),印欧语是符号的组合;或者说,在对现实进行编码的时候,印欧语比汉语多了一道手续,只有把约定性的符号组合起来才能接受现实规则的投射,表现出理据。这种差异不仅决定了两种语言结构的重大差异,而且也给思维带来了深刻的影响,因而有必要讨论一下编码机制与思维形式的相互关系问题。

三 编码方式与思维

1.1.3.1 语言与思维一直是语言研究中的一个重要问题。自洪堡特以来,语言学家提出过各种各样的假设,都难尽人意,因为大脑的思维机能无法直接观察,也无法实验,只能通过语言的窗口去推测思维的运转和它与语言的关系。洪堡特的"每一种语言里都包含着一个独特的世界观"是一种重要的思维理论,对后世的研究有重要的影响。德国语言学家魏斯格贝尔(L. Weisgerber)根据洪堡特的论断提出语言世界观的"主观性"和"片面性"的理论,认为语言与语言之间的差别具有巨大的哲学意义、语言学意义、文化史的意义甚至美学意义和法学意义,"假如人类只有一种语言,那么,语言的主观性就会一成不变地固定认识客观现实的途径。语言一多就防止了这种危险:语言多,就等于实现人类言语能力的途径多,它们为人类提供了必要的、多种多样的观察世界的方法。这样一来,为数众多的语言就以其世界观的丰富多样同唯一的一种语言不可避免的片面性对立起来,这也就可以防止把某一种认识方法过高地评价为唯一可能的方法。洪堡特的经典定义最好不过地表述了这一思想:'思维与词的相互依从关系清楚地表明,语言与其说是确立已知真理的工具,毋宁说在更大的程度上是揭示未知真理的工具。语言的差异不在于语音外壳和符号的差异,而在于世界观本身的差异……任何一个人,只有在同自己认识和感觉的方法相适应的情况下,即只有用主观的方法才能接近客观世界。'每一种具体语言也就是进行这种个人评价的主观途径"。(据兹维金采夫,1962,337)这种论述的基本精神是完全正确的。确实,每一种语言表述客观世界的方式和方法是不一样的,各有它的"片面性"和"主观性"。"萨丕尔-沃尔夫假设"又在此基础上进了一步,提出语言决定思维的论断。这是一个值得深入推敲的重要问题。语言是观察思维的窗口,二者是相互制约的,"萨丕尔-沃尔夫假设"只单方面地强调语言的决定作用,恐怕有点言过其实。国内外的语言学家曾对这种假设进行过很多批判,不过大多失于简单化,抹煞了其中的合理内涵。语言对思维有重大的、深刻的影响,它以其独特的视角去表述和认识客观世界,这一点是没有任何疑问的。我们将以此为基础考察不同的编码机制和编码方式对思维的影响。

语言世界观是一个复杂的问题,现在还缺乏全面的研究,我们这里只想就思维形式、思维方式方面的问题考察语言对思维的影响,揭示语言世界观的一个侧面。

1.1.3.2 思维形式,现在一般就是指亚里斯多德所总结出来的关于概念、判断和推理的理论,这可以作为我们讨论问题的参照点,以便比较和分析,揭示以不同语言为基础的思维形式的特点。概念的性质就是对现实现象的归类和概括,是语言对现实进行编码的基础;一种语言的基本结构单位大体上都与思维中的概念相对应。概念的特点与语言的结构有密切的关系。诺思罗普(F. Northrop)认为概念的类型主要有两种,一种是用直觉得到的,一种是用假设得到的:"用直觉得到的概念……表示某种直接领悟的东西,它的全部意义是某种直接领悟的东西给予的。'蓝',作为感觉到的颜色,就是一个用直觉得到的概念。"用假设得到的概念与此不同,"它出现在某个演绎理论中,它的全部意义是由这个演绎理论的各个假设所指定的……'蓝',在电磁理论中波长数目的意义上,就是一个用假设得到的概念"。冯友兰(1947,30-33)认为诺思罗普对概念进行这样的区分"已经抓住了中国哲学和西方哲学之间的根本区别",因为西方的哲学以"假设的概念"为出发点,从而发展出数学和数理推理,用演绎推理的方法来论证,使用的语言严密而明确;而中国的哲学以"直觉的概念"为出发点,不表示任何演绎推理的概念,因而使用的语言富于暗示,言简意丰。马文峰、单少杰(1990,108)对这种以直觉为基础的思维方式又做了进一步的发挥,从形式和内容两个方面进行论证,最后得出这样的结论:"中国古典直觉思维在形式上表现为一种直接性思维,即思维主体对于对象的直接把握。这种直接把握具有突发性、超逻辑性和超语言性。'顿悟'是对这种突发性思维的典范表述。中国古典直觉思维从内容上说,主要是一种整体性思维。其一,思维主体本身作为整体而进入思维过程,即思维主体是以全部身心来把握对象的,是调动知、情、意等一切内在方面来体悟对象的;其二,思维主体与思维对象作为整体而进入思维过程,即思维主体与其对象是融合为一体的,常常表现为一种天人合一、物我合一、内外合一的整体性境界。"这一段话是对以"直觉的概念"为基础而形成的思维方式的一种恰当的描述。

思维方式的差异必然伴随着科学研究方法论的重大差异。冯友兰(1947,378-380,392-393)认为这种差异的核心就是"正"和"负":西方哲学的逻辑分析方法是"正"的方法,用演绎推理"告诉我们它的对象是什么";中国哲学的方法论正好相反,用的是"负"的方法,"告诉我们它的对象不是什么","在《老子》、《庄子》里,并没有说'道'实际上是什么,却只说了它不是什么"。所谓"负"的方法,就是一般不靠演绎推理的论证,而是从两种现象的相互关系中去把握一种现象的性质和特点,即一般所说的辩证法。中国哲学和西方哲学的思想方法,一"负"一"正",互相补充,"西方哲学对中国哲学的永久性贡献,是逻辑分析方法","正的方法的传入……给予中国人一个新的思想方法,使其整个思想为之一变"。这个论断完全正确,但我们这里需要补充的是,当中国人在"负"的思想方法的基础上吸收、补充西方人"正"的思想方法的时候,西方人也在进行着同样的工作,寻找和发展"负"的思想方法以补充他们的"正"的思想方法的不足。他们取得了巨大的成功。恩格斯的《自然辩证法》就是对这种"负"的辩证思维的一种总结。索绪尔的语言系统说是我们熟知的理论,它的方法论也是"负"的,从"不是什么"的角度去考察一个单位的价值。

如果说这些"负"的方法我们现在还说不出它们与中国哲学的"负"的思想方法有什么联系的话,那么英国的胚胎学家李约瑟由于无法用西方的机械论思想来解释胚胎的发育而转向中国的辩证思维、丹麦的著名物理学家尼尔斯·玻尔的互补理论接近于中国的阴阳学说并以阴阳作为他的标记,(普里高津等,1984,1-2)则是中国"负"的思想方法可以补充西方"正"的方法的不足的明显事实。这说明,不管是东方还是西方,由于社会和科学发展的需要都在自觉或不自觉地寻找别的思想方法以弥补自己的不足。了解这种思想方法的背景,对语言理论的独立的研究来说是有重要意义的。

思想方法的互补性吸收对科学的发展具有巨大的推动作用。这是社会进步的一种表现。《马氏文通》以来中国语言学的发展就是这种推动作用的一种具体表现。但是,这种"取人之长,补己之短"的吸收仅仅是一种补充,不能否定本民族固有的思维特点和它与其他民族思维方式的重大差异,而对于语言研究来说,这一点更为重要,因为不同民族思维方式的差异、知识结构的差异和科学研究方法论的差异,等等,归根结蒂,都与语言结构的差异相联系。概念是思维的一种基本单位,它在语言中的对应形式就是该语言的基本结构单位,在语言社团中具有心理现实性。在印欧系语言中这种有心理现实性的结构单位是词(word),而在汉语中是字;词对应于"假设的概念",字对应于"直觉的概念"。我们可以从词与字的原则区别中去分析印欧系语言结构和汉语结构的原则差异和不同民族的思维方式的特点。"假设的概念"和"直觉的概念"这两种类型的区分,正好与语言编码方式的两种基本原则相呼应。这说明,不同民族思维方式的差异应该从语言中去寻找它的原因。

1.1.3.3 使用印欧系语言的人们,其思维形式是以概念为基础的判断和推理。这是一种以"用假设得到的概念"为基础而产生的思维形式。判断在语言中的对应形式就是句子,因而在语言研究的初期,语法和逻辑就结下了不解之缘。现在通行的语法理论可以直接追溯到亚里斯多德的逻辑范畴说。范畴说的核心是关于 substance(实体)的理论。substance 一词,在索绪尔的《普通语言学教程》中我们译为"实质",而这里译为"实体",这是因为它们在各自的理论体系中的地位和含义不一样。索绪尔的 substance 一词与形式(form)相对,而在亚里斯多德的理论体系中与 substance、form 有关的有两对相互对应的概念:

  substance: accidents

  matter(实质):form(加于物质之上的具体形式)

这里与 form 相对的是 matter,而不是 substance,因而根据 substance 在亚里斯多德理论体系中的地位译为"实体"。

  实体论是亚里斯多德的范畴说的核心。亚里斯多德把现实分为 10 个范畴:实体、性质、数量、关系、地点、状态、情景、动作、被动、时间,其中实体是本质,其他 9 个范畴是偶有的属性(accitends),是用来表述实体的。例如"李宁是运动员"这样一个命题,"运动员"是偶有的属性,因为李宁小时候并不是运动员,而退役以后又成为企业家,是可变的,而"李宁"不管是运动员还是企业家,始终是"李宁",是不变的。实体在命题中的主要特征是主体(subject),从逻辑判断的结构来说,主体就是主词(subject),别的范畴都是表述这个主词的,因而是它的宾词(predicate)。这就是说,9 个偶有性范畴都是表述实体的,而实体不表述别的范畴;或者说,偶有性范畴都存在于主体之中,任何性质、数量、关系等都只能是主体的性质、数量和关系,等等。这是亚里斯多德的逻辑范畴说的基本思路,他的语法理论就是以此为基础展开的:能充当主词的词是体词(substantive word),或者叫作名词;能充当宾词的词就是谓词(predicative word),或者叫作动词;句子的结构与逻辑判断(命题)相对应,因而处于主词位置上的词语就是句子的主语(subject),处于宾词位置上的词语就是句子的谓语(predicate)。主词和主语,宾词和谓语,在汉语中是两个不同的词语,而在印欧系语言中原是同一个词,即主词和主语都是 subject,宾词和谓语都是 predicate。语法和逻辑的关系,根据上面的简单分析,可以简化为如下的结构公式:

   逻辑:实体…………偶有性
     主词…………宾词
   语法:主语…………谓语
     体词…………谓词
     名词…………动词(包括后来所说的形容词)

传统的语法理论和词类的划分大体上就是根据这样的理论建立起来的,和逻辑思维形式的关系非常密切。

  亚里斯多德的这种以二分法为基础的思维理论与印欧系语言的结构有密切的关系。希腊语是屈折语,有词形变化(accidence):名词有性、数、格之分,动词有时、体、态、式之别。词出现在句中不同位置上的变化是词的偶有属性,而词(现代语言学叫作"词位")则是从其偶然的属性中抽象出来的不变的单位,是出现在各种"偶然属性"中的"实体"。所以不少学者认为,如果亚里斯多德说的是另外一种结构类型的语言,他就会建立起另外一套逻辑理论体系。傅斯年(据周法高,1970,147-148)在谈到这一点的时候指出:"亚里斯多德的所谓十个范畴者,后人对之有无穷的疏论,然而这是希腊语法上的问题,希腊语正供给我们这些观念,离希腊语而谈范畴,而范畴断不能是这样子了。"J. Lyons(1968,274)也有类似的看法。这些论断都是很有道理的。这种在语言结构基础上产生的思维理论一旦形成,就可以反过来成为语言研究的理论基础。印欧系语言的语法研究,宽泛地说,以亚里斯多德的逻辑理论为基础分析语句的结构,从而得出主语、谓语和名词、动词之类的概念。这些概念一直沿用至今,说明印欧语的句法结构和亚里斯多德的逻辑理论确实存在着密切的关系。

反观汉语的结构,我们就找不出类似印欧语那样的句子和逻辑判断之间的直接对应关系,只要以语言事实为基础,谁都会得出这样的结论。我们不妨先看看哲学家的看法。冯友兰的看法已见于前述;张东荪(1936,89–99)联系汉语的结构看中国的哲学时发现了如下的一些特点:"我研究中国言语的构造,从其特别的地方发见大有影响于中国思想……第一点是在中国言语的构造上主语(subject)和谓语(predicate)的分别极不分明……例如'学而时习之,不亦说乎'……中国言语上没有语尾变化,以致主语与谓语不能十分分别,这件事在思想上产生了很大的影响。现在以我所见可举出四点:第一点是因为主语不分明,遂致中国人没有'主体'(subject)的观念;第二点是因为主语不分明,遂致谓语亦不成立;第三点因为没有语尾,遂致没有tense 与 mood 等语格;第四点是因此遂没有逻辑上的'辞句'(preposition,命题,判断——笔者)。"这是以欧洲人的思维形式和印欧语的结构为参照点来观察汉语的结构时得出来的结论。这种直观和比较说明汉语的结构无法纳入以印欧语为基础的逻辑体系中去分析。这些都说明以不同语言为基础的思维形式各有自己的特点,无法用亚里斯多德的逻辑理论来制定各民族统一的语法理论。

字与词的原则区别已经预示了汉人和印欧语人的思维形式的差异。差之毫厘,"谬"以千里。如果说,字与词有点类似用"橘子"去翻译 orange 那样,虽不确切,但还有点可比性的话,那么以它们为基础的其他思维形式和与之相对应的句法结构,相互之间的差异就要大得多了,甚至难以直接比拟。

1.1.3.4 从已知的判断(前提)推出新判断(结论)的过程称为推理。印欧系语言社团由概念、判断和推理组成思维的基本形式。推理的基本形式就是一般所说的三段论,是由亚里斯多德献给人类的一块瑰宝,至今仍是普通逻辑学的主要内容。它由大前提、小前提和结论三部分组成,是由前提为真而推出结论为真的过程。我们这里不想重复逻辑学家的抽象公式,而想借用吕叔湘(1954,133,135)在讨论汉语词类问题时批评高名凯的三段论式来说明这方面的问题:"高先生说汉语的实词不能分类,唯一的理由是汉语没有形态。摆成三段论法的形式,那就是:实词的词类是按词的形态划分的(大前提);汉语的实词没有形态(小前提),所以汉语的实词不能分类(结论)。"这里,只要有一个前提是非真实的,结论就不能成立。吕叔湘正是"把他的大前提动摇一下试试看"来批评高名凯的汉语实词不能分类的意见。我们这里不讨论这种意见的对错,而只想借此说明三段论。三段论是类的理论,其基本的特点是着眼于概念的外延,从外延上确定类的种、属的关系,"在范围方面,对于属的明确限定要比种大些。'动物'一词的运用比'人'一词的运用在外延方面较广"(亚里斯多德:《工具论》3b,21-23)。构成三段论的命题都是有种属关系的类关系的反映。这在后面与汉语社团的思维形式的比较中更能显示出它的特点。(§1.1.3.5)这是在印欧系语言的结构基础上产生的思维形式。梵语也是一种印欧系语言,看看印度人的思维形式是不是与欧洲的印欧语社团一致,这将有助于了解语言与思维的关系。

印度人的推理形式不说三段论,而说三支论,这两种理论之间的关系,我们可以先引述虞愚(1936,36)的比较表:

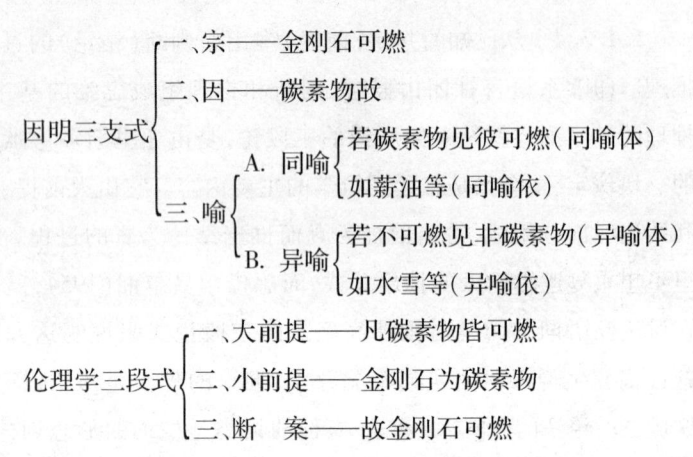

```
           ┌ 一、宗——金刚石可燃
           │ 二、因——碳素物故
因明三支式 ┤           ┌ A. 同喻 ┌ 若碳素物见彼可燃(同喻体)
           │           │         └ 如薪油等(同喻依)
           └ 三、喻 ┤
                       │         ┌ 若不可燃见非碳素物(异喻体)
                       └ B. 异喻 └ 如水雪等(异喻依)

             ┌ 一、大前提——凡碳素物皆可燃
伦理学三段式 ┤ 二、小前提——金刚石为碳素物
             └ 三、断  案——故金刚石可燃
```

"因明三支式与三段论法,同为三部所组成。惟其次序略有不同,形式伦理之三段论法,先示大前提,次示小前提,后示断案;而因明三支式,先示立论宗旨,Thesis(Siddhanta)相当断案,次示立论所依之因由,Reason or Middle term(Hetu)相当小前提,后举譬喻 Example(Udaharana)以证宗,相当大前提也。"所以三段论与三支论的基本精神一致,只是排列的次序有别。各自独立发展起来的思维理论如此一致,其间的基本原因就是相互间有共同的语言基础,都是在印欧语基础上诞生的逻辑理论(它们的异同,读者可参看巫寿康,1993)。

总之,印欧语社团的思维方式着眼于外延,进行演绎推理,认知现实中的具体的现象。这是以"假设的概念"为基础而形成的思维方式。汉语的结构与印欧语有原则的区别,因而和它相联系的思维方式、思维理论也就不能不是另外一种形态了。

1.1.3.5 对类概念的认识,汉语社团并不晚于亚里斯多德。公元前5世纪的墨子已有"以类行"、"以类取"、"以类予"的论述,荀子也有"大共名"、"大别名"的分析,但由此而产生的思维方式,汉语社团走的是一条与印欧语社团不同的道路,总的特点是着眼于内涵,用联想的方式挖掘并建立事物之间的联系,用横向的比喻来认识事物的性质和特点,而不是像印欧语社团那样的三段论式的演绎和推理。冯友兰(1947,15-17)在谈到"中国哲学家表达自己思想的方式"时说,《论语》每章寥寥数语,而且上下章几乎没有什么联系,一部《老子》仅5000字,却可从中见到老子哲学的全体,"这是由于中国哲学家惯于用名言隽语、比喻例证的形式表达自己的思想。《老子》全书都是名言隽语,《庄子》各篇大都充满比喻例证。这是很明显的。但是,甚至在上面提到的孟子、荀子著作,与西方哲学著作相比,还是有过多的名言隽语、比喻例证。名言隽语一定很简短;比喻例证一定无联系";"习惯于精密推理和详细论证的学生,要了解这些中国哲学家到底在说什么,简直感到茫然"。"名言隽语"讲的是内容简而精,富有暗示性和启发性,而"比喻例证"是讲不同于三段论思维的一种论证方式,这种方式集中表现在"比类取象"和"援物比类"两个论断上。(王前、刘庚祥,1993)

"象"是中国古典哲学中的一个重要概念。"圣人有以见天下之赜,而拟诸其形容,象其物宜,是故谓之象";"书不尽言,言不尽意……圣人立象以尽意"(《易传·系辞上》)。这个"象"不同于感性层次的现象,其中也包含着对事物本质的认识。它与西方哲学中的感觉、知觉、观念、概念、判断、推理等都不等价,是用来表达事物的性质和变化的规律的。这里包含中国传统的抽象思维的两个重要环节:"取象"和"尽意",前者是对"象"的规定,讲的是如何将客观的存在转化为主观的认识,实现的办法,是根据理据性的直觉来"比类取象";后者是对"象"的阐释,讲的是如何将主观对客观的规律性认识表述出来,使之变成人们的共同知识,其实现的办法是"援物比类"。两者都有"比类"二字。什么是"比类"? 通俗地说,"比类"就是联想,比喻例证,通过事物间的横向比喻来解决"取象"和"尽意"两个问题。比方说,人的脸色苍白,舌色淡白,脉搏迟弱,中医谓之"虚寒"之象,表明阳气虚弱,气血不足。所以"象"既与某种特定的现象相联系,同时也可以把它与不同的现象相比拟,以说明这种"象"的性质。所以,"取象"就是把某种特定的现象与有关的现象联系起来,找出其间的规律性联系,借此去把握"象"的性质和特点。这里不考虑有关现象之间的"种"与"属"的关系,也不是对某种特定外延的事物的性质进行抽象和判断,而完全是在横向的联想和比喻中实现的。这是汉语社团的思维方式的一个重要特点。

"尽意"的办法是"援物比类",就是通过联想、比喻例证的桥梁在看来是毫不相干的现象之间建立起联系,用比喻来说明"象"的本质,即在不说出"象"的本质特征"是什么"的情况下说清楚它的本质特征,如果拿西方人的思维方式做参照点,这里有点像推理,用具体的、人们容易理解的现象去比喻说明事物的抽象本质。因此,比喻的正确与谬误、深刻与肤浅、合适与不合适,完全决定于人们的生活经验、文化素质和理论修养。如果一个人有良好的素质,善于灵活思考,他就能在思维的王国里自由翱翔,不会受到三段论式的前提的束缚,反之,就只能局限于某类现象的框框内,难以说清楚它的性质。这里可以用汉魏六朝时期的学者关于"形"、"神"关系的分析来说明这个问题。桓谭把两者比喻为"精神居形体,犹火之燃烛矣";王充改换了比喻,是"人之精神,藏于形体之内,犹粟米在囊橐中也";嵇康则比喻为"精神之于形骸,犹国之有君也"。范缜的《神灭论》也用比喻来说明"形"与"神"的关系,但要深刻得多,是"形之于质,犹利之于刃;形之于用,犹刃之于利。利之名非刃也,刃之名非利也;然而舍利无刃,舍刃无利,未闻刃没而利存,岂容形亡而神在"? 这种联想式的比喻也可以说是推理,只不过所比喻的两个"类"之间不像三段论的前提与结论那样,存在着种、属那样的必然性联系,而完全依靠人们的联想在两类完全不同的现象中抽象出某种共同的本质性特征,借此以"尽意"。

这种"比类取象"和"援物比类"的思维方式渗透于各个领域,古典文学中的比、兴手法就是这种方式的一种具体表现。过去没有一种通俗的说法来概括指称这种思维方式,我们不妨称之为"两点论",即在"类"与"象"这两个"点"之间建立起联想,用比喻例证的方法来说明事物的性质,以达到"尽意"的目的。这恐怕是以"直觉的概念"为基础的思维方式的一种特点,语言的结构特点自然与这种思维的特点有紧密的联系。

1.1.3.6 两点论的思维方式不管事物外延上的种、属关系,而只着眼于事物内涵间的联想和比较,这与汉语的基本结构单位"字"有密切的关系。字是有理据的,它的最突出的特点就是它的顽强的表义性,反对成为一种纯粹表音化的符号;这个问题后面还要具体讨论,(§1.4.3)这里不赘。赵元任(1975,246-248)在谈到汉语的字对思维的影响时指出:"音节词(即我们所说的'字')的单音节性好像会妨碍表达的伸缩性,但实际上在某些方面倒提供了更多的伸缩余地……我还斗胆设想,如果汉语的词像英语的词那样节奏不一,如 male 跟 female(阳/阴),heaven 跟 earth(天/地),rational 跟 surd(有理数/无理数),汉语就不会有'阴阳'、'乾坤'之类影响深远的概念。两个以上的音节虽然不像表对立两端的两个音节那样扮演无所不包的角色,但它们也形成一种易于抓住在一个思维跨度中的方便的单位。我确确实实相信,'金木水火土'这些概念在汉人思维中所起的作用之所以要比西方相应的'火、气、水、土'('fire,air,water,earth'或'pur,aer,hydro,ge')大得多,主要就是 jīn-mù-shuǐ-huǒ-tǔ 构成了一个更好用的节奏单位,因此也就更容易掌握。"这里说到的"阳/阴"、"乾坤"和"金木水火土",在汉人的思维中确实起着重要的作用,赵元任讲到了它们与"字"的关系,但还没有从思维规律本身进行讨论。用两点论的思维方式来考察这些概念,就会发现它们无不充满对立统一的辩证精神。古代人们观察自然现象时发现万事万物无不存在相互依存的对立统一,就以"阴"、"阳"这两种现象为纲,统率说明有关的现象:日属阳,月就属阴;天属阳,地就属阴;白天属阳,黑夜就属阴;火属阳,水就属阴……由于光与火是热的,因此由此类推出热性的事物属阳,凉性的事物属阴;火焰是动的,有向上的特性,因此一切运动的、向上的事物属阳;水液是静的,有向下的特性,因此一切静止的、在下的事物属阴……阴、阳两个方面可以在一定的条件下相互转化,如地面上的水(阴)通过蒸发变成气体就变成了"阳"……与阴、阳一起在汉人思维中起着重要作用的还有金木水火土的"五行"说,每一"行"以及"行"与"行"之间都处于相生相克的关系之中。这里没有三段论式的推理,完全根据对立统一的规律和相互联系的观点去"比类取象"和"援物比类",以汉人特有的方式进行思维。这种对立统一的辩证联系渗透于汉语的结构,字音的结构原理、字义的结构原理、辞的结构原理和句法结构的基本原则等等,无不与这种对立统一的两点论精神相联系。不用两点论的精神去考察汉语的各个层次的结构,我们就很难把握汉语结构的实质。

"阴阳"和"五行"是汉语社团的联想式思维的表现形式,赵元任特别提出这两个方面,对了解语言与思维的关系是很重要的,值得进一步深入研究。赵元任根据这些概念的节奏特点以及其他如成语、格言、谚语、警句、对仗等所表现出来的节奏的影响,得出了一个非常重要的结论:"在中国人的观念中,'字'是中心主题,'词'则在许多不同的意义上都是辅助性的副题,节奏给汉语裁定了这一样式。"我们在这里再一次强调赵元任的这一论断,恐怕不是多余的,因为两点论的思维方式与理据性的字之间存在着紧密的联系。

1.1.3.7 亚里斯多德的逻辑理论和三段论的推理方式是演绎性

的,但也是封闭性的,从前提可以推导出结论,而汉语社团的两点论的思维方式与此不同,用联想性、比喻性的论述来说明问题的实质,因而呈现出跳跃性、开放性的特点,可以凭思维的想象力把外延上无种、属关系的两点联系起来,提炼出某种共同性的特征。

三段论是一种形式逻辑的理论,它的诞生有其自己的土壤和条件。冯必扬(1993)对这个问题进行过很好的分析,认为亚里斯多德所以能发现三段论,是由于他从概念的外延方面去认识类与类之间的规律性联系,从而摘取人类思维树上的三段论奇葩。冯必扬为中国古代哲学家未能发现三段论而遗憾。这似乎大可不必。以汉语为基础的思维方式一直偏重于内涵,与印欧语社团的思维一开始就呈现出不同的发展趋向:三段论的思维重外延,是形式的,封闭的,而两点论的思维方式重内涵,是辩证的,开放的。"当希腊人和印度人很早就仔细地考察形式逻辑的时候,中国人则一直倾向于发展辩证逻辑。"(李约瑟,据冯必扬,1993)形成这种差异的根源,从思维的基础性概念来说,一是以"假设的概念"为基础,一是以"直觉的概念"为基础;从语言的结构来说,就在于初始编码机制的差异。汉语的编码机制一开始就偏重于符号的音义结合的理据性,因而以此为基础而发展起来的理论自然容易偏重于"内",偏重于直觉,偏重于语义;而印欧系语言的编码机制以约定性为基础,需要将约定性的符号转化为有理据性的结构才能进入下一轮的运转,比汉语的编码多了一道手续。这种差异就使汉语和印欧语两个言语社团的思维方式和语言结构呈现出重大的差异。我们不能用印欧语社团的思维方式和语言结构来评述汉语社团的思维方式和语言结构的短长,当然,也不能根据汉语社团的标准去衡量印欧语社团的优劣。它们各有自己独特的发展道路。

1.1.3.8 在"现实-语言·思维-现实"这个公式中,在将第一个现实转化为语言的编码体系时,语言和思维是相互依存的,不同的语言在开始时出现的一点小小的差异就会对往后的发展道路产生决定性的影响,使它们向着不同的方向发展。汉语和印欧语的编码方式的差异、思维方式的差异,自然会对语言的结构基础带来深刻的影响。

四 语言的两种结构类型

1.1.4.1 语言是现实的编码体系。汉语的理据性编码机制和印欧系语言的约定性编码机制自然不能不给语言的结构带来重大的影响。理据性的编码直接构成语言的规则,突出语义;而约定性的编码在构成语言规则的时候要多走一道手续,因为只有把约定性的符号组合起来才能表现出符号的理据和规则,因此突出的是语法,即构词法和造句法。汉语和印欧系语言是这两种编码机制的代表,因而我们可以从中观察两种语言结构的原则差异:汉语的突出特点是语义,而印欧系语言的突出特点是它的语法结构,因此我们可以把印欧系语言叫作语法型语言,把汉语叫作语义型语言。语法型语言重点研究"主语-谓语"的结构和与此相联系的名词、动词、形容词的划分,而语义型语言的研究重点是有理据性的字,突出语义、语音及其相互关系的研究,而不讲主、谓、宾和名、动、形之类的语法。两种不同类型的语言的研究各有自己侧重。

把语言的结构分成语法型和语义型,这与当前流行的理论大相径庭。其实,这不完全是我们的新发明。索绪尔(1916,184－185)早就说过:"不可论证性达到最高点的语言是比较着重于词汇的,降到最低点的语言是比较着重于语法的。""超等词汇的典型是汉语,而印欧语和梵语却是超等语法的标本。"我们与索绪尔不同的地方只在于音义结合的不可论证性(约定性)之类的编码方式在汉语和印欧语中的不同地位的认识。这已见于前面的分析,这里不再重复。

1.1.4.2 语言研究的传统凝聚着我们的先辈对语言结构特点的深刻认识。尊重传统,继承和发展传统,这是我们进行语言研究的时候不可背离的一条原则,而且也可以从传统中悟察语言结构的特点。

语法研究在印欧系语言的研究中有悠久的传统,而语义的研究却是它的一个非常薄弱的部门,直至今天也还没有摆脱这种情况。汉语的研究正好与此相反,有悠久的语义研究传统,而没有语法研究的历史。汉语最早的专业性语文书是《尔雅》、《方言》、《说文解字》和《释名》,它们从不同的角度研究汉语的语义问题。杨树达(1941b,213-214)曾对此有过具体的分析,认为小学以义训为主,"语其流别,大要分为四宗":《尔雅》"以今语释古言,立于时者也";《方言》"以通语释殊言,立于地者也";《说文》"溯古文,考籀篆,形必丽于义,义不违其形,形义相比,不失累黍,此以形说义者也";《释名》"谓语必有柢,皆寓于音,得其本源,义诂斯显,此以音说义者也"。这与我们前面分析的汉语突出语义的特点是完全相呼应的。

不同语言研究的传统都是对各自的语言进行忠实的研究的结果。为了进一步突出印欧系语言结构的语法特点和汉语结构的语义特点,不妨把两个传统的代表性著作排比一下,或许可以从中看到一些有价值的线索:

      印欧语   汉 语
公元前4-前3世纪 巴尼尼语法(印度) 《尔雅》
       亚里斯多德的语法理论
公元前2-前1世纪 《希腊语语法》(D. Thrax) 《方言》
公元1世纪   《说文解字》、《释名》

印欧系语言的研究基本上都是有关语法的问题。巴尼尼语法和亚里斯多德的语法理论前面已经讨论。特雷克斯的《希腊语语法》是印欧语语法研究的一本权威性著作,它的八大词类(名词、动词、分词、冠词、代词、介词、副词、连词)和词的形态变化的分析对后来的语法研究都有很大的影响,"事实上,特雷克斯所做的描写被认为是权威性的。早在基督纪元开始时它已被译成亚美尼亚语和叙利亚语,而且成为拜占庭评论家或注释家广泛评论和注释的课题。它一直被奉为标准著作达1500年之久。一个现代著作家宣称,几乎从每一本英语语法教科书中都能看到某些痕迹,表明它受益于特雷克斯"(罗宾斯,1979,37)。这些都是语法的研究,很少涉及语义问题。这种研究的重点和悠久的传统说明印欧语的语法型语言的结构特点。语言学史的比较研究不能忽视这种重要的线索。

汉语是一种语义型语言,它的结构单位"字"没有形态变化,在造句的时候不受形式变化的牵制,因而没有印欧语类型的那种构词法和造句法。两种不同类型的语言为什么会在结构上形成如此重大的差别?这可能就是以约定性为编码基础的语言比以理据性为编码基础的语言"多一道编码手续"而给语言结构带来的深刻影响。

1.1.4.3 具体问题需要进行具体的分析。不同质的矛盾需要用不同质的方法去解决。不同结构类型的语言应该用不同的理论和方法去分析。大体说来,语法型语言可以用形态性原则去研究,印欧系语言的研究历史已为此做出了有说服力的注释,说明它是研究这种类型的语言的一种行之有效的方法论原则。语义型语言的研究应该另辟蹊径,适合用临摹性(iconicity)原则去研究,不能套用形态性原则的一些程序和手续。

临摹性原则是实现理据性的一种重要方法,它首先是由皮尔斯(Peirce)于1932年(据Haiman,1980,515)提出来的。皮尔斯把符号的临摹性分为两种类型,一种叫肖像临摹(iconicimage),它必须与它所指的事物相似,如相片、雕塑、语言中的拟声词;一种叫图像临摹(iconic diagram),它是符号的系统排列,其中没有一个符号和它所指的东西相似,但是符号之间的关系必须表现它们所指事物之间的关系,如技术图案、无线电线路、橄榄球队的阵容等。这两类临摹性后来海曼(Haiman,1985)简化为"成分临摹"和"关系临摹"。语言是现实的编码体系。语言的规则实质上都是现实的规则在语言中的投射,只是投射的方式有差异。把临摹性原则引入语言的研究是很有意义的,特别是对语义型语言的结构来说,用临摹性原则来描写,恐怕是一种有成效的方法论原则。不少学者已经在这方面提出了一些有意思的问题。"语言中成素的次序平行于实际的经验或认识的顺序",这是皮尔斯关于语言临摹性原则的一句名言,研究语序的语言学家差不多都要引用这句话。雅科布逊(1980,269)在引用这句话之后做了如下的解释:"在非强调的话语中,第一个词不仅时间在前,而且也比较重要(例如'总统和部长'的顺序多于'部长和总统'的顺序),或者表达最重要的信息。"雅科布逊着眼于语言的普遍特征,用临摹性原则来解释这种特征。成分临摹和关系临摹,不同的语言都会碰到这种临摹性的问题,但其所占的比重和所处的地位,相互间有很大的差异。印欧系语言在对现实进行编码的时候由于要受到形态性原则的制约,这种临摹性原则的比重就相当轻,至少其表现形式相当隐晦,而汉语的情况却正好相反,无论是就符号与对象的关系来说,还是就符号的结构规则与现实的规则的关系来说,临摹性原则都处于主流或统治的地位。

1.1.4.4 编码机制的差异引发了思维方式和语言结构的差异,语言理论的研究应该充分考虑这方面的差异以及由此而给语言研究带来的深刻影响。

第二章　语言的结构原理

一　共时、历时的划分和静态的语言系统说

1.2.1.1　前一章我们讨论了语言与现实的关系,现在集中讨论语言本身的结构。不管是语法型语言,还是语义型语言,都是人类最重要的交际工具;可能正是由于这一点,不同语言的运转和演变都受一些共同的结构原理支配,相互间隐含有一些重要的普遍特征(universals)。如何把这些共同的结构原理揭示出来,这是语言理论研究的任务。语言结构的原理就是人们经常说的语言系统的学说。洪堡特曾讨论过语言系统的问题,(§1.1.1.5)由于当时的语言比较研究还没有普遍展开,在理论建设上有点超前,因而百余年来没有引起多大的影响,一直到本世纪的60年代前后,即在洪堡特死后120多年以后,转换-生成学派的乔姆斯基才从他那里接受了语言创造性的学说建立起当代最有影响的语言生成理论。洪堡特之后最有影响的理论语言学家自然要首推索绪尔,它的语言系统的学说影响了好几代语言学家的语言研究的方向。索绪尔的代表作是《普通语言学教程》,这是他死后由他的学生根据笔记于1916年整理出版的。这本著作为语言学开创了一个新的历史时期。

索绪尔的语言系统说的具体内容人们已经说得很多,这里没有必要重复;我们只想强调几点:第一,索绪尔的语言系统说的核心是以

组合关系和聚合关系为标志的语言共时状态的结构。这种结构的性质是线性的:组合关系是结构单位的线性组合,聚合关系则是线性组合的特定位置上结构单位之间的替换关系或选择关系。第二,这种系统说的理论基础是索绪尔的时间观,严格区分共时和历时,认为语言要素之间的相互作用的关系只存在于语言的共时状态之中,因而语言系统的研究必须排除历时的干扰;索绪尔关于语言与言语的划分、语言的"内"与"外"的划分、共时和历时的划分、实质与形式的划分等等,都可以从这种时间观中找到它的根据。这就是说,时间观是语言研究的一种方法论基础,不同的语言理论都会打上不同的时间观的烙印。这个问题后面结合语言理论的发展再进行具体的讨论。第三,在本世纪初所以能诞生这种语言系统的理论,这不是偶然的。首先,上一世纪的70年代及其以后的几十年,青年语法学派关于语音规律的研究和类推学说日趋成熟和完善,为语言系统理论的诞生奠定了坚实的基础;其次,科学思潮的发展为语言理论研究开辟了广阔的前进道路,索绪尔的语言系统说实际上就是把当时"相互作用关系组成的集合开始成为注意的中心"这种科学发展的思潮应用于语言研究而取得的一项成果。(§1.1.1.6)

以"共时"这种时间观为基础的语言系统说的特点就是一个"静"字,把语言放在一种理想状态下进行研究,排除任何诸如社会、历史、生理等等因素的干扰;也就是说,把语言这种人类最重要的交际工具从与它有联系的环境中分离出来,作为一种同质的(homogeneous)、自足的系统加以研究。这一世纪比较有影响的几种语言理论大体上都是这种理论的不同表现形式。我们把语言定义为"现实的编码体系",显然与这种自足系统的精神不一致,但这不是说我们的理论是从天上掉下来的,与它无关;我们只是想在这种理论的基础上前进一步,使理想状态的语言研究向实际状态的研究转化,因为理想状态的研究有很大的局限。鉴于此,我们需要结合语言学的发展对这种理论的成效和局限进行一些评述,以便为我们的研究开辟前进的道路。

1.2.1.2 索绪尔的语言系统的学说一般都把它看成为语言学史上的一次"革命",这是有道理的,因为它使 19 世纪"原子主义"的语言研究转化为系统的研究,促进了结构语言学的诞生和发展。结构语言学一般分为三个学派:哥本哈根学派、布拉格学派和美国的描写语言学派,它们从不同的侧面继承和发展了索绪尔的语言系统说:哥本哈根学派强调语言的形式,布拉格学派强调功能,而美国的描写语言学则主要强调语言的组合关系。哥本哈根学派由于想建立一种能适合于人类一切语言的理论,因而很抽象,在实际的语言研究中影响不大。布拉格学派由于二次大战的爆发而解体,其中不少有影响的语言学家,如雅科布逊等,都到了美国,与美国的描写语言学派合流。后来法国的马尔丁内(A. Martinet)继承和发展了哥本哈根学派和布拉格学派的理论精神建立了他的功能语言学,成为结构语言学在欧洲的一个重要代表。从总体来看,在三个结构语言学派中影响最大的是美国的描写语言学,可以说在相当长的一个时期中它一枝独秀,成为语言学发展中的一个主流学派。

美国的结构语言学主要是在组合关系方面发展了索绪尔的语言系统说。这一学派对系统的理解可以概括为线性的二层结构,即第一层是语音,第二层是语法;语法的结构单位是语音结构单位的线性组合。这种看法在布龙菲尔德发表于 1939 年的 Linguistic Aspects of Science 一书中就已经露出端倪。他认为:"语言研究的首要任务是把语言分成有区别的音,它们有哪些变异,以及其他。完成以后,就转而分析语义结构——即我们所说的语言的形态和句法,它的语法系统。"或许可以说,这是美国结构语言学的理论雏形,还不大细密。后来美国的结构语言学家循着布龙菲尔德的这种思路对语言系统的结构框架进行了一些改进,并做出明确的理论性的描写和论述。格里森(A. Gleason,1961,1-13)在《描写语言学导论》中的分析可以代表这一学派的看法。他认为语言的结构可以分为表达(expression)和内容(content)两个方面;语言学只研究表达的方面。音位是表达系统的最基本的单位,数量有限,一种语言只有几十个音位,但整个表达系统就是以这些有限的单位为基础构成的。语素是表达系统的第二个基本单位,通常由一个或几个音位构成;它是和内容系统相联系的一种表达系统的基本单位,"语言学家把音位和语素作为基本单位来研究就可以建立语言表达系统的完善理论……这通常称为描写语言学"。为什么只有表达系统而没有内容系统?格里森列举了三点原因:第一,语言学家对语言两面性的真正意义认识太晚,因为表达系统的有成效的研究使语言学家比较关注语音的分析,而忽视内容的研究;第二,缺乏精确的、严格的方法;第三,内容系统太复杂,本质上是人类经验的全部总和,难以进行全面的研究。就结构语言学来说,这种看法是比较客观的,没有像后来哈里斯(Z. Harris)等语言学家那样绝对。概括上述看法,就是:语言是一种线性的表达系统,分两层,第一层是音位系统,基本的结构单位是音位(phoneme);第二层是语法系统,基本的结构单位是语素(morpheme);这两种结构单位都以-eme收尾,性质一样,都是从连续的语言事实中分离出来的离散性结构单位,汉语因初期翻译的不一致,一译成"位",一译成"素",已经习惯成自然,难以统一。表达系统的这两个结构层面的结构关系可以概括为"组成"和"同构"(isomorphism)。

所谓"组成"关系,就是第二个结构层面的单位"语素"由第一个层面的单位"音位"组成,"结构主义的基本观点认为,语言的确是由语素构成的序列,即语素的'线性结构'组成,同样,虽然在不同的层次上,语言也由音素的线性结构组成。一般地说,语素比音素大;事实上,语素是由音素组成的,这就成了一条规定:语素必须由一个音素或者一个以上的音素组成。比方,singing 应当说是由音素/s//i//ŋ//i/和/ŋ/以及语素 sing-和-ing 构成"(帕默,1971,115 – 116)。这种观点给美国结构语言学的方法论带来了深刻的影响,主要表现在:"语言分为若干层次,较高层次依靠下一层次。较低层次整理好之前,不能进入较高层次。结果是结构主义者在其理论著作中十分重视音位学,相当重视形态学,极少注意句法,几乎不研究语义。结构主义者把语言层次间的依赖关系看作是单向的,而不是相互依属的,因此他们就不可能看出:描写语言的音素(位)时不参照语素,和描写语素时不参照音位,同样是行不通的。"(鲍林格,1975a,228 – 229)

"组成"是就高、低两层的结构单位的关系来说的,至于两个层次本身的内部结构关系则是同构。"同构"原来是一个数学概念,指的是:两种分子的集,不论分子的本质如何,在结构上相同。要确立两个集之间具有同构关系,必须具备如下的条件:两个集所包含的分子数目相等;甲集中每一分子都可以在乙集中找到相互对应的分子;甲集中各分子之间的关系与乙集中各分子之间的关系相同。结构语言学家把这个概念引入语言研究,借以说明语言两个层面的结构关系;由于相互同构,因而可以用音位的研究方法来研究语法,其具体的原则就是替换(substitution)。音位的替换原则人们很清楚,用对立和互补的办法切出音韵要素(phonological segment),找出音子(phone);一个音子代表一个音位(phoneme);从来不在同一环境中出现的音子可以根据互补的原则把它们归并为一个音位,它们是同一音位的不同变体(allophone)。根据同样的原则可以从语流中分出形态要素(morphological segment),然后找出语子(morph)、语素(morpheme)和语素变体(allomorph),和语音层的概念平行、对称。找出这些单位的替换原则,哈里斯(1946,14,15)对此有一段明确的论述,认为"替换是描写语言学的基本方法。这种方法不但在音位学里是必要的,而且在开始确定语素的时候以及辨认语素与语素之间的界限的时候也是必须的",后来他把"语素"的概念扩大为"语素的序列",因而语法分析"除了语素和语素序列之外,不需要其他的单位,除了替换(常常反复使用)之外,不需要其他手续"。替换,这是结构语言学语言分析方法的基本原则,是对同构理论的一种具体描述。

1.2.1.3 语言的二层结构是一种线性的"组成"关系,这是美国结构语言学的立论基础;如果这一基础有漏洞,它的其他理论也就失去了可靠的根基。随着研究工作的深入展开,学者们发现,这种"组成"说是不能成立的。霍盖特是美国后期结构语言学的一个代表人物,他经常能提出结构语言学内部的一些矛盾。1961年,他发表的《语言的各种单位及其关系》一文曾以 knife 和 knive- 为例,讨论"语素由音位的组合构成"这一理论的内在矛盾,指出"(1) knife 和 knive- 是同一语素;(2) knife 和 knive- 包含的音位不同;(3)语素由音位组成"这三个论断中,任何两个论断的联合就必然会否定第三个论断;即使用语素音位(morphphoneme)或语子(morph)这种中介性的结构单位来调和这种矛盾,也难以解决问题,因为"语素音位是一种设计出来的假的音位,以便可以把语素解释为由它们所组成。语子则是一种设计出来的假的语素,以便可以把音位解释为它们的组成成分。但是无论用哪一种方法,在从语素到音位的这条线上,'组成'关系只不过是其中的一段,其余的一段则是与此不同的一种关系"(霍盖特,1961,9)。英国的帕默(1971,115-133)继霍盖特之后,又从名词复数词尾的交替形式/s//z//iz/和音位的关系、knife ~ knives 之类的不规则变化、sheep 的单复数同形、child ~ children 的异常变体-ren 的处理、take ~ took 之类的不规则形态交替以及法语的"负"成分等方面进行了具体的分析,用大量的事实说明不能用"音位的线性组合组成语素"这一理论来解释音位和语素之间的结构关系,很有说服力。这些批评都着眼于理论与事实的矛盾,还没有从正面阐述不同层面之间的结构关系,但它们已足以说明语言的线性结构理论的一些局限性。

第二,语言具有线性的结构性质,这一点毋庸置疑,问题是它在语言的整体结构中处于一种什么样的地位上。是局部性的?还是全局性的?能不能用线性的特点来说明语言整体的复杂结构?回答是否定的。前面说过,语言是现实的编码体系,是负载信息的音流,虽然在表面上呈线性的状态,但实际上负载着反映现实现象的信息,因而我们说它是在线性的音流中隐藏着非线性的结构。非线性是语言结构的本质特征,而线性则是语言的局部的、表层的结构特征。它的最严重的弱点就是把意义和体现语言运转和演变机制的变异排除出语言研究的范围。意义是语言结构中的一项重要内容,用线性的理论解释语言的结构,意义就无立锥之地,因为它与语音不可能处于线性的结构关系之中。结构语言学家后来也发现他们在这个问题上出了毛病,进行了一些必要的检讨,(§1.2.1.2)但为时已晚,无法影响线性理论的修正与补充。

第三,语言结构的线性理论把语言看成为一种僵硬的(rigid)系统,没有弹性,因而难以说明语言的灵活运转和它的演变。布龙菲尔德(1927)认为,"语言的变化最终是由于个人偏离僵硬的系统。即使在这里,个人的变异也是无效的。要形成一个变化,必须是整群说话者由于我们不知道的某种原因而都做同样的偏离。语言的变化并不反映个人的变异,似乎是群众的、一致的和逐渐的演变,在任何时候系统都是僵硬的",没有弹性。这种论断由于以"语言是没有弹性的僵硬系统"为前提,因而认为语言的变化总是绝对的:要么整群说话人恪守着僵硬的系统,没有变化;要么整群说话人同时偏离这种僵硬的系统,产生语言的变化,没有介于两者之间的可能。显然,这与语言的实际状况大相径庭。至于整群说话人为什么会同时偏离僵硬的语言系统,布龙菲尔德认为是"由于我们不知道的某种原因"。这个结论在他的《语言论》(1933,477)中说得更明确,认为"音变的原因是不知道的"。这个论断对此后的语言研究产生了严重的消极影响。为什么会出现这种情况? 这主要是由于自索绪尔以来把语言看成为一种封闭的、静止的、自足的线性系统的结果。(徐通锵,1989a,1990a)

1.2.1.4 结构语言学的线性结构理论的弱点实际上也是索绪尔的语言系统说的弱点,究其原因,可以归结为他的时间观。索绪尔把语言中的时间看成为时轴上的一个"点";基于此,空间也只是一个"点",把语言学的研究对象局限于个人方言(idiolect),而在个人方言中也只是研究某种风格的理想状态的语言。前面所说的语言线性结构说的三方面弱点都可以在这个"点"上找到它的原因:语言学研究的既然是"点"上的语言,自然需要把言语、语言的"外"、历时等排除出去,建立一种理想状态研究"点"上语言的组合关系和聚合关系;组合呈线性,自然需要把意义排除出去;"点"上的语言自然只能是没有弹性的僵硬系统,非此即彼。所以,索绪尔的时间观是形成静态的语言系统线性说的理论基础,应该进行一些具体的剖析。

把时间仅仅看成为时轴上的一个"点",尽管在索绪尔建立语言系统说的当时是需要的,不然难以研究"相互作用关系组成的集合",但是不能否认,这种理解太狭窄,应该随着语言研究的发展而加以改进和完善。问题是人们早就发现了问题,但却仍旧沿着这一狭窄的道路前进,一直到走进死胡同。布龙菲尔德(1933,355)曾经强调:"任何言语社群的语言在观察者看来总是一个繁复的信号系统……一种语言在任何时刻呈现在我们面前的都是词汇和语法习惯的稳定结构。然而这是一种错觉。每一种语言时时刻刻都在经历着缓慢而不断的语言演变过程。"这说明布龙菲尔德早就感到"共时"的"时"是一种错觉,但是他没有能找出摆脱这种错觉的途径。

继布龙菲尔德之后,霍盖特(1942)讲得更明确,认为这是一种虚构:"描写程序设定了一种虚构(fiction),即处理的各种话语均无时间、空间或社会的次序(order)。这一虚构只在材料涉及的时间、空间或社会的幅度(span)相当小的情况下才有效,如果我们把古英语的记载当作单个的无秩序的集时它就垮了。如将言语习惯在时间上的实际演变过程描绘成一条曲线,那么描写技术对实际情况的近似值可用在曲线的一定点上的切线来表示。"当时,霍盖特以及其他的结构语言学家并没有感到这种"虚构"有什么不对,因而循着这条道路继续前进。直到60年代末,由于转换-生成学派的兴起和冲击,结构语言学家经过痛苦的反思,才不得不承认以"共时"的"时"为基础的语言研究的严重局限性。霍盖特(1970,10-18)在回顾结构语言学的发展之后指出,描写语言学家们不但求助于比喻(如上述的"曲线"、"切线"之类),而且充满"错觉"、"方便"(赵元任认为"共时"是"为了方法论的方便而立出的科学的虚构")、"虚构"之类的词语,使人迷惑不解的是,这些词语的出现不是抱歉地承认方法论上的缺点,反倒成了语言研究的正当理由。霍盖特认为结构语言学在这条"虚构"的道路上走得最远的是哈里斯的研究,并把他的某些文章称之为游戏语言学(game-playing linguistics)。"游戏"的主要内容就是在分布中转来转去,陷入形式主义的泥潭。这些现象说明,时间观是语言研究方法论的一个重要基础,要改进语言理论的研究,如仍旧保持索绪尔的时间观,那是不会有什么成效的。

1.2.1.5 对语言的线性结构的性质提出怀疑并发起一次强有力的冲击的是转换-生成语言学说。1957年,乔姆斯基发表了后来产生深远影响的《句法结构》。书中提出语法自主,与语义无关,这一点与结构语言学的看法一致，但另一方面它又提出同形异构的问题，认为在相同的线性层次结构中可能隐含着不同的意义，这就涉及非线性结构的问题。关于同形异构，我们引用最多的一个例子就是 the shooting of the hunters，认为它的意义可能是"猎人的射击"，"猎人"为施事；也可以是"射击猎人"，"猎人"为受事，不同的转换式可以分化这种同形的结构。乔姆斯基就从这种句法歧义现象入手建立起他的转换-生成理论。从这些看法中我们可以窥察到乔姆斯基对语言性质的认识的一些矛盾：语法自主，与语义无关，说明语言是一种线性的结构；同形异构，说明线性的层次结构与语义有关，语言是一种非线性结构。何去何从，乔姆斯基站在线性和非线性的十字路口上。经过了七八年的研究，乔姆斯基吸取了同行的意见，把语义引入语言研究，建立了他的"标准理论"(Aspects of the Theory of Syntax)，认为语言是一种由深层结构经过转换的手续而转化为表层结构，再经过语音的手续而转化为现实语言的句子。这里由三部分规则系统组成：语法、语义和语音，其中语义规则对深层做出语义解释，语音规则对表层结构做出语音解释。这是一种典型的把语言看成为非线性结构的理论，但遗憾的是，由于在转换能不能改变语义的问题上碰到了一些麻烦和问题(§1.3.4.2)，乔姆斯基退却了，最后放弃了深层结构的理论，仍旧回到句法自主的立场。这样，他在非线性的道路上走了一段又回到了原来的十字路口。

乔姆斯基在线性与非线性的十字路口上摆脱不了线性结构的束缚，这不是偶然的。他虽然对结构语言学进行了猛烈的批判，但从语言观来说，他仍旧是一个结构主义者，是索绪尔理论的继承和发展，不是扬弃和代替。他和索绪尔、结构语言学家一样，把语言看成为一种完全同质的静态系统，认为"语言理论主要是研究纯粹同质的言语社团中理想的说话者-听话者"的语言能力(competence)，而不管它的语言运用(performance)。"能力"和"运用"也就是"语言"与"言语"的另一种说法,在语言观上是一脉相通的。正由于此,转换-生成学派和结构学派在语言研究方法论上也就不可避免地存在着内在的联系,"转换主义者们对结构语言学所做的批评,给人以错误的想法,实际上转换理论是靠美国布龙菲尔德学派而形成起来的。乔姆斯基是哈里斯的学生,不仅因为他发展了哈里斯所提出来的转换思想,短语结构语法要是没有美国结构语言学是不可想象的;而且,尽管结构主义者曾有时怀疑他们的理论和短语结构语法相当,尽管转换主义者曾坚持短语结构语法的有限性,人们一定不要忘记这种语法在转换理论中起着主要的作用"(莱普斯基,1970,149)。乔姆斯基站在语言线性结构的立场上走非线性研究的道路,自然步履艰难,最后不能不回到"句法自主"的线性出发点。

1.2.1.6 乔姆斯基的冲击说明如何认识语言结构的性质已经是语言学家面临的一个重要课题。要在这方面前进一步,需要联系科学思潮的发展重新认识语言的结构和特点。

二 变异和动态的语言结构

1.2.2.1 语言学有一个优良的传统,就是善于从自然科学的发展思潮中汲取自己所需要的理论和方法。乔姆斯基在十字路口上的犹豫和徘徊,说明语言理论研究已经进入了一个新的历史时期。

从索绪尔到乔姆斯基,语言学的研究对象大体上都是个人方言(idiolect)。上一世纪,青年语法学派的代表人物保罗(H. Paul)认为应该将社会上运用的语言区分为个人的"语言"和集体的"语言习惯",只有个人的"语言"才能成为语言研究唯一有理论意义的对象。

因为单一的说话人-听话人之间的语言反映语言结构的本质:言语行为的一致性和变化的齐整性;而集体的语言习惯只不过是语言学家比较个人的语言而得到的某种平均数,不能作为语言学的研究对象。这种"个人的语言"后来在语言学中就称为"个人方言"。索绪尔及其以后的语言理论研究继承了这个传统,把个人方言作为语言学的研究对象。从语言研究的发展历史来看,如前所述,这种研究是有巨大进步意义的,因为它与当时的科学思潮的发展相适应。托夫勒曾对此有一段扼要而完整的叙述:"在当代西方文明中得到最高发展的技巧之一就是拆零,即把问题分解成可能小的一些部分。我们非常擅长此技,以至我们竟时常忘记把这些细部重新装到一起。这种技巧也许是在科学中最受过精心磨练的技巧。在科学中,我们不仅习惯于把问题划分成许多细部,我们还常常用一种有用的技法把这些细部的每一个从其周围环境中孤立出来……'设其他情况都相同'。这样一来,我们的问题与宇宙其余部分之间复杂的相互作用,就可以不去过问了。"(据普里高津等,1984,5)这段话,概括起来,就是两点意思:第一是"拆零",把复杂的事物分解成尽可能小的一些部分;第二是把每一个细部"从其周围环境中孤立出来",设想一种理想状态,把"拆"出来的"零"放到这种理想状态中去研究。例如物理学中经常使用的理想状态是无摩擦、完全弹性体、绝对零度等。以这种方法论为基础的科学研究只承认由初始条件决定的规律,排斥任何与随机性、偶然性、复杂性有关的一切,因而一般称它为决定论(determinism)。以个人方言为研究对象的语言学就是这种方法论原则在语言研究中的反映。索绪尔关于语言与言语、"内"与"外"、共时与历时、形式与实质等的划分,以及只研究共时状态下的某种风格状态的个人方言,就是这种"拆零"和在理想状态下进行研究的方法论的具体表现。这种方法论在相当长的一个时期中"独领风骚",但随着科学的发展,它的局限性也就越来越清楚地暴露出来了,因而在近二三十年来在语言学领域中出现群雄并起、学派纷呈的局面。语言理论研究又到了一个新的转折时期。

1.2.2.2 现代科学思潮的发展表明,"系统"这个概念的严格定义应该是"'稳定状态的开放系统'。'开放性'指的是这种系统的输入输出活动。为了'待在原来的地方',也就是说,为了保持系统自身的动态稳定状态,这种活动是必要的"(拉兹洛,1978,32)。语言是一种开放系统,呈现出动态的平衡,这犹如人的机体,从某一时刻来看,它是静态的,但内部的新陈代谢活动却一刻也没有停止运动。语言系统的结构和它类似,是一种典型的动态平衡,是在时、空中"待在原来的地方"不断地运动着的结构,其具体的表现形式就是变异。研究这种变异的语言理论最重要的就是社会语言学,因此我们这里想重点讨论社会语言学的语言变异理论。在美国,这一学派以拉波夫为代表,他与 Weinreich、Herzog 合写的《语言演变理论的经验基础》一文是这一理论的奠基性著作,曾产生过很大的影响。它反对以个人方言作为语言学的研究对象,主张到社会中去研究语言,即去研究言语社团实际使用中的语言,我们可以把它称为社会方言。把这种社会方言作为语言学的研究对象,就对语言理论研究提出了一系列新的要求。第一,必须把语言置于一定时、空环境中去研究,而不能只满足于无时无空的理想状态(即时轴上的一个共时"点")的描述;第二,不能只孤立地研究"细部",而要考察这种"细部"与其他现象的联系;必须把索绪尔以来被语言学家扔进"垃圾筒"或暂置之不理的语言变异引入语言研究,因为它是语言和社会等因素的联系纽带。拉波夫等人主张用有序异质(orderly heterogeneous)的语言理论模型来分析与语言变异有关的语言现象。

变异的形式可分为连续式变异和离散式变异两种。连续式变异表现为变异成分的变异值呈渐进连续变移的状态,无法在变异的连续统(continuum)中划分出一条清楚的分界线。例如,北京话零声母合口呼的 w/v 变异,"在北京人口语中,w 位置的实际发音分布在双唇到唇齿的范围内,唇形的开合圆展程度不等,口腔的阻通程度也不等。大体上,这些情形可用国际音标记为[u w β ʋ v]"(沈炯,1987,352)。离散式变异的情况与此相反,表现为变异成分的变异从一种形式变为另一种形式时呈跳跃的、突发的状态,非 A 即 B,中间没有任何连续过度的痕迹。例如切韵知、照三组字在天津方言中正在进行着从 tʂ 到 ts 的离散式变异,音值不是 tʂ,就是 ts,彼此界限分明,没有任何过渡的音值。(张旭,1987,94-98)语音的这两种变异形式的成因决定于语音条件:连续式变异决定于共时的语音条件,北京话的 w/v 变异只局限于现在的零声母合口呼;离散式变异与共时的语音条件无关,而决定于历史音韵条件,像天津话,只有中古的知、章组字才有可能从 tʂ 变为 ts。连续和离散是现代语言学中经常运用的一对概念,只要考察语言动态性的结构特点就会涉及这两个概念。这方面的具体情况可参看徐通锵(1987-1988)。

变异在其产生之初,在社会人群中呈无序的、随机的分布,如果变异成分的某一变异形式在言语社团中被某一社会人群所接受并开始传播,那么无序的变异就进入有序的行列,意味着演变的开始。如果使用这种变异形式的社会人群在言语社团中具有某种特殊的地位,那么这种变异形式就可能会成为其他社会人群的仿效对象,从而使它从这一人群扩散到那一人群,完成演变的过程。这一过程的最重要的概念就是"有序",指变异成分的变异和与其相联系的控制因素(社会的,语言的等)之间的相关关系或共变(co-variation)关系。这种变异成分的分析不能再依靠结构语言学的分布、替换或乔姆斯基的变换等方法,而需要有新的理论和方法。拉波夫等人提出用变异规则去分析。变异规则是：

$$A \rightarrow g\{B\}/X[\bar{z}]Y$$
$$g\{B\} = f(C,D,E)$$

这个公式的意思是：A 在"$X[\bar{z}]Y$"的条件下变成 $g\{B\}$。$g\{B\}$ 表示一组数值，具体表现为哪一个数值由控制因素 C,D,E 决定，即相互之间存在一种函数关系。常见的控制因素有风格、年龄、阶层等。

变异规则把语言与社会、共时与历时联系起来了，而且运用计量统计的方法来分析语言的运转，使人们有可能从中看到语言运转的一些动态性特点。这是有序异质理论对语言研究的一个重要贡献。

1.2.2.3 有序异质理论是一种新的理论模型，有些方面还不够完善。这主要表现在两方面。第一，它过多地注意变异成分和它的社会分布的分析，而忽视这种变异与语言的整体结构之间的关系，所以显得零散，不系统，像拉波夫那样，能研究变异成分之间的一些相互函数关系，在社会语言学家中还鲜有其人。大多数社会语言学家的注意力基本上循着变异成分和社会控制因素之间的联系而着眼于社会因素的研究。这好像与语言研究的任务有点背道而驰。语言研究的主要任务是要弄清楚在时间和空间中运转着的语言的结构，语言变异的研究也应该服从于这样的一个总目标。语言系统同质说的理论缺陷并不在于它研究了结构，而是它脱离了在时间和空间中的运转条件；而就结构的研究来说，它是有功的，因为它使人们看清了语言内部的组织状况，从而为语言的深入研究奠定了坚实的基础。老实说，如果没有这样一个基础，我们今天也就没有条件来研究变异，因为分不清什么是结构，什么是变异，一切都处于混沌之中。我们今天研究语言变异的目的是为了改进结构的研究，使它从静态的平衡转向动态的平衡，而不是玩味于个别变异成分的变异。

第二，"有序"，这是有序异质理论的核心，但对它的价值以及它在语言研究方法论的改进和转折中的地位和作用还缺乏充分的认识。

变异是有序之源，有序是变异改进语言结构的必由之路，只有那些和某种控制因素发生共变关系的变异才能进入有序的行列，不然它们在语言运用中无声无息，逐渐消失。进入有序状态的变异有它的变异方向，总的目标是改进语言的结构，但有序异质的语言理论恰恰在这方面缺乏具体的研究。这个问题的解决在语言研究方法的改进中具有关键性的意义。青年语法学派认为音变是盲目的（据索绪尔，213）；萨丕尔（1921，138，154）已经感到这种盲目说的音变理论是不对的，因而提出有方向的沿流（drift）说，认为"每一个词、每一个语法成分、每一种说法、每一种声音和重音，都是一个慢慢变化着的结构，由看不见的、不以人意为转移的沿流模铸着，这正是语言的生命。无可争辩，这沿流有一定的方向"；"任何重要的改变一开头必须作为个人变异存在，这不容怀疑，但是不能就此说，单只对个人变异做一番详尽的描写研究就能了解语言的总的沿流。个人变异本身只是偶然的现象，就像海水的波浪，一来一去，无目的地动荡。语言的沿流是有方向的。或者说，只有按一定方向流动的个人变异才体现或带动语言的沿流，正像海湾里只有某些波浪的移动才勾画出潮流的轮廓。语言的沿流是由说话的人无意识地选择的那些向某一方向堆积起来的个人变异构成的"。萨丕尔在 70 余年前就对变异和它的演变方向提出如此精辟的论述，实在难能可贵，罕与其匹，只是当时客观条件的限制，他还只是模糊地感到有一种"看不见的、不以人意为转移的沿流"在支配着演变的方向，而没有找到实现这种方向的道路。雅科布逊（1927）、马尔基耶尔（Malkiel，1984，212）等语言学家也不同意青年语法学派关于音变是盲目的理论，认为音变是有目标的，但也没有找到通向目标的途径。有序异质的语言理论引进系统论的有序的概念，找到了通向目标的道路，但遗憾的是它没有顺着这条道路走下去以实现它的目标,去探索有序的变异如何改进语言的结构。

变异通过有序的途径实现改进结构的目标。这里,结构、变异、有序、目标四者的关系,我们可以简化为如下的公式:

结构-有序状态的变异-结构

处于公式两端的两个"结构"不是一个东西:第一个"结构"是变异发生以前的状态,或者说,是变异的出发点;第二个"结构"是有序变异的目标和归宿,是经过变异之后而实现的一种改进了的结构;而介于两者之间的"有序状态的变异"则是从第一个"结构"跃向第二个"结构"的必经途径和桥梁。简单地说,就是从结构出发,经过有序状态的变异而实现一种新的结构,使语言系统呈现出动态性的结构特点。

1.2.2.4 把有序状态的变异引入语言的研究不仅解决了演变的途径问题,而且还为建立一种新的时间观开辟了新的前景。

"时间"一般理解为"过去-现在-未来"这样一个从古至今的纵向时轴,用年、月、日、时、分、秒去计量。这种时间在时轴上自然地流逝,一去不复返。这是计量时间的一种人们熟知的方法,但不是唯一的方法。比方说,当我们猜测一个小孩儿的年龄时,并不是根据某一特殊部位的标志,而是根据他的各方面的特征而做出的综合性、全局性的判断。这种现象说明,"空间得到了一个时间维,按照地理学家贝里(B. Berry)的说法,我们已被引导去研究'空间的计时'了"(普里高津等,1984,51-52)。"空间的计时"是时间观上的一次革命,它不是一去不复返,而是可以以静制动,我们"待在原来的地方"就可以仔细观察事物在漫长时间中的运动。普里高津等人认为这种时间观有重大的方法论意义,"虽然西方科学曾激起了人与自然之间的一场极富有成果的对话,但它的某些文化上的后果却是灾难性的。'两种文化'的对立在很大程度上就是起源于经典科学的某一时间的观点与大多数社会科学和人文科学中普遍存在的时间定向的观点之间的冲突……我们正越来越多地觉察到这样的事实，即在所有的层次上，从基本粒子到宇宙学，随机性和不可逆性起着越来越大的作用。科学正在重新发现时间"（同上，27）。"时间"的这种新发现推进了当代自然科学的迅速发展，所谓"新三论"（耗散结构论、协同论、突变论）的诞生就是这方面的有力证明。

时间观是语言理论研究的重要基础。索绪尔的语言理论就是建立在他的共时时间观的基础上的。这种时间观，如前所述，有很大的局限性，需要做较大的改变，但是过去没有找到改变的途径。现在，语言学从自然科学的发展中得到了启发，可以进行空间的计时，这就找到了改变时间观的途径。具体的做法就是：把以往语言研究中弃置不顾的变异找回来，纳入语言的研究，就像自然科学把偶然性、随机性和复杂性的现象引入科学研究那样，通过变异的分析去"重新发现时间"。我们现在已经发现了这种时间，这就是"待在原来的地方"对有序状态的变异进行分析，从中找出时间的隐含量和变异的方向性，观察语言的运转和演变。我们可以通过一些实例来分析。

1.2.2.5 北京话零声母合口呼 w/v 变异（§1.2.2.2）是现在正在进行中的变化，但这种变化在语音结构中的分布状态早在60余年前就已经形成了，钱玄同（1927）对此曾有明确的叙述："至于万（v），北京音倒不是没有，合口诸韵母在单用时，其起首之 w 多有变为 v 的（不过这个 v 比英法的 v 用力较轻些，吐气较少些）。例如'蛙、为、稳、望'，读 va、vei、ven、vanq，而不读 wa、wei、wen、wanq。但'乌、我'则不变，仍读 wu、woo，而不读 vu、voo。"这就是说，60多年来，零声母合口呼 w/v 变异的基本格局并没有发生大的变化，说明现在北京话的 w/v 变异的社会空间差异至少包含六七十年的时间。在钱玄同观察到这些语音差异以前已经经历了多长的时间？今后还需要多长时间才能完成由 w 向 v 的变异过程？根据 60 年来变异的基本格局没有发生多大变化的情况,说 w/v 变异蕴涵着一二百年的时间,是一点也不会过头的。

宁波方言的声调在言语社团中的表现很杂乱,有的人有 7 个声调,而有的人只有 4 个,正处于离散式变异的过程中。大体情况是：

  7 个：阴平、阳平、阴上、阳上、(阴)去、阴入、阳入

  6 个：阴平、阳平、阴上、阳上、阴入、阳入

  5 个：阴平、阳平、阴上、阴入、阳入

  4 个：阴舒(包括清平、清上、清去)、阳舒(包括浊平、浊上、浊去)、阴入、阳入

在这种杂乱的变异中我们可以理出从 7 个声调到简化为四个声调的大致顺序：去声先变入平声,而后上声再与平声合流；在去声和上声内部,阳调字先于阴调字合流。现实语言中这种声调差异的社会分布至少隐含有 130 余年的时间。《宁波方言字语汇解》(W. T. Morrison)出版于 1876 年,反映 1860 年前后的宁波方言状况。该书的前言说,宁波方言有声调,有些字的声调,如水(shü)和书(shü)、冰(ping)和饼(ping),区别比较明显；但很多字的声调已经很难区分,而且还因人而异。这说明阴平和阴上的区别是清楚的,但其他声调的分合已呈纷乱状态,早已开始了变异的过程,弄得《汇解》的作者无法处理,所有的例字只能不标声调。1901 年出版的《宁波方言音节》(P. G. von Möllendorff)说宁波方言有平、上、去、入四个声调,而每个声调又可以分为高低两类,说明当时的宁波话还能分出八个声调；至于单字调是不是呈杂乱的变异状态,《音节》没有说。赵元任的《现代吴语的研究》出版于 1928 年,据它的记载,宁波方言的声调有阴平、阳平、阴上、阴去、阳去、阴入、阳入；阳上调存疑,作者只是记上"阳上＝阳去？"看来两调当时已经难以区分。当时宁波方言的调类数目

已经弄不清楚是 7 个还是 8 个。除阳上调外,其他各调相互间也有参差和变异,因为"阴平阴去不易分。阳平阳去起音低,所以有一种特别'浊重'的'宁波腔'"(84 页)。《鄞县通志》中的方言志编成于抗战前的 30 年代,其中关于声调的记载与《研究》相似,说"凡浊音之字,上声和去声殊鲜区别"(2666 页),但在"读音转韵表"中两类字仍旧分列,可能是根据传统而分开的。这些记载都清楚地表明,宁波方言的声调早在 100 多年前就开始了它的变异进程,现实方言中的声调变异只是这 100 多年"竖"着的时间"横"放下来摆在我们面前。这里,"横"与"竖"之间并没有实质性的差异,最多只是阳上先并入阳去,还是阳上字晚于阳去字并入阳平。在这一点上,我们与《研究》、《通志》的记载有区别。不过这无关大体,实质的问题是"竖"的时间可以证明"横"的变异所蕴涵着的漫长的时间长度。

宁波方言的声调变异最早始于何时,已无从查考;将于何时完成,也难以预料。完成变异所需要的时间前后各加 50 年,恐怕还是一种非常保守的估计,因为"语音、形态和句法的变异可以共存令人惊异的时间长度"(Y. Malkiel,1968,25)。这种共存的变异就是我们从变异中探索时间蕴涵量的客观根据。

1.2.2.6 宁波方言的声调变异、北京话零声母合口呼的 w/v 变异,都清楚地说明了在共存的变异形式中浓缩着漫长的时间量,着眼于变异的分析可以对时间做出综合性、全局性的判断。如果说,"过去-现在-未来"这种时轴代表纵向的时间,那么浓缩在变异中的时间则是时间的一种横向表现形式。用纵向的时间观去观察语言的演变,由于它的时间跨度大,而且都是"现在"以前的"过去",人们既没有可能倒转历史去恢复一种变化的具体过程,也没有办法去跟踪"现在"已经开始变化的"未来"历程直至它的终点,因而不能不给语言研究带来一些实际的困难。布龙菲尔德(1933,432,458)在谈到这方面的问题时认为:"语言演变的过程是从来不能直接观察的;我们将会看出,纵使我们现在有了许多便利条件,这种观察还是难以想象的。""纵使我们掌握了完善而无缺陷的记录,我们也还是不可能确切地指出某些变体的流行的起点,认为是名副其实的历史演变的开始。"从纵向的时间观来看,布龙菲尔德的上述论断应该说是比较符合事实的,是语言史研究中无法克服的困难。但是,现在我们似乎已经找到了摆脱这种困难的办法,这就是采用新的空间计时方法,通过变异把历史上"竖"着的时间"横"放,使几十年至几百年时间的漫长过程通过共存变异形式的分析展现在观察者的面前。不过"竖"着的时间"横"放是有条件的,这就是:找出变异成分的变异形式与控制因素之间的相关关系,弄清楚变异形式的先后顺序、变异的方向和目标;找出了方向和目标,也就把握住了变异所体现的时间的"始"与"终",因而也就有可能从中悟察语言将在几十年至几百年的时间中演变的机制、原因和过程。

时间是客观存在的。"纵"与"横"只是计量方法的差异,不会改变时间的实质。"纵"、"横"两种计时的方法在运用的时候可以相互印证,说明"横"的时间与"纵"的时间存在着一致性,只是从不同的侧面去认识而已。我们前面的研究引用了一些"纵向"的历史材料,借以确切地说明"横向"变异所浓缩的时间量。这是由于有条件这样做,否则就只能借助于共存变异的分析,再参照它们在年龄层中的分布,对时间做出综合性、全局性的判断。

1.2.2.7 语言中既然存在着时间,人们"待在原来的地方"就能考察语言在几十年到几百年时间中的运转状态,那么我们就为语言史的研究找到了一个新的领域。

语言史的研究方法除了按年代顺序排比书面材料之外,主要就是历史比较法、内部拟测法和词汇扩散等。它们的共同特点都是研究

"现在"以前的"过去",而不注意现实语言的变化。这是历史语言学的一块空白。梅耶(1925,95)早就对此感到遗憾,认为"我们本来可以直接观察,然而很可惜,大家对正在发生的事儿几乎睬也不睬"。什么是"正在发生的事"？如何去研究？梅耶主要指小孩儿如何学习语言,共同语如何替代地方土语之类,不是指语言变异之类的现象；社会语言学的变异理论研究的是语言的变异,但仅仅把它看成正在进行中的微观变化(Weinreich等,1968),没有看到变异中所隐含、浓缩的漫长的时间长度,不免遗憾。现在,我们通过变异对时间进行横向的计量分析,考察变异中有序和无序之间的相互转化,就可以从"正在发生的事"中探索语言的演变。这是语言史研究中的一个新领域。它大体上包含两方面的内容。第一,就变异成分的有序状态的变异进行研究,从中挖掘它的演变的原因、历程和规律；第二,变异由于要受结构的制约,(§1.2.3.2-3)因而语言演变的原理古今不会有多大的差异,我们完全可以运用在现实语言的研究中总结出来的机理对历史上已经完成的变化做出理论性、规律性的解释。这两方面的内容,前者适用于近期语言史的研究,一般只能观察几十年到几百年时间的语言演变；后者可用于远期的语言史的研究,拉波夫(1972)曾对此进行过专门的讨论,认为可以用现在从变异研究中总结出来的原理去解释历史上已经完成的演变。这个问题涉及变异与结构的关系问题,是社会语言学的变异理论的一个薄弱环节,我们将在后面联系汉语史的研究再进行具体的讨论。总之,这两方面的研究都是从"待在原来的地方"去考察语言的动态运转和演变,总结出发展的规律。这或许是新的时间观可以对语言理论研究做出一点新贡献的领域。

三 结构关联和语言的自组织性

1.2.3.1 在"结构-有序状态的变异-结构"这个公式中,最重要、最复杂的问题是"结构"中为什么会产生变异。语言单位的变化始自它的变异。哪一个或哪一些单位会发生变异?这涉及语言系统的性质和语言演变的原因的问题。这是语言学中一个最复杂、最重要,也是最难解决的问题。比方说,就语音的演变来说,这个问题就一直困扰着语言学家的研究。青年语法学派倡导音变的盲目说,而布龙菲尔德(1933,477)则进一步,认为"音变的原因是不可知的"。雅科布逊(1927)虽然不同意音变盲目说之类的观点,但也只能从功能的角度倡导音变的目的论(teleological criterion),无法从语言结构本身中找到音变的原因。在这一问题的研究中取得一些突破性进展的是法国语言学家马尔丁内(1952)的《功能、结构和音变》一文的发表。他根据语音的区别特征分析音系的结构,认为(辅音)发音方法相同的几个音位构成"列"(series),发音部位相同的几个音位构成"行"(order);同样,(元音)舌位相同的几个音位构成"列",而开口度相同的几个音位构成"行"。"行"与"列"纵横交错相配,构成音位间的相关关系(correlation);不处于这种位置的音位就不是相关关系的成员,容易发生变化。例如:

$$\begin{matrix} f & s & \int & x \\ v & z & ʒ & \end{matrix}$$

"x"在理论上不是相关矩阵的成员,因为"行"中没有与它相配对的ɣ。如果语言中有一个小舌颤音r,这个r就有可能失去"颤"的特征而变成"擦";由于r在发音时声带颤动,因而容易变成舌根浊擦音

y，与 x 配对，从而使不完善的相关矩阵完善化。马尔丁内在功能、结构与音变的相互关系的分析基础上提出了著名的语言经济原则：交际的需要和人类的记忆与发音的惰性永远处于矛盾状态，语言的经济原则就是在这种矛盾的需求中寻求平衡，力图使语言固定化，排斥一切过于明显的创新。这样，马尔丁内在语言演变的因果关系的研究中迈出了艰难而有重大意义的一步。它冲破了音变原因的盲目说和不可知论的禁区，为后人的研究开辟了一条前进的道路。马尔丁内以后，仍有不少语言学家探索演变原因的问题，但就总体水平来说，似乎都没有超过马尔丁内的研究。生成-转换学派关于语言在代代相传中有创新的理论虽然被认为是对语言演变理论的最重要的贡献(Jeffers 等,1982,96)，但由于它只在一个封闭的、理想的说话-听话人的范围内研究，难以反映语言演变的实际状况，因而受到人们的有说服力的批评(Weinreich 等,1968,144-146)。社会语言学的变异理论强调社会因素对语言变化的影响，把变异过程分为四个阶段：限制(constraints)、过渡(transition)、包孕(embedding)、评价(evaluation)。分析具体，纠正了过去在这个问题上的一些泛泛空论的倾向，但对语言结构本身如何适应社会的交际需要而进行运转和变化，则没有给以应有的考察。魏茵莱什(Weinreich)等人认为上述的四个阶段可以逼近语言的起变(actuation)，即语言何以在此时此地发生变化，而在彼时彼地不发生变化，但还不能解决这个问题。起变，实际上就是我们所说的变异的原因问题。社会语言学的语言变异理论逼近了因果关系的研究大门，但遗憾的是没有进门，这可能与它离开结构而孤立地研究变异成分的变异这种方法论原则有关。(§1.2.2.3)

1.2.3.2 马尔丁内研究了语言的结构与演变的关系，从语言结构内部考察语言演变的原因；社会语言学的语言变异理论研究了语言与社会的关系，从外部解释语言演变的原因。这些理论都有合理的内核,应该吸收和完善,但重点应该放在语言结构的研究上。马尔丁内的成功经验在于他摆脱了"同化"、"异化"之类的语音的线性结构分析的束缚,而着眼于语音的非线性结构的研究。这是研究视角上的一个重大变化。语音的线性组合只考察相邻的音之间的相互影响,很难从整体上发现一个音位在系统中的地位,而非线性结构的研究就摆脱了这种局限,能使人们比较容易地发现一个音位在系统中的结构特点。这大体上有两方面的原因。第一,非线性结构的单位已经失去了它的孤立性,一切决定于它在系统中的位置,例如汉语中的音位 p 和 p' 的关系就犹如数学中的"正"和"负",它们只是在其相互关系中才有意义,而每一个孤立出来都是没有意义的。因此,这种单位如果要发生变化,那就是一种结构关系的变化,带有系统的性质。第二,在非线性结构中容易发现单位在结构地位上的特点,是否处于平衡、对称的位置上,一眼就可以看清楚。比方说,北京话的塞擦音、擦音的辅音音位矩阵是:

$$ts \quad ts' \quad s$$
$$t\c{s} \quad t\c{s}' \quad \c{s} \quad z$$
$$t\c{c} \quad t\c{c}' \quad \c{c}$$

很明显,z 在结构上处于不平衡、不对称的位置上。弄清楚这种结构的不平衡性和不对称性对语言变异、语言演变的研究来说是很重要的,因为它可能是语言系统从"封闭"走向"开放"的大门。如果把上述两方面的考虑结合起来,那么我们就可以发现不同系列之间相互冲突的因素,例如送气和不送气、清与浊等等,犹如"正"和"负",相互制约,形成规则,使它们平衡地"和平相处"。结构系列之间的这种相互制衡的关系我们称为结构关联。参与制衡的两个系列的单位,如果都类似"正"和"负"那样,两两相对,那么它在结构上就有平衡性、对称性的特点,不易发生变化;如果发生变化,也是聚合群中整个音位系列的变化。(§2.1.1.3)相反,关联中参与制衡的系列,如果彼此的结构单位多寡不一,无法一一形成两两相对的制衡关系,那么它在结构上就是不平衡的,不对称的。例如上述辅音矩阵中的 $z_{ɿ}$,在"浊"的系列中只有它一个单位,"清:浊"相互制衡的力量很小,因而就会闹一点"独立性",容易发生变化。语言中不与任何结构系列发生结构关联的单位,一般说是没有的。在汉语的声母系统中或许可以把"o"看成这种无关联的单位,但由于系统中只有一个这样的单位,它就容易钻结构的空子,像麻将中的"百搭"那样,就近寻找结构上的依靠,使开、齐、合、撮四呼的"o"依附于不同的部位而成为"ʔ j w ɥ";只要系统的自我调整有需要,它就会脱缰而出,摆脱其依附的地位而担负起改进结构的重要角色。总之,结构上不平衡、不对称的单位最容易发生变异。这使我们可以做出如下的假设:非线性结构中的结构不平衡性是变异之源,是语言系统自发地进行自我调整的内在杠杆和机制,从这里发出变异的指令而敞开结构的开放大门。

  结构关联,这是动态的语言系统理论的一个核心概念;而就语音层面来说,它与马尔丁内所说的"行"、"列"相关关系有联系,因为处于相关关系中的单位总是处于结构关联之中的,或许可以说,"行"、"列"相关关系是语音系统中的一种理想的结构关联。但是,这里需要强调的是这两个概念的差异。一个单位虽然可以同时与几个系列构成结构关联(例如 tʂ 既与不同发音部位的 ts 和 tɕ 构成"舌尖前:舌尖后:舌面中"的结构关联,也可以与同部位的 tʂʻ 构成"不送气:送气"的结构关联),但参与演变的,一次只能涉及其中的一个关联,因此我们不必强调纵横交错的"行"、"列"相关关系,而只要着眼于几个相互平行的系列之间的相互制衡关系就可以了。这样,它受到的限制会小一些,但说明问题的能力却要大得多。"行"、"列"相关关系的概念无法解释处于"行"、"列"相关关系中的音位的变化,也无法把它推而广之去研究语音与语义、语音与语法等不同层面之间的结构关系。"结构关联"这个概念可以摆脱这些方面的局限,有广泛的解释力,因而后面将以此为纲分析语言的结构,这里只是因分析语音变异原因的需要先做一点必要的说明,详细的讨论可参看§1.2.3.6。

1.2.3.3 结构的不平衡性产生变异。我们这里不妨先举两个例子来说明有关的问题。各种语言中差不多都有 r 和 l 这两个音位。雅科布逊(1941)认为这是儿童最后掌握的两个音位,也是失语症者最先丧失的两个音位。和这两个音位相当的汉语语音表现就是传统的日母和来母,在现在的普通话中就是 ẓ 和 l。它们在音系的非线性结构中都处于不平衡的结构位置上,因而都具有比较大的独立性,容易发生变化。在上古,根据谐声字提供的线索,l 在结构上简直"无法无天",在同族字中差不多能够和任何辅音交替。(雅洪托夫,1960,43-47)而在现代,它在不同的方言中也是变化方式最多的一个音位:或与 n 自由变异,或相当自由地扩大它的变异范围、"侵"入传统浊声母的发音领域(陈蒲清,1981),或因"气流换道"而与 s 交替(张光宇,1989)。这些都是因结构的不平衡性而使它易于变异的一些具体表现。不过 l 的组合能力还比较强,这或许能牵制它的一些变异范围。ẓ 音位的情况就不一样了,它在非线性结构中既处于不平衡的地位上,而组合的能力又比较弱,能与之组合的韵母不多,因而它的结构地位就不大稳固,最容易发生变异。高本汉在研究切韵音系的时候感到最难拟测的就是日母的音值,因为它在方言中的表现形式太复杂,难以选择。在现代的方言中,ẓ 差不多都处于积极的变异状态中。变异的方式大体上可以分为两类:一、通过变异而使它消失;二、促使别的音位系列也产生一个或几个可与它一起构成"浊音"系列的新音位。武汉话采用第一种办法(或消失,或与其他音位交替),北京话采取第二种办法,使合口呼零声母产生 w/v 变异,诱发新音位 v 的产生,

以与 z_i 配成浊音音位的系列。在山西、河北等地的方言中，合口呼零声母产生新声母 v 的，音系中一定有一个浊音音位 z 或 z_i，这也可以从一个侧面证明我们的假设。语言的结构是分层次的。通过变异而改进结构的不平衡性是在各个层次的范围内分头进行的。每一个层次的变异只求自己的结构平衡和对称，而不管由此而可能给其他层次带来的影响，因此某一层次的结构平衡性运动就可能在另一个层次上留下不平衡的结果。汉语的浊音清化使声母系的一个重要的不平衡结构消失了，(§2.1.1.3)但是在声、韵、调的配合关系上却留下了一个大漏洞。在浊音清化之前，不管是阴声韵还是阳声韵，都有平声，由于浊音清化，浊塞音和浊塞擦音依声调的平仄而分别归入相应的送气清音(平)和不送气清音(仄)，因而在北方的很多方言中阳声韵的不送气塞音、塞擦音没有阳平字；阴声韵的不送气塞音、塞擦音的阳平调因入派三声的结果才填补了这个由浊音清化而留下来的空格。(丁声树，1952)正由于结构的不平衡产生变异是在各个层面分头进行的，而每一层面的变异又可能给其他层面或层面与层面之间的结构带来不平衡的结果，因而语言的发展永远不可能堵塞结构不平衡性的漏洞，只要有人使用，就会在不同的层面不断地产生不同形式的变异。结构的不平衡性产生变异是语言中的一种重要现象，可以表现在语言的各个方面。前面的分析只限于语音的两个例子，其他的情况后面随文分析，这里从简。

1.2.3.4 结构的不平衡性产生变异说明语言是一种自组织的系统，它的运转的动力在语言的内部。这就是说，语言因适应交际的需要而不断地改进自己的结构的时候，不依靠任何外力，全靠系统内部的自我调整。任何人，不管他是天王老子、学术泰斗，还是平头百姓、小偷瘪三，都只能乖乖地适应这种调整的要求，而不能制定什么计划对它进行"大修"或"改造"；语言要发生变化，从来不向使用它的主人

"请示汇报",而完全"自行其是",顺着它自己的运行轨道向前发展。所以,语言系统不是语言学家或别的什么人组织起来的,而是语言自身在运行过程中形成的。语言系统的这种自组织性都是在人们不知不觉的自发状态下进行的,人们只知其然而不知其所以然。语言学家花了九牛二虎之力还弄不清楚的问题,语言的发展却有条不紊地遵循着一定的轨道而自发地运转。这些都说明,语言系统的性质不是僵硬的、静态的、靠外力组织起来的,而是有弹性的、动态的、自组织的开放系统。结构的不平衡性是语言系统进行自我调整的重要杠杆和机制,变异只是这种机制的外在表现形式。

语言既然是一种自组织系统,其自我调整的动力来自内部,是结构的不平衡性产生变异,那社会因素等在语言的自我调整中有没有作用?回答是肯定的,因为语言系统自我调整的一个前提就是"运用",是交际中的"活"语言;不被人们运用的"死"语言是不会产生变异的。运用和交际的需要都会对语言提出各种各样的要求,而结构不平衡的各个环节则会比较容易地受这种要求的影响而产生变异,开始自我调整的进程。变异在其产生之初都是无序的,在言语社团中呈随机的分布,各种各样的因素(如不同年龄、性别、阶层、文化程度、职业等的社会人群和不同风格状态的语言)都可以对它施加影响。它究竟接受哪一种因素的影响而建立起相关关系,这带有一定的偶然性。以往研究语言演变的时候由于只着眼于已经完成的变化,因而不可能考察偶然性因素的作用。结构语言学只研究语言的共时结构规律,自然也不会考虑这种作用。随着科学思潮的发展,人们现在越来越认识到偶然性、暂时性、随机性的因素在事物的运转和变化中有重要的作用。(普里高津等,1984,34)这一原理适用于语言变异的研究,因为变异形式和其发展方向的选择与这种偶然性因素的作用有着密切的联系。

北京话的 w/v 变异,如前所述,是由于 $z̧$(浊)的结构要求而产生的。对各种变异形式[u w β υ v]起作用的因素有年龄、性别、文化程度等。其中哪一种因素起关键性的作用,这没有必然的联系。在北京,青年人的 v 型发音多,约为老年人的两倍,而在青年人中又以文化程度高的人 v 型比例数最高。(沈炯,1987,354-359)看来"年轻"、"文化程度高"这些因素在 w/v 变异中起着导向的作用。不过,偶然性是相对于必然性说的,北京话所以会选择 v,这是由于偶然中有必然,与结构的制约有关。北京话原来有一个 f 音位,产生 v 就可以"f:v"配对,与"ș:z̧"一起建立"清:浊"的结构关联,改进音系的结构。文化程度高的青年人的 v 变异由于适合结构的要求,因而它在言语社团的运用中反馈给结构时,就容易为结构所接受。与北京话类似的方言点在山西有大同、太原、太谷、洪洞、万荣等。对比山西的祁县方言,由于那里没有 f 音位,因而合口呼零声母也就不可能有 v 变异,而是向带喉塞音 ʔ 的开口呼转化。(徐通锵、王洪君,1986a)合口呼零声母有各种不同的音节。哪些音节先产生 w/v 变异,这仍有其偶然性。北京话选择了 wen 组(wen,wei,wan,wa,wai,wang),而没有选择 wu 组(wu,wo)。昆明方言是北方方言的一个分支,它的零声母合口呼的 w/v 变异在语音结构中的表现与北京话正好相反,v 变异产生于 wu 音节(材料由原研究生陈保亚提供):

	老年	青年
污乌舞侮	o	v
务武雾	o/v	v
五吴伍悟午误无巫	v	v

两地的对比说明不同的偶然性因素在对 w/v 变异施加影响时选择了不同的音节。

为什么相同的原因会产生不同的结果?这涉及语言运转中各种

因素之间的相互关系。语言的结构不平衡性产生变异,而变异在言语社团的交际中运行。这里的结构、变异、运用三个方面的关系大体如下图:

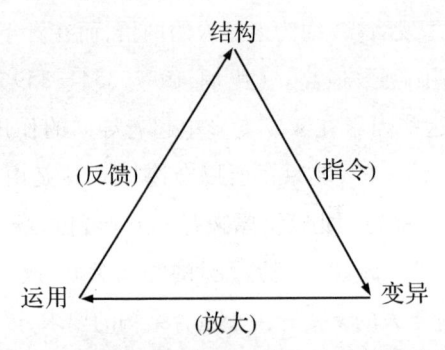

```
              结构
             /    \
        (反馈)    (指令)
           /        \
        运用 ←――――― 变异
              (放大)
```

结构发出"指令",使处于结构不平衡地位上的单位产生变异;在众多的变异形式中有一个形式被某一社会人群选择、放大(即从无序转化为有序);而这种被放大的变异形式通过运用再反馈给结构。如果结构不接受这种反馈,变异的过程就被抑制,不可能再继续进行;如果结构接受了这种反馈,那么它就会"指令"变异的过程继续进行,因而也就会使所选择的变异形式再继续放大,如此循环往复,就使某一种变异形式取得支配的地位,并逐步扩大运用的范围,最后转化为结构。这一过程会产生两个重要的结果。第一,哪一个变异形式被放大?在什么时候被放大?结构开始接受哪一个反馈来的变异形式?偶然性因素有重大的作用,不同的地区由于接受不同的偶然性因素的作用而选择、放大不同的变异形式,这就使相同的原因产生了不同的结果,出现了方言的差异。第二,由这一原因产生的语言系统的演化方式一定呈连续的渐进性过渡,不大可能是离散的突发性跳跃。陕西的关中方言可以为这一论断提供有说服力的例证。这方面的详细情况可参看徐通锵 1990a,238-240。

1.2.3.5 语言系统的自组织的性质现在已经越来越引起语言学

家的关注,一般都采用函数关系来分析这种自组织的性质。前面§1.2.2.2 说过的变异规则的"f"就是 function(函数)的缩写,不过它分析的是变异成分的变异与控制因素的函数关系,没有涉及语言的内部结构。赵元任(1973,95-96)则从"符号复合体的大小是和所用符号的花样多少成反比的"这个角度考察语言结构中的函数关系,说明一个语言的音位数目的多少和词的长度的反比关系。德国的 R. Köhler(1987)在这方面说得更明确,认为"可以以函数分析和现代系统论的方法(主要是协同学)为基础"去探索"自组织系统的语言的动态模式"。函数是一种演绎理论,可以用公式进行演算。R. Köhler 举了这样一个例子:语言 L 词典中的词有数量不等的义项,一个词的义项的多少往往与这个词的长度成反比:词的长度越长,义项数越少;反之,长度越短,义项数就越多。为什么会形成这种反比关系? 这是由于词的义项数是该词长度的一个函数项。R. Köhler 认为可以用下面的公式来表示:

$$m = AWL^{-b}$$

(m 表义项数,WL 表词的长度,A 是一个由实验所得的常数,b 是对所研究语言的综合性的度量)

这个等式体现一条普遍规律,可以预测:一个语言利用形态手段构词并指明词汇意义的情况越多,参数 b 就越大,而对于纯粹的分析语来说,b 将是 0。参数 A 的值等于一个长度单位所具有的义项数的平均数。R. Köhler 认为用这样一种理论模式就可以去分析各种语言中词的长度与义项数之间的关系。汉语是分析语,b 的值很低,所以结构单位(字)的长度短,而义项数却比较多。R. Köhler 用这种函数关系分析语言的自组织性,认为语言与生物的进化类似,内中有控制装置,能使语言因适应交际的需要而不断地调整自己的状态,因而能理想地适应周围的环境(这种环境包括社会和文化系统)。在交际过程中,说话人力求省力,因而会忽略音素间的差异,借此以减轻肌肉的紧张与力量的消耗,减轻记忆的负担,结果是增加了语言单位的相似性。求取这种省力的结果必然会影响音位的库存量,即越求省力,音位的数量就会越少。但是,另一方面,区别手段的减少降低了话语的可理解性,增加了听话人的负担。听话人追求译码的省力就与说话人追求编码的省力发生矛盾,其结果就是要求增加语音的区别性和(间接地)扩大音位的库存量。R. Köhler 用这种方法来分析语言的自组织性。

以上几种理论都着眼于函数关系来考察语言的自组织性,这是一种很好的思路,应该吸收和发扬,但它们都只考虑某一个侧面,我们无法据此从总体上把握语言自组织的性质。R. Köhler 把交际的需要作为函数解释的变量,这是可取的,但仅就省力和加力的关系来讨论语言的自组织性,过于狭窄,没有给语言理论增加什么新的内容,最多只是把旧的分析作了新的表述。语言是一种非线性的自组织系统,我们还需要就这一点去分析语言结构中的函数关系。

1.2.3.6 语言是一种复杂的结构。任何复杂的事物内部都隐含有一种简单的机理,找到了这种机理,也就找到了能驾驭复杂事物的"纲"。语言结构的线性理论以索绪尔的组合关系和聚合关系理论为"纲",抓住了这条"纲",人们就能对线性结构所适用的范围进行语言结构的分析。但这条"纲"不能用来分析语言的非线性结构,因而我们还得另行探索,找出语言非线性结构的"纲"。这种"纲"应该符合如下的要求:

第一,简明而有解释力。爱因斯坦在谈到科学研究的方法论时曾说过这么一句话:"一种理论的前提的简单性越大,它所涉及的事物的种类越多,它的应用范围越广,它给人的印象就越深刻。"(《爱因斯坦文集》第一卷第 15 页,商务印书馆,1976)我们需要找出这种简单性的前提。

第二，能够有效地解释语言系统的非线性结构关系。线性结构是现实的、表层的结构，容易引起人们的注意，而非线性结构是隐蔽的、深层的结构，人们可以意会而难以言传，语言学家只有通过自己的智慧才能揭示这种隐蔽的、深层的结构规则。结构语言学无法用线性的组合结构来解释各子系统之间的关系（§1.2.1.4），就是这方面的一个具体证明。我们可以由此做出一种假设：系统内部的各个要素之间存在着非线性的相互依存、相互制衡的关系，由于此，各子系统才能在运转时协同配合、相互呼应，使系统从无序转化为有序，组成语言的结构。我们不妨从这一角度去探索、寻找语言系统进行自控、自调的杠杆，理出它的组织网络的"纲"。

第三，能够成为观察语言结构的一种宏观的视角。什么是宏观的视角？这可以用一个日常生活中常见的例子来说明。比方说，一根两端固定的琴弦，一经弹拨就会发出振动。从微观的观点来看，振动好像是用小弹簧连接起来的质点链，我们可以借助于计算的工具测算每个质点的运动状态和它在每一瞬间的运动位置。如果只观察质点链上每一个质点的运动状态，尽管分析得很具体，但我们仍然无法了解整根琴弦的振动状态。如果我们能够找出琴弦振动的典型特征——空间排列的关联和时间的周期性运动，就可以用振幅和波长这些参照点来描写。这种振幅和波长就可以成为观察琴弦振动的宏观的观察点和参照点。语言系统组织网络的"纲"应该具有这样的作用，我们能够通过这个"纲"去了解语言的整体结构，即语言各子系统之间的联系和子系统内部的运动状态。

根据这三方面的要求，我们提出"结构关联"的概念，用以代替组合关系和聚合关系。在分析语音变异的时候我们曾使用过这个概念，（§1.2.3.2）现在扩大它的运用范围，用来研究整个语言系统的结构。结构关联的具体含义是指结构要素、结构子系统的相互依存、相互制衡的关系。"依存"和"制衡"指各个结构项之间在语言运转、演变中的相互制约作用,如果说,语言系统的结构是一个常数,那么它的各个结构项就是一种相互制衡的变数,以与常数保持函数式的相互关系。为便于操作,在结构关联中最重要的是要找出关联的基点或常数,我们现在发现,用"1"来说明这种基点或常数,是一个既简单实用又具有很强解释力的概念,符合前面提出来的三项要求。它是我们观察语言系统的结构的一种理想的宏观视角(具体问题后面再讨论)。这种由"1"控制的各结构项之间相互依存、相互制衡的结构关联是协调、支配各子系统之间的协同作用的原理,而与子系统的性质无关。这就是说,一个复杂系统的结构、特性和行为都不是其子系统的结构、特性和行为的简单、机械的总和,而是各子系统在一定条件下自发地协同作用,有方向、有目的地自己组织起来的。各个子系统之间的相互作用受相同的原理支配,从而使系统成为一种"动"的或"活"的东西。

1.2.3.7 结构关联是语言非线性结构中的一个核心概念。如何运用这一概念去分析语言的结构?这就需要结合不同语言的特点,找出它的结构关联的基点或结构常数,并以此为基础展开语言结构的研究。结构关联的基点或语言的结构常数,用现在流行的话来说,就是语言的结构本位;抓住这种"本位",语言的分析才能"纲举目张"。

第三章 印欧系语言的结构原理

一 "主语-谓语"结构和印欧系语言的结构基础

1.3.1.1 一种语言的研究传统,不管研究者意识到与否,都会自觉不自觉地紧紧抓住该语言的结构核心,不然研究出来的成果难以解决实际的问题。印欧系语言的研究,希腊-罗马传统的研究重点是句法和词的形态变化,而印度传统主要是语音和构词法。(0.1.3)这两个方面都能反映印欧系语言的结构基础,因而在语言学的发展中相互结合,形成为一种统一的印欧语研究传统,一直主宰着现代语言学的发展。汉语研究的主流现在也以这种理论、方法为基础,虽然由于语言的普遍特征,也能解决一些问题,但汉语的基本语言事实是与这种理论矛盾的。为什么?理论来源于实践,现有的语言理论基本上都是在印欧语的研究基础上总结出来的,没有或很少考虑其他类型的语言的结构特点,因而用来研究其他语言的结构自然会碰到这样那样的问题。有鉴于此,我们首先需要用结构关联的原理讨论印欧系语言的结构,以便弄清楚这种语言理论的形成条件和适用范围,以免在其他语言的研究中发生"张冠李戴"的现象。

造句和构词是符号的不同层次的组合。组合中必定有一条"纲",纲举目张,使不同层次的符号组成为一个井然有序的系统。驾驭印欧系语言的运转的"纲"是什么?从语言学史的发展脉络来看,是"主语-谓语"的结构。自亚里斯多德等古希腊哲学家提出"主语-谓语"的结构框架和与此相关联的名词、动词的划分以后,语言的研究基本上就是在这一思路的指导下进行的,所以 J. Lyons(1968,274)说印欧系语言的研究,宽泛地说,是以亚里斯多德的逻辑理论为基础分析语句的结构,建立起以"主语-谓语"的结构框架为基础和与此相联系的名词、动词的划分的语言理论。这些概念一直沿用至今,说明这一理论是有它的生命力的。为什么?因为它简单明了地揭示出印欧系语言的结构基础,或者说,它体现了印欧系语言的"句本位"的结构原理。我们可以以此为基础去考察印欧系语言的结构基础。

1.3.1.2 印欧系语言以"主语-谓语"为结构框架的句子的结构规则是:必须有一个由名词充任的主语,但也只允许有一个主语;必须有一个由动词充任的谓语,但也只允许有一个谓语;如果在语义上找不到谓语的主语,也得在形式上造出一个虚位主语来,例如英语的 it 和 there(It is hot in here. There is a cat in the garden.);主语和谓语之间由一致关系相联系。这种结构关系的实质就是我们前面提到的结构关联,可以把它表述为一个"1"。这个"1"是印欧系语言结构的"纲",是我们观察这种语言结构的理想的宏观视角,因为它控制着其他结构层面的结构规则。由这种"纲"控制的句子的结构规则可以简化为如下的公式。

1 个句子 = 1 个主语 × 1 个谓语(即 1 个句子由 1 个主语和 1 个谓语构成)

这个公式还可以进一步简化为:

1 = 1 × 1

等号(=)前的"1"代表结构,等号后的"1"代表结构成分;"×"表示结构成分之间的结构关系,在印欧系语言中就是一致关系。等号前后的"1"相互之间是一种函数式的结构关系:等号前的"1"是一个常数,而等号后的"1"是变数,即它可以是2、3……这就产生了"1 = 1 × 2(或 ×3、4……)"这种奇怪的结构等式。语言中如果出现这种情况,子系统之间由一致关系所调节的相互依存、相互制衡的结构关联就会自发地进行调整,如果是常数"1"制约着变数"2"或"3",使其转化为"1",这就会在语言中产生种种转化的规则。语言是复杂的,主语位置上虽然只允许出现一个名词,但实际上却可以出现几个名词,在这种情况下,结构常数的"1"就会制约主语位置上的"2"或"3"……使其发生相应的变化,典型的办法就是变格,实现功能性的转化,即只保留一个主格名词,其他名词变成其他的格,以维持句法结构"1 = 1 × 1"的要求。谓语的情况与此类似。这一位置上的动词需要与主语名词(主格)保持形式上的一致关系,因此在这里如果出现几个动词,也需要进行功能性的转换,于是出现诸如不定式、动名词之类的形式。如果用这些办法仍旧无法使主语位置上的几个名词或谓语位置上的几个动词发生功能性的转化,那就用关联词引导的、其功能相当于一个词的分句来解决,使这些词在分句中充当次一级的主语和谓语。这些办法的目的就是根据"主语×谓语"框架中一致关系的要求使主语位置上的所有非主语的词语都依附于主语(主格名词),使它们在结构上成为一个"1";谓语位置上的所有非谓语的词语都依附于谓语动词,使其在结构上也成为一个"1",以与主语保持一致关系。印欧系语言的词为什么在入句之后要发生形态变化?由关联词引导的分句为什么在功能上相当于一个词?其终极的原因就在这里,是句中的一致关系调节各个词的相互关系的结果,是变数服从于常数的具体表现。随着语言的发展,如果变数"2"或"3"……超越了常数所能控制的范围,并且迫使常数的"1"的值发生变化,那么语言结构的类型就会发生重大的变化。这种相互制衡、相互转化的矛盾运动使语言系统呈现出动态性的结构特点。这里,一致关系是"主语-谓语"结构的核心,没有这种结构关系的控制,"主语-谓语"的结构框架就会垮台。

"1个句子=1个主语×1个谓语"的"1=1×1"是印欧系语言的语法结构框架,它以词为基本的结构单位。希腊语、拉丁语尽管有丰富多样的形态变化,词的内部尽管可以找出不同的构成成分,但希腊-罗马传统的语法研究并没有找出"语素"(morpheme)这一种结构单位,原因就在于"主语-谓语"这种结构框架只需要以词为基本结构单位就已经能够解决语法研究的基本问题:词的识别、词的归类和与此相联系的语法范畴的确定;以此为基础,就可以描写和分析词在入句之后的相互句法关系。这里,每一个问题的解决,都与"主语-谓语"这一结构框架有着内在的联系。比方说,什么是一个词? 这与它能否成为句法结构中的一个结构成分有关,词的各种形态变化所体现的基本上也是由一致关系所调节的词与词的关系。总之,由一致关系所维持的"主语-谓语"结构是印欧系语言的语法结构的一条总原则,其他的结构规则或直接地或间接地由它控制;抓住这一纲领性的规则,在语言分析中就能以简驭繁,把握语言系统的组织网络。

1.3.1.3 "主语-谓语"的这种结构框架与词类的划分存在着结构关联,亚里斯多德紧紧抓住了这种结构关联,规定:出现在主语位置上的词是名词,出现在谓语位置上的词是动词(包括后来所说的形容词)。这一理论的基本精神一直沿用至今,说明词类划分的基本依据就是词在句中的功能;传统的形态标准只是句法功能的一种标记。在这个框架里,名词和动词各有自己对应的结构位置和结构功能,而后来称为形容词的那些词在这里却没有它特定的位置与之对应,"修饰语"之类的位置和功能属于"主语"或"谓语"中的"宾语"的一部分,与"主语-谓语"的结构框架无关,因而形容词的归属一直是印欧系语言研究中的一个难点,不易定夺。亚里斯多德凭它可以做谓语的功能而把它归属于动词,而稍晚于亚里斯多德的斯多葛学派则根据词的形态变化把它归入名词,因为这些词的格的变化与名词一样,而名词和动词的根本区别就在于有无格的变化。这种理论通常被认为是斯多葛学派的创造,(罗宾斯,1979,34)后来的语法学家大多继承这种看法。形容词作为一个独立的词类而与名词、动词并列,那是15、16世纪以后的事情。形容词和名词虽有瓜葛,但还容易分开,而和动词的关系,由于它能做谓语,因而相互纠缠,关系很复杂;即使到现在,仍然有很多语言学家认为形容词和动词归为一类是有道理的。例如,转换-生成语言学家认为形容词的屈折变化属于表层结构,因为它的性、数、格的变化可以用转换规则从它们所修饰的名词中孳生导出;要是没有屈折变化,形容词和名词并无形态上的一致关系。因此,从深层结构来看,把形容词和动词归在一起是有道理的。那么在中世纪以后为什么还要把形容词单独独立出来?这也是有一定的道理的(Lyons,1968,323-325):第一,形容词出现在谓语的位置上并没有出现与时、式、体的区别相联系的动词的后缀,而代之以意义上空虚的"假动词"(dummy verb,英语如 be,become 等)。例如:

> Mary is beautful　　　＊Mary beautful-s
> Mary dances　　　　＊Mary is dance

第二,动词转到名词短语的修饰语位置时不大自由,一般要带后缀-ing,而形容词不需要这种变化。例如:

> The beautful girl　　　＊The beautful-ing girl
> The singing girl　　　＊The sing girl

形容词在系统中的这些复杂的情况与句法结构的总框架有关,因为它与名词、动词不一样,与"主语-谓语"这种结构框架缺乏特定的结构关联。

1.3.1.4 名词、动词的分野与"主语-谓语"之间的结构关联是印欧系语言的结构格局的核心,非常稳固,只要一致关系没有受到彻底破坏,谁要对这种结构关联进行一些调整和改造,是很难取得预期的成效的。叶斯柏森(1924,96-107)的词品说(ranks of word)或许可以为我们的论断做出一个有说服力的解释。英语属于日耳曼语族,原来有复杂的词形变化,出现在主语位置上的名词和出现在谓语位置上的动词都有特定的形式标志,后来由于语言的发展,形态简化,名词、动词、形容词之间的区别趋于模糊,一个词的句法位置也趋于不稳定,除了那些从其他词变来的词(如 smoker 由动词 smoke 加后缀-er 构成)的词性比较稳定以外,差不多每一个词都有两种以上的词类功能。叶斯柏森有鉴于英语词类划分的困难,想从英语的实际出发,提出了词品说。什么是词品?叶斯柏森没有下一个明确的定义,王力(1944,29-31)根据叶斯柏森的意思对词类和词品做了如下的表述:词类只指词本身而言,譬如一个名词就永远是一个名词,不会因环境的不同而改变它的词性。词品则是指词与词的关系而言。在任何词的连接里,我们都可以指出其中一个词是最重要的。其余的词都是附属品。王力据此给词品下了如下的定义:"词在句中,居于首要地位者,叫作首品;地位次于首品者,叫作次品;地位不及次品者,叫作末品。"这就是有名的"三品说"。王力这一论述的核心是把词类的划分与句法结构分开,割断自亚里士多德以来就在语法研究中生了"根"的词类与句法结构成分的关联。这可能与汉语的特点有关,因为王力想用词品说摆脱汉语的词类与句法结构成分不相对应的矛盾,因而在他的定义里,看不出哪一类词常居首品,哪一类词常居次品或末品。莱昂斯(Lyons,1968,327-329)在研究三品说的时候就不能不照应印欧系语言的结构特点,因而给三品说下定义时清楚地联系词类的语法功能:名词是第一级范畴(首品),动词(包括形容词)是第二级范畴(次品),副词是第三级范畴(末品);在最简单的典型的句子结构中,名词被动词修饰、限制,所以动词是 adnominal(修饰名词的)范畴,动词被副词修饰、限制,所以副词是 ad-adnominal 范畴。从这里可以看出词品说既与词类联系,又与句法结构挂钩,核心的问题是想解决因词的形态简化而产生的词类与句子成分的关系,用我们的话来说,就是想调整名词、动词和"主语-谓语"的结构关联。

要对结构关联进行调整,那是很困难的,甚至可以说是不可能的。传统的语法理论是双轨制,一"轨"是词类,一"轨"是句法结构,词类和句法结构位置之间存在着相互对应的关系(结构关联)。形态的简化虽然削弱了这种对应,但一致关系仍旧存在,因而在两"轨"之间插进来一个词品,增加一"轨",不仅不能补救已处于削弱状态的词类与句子成分之间的对应,而且使相互的关系更复杂,因为词类需要通过词品而与句子成分相联系。这就割断了词类与"主-谓"结构的关联,无助于问题的分析和解决。

三品说以名词为中心(首品),把动词和形容词归为一类(次品),这与亚里斯多德的语法理论倒有些一致性。从印欧系语言的语法理论的发展趋向来看,有越来越多的人认为句法结构的核心是谓语,因而动词在语法结构的研究中占有特殊的地位;从英语的实际情况来看,形态虽然已大为简化,但动词的时、体、式、态等的形态变化都还比较完整地保存着。三品说与这种情况似乎有点距离,这可能也是它逐渐不被人们注意的一个原因。

1.3.1.5 三品说没有实现预期的目的,说明词类与句法结构之间的结构关联是很稳固的。这种关联可以启示语言学家去寻找语法结构的支点,建立相应的理论。句子的结构由于一致关系的控制,主语位置上只能出现一个(主格)名词,谓语位置上只能出现一个(定式)动词,因而印欧系语言可以以名词或动词为基础展开句法结构的研究,不过晚近的研究都偏重于动词,其中最重要的是关于"价"

(valence)、"位"(place)或"向"等的理论(参看§4.5.1.3和§4.5.2.5)。这些理论都以动词为中心研究它与名词的关系和相应的句法结构,虽然还存在着这样或那样的问题,但都没有离开印欧系语言以"主语-谓语"结构为特征的结构基础"1",因而都有重要的参考价值。

二 词的结构与"主语-谓语"框架的结构关联

1.3.2.1 "主语-谓语"的结构框架如何控制词的结构,这需要分几个层次来讨论。首先是形态变化,因为它与句法结构的关系最密切;其次才是以词根为基础的词的结构。

1.3.2.2 印欧系语言的丰富的词形变化与"主语-谓语"的结构框架实际上是从不同的角度来观察的同一个问题,前者着眼于词的变化,后者着眼于句法结构,它们都受一致关系的控制,使同一个词如处于不同的结构位置就要发生不同的变化。印欧系语言为什么有形态变化?其原因就在于要维护由一致关系所控制的"主语-谓语"结构。英语的形态变化现在已经衰退,但还有残留,一致关系还维持着主、谓语之间的联系,因而第三人称单复数的区别就要求动词的人称和数和它保持一致。俄语是一种形态变化很丰富的语言,现在还完整地保持着主、谓语之间的一致关系。现举一例,以见一斑:

   Он читал.   (他读了。)
   Она читала.   (她读了。)
   Я читаю.   (我读着。)
   Мы читаем.   (我们读着。)

随着主语的人称和单复数的差异动词需要有特定的形态变化,以与主语保持一致。一致关系是维护主、谓语之间的联系的一个"纲",句子中的各个词需要围绕着这个"纲"而进行形态变化。这说明,印欧语的形态变化同样是受语言的结构关联的基点(常数)控制的。如果句子的结构规则不是"1 个句子 = 1 个主语 × 1 个谓语",在主语的位置上允许同时出现若干个名词,在谓语的位置上允许同时出现若干个动词,主、谓语之间也不存在一致关系,那么词在结构上就没有必要进行形态变化。语言结构最讲求经济、有效,结构上没有必要的变化在语言中没有存在的余地。

形态变化与由一致关系所控制的主谓结构的关系,我们从变化的各种功能性名称中也可以得到具体的解释。以名词的变格为例,每一个变化形式的名称就具体地说明了它的语法功能。下面是拉丁语单数名词的变格表(据 J. Lyons, 1968, 290, 297):

	阴性	阳性	中性
Nominative(主格)	puella(女孩儿)	lupus(狼)	bellum(战争)
Vocative(呼格)	puella	lupe	bellum
Accusative(宾格)	puellam	lupum	bellum
Genitive(属格)	puellae	lupi	belli
Dative(与格)	puellae	lupo	bello
Ablative(离格)	puellā	lupo	bello

中性名词的主宾格不分,俄语的情况与此类似。每一个格的名称就是它的句法功能的代码。呼格是用来表示直接称呼的人或人格化的事物;离格表示动作发生的方式、地点和动作赖以进行的工具,所以像俄语这样的语言就直接称它为工具格。属格稍微复杂一些,它不仅表示"领属"(possessive),也可以在由"状名词 + 名物化动词"(adnominal + nominalized verb)构成的向心结构(endocentric construction)中与主谓结构或宾动结构发生关系(即传统语法所说的"主语施

事和宾语施事"),(如 Bill's death 相当于 Bill died；John's killing of Bill 相当于 John killed Bill)。这些都反映名词在功能转化中的一些语义特点。名词变格的这种功能性的名称只是主谓结构中词的句法功能的一种转化，所以，印欧系语言的研究，不管是以"主语-谓语"为纲的句法，还是以形态变化为主的词法，都是围绕着由一致关系所控制的主谓结构展开的，区别只在于观察角度的差异。

1.3.2.3　词的形态变化传达不同的语义信息，人们习惯上称之为语法意义，把这种意义加以分类概括，就是一般所说的语法范畴。这是一个形式与意义交织在一起的语言范畴：形式联系着语法功能，如上述的主语、谓语之类；意义联系着现实世界，使词的各种具体的意义类别化，以便经过形式化的包装转化为造句的工具。语义在编码体系中都是逻辑（概念）范畴的投射，都得以概念范畴为基础，而负载这种语义的词形变化形式则完全是纯语言的范畴，是一个词根据句法结构的要求而发生的变化，因而出现了逻辑范畴和语言范畴的相互关系问题。大体情况是：语法范畴是以词形变化为线索而概括出来的语义类别，因而必须以语言形式为准，但语法范畴中的语义又以逻辑（概念）范畴为基础，词形变化只是语义类别化的一种标志，因而这两类范畴虽然大体相互对应，但是印欧系语言的语言规则终究不是逻辑规则的简单复制，因而在某些情况下两类范畴也会产生矛盾。如以性的范畴为例，"妇女"、"少女"在逻辑上自然属于阴性，但德语的 das Weib（妇女）、das Mädchen（少女）在语法上却属于中性；至于那些本无性别差异的事物归属于哪一种"性"，不同的语言可能很不一样，如表示"太阳"的词在法语里是阳性，在德语里是阴性，在俄语里是中性，因为词的特定形态变化规定了它的性范畴的归属。语法范畴和逻辑范畴的关系，我们这里可以英语为例，看看它们之间的既相互对应又相互区别的一些情况：

	性	数	格	时	体	式	人称
语言范畴	gender	number	case	tense	aspect	mood	person
概念范畴	sex			time			

"性"和"时"分别用不同的词表示语言范畴和逻辑范畴。"数"、"格"等只有一个表示语言范畴的词,除"格"范畴外,它们都以概念范畴为基础,但必须以特殊的词形变化表示它们的语言范畴的性质。这里,"性"和"时"各自用两个不同的词来表示不同性质的范畴,这一点耐人寻味。"性"范畴的实质是名词的语义分类,与自然的"性"(sex)并无必然的联系。语法"性"的语义基础可以是 sex,也可以是形状、质地、颜色、可食性等等,总之任何一种自然的属性都可以成为语法"性"的语义基础。印欧系语言的"性"既然不等于自然的性别,那为什么还要和 sex 联系在一起? 那纯粹是为了方便,因为"我们找出了这些差别,就需要给它们一个名称。我们选择最容易记住的名称:它们主要要有助于记忆而不要求别的什么。语言学并不是用这样一种方法的唯一的学科。大熊猫单靠竹子生活,但是按照动物学却把它列入食肉动物"(帕默,1971,93)。"性"是名词的各种范畴的基础,"格"与"数"的变化方式往往与"性"的语义特点有密切的关系。比方说,前面拉丁语的名词变格表说明,中性名词除了不分主宾格的差异以外,其他格的形式与阳性名词一样(这里暂时不管呼格)。这两个特征暗示:印欧语的格和性两大范畴相互依存。"性"在一定程度上以生命(animate)的意义为"自然的"基础,使有生名词和无生名词在变格的时候呈现出一定的差异:无生名词主宾格同形式,而有生名词则否(如俄语的有生名词的宾格形式同属格);中性名词的变格形式基本上同阳性名词,因而在演变中容易和阳性名词合流,形成阴、阳二性的二项对立(如法语);中性名词没有主宾格的差异,这可

以看成为有生和无生的语义差异所引起的结果。

"时"(tense)是动词各项范畴的核心,以 time(时间)为基础。汉语没有表示"时"的特殊形式标志,因而虽有"时"的概念,但没有印欧语类型的那种"时"的语法范畴。英语有"时"的语法范畴,一般的语法书都说可以分为过去、现在和未来三种"时":过去时以-ed收尾,现在时如其主语为单数第三人称,则动词后加-s,未来时在动词前有 will,shall。根据英、美学者的研究,认为英语的"时"是过去时和非过去时的对立,因为现在时不一定表示现在,也可以表示永恒的真理,例如"The sun rises in the east"(太阳升起于东方);will,shall虽然可以用来表示未来,但也可以表示意愿、习惯、可能性和普遍真理,不是未来时特有的形式标志。现在所说的现在时和未来时,严格地说,都应归入非过去时。(帕默,1971,212-215)"时"是动词中最重要的范畴,其他如体、式、态等都以它为基础,例如"体"中的"时"的因素虽然不多,但强调的是行为动作在某一时间中进行的方式或状态。英语的动词可分普通体、进行体和完成体。动词的简单形式表示普通体(I write),"be+动词的现在分词"表示进行体(I am writing),"have+动词的过去分词"表示完成体(I have written)。汉语动词后面的"了"、"着"、"过",有些语言学家也认为是"体"的标志,不过现在已对这种看法提出了强有力的质疑。(§4.3.3)

"性"和"时"是集中体现名词和动词的结构特点的两个特殊的语法范畴,它们以概念范畴为基础,但又不等于概念范畴。这样,以约定性编码为基础的语言在造句的时候就需要调整语法范畴与概念范畴的关系,因而语法的形式结构比较复杂;而以理据性编码为基础的语言由于其语言范畴和概念范畴是一致的,因而在这方面就要简单得多。

1.3.2.4 形态变化和语法范畴是一个问题的两个方面,或者说,是从不同的侧面去观察的同一种语言现象,它的作用主要是给词进行语法功能的包装,以便使词能够顺利地进入由一致关系所控制的主谓结构,成为句子的一个结构成分。进行了这种包装的"词"主要是名词和动词,因为它们和"主语-谓语"结构存在着结构关联;形容词的变化依附于名词,不必单独分立。正由于此,语言学家特别看重名词和动词的分野。房德里耶斯(1914,131)在对词的分类进行了深入的考察之后得出了这样的结论:"我们把这种淘汰的工作追求下去,结果将会只剩下两个词类,即动词和名词。其他词类都可以归入这两类。"萨丕尔(1921,107)也发表过同样的意见,认为"没有一种语言完全忽略名词和动词的区别,虽然在某些特殊的情况下,这种区别的性质不容易捉摸"。此后的语言学家也不断重复着这样的意见。西方的语言学家为什么只强调这两个词类?因为它们与"主语-谓语"的结构存在着结构关联。

名词和动词的划分只是结构关联中的一个环节,语言的结构还得以此为中介进一步去关联和控制下一个层次的结构,这就出现了构词法和句法结构的相互关系问题。印欧系语言的名词、动词中的词含有一种能适应结构关联的要求而自发地形成的一种构词机制,大多数词的结构就是由这种构词机制控制和构成的,即词根加上词缀(前缀和后缀)构成符合句法结构要求的词,只要加上适当的形态变化形式,它们就能进入句法结构的某一位置,充当某一种结构成分。在这里,词根是构词的基础,是印欧系语言对现实进行编码的核心,是一种纯语义的成分,而词缀则一身二任,一方面对词根的意义进行补充,构成不同的词,另一方面则使纯语义的词根语法化,为其转化为名词或动词或形容词准备好必要的条件。词根中的音义关系体现编码的基本原则,对于印欧系语言来说,这就是音义结合的任意性和约定性,而词根和词缀相结合而构成的词则体现编码的理据性,印欧系语言以这种理据性为基础形成语言的构词规则。这是为适应结构关联的要求而产生的一种语言规则,是印欧系语言的一个研究重点。

1.3.2.5 在印欧系语言的语法结构中,名词和动词是两个必不可少的词类,造句的时候它们得双管齐下,相互配合,好像是地位等同的两个词类,但从语言的底层编码机制来看,它们的地位明显地是不平等的,它们是以动词为主的,名词只是在动词词根的基础上产生的一个次类。希腊-罗马传统的印欧语研究由于只研究以"主语-谓语"为框架的句法结构和与此相联系的词形变化,不研究构词法,因而我们不易在这里找到必要的线索,而印度传统的印欧语研究由于以构词法和语音为重点,因而我们可以在这方面找到一些很有启示意义的线索。根据金克木(1981,240-244)的研究,巴尼尼语法和前于它一个世纪左右的《尼录多》都认为梵语只有名词和述词(动词),而两类词的关系,"《尼录多》举出了两派意见:一派是尼录多派即词源学家,他们认为一切名词都出于述词,即名出于动。另一派是语法学家,他们认为并非一切名词都出于述词,只有一部分名词出于述词"。"从双方论据看来,反对派以推理驳难而尼录多派就事实立论。可能是为了语法体系的完整和解说的方便,也可能有思想界斗争的一般趋势的影响,名出于动的理论终于胜利。语法学家便以'名生于述'为根本原则,而《波你尼经》(即巴尼尼语法)就是以1 943个表示动词意义的词根作为梵语的构词基础,而以3 000多条经文说明其变化。结果是这部语法形成一个庞大的构词系统。这就是波你尼的语法体系。不论在这同时或以后有多少不同派别和结构的语法,直到近代,都没有背离这条根本原则,都承认词根,而词根都是表示动词意义的。从哲学观点说,这种思想就是认为宇宙间万事万物根本都是行为、动作,动是根本而静是表现。"这种构词系统可以简化为如下的规则:

(1) 前缀(近置) + 词根(界) + 动词词尾(底) = 动词(底彦多)

　　　|

　　+ 直接后缀(作) + 名词词尾(苏) = 名词(苏漫多)

　　　|

　　+ 间接后缀(加) + 名词词尾(苏) = 名词(苏漫多)

(2) 词根 ± 直接后缀 + 名词词尾 – 名词词尾 = 不变词(投词)
(3) 名词词干 + 名词词干 ± 复合词后缀 + 名词词尾 = 复合词

（表中的 ± 号表示有或无）

行为动作不是抽象的，它一定是具体名物的行为、动作或变化，因而语言的编码体系自发地形成一种和动词相配的名词，构成印欧系语言中的两大词类，承担"主语-谓语"结构中的"主语"和"谓语"两大功能。词缀的一个重要作用就是帮助词根实现语法功能的转化。这种构词规则适合以"主语-谓语"结构为基础的结构关联的要求，在造句的时候能自发地生成句法结构所需要的词。在现代的印欧系语言中，名词、动词、形容词这些词类差不多都有其特有的构词词缀，以适应和满足造句时的功能性转化的需要。例如英语，名词的后缀如：-er, -or, -ar, -ess, -ise, -ster, -ard, -ant, -ion, -tion, -sion, -ant, -ation, -ness, -ance, -age, -ician 等；形容词的后缀如：-able, -al, -ian, -ant, -ent, -ern, -ful, -ish, -ive, -ative, -ous, -less 等；动词的后缀如：-ate, -fy, -ize, -ise 等。每一个后缀差不多都有它特定的用度，如 -ness 用于形容词向名词的转化，-ful 用于名词向形容词的转化，等等，这些用不着在这里一一细说。英语的后缀除构词外，语法上的功能主要就是用于词类的转化。英语的前缀主要用于构造新词。俄语有丰富的前缀和后缀，都兼有构词和变词的作用，人们把它称为广义的形态，不无道理。总之，"主语-谓语"的结构框架与名、动词的结构关联,或者说,句法结构的"1"的控制是"词根+词缀"这种派生构词法的结构基础。

印欧系语言中的分句,它的结构规则和句子一样,但在句法中的功能只相当于一个词的作用。这种结构上像句子而在功能上像词的语言现象归根结蒂都是由于句法结构常数"1"的控制而产生的结果。

1.3.2.6 前面的分析以"主语-谓语"的结构框架为基础,通过结构关联的概念,一层一层地剥开语言的结构,直至找到它的深层的编码机制。这里采取的办法是由表及里,表里相通,说明一种语言结构关联的基点(结构常数"1")的确定需要扎根于它的内部编码机制。印欧系语言的"主语-谓语"结构,核心是谓语,其承担的角色就是动词。印欧语的语法研究为什么一直以谓语动词为重点?实际上就是以动词词根为核心的深层编码机制和"名生于动"的派生机制的一种反映。这种编码机制可能也是西方人的思维方式重"动"不重"静"的语言基础。

三 重音在结构关联中的地位和音系的研究

1.3.3.1 前两节讨论符号的不同层次的组合,说明句法层面的"1个句子=1个主语×1个谓语"的"1=1×1"的结构规则制约着其他层面的结构。只要抓住这条总规则,在语言分析中就能挚纲举网,把握住印欧系语言的结构特点。不过,由句法层面的结构常数"1"所控制的是各个层次的语法结构规则,即语言符号的组合规则,而不涉及语音结构的规则。语音的结构有它相对独立性,因为它是从音义结合的符号中抽象出来的。希腊-罗马传统的语法研究为什么大讲句法结构和词的形态变化,而把语音作为语法的附庸,没有进行独立的研究？就是由于没有发现语音与"主语-谓语"结构的关联性联系。

印度传统的语言研究，语音的研究比较细致，字母表的读音系统和排列顺序很科学，先元音，后辅音，根据发音部位和发音方法排列，比希腊、拉丁、阿拉伯的脱离语音系统的字母表显得更合理。印度传统的语言研究为什么会对语音的研究感兴趣？主要的目的还是为了词的分解和分析。早于巴尼尼语法的《句读》一书"把《梨俱吠陀本集》的诗分析成孤立的词，把复合词拆开，把有'连声'（sandi）变化的词形还原，把前缀、词头、后缀、词尾分开，当作前置词、后置词。这是保存《吠陀》经文防止错误的一种诵读法"。这里的目的很清楚，为了防止错误的诵读，因为"'神圣'的经典是不能写下来的咒语"，必须根据代代相传的正确发音念诵。印度传统的研究重音不重形，许多书都是靠背诵传授而不是写下来的，因此记音的字形并不统一而语音却统一而不能差。（均据金克木，1981，240，214，223）正是这种需要促进了语音的研究，因而它基本上仍旧依附于语法的分析，还缺乏独立性。结构语言学兴起以后，语言学家花了很大的力量研究语音，并取得了显著的成效，但如何解决它与语法结构的关系问题，则走上了歧路。它排除语义，根据语言线性组合的原则，把语音和语素等嫁接在一起，形成一种从音位到句子的线性组合序列。这不符合语言的结构原理，因而矛盾重重。（§1.2.1.2－3）为什么会出现这些情况？主要就是没有找到语音与结构关联基点的内在联系。

1.3.3.2 从语素到句子，基本上是符号的线性组合，每一层次的结构单位都是音义一体。要把语音抽象出来，考察它与结构关联的关系，这就要摆脱"语言是一种线性结构"的观念的束缚，而要着眼于非线性的结构原理。语音是从语素-词-词组-句子的线性组合序列中抽象出来的，是一种暂时不管语言意义的语音序列：音位-音节-音群，即音位的组合构成音节，音节的组合构成音群。和这种线性组合序列一起出现的还有超音段的语音特征,因而语音的结构本身也是一种非线性结构。语音线性组合中的每一种单位,不管是音位还是音节、音群,与语素、词、词组、句子等各级语法单位之间没有强制性的对应关系;特别是音节,在各级语法单位的语音形式中没有特殊的地位,用我们的话来说,就是它不是编码的自足的语音单位。一个语素在语音上可能小于一个音节(如 dogs 中的-z),也可能是一个音节(im-,en-,-de,-ist 等)或几个音节(如 para-,anti-,contra-,circum-等),这种不定性可能就是语言符号任意性原则造成的一种结果。正由于此,由语素组成的词在语音上是几个音节,也是不定的;或者反过来说,由于句法结构常数"1"的控制,词在句中往往需要加前、后缀构词,自然不允许有几个固定的音节。音位的出现位置也较为灵活,同一个音位能够出现在音节的哪一个位置上?是在音峰的前面,还是后面?其中的规则也比较复杂,不像汉语那样,一个音位能出现在哪一个位置上,可以整理出比较简单的规则。(§14.2.3)由于印欧系语言的语音结构单位与各级语法结构单位没有强制性的一一对应关系,因而不大容易说清楚语音单位与语法单位之间的结构关系。结构语言学虽然重视音系的研究,但音节结构和它与语法单位之间的关系,却没有作为重要的问题来讨论,像霍盖特《现代语言学教程》、莱昂斯的《理论语言学导论》等都是这样。这恐怕不是一时的疏忽,而是由于还没有找到它与语言结构关联的基点的联系。是不是没有这种联系呢?或者说,语音是不是可以不受结构常数"1"的关联而自成一个完全自由的"独立王国"呢?否!语言是一种自组织系统,语音组合序列中既然没有一种单位与语法单位有强制性的对应关系,结构关联自然会通过其他途径把语音和语法关联在一起。语音的单位除了以音位为结构单位的线性组合序列以外还有超音质的特征,这种特征如与语法单位存在着对应的关系,同样可以成为一种关联点。比较音长、音强、音高这些超音段的特征,重音是印欧系语言的一种重要特征,因为它与语法单位中的词存在着对应关系,我们可以通过它去建立语音和语法的结构关联。

如前所述,由一致关系所维持的"主语-谓语"结构的基本结构单位是词,语音的分析如能以词为中介,那就有可能与结构关联的基点建立起关联性联系。一个词有几个音节,这是不定的,但一个词只有一个重音,这是确实的。一个语段里有几个词,主要就是看它有几个重音。重音是联系语音和语法结构单位的关联的中介:

　　语法:　语素　　词　　　词组　　　句子
　　语音:　无重音　一个重音　几个重音　语调

抓住重音也就抓住了词,可以以词为基本结构单位去考察语音和结构关联之间的联系。重音在语言系统研究中的重大价值是生成学派的一个重要发现。

1.3.3.3　结构语言学语音研究的特点,一是把语音看成一种线性结构,二是就语音论语音,不允许参照语法、语义方面的因素,因而无法解释语音和语法的关系。(帕默,1971,115–133)生成学派脱胎于结构学派,开始时也把语音看成为一种线性的结构,因而很难处理诸如音位与重音、声调之类超音段因素之间的关系。理论与事实的矛盾迫使生成音系学家修正自己的理论,把音系看成为一种非线性的结构:音段和超音段是两个独立组成的平面,应分别进行研究。如何处理这种非线性结构,语言学家的意见不尽相同,因而形成不同的理论。这一点我们不想在这里多费笔墨,只想引述哈莱(Morris Halle)的看法,以做代表。哈莱(1985,152)认为:"在许多语言里,声调旋律起着区别词的作用……我们有理由认为,说话人把声调信息储存在一个独立的自主音段层次上,这就是说,在声调语言里,词的储存形式是两条平行的单位序列:音位序列和声调序列。"声调是一种超音段特征,重音的性质和它一样。生成音系学家把这两个层面分离开来考察,然后进一步研究超音段序列与音段序列之间的关系,揭示音系的内部结构规律,从而使理论的解释力提高了一步。

一个重音控制着一个词,着眼于重音和它与音位音段之间的关系,就使词在编码体系中的地位得到了重视,从而向语言的底层编码规则的研究前进了一大步。生成音系学派在研究印欧语的同时还研究了阿拉伯语、班图语、南岛语、泰语、日语、汉语等,从中受到了很大的启发,发现任何一种语音系统的结构单位只有在兼顾语法、语义条件的情况下才能发现,而不能像结构语言学那样就语音研究语音。英语的词的重音位置,表面上看来是自由的,但实际上很有规则,与下列语法因素有关:是根词还是派生词;根词的词性;词中某个位置的音丛组成。先请比较下面的三组例子,(a)为动词,(b)为形容词,(c)为名词:

	Ⅰ	Ⅱ	Ⅲ
(a)	édit	eráse	eléct
	consíder	maintáin	obsérve
	cáncel	decíde	adápt
(b)	sólid	supréme	corrúpt
	hándsome	sincére	abstráct
	cómmon	obscúre	diréct
(c)	América	aróma	agénda
	cínema	horízon	uténsil
	análysis	factótum	appéndix

如果名词去掉最后一个松元音(即一般所说的短元音)及其后续辅音,则上面的词都呈现出相同的重音模式:如果词末是-v:c(如栏Ⅰ),则重音落在它之前的音节上;如果词末是-v:c(如栏Ⅱ)或-vcc(如栏

Ⅲ),则重音落在该音节上。这就是说,韵(rhyme)中凡-v:、-vc 音节在英语中担负重音,-v 音节一般不担负重音;重音总是与其右边紧挨着的轻音节组成一个音步;一个词若有几个音步的重音,最右边的一个是一级重音,"不管是两音节词、三音节词还是四、五甚至六音节词,它的重音都符合上述规律"(王洪君,1994a,6－7,11)。通过重音的研究可以进一步了解词在语言结构中的特殊地位,使我们从另一个侧面弄清楚底层编码的规则。

重音是语音通过词而与结构关联发生联系的一个桥梁。生成音系学根据语音的非线性结构的原则,找到了这种通向结构关联的桥梁,因而使音系学的研究水平迈上了一个新的台阶。

1.3.3.4 一个重音管辖若干个音节。音节在结构语言学和早期的生成音系学中都没有什么地位,随着超音段和它与音段的相互关系的研究的深入,音节在音系中的重要地位逐步被人们所认识,这就又进一步推进了音节结构规则的研究。人们发现,不同语言的音节结构虽然不尽一样,但内部的结构规则却惊人地相似:都有一个音核(nucleus,用 N 表示),其前为音首(onset,用 O 表示),其后为音尾(coda,用 C 表示);音核和音尾的联系比较紧密,形成一个韵脚(rime,用 R 表示)。音节的这种结构可以用树形图来表示:

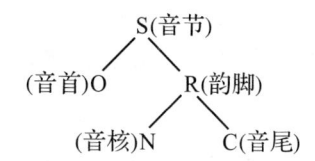

```
            S(音节)
           /      \
      (音首)O      R(韵脚)
                  /    \
             (音核)N   C(音尾)
```

这表明,音节的结构首先划分为音首和韵脚,而后再把韵脚划分为音核和音尾。(据陆致极,1985,29;石毓智,1995b,231)显然,这种音节结构规则很像汉语的音节结构。一点不错,西方语言学家正是受到汉语音节结构的启发才仿效汉语的声、韵、调分析法研究英语等语言的语音结构,提出音节结构的新理论。哈莱(Morris Halle)在谈到这一点的时候说:他们在各种语言的韵律规则的研究中都发现了辅音在音节首和音节尾的不同功能,这才发现汉语音韵学的音节层次结构说原来是普遍的语音模式。这种模式有很强的解释能力,现在已经为语言学家普遍接受。(王洪君,1994b,307-310)汉语的音节结构中没有复辅音,如果碰到像英语这种有复辅音的语言,那该怎么分析呢?音系学家发现,音首或音尾中的各种复辅音的音素严格地遵守"音响顺序原则"(sonority sequencing principle)排列:从音首到音核方向的各个音素的音响度逐渐增加;从音核到音尾的各个音素的音响度逐渐减弱;音核的音响度最高。已经确定各种音素的音响度的级别为:元音 > 介音 > 边音 > 鼻音 > 阻塞音。(石毓智,1995b)生成音系学的发展看来隐含着汉语音节研究的重要贡献。

1.3.3.5 现在回过头来讨论我们的问题,这就是:生成语言学家受到汉语音节结构模式的启发,进而发现了语音结构和语法单位之间的联系,使音系的研究纳入了结构关联的网络,推进了语言学的发展。不是直接受结构关联控制的结构,研究的难度都比较大。印欧系语言的研究经验可以清楚地说明这方面的道理。

四 语义的研究和它对印欧语结构关联的冲击

1.3.4.1 如果说语音是音义一体的符号及其组合中分离出来的语音部分,那么语义就是与它相对的意义部分。印欧系语言的语义研究一直很薄弱,成果也相形见绌。为什么?因为它与结构关联的基点的联系比语音更隐蔽,人们找不到其间的关联点。传统的语义学主要研究词的词汇意义,重点讨论音、义、物之间的关系以及词义与概念、多义词与同音词、同义词与反义词、词义演变中的扩大、缩小、转移等问题,不考虑它与语法结构之间的关系。这种研究自然不容易引起语言学家的广泛关注。

语义的研究大体上包含两个方面,一是它与现实现象之间的关系,一是语言结构单位因组合而产生的意义。传统的研究只考虑第一个方面,而且还没有注意到词义之间的相互制约关系。本世纪的30年代,德国语言学家特里尔(J. Trier)在洪堡特的"每一种语言都包含着一种独特的世界观"理论的影响下提出语义场(semantic field)理论;在一个特定的范围内考察词义之间的关系,使孤立的研究转化为一种系统性的研究,为语义的结构分析开辟了前进的道路。这自然是一个进步,成为后来语言学家前进的一个台阶。以此为基础,语义学家反复比较有关语义场之间的关系,发现可以从"场"中抽象出最小的语义组成要素,类似音位的区别特征。因此,他们参照音位区别特征的分析方法,在义场内部寻找、分析语义组成要素,称之为义素(sememe)或语义成分(semantic component),并从义素之间的相互关系中去研究语义的结构。这虽然是语义研究中的一个不小的进步,其成果还可用于语法的研究,但仍旧没有找到语义与语法结构的关联性联系。另一方面,义场和义素的理论本身也有比较严重的局限,因为它只适合于一些离散性现象的研究,而语义本质上却是一种连续性现象,难以离散化,这可能也是义场、义素的理论难以进展、推广的一个重要原因。转换-生成学派诞生以后,这方面的情况发生了一些变化,语言学家开始注意因语言单位的组合而产生的意义,探索语义与语法结构的关系,从而对这一薄弱的领域发起了一次强大的冲击。虽然现在还不能说已经攻克了它与结构关联的基点相联系的"山头",但可以说已建立起几个可以进击的"桥头堡"。这也是一项不可小视的成就。

1.3.4.2 以乔姆斯基为代表的生成学派脱胎于结构语言学,因而早期与结构学派一样,只注意句式之间的形式转换,不研究语义,带有明显的后期结构语言学的印记。这是诞生于50年代末的经典理论的一个重要特点,当时称为转换学派。60年代初期和中期,人们认为不考虑语义的语言研究模式是不完善的,应该将语义引入语法研究。首先发起挑战的是卡茨(J. J. Katz)和波斯塔尔(P. M. Postal),认为句法必须与语义联系起来研究,其间的关系是句法决定语义;语义是对句法表达式的解释,是解释性的,不是决定性的;语义只在深层结构中起作用;转换不能改变语义。这就是人们称之为"卡茨-波斯塔尔假设"的基本内容。乔姆斯基吸取了这种意见,写成了《句法理论要略》,进入了他的标准理论时期。这一理论的重要特点是语义进入了语法研究的领域,强调深层结构决定语义,转换不能改变语义等。这一理论提出了深入研究的方向,推进了语义与语法的关系的研究。随着研究的深入,人们发现转换不改变语义是不可能的。因而围绕着深层结构的性质、语义的作用、转换的地位等展开了一次空前的大论战,群雄蜂起,学派纷呈,诞生了格语法、解释语义学、生成语义学、切夫语法、蒙太古语法等。论战的核心内容,概括起来就是语义和语法的关系,用我们的话来说,就是语义能否进入由句法结构的"1"所控制的结构关联的网络。面对这些学派的挑战,乔姆斯基进入了他的理论研究的困难时期,写了答辩性的文章《深层结构、表层结构和语义解释》,提出了他的扩大的标准理论模型,由深层结构决定语义的立场转到由深层结构和表层结构共同决定语义的立场,而后又进一步转到表层结构决定语义。这样,"转换"的地位大为降低,只剩下一条转换 α 规则。学派的名称也由转换学派改为转换-生成学派,并进而叫作生成学派。语义的范围乔姆斯基进行了严格的限制,只研究那些能够形式化的语义部分,如题元关系、同指关系、照应关系、量化关系等，其他的语义归入语义学和语用学。这种一步步转化的实质就是将已经开始结合起来研究的语义和语法重新分开，各自进行独立的研究，退回到句法自主的原则上去。这是理论上的一次倒退，自然会受到各方面的批评。乔姆斯基的理论后来还有变化，我们这里不说了。总之，自语言学成为一门独立的科学以来，一个学派的理论前后经历了如此激烈的动荡和变化，还没有先例。这种发展的历程很值得深思。

1.3.4.3 仔细分析动荡的原因，人们不难发现，这是语义研究撞击结构关联而发出来的一种强大力量。印欧语的研究一直以"主语-谓语"的结构为纲，把语义引入语言的研究，就要协调它与这个"纲"的关系，要求在以一致关系为纲的结构关联的网络中占有一席之地。但是，结构关联是一个严密的系统，牵一发动全身，要在里头找到一席之地，不经深入的研究，找到其间的关联点，是不可能的。不同的理论大体上都是为找到这个"一席之地"而提出来不同的方案。卡茨和波斯塔尔等人所主张的解释语义学（Interpretive Semantics）是最初从转换-生成理论中分离出来的一种语义理论，认为是句法决定语义，即句法具有生成性，而语义只是解释性的，循着句子、词组、词的顺序，从大到小，层层分解和解释；它不能离开句法结构而自行获得，即它只能对句法表达式进行语义的解释。和解释语义学相对的是麦考莱（J. McCawley）与雷科夫（G. Lakoff）等人所倡导的生成语义学（Generative Semantics），认为语义自主，不依赖于句法结构，只有语义才有生成能力，句子的语法特点取决于语义，因而先生成语义表达式，而后再转换为句法表达式。这两种理论从不同的侧面寻找语义与语法的结构关联，但是都没有找到关联点。以兰姆（S. M. Lamb）为代表的层次语法（Stratificational Grammar）则更干脆，把语言的结构分为（从最高层开始）概念层（或语义层）、词汇层、语素层和音位层，认为每一层都有它自己的语法结构。他认为主谓结构和与此相联系的名词、动词、形容词的划分属于词位句法(Lexemic Syntax),与语义特征相联系的是义位句法(Sememic Syntax),这些不同层次的语法应该各自进行独立的研究。这就回避了语义与语法的关系问题,自然也不必去寻找什么关联点。这种理论与语言学的发展趋向有点距离,因而有些评论家认为"这个理论是否有前途值得怀疑"(Francis,1973,这里据 D. Bolinger,1975b,785)。总之,由于一时找不到把语义和结构关联的基点联系起来的纽带,因而形成群雄纷争、百家争鸣的局面。在各种理论中,菲尔墨的格语法(Case Grammar)和切夫的语法理论在研究方向上最值得重视。

"格语法"是研究语言普遍特征的一种理论,认为格"在每一种语言的语法基础部分中应有一席之地",是这种基础结构的起始项,"并且在这种基础结构中没有诸如'主语'和'直接宾语'这样一些概念。我们认为'主语'和'直接宾语'这样一些概念只属于某些语言的表层结构"(菲尔墨,1968,3-4,28)。格语法以名词为中心,考察它与动词之间的语义关系,总结出诸如施事、受事、工具、与事、使成、处所、客体等的格,认为"这些格里面没有哪一个格可以解释为和任何具体语言中的表层结构关系,如主语和宾语,是对应的",而是语言与客观事物之间的联系的反映。菲尔墨用这些格来描写语言的结构,虽然在语言的普遍特征中究竟存在着多少个语义格,菲尔墨自己也说不清楚,但是他考察句中名词和动词的语义关系,却是一种很重要的研究途径,它有可能为探索语义和语法的结构关联提供一些有参考价值的线索。切夫语法研究的侧重点与菲尔墨不同,他以动词为中心,考察它和名词的语义关系,清理出动词的语义类别;一旦动词的类别确定了,与它发生语义关系的名词的功能也就确定了。这种研究与印欧系语言的底层编码机制最为接近,可能最有希望从这里找到语义与语法的结构关联的突破口。不过这还有待于人们的深入探索。菲尔墨和切夫把语义和句法联系起来的研究,坚持语法结构中的语义决定论,不管是成功的经验,还是失败的教训,都将是一笔宝贵的财富,是把语义研究纳入结构关联的网络的一些有价值的尝试。

1.3.4.4 我们前面用结构关联的理论考察印欧系语言的结构,理出一个非线性结构的大致轮廓。这里的关键是要找出结构关联的基点或结构本位,然后依照它所控制的语言现象的紧与松,分层研究有关的结构。遵循这种操作程序,可能会比较有效地弄清楚各种规则之间的内在联系。

印欧系语言的语法结构由于受到结构关联的基点的直接控制,因而研究起来较为容易,规则也搞得比较清楚,而语音结构、语义结构由于与句法的"主-谓"结构之间缺乏明显的、直接的结构关联,因而研究的难度都比较大,尤其以语义为甚。现在,语音结构的研究由于受到汉语声、韵、调分析法的启发,找到了它与句法结构的关联的纽带,取得了突破性的进展,而语义研究还处在摸索的阶段。印欧语本来就缺乏语义研究的传统,而汉语则相反,有着悠久的语义研究传统,成就突出,只是固守在汉语研究的范围内,没有从普通语言学的角度去考察它的普遍理论意义,提炼出相应的理论模式。声、韵、调分析法诞生于中国,但由于没有考虑在这种特殊的结构中所隐含的语言结构机理的共性,不清楚它的普遍理论意义,因而几千年来只停留在汉语研究的范围中,倒是美国语言学家从这里发现了它的普遍理论意义,提炼出新的理论模式。王洪君(1994b,310)对此感到非常遗憾,认为汉语音韵学的音节层次结构说的解释力"令许多音系学家震动。可惜,声、韵二分的音节层次结构说作为语言的普遍模式,其发明权不在中国而在美国,中国人坚持认为它是汉语独有的特点"。现在语义的研究又面临着同样的命运:汉语语义研究的悠久传统和成功经验仅仅是汉语特有的呢,还是隐含着不同语言的语义结构的共同结构原理?能不能从汉语的语义研究中提炼出有普通语言学意义的理论模式?如果我们能在这方面的研究中取得成效,那将是对普通语言学的一个重大贡献。我们希望这一次不再是外国语言学家来替我们总结汉语语义研究的普遍理论意义和语义结构的模式。

第四章 汉语的结构原理

一 字和汉语的结构关联

1.4.1.1 理论是根据具体语言的研究而提炼出来的假设。印欧系语言的理论是根据印欧系语言的研究提炼出来的假设,不一定适合于其他语言的研究。汉语的研究虽然可以而且应该借鉴它的经验,从其每一种理论的立论根据中吸取于我有用的理论和方法,但最终还得扎根于汉语,根据汉语自己的特点总结相应的理论和方法。基姆(Kim,1982)说:"如果有人要对语言学史做一概括的话,可以说,是印欧语系产生了欧洲19世纪的历史比较语言学。北美洲的美洲印第安语是养育20世纪上半叶的描写语言学的沃土。在60年代,主要是非洲语言提供了生成音位学的研究素材。叫人饶有兴味的事是,中东的闪含系语言成了非线性音位学早期研究者(如Prince McCarthy,Selkirt等)主要材料来源。无疑,这样的概括有点太笼统了。但无论如何,它会诱人思索,随着将来对亚洲系语言(阿尔泰语系、德拉维达语系、汉藏语系等)的深入研究,将会产生一种什么样的新理论。"(据陆致极,1985)这个概括很有意思,虽然很简单,但抓住了语言理论发展的基本脉络。

汉语的研究有悠久的传统,但重功力,重材料的整理,而忽视语言理论的建设;或者说,理论的眼光隐含于材料的整理与注释中,需要后人去总结。汉字是汉语研究的一道"万里长城",西方的学者很难突破这道封闭的围墙。这一切都说明,汉语的研究还得依靠我们自己的力量,一方面总结前人的研究成果,另一方面积极吸收西方语言学中于我有用的理论和方法,根据汉语结构的特点,总结相应的理论和方法,绝不能躺在印欧系语言理论的"船"上随波漂荡。

1.4.1.2 以汉语的研究为基础总结相应的理论和方法,最重要的问题是要先找出汉语的结构本位,弄清楚它的结构基础。

汉语的结构基础或结构本位,在《马氏文通》以前虽然在理论上没有进行过讨论,但在研究实践中似乎没有碰到过任何问题,都以"字"为基础研究文字、音韵和训诂。《马氏文通》以后,这个问题尖锐地摆在语言学家面前:是字还是词、词组、句子之类的结构单位?结果是否定了字,而选择了词、词组、句子之类的单位作为汉语的结构本位,并以此为基础进行汉语的研究。这样,"印欧语的眼光"乘虚而入,用印欧语的理论和方法来分析汉语,因而在汉语语法、语言理论、语义学等方面的研究中建立起一些貌似汉语但又不像汉语的结构。语言学家为摆脱这种"印欧语的眼光"的束缚,寻找汉语的结构本位,摸索了近一个世纪,最近才又重新找到了字。(§0.3)这种探索学术真理的艰苦过程有必要进行一些回顾,以便从中总结相应的经验和教训。

1.4.1.3 《马氏文通》开创了汉语语法研究的新时期,但也给汉语的研究带来了"印欧语的眼光",人们往往根据印欧语的结构标准来观察汉语。如何摆脱这种"眼光"的束缚,是《马氏文通》以后贯穿于汉语语法研究中的一条重要线索。

什么是"印欧语的眼光"?前面虽然已经数次提及这个概念,但没有给以一个明确的定义。朱德熙(1985)认为它就是"把印欧语所有而为汉语所无的东西强加给汉语"。但是,什么是"有"?什么是

"无"?这里没有一个客观的鉴别标准,不同的人完全可以做出不同的理解。所谓"眼光",实质上就是观察语言结构的一种宏观的观察点或视角,与特定的编码方式、思维方式有关,因此确定"眼光"的客观标准应该是语言的结构本位或结构关联的基点。印欧系语言的结构本位是由一致关系所控制的"主语-谓语"结构,因而"印欧语的眼光"的具体内容可以概括为:以词为基本结构单位的"主语-谓语"的结构框架和与此相联系的名词、动词、形容词的划分。用这种结构本位来研究汉语,自然会碰到一系列矛盾,其中最难解决的问题就是在"主语-谓语"框架下的词类划分以及词类与句子成分之间的相互关系问题。《马氏文通》以来的语法论争基本上就是围绕着这条轴线展开的。为什么?因为汉语以字为基础的结构与印欧系语言以"主语-谓语"为结构框架的语法理论之间的矛盾犹如南辕北辙,难以调和,因而在汉语语法的研究中不断地改变结构的本位,寻找汉语自己的结构基础。

1.4.1.4 汉语结构本位问题的探索在《马氏文通》的时候就开始了。《马氏文通》用"字"研究词法,用"词"研究句法,由于这里的"字"对等于印欧系语言的 word,所以是一种以词为本位的语法理论。(邵敬敏,1990,51)《马氏文通》凭语义分词类,由于"字无定义故无定类。而欲知其类,当先知上下文之文义如何耳",因而无法解决词类以及它和句子成分之间的关系问题。此路不通,黎锦熙(1924,6,29)主张以"句"为本位来解决这个难题,提出"国语的词类,在词的本身上(即字的形体上)无从分别;必须看它在句中位置、职务,才能认定这一个词属于何种词类:这是国语文法和西文法一个大不相同之点。所以本书以句法为本位,词类多从句的成分上分别出来",并把这些论述概括为"凡词,依句辨品,离句无品"的著名论断。这里虽然已经发现汉语和印欧语语法理论之间的矛盾,但还是依照这种理论来研究汉语,给词分类。句本位在印欧系语言的研究中是成立的,只要抓住由一致关系所维持的"主语-谓语"这种封闭性的结构就可以进行词类和它与句子成分之间的关系的研究。但是,在汉语的研究中这种理论是不能成立的,因为汉语的句子没有一致关系的控制,因而是一种开放性的结构,一个句子能否成立,并不决定于它有无"主语"或"谓语",也不决定于是一个"主语"和"谓语"还是几个"主语"和"谓语",而决定于一个事件的相对完整的叙述,因而无法把它纳入"主语-谓语"的封闭性结构框架中去研究。(§4.1.1.4)语言学家发现这种理论一不能解决汉语的词类问题,二不能解决词类与句子成分之间的关系问题,只能放弃,另探新路。50年代以后汉语语法研究的主要代表人物是朱德熙,他用结构语言学的理论和方法来研究汉语语法,开创了一个新的局面。他没有在结构本位问题上发表过明确的意见,但从他的研究实践来看,前期偏重于语素,认为它是汉语的基本结构单位,而词、词组、句子等都只是语素的不同层次的序列;后期在理论上偏重于词组,认为"汉语句子的构造原则跟词组的构造原则基本上是一致的",可以以词组的结构规则为"纲"来研究汉语的语法(朱德熙,1982a,1985)。后来人们把这一思想明确地概括为词组本位,陆俭明(1992,127)还从四个方面对此进行了具体的解释:把各类词组作为抽象的句法格式来描写它们的内部结构以及每一类词组作为一个整体在更大的词组里的分布情况;把所有的句子都看作是由词组形成的;根据词在词组里的分布定词类;承认层次性是句法结构的基本特性。这一解释清楚地说明了朱德熙没有明说的意思。语素有没有成为一种"本位",朱德熙没有说,学术界也无评论,我们也不必给它安上一顶"本位"的帽子,但语素在朱德熙的语法理论体系中具有举足轻重的地位,这一点是没有疑问的。

1.4.1.5 "词组本位"是不是汉语语法研究的一种行之有效的

理论？这需要放到汉语语法研究的发展历史中去考察。它是在词本位、句本位无法解决汉语的词类问题以及它与句子成分的关系问题之后提出来的一种新的理论假设。朱德熙想用这一理论来解决词本位、句本位无法解决的矛盾：既要保持"主语-谓语"的结构框架，又要排除词类和句子成分之间的一一对应关系。为此，他提出汉语语法的两大特点：第一，汉语词类和句法成分之间的关系不像印欧语那样一一对应，而是呈现出错综复杂的对应。他为此画了两个图式：

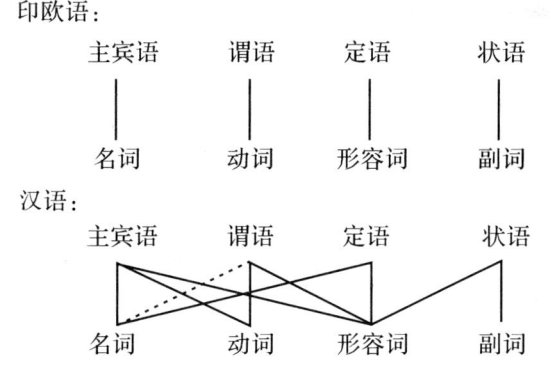

印欧语：

```
主宾语    谓语    定语    状语
 |        |       |       |
名词     动词   形容词   副词
```

汉语：

```
主宾语    谓语    定语    状语
  \      /\      /\      /
   \    /  \    /  \    /
    \  /    \  /    \  /
     \/      \/      \/
     /\      /\      /\
    /  \    /  \    /  \
名词     动词   形容词   副词
```

两种语言的对应图呈现出原则的差异。第二，汉语句子的构造原则和词组的构造原则基本上一致，这种一致性"还特别表现在主谓结构上。汉语的主谓结构独立的时候相当于英语的句子，不独立的时候相当于英语的子句"，"汉语的主谓结构实际上也是一种词组，跟其他类型的词组地位完全平等"（朱德熙，1985，8）。这两个特点，以"二"为体（本位），以"一"为用，这样，汉语句法结构的分析就可以限制在词组的层次上，只要分析"主谓"、"述宾"、"述补"、"偏正"、"联合"这些词组的结构就行，词类的划分也是以此为基础考察它的分布，不必考虑它与句子成分之间的关系。这是朱德熙的语法理论的一个发展，1982年的《语法讲义》还把能否"做谓语"、"做定语"作为划分形容词的一个标准，而到1985年的《语法答问》，由于考虑到汉语的词类与句子成分的关系是"一对多"的错综"对应",因而不能不放弃这种句法功能的标准,不然,"由于百分之八九十的动词和形容词可以做主宾语,能够做定语的名词百分比更高",就会陷入如黎锦熙所说的那样"凡词,依句辨品,离句无品"的词无定类的泥潭。

朱德熙词组本位理论很难解决汉语语法研究的基本问题。首先,这一理论的实质是词类的划分和主谓结构框架脱钩,各自进行独立的分析,以摆脱《马氏文通》以来一直困扰着中国语言学家的词类划分与句子成分的关系问题。但是,这样一来,划分词类的必要性也就没有了。划分词类的目的就是为了讲语法,这一点吕叔湘、朱德熙在1950年的《语法修辞讲话》中就已经明确指出,1954年吕叔湘又再一次引述并加以强调,说明"区分词类,是为的讲语法的方便"(134),是为了讲述什么样的词类能充当什么样的句子成分。现在,以词组为本位,虽然可以摆脱词类与句子成分的对应关系的困惑,但"为的是讲语法的方便"的分类目的也就不存在了。在这种情况下,为什么还要分词类?还要讲主谓结构?都成了没有目的的分析。朱德熙的这一理论实际上是他的思想矛盾的一种反映:一方面想摆脱印欧语语法理论的束缚,探索汉语本身的结构特点,但另一方面又无法摆脱旧有理论的羁绊。对于这种矛盾,我们需要进行实事求是的分析。应该承认,这种矛盾的产生是汉语语法研究的一个进步,因为它是在为摆脱印欧语语法理论的束缚而探索独立的研究道路的情况下产生的,比起以往单纯的模仿和套用要高明得多,我们可以从中吸取合理的内核。其次,汉语句法结构的最大特点是它的开放性(§4.1.1.4),与印欧系语言以一致关系为标志的封闭性的主谓结构形成鲜明的对照。词组本位不仅不能反映汉语句法结构的开放性,而且还进一步把封闭性的句子结构缩小到词组的结构,这就使语法研究的路子越走越窄,难以分析汉语以开放性为特点的句法结构。再次,朱德熙所说的汉语语法的两大特点实际上都是用"印欧语的眼光"来观察汉语的结构而得出来的结论,因为印欧语的词类与句子成分的关系是一对一的对应,以此为准,汉语的"对应"就是一对多。一对一的对应是语言结构规律的反映,而一对多的所谓"对应",这里只能说不存在规律,不成规律的东西自然也就不能成为汉语语法结构的特点。《马氏文通》以来的汉语语法研究的一大弊病就是要在这种不存在规律的地方找规律。总之,词组本位像词本位、句本位那样,仍旧不能把握汉语语法结构的脉络,难以有效地解决语法研究中的问题。

综合前面的分析,我们可以看到汉语的语法研究一方面抛弃汉语特有的结构本位——字,而另一方面却又在"印欧语的眼光"的支配下寻找它的本位,从语素、词、词组到句子,差不多各级"本位"都试过了,但都没有达到预期的目标。这说明印欧系语言的语法理论适用于印欧系语言的研究,拿来研究汉语,由于语言的普遍特征,在某些狭窄的领域内可能适用,但无法解决汉语研究的基本问题。经过近一个世纪的探索,我们终于逐步明白了这个道理。一种语言的结构本位只能有一个,语音、语义、语汇和语法的研究都得以它为基础,不可能是一个领域一个"本位"。汉语的研究还得继承我们自己的传统,根据汉语的特点找出自己的结构"本位"。

1.4.1.6 研究实践的教训迫使我们一步一步地回到汉语的基础上来,逐步发现"字"在汉语研究中的地位和价值。赵元任首先提出"字"和"词"的原则区别,指出汉语中没有"词",而"字"则是中国人观念中的"中心主题"。徐通锵从另一个角度提出"字"是汉语的基本结构单位,是语音、语法、语义、语汇的交汇点。汪平说得更明确,认为汉语语法的研究应该以"字"为本位。(§0.3.3)"中心主题"也好,"基本结构单位"也好,"本位"也好,说法虽然有别,但中心意思一样,都认为汉语的研究应该以"字"为基础、以"字"为本位。这样,从《马氏文通》开始的中西语言学的结合可能会走上一条新的道路,即像音韵学的研究那样,以汉语的研究为基础,继承和发展悠久的历史传统,借鉴西方语言学的立论根据,从中吸取有关的理论和方法,进而建立以字为结构本位的语言理论。字是汉语结构的本位,提出这样的问题既不是标新立异,也不是因语素、词、词组、句子这些本位的研究在实践中碰壁之后而无可奈何的退守,而是根据结构关联的理论和特定的形式标准确定的。前面说过,任何语言的结构基础或结构常数都是一个"1",它的基本结构格式都是"$1 = 1 \times 1$",区别只在于这个"1"在哪个层次上以及它如何关联、控制相关的结构层次。印欧系语言的"1"是句子的句法结构规则,由主语和谓语之间的一致关系控制着语言的基本结构网络。这已见于前面的分析,这里不赘。黏着语的结构基础"1"处于"词"(姑且用这个概念来指称)的平面,可在一个词根的基础上加上若干个"语素"组合成一个"词",在句子中充当一个结构成分,其结构格式相当于"$1 = 1 \times 1 \times 1 \cdots \cdots$"(后面可以"×"几个"1"在理论上是无限的),由元音和谐律使等号后的各个"1"内聚为一个整体——"词"。这种"词"与印欧系语言的词不一样,它是临时性的,在另一个句子里又会以另一种方式组合,由元音和谐律支配;元音和谐律从不超出一个词的范围。汉语的结构基础或结构常数"1"是字,它的基本精神是"1 个字·1 个音节·1 个概念"的一一对应关系。它对汉语结构的关联方式与印欧语不一样。印欧语由一致关系所控制的主谓结构对各个层次的关联是单向的、阶梯式的,即句法的主谓结构和名、动词的结构关联决定了词的结构方式,主谓结构的"1"一方面通过词的重音关联语音结构,另一方面又通过某一环节(现在还说不清楚)关联词的语义结构。这种关联的特点是:语言表层的线性结构掩盖了非线性的结构特点,使语义的研究成为印欧语研究的一大难题。汉语与此不同,字在结构关联中的地位是多向的、立体性的,处于核心的位置,是语音、语义、语法、语汇的交汇点,一切研究都得以它为基础。它对各个层次的关联方式都是以"1"为基础的"1 = 1 × 1"的层级体系,形成"1 个字·1 个音节·1 个概念"的一一对应的基本结构格局。语义和以语义为基础的语法的结构比较复杂,留待第三、第四两编再讨论。这里先讨论字音的层级体系,因为它的结构比较简单,而其基本精神则同样适用于其他层级结构的研究。

二　音节与字音的结构

1.4.2.1　一个字的语音形式就是一个音节,是以"1"为基础的"1 = 1 × 1"的层级体系:

层序	层组织	结构公式
1	1 个字 = 1 个音节 × 1 个概念(意义单位)	1 = 1 × 1
2	1 个音节 = 1 个音段 × 1 个声调	1 = 1 × 1
3	1 个音段 = 1 个声母 × 1 个韵母	1 = 1 × 1
4	1 个韵母 = (1 个韵头) × 1 个韵脚	1 = 1 × 1
5	1 个韵脚 = 1 个韵核(韵腹) × (1 个韵尾)	1 = 1 × 1

"1"、"×"、"="这些符号的含义已见于§1.3.1.2 的说明。这里需要补充的是:(　)中的成分可以出现,也可以不出现。这种有弹性的编码机制给音系结构的自我调整留下了灵活而广阔的空间,在语音的演变中具有非常重要的作用。(§1.4.2.4)

不同层次的结构关系体现汉语的一种非线性结构的性质。高层的一个"1"是由低层的两个"1"构成的,即"1 = 1 × 1";等号后的"1"虽然是一种结构成分,但它又可以作为一个结构而由下一层的两个

"1"构成,它一身二任,使语言的结构成为一种组织有序,层层关联的严密系统。等号前后的"1"之间的关系始终维持着动态性的函数关系,如果在等号后的"1"的位置上出现了"2"或"3"(变数),那么变数和常数之间就会出现竞争:如果是等号前的常数"1"制约变数"2"或"3",使它们通过变异而转化为"1",那么语言就会出现通过变异而改进结构的格局;如果是变数迫使常数的值发生变化,那么就必然会出现语言结构类型的变化。非线性结构中的这种结构成分之间相互依存、相互制衡、协同作用的结构关联构成语言的结构格局,非常稳固,汉语历经几千年的变化(姑且从有文字记载的时候算起),形成如此复杂的方言差异,但是这种结构格局并没有发生什么变化。这种非线性的层级结构体系,简单地说,就是"1个字·1个音节·1个概念"的强制性的一一对应关系。这种"强制性"说明汉语的音节是一种自足的编码单位,它必须包含一个概念(意义单位)。这是它的基本规律,异于这种规律的例外,犹如语音规律的例外那样,也一定能找到例外的规律。在这种结构格局中,最重要的问题是要说明音节的结构规则与编码机制的关系以及意义在字中的地位。我们依次讨论这两方面的问题。

1.4.2.2 汉语的音节结构规则,如上所述,是一个以"1"为基础的层级结构体系,其最重要的特点就是每一个结构位置都只能出现一个"1"。可能有人会对我们的分析提出异议:先生,你把问题简单化了,上古汉语的复辅音、联绵字以及现代的复音词等都不是一个"1",方言中诸如 kuanʔ(鄂东南的通城十里市方言)、-aiŋ、-aik(闽方言)等的韵尾也都不是一个"1",怎么能说每一个位置都只能出现一个"1"呢? 不错,这里提到的语言现象,在某一位置上出现的结构成分确实不是一个"1",而是"2"或"3",但是它们都需要接受"1 = 1 × 1"的结构格式的要求而进行必要的调整,即结构常数"1"制约变数

"2"或"3",使其通过变异而转化为"1"。复辅音已经据此做了调整;联绵字原本是"合二字而成一语,其实犹一字也"(王国维),相当于一个音节;复音字的"2"现在也正经历着通过变音(变声、变韵、变调)的办法进行"合二而一"的改造。"1"与"2"的这种改造与反改造的竞争构成了汉语特殊的结构规律和演变规律。这些问题我们将在第三编的有关章节进行专门的讨论,这里先集中讨论鄂东南方言-nʔ、闽方言-aik 之类与"1"不一致的韵尾。

1.4.2.3 我们这里选择鄂东南的通城县十里市村的入声韵进行分析,因为在 50 年前吴宗济(1936)进行过实地调查,有可靠的语音记录;1985 年,广州中山大学人类学系教员张振江又对该地进行了实地调查,发现入声韵的读音正处于变异的过程中,与 50 年前有明显的差异。这样,我们可以对语音的差异进行具体的比较分析,不必进行理论的推测。这里我们要感谢张振江先生为我们提供他的还没有发表的调查材料,使我们有可能对实际的语言现象进行比较的分析。

根据吴宗济 1936 年的调查,十里市的入声韵收-l 尾;张振江 1986 年的调查,发现入声韵的韵尾有-nʔ、-nʔ ~ iʔ、-iʔ ~ -ʔ、-ʔ 四种,还有一部分入声韵字虽自成调类,但无韵尾。现在把调查的材料列表于后,其中"/"前的为吴宗济的记音,后的为张振江的记音;"~"表示两种读法都可以;在上角的数字代表声调。

吴:-il 韵   拔   b'al/banʔ

立栗力历律   dil/dinʔ   法发   fal/fanʔ

急吉   tɕil/tɕinʔ   答搭   tal/tanʔ

吴:-al 韵   塔达   d'al/danʔ

八   pal/panʔ   吴:-ual 韵

刮　kual/kuanʔ

挖　ual/uaʔ ~ ua（原记音无调）

 吴：-ol 韵

末　mol/manʔ

滑　fol/fanʔ

活　fol/fanʔ ~ uanʔ

缀　tol/tanʔ

脱　dʻol/danʔ

刷　sol/sanʔ ~ saiʔ

合喝　hol/hanʔ

 吴：uol 韵

阔　guol/uanʔ

 吴：əl 韵

不　pəl/bən ~ bən⁵

勃　bʻəl/bən ~ bən⁵

忽　fəl/fən ~ fən⁵

突　dʻəl/dən ~ dən⁵

 吴：-uəl 韵

骨　kuəl/kuanʔ

物　uəl/uənʔ

 吴：-el 韵

撇₂　bʻel/beʔ ~ benʔ

灭　mel/meʔ

帖裂列铁劣　dʻel/dineʔ

 吴：-iel 韵

甲₂　tçiel/tçiaʔ ~ kaiʔ

结劫节接　tçiel/tçienʔ

纳辣　nal/nanʔ ~ naʔ

腊那　nal/nanʔ

杂　dzʻal/dzanʔ ~ dzaiʔ

插察　dzʻal/dzaʔ ~ zaiʔ

撒　sal/zanʔ ~ zaiʔ

杀刹　sal/saʔ ~ saiʔ

甲₁　kal/tçiaʔ ~ kaiʔ

鸭　ŋal/ŋanʔ ~ ŋaiʔ

瞎　hal/çiaʔ ~ hanʔ ~ haiʔ

杰竭切绝　dzʻiel/dzienʔ ~ zienʔ

聂业孽　niel/nienʔ

臬　niel/nieʔ ~ nienʔ

夹　çiel/tçiaʔ

恰　çiel/ziaʔ ~ dziaʔ

狭　çiel/çiaʔ ~ çienʔ

胁协　çiel/çienʔ ~ çieʔ

挟　çiel/çiaʔ ~ çienʔ

薛穴　çiel/çienʔ ~ çieʔ

 吴：-yl 韵

橘　tçyl/tsenʔ

出屈　dzʻyl/dzənʔ ~ zənʔ

入日域疫役　yl/ynʔ

郁　yl/iouʔ

 吴：-yel 韵

拙　tçyel/tsenʔ

掘决　tçyel/tçienʔ ~ tçieʔ　　说　çyel/senʔ
热　　yel/yeʔ ~ nieʔ　　　　设　çyel/senʔ ~ seʔ
缺　　dʐ'yel/dʐienʔ ~ dʐieʔ　阅越　yel
彻　　dʐ'yel/dʐieʔ　　　　　十₂ 食₂ 实　səl/sənʔ
月　　nyel/nienʔ ~ nieʔ　　　卒　tsəl/tsənʔ

通城十里市村的入声韵的演变非常典型地说明"1 = 1 × 1"的结构格式对音系结构的调整作用。入声韵收-l 尾（由-t 尾演变而来）是赣方言的特点,由于鄂东南地区是湘方言、赣方言、北方话（甚至还可能有吴方言的影响）的交杂地区,相互影响、相互渗透的现象比较严重,因而形成了一些很有特点的变化,十里市村入声韵的变化只不过是这种变化的一个侧面。但是,变化不管多么复杂,都得接受"1 = 1 × 1"的结构格式的支配。这一方言的 n 和 l 不分,周围也没有收-l 尾的方言,因而-l 尾转化为-n 尾。这样,入声韵就要和音系中收-n 尾的阳声韵混淆;为保持入声韵的独立地位,就在-n 尾的后面加上一个喉塞音-ʔ,和其周围的埔坪、崇阳、通山等县方言的入声韵取同样的形式。但是,这样就出现了两个韵尾-nʔ,与"1 = 1 × 1"的结构格式不符。语言的结构格局是一根无形的指挥棒,它控制着变异的方向和范围,因而会自发地指挥言语社团对它进行调整,像十里市村的方言就是通过-iʔ 的过渡而变为-ʔ 的。-nʔ 这两个入声韵的韵尾,-ʔ 尾必须保留,能变的只能是-n,而-n 的语音特征是"前",发音时声带颤动,具有"浊"的性质,因而在演变中就顺着"前"的特征而变成前元音 i,而后这个 i 进一步消失,只保留一个入声尾。这都是在"1"的控制下而实现的调整。至于部分字因消失韵尾而变成阴声韵,这可能是邻近方言的影响,如咸宁方言的入声韵就是自成一个调类,但已因没有特殊的韵尾而变成阴声韵。

十里市村的入声韵的韵尾在 50 余年中的变化是语言演变中的一

种重新解释现象,根据"1=1×1"的结构格式的要求把那些不符合结构规则的现象进行必要的改造和调整。这种现象犹如音变规律的例外,有它自己的规律;只有把这些不符合规律的例外解释清楚了,立出来的规律才能经受住考验。

1.4.2.4 综合前面的分析,可以清楚地看到语言编码中出现的"2"或"3"在经过结构常数"1"的改造之后都转化为"1",说明结构常数"1"牢牢地控制着语言演变的方向和范围,维护着"1=1×1"的结构关联。这种关联是非常稳固的,尽管语言的表层结构可以发生很大的变化,但是由结构常数控制的结构关联、结构格局不会受到多大的影响。英语的形态结构,自古至今,虽然发生了很大的变化,但一致关系还没有受到完全的破坏,因而句子的结构仍旧保持着"1个句子=1个主语×1个谓语"的结构格局。汉语的情况与此类似,尽管汉语的古今发生了很大的变化,在以"1"为基础的层级体系中出现了"2"或"3",形成了复杂的方言差异,但结构常数"1"仍旧牢牢地控制着汉语的结构格局,使汉语能够作为一种统一的语言而继续保持其独立的存在。因此,我们应该坚持以"1"为基础分析汉语的结构,讨论"1=1×1"的层级体系在汉语编码中的地位和作用。

以"1"为基础的层级结构体系,规则简单,层次清楚,可以简化为如下的公式:

$$\frac{t}{o(m)n(c)}$$

符号所代表的含义与§1.3.3.4的音节树形图一致,不过换之以汉语音韵学的名称,即:o的音首我们称为声母,m为介音或韵头,n为音核或韵腹,c为韵尾,t代表声调;( )表示其中的结构成分可以出现,也可以不出现。这个公式是汉语对现实进行编码的一种结构框架。每一个位置为音位的"对立项的选择"(雅科布逊,1951,2)提供了活动的舞台,选择一次,就能编出一个"码"。印欧系语言的语音结构没有这样简单、整齐的编码框架,因为它的音节不是一种自足的编码单位,这是它与汉语的一个原则差异。t 位置上的声调的选择数量少一些,在汉语方言中少的只有 3 个(如甘肃张掖话),多的也才 12 个(江苏吴江话,见§2.4.4.2),一般的方言多为 4 个或 5 个。为了简化分析,这里考察如何用"对立项的选择"进行编码的规则时暂不考虑 t 位置上的"选择",以便集中考察"o(m)n(c)"四个位置中的"对立项的选择"的编码机制。假定说,在这四个位置中能出现的音位是:

$o = p, t, k, ts, 0$

$m = 0, i, u, y$

$n = a, o, e, i, u, y$

$c = m, n, ŋ, i, u, y, 0$

我们可以根据收集到的一些样品制定一条编码规则:每个位置上每次只能选择一个音位,并依次组合起来,就能直接编成语言中的"码"。根据这条规则,我们就能编成 pam, pioŋ, ta, tiau, tuen, kaŋ, kyen, tsim, tsan……这样的语码形式,其中有些是汉语中实际存在的"码"的语音形式,如 tiau, tuen, kaŋ, ta……有些则不是(至少在某一方言中),如 pam, kyen……但这不能否定规则的编码能力,因为这些在语言(例如北京话)中现在不存在的语音组合序列同样是符合汉语的字的语音结构规则的,它们可能在过去用过,只是后来在发展中废弃不用了;将来一旦有需要,语言也会毫不犹豫地用这些语音序列对现实进行编码,成为字的语音形式。这些在语音规则上可以接受,但在实际语言中未被实现的语音组合序列是字(码)的一种潜在形式,与 iemt……之类的不合规则的语音组合完全不同。这种潜在的形式在语言发展中有重要的作用,是语言系统富有弹性的一种具体表现。如果说,一种语言没有任何规则上允许而在实际语言中未被实现的潜在的"码"的语音形式，那么这个语言的生命也就完结了。

这些情况都说明，汉语编码的语音结构框架为"对立项的选择"提供的活动位置和规则既简单又整齐。每一个位置能出现什么样的音位是有定的，可以预测的：辅音音位主要出现在声母"o"的位置上，元音音位只能出现在韵母的位置上；韵母由于还可以分韵头(m)、韵腹(n)和韵尾(c)三个位置，因而需要对音位的出现规则做出进一步的细分和预测：所有的元音都能出现在韵腹的位置上；非高元音只能出现在韵腹的位置上；高元音 i, u, y 还可以出现在韵头的位置；在韵尾的位置上只能出现 m, n, ŋ/p, t, k/i, u, y。只要根据这一原则而形成的音节结构，不管它是不是已经表现为字的语音形式，都是合规则的语音结构。音系的演变只能在这种框架中进行，因而形成现代方言的差异虽大，但音系结构框架相同的格局。

1.4.2.5 根据上面这条编码规则，也能生成如 piii, tuau……之类的语音序列。我们在现实的语言中从来没有见到过这一类的字音结构。显然，它们不是汉语合规则的语音形式。为了防止这一类形式的产生，我们可以制定一条补充规则：同一音位不能依次连续出现；如果隔位出现，语音的异化作用会促使语言通过变异而进行自我调整。皆、佳、夬三韵(赅上、去)的开口字在北京话的语音表现可以为这一条补充规则提供一个具体的例证。它们原为二等字，语音一般拟测为 *ai，见系字"皆阶……"由于在语言发展中增了一个 i 介音(韵头)，即 -ai 变为 -iai。这样，音位 i 就隔位重复出现，与同一音位不能在韵母的不同位置上同现的原则发生冲突，因而出现变异，-iai 变为 -iɛ 或 -ia(皆阶介界疥届戒诫械，佳街解懈涯崖蟹鞋)，还有一部分字(揩楷骇挨矮隘)则抗拒介音的进入，仍保持旧读 -ai。在 1950 年出版的《增注中华新韵》中"崖涯"等字还读 -iai。合口韵"乖怪坏"等字的韵尾仍为 -i，因为它们的介音是 u，没有违背上述不能同现的原则，因而形成开、合口的韵尾不配套的结构格局。

汉语简单而又整齐的音节结构规则是汉语对现实进行编码的结构框架。

三 字的顽强的表义性和汉语语义型语言的结构特点

1.4.3.1 汉语的音节结构规则虽然具有普遍理论意义,适用于其他语言的音节结构的研究,但它在编码体系中的地位和作用却不同于印欧语、阿拉伯语等其他一般称之为"多音节语"的语言了。这里最主要的特点是:汉语的一个音节大体上就是一个字的语音形式,包容或表达一个意义(或者说"概念")。这是汉语的基本规律,少数不包容意义的音节(如联绵字之类)犹如音变规律的例外,也有其自己的规律。(§3.3.2)意义是字的非线性结构的核心。

一个音节一个字,而字中的核心又是意义,直接体现编码的信息,这就给汉语的结构带来了一个重要的特点,就是它在单位时间内所能传达的信息量一般都要大于其他语言。赵元任(1975,247)曾比较汉族小孩儿和外族小孩儿的学习,发现汉族小孩儿更容易学会九九乘法的口诀,而且可以既迅速又清楚地在30秒的时间内说完,外族小孩儿做不到这一点,"用汉语,真的是只需说'impenertrability'这一个词的时间就能表达一整段话的内容"。这是字的结构短(一个音节)、有顽强的表义性、负载的信息量大这些特点给思维带来的一种重要影响。

1.4.3.2 说汉语的字有顽强的表义性,这一点人们不大会有什么疑虑,但以往大多都要借用字的书写形体来说明。固然,汉字最适合于汉语表义性特点的表达,可以从一个侧面说明字的顽强的表义性,但它毕竟是一种书写的文字,不宜作为根据来证明语言结构单位"字"的表义性。汉语中借字(借词)的命运与印欧语系语言的借词很不一样,我们或许可以在这里看到汉语"字"的表义性特点。

借字(辞)是音、义都借自外语的字,是两种语言相互接触的产物。鸦片战争后,西学东渐,在社会生活中出现了大量新事物和新概念,表达这些事物和概念的外语词也就随之渗入汉语,这样就发生了两种不同类型的语言的碰撞和矛盾。汉语一直采取"以我为主,为我所用"的原则对待外来词的"入侵",尽可能采用意译法,只借用其概念而扬弃它的语音构造和语素组合成词的那种语法构词规则,坚持"字"的表义性;如果一时找不到合适的意译化方法,就暂时采取音译,而后再换之以意译,像 telephone 由"德律风"改为"电话",microphone 由"麦克风"改为"扩音器",bank 由"版克"到"银行",cement 由"水门汀、士敏土"而"水泥",piano 由"披亚诺"而"钢琴"等等,都是先音译后意译的具体例子。《辞源》出版于 1915 年,吸收西方语言的外语词计 2431 条;《辞海》出版于 1937 年,吸收外语词计 12879 条。根据耿军(1990)的统计,大体情况如下:

一、《辞源》

借词	305	12.56%
专词	1187	48.82%
意译词	939	38.62%

二、《辞海》

借词、专词	5218	40.51%
意译词	7661	59.48%

"专词"指人名、地名等,必须音译。两部辞典的出版时间相距 22 年,意译词的比重,《辞海》明显高于《辞源》。这可以从一个侧面反映

汉语社团对外来词改造的方向。那些难以意译的外来词怎么办？汉语社团就尽可能设法进行汉语化的改造，使之意译化。这种改造的办法有悠久的历史，汉、魏、晋、南北朝时期，佛教传入我国，由于翻译佛经的需要，汉语从梵语和中亚的一些中介语（如吐火罗语等）借入大量辞语。梵语、波斯语、吐火罗语等都是印欧系语言，汉语的结构与它不一致，因而就对借字进行汉语化的改造。罗常培(1950)、梁晓虹(1994)都曾对这种"改造"进行过全面的考察，提炼出很多很好的意见。梁晓虹的分析很具体，分出音译词、(梵汉)合璧词、意译词、佛化汉词、佛教成语、佛教俗谚等类型，认为它为汉语树立了吸收外来词的样板。我们下面参照他们的研究，以历史上已经定型的"狮子"、"佛"和"罗汉"为例说明汉语对借字的意译化改造。弄清楚这种"改造"的原理对认识现代的借用方法很有帮助，因为现代的方法基本上就是这种改造方法的延续。

"狮(子)"是随着狮子这种动物由西域（具体来源意见不一，参看罗常培,1950）贡奉给汉王朝而成为汉语的一个借词，原写作"师"，是sér 或 še、ši 的音译。后来在"师"旁加"犭"而成为一个形声字"狮"。后附成分"子"是后来加上去的，从而使"狮子"成为一个完全汉语化的字。加偏旁使音译的借字成为形声字，目的是使音译的借字语义化，这在汉语中是相当普遍的。如"浦陶　蒲萄　葡萄"、"茉莉"等。现代的借字"芒果"、"可口可乐"（英语 cocacola）虽然不是新造的形声字，但借用的时候已经使它意译化和汉语化，因而容易为汉族人接受，不大会重新意译化。

"佛"借自梵语，原文为 buddha，原译为佛陀、佛驮、浮图……bud-仅仅为其中的一个音节，本身没有任何意义，由于"佛陀"之类的说法仅仅是一种标音的符号，不大符合汉语的习惯，也不利于用来构辞，因而汉语社团就把 buddha 这个词的意思归入 bud-这个音节，译为

"佛",使之汉语化;以后再以此为基础造出佛土、佛法、佛像、佛身、佛经、活佛、佛家、佛教、借花献佛、立地成佛等等辞语。从性质上说,这些词都是半音半义的借用注释法。现代的借词"啤酒"、"卡车"、"卡片"、"法兰绒"、"酒吧"等这种借用 beer,car,card,flannel,bar 再加汉字的意义注释,实际上也是一种"梵汉合璧"式的方法的延续。类似"佛"这种类型的借词很多,如"钵"(梵语 patra,原译为钵多罗)、"塔"(梵语 stupa,原译为窣堵波,另说为 thuba,thupa,原译为塔婆)、"僧"(梵语 samgha,原译为僧伽)、"禅"(梵语 dhyana,原译为禅那)、"魔"(梵语 mara)等。"魔"这个字很有意思,它初译为磨、末罗等,南朝梁武帝改"石"为"鬼"而成"魔",使借用的音节语义化,成为汉语中一个新造的形声字。诸如此类的现象在汉语中比比皆是,特别是其中的科学术语。西方自然科学传入我国,汉语就把多音节的科学术语词的意义归属于某一个音节,而后再以此为基础造出新的形声字。这方面最突出的是化学术语,如铝(aluminum)、钙(calcium)、氨(ammonia)、氦(helium)等。这是把借词意译化、汉语化的一条重要途径。

"罗汉"借自梵语,原文为 arhan,arhat,初译为"阿罗汉"。汉语社团可能觉得"阿罗汉"跟汉语的一般双字组的构辞模式(参看§3.3)不一致,就把它简化为"罗汉",使整个词的意思寄存于本来没有意义的-rhan 音节之中,并改造为汉语的"罗汉"两个音节。这种类型的改造方式与"佛"的形成过程比较,其主要的区别在于它没有构辞的需要,因而没有进一步简化为一个音节。类似的例子还有"三昧"(梵语 samadhi,原译为三昧地、三摩帝、三摩提……)、"涅槃"(梵语 parinivana,原译为般涅槃)、"阎罗"(梵语 yamaraja,yamarajan,原译为阎摩罗阇、阎摩罗)等。现代汉语的借字沙发(英语 sofa)、雷达(英语 radar)、坦克(英语 tank)之类也可以归属于这种类型。这些地道的借字似乎在汉语的使用中已被汉人自发地语义化,

"借"的痕迹似已逐渐淡化。

借字的汉语化改造自然还可以列出其他的方式,如"胡萝卜"、"番茄"之类,我们这里没有必要一一列举。总之,借字在汉语中的命运"不佳",大部分为意译字代替,小部分则采用各种办法加以汉语化、意译化改造。我们为什么要在借字的意译化上做文章?因为就汉语论汉语,不容易说明字的表义性特点。借字是两种语言相互接触、相互影响的结果,如果两种语言在结构上没有什么大的矛盾,那么结构单位的借用就比较方便,基本上可以自由地借来借去,没有多大障碍。比方说,印欧系语言之间,一种语言的词可以相当自由地转写为另一种语言的词。例如,"形态"一词:

英语:morphology

法语:morphologie

德语:morphologie

俄语:морфология

它们都来自希腊语 morphe(形态) + logos(言语),在俄语(或德语、法语)词典中找不到的词,根据字母对应的转写规则,一般可以在英语的词典中找到。这是阅读外语文献时经常采用的方法。至于英语的借词约占词语总数的一半,而其中又以法语的借词占多数,这是大家熟悉的事情,用不着在这里多说。汉语和印欧系语言的结构类型不同,借用印欧系语言的词语很不自由,需要调整两种不同类型的语言的结构矛盾,用汉语的习惯去改造外来词。正由于此,汉语的特点才会在两种语言的结构碰撞中显现出来,使我们能清楚地看到"义"在汉语结构中的地位。意译辞代替借辞,或者采用意译化的方式改造借辞,都是汉语结构特点的具体体现,说明汉语的字很难成为一种纯粹表音化的符号。汉字的发展为什么始终坚持它的表义的特点?这正是它适应汉语的结构特点的反映。汉字忠实地记录和反映了汉语的结构。

1.4.3.3 字有顽强的表义性,但它的语法功能却是相当模糊的,因而难以纳入到目前流行的语法框架中去研究。《马氏文通》以后汉语语法研究一直把字排除在汉语语法研究的大门之外,而仿效印欧系语言的结构用词来研究汉语,这就离开了汉语的结构基础,致使一些语法的基本问题一直处于长期的争论之中而难以得到解决。这实际上是汉语的事实和西方的语法理论的矛盾难以调和的一种表现。词是印欧系语言的基本结构单位,有稳定的语法功能,因而可以据此进行名、动词、形容词的划分;相反,汉语的字或字组,虽然可以用"最小的、能够独立运用的、有意义的语言单位"这样的定义来确立词,但是无法明确它的语法功能。这在汉语的研究中自然会碰到一系列矛盾和困难。这里先不说词类的划分和它们与句子成分之间的关系这些老大难的问题,即使是"词存在于哪里"这样的基本问题,也不是轻易说得清楚的。随着语言研究的深入,人们发现汉语的"词"中还有"词",因为词中的不同义项具有不同的语法功能,应该把它们看成为不同的词。马庆株(1989,27)在研究汉语的自主动词和非自主动词的时候提出,"多义项动词应看作不同的词";孙景涛(1986,32)在研究"美恶同辞"的时候说法稍异,但意思一样,认为"一个字可以代表不相干的若干词"。这些研究都很有价值,特别是马庆株的文章,研究很深入,我们很受启发,(§4.5.3.4)但"词"中还有"词"的说法在逻辑上不大说得通。所以会出现这种情况,主要是作者们发现了汉语的事实与语法理论之间的矛盾,但由于要迁就现行的语法理论,只能说"词"中还有"词"。为什么汉语研究中"词"的问题说不清,道不明,主要是汉语中本来就没有这么一种语言现象。(吕叔湘,1964-1965;赵元任,1975)

汉语的"词"中还有"词",说法尽管不妥,但揭示了汉语的事实与现行语法理论之间的一些矛盾。汉语的一个字或字组为什么具有不同的语法功能？主要是由于字在它的发展过程中自始至终都是以语义为基础的，由一个意义引申出另外一个意义都是语义的问题，从来不是以它的语法功能为前提的；语法功能的差异只是语义引申的一种副产品。例如汉语的"图"，初义指"地图"，而后由此而派生出"描绘出或印出的形象"、"绘画；描绘"、"模拟；模仿"、"思虑；谋划"、"设法对付；谋取；贪图"、"意图"等等的意义（据《汉语大字典》）。如果用语法功能来考察，确实有些相当于印欧系语言的名词（地图、版图），有些相当于动词（绘画、描绘；思虑、谋划等），有些相当于形容词（图片、图像）。面对这样的语言现象，我们不能根据语法功能把一个字或字组肢解为几个"词"，而应该根据字所提供的线索建立相应的理论。转换-生成学派在鉴别句子合不合语法的时候用本族人的直觉（intuition）来鉴别，这是很有见地的，因为本族人是使用该族语言的"最高权威"，"直觉"是语言社团的心理现实性的一种具体表现。参照这一鉴别标准，汉族人只能承认"图"是一个字，决不会把它看成为几个"词"的。语言学家在这里只能做本族人的小学生。

1.4.3.4 比较汉语和印欧系语言的结构差异？我们可以清楚地看到：不同语言的结构常数都是一个"1"，这是语言的共性，由"语言是人类最重要的交际工具"这一共同的性质决定的，而这个"1"在不同的语言中则处于不同的结构层次上，形成不同的结构关联的基点，这体现不同语言的特殊性。为什么会出现这种差异？这与编码方式的基础有关，总的特点是：编码如以理据性为基础，语言的结构常数"1"在语言系统中所处的层次偏低，与思维中的概念性单位相对应；反之，编码如以约定性为基础，由于它只有进入理据性的行列之后才能在交际中发挥"码"的作用，因而语言的结构常数"1"在语言系统中所处的层次偏高，与思维中的判断性单位相对应。结构常数"1"在系统中的不同位置构成了语言的不同结构类型,而汉语和印欧语恰恰是这两种不同结构类型的代表。

汉语的结构以字为基础,而字的特点是一个音节联系着一个概念(意义单位),因而汉语的研究大体上需要解决三方面的问题:

一、字的语音结构,即音韵;(第二编)

二、字中音义之间的理据性联系;(第三编)

三、"因字而生句"的规则,即语义句法的问题。(第四编)

第二编 音韵

第二章 古詩

第一章 声母和声母系统

一 声母和声母位置上辅音的运转规律

2.1.1.1 "声母"和"辅音"原是两个不同系统中的概念,前者是汉语音韵学的术语,后者是语音学的概念,把它们放在一起来讨论,似有"驴唇不对马嘴"之嫌。不过,我们现在实有必要把它们联系在一起,因为如前所述(§1.3.3.4,§1.4.2.4),汉语的音节结构原理有普遍理论意义,o(m)n(c)这个音段结构中每一个结构位置上的"1"都可以映照其他语言相应位置上的语音的性质和特点;即使某一位置出现的是非"1"的复辅音或复元音,也可以用响度的增强或减弱来解释,犹如音变规律的例外,找出它独特的规律。出现在汉语音节的声母位置上的音都是辅音(其中包括零声母),因而在汉语的研究中我们完全可以,而且有必要联系声母的性质和特点来考察辅音的运转机制和活动规律。

声母位置是汉语为辅音的运转提供的一个重要的活动舞台;说明了声母的性质和特点,自然也就说明了辅音的具体语言特点。汉语的方言很复杂,讨论汉语的声母和在声母位置上的辅音运转规律,自然得联系汉语方言的差异来考察语音的运转和演变。

2.1.1.2 汉语的方言复杂,分歧大,一般的印象都是闽方言最复杂,而北京话比较简单。就整体的语言结构来说,这种印象自然不错,但是,如果仅就声母系统说,应该倒过来,闽方言最简单,而北京话却比较复杂。厦门话是闽方言的代表,它一共只有 17 个声母(福州话是 15 个),分布在双唇(p、p'、b、m)、舌尖(t、t'、n、l、ts、ts'、s)和舌根(k、k'、g、ŋ、h)三个发音部位上,而北京话的声母有 22 个,分布在双唇(p、p'、m)、唇齿(f)、舌尖前(t、t'、n、l、ts、ts'、s)、舌尖后(tʂ、tʂ'、ʂ、ʐ)、舌面(tɕ、tɕ'、ɕ)和舌根(k、k'、x)六个发音部位上(两地均含零声母),比厦门话多出三个系列的发音部位(唇齿、舌尖后和舌面)。如果从发音方法来看,厦门话有浊音[b]和[g],北京话没有。闽方言内部,福州话、建瓯话与北京话一样,也没有浊音声母。不过厦门话的浊音[b]和[g]不是来自传统的并和群,而是从明和疑转化来的,只能与非鼻音韵母相拼;在鼻音韵母前明、疑母字仍是 m 和 ŋ。b、g 和 m、ŋ 相互呈互补的状态,各自只能算一个音位,因而这种浊音声母在汉语方言中不是最典型的。比较典型的浊音声母自然要推吴方言。切韵系统的帮、滂、并、端、透、定、见、溪、群……"不送气清音:送气清音:浊音"这种三分的格局还完整地保留在现在的吴方言中。北京话、闽方言和吴方言在声母位置上呈现出来的辅音差异大体上可以代表汉语各方言间的声母发音部位和发音方法的差异。

历史比较法的一条基本原则是从空间的差异中去探索语言在时间上的发展序列,不过比较的是那些有语音对应关系的结构成分,没有对语言进行系统的考察。北京话、厦门话和吴方言在声母系统中表现出来的差异带有强烈的系统性特点,能不能用历史比较法来分析,就方法论的基本精神来说,回答应该是肯定的,即三地方言的差异同样代表汉语在时间上的发展序列,我们可以以此为基础去探索辅音在声母位置上的运转机制和演变规律,不过就研究方法的精神和操作程序来说必须做一些调整和改进,以便能着眼于"系统"进行具体的分析。

2.1.1.3 浊音清化是汉语声母系统的一个重要变化。世界上的各种语言都有诸如浊音清化、清音浊化之类的变化,但变化的原因不见得完全一样。汉语的浊音清化与音系结构的不平衡性有关。

汉语中古音的浊音音位,擦音是清、浊对立,塞音和塞擦音在清浊对立的"清"中还有送气和不送气的对立,在结构上呈现出如下的状态:

帮	端	见	精	庄	章
滂	透	溪	清	初	昌
并	定	群	从	崇	船

并、定、群……这些浊音音位在音系的结构中都处于马尔丁内所说的"行"、"列"相关关系中(§1.2.3.1),它们为什么会发生变化?"行"、"列"相关关系的解释在这里碰到了困难。但是从平行结构系列的结构关联来看,"浊"这一个系列显然处于结构的不平衡的地位上:清塞音和清塞擦音有不送气和送气两个系列,而浊塞音和浊塞擦音却只有一个系列,没有送气和不送气之分。一浊对二清,这种结构的不平衡性就成为浊音系列的音位发生变异的温床。改变的办法和途径,从理论上说,有两种可能:一是通过变异使浊音音位消失,使音系中只留下"±送气"的对立和关联;二是使清音中的某一个系列(或送气,或不送气)的音位消失,构成"±浊"的对立和关联。汉语的多数方言采取第一条途径,而湖北咸宁、埔圻、通城一带的方言则采取第二条途径,塞音、塞擦音的送气系列的声母与原浊音系列的声母合流,都读浊音。(张归壁,1985)两种途径,一个目标,都是使不平衡的结构转化为平衡的结构。

浊音清化的历史过程我们现在已经无从查考,但现实语言的变异或许可以有助于了解这种过程的一二。根据现代实验语音学的研究,现代的吴方言正处于浊音清化的过程中,其基本的特点是:浊音字"在单念或作为连读上字时,其声母跟相对应的清母字一样,是真正的清辅音;在作为连读下字时,其声母才是真正的浊辅音"(曹剑芬,1982,275)。历史上的浊声母可能也是通过这种途径或其他类似的途径清化的。浊音的这一清化过程使汉语的音系结构发生了一次重大的变动。

2.1.1.4 厦门话和北京话的声母在发音部位上的差别集中在唇齿、舌尖后和舌面三个系列。如果检查一下每一个系列所列的例字以及它们在结构上的特点,我们就不难发现,这些差异大体上代表汉语声母系统的演变的两个大阶段:北京话经历了汉语史上的四大分化:轻唇和重唇的分化、舌头和舌上的分化、齿头和正齿的分化以及舌根和舌面的分化;而厦门话没有经历这些分化,因而没有唇齿、舌尖后和舌面三个系列的声母。这四大分化看起来很复杂,相互间的差异很大,但如着眼于系统,它们之间有一个很大的共同点,即基本上集中于"三"等韵,而"三"等韵的实质就是有一个 i 介音(含单韵母 i,下同)。这里的"三"我们打上了引号,那主要是为了区别于中古的三等韵,因为不同时期"三"等韵的辖域和实际内容不完全一样。庄组(正齿音)是二等字,但它与精组相分离的时候不一定与"三"等无关。(具体的论证详见§2.1.3.2)这些情况不能不使我们对 i 介音对声母位置上的辅音运转和演变的作用发生特殊的兴趣,认为它可能是音系结构格局控制语音变化的一种内在机制。闽方言的声母系统没有发生上述的四大分化,它的发音部位集中在双唇、舌尖和舌根三处。它与北京话的声母系统的差异,可以说明双唇、舌尖和舌根是汉语声母位置上的辅音的三个基本发音部位,而轻唇音、舌上音、正齿音和舌面音则是受 i 介音的影响而从这些基本部位中分化出来的语音系列。

轻唇和重唇的分化、舌头和舌上的分化、齿头和正齿的分化以及舌根和舌面的分化是活动在汉语声母位置上,或者说是在音首"O"位置上的辅音的运转和演变的规律,这是汉语特殊的规律,但是这里隐含着音变的普遍原理,是共同的音变规律的特殊的表现形式。第一次日耳曼语辅音转移规律(即一般所说的"格里姆定律")除了发音方法上的塞音擦化(p、t、k>f、θ、h)、浊音清化(b、d、g>p、t、k)、送气音的不送气化(bh、dh、gh>b、d、g)之外,也包含有"重唇"和"轻唇"的分化(p>f)。如果说这一变化的重点是发音方法,那么第二次日耳曼语辅音转移规律就比较突出发音部位的分化了:双唇音 p 在擦音之后仍读双唇音 p,在词首和除擦音以外的其他辅音之后读 pf,元音之间读 f。(请参看徐通锵,1991a,103-104,224-225)至于舌根和舌面的分化,梅耶(1925,71-72)早就指出:"喉部的塞音在一些前额音素如 y 和元音 i,e 之前,甚至在接近于 e 的 a 之前,都很容易'腭化';在这样的情形下,我们常可以看到 k,g 变为 k'、g'……这些前额的 k'、g'又很容易变为 tʃ、dʒ 和 ts、dz;这些 tʃ、dʒ 和 ts、dz 又很容易变为 ʃ、ʒ 和 s、z……这一类的发展,在世界上差不多任何地方,在任何最不相同的语系里,都可以找得出来。"舌尖音(包括 t 和 ts 两个系列)在 i,y 前的腭化,王士元(1984,258)还从实验语音学的角度进行了具体的解释。所以,汉语声母系统的四大分化都是语音的普遍演变规律的一些具体的表现形式,同样含有普通语言学的意义。我们需要研究具体语言的演变规律,但同时需要注意它们与语言普遍特征(universals)的关系,这样或许可以比较容易地抓住具体规律的普遍理论意义。

2.1.1.5 浊音清化决定于音系结构的不平衡性,这一点是清楚的,而用 i 介音的作用来解释汉语声母的四大分化,好像与结构的不平衡性无关,似与前面的论断有矛盾。不错,介音介于声、韵之间,似乎属于音位线性组合的范畴,但这只是表面现象。介音的作用是"介",在声、韵之间构筑起一道联系的桥梁。它的产生或消失往往缺乏自主性,基本上决定于音核中主要元音的高低、前后的变化,以及它与声母发音部位之间的协同配合关系,这些大都是由非线性结构的不平衡性造成的。这种假设是否可靠?历史音变已经完成,我们无法从中观察音变的机制,因而只能从现实方言的音变机理中去考察演变的过程,总结相应的原理。

可能有人会提出这样的问题:现实方言的音变如何能够验证几百年或几千年以前的历史音变?这就涉及语音的具体演变方式和音系结构格局之间的关系了。语言的音在运用中很容易发生变化,而且其变化的速度还有可能相当快,但是支配这种音变的音系结构格局却是相当稳固的,在千百年的时间中不会发生多大的变化。萨丕尔(1921,48)早就看到了这一点,认为"在一种语言特具的纯粹客观的、须要经过艰苦的语音分析才能得出的语音系统背后,还有一个更有限制的、'内部的'或'理想的'系统",这种系统"虽然会被机械的、不相干的现象掩盖起来,却是语言生命里一个真正的、非常重要的原则。甚至在它的语音内容久已改变了之后,它还能作为一个格局坚持下去,包括语音成分的数目、关系和作用。两种在历史上有关的语言或方言,可能没有任何共同的语音,但是它们的理想的语音系统却可以是同格局的"。音变的原理是由音系结构格局控制的,因而变异很难超越格局所允许的范围和方向。结构格局的稳固性决定了古今音变机理的相似性或共同性。汉语以"1"为基础的音系结构格局,自古至今,变化不大,因而由它所控制的音变机理也就不会有多大的变化,我们完全可以用今天现实方言的音变机理去解释历史上已经完成的音变规律。研究语言变异的拉波夫(1972,281)曾用一致性原则(uniformitarian principle)解释某些历史音变,认为历史记载中曾经起过作用的音变力量和现在起作用的力量是一致的,因而可以用现在在变异研究中已得到验证的原理去说明过去的历史音变,就像我们用过去来说明现在一样。社会语言学的语言变异的研究虽然偏于零散,缺乏系统的考虑,但这一"根据现在的用法解释过去"(on the use of the present to explain the past)的原则是正确的。历史语言学的理论和方法,除了用文字文献的"前瞻"的研究方法之外,所有"回顾"的研究都是用"现在"去解释"过去"的:历史比较法是用有对应关系的"现在"去解释历史音变的"过去",内部拟测法是用不规则的形态交替、空格等的"现在"去探索"过去"的音系结构和它的演变。我们的假设与这些方法不同的地方只在于:着眼于系统,透过现在歧异的音变去发现支配这些音变的机制和原理,并以此为基础去把握稳固的音系结构格局和语音演变的关系。这些不同的"现在"所以能够用来解释历史的"过去",其理论基础就是结构格局的稳固性,不同的理论和方法只是从不同的侧面去分析结构格局的稳固性和语音单位的易变性之间的关系。以往的研究由于集中于语音单位的易变性,因而对音系结构格局对音变的巨大控制作用才没有给以应有的关注。我们下面着眼于语音的易变性和音系结构格局的稳固性之间的关系考察汉语声母系统的四大分化。

二 介音的作用和声母的演变方式

2.1.2.1 现代汉语方言的介音有 i、u、y,它们和没有介音的开口韵一起,构成开、齐、合、撮四呼。i、u、y 对声母系统的演变的影响,尽管各地方言的表现方式不完全相同,但基本规律一样:i 介音使舌尖音和舌根音腭化为舌面音,而 u 介音则使声母前化为唇齿音或后化为舌根音,因为 u 本身的发音就是舌根上抬,唇齿有轻微的接触。这两个介音,实际上是 i 使声母的发音部位"央"化,而 u 则使发音部位"前化"或"后化",相辅相成,成为维系音系结构的平衡的一种重要力量。y 介音的作用比较特别,它的发音以其"前"与 i 相同,以其"圆唇"与 u 相同,因而它对声母的演变的影响或者与 i 相同,或者与 u 相同,究竟是什么情况,需要根据不同方言的不同情况进行具体的分析。这是介音对声母演变的影响的基本脉络,是从现实方言的音变中总结出来的,下面就以此为基础考察声母系统的演变,从中总结音变的机理,为解释历史上已经完成的音变规律奠定必要的理论基础。

2.1.2.2 双唇、舌尖和舌根是语言中三个最基本的发音部位,任何语言都不会没有这三个系列的辅音。i 介音引起唇音声母的变化在方言中虽然比较少见,但也不是没有,例如山西闻喜一带的方言双唇音 p、p'、m 在 i 前变读为 t、t'、l(城关以外的地区为 n)就是 i 介音影响的结果。(徐通锵、王洪君,1985a)请比较(右上角的数字代表声调:1,3,5,7 分别代表阴平、阴上、阴去和阴入,2,4,6,8 分别代表阳平、阳上、阳去和阳入;如果方言中没有阳调字,那么 1,3,5,7 就代表平、上、去、入。其他各章与此同,不再另行说明):

$p_文/t_白$:闭 pi^5/ti^5　镖 $piao^1/tiao^1$　鞭 $piæ^1/tiæ^1$　饼 $piʌŋ^3/tiʌŋ^3$

$p'_文/t'_白$:屁 $p'i^5/t'i^5$　飘 $p'iao^1/t'iao^1$　偏 $p'iæ^1/t'iæ^1$

　　　　　瓶 $p'iʌŋ^2/t'iʌŋ^2$

$m_文/l_白$:米 mi^3/li^3　苗 $miao^2/liao^2$　棉 $miæ^2/liæ^2$

　　　　　名 $miʌŋ^2/liʌŋ^2/lie^2$

例字中包括中古的三、四等字,说明这种变化是在三、四等合流之后发生的。双唇音改读舌尖音的例字现在均为白读,属于已完成的音变,不过我们也可以由此窥知 i 介音对唇音的影响的一点痕迹。至于 u 介音对双唇音的影响,情况比较清楚,关中地区的宝鸡、岐山、扶风、长武、武功、商县等地,把"部布卜等字读成 pfu,铺菩扑仆等字读成 pf'u,跛驳钵等字读成 pfo,波坡颇泼婆等字读成 pfo 或 pf'o"。(白涤洲,1933,101-102)这是近代发生的一次"轻唇"和"重唇"的分化。总的说,唇音受介音的影响范围比较狭窄,变化的方式也比较少,我们这里不想多说。

舌尖和舌根是声母系统中发音能力最强的两个发音部位,由它们发出的辅音声母受 i 介音的影响而发生的演变,在汉语方言中比比皆是,而且花样也最多,能从其中窥知的音变机理也最丰富。这是汉语中最活跃的一个音变领域。

舌尖音分 t(含 t、t',其他辅音系列与此同)和 ts 两个系列。i 介音可以同时引起 t 和 ts 两个系列的变化,也可以先对其中的一个系列产生影响。同时引起这两个系列的变化的方言较少,现在发现的最典型的方言是在关中地区。根据白涤洲 1933 年的调查,关中 44 个县,其中商县、泾阳、宝鸡、凤翔、兴平、铁炉、同官七个方言点的 t 和 ts 都同时腭化为 ȶ,而雒南则都腭化为 tɕ。这种腭化是通过连续式变异进行的,其过程当时还没有完成,因而有些方言点的音值也还不稳定。例如"铁炉镇端齐与精齐混,同读 ts、ts',近于 ȶ、ȶ',偶闻之又似 t、t',以 ȶ、ȶ'注之"。"雒南的 ti、tɕi 之分甚乱,端系齐齿不送气读 ti,送气读 tɕ'i,然 tɕ'i 字有时又读 t'i 或 ȶ'i"。就汉语方言的总体来看,i 介音前的 t、ts 两个系列列的 tɕ 合流。t 系列的声母会不会接踵而变?那得根据方言中由变异提供的线索进行具体的分析。山西的某些方言点,如洪洞、汾西,已开始了这种变异的进程,t、t'、n 在 i 前的实际音值都是 ȶ、ȶ'、ȵ。(乔全生,1983,1990)这种 tsi-系列先于 ti-系列而腭化的顺序,对观察历史音变可能是一种有价值的线索。(§2.1.3.2)

2.1.2.3 i 是一个舌面高元音,在元音系统的变动中(如高化之类)会受其他元音的推和拉而发生变化。它的发音点如果由舌面移至舌尖,就会转化为舌尖前元音 ɿ;如果舌尖略为翘起,它就会转化为舌尖后元音 ʅ;和此相应,圆唇的 y 转化为 ɥ 或 ʮ。i 的这种变化又会进一步引起声母的变化。i 如转化为舌尖前元音 ɿ,和它组合的声母 tɕ 就会转化为 ts。这在汉语方言中相当普遍。例如:

	鸡	济	欺	齐	希	西
北京	tɕi¹	tɕi⁵	tɕ'i¹	tɕ'i²	ɕi¹	ɕi¹
寿阳	tsɿ¹	tsɿ⁵	ts'ɿ¹	ts'ɿ²	sɿ¹	sɿ¹
合肥	tsɿ¹	tsɿ⁵	ts'ɿ¹	ts'ɿ²	sɿ¹	sɿ¹
温州	tsɿ¹	tsei⁵	ts'ɿ¹	zei²	sɿ¹	sei¹

北京的 i 还没有舌尖化,因而 tɕ 也就没有发生变化。寿阳、合肥的 ts 是受 i>ɿ 的影响由 tɕ 变来的,而温州的精组字由于与开口韵相组合,没有舌面化为 tɕ,自然仍旧保留着原来 ts 的读音。由舌面元音舌尖化为 ɿ 而引起的 tɕ 声母的舌尖化,这在汉语方言中好像是一种强大的沿流(drift),不少方言都发生了这种变化,只是变化的速度和范围有所不同而已,一般还只局限于以 i 为韵母的 tɕ,没有涉及介音 i 和其相组合的 tɕ 声母。山西有些方言,如沁县、寿阳、武乡、祁县等地,这方面的变化速度快一些,i 舌尖化为 ɿ 所产生的影响已经超出 tɕ 的范围,t、t'、n、l 这些声母也因受 i>ɿ 的影响而带有一些摩擦成分,读音类似 ts、ts'、nz、lz。在这种 i 转化为 ɿ 的情况下舌面音 tɕ、tɕ'、ɕ 直接转化为 ts、ts'、s。

舌面前高元音 i、y 在演变过程中如果舌尖略为翘起而成为卷舌音 ʅ 或 ʮ,那么 tɕ、tɕ'、ɕ 就会转化为 tʂ、tʂ'、ʂ。我们可以通过湘方言的内部差异来说明这个问题。先请比较下列各方言点的语音差异("精"辖"精、清、从、心、邪",其他各组与此相同):

	耒阳	衡阳	衡山	湘潭(石湖)
姐:麻 精	tɕia³	tɕ'ie³(且)	tɕ'ia¹(斜)	tsiɛ³文, tsia³白
车:麻 章	ʈia¹	tɕ'ie¹	tɕ'ie¹	ts'ɛ¹文, ts'ua¹白
家:麻 见	ʈia¹	tɕia¹	ʈa¹	cia¹文, ka¹白
取:鱼虞精	tɕ'y³	tɕ'y³	tɕ'i³	ts'ɿ³
猪:鱼虞知	ʈy¹	tɕy¹	tɕ'y²(除)	tʂʅ¹
诸:鱼虞章	ʈy¹	tɕy¹	tɕy¹	tʂʅ¹
居:鱼虞见		tɕy¹	tɕy¹	tʂʅ¹
焦:宵 精	tɕiao¹	ɕiao¹(消)	tɕiao¹	tsiɔ¹
朝:宵 知	ʈiao¹	tɕ'iau¹(超)	ʈao⁵(召)	tʂɔ¹
招:宵 章	ʈiao¹	tɕiau¹	ɕiao¹(烧)	tʂɔ¹
骄:宵 见	ʈiao¹	tɕiau¹	ʈ'ao²(乔)	ciɔ¹
酒:尤 精	tɕiou³	tɕiu⁵(就)	tɕ'iau¹(秋)	tsiəɯ³
抽:尤 知	ʈiou¹		ʈau¹	tʂ'əɯ¹
周:尤 章	ɕiou¹(收)	tɕiu¹	ɕiau¹(收)	tʂəɯ¹
求:尤 见	ʈiou²	tɕiu²	ʈau¹(州)	ciəɯ²
将:阳 精	tɕiaŋ¹	tɕian¹	tɕioŋ¹	tsiaŋ¹
张:阳 知	ʈiaŋ¹	tɕian¹		tʂaŋ¹
章:阳 章	ʈiaŋ¹	tɕian¹	ʈoŋ¹	tʂaŋ¹
脚:药 见	ʈio²	tɕio⁷		tʂʊ⁷

这是京广线上的几个方言点,先后的次序由南而北排列。前高元音前的精、知、章、见各组声母的语音表现相互间有比较大的差异。耒阳(钟隆林,1983)虽已腭化,但精与知(章)、见有别:精为 tɕ,而知(章)和见都为 ʈ。衡阳(李永明,1983)变得快一点,三组声母都已腭化为 tɕ。衡山(毛秉生,1983)从记音看,似乎是齐、撮呼前为 tɕ,开口

呼前为 tʂ，但其实质恐怕还是与历史来源有关：精为 tɕ，见组字除"居"外都念 tʂ，与知（章）组的塞音 tʂ 相同（擦音腭化为 ɕ）。"车"的 tɕʻie 音，根据衡山南岳镇（李娟，1990）提供的线索，它是文读，是受外方言的影响的结果，不能作为本方言的读音的根据。湘潭（徐通锵，1974）与上列各点又不一样，是尖、团分列，知（章）独立，念 tʂ，不过这个 tʂ 的发音部位比北京话的 tʂ 要靠前，实际上是顶音，是介于 ts 和 tʂ 之间的一种音，本文为行文方便，记为 tʂ。这四个方言点的音类分合关系，从空间差异所提供的时间发展序列来看，湘潭代表早期的状态，三组声母基本上都保持着自己独立的音韵地位；衡山、耒阳次之，而衡阳变得快一点，三组声母在 i、y 之前都已因腭化而合流，同念 tɕ。不过，另一方面，从音值来看，湘潭知（章）组的 tʂ 则代表发展的晚期状态，它是受前高元音 i、y 的影响而由 tʂ 变为 tɕ，再由 tɕ 因 i 的卷舌化而变为 tʂ。空间的差异是这一发展过程的具体体现。可能有人会说，知（章）组的 tʂ 像北京话的 tʂ 那样，代表早期的状态。否！最有力的根据是圆唇前高元音前的见组字同知（章）组字一起演变，都变为 tʂ。上表中只有两个例字，即"居"的 tʂʮ¹ 音和"脚"的 tʂʊ⁷ 音。现再补充一些例字：

    举 tʂʮ¹ 虚 ʂʮ¹ 区 tʂʻʮ¹ 圈 tʂʻue¹ 玄 ʂue²
    均 tʂuən¹ 群 tʂuən² 琼 tʂuən² 觉 tʂʊ⁷ 屈 tʂʻʮ⁷

这里的合口介音 u 是由 y 变来的，因为 y 与 tʂ 的发音部位差异太大，相互不易组合，为保持圆唇的特点，介音的舌位就由前变后。音系中原来的合口介音 u（如瓜 kua，估 ku，亏 kʻuei，归 kui……）仍保持其原来的音韵地位和结构状态，并没有使它前面的见组声母发生变化。韶山（王福堂，1974a）的演变状况与此相同。上述语言事实说明，见与知（章）先合流为 tɕ，而后才能一起演变为 tʂ。湘潭的 tʂ 是受 i、y 的影响而产生的一种由 tɕ 到 tʂ 的历史音变，i 被吞没，而 y 转化为 u。这种音变也为 tsi-和 ci-的腭化留下了结构上的空格,使我们有可能预见一种拉链式音变的产生和发展。

2.1.2.4 现在需要进一步讨论 tʂ-的演变去向。从来源上说,tʂ-来自舌尖音 t-、ts-和舌根音 k-,而这种源头又可以成为 tʂ-在演变中的回归去向,即 tʂ-既可以向舌尖音演变,也可以向舌根音回归,使语音呈现出一种循环性变化的状态。tʂ-向舌尖音的演变,在汉语方言中有两种趋势。北方方言,如山西的闻喜和祁县(徐通锵、王洪君,1985a,b)、河北的天津(张旭,1987)等方言点,tʂ 正通过离散式变异的方式向 ts-转化,与精组字合流。南方的湘、赣方言很多地方则向舌尖塞音 t-的方向转化,我们现在还可以从方言间的差异和变异中看到这种转化的过程和痕迹。请比较下列方言点的语音差异:

	湘潭(石湖)	韶山	衡山(南岳)	湘乡
遮	tʂɛ¹文 tʂua¹白	tʂɛ¹文 tʂua¹白	tɕie¹文 ta¹白	tɔ¹
朱	tʂʯ¹	tʂʯ¹	tɕy¹	tʯ¹
拘	tʂʯ¹	tʂʯ¹	tɕy¹	tʯ¹
昭	tʂɔ¹	tʂɔ¹	tɔo¹	tau¹
周	tʂəɯ¹	tʂəu¹	tau¹	tiɯ¹
针	tʂən¹	tʂən¹	tən¹	tən¹
传	tʂuẽ²	dʐuẽ²	t'uẽ ĩ²	duẽ²
拳	tʂuẽ²	dʐuẽ²	tuẽ ĩ²	duẽ²
春	tʂ'uən¹	tʂ'uən¹	t'uən¹	t'uən¹
张	tʂaŋ¹	tʂaŋ¹	tẽŋ¹	taŋ¹
中	tʂən¹	tʂən¹	tən¹	tən¹

湘潭、韶山的 tʂ-,如前所述,实际上是顶音,其发音部位已经由舌尖后略往前移。衡山的南岳除-y 前为 tɕ-外,其他条件下已失去了摩擦成分而变成顶音塞音 t。杨时逢根据赵元任等五位先生 1938 年的调查

材料而写成的《湖南方言调查报告》,上述例字的衡山话读音都是 tɕ,南岳话的这个 ʈ 当是 ʈ、tɕ 经过 tʂ 因失去擦音成分而变来的。衡山话的内部变异今天还保留着这种演变过程的痕迹。例如,城关话据毛秉生(1983)的记音,这些字的声母为 ʈ 和 tɕ(见前表),而郭锡良(1993,23)记为 ʈ,与南岳话相同。他在评述《湖南方言调查报告》时指出:"从整个音系看,调查报告应该是保存了 50 年前的旧读。据笔者回忆,50 年代初城关话的'家'仍念 tɕia¹,不念 ʈa¹;'吃'仍念 tɕʻia¹,不念 ʈʻa¹;'九'仍念 tɕiau³,不念 ʈau³。如果记忆不误,那么 ʈ、ʈʻ 是 50 年代以后才产生的新声母。"这个 ʈ 的发音部位如再往前移一些,那就变成地道的舌尖塞音 t,湘乡话(王福堂,1974b)大体上可以代表这一发展阶段,但还保留着 ʈ 的痕迹,因为在舌尖后圆唇元音 ʮ 前仍保留顶音 ʈ 的语音形式,而在其他条件下则都变成了 t。这种从 ʈ、tɕ 经 tʂ、ʈ 而到 t 的音变过程我们也可以在某些赣方言中看到。高安话(王洪君,1986)的音变状况大体上与南岳话类似,只是情况更复杂一些,如知、支、脂、之等字都有 tə/tsɿ 两种读法。

2.1.2.5 向舌尖音 ts 或 t 的方向演变是 tʂ 的一种演变去向,它的另一个去向是向舌根音 k 回归。这种情况在汉语方言中虽然不很普遍,但也绝不是一种罕见的音变方式。湘方言区醴陵方言点有这种音变规律(蒋希文,1992,73)的表现形式。请比较:

猪 ky¹　　除 ky²　　缀 kye⁵　　追 kye¹　　簇 kyeŋ⁵
春 kʻuʌŋ¹　椿 kʻuʌŋ¹　柱 ky⁵　　诸 ky¹　　主 ky³
锥 kyei¹　　专 kyəŋ¹　船 kyəŋ²

湘、赣方言交界地区的崇阳,据赵元任等的《湖北方言调查报告》,也有几个字的读音与醴陵话相似,它们是:

缀 kyi⁵　　赘 kyi⁵　　追 kyi¹　　锥 kyi¹

这些都是知、章组字。它们的开口韵,醴陵方言的声母都是 tʂ,崇阳为

t,变为 k 声母的都有一个圆唇的介音,主要是 y。由于 y 难以与 tʂ 配合发音,因而它或者使 y 变为 u,如前述湘潭、韶山、湘乡方言那样,或者使它前面的 tʂ 声母变为 k,因为 tʂy 要在保持 y 的条件下只能使 tʂ 的发音部位后化和上抬。醴陵的春、椿两字的读音,介音是 u 不是 y,这可能是由于后元音的影响而先使 y 变为 u。

介音影响声母的演变去向是汉语的一种重要的音变机理。方言之间的差异可能千差万别,但是这种音变的原理却是相同的,只要有相应的音变环境和条件,相互间没有任何联系的方言却可以出现相同的或者说平行的变化。甘肃河西走廊的张掖方言(刘伶,1986,77-79)和闽西四堡、连城地区的客家方言(邓晓华,1993a,b)都有类似湘方言醴陵话由 tʂ 到 k 的音变。这些都是因受这种相同的音变机理的支配而产生的平行变化。张掖话来自知、庄、章三组的开口字今读 tʂ、tʂ'、ʂ、ʐ,而合口字的 tʂ、tʂ'变为 k、k',ʂ、ʐ 变为 f、v。现在选择-u、-uei、-uə̃ 三个韵母的 tʂ 组音节,看看它们演变为 k-、k'、f、v 的情况(张掖话只有三个声调,"1"相当于北京话的阴平,"2"相当于阳平和上声,"3"相当于去声):

tʂu→ku:猪渚洙珠蛛蜘朱(1)轴主(2)竹筑住嘱箸烛驻助铸祝触粥注逐珠柱(3)

tʂ'u→k'u:初(1)褚杵锄厨除储楚暑(2)出黍畜鼠处(3)

ʂu→fu:书梳疏舒输(1)殊熟孰赎墅蜀(2)树叔竖数恕术述淑(3)

ʐu→vu:辱乳(1)如儒嚅(2)入褥(3)

tʂuei→kuei:追锥(1)坠缀赘(2)

tʂ'uei→k'uei:吹炊(1)垂捶锤槌(2)

ʂuei→fei:谁水(2)税睡瑞(3)

ʐuei→vei:蕊(1)锐(3)

tʂuə̃→kuə̃:中终盅钟忠冢衷(1)种(~籽)准肿(2)仲众重种谆(3)

tʂʻuə̃→kʻə̃:春冲充舂铳(1)崇唇纯醇莼虫宠(2)

ʂuə̃→fə̃:顺舜瞬(3)

ʐ̪uə̃→və̃:茸冗绒仍(2)闰润(3)

我们已经可以从这几组例字的读音中悟察到一般的音变机理:张掖话的演变与湘方言醴陵话相同的地方都是受了圆唇介音的影响,区别只在于前者为 u,后者为 y。u 在发音的时候舌根上抬,唇齿微闭。张掖话的 tʂ 组声母在演变中以塞擦和擦为条件,分成两组:舌根上抬的作用使塞擦音 tʂ-、tʂʻ-变为 k-、kʻ-,唇齿作用则使擦音 ʂ-、ʐ̪-变为 f-、v-。关中方言也有这种类型的音变方式,(白涤洲,1933)不过是 u 的唇齿作用起了决定性的作用,使 tʂu-、tʂʻu-、ʂu-、ʐ̪u-在多数方言点中变为 pf、pfʻ、f、v,但也有少数方言点的知、章组字因受舌根上抬作用的影响而变为 k 或 c。如:

	兆	庶	抽	置	肾	陕	人
美原	kau	kiə	kʻou	ki		xiɛ̃	xiã	ɣɛ̃
乂龙	kau	kə	kʻou	kɯ		xiɛ̃	xã	ɣɛ̃
渭南	cə(者)	cʻə(扯)		cɿ(致)	ça(奢)	çɿ(世)

闽西的四堡、连城方言由 tʂ 到 k 的音变,情况大体与张掖话类似,都是 u 介音的作用。为节约篇幅,例字不赘。

2.1.2.6 前面的分析清楚地说明,介音 i、u、y 的不同作用可以引起声母系统的重大变化。它们是舌尖前、舌尖后、舌面、舌根乃至唇齿等系列的音的分化、合流的中介和桥梁。这些介音对声母的演变的影响可以概述为:

1. 舌尖音 t 和 ts 可以受 i、y 的影响而腭化为舌面音;
2. 舌面音可以因它们的舌尖化而转化为舌尖音;
3. 舌尖后音 tʂ 的不同演变方向则又可能使原先的舌尖音和舌根

音呈现出交叉的变化,即舌尖音转化为舌根音,舌根音转化为舌尖音。

● 这些变化可以归纳为两种呈交叉状态的循环性音变公式("t"代表舌尖音 t 和/或 ts,"ţ"代表 ţ 和/或 tʃ):

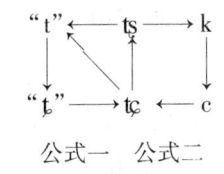

$$\begin{array}{ccc} "t" & \leftarrow tʂ \longrightarrow k \\ \downarrow & \nwarrow \swarrow & \downarrow \\ "ţ" & \longrightarrow tɕ \leftarrow c \end{array}$$

公式一　公式二

这两个循环性的音变公式以"t"和 k 为起点,由 tɕ 和 tʂ 把它们连接在一起,使"t"或 k 既可以遵循某一公式进行循环性变化,也可以以 tɕ 或 tʂ 为中介而进行相互转化,而转化的条件就决定于介音的变化:如果 i,y 舌尖化为 ɿ,ʮ,那么 tɕ 就直接转化为舌尖音"t";如果 i,y 转化为 ʅ,ʯ,则 tɕ 转化为 tʂ,原来的齐齿和撮口也相应地转化为开口和合口;tʂ 此后如何变化,就看介音的作用,或向"t"演变,或向 k 演变,使舌尖音和舌根音有可能呈现出交叉的变化,即"t"可以经 tɕ 到 tʂ,然后向 k 的方向演变,同理,舌根音 k 也可以经 tɕ 到 tʂ 而向"t"转化。这些都是因介音的作用而使声母系统发生演变的重要途径,其中隐含着重要的音变机理。不同方言的声母系统的差异不是音变机理的不同,而是由于语言发展的不平衡性而处于这些循环性变化的不同发展阶段上,因而呈现出对应性的差异。

　　上述情况说明,汉语方言的声母系统的变化大多与介音的作用有关,变化的方式,大体上就是分化、合流和回归。分化,借用传统的术语来说,不外乎轻唇和重唇的分化、舌头和舌上的分化、齿头和正齿的分化以及舌根和舌面的分化,而"舌上"、"正齿"、"舌面"这些系列的音从"舌头"、"齿头"和"舌根"中分化出来之后,相互又可以借助于介音的作用而合流或回归。在这种变化过程中,i 介音是使声母的发音部位发生变化的最重要的关键。这是现实方言的音变所提供的音变机理,我们可以循此去探索语言的历史演变规律。

三 i介音和汉语声母系统的历史演变

2.1.3.1 不同方言的音变规律隐含着相同的音变机理,这是音系结构格局控制语音演变的范围和方向的一种具体而有力的证明。方言的差异是语言的发展在空间上的表现形式,而空间和时间是一对有紧密联系的、相互依存的范畴,因而历史语言学可以在亲属语言或方言的空间差异中去探索语言在时间上的发展历程。由于空间和时间的这种联系,因而我们完全可以根据在方言音变的研究中总结出来的音变机理去解释历史上已经完成的音变规律,也就是把空间的研究方法用于时间的研究,把现实方言的音变机理投射到古代的语言结构中去,使内部拟测法进入一个新的领域。

使方言的声母发音部位发生变化的关键因数是i介音。这种音变机理可以使我们明白汉语历史上的声母演变为什么都集中于三等韵的原因。三等韵是汉语音系结构中最复杂、最难驾御的一个音变领域。现在,我们根据方言音变的启示抓住i介音,或许可以比较容易地发现不同的音变规律所隐含的一种统一的音变机理,为解决一些争论不休的问题提供新的思路和途径。

2.1.3.2 讨论汉语历史上声母的四大分化问题首先会涉及章、庄两组声母的形成和演变。这两组声母的拟测使学者们很伤脑筋。高本汉(1923)根据汉字谐声系列提供的线索,拟章为ṭ,庄为tṣ。董同龢(1944)发现章组字不仅与端组有接触,而且还与见组有瓜葛,因而把前者拟测为ṭ,为后者增拟一套新的c组声母;至于庄,董在具体地分析了其中的一些复杂问题后推断它来自精,没有为它拟测一套独立的声母。李方桂(1968)着眼于音位的组合功能,用介音的作用来解释知、章、庄三组的演变,认为上古的 tr-演变为中古的 t̪(知),tsr-演变为中古的 tʂ-(庄),trj-、krj-演变为中古的 tɕ-(章)。这些拟测基本上以汉字的谐声关系为基础,加上音理的推断,拟测出各组声母的音值。这虽然为进一步的研究奠定了必要的基础,但在方法论上有欠缺,这就是:它们只着眼于语言的静态结构规则,有几组谐声关系就拟测几组声母,而很少考虑到语言的动态演变以及在演变中的音类分合关系;只根据"死"材料进行拟测,缺乏"活"材料的印证,因而容易满足于逻辑上的自圆其说,而无法揭示隐含于不同音变规律背后的音变机理。李方桂用-r-介音来解释声母的演变,这在方法论上比以往前进了一步,但问题是-r-介音的拟测缺乏可靠的基础,因为知的音值不是 t̪,而是 ţ,庄的音值不是 tʂ,而是 tʃ。(陆志韦,1947;李荣,1952;王力,1985)正由于此,李方桂关于-r-的拟测现在受到了一些学者的批评(李娟,1988;平山久雄,1993),不是没有道理的。我们不想在这里过多地纠缠于这些拟测的利弊得失,而想根据现实方言所提供的音变机理,用 i 介音的作用去讨论章、庄等的形成和演变。

人们习惯于把章、庄和知并提,称为知照系,但知的形成要晚于章和庄,王力(1985,166－173)根据陆德明《经典释文》和玄应《一切经音义》的反切,推断它与端的分离大体上始于唐天宝年间,不宜与章、庄并列。章与端的分离可能是在西汉。根据山东临沂银雀山汉墓出土的竹书和长沙马王堆出土的帛书,章与端还没有完全分化,如"冬"假借为"终","单"假借为"战","定"假借为"正"等等;庄与精也有类似的现象。(周祖谟,1984,84－88)这些材料自然有它的局限性,因为它无法顾及因语言发展的不平衡性而产生的方言差异,但现在也只能根据这些材料得出必要的结论。这种相混说明章、庄两组声母还没有完成它们与端、精的分离过程,而到《说文解字》的读若(据大徐本),章与端相混的例子很少,在章组49例的读若中仅有3例,而在端组的61例读若中竟无一例章组字,说明章与端那时已完成分离的过程。庄与精的分离可能也是在这一时期完成的。《说文》精组字的读若有72例,与庄组发生纠葛的仅4例,而庄组的29例读若,与精组发生纠葛的有3例。这些都可以看成为庄与精已经分离的根据。它们分离的条件应该是相同的,都是由于 i 介音的作用,即舌尖音 t、ts 因受 i 介音的影响而腭化:ti- > ţi- > tɕi-(章)和 tsi- > tʃi-或 tɕi-(庄)。至于与见组谐声的章组字,它们原来的读音应该是 ki-,由于 i 介音的作用而使 k 腭化,可能经过 ci-而演变为 tɕi-,与来自 ti-的 tɕi-合流,形成为一组独立的章组字。章为什么既能与舌尖塞音端谐声,又能与舌根塞音见谐声? 就是由于不同发音部位的声母受 i 介音的影响而合流为相同声母的结果。我们没有必要为章组字拟测一套如-rj-那样复杂的介音,更没有必要为有不同谐声关系的章组字分别拟测两套独立的新声母。章组字是汉语早期的"三"等字,是 i 介音对声母的演变产生重大影响的初期表现形式。我们在这里把"三"字打上引号,那主要是由于我们对先秦、两汉时期的"等"的结构还不甚了了。那么,为什么受相同的音变机理支配的庄组字既有"二"等又有"三"等,与只有三等的章组字不同呢? 这恐怕与声母的链移式音变有关。tʃ 或 tɕ 是 ts(精)受 i 介音的影响而形成的庄组字的读音,由于章组字的形成,即 ti-和 ki-合流为 tɕi-之后,为了保持语言单位的语音区别,音系中发生了一次链移性的音变,使庄组字由 tʃ 或 tɕ 变为 tʂ,i 介音消失,就像某些现实方言中所发生的音变那样。这样,在那些有独立二等韵的韵摄里,庄组字转入二等,形成照系二等字,而在那些没有独立二等韵的韵摄里,它仍旧寄留在三等,形成反切上字并无分等趋势的庄组字一部分在二等、一部分在三等这种异常的分布状态。这是链移性音变和"等"的结构相互谐合的结果。传统音韵学所说的"内转"和"外转"恐怕也需要从这种演变的角度去考察，即仍旧留在三等韵之内的为"内转"，而转入二等、形成"五音四等都具足"的为"外转"，因为它是从"三"等的"内"转出去的"外"。仅仅从开合或主要元音的舌位的高低前后等静态的结构去解释，那就很难说清楚同一套反切上字的声母为什么一部分在二等、一部分在三等的"外"与"内"的原因。这就是说，内外转是链移性音变留在音系中的痕迹，而不是语音共时结构的规则。正由于此，庄组字不管分布在二等还是三等，其音值并没有因"等"而异，在方言中大体上取相同的方式演变。像山西、湖南等地的方言，现在大多都读 ts。

音系是一种严密的系统，牵一发动全身。我们仅仅把章和形成初期的庄看成为汉语早期的"三"等韵，那就是说，不能用切韵的"等"的结构框架去考察先秦、两汉的"等"的结构。这样，我们必须回答两个问题：第一，中古三等韵的 i 介音，除章组字外，在先秦、两汉时期有没有 i 介音？第二，如果没有，那么中古三等韵的 i 介音是怎么产生的？这两个问题如果得不到合理的解释，我们前面的考察就会失去立论的根据。

2.1.3.3 中古的三等韵在先秦、两汉时期有没有 i 介音？根据前面的分析，应该得出明确的结论：没有。但是，这需要有语言事实的支持。现代的方言材料恐怕只有闽方言还可以为这一结论提供一些肯定性的支持，因为切韵的三等字在那里的底层白读中一般是没有 i 介音的（李娟，1988）。不过闽方言的底层白读的资料究竟较为零散，而且相互交织着不同的时间层次，因而内部的结构有些不一致。我们还需要寻找一种更为可靠的根据。郑张尚芳（1993）的《云南白语与上古汉语的音韵、词汇、语法联系看其系属问题》一文在这方面提供了一些很有价值的线索。白语的系属历来颇多争论,我们这里不讨论,但白语和汉语的关系很密切,或者说,受汉语的影响很深,这已是语言学界的共识。白语的汉语借词很多,其中"绝大多数是以音译的方式直接借入。很多汉语借词也可以做构词词素"(徐琳、赵衍荪,1984)。郑张尚芳根据他的研究在这方面又有了一些新的发现,认为"现在汉语古音研究有了长足的进步,据此检查白语,可以发现除现代借词不算外,白语固有的基本词汇百分之九十属古汉语词,两种词又有严整的语音对应规则。只是白语音韵不是与切韵而是与上古音相连的","一二三等未分化:麦 = 墨 mɯ^7,幅 = 北 pɯ^7。三等字 i 介音未产生……"郑张尚芳的结论自然可以推敲和讨论,但基本词汇里的词"绝大多数同汉语而不同藏缅语"的结论是可信的。这些词不管是同源词还是借词,其语音的结构对汉语史的研究来说都是有重要参考价值的。汉语中古音的三等字在白语中的反映基本上没有 i 介音,多属开口韵,这可以证明我们关于"中古的三等韵字在上古没有 i 介音"的假设。郑张尚芳的文章列举了一些例字,但太少,现在我们根据徐琳、赵衍荪的《白语简志》中的剑川方言的记音,将有关的三等字分摄排列如下(声调略):

假:蛇 kʻᵛ   写 vɛ   射 tsõ   借 tɕɛ̃   夜 xɛ̃   芽 ɕu   或 ŋɛ
遇:猪 te   树 tsɯ   住 kᵛ   煮 tsᵛ   梳 sᵛ   鱼 ŋᵛ   去 ŋɛ
止:雉 xõ   鬼 kᵛ   撕 pʻe   睡 tsʻɛ̃   飞 fᵛ   肥 fɛ   迟 me
    二 ne   只 tɯ   你 no   水 ɕui   吹 pʻɯ   骑 kɯ   稀 tɕʻɛ
效:庙 sɛ̃   桥 ku   舀 kɯ   要 jõ   笑 so   小 se
流:秋 tsʻɯ   九 tɕɯ   牛 ŋɯ   手 sɯ   酒 tsᵛ   球 tsʻo   收 sɯ
    救 kɯ   有 tsɯ   流 kɯ   浮 pɯ   稠 ku   丑 tsʻɯ   旧 kɯ
    臭 tsʻu

咸：染 sẽ　　尖 tɕĩ　　叶 se　　　　阉 miɛ

深：十 tsɛ̩　　拾 tsɛ̩　　粒 kʻo　　湿 xɛ̩　　针 tsɛ̩　　今 ke　　浸 tsɯ
　　深 sẽ

山：绵 no　　变 pĩ　　箭 tɕĩ（碧江方言为 tse）　　钱 tse　　剪 kɛ
　　编 pĩ　　浅 tɕʻĩ　　件 kʻõ　　砖 tsuĩ　　远 tuĩ　　软 pʻɛ　　雪 sui
　　月 ŋua　　说 sua

臻：分 fṽ　　春 tsʻṽ　　云 ŋṿ　　伸 tsʻṿ　　神 sɛ̩　　真 tsɛ̩

宕：肠 tsõ　　长 tsõ　　长(-大) kõ　　　　象 ɕṿ　　姜 kõ　　枪 tsʻõ
　　亮 mɛ　　抢 tɕʻã　　痒 jõ　　香 ɕõ　　上 tsõ　　脚 ko　　药 jo
　　羊 jõ　　嚼 tso

曾：绳 so　　称 tɕʻuĩ　　蒸 tsɯ

梗：明 me　　兵 kṽ　　井 tɕɛ̃　　城 tsɛ̩　　姓 ɕẽ　　掷 sɛ̩　　赢 tɯ
　　病 pɛ̃　　平 pɛ̃　　轻 tsʻɛ̃　　正 tuĩ

通：龙 nṿ　　虫 tsṿ　　重 tsṽ　　种(-菜) tsṿ　　弓 kõ　　用 jõ
　　中 tõ　　松 sõ　　钟 tsʻẽ　　六 fṿ　　绿 lṿ　　熟 tsṿ　　肉 kɛ

有三等韵的各摄差不多都有不同数量的例字。相互间的语音对应比较复杂，这涉及对整个上古音的认识，这里无法讨论，只能以郑张尚芳的研究为基础。我们感兴趣的是这些中古的三等字在白语中的反映是都无 i 介音。是不是白语没有"辅音 + i + 元音"这样的音节？不是。它的固有词的语音形式有 ie、ia、io、iɯ 等，只是出现于 p、pʻ、m 以及个别的 t、l 之后，因而郑张尚芳认为应该把它们处理为 pj、pʻj、mj、tj、lj。蟹摄三等我们只找到"肺"（pʻia）、"吠"（pia）两字，它们是白语的固有字，还是汉白同源字或晚期的汉语借字？一时弄不清，故在表中未列。有少数例字，如"香" ɕõ，也可以说中间有一个 i 介音，只是由于记音习惯的不同而没有记出来而已。固然，这种现象可以做进一步的推敲,但它的分布比较零散,不足以成为"等"的标志。这些例字反映哪一个时间层次,不敢说;或者说,其中绝大多数的字的语音形式反映章组字形成以前的某一时期的语言状态。这种情况说明中古的"等"与上古的"等"的结构很不一样,不能认为中古有 i 介音的三等韵在上古也是"三"等,有 i 介音。

2.1.3.4 那么,中古三等韵的 i 介音是何时产生的?又是在什么条件下产生的?这又是一个需要进一步考察的问题。i 介音产生于何时?难以妄断,只能笼统地说它产生于章组字的形成以后。由于秦汉时期 i 前的端(t)、见(k)、精(ts)三组声母腭化为 tɕ(章)和 tʃ(>tʂ,庄),这些声母的组合关系就留下了 i 介音的空格,使其他韵母有可能在元音系统的变动(如高化之类)中产生新的 i 介音,以填补这种空格。至于产生的条件,用方块汉字注音的反切无法说明,只能从现实方言的音变机理中去寻找有关的线索。由于汉语的音系结构格局古今变化不大,因而现实方言的音变机理完全可以为解释历史上的音变规律提供一些有价值的启示。

切韵以后产生 i 介音的音类主要有四等字,它已与三等合流;还有二等的见系开口字,有些方言也涉及某些帮组字,如山西太原话的百 pieʔ、麦 mieʔ 等。多数方言现在还只涉及四等和二等的见系字,赣方言和与它有密切关系的鄂东南地区的方言这方面的音变范围要广一些,已经涉及某些一等韵。我们或许可以在这里找到一些有益的启示。

切韵侯、痕、登(赅上、去、入,下同)是流、臻、曾三摄的一等韵,其主要元音一般拟测为 ə,没有 i 介音。在赣方言的发展中,这个 ə 已演变为 ɛ,它在组合上逢见系字(匣除外)就增生一个 i 介音。请比较:

	侯			痕			登		
	兜	勾	欧	吞	根	恩	登	肯	刻
高安	tɛu	kiɛu	ŋiɛu	tʻɛn	kiɛn	ŋiɛn	tɛn	kʻiɛn	kʻiɛt
南昌	tɛu	kiɛu	ŋiɛu	tʻɛn	kiɛn	ŋiɛn	tɛn	kʻiɛn	kʻiɛt

根据熊正辉(1982,164)的描写,iɛ、iɛu、iɛn、iɛt 中的 i 介音可以有,也可以没有,说明那里的这个 i 介音的产生时间还不很久远。它还只限于见系字,在其他条件下这个 i 介音还没有产生。鄂东南地区的某些方言,这方面的演变比赣方言快,侯、痕、登三类韵的 i 介音已不限于见系字,已扩及所有的声母(登除精组字外)。请比较:

	侯			痕			登		
	头	走	勾	吞	根	恩	崩	登	肯
通城	dʻou_文 diau_白	tsou_文 tɕiau_白	tɕiau	tʻien	kien	ŋien	pien	tien	xien
蒲圻	dʻou_文 dʻiau_白	tsou_文 tɕiau_白	kou_文 tɕiau_白	tʻɛn	kən_文 tɕien_白	ŋən_文 ŋien_白	pən	tɛn	gən_文 gʻɛn_白 dʑien_白

通城(方霁,1991)的情况比较简单,内部相当一致,虽有文读形式,但不占主要地位,代表本方言的白读形式仍占主流。蒲圻(姜松,1992)文白并存,而有些字只有文读形式,说明文读在排挤白读的过程中已经占有某些优势。这两地的白读形式可以清楚地说明传统的一等韵也可以因产生 i 介音而并入"三"等。这种演变的机理有助于说明中古三等韵的形成,不能把 i 介音的有无看成为一种一成不变的东西。

2.1.3.5 现实方言产生 i 介音的条件,不管是四等、二等还是一等,韵母中的主要元音一定是前元音。在这一前提下,元音的舌位越高,产生 i 介音而并入"三"等韵的可能性就越大,如四等韵,切韵时期的主要元音是 e,它最早与三等韵合流,在现实方言中已难以见到三、四等之间的区别。其次,如声母为见系字,由于"前"(i)与"后"(见系声母)的矛盾,也比较容易产生 i 介音。再次,赣方言和鄂东南方言的情况说明,只要元音相同,i 介音的产生不会"顾此失彼",而是依照"语音规律无例外"的方式一起演变;如有例外,也一定可以找到产生例外的条件。这些音变的机理都是受汉语的音系结构格局支配的,汉以后因 i 介音的产生而形成的中古三等韵,其语音条件大体上应与此相似,即音系中有一批韵母的主要元音相同,比方说,同为 ε 或 e,由于其"前"的特征,在声、韵之间增生一个 i 介音,如现在赣方言和鄂东南方言那样。根据吴方言区某些方言点提供的线索,四等韵的主要元音低于三等韵,(金有景,1964,1982)《切韵》时期的四等韵 e 可能是元音高化的结果。合口介音 u 可能也是在这一时期形成的。李方桂(1968,17,21)认为合口介音 w 或 u 有些是从上古的开口韵变来的,大部分来自圆唇的舌根音,一部分是后起的。u 介音的成因自然可以做进一步的推敲,但认为它是后起的,这一结论是能够成立的。这一问题后面还要进行具体的讨论(§2.3),这里从略。这就是说,开合口的划分和"等"的结构一样也是一个历史范畴,不能把切韵音系的开合口的结构套到上古音的结构上去。

  2.1.3.6 开、合口和"等"的形成自然使汉语的音系结构发生了重大的变化,但这主要是表层的变化,支配这种变化的音系结构格局和音变机理并没有发生原则的改变,因而 i 介音继续发挥它的调整音系结构的功能,使汉语的声母系统进入了新的一轮的分化,其具体的表现就是轻唇和重唇的分化、舌头和舌上的分化、舌根和舌面的分化等。舌头和舌上的分化始于唐天宝年间,而轻唇和重唇的分化则是在晚唐-五代时期(王力,1985),而舌根和舌面的分化,即 ki-腭化为

tɕi-(团音),那要晚得多,始于近代;至于舌尖和舌面的分化,即 tsi-(尖音)腭化为 tɕi-,现代的不少方言也还没有完成它的演变过程。这些变化虽然在时间上先后不一,但音变的机理一样,都是受 i 介音的影响而发生的演变。闽方言没有经历这些变化,因而还维持着中古以前的声母系统的状态。如果说,章、庄组字的形成是 i 介音对声母的演变产生影响的第一个浪潮,那么由中古时期所开始的四大分化则是 i 介音对声母演变产生影响的第二个浪潮,而且它比第一次更广泛、更深刻。演变的方式和途径大体上就是前面所描写的两个交叉的循环性变化公式。唇音字的演变有点像"独立大队",与这种循环性的变化公式关系不大,这可能是唇音和舌音的发音差异在语音演变方式上的反映。尽管如此,唇音字的分化仍与 *-iu-中的那个 i 有关。张琨(1972,73)在谈到这一点的时候指出:"……我们推测三等韵因为有个-j-介音促使重唇圆唇化,终于变成唇齿音……介音-w-的增入,是根据韵书韵图中所定的合口推断的。"现在汉语的音韵结构已由中古的开、合二"口"发展为开、齐、合、撮四呼,介音体系更复杂,但其对声母的演变会产生影响这种音变机理并没有发生变化,因而它们会使汉语的声母进入第三次浪潮的变化。这是音系结构格局和语音演变的关系给我们提供的启示。

第二章 音系的结构原理和元音系统的演变

一 汉语的韵母系统和音系的非线性结构

2.2.1.1 语言本质上是一种非线性结构,线性只是其中的一个局部状态。这种观点同样适用于音系结构的研究。上一章用介音的作用解释汉语声母系统的演变,从表面上看,这是一种线性结构的变化,而实质上是在它的背后隐藏着非线性的结构机理,即元音系统的演变(诸如高化、低化、前化……)可以引起介音的产生、消失和变化,而这种变化又会引起声母系统的非线性结构的演变;北京话和厦门话声母系统的差异就是这方面的一个具体证明。因此,我们这一章需要循着这一思路进一步讨论元音系统的非线性结构的性质和它与语言演变的关系。

汉语元音的活动位置和它的运转机制都隐含于韵母中。韵母包括韵头、韵腹和韵尾三部分;韵腹是音节结构的核心,是元音运转的中心位置,因而又可以称为音核,后面的讨论自然也以出现在这一位置上的元音为基础。不过在讨论这一问题之前,我们需要先了解汉语韵母系统的结构。

2.2.1.2 一种汉语方言的韵母,如何排列,使之系统化,实际上反映不同学者对韵母系统的不同认识。北京大学中文系现代汉语教研室编著的《现代汉语》把普通话的韵母分成三大类:

单韵母 a,o,e,i,u,ü,-i[ɿ],-i[ʅ],er。

复韵母 前响复韵母:ai,ei,ao,ou;后响复韵母 ia,ie,ua,uo,üe 和中响复韵母 iao,iou,uai,uei。

鼻音韵母 舌尖鼻音韵母:an,ian,uan,üan,en,in,uen,un;舌根鼻韵母:ang,iang,uang,eng,ing,ueng,ong,iong。

这样的分类和排列我们觉得毛病比较多:第一,不能反映汉语韵母系统的结构特点,因为它的分类标准内部不统一(复韵母分前响、中响和后响,鼻音韵母却放弃了这种响度标准,而依据韵尾的舌位);第二,不符合音节结构的原理,割裂了响度的渐增和渐减的规律(§1.3.3.4,§1.4.2.4);第三,难以从整体上把握汉语音系的非线性结构的特点。王洪君(1995,3-5)曾把它与董少文的《语音常识》的韵母分类进行比较,认为董的分类比《现代汉语》的合理,因为它是根据韵母的组成成分韵头和韵尾的情况来分类的。根据韵头位置可能出现的音位,韵母分为开齐合撮四呼。根据韵尾位置可能出现的情况,就得到开尾韵母、元音尾韵母、鼻尾韵母、卷舌韵母四类,有助于音节结构规则、语流音变、儿化音变规律、诗歌押韵的分析和描写。这种批评是有道理的。分类和列表的目的,一是揭示韵母之间的内在联系,揭示音系结构的性质;二是要有利于古今的历史比较研究和方言间的横向比较研究,以便分析语言的结构规律和演变规律。根据这种目的,普通话韵母的分类和排列,以音核的元音为纲,配之以开齐合撮四呼,恐怕比较合适。这样,普通话的韵母系统就会呈现出如下的结构:

(ɿ)	i	u	ü
a	ia	ua	
o		uo	
e	ie		üe

ai		uai	
ei		uei	
ao	iao		
ou	iou		
an	ian	uan	üan
en	in	uen	ün
ang	iang	uang	
eng	ing	ueng	
ong	ion		
er			

这里除了(ŋ)和 er 以外，就是后附在《现代汉语词典》中的汉语拼音方案韵母表。这种排列法反映汉语韵母系统与开齐合撮四呼的结构关系，人们可以清楚地看到一个韵母在系统中的地位；其中的一些结构空格(slot)和与之有关的韵母还可以给语言的结构和历史演变的研究提供一些有价值的线索。同时，这种排列也有利于方言间的横向比较，易于使人们抓住方言音系的特点。例如西南官话和客家话，利用这种排列法能很清楚地显示出这些方言没有撮口呼的特点，而这种特点又能给汉语的历史研究提供有价值的启示，说明撮口呼有其特殊的来源。四呼，这是汉语韵母系统的非线性结构的一个重要特点。

2.2.1.3 韵母系统开、齐、合、撮四呼的结构不是从天上掉下来的，它是汉语经历了长期的历史演变之后而逐渐形成的结构。在四呼形成以前，汉语音韵的结构讲的是"口"、"等"与"摄"。"口"分开、合，把有 u 介音的韵母定为合口韵，没有 u 介音的定为开口韵。每一个"口"各分一二三四"等"，而各个"等"则根据其韵尾和韵腹中元音的异同而归并为果、假、遇、蟹、止、效、流、咸、深、山、臻、宕、江、曾、梗、通16个摄。"摄"的建立主要着眼于韵尾,与韵头的关系不大,因而与后来四呼的形成没有什么关系,而"口"与"等"的形成和发展则开始孕育着开、齐、合、撮四分的条件。"呼"是这种"口"与"等"的嬗变;要了解四呼,还需要从这里开始讨论。

什么是"等"? 现在一般都以江永在《音学辨微·八辨等列》中所说的"一等洪大,二等次大,三四皆细,而四尤细"为依据进行分析,认为一等韵的元音为 $^*ɑ$,二等为 $^*a$,三等为 $^*æ$ 或 $^*ɛ$,四等为 $^*e$,但是,这种标准无法解释方言之间的差异,也与模的 $^*o$、东的 $^*u$ 的洪细有矛盾。李荣(1983,1-2)对此做了一个具体的解释:"要了解江永的真意,先得问他对'等'的解释是从哪里来的? 说穿了非常简明易晓。江永的话大概是根据当时所谓官话,就是18世纪前期的北京话说的。《音学辨微》里常常提到官音,跟乡音、方音、吴音等对比。"作者根据现在北京话的情况具体分析江永的论断的含义,认为"在北京语音里头,古代的一等字,一般都不读细音(齐齿呼、撮口呼)……洪大者,读开口呼、合口呼,不读齐齿呼、撮口呼也","'二'等次大……就是二等字多数读洪音,只有少数读细音",而"三四皆细,而四尤细"则指的是"三等读洪音的还比较多,如非组字、知组字等;四等读洪音的字很少很少,只有蟹摄四等合口'圭桂惠'等字……"作者最后得出结论,认为"江永的四句话是在北京语音那一路音系的基础上说的。这个话的价值也就在这上头,适用的范围也只限于此"。这一分析很谨慎,既肯定了江永的论断,也对"等"与洪细的矛盾做出了具体的解释。这可以为人们摆脱对江永的论断的绝对化理解提供一个很好的视角。至于什么是"等"? 李荣认为"'等'只有从声韵的组合去看,才能得到充足的定义",只有"把你自己所知道的方言画一个声韵调配合表","才能明白等韵的意思"。这抓住了"等"的核心,离此去孤立地理解"洪"、"细"之类的含义,或者具体地说,离开韵母中第一个元音的特点以及它与声母的组配关系,就很难把握"等"的脉络。

2.2.1.4 李荣关于"等"的洪细的解释适用于 17、18 世纪以来北京话系统的语音结构,至于中古时期的汉语和非北京话系统的方言,其"等"的结构和特点还需要做进一步的讨论。汉语的方言很复杂。《切韵》音系"不是单纯以某一地通用的方言为准,而是根据南方士大夫如颜、萧等人所承用的雅音、书音,折中南北的异同而定的"(周祖谟,1963,473;张琨,1972)。江永的"一等洪大,二等次大,三四皆细,而四尤细"的论断与一些南方方言的语音特点显然是矛盾的,其中最明显的是"三四皆细,而四尤细"的说法。根据现代吴方言和闽方言提供的线索,四等韵的元音低于三等韵。金有景(1964,1980,1982)根据浙西吴语的调查,发现咸、山两摄三、四等字的语音有别,四等字的元音低于三等,而且可以根据各地的语音差异而进一步分成义乌、汤溪、桐庐等八个类型。下面以义乌型为例,把三、四等字的分别列表于后,以见一斑:

		三　　等		四　　等	
咸	泥	黏 ʔnie^{33}　聂 ɲie^{11}	端	点 tia^{42}　店 tia^{55}	跌 tia^{323}
	来	廉帘 lie^{11}	透	添 t'ia^{33}　舔 t'ia^{42}	帖贴 t'ia^{323}
	精	尖 tɕie^{33}　接 tɕie^{323}	定	甜 dia^{11}　簟 dia^{13}	叠碟蝶 dia^{323}
	清	签 tɕ'ie^{33}	泥	鲇 ɲia^{11}　念 ɲia^{13}	
	从	潜 zie^{11}	见	挟 tɕia^{323}	
	见	劫 tɕie^{323}	匣	嫌 ɦie^{11}	
	疑	严 ɲie^{11}　验 ɲie^{13}			
	影	厌 ie^{55}			
山	帮	鞭 pie^{33}	端	颠 tia^{33}　典 tia^{42}	
	泥	碾 ɲie^{42}	透	天 t'ia^{33}　铁 t'ia^{323}	
	来	连联 lie^{11}　列裂烈 lie^{323}	定	田填 dia^{11}　电殿热 dia^{13}	

精	煎 tɕie³³ 箭溅 tɕie⁵⁵	泥	年 ȵia¹¹ 捏 ȵia³²³
清	扦迁 tɕ'ie³³ 浅 tɕ'ie⁴²	来	怜莲 lia¹¹ 练炼 lia¹³
从	钱 die¹¹ 贱 zie¹³	精	节 tɕia³²³
心	仙鲜 ɕie³³ 线 ɕie⁵⁵	清	千 tɕ'ia³³
见	建 tɕie⁵⁵	从	前 zia¹¹ 截 zia¹³
疑	言 ȵie¹¹	心	先 ɕia³³
影	堰 ie⁵⁵	见	见 tɕie⁵⁵

四等韵的元音低于三等韵,据金有景(1982)的统计,福建省还有23个县市,几乎遍布福建全省。张贤豹(1985)根据闽方言的材料,也对三四等韵之间的关系进行了具体的分析,认为三等韵是先细后洪,四等韵是先洪后细。这一说法恐怕不一定妥当,因为"先洪后细"的复元音的读法可能是后来语音演变的结果,但对三四等的关系的分析仍有启示。这些都说明,"三四皆细,而四尤细"的说法经不起方言事实的检验,我们不必把它奉为万古不变的教条。

2.2.1.5 "等"的形成距今已经1000多年,要弄清楚从二"口"四"等"向四"呼"的演变,我们还需要对四个"等"的结构进行一些具体的考察。用方块汉字记载下来的书面材料难以对"等"进行具体的语音学的描写,因而我们还得求助于方言,把现代方言的结构原理和运转机制投射到古代的语言结构中去,因为音系的结构格局是很稳固的,古今的变化不大,完全可以用现在去说明过去。(§2.1.1.5)江西高安是《中原音韵》的作者周德清的故乡,那里的方言是一种典型的赣方言,我们不妨以它为基础分析声母与韵母的组配,考察"等"、"摄"与汉语音韵结构的关系,并进而研究四呼的形成。高安话的记音据王洪君(1986)。表中除遇、通两摄外只列开口韵;知照系字的音变由于受声韵之间的特殊配合关系的制约,比较特殊,为简化分析,表中未列。请比较:

	果	假	遇	蟹	止	效	流	咸	深	山	臻	宕(江)	曾	梗	通
一	ɔ		u	ic		ɔu	ɐu	an文 ɔn白		an ɔn白	ɐn	ɔŋ	ɐŋ		uŋ
二		a		ai		au		an		an				ɛŋ文 aŋ白	
三	iɔ	ia	y	i	i	iɛu	iuɐu	iɛn	in	iɛn	in	iɔŋ	in	in文 iaŋ白	uŋ iuŋ白
四				i文 ɛi白		iɛu		iɛn		iɛn				in文 iaŋ白	

比较切韵音系，一、二等仍维持分立的格局，三、四等已合流，只有蟹摄的四等字还有与三等韵不同的白读底层形式，而且元音还低于三等韵，这可以进一步印证前面吴、闽方言的四等韵的元音低于三等韵的结论。高安方言的这种音系结构可以为讨论"等"与音韵结构的关系提供一种现实方言的参照点。各"等"韵母的第一个元音是：

一等　u ɔ u
二等　a
三等　i
四等　ɛ

这里有两点需要说明。第一，咸、山两摄的一等韵也有-an 的读法，与二等韵相同。这是一种文读形式，是外方言影响的结果，反映一、二等韵已开始它的合流过程，像其他方言那样，用二等韵的读音去"合流"一等韵；"文读"已经注明了这种合流的性质。所以，这两摄一等的-a 不能与白读的-ɔ 等同。第二，四等的"ɛ"据白读，它的字数虽少，但却是一种历史沉积，因而可以作为本方言的语音特点。流、臻等摄一等字的主元音"ɛ"是语音演变的结果，与四等的"ɛ"不是同一个时间层次的东西，两者不能混为一谈。粤、客两种方言的结构格局大体与赣方言类似,三、四等除了一些白读的底层形式之外,都已合流,而一、二等韵仍保持分立的格局。请比较粤方言一、二等韵的差异:

	果	假	蟹	效	咸	山	宕(江)	梗
一	ɔ		ɔi	ou	am	ɔn, an	ɔŋ	
二		a	ai	au	am	an		aŋ

客家方言与此类似,不再列举。根据这些方言提供的线索,我们或许可以给"等"的结构做如下的描述:

一等韵的元音是"后"而"圆",其音值可拟测为 $^*ɔ, ^*o, ^*u$。高安话的侯韵字读 ɛu,主元音现在不是"后"而"圆",这是语音演变的结果, $^*o$ 前化为 ɛ;痕、登的主要元音一般拟测为 $^*ə$,根据方言提供的线索,这一拟测是可信的。这个央元音在理论上可以归属于"前",也可以归属于"后",但在"等"的体系中,或许可以把它看成为 $^*o$ 在鼻韵尾前的一个变体。这个特殊的一等韵元音 $^*ə$ 在后来"等"的合流中也有它自己的特殊性,与其他一等韵的音变行为不一样。

二等韵的元音是"低",可拟测为 $^*a$。这个"等"的内部比较统一,除了重韵之外,二等在音值上没有什么差异;至于那些重韵,如果在现代方言中找不到任何不同的反映形式,可根据张琨(1984a, 238–243)的假设,加以简化和合并。这里还有一个问题需要说明,就是如何处理宕、江和梗(庚、耕)的关系。过去把江拟测为 $^*ɔ$,把庚(耕)拟测为 $^*ɐ(^*ɛ)$,现在把二等韵统一拟测为 $^*a$,那就既涉及江与唐、阳的关系,也涉及江与庚(耕)的关系。这个问题关系不大,因为江早就合流于唐、阳,"江之归阳,并非在唐宋以后,而在隋代以前;《切韵》以江次于东冬钟之后显然是志在存古"(王力,1936a,37)。"等"的形成时间要晚于这种合流,大致是在初唐以后。(李新魁,1980;俞敏,1988a)这样,宕(江)拟测为 $^*ɔ$,二等韵统一拟测为 $^*a$,理论上不会有什么问题。

三等韵是最复杂的一个音类,各韵的主要元音可能没有一个统一的音值,但有一个共同的特点,这就是它们都有一个i介音或韵母本身就是一个i元音。这已为反切和方言材料所证实,我们用不着在这里多费唇舌。"等"的基本精神既然着眼于声与韵的配合关系,这种i介音就具有特殊的作用,是三等韵最重要的标志;或许可以这样说,有i介音(含韵母i,下同)就是三等韵,至于韵腹中主要元音的高低前后,与这个"三"并无必然的联系。

四等韵有没有i介音？高本汉(1915-1926,45-53)用辅音性的j和元音性的i来区别三等和四等。自此以后,不少语言学家循着这一思路,认为四等韵也有i介音。李荣(1952,104-108)从反切、音理、梵汉对音等证明四等韵的元音为e,没有i介音。近年来,尉迟治平(1982,25-26)、施向东(1983,36)又根据梵汉对音的材料,也认为四等韵无i介音。现代方言也为此提供了有力的支持。(李如龙,1984)所以,四等韵没有i介音已经成为一种可靠的结论。至于它的元音应该拟测为什么,根据对音提供的线索,它是 *e。我们可以维持这种拟测。

2.2.1.6 现在需要进一步弄清楚的是这四个"等"的元音与音系的非线性结构的关系。非线性结构的原理,就元音系统来说,最主要的是两条:一、构型(configuration);二、演变方式。关于构型,特鲁贝茨科依(1939)根据百余种语言的元音系统的分析,发现每一种语言的元音分层排列,主要的构型有三角和四角两种。现各引一例:

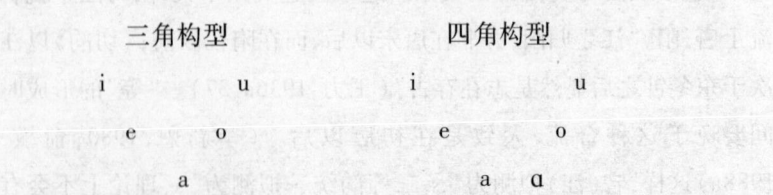

```
      三角构型              四角构型
    i        u            i        u
      e    o                e    o
         a                   a    ɒ
```

现在语音学著作中的元音舌位图是典型的四角构型。不管是哪一种构型,前后元音的结构都呈平行、对称的特点;如果其中的一个系列少了一个音位或多了一个音位,这种不平衡的结构就会产生变异。变异的方式,主要是拉链(dran chain)和推链(push chain),英语长元音的大转移和吴方言的元音变化可以为此提供有说服力的例证。(徐通锵,1991a,181-193)这种构型和演变的方式是语言的一种普遍特征,在语言史的研究中可以用来检验和调整拟测的结果。参照这种普遍特征,我们可以从前面的分析中推断切韵音系的元音系统可能是这样一种构型:

$$
\begin{array}{ccc}
i & & (u) \\
e & & o \\
& ə & \\
& & ɔ \\
(ɛ) & & \\
& a &
\end{array}
$$

这是一种非线性的三角构型的系统,每个元音与"等"的关系大体上是:"后"而"圆"的 *ɔ、*o、*u 属一等;"低"的 *a 属二等,*i 或 *iv(v 代表元音)属三等,*e 属四等。这里 u 和 ε 两个元音我们打上了括号,这主要是考虑到它们的出现受一定条件的限制: *u 作为一等韵的元音只出现于东韵,阴声韵中还没有 u,因而这个位置相当于一个结构空格,模韵的元音当时还是 *o 或 *uo; *ε 只出现在三等韵的韵腹中,不能直接与声母相组配,因而与"等"的关系不大。侯、痕、登(赅上、去)三韵的主要元音是 *ə,由于央元音在演变中容易产生或前或后的变化,因而这些一等韵在后来"等"的演变中也不同于其他的一等韵。高本汉的切韵音系的研究没有考虑音系的这种非线性的结构格局,把它拟测为一种四角构型(低元音 a、ɑ 对立)的系统,实与汉语的音系结构格局有悖。

切韵音系的这种三角构型的拟测,应该说,比较切合汉语音系结构的特点。第一,现代汉语方言的元音系统基本上都是三角构型的,这是汉语音系结构格局稳固性的一种表现;高本汉对切韵音系的研究采用的是上一世纪的历史比较法,只注意字音的对应关系的比较,没有把音系作为一个系统进行整体的考察,因而难以揭示音系的结构原理。第二,现代吴方言在元音高化的音系变动中麻_的 *a 是循着后元音的系列逐步高化的,(徐通锵,1991b,23-28)高本汉的四角构型很难解释这种变化。第三,这种三角构型有利于解释元音系统往后的演变。从音系的结构来看,三角构型中的前、后元音的结构是不对称、不平衡的:u 和 ε 两个位置基本上都是"等"的结构空格;不平衡性自然会引起元音系统的变动,*u 的空格引起模韵(*o 或 *uo)的高化,而这种高化又会进一步引起歌韵 *ɔ 的高化,以填补 *o 或 *uo 的空格。以北京话为代表的北方话大体上完成了这种变化。由于前、后元音结构对称性的要求,后元音的高化自然会引起前元音的相应高化,使四等的 e 高化为 i(如蟹四的齐荠霁各韵)或在 e 前增生一个 i,与三等韵合流。全国各地的方言大体上都已经完成了这种合流。另一方面,与歌韵元音高化的同时或稍后,一等韵的音韵地位发生了重大的变化,使同时具备一、二等的各摄,一等合流于二等。这在北方方言中大体上都已完成了这种演变过程,只有山西方言还有区分的痕迹。(徐通锵,1994d,45-47)这样。四等与三等合流,一等与二等合流;即使是那些没有独立二等韵各摄的一等韵,虽然仍旧保持着自己"一等"的名称,但也已经失去了它原来在音系中的地位,在同一个摄中只能与合流了的三四等韵形成两个不同的音类。这种变化使音系的结构发生了重大的变化,发展的基本趋势大体是:原来开口的一二等韵合流为开口呼,开口的三四等合流为齐齿呼,合口的一二等合流为合口呼,合口的三四等合流为撮口呼;但这只是一种"基本的趋势",因为由于声韵配合条件的限制,在合流中出现了不少例外。例如知、照系字的 tʂ, tʂ', ʂ 不能与齐齿呼、撮口呼组合,因而只能转化为相应的开口呼或合口呼。如以阳韵为例,张长场肠(知)章昌商常尝(照₃)读开口呼,装庄疮霜床(照₂)读合口呼(它们的开合差异反映不同的时间层次)。这一类异于合流规律的例外需要一个一个地研究。李荣的论述大体上就是对这种合流的规律和例外的总结。(§2.2.1.3)

中古二"口"四"等"的结构演化为现代的开齐合撮四呼,是汉语音系结构的一次重大演变。这一演变过程大体完成于何时?大概是15、16世纪的明朝时期。罗常培(1956,65)曾对此有过总结性的评述,现摘录于下,以资参考:

然四等之辨,明人即已混淆:袁子让《字学元元读上下等法辩》云:"等子虽列为四,细玩之,上二等开发相近,下二等收闭相近,须分上下等读之。"叶秉敬《韵表》凡例六,《辨二等》云:"韵表之设,大都述而不作,未有无所因而辄创自愚臆者,中间惟一表二等之法,乃千古未泄之秘。愚每翻覆于唇舌,往来于心口,灼见二等之外毫不可增,二等之内毫不可减。"吕维祺《同文铎四等说》云:"上二等其声粗而洪,下二等其声细而敛。"此三说者,皆有并四等为二等之趋向。及梅膺祚《字汇》所附《韵法直图》遂废弃四等,增立十呼,于"开口"、"合口"之外,益以"齐齿"、"撮口"、"闭口"、"齐齿卷舌"、"齐卷而闭"、"舌向上"、"咬齿"、"混乎"八目。李嘉绍《韵法横图》亦沿用其法,而删去"舌向上"及"咬齿"两呼。宋元等韵旧制,于是丕变。然其所谓"呼"者,或指唇之形态,或指舌所抵触,或状韵头性质,或辨韵尾差别,甚至牵涉声母发音,兼及元音声化;观点不一,含义参差……及清潘耒作

《类音》,始汰其繁复,祛其驳杂,专以唇之形态为准则,定为"开口"、"齐齿"、"合口"、"撮口"四呼……

四呼的形成是汉语音系结构的一次重大的历史性演变,我们可以把它看成为近代汉语的音系与中古音系相区别的标志。

二 音核和元音的运转方式

2.2.2.1 前面的讨论,我们主要是强调音系的非线性结构的性质,目的是为改进语言史的研究方法,探索前进的道路。

音系的研究以往比较偏重于线性的结构,特别是语音史的研究,基本上都是在线性的结构中兜圈子,用历史比较法和内部拟测法来解释语音的演变。历史比较法和内部拟测法是两种不同的研究方法,前者着眼于方言或亲属语言之间的横向比较,根据语音对应关系找出同源词,清理语音演变的规律;后者着眼于系统内部的不规则例外,特别是其中的不规则的形态交替,从中找出语音的有规则的演变规律。这两种方法虽然差异很大,一个着眼于"外",一个着眼于"内",但是它们的语言理论基础是一样的,都把语言看成为一种线性的结构,以音位的组合关系为基础考察语音的演变。历史比较法考察方言或亲属语言的语音对应关系都得先弄清楚一个语音成分所处的前后语音条件,然后说明它在特定的时间、空间中的演变,从线性组合的角度说明音变的规律。以格里姆定律为例,它的三组例外都是从线性结构的角度加以解释的:第一组例外是清塞音 p,t,k 的前面如有一个清辅音,它们就会受前面清辅音的影响而保持不变;第二组例外是如果相邻的两个音节都含有送气的塞音,那么在梵语和希腊语中的第一个送气音被异化为不送气音;第三组例外是处于非重读元音和重读元音之间的清塞音 p,t,k 在变为 f,θ,h 之后又进一步弱化为 β,ð,ɤ,后来又进一步变为 b,d,g,出现了清塞音演变规律的例外。第三组例外虽然与重音的位置有关,涉及音系的非线性结构,但结构基础还是非重读元音和重读元音之间的线性组合位置。这三组例外都着眼于语音的线性组合条件,用同化、异化、弱化之类的概念来解释。内部拟测法"根据共时形态交替的个别例证进行历史音系规则的拟测"(Bynon,1977),大体上也是从语音线性组合规律的例外入手去考察语音的演变规律。索绪尔发现原始印欧语那个消失了的喉音就是根据现代印欧语的词根 CeC(C 代表辅音)这种组合的例外(即词根只有一个 C)而做出相应的拟测,并得到后来发现的希底特语的印证的;一般历史语言学著作中分析的 wife～wives 之类的不规则的形态交替也是以音位的线性组合为基础的,虽然空格的填补不限于线性的组合,但不占内部拟测法的主流。(徐通锵,1991a,200－216)总之,历史比较法和内部拟测法的语言理论基础是语言的线性结构理论,现在历史语言学所取得的成就大体上也是这种理论的成效的具体见证。

线性,它固然是语言结构的一个重要方面,但不能全面地反映语言结构的本质。语言是一种非线性结构,线性仅仅是其中的一个侧面,体现语言结构的表层形式。这种形式容易发生变化,产生歧异,历史比较法和内部拟测法无法反映这种歧异和变化,所以布龙菲尔德(1933,401,393)认为"比较法预想语支连续的明确分裂,但是反复无常的局部近似明明告诉我们后起的变化散布开来,越过了早期变化遗留下来的同语线;邻近语言间的相似也许由于中间地带方言的消失(波浪理论);某些方面已经分化的几个语言也会产生相似的变化","比较法既不考虑母语内部存在分歧,也不考虑亲属语言间发生共同的变化,所以只能带领我们走很有限的一段路程"。这一论断比较确切地说明了音系的线性理论的一些局限性。

2.2.2.2 语音的易变性和音系结构格局的稳固性是支配语音演变的一条"纲",我们已据此对声母系统的演变进行了具体的考察,得出了一些前人不曾说及的结论,或者说,对一些争论不休的问题的解决提出了一些新的思路和途径。结构格局的稳固性主要表现在音系的非线性结构上,因为它关注的不是音的具体表现形式,而是音与音之间的关系;一个具体的音可以受邻音的影响而发生同化、异化之类的变化,但它在音系的非线性结构中与其他的音的关系是比较稳固的,不易发生变化,因而萨丕尔(1921,48)特别强调这种"内部的"、"理想的"系统,认为它是"语言生命里一个真正的、非常重要的原则"。这种"真正的、非常重要的原则"可以而且应该成为改进语音史研究方法的理论基础。

用现代语言学的理论和方法来研究汉语的语音史肇始于高本汉,他用历史比较法研究切韵音系,用内部拟测法研究汉语的上古音系,(徐通锵、叶蜚声,1980b,1981)理出了汉语语音史的一个简明的轮廓。此后的研究,虽然在局部问题上有突破,但理论和方法的体系并没有什么大的改进,用历史比较法和内部拟测法来研究汉语语音的演变;也就是说,人们继续以音系的线性结构为基础研究语音的演变,很少注意音系的非线性结构与语音演变的关系,对音系的演变进行系统性的研究。这些研究大致有三个共同的特点:第一,音类音值的拟测大都着眼于静态的"分",而忽视动态的"变",不大注意各个韵部在演变中可能表现出来的关系;第二,只用"语音规律无例外"的音变方式解释语音的演变,不注意其他音变方式的运用,因而无法解释相互呈交叉状态的音类之间的关系,对例外做出有说服力的解释;第三,只注意谐声、诗韵这些"死"材料,满足于理论上的自圆其说,不注意方言等"活"材料的印证,以为现代的方言及不到上古。我们现在弄清楚了音系结构的本质是非线性的,音系结构格局是很稳固的,语音演变的范围和方向不能超越格局所能控制的范围,古今音变的机理大体相同,因而完全可以把"死"材料与"活"材料结合起来,用现实的音变机理去解释历史上已经完成的音变规律,(§2.1.1.5)探索语音史研究方法的改进途径。

音系的非线性结构,就元音系统来说,主要是构型和链移式音变两个方面(§2.2.1.6),因而需要抓住音核(韵腹)展开这些方面的研究。除个别声化韵以外,音核都是由元音充任的。它是音节中响度最高的地方,是音节结构的核心。活动于这个位置中的元音既可以受韵头、韵尾的影响而发生变化,也可以因自身的渐进变异而产生历史音变,呈现出以推链、拉链为特点的链移式音变。和切韵音系有关的非线性结构的问题前已讨论,现在需要进一步讨论从上古向中古的演变。

2.2.2.3 上古音分部的研究清儒已经奠定了坚实的基础,后来虽有局部的改进,但不影响分部系统的格局。这里以王力(1982,12)的分部和拟测为基础来考察音系的结构。

甲类:之 ə 支 e 鱼 a 侯 o 宵 ô 幽 u
　　　职 ək 锡 ek 铎 ak 屋 ok 沃 ôk 觉 uk
　　　蒸 əng 耕 eng 阳 ang 东 ong
乙类:微 əi 脂 ei 歌 ai
　　　物 ət 质 et 月 at
　　　文 ən 真 en 元 an
丙类:缉 əp 盍 ap
　　　侵 əm 谈 am

这个系统的音核一共六个元音。从音位的线性组合关系来看,这个系统完整而有规律,似难以挑剔,但是,如果着眼于音系的非线性结构,将这六个元音按元音舌位图排列,那么就会呈现出这样的构型:

$$\begin{array}{cc} & u \\ e & \\ & o \\ ə & \\ & ɔ \\ & a \end{array}$$

元音系统的这种构型很不合理,一是在结构上前后元音不对称,前元音过于贫乏;二是难以解释上古音向中古音的演变。根据特鲁贝茨科依(1939,108-141)的研究,各种语言的元音系统的构型,前后元音的结构对称性是一种普遍特征。一种语言如只有三个元音,一般都是i,u,a;如果是5个元音,一般是i,u,e,o,a。王力拟测的上古音系统与语言普遍类型特征的距离太大;系统中虽有i,但只限于韵尾,而且这个韵尾的元音性质还经不起汉语诗歌押韵传统的检验,它的可信性经不起推敲(徐通锵、叶蜚声,1981,76)。"某一种语言的构拟状态如果和类型学所发现的通则发生冲突,这种构拟是值得怀疑的",雅科布逊(1957,10)的这一论断对古音的拟测很有价值,值得参考。现在在上古音的研究中有一种趋向,就是拟测的元音一味求少,从高本汉的15个(董同龢的最复杂,元音有20个左右),到王力的6个,李方桂的4个(i,u,ə,a),而周法高则只有3个(a,ə,e)。元音系统的这种"简"是以介音系统和韵尾系统的"繁"、"杂"为条件的,这既经不起语言普遍特征的检验(李方桂的元音系统在这一点上没有问题),也不符合汉语语音的结构规则。李荣(1984,4)在批评李方桂的圆唇舌根音韵尾时说:"李先生拟测的上古音,元音系统很简单,有[i,u,ə,a]四个元音,[iə,ia,ua]三个复元音。我倒认为如果元音系统略加上一两个元音,或许能绕开舌根塞音韵尾分成圆唇不圆唇的困难。"这一看法很有道理。

2.2.2.4 方块汉字不能如实地记录当时当地的语音,自然会给古音的研究带来很大的困难。克服这种困难的办法,第一是求助于方言或亲属语言的差异的比较,第二是参照语言普遍特征的研究,用类型研究的成果来检验所拟测的音系的可信性。高本汉认为现代方言差异的比较及不到上古,在上古音的研究中难以运用。这只说对了一部分,因为音系的结构格局是稳固的,古今的音变机理大体一致,因而完全可以用现实方言的音变机理去解释历史上已经完成的音变规律。(§2.1.1.5)根据这些考虑,上古元音系统的拟测不能一味求简,应该参照汉语元音系统的构型和链移式音变的原理,并联系从上古到中古的语音演变,拟测出既符合三角构型的结构,又能比较合理地解释往后语音演变的元音系统。我们想透过这些问题的讨论探索改进语言史研究方法的途径。

为了讨论的方便,上古音的分部我们这里仍据王力的29部,但每部的音值则根据我们的设想做了一些改进。现在先把我们构拟的元音系统排列成一种三角构型,而后再讨论有关的问题:

$$\begin{array}{ccc} i_{之} & & u_{侯} \\ & & \upsilon_{幽} \\ e_{脂} & & o_{宵} \\ & \mathschwa_{微} & \\ \varepsilon_{支} & & \mathopen{\reflectbox{c}}_{鱼} \\ & a_{歌} & \end{array}$$

阳声与入声的元音和它们相配的阴声韵相同,不再列举。这个元音系统的构型,显然,前后元音的结构不是很对称,后元音多出一个音类没有地方摆,只能先把幽放在侯与宵之间。这种异常的现象正是我们考察音系结构和演变的一种线索。歌在上古音中的地位很特殊,"是古韵分部中唯一没有与入声相配的阴声韵,但是他仍有跟元部(韵尾 *-n)谐声及押韵的痕迹",李方桂(1968,53)正是据此为它拟测一个辅音韵尾 *-r。王力可能也是考虑到这种前后元音的结构不平衡,把歌拟测为 *-ai。早期,歌可能如李方桂所拟测的那样,有一个特殊的-r韵尾,和鱼的差异仅仅是韵尾的不同,它们的主要元音都为 *-a。《切韵》的麻韵字不少来自鱼部,说明鱼的元音原来曾有 *a的读法,王力把鱼拟测为 *a是有根据的。后来,可能是由于歌的这个特殊的韵尾发生了变化,并进而和其他阴声韵的韵尾合流,因而引起了一次推链式的元音高化运动:歌因韵尾的变化与鱼发生冲突,因而鱼在歌的推与挤的压力下由 *a变为 *ɔ,宵由于同样的道理由 *ɔ而高化为 *o,幽照理也应该由此高化为 *u,但是侯的 *u似乎不肯让位,因而迫使幽分化为二,一部分可能受宵的高化的推挤而并入侯,以后就与侯一起演变,一部分来不及高化的就被宵吞并。根据陈复华、何九盈(1987)的研究进行统计,上古191个幽部字,其中有96个并入切韵的效摄,92个并入流摄,流入止、遇两摄的仅3字。王力拟幽为 *u,不妥,因为这样就很难解释从上古向中古的语音演变。音系的结构经过这样一次自我调整,前后元音的结构大体上就呈现出平衡、对称的格局。语言的变化是绝对的,而平衡、对称的结构是相对的,只能维持一个有限长的时期。上古音系上述平衡的结构在后来的演变中又发生了变化,其原因就是音系中产生了一个新的 *a,成为后来切韵时期的假摄字。这个 *a推动歌的a高化为 *ɔ,鱼受此影响高化为 *o,宵由于同样的原因高化为 *u,而侯由于无法高化而复元音化为 *au。和此相对应,前元音的 *i(之)复元音化为 *ai,成为后来《切韵》的蟹摄哈韵(赅上、去,下同)字;脂由 *e高化为 *i,和尚未复元音化的之合流;同理,支由 *ɛ高化为 *e。这样,前后元音发生了一次对称的链移性高化运动。这种对称性的演变方式是语音演变的一种普遍性现象。王力拟之为*ə,这不利于元音演变的解释。ə复元音化为ai,语言中很少见,而高元音的复元音化则是一种普遍性的音变。英语高元音的复元音化和近代浙江宁波方言的复元音的形成,(徐通锵,1991b,24-28)都是这方面的有力的例证。此后还有一次链移式的音变,这就是宵的*u复元音化为*au,成为切韵时期的效摄字;侯受这一变化的影响而高化为*ou,成为切韵时期的流摄字;前元音的系列可能受此影响,使蟹、止摄字分化出一个*ei(主要是"贝沛杯胚培梅……"等唇音字)。这次高化没有拉动假摄的*a,因为没有一个新的a能够代替它的位置,而a又是语言中的一个必不可少的元音。经过这样几次链移性的高化,汉语的元音系统就发生了重大的变化,而魏晋南北朝可能就是这一演变的一个重要时期。根据王力(1936a)的研究,南北朝的三个时期,第一期的特色是"1. 歌戈麻混;2. 鱼虞模混;3. 东冬钟江混;4. 先仙山混"。第二期的特色是"1. 歌戈不与麻混;2. 虞模不与鱼混;3. 东不与冬钟混;4. 肴豪各不与萧宵混"。而第三期的特色是"1. 江归阳;2. 欣归真;3. 青独立"。切韵时期的音系应该是经历这些变化而形成的结果。

2.2.2.5 上古音系是阴、阳、入三声相配的一种整齐的系统,元音的链移性高化似乎没有涉及阳、入声韵,例如"鱼铎阳"的"铎阳"仍旧保持旧读-ɔ,"侯屋东"的"屋东"也没有因侯的复元音化而复元音化,仍旧保持-u-的旧读,等等。这样,阴、阳、入三声相配的格局就此解体,而形成入声归附于阳声的分类新体制。

三 离散式音变和音系结构的调整

2.2.3.1 前面所分析的链移性音变是一种理想化的语音演变,

每部字都发生了整齐的变化,但实际情况比这种理想化的演变方式要复杂得多。如以后来形成假摄字的-a 为例,来自鱼部 70 字,歌部 20 字,支部 2 字(根据陈复华、何九盈 1987 而进行的统计),来源不一,说明这种链移性的语音演变并不是依照"语音规律无例外"的方式进行的,因而需要对音变的方式进行一些具体的讨论。

音变的方式,根据现在的研究,大体上可以分为连续式音变、离散式音变和叠置式音变三种,(徐通锵,1991a)每一种音变方式都有它自己的特点和适用的范围。连续式音变的特点是"语音规律无例外",参与变化的语音单位,只要有相同的语音组合条件,就都会整齐地发生变化;如果其中有例外,那也可以找到例外的规律。段玉裁(1735－1815)曾有一句名言,即:"一声可谐万字,万字而必同部,同声必同部。"这虽然是就造字的时候的语言结构规律来说的,但与青年语法学派的"语音规律无例外"的音变理论实有异曲同工之妙。段玉裁在哪一年提出这一著名的论断,难以详考,但可以确认比青年语法学派雷斯金 1876 提出"语音规律无例外"这一论断的时间要早一个世纪左右。这是汉语研究中一种重要的语言结构的理论和音变的理论,它使音变的研究有了一个科学的观察视角。段玉裁依据这一理论来观察从上古到中古的语音演变,发现同声异部的现象,于是提出"正音"和"变音"的理论,具体解释韵部演变中出现的交叉现象:

古音分十七部矣;今韵平五十有七,上五十有五,去六十,入三十有四,何分析之过多也？曰,音有正变也。音之敛侈必适中;过敛而音变矣,过侈而音变矣。之者,音之正也;咍者,之之变也。萧宵者,音之正也;肴豪者,萧宵之变也。尤侯者,音之正也;屋者,音之变也。鱼者,音之正也;虞模者,鱼之变也。蒸者,音之正也;登者,蒸之变也⋯⋯脂微者,音之正也;齐皆灰者,脂微之变也。支者,音之正也;佳者,支之变也。歌戈者,音之正也;麻者,歌戈之变也。大略古音多敛,今音多侈。之变为咍,脂变为皆,支变为佳,真变为先,侵变为盐,变之甚者也。其变之微者,亦审音而分析之。音不能无变,变不能无分。明乎古有正而无变,知古音之甚谐矣。

这是以"同声必同部"为理论基础来观察音变而得出来的结论,把符合这一原则的称为"正",偏离这一原则的称为"变",线索很清楚;至于从"正"到"变"的理由,段玉裁当时因受科学发展水平的限制,只是用"敛"和"侈"来解释,这虽然抓住了音变的脉络,但由于缺乏语音学的工具,难以把问题说清楚,因而需要根据现代历史语言学的原理进行新的探索,做出合理的解释。

2.2.3.2 对于语音的演变,我们一般都习惯于用"语音规律无例外"的连续式音变来解释,但是段玉裁所分析的"正"、"变"音现象根本无法用这种音变方式来解释。词汇扩散是一种重要的音变方式,自王士元于1969年在《相竞的变化产生剩余》一文中提出这一理论之后已在语言研究中得到了相当广泛的运用。这基本上是根据汉语的研究总结出来的一种音变理论,我们称之为离散式音变,其特点就是"每一个词都有它自己的历史"。"每一个词都有它自己的历史"原是方言地理学派提出来的一个口号,目的是与青年语法学派的"语音规律无例外"相抗衡;词汇扩散理论是这一口号的复苏。这两个口号所代表的理论都正确,只是各有自己特定的条件和适用的范围;超出自己所适用的范围,它就会走向谬误。我们过去在语言史的研究中偏爱"语音规律无例外"式的音变,往往用来解释它不能解释的语言现象。段玉裁所说的"正音"和"变音"是无法用"语音规律无例外"的音变方式来解释的,而适合用离散式音变去解释。我们持此论

断是基于如下的考虑:

第一,"同声必同部",同一声符的字有"正"有"变",正好说明它不是"语音规律无例外",而是"每一个词都有它自己的历史"。比方说,"台"声的"饴诒怡贻眙治始笞"等仍保持"敆"的特征,成为《切韵》的止摄字,而"台胎苔抬邰炱跆鲐骀怠殆迨给哈"等则转入"佟",变为《切韵》蟹摄的哈韵字;"者"声的"都堵睹赌著猪诸煮渚翥楮褚躇褚"等变为《切韵》的遇摄字,而"者锗赭奢"等则变入《切韵》的假摄麻韵……这些同"声"的字"不同部"了,要找出产生这种"不同部"的语音条件是很困难的。这种"正"与"变"的演变方式表明,这里不是"语音规律无例外",而是"每一个词都有它自己的历史",是字的读音一个一个地发生变化,变了的就转入"变",而那些来不及变的音就继续保持它的"正"。这是一种典型的离散式音变。

第二,连续式音变和离散式音变各有自己的演变条件,大体的情况是:连续式音变决定于共时的语音线性结构条件,一个音如处于相同的线性组合条件下就会发生相同的变化,出现"语音规律无例外"的情况;离散式音变决定于历时的语音条件,有共同来源的字(或者说"同部"或"同韵"的字)的读音可能会一个一个地发生变化,出现"每一个词都有它自己的历史"的离散式音变。这种差异的语言结构基础就是:连续式音变与语言的共时线性结构相联系,而离散式音变则与语言的历时的非线性结构相联系。例如,天津方言的 tʂ, tʂ', ʂ 现在正进行着离散式的音变,向 ts, ts', s 的方向转化,但这种转化只限于《切韵》的知章组字,与 tʂ, tʂ', ʂ 的语音组合条件无关。(张旭,1987)在上古向中古的演变中出现"正音"和"变音"完全符合这种历时的音变条件,依"部"进行"每一个词都有它自己的历史"的离散式音变,在音系中呈现出参差的不规则状态。如以歌戈麻为例,"南北朝第一期歌戈与麻还是混用的,至第二期后,麻韵方才独立,高允是第一期的人,集中歌麻分用,也许因为集中韵文太少,看不出合用的例子。萧子良与任昉是第二期的人,它们的歌麻同用,大约只是仿古。江淹更奇怪了,依大部分的情形看来,该说他的歌麻是分用的;然而在他的《效阮公诗》与《萧太傅东耕祝文》里,却是歌麻合用。江淹是第二期的人,但他的用韵却有好些地方与第一期相似,非但对于歌麻是如此……"这种既合又分、此合彼分、分合不定的现象正是离散式音变的一种典型特征,是音变过程中呈现出来的不规则现象;"语音规律无例外"的连续式音变是无法解释这种现象的,这可能就是王力感到"奇怪"的原因。

第三,离散式音变在完成了它的演变过程以后就会呈现出演变的规律性,与"语音规律无例外"的连续式音变没有什么区别,历史上那些已经完成的音变,它们是通过什么样的音变方式实现的,后人难以知晓。但是,离散式音变由于是字的读音一个一个地发生变化,因而经历的时间长,如果出现其他音变力量的干扰,那就会产生中断的变化(thwarted change)。这是离散式音变中最有特点的变化,也是音系中产生不规则结构的一个重要原因。(王士元,1969;徐通锵,1991a,148-271)我们检查段玉裁所说的"正音"和"变音",就不难发现,它们都适合用离散式音变的中断来解释,已经发生了变化的"变音"不可能再重新归队,与"正音"合流,而没有发生变化的"正音"也不可能像"变音"那样再发生原来的那种离散式音变。这样,原来"同声必同部"的结构就出现了同声异部的变化。这是汉语从上古向中古的演变中产生"正音"、"变音"这类不规则现象的一个重要原因。

我们根据这三方面的理由,对段玉裁的"正音"、"变音"之说进行离散式音变的解释,把词汇扩散理论引入上古音的研究。这些异于"语音规律无例外"的演变规律说明:在音系结构和演变的研究中,不能只局限于语言的线性结构,注意静态的"分",而还应该根据音变的特点考察非线性结构对音变的影响,注意韵腹位置中元音的可能的运转方式;在演变的研究中不能只局限于"语音规律无例外"的连续式音变,而应该引进离散式音变、叠置式音变的原理,根据不同的情况对音变进行合理的解释;离散式音变中的中断的变化应该引起我们特别的注意,因为它对音系结构和音变规律会带来深刻的影响。

2.2.3.3 离散式音变在各种语言中都可以找到大量的实例,没有什么特异之处,但汉语上古时期在链移式的元音高化过程中差不多每一个韵部都产生了离散式音变的中断,从而使演变中相互衔接的各个韵部之间错综交叉,出现大量同声异部的情况。这是很特别的,至少我们现在还不知道是不是还有其他语言的例子。形成这种成系统的、影响语音演变规律的中断的变化的原因是由于有新的音变力量的干扰;这种音变力量应该具有"同时性"的特点,即这一变化能同时对具有相同条件的语音结构产生影响。根据现实方言提供的线索,这应该是一种连续性音变,因为只有这种音变才具有"同时"的特点。宁波方言的覃韵字(赅上、去,下同)原来读-en,当它正通过离散式音变与谈韵字-ɛn 合流的时候,-n 韵尾由弱化而消失,-ɛn、-en 分别变成-ɛ、-e。这样,覃韵字中那些已经与谈韵合流的字就读-ɛ,而原来仍旧读-en 的字就读-e,与音系中原来的-e 韵字合流,而后并与之一起发生变化。这样,覃韵字在宁波方言中就发生了中断的变化,产生音变规律的例外,非见组的覃韵字有的读-ɛ,有的读-ɛɪ(<-e <-en)。-n 韵尾的消失是一种连续式音变,由于它的干扰,音系中出现了中断的变化。仔细检查各种中断变化的原因,大体上都是由于连续性音变的干扰;王士元用文白异读的现象来解释中断的变化,不确切,因为文白异读是一种叠置式音变,涉及两种方言系统之间的关系,与系统自我演变的离散式音变的性质不同。(徐通锵,1989b,107–110;1990b,116–123)这种音变机理同样适用于中古音、上古音的研究,

可以用来解释中断变化的原因；至于是什么样的连续性音变导致中断变化的产生，由于音变的过程已经早已完成，很难找到确切的痕迹，不过有一点可以肯定，这种音变不会是韵母中的某种连续性音变，因为一种韵母的某种连续性音变是不会产生整个元音系统的链移性音变的中断的。那么，是什么样的连续性音变导致这种离散性音变的中断？只能是声母的变化，而复辅音的简化又可能是其中的一个重要原因；两汉以后长期的社会动荡促进了语言的相互影响，也会对这种变化起推波助澜的作用。

根据汉字的谐声系列，上古汉语是有复辅音的，即不同声而相互有接触的字（如史：吏：各：路……）的声母原为复辅音，但在语言的往后演变中复辅音的"复"(2,3)单化为"1"，而这种单化在某些条件下又可能会给语言的结构和演变带来一些影响。这种影响，尽管我们现在还知之不多，但根据已经发现的一些线索，复辅音的单化对语言的演变是有影响的。雅洪托夫(1960)，42－47)根据字族中来母 l 可以和任何辅音交替的情况认为"声母为 l 的字可能是声母为任何其他辅音的二等字的声旁；反之亦然，声母为任何其他辅音的二等字也可能是声母为 l 的字的声旁"。"二等字来自上古汉语带介音 l 的字，因此只有在那些很久以前有过 l 的字中，才可能有正齿音。既然正齿音总是跟齿头音发生交替，很明显，正齿音来源于齿头音与 l 的组合 tsl，sl 等。l 音在这里引起了声母的变化：齿头音变为正齿音"。齿头音变为正齿音的原因不一定如雅洪托夫所解释的那样（徐通锵，1994c)，但带 l 的复辅音的单化对韵母的演变会产生影响，这恐怕不会有什么问题。例如，"肖"声的"宵消销俏硝霄悄峭鞘"等变入宵韵，而"稍稍捎㧍"等则变入肴韵，形成段玉裁所说的"萧宵者，音之正也；肴豪者，萧宵之变也"的情况。"肖"声的这种分化用 sl-之类的复辅音来解释，可能是比较合适的。我们把这里的 l 看成为复辅音的一部分,而不是看成为二等韵的介音,因为"等"的形成时间要晚于正齿音和齿头音的分化。用这种复辅音的简化来解释韵部的分化,那自然是属于连续式音变的范畴,因为这里找到了音变的共时条件。这就是说,我们前面所讨论的离散式音变的中断就是由这种连续式音变的干扰造成的。不过除复辅音的简化以外还有没有其他的连续性音变的作用?韵尾的变化对中断的变化的产生有没有影响?都还有待于来日的研究。

离散式音变的中断在上古音系的演变中占有如此重要的地位,可能与语言的相互影响也有密切的关系。魏晋南北朝时期,战争频仍,民族关系密切,居民迁徙频繁,这些都可能对语音的演变带来重大的影响,促进某些连续性音变的发展,从而使正在进行中的离散式音变中断,形成不同韵部的字交错杂居的情况。不过这是可能的推断,具体的情况尚待新的材料的发现。

2.2.3.4 前面的讨论说明,每一种音变方式都有它特定的语言结构的基础,基本的情况是:音系的共时线性结构产生连续性音变,特点是"语音规律无例外";历时的非线性结构产生离散性音变,特点是"每一个词都有它自己的历史";而不同方言系统的竞争则产生叠置式音变,特点是通过同源成分的不同表现形式(文与白)的一胜一败的竞争和替代推进音系的演变。以往的语音研究只注意"语音规律无例外"的连续性演变,因而难以解释那些离散性音变、叠置性音变的现象。音变的研究应该先弄清楚不同音变现象的音系结构基础,不能用"语音规律无例外"的连续性音变来解释离散性音变,特别是其中的中断的音变现象。

四 合口韵的形成

2.2.4.1 在上古音向中古音的演变中还有一个问题需要讨论,这就是开合口的对立。

《切韵》音系一般认为已有带 u 介音的合口韵,但也有学者对此提出质疑,认为切韵的合口韵是由圆唇元音构成的,不是 u 介音。(罗季光,1986)我们这里仍旧维持 u 介音的假设,但罗先生的意见也说明现在的合口 u 介音仅仅是一种历史范畴,是在某一历史时期形成的,不是古已有之的结构,因而需要对合口韵的形成问题进行一些具体的考察。

汉语的上古音有没有合口韵?高本汉(1923)、董同龢(1944,17,21)、王力(1985,50)等根据切韵音系的开、合口结构上推上古汉语,认为先秦时期的汉语音韵就有开口和合口的对立。李方桂(1968,17,21)认为合口介音 w 或 u 有些是从开口变来的,大部分来自圆唇的舌根音,一部分来自复合元音[ua],还有一部分是后起的。这是两种对立的意见,其中最重要的是合口韵的起源问题。说合口韵来自开口,是后起的,这是一种重要的见解,至少比套用切韵的结构要合理得多。李荣(1984,5)曾就这个问题发表过很好的意见,认为:"有些字从上古的开口变成《切韵》系统的合口,我很佩服,这有许多蛛丝马迹。比方说干支的'辰'字和海市蜃楼的'蜃'字是开口,嘴唇的'唇'是合口。谐声字有时候开合口相谐,可以看出蛛丝马迹来,表示《切韵》系统有些合口是从开口变来的。除了见系合口字,除了上古[ua]韵来的合口字,要把其他非见系的合口字都说成是从开口变来的,还得一个一个地研究……"两位李先生在这里提出了两个重要的问题,就是:合口韵是何时产生的？如何产生的？

　　说合口介音 w 或 u 来自圆唇的舌根音,这恐怕不是根据实际的汉语材料而提炼出来的结论,而是仿效原始印欧语的唇化舌根音的拟测而做出的假设。确实,原始印欧语中存在一种唇化的舌根音,以至义为"温暖的"同源词有 garm(塔吉克语)、gharmah(梵语)、formus(拉丁语)和 warm(德语)这些不同的语音形式(g～gh～f～w)。但是,这种"唇化"是舌根辅音本身的圆唇化还是舌根辅音之后跟着一个圆唇元音,还难以确定。说早期汉语的韵尾中有一种"唇化舌根音",我们现在既找不到"唇化"的条件,也没有像印欧语那样在方言中发现"唇化舌根音"的发展痕迹,因而李方桂的假设恐怕难以成立。李荣在"很佩服"李方桂的论断的同时也认为,"与其说幽宵两部的韵尾是圆唇的舌根音,还不如说这两部的元音是圆唇的"。合口韵的形成途径可能不止一条,恐怕需要如李荣所说的那样,得一个一个地进行研究。

　　2.2.4.2　合口韵的形成条件,或许在方言的差异中还能找到一些具体的痕迹。现代方言音系中合口韵的分布除北方方言外,南方的方言,如吴方言、客家话、粤方言和闽方言的底层白读,大都只限于见系字,其他条件下还不见有开合口的对立。这种现象可以成为我们探索合口韵的形成的一个向导。现代方言音系的结构,吴方言的合口韵只限于见系字。粤方言有人认为没有合口韵,此说不妥,李荣(1983,2-4)已有评述,这里不赘,但粤方言具有合口介音性质的 w 与声母 k,k'结合得很紧,可以看成为结合辅音 kw,k'w(袁家骅,1983,184),这是事实。如果我们再联系客家话合口韵的特点,可以进一步看到合口介音 u 与舌根音的紧密联系:"客家话实际上可以没有韵头-u-。合口韵母 ua uai uan uaŋ uen uon uoŋ uat uak uet uot uok 只能与 k- k'-配合,相拼时韵头实际上不是圆唇元音,而是唇齿摩擦音

v,如'瓜'kva[44],'快'k'vai[52]。其实,如果在声母系统中增加 kv-,k'v-两个声母,这一套带韵头-u-的韵母就都可以取消韵头,而归入相当的开口韵。"(同上,150)语言的空间差异反映语言在时间上的发展序列。历史比较法的这一基本原则自然同样适用于合口韵的形成的分析。客家方言、粤方言的合口介音还比较紧密地和舌根辅音结合在一起,而吴方言则实现了介音-u-和舌根辅音的分离。至于是什么条件使舌根辅音渐渐孳生出一个-v-或-w-,这需要研究,现在还难以说明具体的原因,但从这种现象所提供的线索来看,则可以看到 u 介音与舌根音声母的关系比较密切,而与舌根音韵尾的圆唇与否则没有什么联系。

2.2.4.3 除见系字外,非见系字的合口韵的分布为什么主要集中于北方方言区? 这可能与语言的相互影响有密切的关系。根据现代语言接触的研究,一种语言的音系有可能在其他语言的影响下改进自己的结构。云南地区的傣语原来没有合口韵和齐齿韵,汉语的合口韵傣语用[ɔ]匹配(uai～ɔi,uan～ɔn,uaŋ～ɔŋ,ua～ɔ),齐齿韵用[ɛ]匹配(iau～ɛu,ian～ɛn,iaŋ～ɛŋ,ia～ɛ)。随着傣族人学汉语的人数的增加和汉语对傣语影响的加深,某些地区(例如梁河曼东、河西一带)的傣族人,除了个别老人还保留-ɔ-、-ɜ-类音,多数人已读-ua,-ia(陈保亚,1996,10－30)。这样,傣语就在汉语的影响下产生了合口韵和齐齿韵。汉语的北方地区,在魏晋南北朝时期与北方的一些少数民族语言接触频繁,入居中原的各民族在掌握汉语的同时自然会对汉语产生不同程度的影响,非见系字的合口介音有可能是在这种背景下产生和发展的,何况汉语本身的结构完全可以容纳这种合口介音,因为音系中原来已有-ua 韵,见系字也已有-u-的结构。如果不考虑语言接触对汉语发展的影响,我们就很难解释南方方言的合口韵为什么只限于见系舌根音,而只有北方方言才广泛分布于各类声母之后。我们现在虽然还说不出影响的确切根据,但这却是一种值得深入推敲和研究的线索。脂微分部的问题或许与此有关。

脂微分部是上古音研究中一个有争议的问题,把它们分开,一般都认为是王力对上古音研究的一个贡献。王力(1936a,19-25)在《南北朝诗人用韵考》一文中说,"在段氏十七部里,脂微是同部的;南北朝第一期,脂微也是通用的。到了第二期,微部独立了,脂之却又混了……"作者对诗人用韵进行系联的结果发现,"对于脂微两部则有意外的发现。脂韵一部分的字是该归微的;自从第二期脂微分用以后,这一部分的字就专与微韵同押,而与另一部分的字绝不相通"。我们或许可以从另一个角度对这种现象进行一些考察。根据陈复华、何九盈(1987,196-201)的材料进行统计,微部共 463 字,其中合口 395 字,开口 68 字,而脂部 449 字,除了以"癸"为声符的 13 字为合口外,其他 436 字都是开口韵。所以从这种现象看来,脂微分部也许可以叫作开、合分流。这种在南北朝时期产生的分流现象可能与语言的相互接触有关。当然,这是一种推断,但也不是一种没有可能的推断。从诗人用韵的差异来看,脂之微三部当时正处于离散式音变的过程中,因而呈现出有分有合的状态。根据音变的规律,其他的音变力量最容易在这个时候对音变产生干扰,发生中断的变化,开合分流可能就是这种变化的反映。至于微部读开口的 68 字,那可能是以后的音变。这些开口字,主要是以"几"、"斤"、"希"、"衣"为声符的字,其中"几"声 23 字,"斤"声 5 字,"希"声 20 字,"衣"声 10 字。这些声符都是见系字,而且又是常用字,可能是后来发生的变化,即在前元音前的舌根音在离散式音变的过程中与以"贵鬼危"等为声符的字分流,而后腭化。至于那些以"非"为声符的唇音字,如匪诽斐蜚悲辈……本来就可开可合,不分开合,可以暂时不管它们。所以,脂微分部的核心好像是开合分流;另外,这一现象也可以说明,这一合口韵是在语言演变中产生的,不是汉语上古音延续下来的结构。

王力的脂微分部是根据南北朝时期的诗韵归纳出来的,而我们这里的开合分流是着眼于-u-介音的有无说的。人们可能会说,这两者不属于同一个范畴,不宜相提并论,因为诗韵是不管开与合的。是的,诗韵是不管开合的,但我们应该考虑到语言的演变。如前所述,脂在演变中高化,与之合流,它自然不会再与微部字押韵,从而呈现出脂微分部的格局。

2.2.4.4 李荣在谈到非见系字的合口韵时说过,需要一个一个地进行具体的研究。确实,合口韵的形成途径可能是多方面的,其中有些是语言演变过程中的产物。我们现在虽然说不出具体的轨迹,但中古以后某些合口韵的产生也可以提供一些启示。例如果摄开口歌韵(赅上去)的"多拖舵搓"与合口戈韵的"朵妥坐锁……"在北京话中已经合流,一起念-uo,这个 u 介音可能是 o 音带来的;阳韵庄组字(庄床霜创……)在北京一系的方言中念合口韵-uang,这是由于介音 i 无法与 tʂ 组声母组合而转化来的……某些合口韵可能是通过这一类的途径产生的,不过这需要一个一个地进行研究。

总之,由于 u 介音的形成,切韵音系才产生开、合二"口"相对立的音韵结构。

第三章　韵尾的变化和阴阳对转

一　韵尾的变化和音系结构格局的调整

2.3.1.1　上古音系的研究,韵母的分类和排列一直以韵尾为标准:以鼻音 *-m、*-n、*-ŋ 收尾的为阳声韵,以塞辅音 *-p、*-t、*-k 收尾的为入声韵。阴声韵的韵尾,学者们的意见比较分歧。高本汉(1923)根据诗韵阴、入相押,谐声字阴、入相通的情况,认为阴声韵收浊塞音 *-b、*-d、*-g,只有脂、微部和歌部的一部分字收 *-r 尾。W. 西门(W. Simon)认为一种语言不可能同时具备两套同部位的塞音韵尾,主张把阴声韵的韵尾改拟为 *-β、*-ð、*-ɣ。(据董同龢,1944)后来,董同龢、李方桂、周法高等人都对此提出了一些具体的设想,认为确切的音值难以拟测,写法上不妨沿用 *-b、*-d、*-g。我们采纳这种意见。这样,阴、阳、入三分的韵尾系统呈现出非常整齐的格局:

阴	阳	入
(-b)	-m	-p
-d	-n	-t
-g	-ŋ	-k

*-b 尾存在于谐声时代,《诗经》押韵的时期已经消失,并入 *-d。Hashimoto(桥本万太郎,1978,182－222;1982)认为《切韵》梗摄字收 *ɲ/*c 尾,因而阳声韵/入声韵的韵尾应该是: *m/*b、*n/*d、

*ɲ/*c、*ɲ/*g。这种四分的设想恐怕没有什么根据，因为从其来源（耕、阳两部）和现代方言的语音表现来看，梗摄字的韵尾都没有收ɲ/c 的痕迹，因而我们下面也不再讨论此类问题。

韵尾系统的结构如此整齐，人们自然乐于以此为标准进行韵母系统的整理和研究，使阴、阳、入三分的结构成为上古音研究的基本框架。王力的上古韵母表就是根据阴、阳、入三分的结构排列的；现再补充罗常培、周祖谟（1958）的古音三十一部的排列，以资比较和参考：

阴声韵：之　幽　宵　侯　鱼　歌　支　脂　微　祭
阳声韵：蒸　冬　　　东　阳　　　耕　真　谆　元　谈　侵
入声韵：职　沃　药　屋　铎　　　锡　质　术　月　盍　缉

阴、阳、入三声相配，组成上古音的韵母系统。

2.3.1.2 上古音阴、阳、入三分的系统是后人研究的一种成果，从音系结构的实际情况来看，把它看成为一种二层的二分结构，恐怕更为合适一些：第一层，阴阳二分，"阴"以塞韵尾收尾，入声韵因其"塞"依附于阴声，而"阳"则以鼻韵尾收尾；第二层，阴入二分，前者以浊塞音收尾，后者以清塞音收尾。我们这种看法的根据主要是两条。第一，谐声字阴入相通，诗韵阴入相押。这一点前人早有论述，不想多说，只想补充一点严学宭（1984）有关《说文》阴·入互谐现象的研究："在谐声系统和《诗经》押韵中属阴声韵与入声韵互谐互叶者必多元音相同"；"从阴声韵与入声韵互谐互叶的调类来看，以去入的字最多，平入次之，上入最少"；"从阴声韵与入声韵互谐互叶词的韵尾来看，双方必具备相近的辅音韵尾。在谐声、诗经时代，遵照李方桂先生《上古音研究》的拟测，阴声韵尾是有 *b、*d、*g 与入声韵尾的 *p、*t、*k 对立，它们是同位音，而仅有浊清之别"。严学宭对《说文》阴入互谐的现象进行了全面的整理，材料丰富，涉及的声符 227 条，阴、入相押的字阴声计730,入声计858,虽然其结论人们可能有这样那样的意见,但这些互谐现象的材料本身是"硬"的。这说明阴、入声韵在与阳声韵对立这一点上可以把它们看成为同一层次的一类音。

第二,"阴阳对转"的"阴"包含阴声、入声两类音,与阴、入相谐相押的现象完全一致。这一点涉及的问题很多,需要把它放到阴阳对转的总体格局中去分析,后面再讨论。

这两点,或许可以说,入声韵在音系中缺乏独立性,它依附于阴声韵。因此,我们不妨把上古音系的韵母系统看成为一种二层的二分结构。从语音的区别特征来看,第一层是"塞"与"鼻"的对立,第二层是"清"与"浊"的对立。

2.3.1.3 随着语言的演变,韵尾发生了变化。谐声时代阴声韵的 *-b 首先消失,到《诗经》的时代已合并于 *-d;再往后,*-d、*-g 转化为 *-i、*-u;再加上元音的链移式高化,这就使阴声韵与入声韵失去了原来把它们联系在一起的共同的结构特征(元音相同,韵尾相近),因而不可能再以同层同类的音与阳声韵对立。入声韵由于失去了依附于阴声韵的结构基础,因而需要寻找新的依附。由于入声韵韵尾 *-p、*-t、*-k 的发音部位与阳声韵的韵尾 *-m、*-n、*-ŋ 相同;在链移式的元音高化过程中基本上只涉及阴声韵,阳、入二声的元音没有与之一起高化,相互还保持着相同的元音。(§2.2.2.4)这两点,就使入声韵归附于阳声韵,成为阳声韵的一个附类。《切韵》音系的"摄"反映了这种性质的结构,入声韵以韵尾的发音部位归附于同部位的阳声韵。传统的音韵学著作阳入并提,大体就是这种演变的结果。

从入声韵附属于"阴",到入声韵依附于"阳",这是汉语韵母系统的一次重大演变,使韵尾"±鼻音"的对立转化为"±元音"的对立。如果以韵尾为标准,这种对立系统也可以看成为一种二层的二分系统,但此时的结构重心已经转移到音核位置上的元音和声与韵的组配关系,具体的标志就是"等"的形成和发展,而韵尾已不再是韵母分类的主要标准。随着音系的演变,"等"的界限又渐次模糊,形成四等与三等的合流,一等与二等的合流,使韵母系统的结构重心从音核转移到韵头,形成开、齐、合、撮四呼的结构。(§2.2.1.6)从先秦的二层二分结构,或者如一般所说的阴、阳、入三分的结构,转化为近现代的开、齐、合、撮的四呼,这是汉语音韵结构的一种重大的历史性演变,其主要的特点是结构重心的前移,从"尾"转向"头",而这种演变的过渡环节就是中古音系的"口"、"等"和"摄"。我们前面为什么说现代汉语韵母的分类宜以四呼为纲,其中的一个重要原因就是可以由此而追溯到"口"与"等",再上溯到先秦时期以阴声、阳声为标志的"尾",有利于古今的历史比较研究。

2.3.1.4 一个字语音上是一个音节,发音的时候一般都是前强后弱,因而韵尾容易因磨损而弱化、消失,这可能也是汉语音系的历史性演变与韵尾的关系比较密切的一个重要原因。前面的讨论偏重于阴声韵韵尾的变化对音系结构带来的影响,但是,有迹象表明,最早发生变化的韵尾好像不是阴声韵,而是阳声韵,其重要的标志就是阴阳对转。这种现象的产生可能是由于维护"阴·阳"这种二分对立结构平衡的需要,语言结构为适应这种需要而自发地产生一种特殊的运转机制和演变方式,以便使失去了鼻韵尾的阳声韵重新产生新的韵尾。阴阳对转在汉语音系的演变中具有特殊的作用,因此我们需要对它进行专门的研究。

二 阴阳对转和它的性质

2.3.2.1 "阴阳对转"这个概念看起来并不难懂,是指"上古汉语平上去声收鼻音和不收鼻音的字互相押韵、谐声、通假的现象"(俞敏,1988b),但为什么能"互相押韵、谐声、通假"?"对转"的性质、机制是什么?与音系的结构规则、演变规律的关系又是什么?这些问题该如何认识,学者们并未深究,因而对"阴阳对转"理论的解释和运用,见仁见智,相互间存在着很大的差异。这样一种重要的音韵理论,它的性质、构造原则、运用范围等应该有一个明确的鉴别标准。我们这里想用现代历史语言学的理论和方法来考察这个问题,希望能弄清楚隐蔽于"对转"背后的原理和原则。

2.3.2.2 "阴阳对转"是孔广森在戴震阴阳相配的理论基础上提炼出来的一个重要概念,主要目的是为古韵的分部服务。这个概念大体上包含三层意思。第一,古韵分十八部,没有鼻韵尾的阴声韵九部(歌、支、脂、鱼、侯、幽、宵、之、合),有鼻韵尾的阳声韵九部(原、丁、辰、阳、东、冬、侵、蒸、谈),它们两两相对(歌-原,支-丁……),可以互相转化,形成"阴阳对转"的格局。第二,"阴"与"阳"如何对转?孔广森认为后来变成《广韵》入声的那些韵类是"阴阳对转"的枢纽,"入声者阴阳互转之枢纽而古今变迁之原委也。举之、哈一部而言之,之之上为止,止之去为志,志音稍短则为职。由职转,则为证、为拯、为蒸矣。哈之上为海,海之去为代,代音稍短则为德。由德而转,则为嶝、为等、为登。推诸他部,耕与佳相配,阳与鱼相配,东与侯相配,冬与幽相配,侵与宵相配,真与脂相配,元与歌相配,其间七音递转,莫不如是"。第三,"阴阳对转"的客观语言基础是方言的差异,"转阴转阳,五方之殊音"。这种解释在当时是一种很有创造性的见解,只是由于学科发展水平的限制,没有展开具体的论述。在上古韵部的研究中引入"转"的思想,具体考察因韵尾的变化而产生的不同韵部之间的关系,这确是一种开创性的理论研究。孔广森"阴阳对转"理论的上述三点内容,第三点"五方之殊音",后代学者不大理会,能进行具体讨论的文章很少；第二点,由于多数学者不同意孔广森"上古无入声"的论断,因而在"对转"的研究中也就失去了它的地位。这样,后世学者对"阴阳对转"理论的研究大多就集中于第一方面的内容,只讨论韵部之间的对转关系,其中影响最大的自然要首推章炳麟和王力。章炳麟在考察了上古韵部之间的远近关系之后在《国故论衡》等著作中提出了他的"对转"理论,用《成均图》来表示各个韵部之间的"转"的关系,并在"对转"之外又创"旁转"之说。这个《成均图》后来受到了很多批评,"因为他无所不通,无所不转,近于取巧的办法"(王力,1936b,347)。这种批评固然指出了《成均图》的局限和弊端,但是没有涉及产生这种弊端的原因,也没有否认《成均图》所依据的"无所不转"的语言事实。原因不清,后来的研究也就很难摆脱这种"无所不转"的思路,只是表述的形式有所不同而已。王力在1936年就对《成均图》提出了批评,而在60年代初期,这种批评更严厉,认为"章氏的《成均图》,是主观臆测的产物。韵部的次序和地位,都是以意为之的,因此,由《成均图》推出的结论往往是不可靠的"(王力,1961,598),但他自己也并没有因此而摆脱这种"无所不转"的毛病。他根据他的上古音韵部系统表(见§2.2.2.3)认为:"同类同直行者为对转","同类同横行者为旁转","旁转而后对转者为旁对转","不同类而同直行者为通转","通转也是比较常见的,例如鱼铎阳和歌月元的通转"(王力,1982,12-17)。这样,不同韵部之间照样都可以有"转"的关系,不是"对转",就是"旁转"、"旁对转"或"通转"。

2.3.2.3 在"阴阳对转"的研究中为什么难以摆脱"无所不通,无所不转"的状态? 这与对"阴阳对转"的性质的认识以及由此而产生的研究方法有关。阴阳对转,这是语言演变中的一个重要问题,王力(1957,136)曾对此有过明确的表述:"'阴阳对转'不应该了解为一个字同时有阴阳两读,而应该了解为语音发展的一种规律,即阳声失去鼻音韵尾变为阴声,阴声加上鼻音韵尾变为阳声。前者是比较容易了解的,但后者也并不是不可能的。"作者怕人们不易理解,还为阴声的阳声化加了一个脚注:"在现代广西博白方言里,由于修辞的关系,经常在开口音节后加上一个-n尾。例如'鹅'字一般念ŋɔ,但如果形容其小,或加上感情色彩,就说成ŋɔn。"这两段话,我们有些同意,有些不同意。说"阴阳对转"是语音发展的一种规律,这是完全正确的;说一个字不能阴阳两读,有失分析,没有分清语音演变的不同方式,因而结论不可靠;"鹅"由ŋɔ变为ŋɔn,这与阴阳对转无关,而是儿化的一种方式。(李荣,1978;叶国泉、唐志东,1982;徐通锵,1985)这里涉及对音变方式的认识问题。语音的演变方式可以分为连续式音变、离散式音变和叠置式音变三种:连续式音变和离散式音变是语言在时间上的变化的两种形式,其特点是"变",即A变为B,在语言中呈现出来的形式就是所谓"语音规律无例外"和"每一个词都有它自己的历史",这是语言系统自我调整、自我演变的两种方式;而叠置式音变是通过文白异读的形式表现出来的两种方言系统的竞争,是语音演变的一种空间表现形式。(徐通锵、王洪君,1986a;徐通锵,1991a)语言学家一般习惯于用连续式音变的观点来观察语音的演变,上述章炳麟、王力对"阴阳对转"的理解基本上是一种连续式音变的观点,用"对转"来解释韵部之间因音变而产生的不合规律的例外。它脱离了孔广森关于"转阴转阳,五方之殊音"的论断。我们觉得"五方之殊音"的论断没有错,因而用连续式音变或离散式音变来解释"阴阳对转",恐怕与语言事实有违,很难说得通,似应用叠置式音变的理论来解释阴阳对转的问题。

"转"的概念最早见于《方言》。如卷三:"庸,谓之倯,转语也。"又卷十:"煤,火也,楚转语也,犹齐言烡,火也。""缫、末、纪、绪也,南楚皆曰𦁐，或曰端，或曰纪，或曰末，皆楚转语也。"又卷十一："……蝠蝓者侏儒语之转也。"所谓"转"，其含义就是变化，与通语相对。《方言》是以"通语"释"殊言"的著作，因而有些地方用这种"转"来解释方言之间的差异，开始了语言演变的研究。郭璞在注《方言》的时候，对这种"转"又有所补充和发挥，如卷五："薄，宋魏陈楚江淮之间谓之苗，或谓之䕌。"郭璞注："此直语楚声转耳。"这方面的研究散见于各处，但都是用方言之间的关系来解释"转"的。"阴阳对转"的"转"应该也属于这种性质，指阳声韵因韵尾的消失而变成阴声韵，从而和有关的阴声韵发生纠缠；或者反过来，阴声韵因产生鼻韵尾而变成阳声韵，形成"阴"与"阳"的相互转化。离开方言之间的关系，恐怕很难解释这种转化。在以往的研究中，林语堂（1933a，425－428；1933b，84－87）比较注意这方面的问题，认为"古有方音，必有方音的踪迹可寻，吾国音韵学家，只知某音与某音通转，某声与某声相近，而对于此音转的时代地域，多茫然置之"。他根据文献资料所提供的线索，认为陈宋淮楚地区存在着歌寒对转现象。例如，"陈楚之俗，言桓声如和"（如淳注）；"韩灭，子孙分散，江淮间音以韩为何，字随音变，遂为何氏"（《广韵》"何"字下注）；《左传》定四年，殷民七族有繁氏，"繁"注"步何反"音婆，等等。林语堂认为，"这个音转，主要自然在收-n音之遗失，或并于以前元音中，使元音成鼻音化，由-an入-a"；"陈宋淮楚元寒桓音入歌戈麻声，或读-a，或读-o，或尚留鼻音，或鼻音全失"；"……但是寒桓等音的失去n音，并不限于此地。据我们所考的材料，于燕赵齐鲁寒音转入虞模，而不入歌。同时在此燕齐鲁卫中山，并有他类阳声的转变，大抵仙转入支，真转入脂，谆文欣魂转入微灰……"俞敏（1988b）同意林语堂的解释，认为"林语堂的方音说是有根据的"。由于音变理论认识的局限，林语堂和俞敏虽然正确地解释了方言中阳声韵变成阴声韵的问题，但都没有说阴声韵如何向阳声韵的转化。这说明他们还没有找到"阴阳对转"的机理。

2.3.2.4 理论是从实际语言现象的研究中提炼出来的假设,都有其特定的适用范围,超越这种范围,它就会变成谬误。以往在"对转"的研究中为什么会出现"无所不通,无所不转"的现象?为什么只能解释阳声韵的阴声化,而无法解释阴声韵的阳声化?主要的原因就是只考虑语言在时间上的自我演变,而没有考虑方言间的空间竞争,把演变中的"五方之殊音"的不同系统(空间)的竞争纳入到不同历史时期(时间)的变化中去研究,因而无法对不同时空中的问题进行具体的分析。"无所不通,无所不转",实际上就是说明我们还没有弄清楚"阴阳对转"问题的要害和关键。关键是什么?就是一个"对"字,即阳声韵可以转化为阴声韵,阴声韵也可以转化为阳声韵。入声韵也可以因失去塞韵尾而转化为阴声韵,但它没有这种"对"的特点,不会再反过来转化为入声韵。"阴阳对转"的"对"的特点,我们认为只有用叠置式音变的理论才能得到合理的解释。人们可能会问:这种理论假设有什么根据?主要有两条:第一,语音的易变性和音系结构格局稳固性的辩证统一。现代语言学的研究已经证明:语音虽然很容易发生变化,而且它的变化速度还有可能相当快,但是控制音变的机理、速度、方向、目标等的音系结构格局却是相当稳固的,很难发生变化,"两种在历史上有关的语言或方言,可能没有任何共同的语音,但是它们的理想的语音系统却可以是同格局的"(萨丕尔,1921,48)。汉语的不同方言相互间虽然千差万别,但它们的结构格局是相同的,由它所控制的音变机理、方式也大体一样,就是这方面的一个有力证明。由于结构格局的稳固性,因而由它所控制的音变机理古今也不会有多大的差异,我们完全有理由用现在的音变机理去说明历史上已经完成的音变规律,做出理论性的解释。(Labov,1972;徐通锵,1989a,1994c)就本章的研究来说,就是先弄清楚现实方言的"阴阳对转",而后以此为基础去解释先秦两汉时期的阴阳对转。第二，把现代方言的音变机理和相关的历史材料结合起来，进一步说明有关的音变原理。我们下面依次讨论这两方面的问题，弄清楚"对转"的"对"的机制和原理。

三 现实方言的"阴阳对转"和叠置式音变

2.3.3.1 上古时期的"阴阳对转"，由于方块汉字的跨时间、跨空间，不与特定时、空的语音相联系的特点，我们无法对它进行语音学的描写，但是现实方言的"阴阳对转"，我们是有办法弄清楚它的机制和规律的。如上所述，音变的方式不外乎以"语音规律无例外"为特点的连续式音变、以"每一个词都有它自己的历史"为特点的离散式音变和以"竞争"为特点的叠置式音变三种，其中连续式音变和离散式音变普遍存在于各种不同类型的语言中，而叠置式音变则是根据汉语文白异读现象的研究总结出来的一种新的音变理论。我们可以以这三种音变方式为基础去考察"阴阳对转"的机制和规律，用现在的音变原理解释历史上已经完成的音变规律。

2.3.3.2 阳声韵转化为阴声韵的问题比较简单，大体就是阳声韵的韵尾-m,-n,-ŋ 因磨损、弱化而消失，从而使它变成阴声韵。例如浙江宁波方言的咸、山摄字，韵尾-n 通过连续式音变的方式而消失，变成相应的阴声韵，(徐通锵，1991b)就是一种典型的阳声韵转化为阴声韵的现象。这种现象汉语方言中比比皆是，前面林语堂所说的阴阳对转也是这种类型的变化，我们用不着在这里多费笔墨。

2.3.3.3 阴声韵转化为阳声韵，情况比较复杂。如前所述，一个字在语音上是一个音节；一个音节在发音时大体上都是前强后弱，因而阳声韵、入声韵的韵尾容易因磨损而消失。阴声韵转化为阳声韵情况正好相反,需要在没有韵尾的音节中增生阳声韵的韵尾-m,-n,-ŋ。汉语的演变有没有这种增生能力?光靠系统的自我调整和自我演变(连续式音变和离散式音变),那是没有这种能力的,方言中也找不到这方面的实例。有些方言,例如湘方言的双峰话,"密迷弥"等念mĩ,"尼泥你"等念ŋiĩ;厦门话也有类似的现象,如"尼泥你"这些字可念nĩ,等等,这些都是由鼻音声母的影响而念成鼻化音,非鼻音声母的阴声韵的韵母不能念成鼻化音,因而这种鼻化现象不属于"阴阳对转"的范畴,正像有些方言因儿化而产生的-n韵尾不属于"阴阳对转"一样。一个概念应该有它特定的内涵和特定的使用范围、使用条件,不然就会变成一种垃圾筒,有关的与无关的都往里头塞,那就失去了它的学术价值。这些现象都说明,阴声韵转化为阳声韵不可能通过连续式音变、离散式音变来实现,这就是说,一种方言系统如果无法依靠自身的力量实现阴阳对转,那就只能寻求其他方言的支援,产生文白异读,用叠置式音变的"竞争"方式来实现阴声韵向阳声韵的转化。我们可以用山西方言的某些音变来说明这方面的问题。请比较阳声韵宕摄字在下列方言点中的语音表现(文/白):

	汤	糠	张	量	王
闻喜	tʻʌŋ/tʻə	kʻʌŋ/kʻə	tsʌŋ/tsə	liʌŋ/liə	uʌŋ/yɛ(地名)
洪洞	tʻaŋ/tʻo	kʻaŋ/kʻo	tṣaŋ/tṣo	liaŋ/lio	uaŋ/-
平遥	tʻaŋ/tʻuə	kʻaŋ/kʻuə	tṣaŋ/tsuə	liaŋ/luə	uaŋ/uə
祁县	tʻã/tʻa	kʻã/kʻa	tṣã/tṣa	liã/lia	uã/
太原	tʻɒ̃	kɒ̃	tsɒ̃	liɒ̃	vɒ̃

这是同蒲路南段的几个方言点,由南而北排列。除太原外,各点都有文、白两种读音。白读代表本方言的土语,文读则是在本方言音系所许可的范围内为弥补因宕摄字的阴声化而从权威方言中移借过来的

新形式,以恢复宕摄字的阳声韵地位。我们曾用"叠置"来描写文白异读的结构(以闻喜话为例):

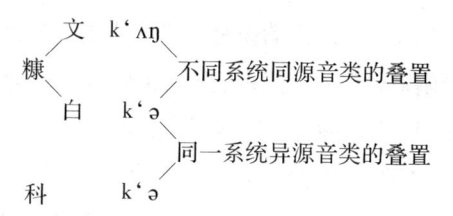

```
        文  k'ʌŋ
糠                  不同系统同源音类的叠置
        白  k'ɔ
                    同一系统异源音类的叠置
科          k'ə
```

"糠"的白读形式如何演变决定于它与之叠置的果摄字的演变,而它在系统中能否存在则决定于它和文读形式的竞争,一般的情况都是文胜白败,白读形式最后只能残存于一些地名和人名的姓氏中(例如上表中"王"字的读音那样),甚至可以在系统中消失得无影无踪,不留痕迹。我们了解了文白异读的这种叠置的结构,就可以清楚地了解现实方言中"阴阳对转"的性质:"同一系统异源音类的叠置"就是阳声韵已经完成了向阴声韵的转化,这是通过"语音规律无例外"的连续式音变实现的,而"不同系统同源音类的叠置"就是阴声韵转化为阳声韵,通过以"竞争"为特点的叠置式音变实现。阴声韵与阳声韵的相互转化不以元音是否相同为条件,也不能漫无目的地乱转,而是以历史音韵为条件,一种方言的某一类阳声韵如因韵尾的磨损、消失而转化为阴声韵,可以借助于权威方言的影响,移入同源音类的语音形式,进行音系结构的调整,恢复该方言的阳声韵的独立的音韵地位。所以,文读形式的产生可以调节方言的发展速度,控制它的演变方向,使它不至于因系统的自我变化而偏离汉语的音系结构格局。(徐通锵,1991a,350-353)

2.3.3.4 前面的分析说明,方言中的"阴阳对转"大体上可以分为三个阶段:

一、阳声韵的阴声化;

二、接受权威方言的影响而产生文读形式,出现"文"与"白"的竞争;

三、"文"胜"白"败,阳声韵恢复了它独立的音韵地位。

这就是"阴阳对转"的"对"的特点,我们可以以此为视角去观察历史上的"阴阳对转",并做出理论性的解释。

音节各部分的发音前强后弱,这是汉语的一种发音机制。从阳声韵转化来的阴声韵固然可以通过文白异读的叠置式音变恢复它的阳声韵的独立的音韵地位,但并不能改变音节的前强后弱的发音机制。因此,开始时以文读形式出现的阳声韵在语言的演变中仍旧有可能因韵尾的磨损而向阴声韵转化,上表中的祁县方言就表现出这种发展趋向:宕摄字文读形式的鼻韵尾-ŋ已经消失,只在主要元音的鼻化中还留有它的一点痕迹,如果进一步发展,这一点痕迹也会随之消失,这样,它就有可能再一次转化为阴声韵。太原方言没有"文"与"白"的对立,但从"王"字的读音来看,宕摄字的-ð应是对应于其他方言点的文读形式,随着语言的发展,它也会再一次向阴声韵转化。这种音变的机理是我们观察历史音变的一种重要窗口。

2.3.3.5 音变的三种方式,现实方言的"阴阳对转"只有连续式音变和叠置式音变与之有关,那离散式音变在这里有没有地位呢?从音变所提供的线索来看,离散式音变只适用于同类性质的音类的分化和合流,例如宁波方言鱼、虞韵字与尤、幽韵字的合流,谆、文韵见系字与东₃、钟韵见系字的合流,(徐通锵,1989a,254-258)与"阴阳对转"之类的变化无关。这种音变方式用来分析历史上两类似分又合、相互有纠葛的音类之间的关系可能有重要的价值。例如孔广森所说的"通韵""其用韵疏者,或耕与真通,支与脂通,蒸、侵与冬通,之、宵与幽通。然所谓'通'者,非可全部混淆,间有数字借谐而已",大概就是历史上正在进行的一种离散式音变,"用韵疏"的各韵正处于分化或合流的过程中,因而"非可全部相混,间有数字借谐而已"。王力(1936b,306)在批评孔广森时说过:"孔氏的最大错误也在乎求整齐:这是中国大多数的音韵学家的通病。因为阴声有九类,阳声也只容有九类,好教它们恰够相配。甚至阳声第二与第三类通用,阴声也跟着是第二与第三类通用;阳声第六第七第八类通用,阴声也跟着是第六第七第八类通用。这种整齐的分配法无论如何总有几分勉强的。"确实,这是一种求整齐的方法,不过章炳麟的《成均图》和王力自己的声类对转、通转表也是一种求整齐的办法。为什么音韵学家都力求整齐？为什么一定要把那些相互有纠缠的韵类设法用"转"、"通"、"疏"等把它们整齐化？主要是以往对音变的理解都局限于"语音规律无例外"的连续式音变的一种方式中,思想上没有离散式音变、叠置式音变的观念,因而碰到这些音变方式的语言现象就显得束手无策,只能借用"通"、"疏"、"转"这些概念来自圆其说。不同类型的音变现象应该用不同的音变方式去解释。

上面所说的是现实方言所提供的音变机理。由于音系结构格局所控制的音变机理古今大体相同,因而我们完全可以把这种机理投射到古代的语言结构中去,用来解释如"阴阳对转"之类的语言现象,揭示出隐含于它背后的规律。

四　阴阳对转和方言差异

2.3.4.1 "文白异读"是赵元任首先在《现代吴语的研究》中提出来的,但系统的描写始自罗常培在 1931 年出版的《厦门音系》。"文白异读"是现代中国语言学的一个概念,但是这种现象早就存在。例如在《中原音韵》时代,《切韵》收 -k 尾的入声韵铎、药、觉有 16 个小韵"薄缚铎浊凿着杓学萼略虐岳幕喏落若"分见于萧豪与歌戈,而"剥阁鹤角"等只见于萧豪韵;屋(沃)韵的"轴逐熟竹粥烛宿肉褥六"十字分见于尤侯和鱼模,而"肉六"二字只见于尤侯韵。(杨耐思,1981, 147,176)列入萧豪与尤侯的小韵相当于现代北京话的白读系统,列入歌戈和鱼模的相当于现代北京话的文读系统,说明《中原音韵》时期已经存在文白异读。现代方言和《中原音韵》时期的文白异读不是从天上掉下来的,而是历史的继承,其中所隐含的"阴"与"阳"相互对转的原理应该同样适用于汉语早期的"阴阳对转"的解释。我们可以顺着这一途径探索先秦两汉时期阴阳对转的结构,把它看成为一种文白异读。为了和现代的文白异读现象区别开来,历史上的"文白异读"一律打上引号。

2.3.4.2 "阴阳对转"是"上古汉语平上去声收鼻音和不收鼻音的字互相押韵、谐声、通假的现象",孔广森提出了这个问题,但例证不多。杨树达(1934a,96-148)为弥补这一欠缺,著有《古音对转疏证》,汇集了书面文献中的各种例证,足够我们去分析它的性质和规律;"韵部之分,取黄君季刚之说",人们不一定同意,但这对我们"阴阳对转"的分析无碍。这篇文章分微没痕、歌曷寒、支锡青、模铎唐、侯屋钟、哈德登六类十八部,"自余诸部,姑俟他日"。杨树达从韵文通谐、文字声类、重文、经传异文、读若、语言变迁等方面进行疏证。次年十月,即将近一年之后,他又写了《古音哈德部与痕部对转证》一文,补充列出与前文不大一致的语言现象,说明哈不仅和登有对转关系,而且也和痕有对转关系。我们可以从登、痕与有关阴声韵的关系来考察阴阳对转的性质和规律。

根据《疏证》提供的各种线索,痕与微对转的69例,与没对转的19例。痕收-n尾,阳声韵,它与阴声韵微对转,说明韵尾-n已经发生变化,或者说,在某一方言中已经发生变化。阳与阴共存,根据现实方言叠置式音变的机理,我们可以假设读入痕部的字为收-n尾的"文读"形式,因丢失-n尾而读入微部的字为"白读"形式,如"类君比"为韵的"君","回本师"为韵的"本","衣汶"为韵的"汶",它们都因失去鼻韵尾-n而变成相应的阴声韵,相当于叠置式音变中的"同一系统异源音类的叠置"。由于阳声韵因失去鼻韵尾而与相应的阴声韵同音,因而文献中才有可能"微部读音字从痕部声类"(如伊从尹声,祈从斤声,挥从军声等),"痕部读音字从微部声类"(如员从口声,牝从匕声,脪从希声等);异文中才有可能"微部字或作痕部字"(如慰-愠,几-近,畿-近,祗-振,祗-震,戾-吝等),"痕部字或作微部字"(运-违,蕴-委,君-威,辰-夷,震-祗,分-比等);才有可能"微部字读若痕部字"(衣-殷,匪-分等),"痕部字读若微部字"(蚕-己,昕-希,峯-薇等)。不是阳声韵因失去鼻韵尾而与相应的阴声韵形成"同一系统异源音类的叠置",就无法理解这种与规律相矛盾的现象,光用"对转"两个字是无法揭示其中的机理和规律的。

2.3.4.3 那么,为什么阳声韵"痕"也能与入声韵"没"对转?这就涉及对上古阴声韵的认识了。我们在§2.3.1.1中已经说过,阴声韵有没有辅音性的韵尾,历来是汉语音韵史研究中的一个难点,争论很多。高本汉、董同龢、李方桂、周法高等认为确切的音值难以拟测,写法上不妨仍旧沿用 *-b,*-d,*-g。王力(1957,1985)反对上述假设,认为收塞辅音韵尾的都是入声韵,阴声韵没有辅音韵尾,它或者是无韵尾(之支鱼侯宵幽),或者是 *-i 韵尾(微脂歌)。我们根据汉字谐声的原则、诗歌押韵的传统(单元音和以-i、-u收尾的阴声韵与收-p、-t、-k的入声韵不能押韵)和"阴阳对转"提供的线索,支持阴声韵有辅音韵尾的说法,它与入声韵都以其"塞"和阳声韵的"鼻"相对立,不然"阴阳对转"是不会把入声韵也"对转"进来的(姑且不说诗韵和谐声)。固然,承认阴声韵有辅音韵尾,那上古汉语的语音系统就全是闭音节,与雅科布逊(1957,10)所说的类型学的"通则"发生冲突(确实,现在世界上还没有发现一种全是闭音节的语言),但面对谐声、诗韵、"阴阳对转"等这些无可辩驳的事实,我们只能根据语言事实提出相应的假设,不能拘泥于类型学的通则,因为通则是用归纳法归纳出来的,它需要不断地根据新发现的语言事实而加以修正。例如,雅科布逊的"原始印欧语为单元音系统的这种假设,在全世界记录下来的语言中完全没有得到证实"的论断就应该修正,因为汉语上海话的元音系统就都是由单元音组成的。类型学的"通则"如与语言事实发生矛盾,应该以语言事实为准。

2.3.4.4 用文白异读的机制来解释"阴阳对转"是以上古时期的汉语存在方言差异为前提的。上古汉语有方言差异,这一点不应成为问题,因为史书上已有一些零散的记载,扬雄的《方言》已经如实地记录了古时方言词汇的差异,林语堂(1927,16-44)还曾据此对西汉时期的方言分区进行了一些具体的探索。我们这里不想引证、评述这些论著,而只就"阴阳对转"等语言事实所提供的线索考察有关的方言分歧。如上所述,痕与微、没对转,但是它又可以和哈、德对转;或者说,哈、德可以与登对转,又可以与痕对转。杨树达对这种矛盾的对转关系各自列举出详尽的例证。"通转"说除了表面上的自圆其说之外,并不能对这种歧异现象的性质做出有说服力的解释。实际上,这种歧异的对转反映了方言的差异:哈、登、德对转是一个方言区,哈、德与痕对转是另一个方言区,而这个方言区还可能由于痕、登合流(犹如现代汉语某些方言如山西大同话、江苏苏州话的文读那样)而与相关的阴、入声韵微、没、哈、德叠置。不管是哪一种情况,都与方言的歧异有密切的关系。杨树达所举的例证多数见于《说文解字》,这就使人们有可能通过谐声、诗韵等的歧异看到上古汉语的方言差异。

段玉裁在上古音的研究中曾提出过"一声可谐万字,万字而必同部,同声必同部"的著名论断,但"阴阳对转"的情况却与此矛盾,同声不同部,如从"斤"声的祈、沂、圻等因对转读入微部,而斤、芹、近、欣、靳、昕、忻等仍在痕部(相当于段玉裁的第十三部);从"军"声的挥、晖、辉等读入微部,而军、晕、运、悻等仍在痕部,这与"同声必同部"的原理如何统一?段玉裁自己用"音转说"来解释同声异部的现象,认为"凡一字而古今异部,以古音为本音,以今音为音转……第十三部第十四部音转皆入脂微"(《古十七部本音说》)。这里段已看到了语言的演变,只是由于科学发展水平的限制,还说不出原因来,只能用"音转"进行模糊的解释。其实,"同声必同部"和同声异部是一个问题的两个方面,犹如音变的规律和例外的关系,"例外考验规律。通过例外的分析研究,可以帮助我们进一步掌握规律"(李荣,1965,107)。"同声必同部"犹如音变的规律,而同声异部的情况犹如规律的例外,各有其自己的原因。如何解释这种原因?我们前面曾用离散式音变的中断来解释"正音"与"变音"的关系,(§2.2.3.2-3)那现在还能不能继续用这种音变方式来解释由阴阳对转造成的同声异部的情况呢?比方说,从"斤"声的斤、欣、忻等仍在痕部,而祈、沂等在微部,这是不是也是一种离散式音变的中断呢?否!离散式音变只能发生在同性质的音类之间,即阴声韵和阴声韵之间,阳声韵和阳声韵之间,入声韵和入声韵之间,不可能发生在阳声韵和阴声韵之间,因此可以把音韵学上所说的"阴阳对转"从离散式音变中排除出去。阴阳对转既然不能列入连续式音变和离散式音变,这就从另一个侧面支持我们关于"阴阳对转"是古时"文白异读"的解释,与叠置式音变有关。

五 《广韵》阳声字的阴阳异切和它的文白异读的性质

2.3.5.1 可能有人会说,现代方言的文白异读和先秦两汉时期的阴阳对转,时间上的间隔有二千余年,语音结构的原理可能已经发生变化,怎么能拿今天文白异读的音变原理去解释二千年前的阴阳对转?音系结构格局的稳固性和以此为基础的音变机理的古今相似性,虽然可以据此用现实的音变原理去解释历史上已经完成的音变规律的成因,但这毕竟只是一种假设,还缺乏中间的联系环节和贯通古今的语言事实的根据。为了进一步分析"阴阳对转"的文白异读的性质,我们不妨再考察一下《切韵》音系的结构。《切韵》上承先秦两汉的上古汉语,下通现代汉语的各个方言,我们虽然不能像高本汉那样,把它看成为现代各个方言的原始母语,但把它作为一种联系古今的音变参照点和研究的作业框架,还是完全正确的,而且是汉语史研究中的一种得天独厚的有利条件。《广韵》的反切与《切韵》"同是一回事儿"(高本汉),因而可以依据《广韵》阳声字与阴阳对转有关系的一些反切来讨论相关的问题。

2.3.5.2 《广韵》的一个阳声字往往有好几个反切。不同阳声韵之间的异切由于与本文讨论的问题无关,这里从略,只选取小韵的反切作为代表;一个字如有阴阳两切,这里一一选录。根据余迺永(1980)提供的线索,我们发现阳声字有阴阳异切的有174例(以字为单位统计,如以"切"统计,数字还会增加),其分布的情况大体如下(平赅上去,"宕"含"江"):

深 侵 6　山 寒 9　臻 痕 2　宕 唐 4　梗 庚 4

咸	覃	4	山	3	欣	3	阳	3	清	1
	衔	3		删	3	真	8	江	2	青	9
	盐	2		仙	22	魂	9	曾	登	2
	忝	1		元	13	文	11	通	东	10
				先	15	谆	9		冬	2
				桓	11				钟	5

这里以山、臻两摄的例字最多，山摄76例，臻摄42例。现在以臻摄的真、谆、魂三韵（各赅上、去）为例，把阴阳异切的情况排列如下（为与先秦两汉的阴阳对转比较，也列一些阳入异切的例子）：

例字	韵类	阳声反切	阴声反切	入声反切
寅	真	翼真切	以之、以脂二切（之、脂）	
汎	真	府巾切		普八切（黠）
鰛	真	於伦切	乌皓切（皓）	
狴	真	於真切	乌奚切（齐）	
牝	轸	毗忍切	扶履切（旨）	
礥	轸	宜引切		昌约、鱼约切（药）
堅	轸	眉殒切	无鄙切（旨）	
溳	轸	眉殒切	武罪切（贿）	
硻	震	於刃切	（又音致）	
卂	震	息晋切	陟卫切（祭）	
蛇	谆	力迍切	力计切（霁）	
捘	谆	七伦切	子对切（队）	
焌	谆	子峻切	食聿切（术）	
镎	谆	常伦切	徒对切（队）、徒猥切（贿）	

准	准	之尹切		（又音拙）
膇	准	兴肾切	丑饥切（脂）	
雏	准	思尹切	职追切（脂）	
夋	准	息晋切	相邀切（宵）	
汖	稕	匹刃切	匹卦切（卦）	
鐏	稕	子峻切	人朱切（虞）	
敦	魂	都昆切	都回切（灰）	
惇	魂	都昆切	丁僚切（萧）	
贲	魂	博昆切	彼义切（寘）	
啍	魂	他昆切		苦郭切（铎）
桦	魂	户昆切	许归切（微）	
烨	魂	户昆切	许归切（微）	
猙	魂	户昆切	许归切（微）	
挥	魂	户昆切	丘隗切（至）	
𢋫	魂	户昆切	丘愧切（至）	
弤	魂	都昆切	都礼切（荠）	
殟	魂	乌浑切		乌没切（没）

2.3.5.3 每个韵类里的这些阴阳异切的例子都只是一些残存的现象，它不可能是类似印欧语那样的形态变化，在韵类之间"对转"；也不可能是"语音规律无例外"那样的连续式音变和"每一个词都有它自己的历史"那样的离散式音变。它们只能是类似现实方言的文白异读那样的竞争，同一个字，既可以读阳声，也可以读阴声。《广韵》虽然没有说这是"文"，那是"白"，但这一类阴阳异切的性质无疑地与现代方言的文白异读一致，我们完全可以用现代方言的音读对这种异切做出确切的注释。例如现代山西太原话下列一些字的

读音：

病 piŋ_文/pi_白　名 miŋ_文/mi_白　听 tiŋ_文/ti_白　星 ɕiŋ_文/ɕi_白

前"文"后"白"，其中"白"的规律就是"梗开三四白读韵母与曾开三白读及止开三、蟹开三四韵母合流"（侯精一、温端政等，1993），如用反切，一个字就得有阴与阳两个反切。《广韵》臻摄字的上列阴阳异切，性质与此一致，其中的白读形式主要与止摄各韵和蟹摄三四等祭齐韵字合流和叠置；还有一些读为霄、卦等的二等韵，可能反映白读的不同层次，犹如现在闽方言的白读那样。

现实方言的文白异读含有雅、俗两种风格色彩的差异，阴阳异切或"阴阳对转"的现象有没有雅、俗两种不同风格色彩的差异？这一点，我们现在难以确指，无法知道它们当时有没有风格色彩的差异，如果有，也说不清楚它们如何体现雅和俗，不过历史上某些残存的痕迹或许可以帮助我们了解这种差异的一二。例如，"辉"在《广韵》中有许归、户昆、胡本三切，意义分别为"光也"、"赤色"、"辉煌"；"蕲"有渠之、渠希、巨斤三切，意义分别为"草也"、秦置的古县名（蕲县，汉属沛郡）、药草（当归的别名）；"圻"有渠希、鱼斤二切，前者通"畿"，指皇帝都城周围的千里之地，后者通"垠"，指边际。根据语义演变"从具体到抽象"这种一般规律推断，这些字的第一个意义似乎都"土"一点、"俗"一点，指具体的现象，产生的时间好像应该早一点，而后面的几个意义似乎"文"一点，抽象一点。这些由阳声反切所代表的读音现在已经消失，根据文白竞争的规律，说明阴声反切所代表的白读在这些字的文白竞争中站稳了脚跟，保存了下来，人们一般已经不觉得它与阳声反切所代表的读音有什么联系。《广韵》的这种同一个字阴、阳两读，而且意义相近或相通的情况，可能就是古时"阴阳对转"或"文白异读"的沉积，只是后人难以分辨它们风格色彩的异同。不过有一点可以肯定，处于异切中的阴、阳两种读音与字义功能之间必然有某种联系,不会漫无目地保留阴、阳两种不同的读音。

2.3.5.4 用现代方言的文白异读来注释《广韵》阴阳异切的性质,我想人们不会有什么疑虑,现在我们可以以此为基础进一步考察先秦两汉时期的阴阳对转的性质。《广韵》阴阳异切的不少例证与杨树达所考释的先秦两汉时期的阴阳对转是一样的,例如从"匕"声的"牝"、从"军"声的"挥"、从"希"声的"脪"、从"斤"声的"圻、蕲"等等;阳入异切的例证也明显地与先秦的对转相似。这种一致性和相似性可以清楚地说明《广韵》的阴阳异切就是先秦两汉时期的阴阳对转的残留。

所以,《广韵》阳声字的阴阳异切对我们认识阴阳对转的性质是有重要的价值的。第一,阴阳对转确实类似现代方言的文白异读那样,是当时不同方言相互竞争的一种表现方式,它既是语言的演变,也是共时的音读。第二,阴阳对转是一种叠置式的音变,只涉及某一韵类中的一小部分字,而不是像《成均图》所说的那样,在韵类之间可以无限制地"对转"。第三,根据文白异读所提供的线索,《成均图》和王力的对转、旁转表不能说都是无的放矢,主观臆造,而只能说是以偏概全,因为方言的严重歧异,相互间有竞争,这就不可避免地会出现叠置式音变;竞争越频繁,叠置的层次就会越多,犹如现在的闽方言那样。不同竞争层次在书面文献中留下来的痕迹仅仅是一种残存现象,如果据此得出普遍性的结论,自然会出现以偏概全的片面性。我们现在无法通过异文、读若等的零星记叙弄清楚先秦两汉时期的古音的结构模式,但是,根据现代方言的结构原理,并且把它与相关的书面文献资料结合起来去探索隐蔽于汉字背后的规律,可能是一条现实而有成效的途径,可以对历史上争论不休的问题做出比较符合实际的解释。

《广韵》的阴阳异切是通过文白异读去认识先秦两汉时期的阴阳

对转的性质的一个重要桥梁。

六 汉语语音演变的机制

2.3.6.1 用文白异读的叠置式音变原理来解释先秦两汉时期的"阴阳对转"和《广韵》的阴阳异切，人们可能还会提出一个问题：前面列举的例证前后似缺乏继承关系，例如，《广韵》阴阳异切的分布很不平衡，以-n 收尾的山、臻两摄的例证明显多于其他各摄，在先秦两汉时期的阴阳对转似无这种迹象；用来证明《广韵》臻摄字阴阳异切的性质的山西方言，用例都是梗摄字，而臻摄字在太原话中现在却仍旧读阳声，如真 ts'əŋ^1，身 səŋ^1，敏 miŋ^3，等等。既然阴阳对转、阴阳异切、文白异读的性质一样，都只是叠置式音变的不同说法，那语言现象为什么前后缺乏继承关系？这就涉及叠置式音变和汉语语音演变的机制了。

前面说过，文读形式可以通过竞争排挤和替代白读，但不能改变方言中音节发音的前强后弱的机制和原理，因而阳声韵在运用中仍旧会因发生连续式变化（如前述的祁县方言）而使韵尾消失，变成阴声韵，再一次扩大它和其他方言的歧异。这就需要产生新的文读形式，以恢复阳声韵的独立的音韵地位；旧的文读由此而进入白读，从而在语言中出现了多层次的叠置。这种现象说明，文读形式的产生和它与白读的竞争是调节方言的演变速度、控制方言的演变方向的一种力量，使演变只能在音系结构格局所允许的范围内进行。（徐通锵，1991a，383－385）先秦两汉时期的"阴阳对转"是以那时的方言竞争为基础的，由于魏晋南北朝时期的社会动乱，汉语方言间的分歧自然会不断扩大，"阴阳对转"的现象也会发生变化，出现一些不同于先秦两汉时期的对转。随着社会的统一，需要用一种文读形式来调节方言之间的关系，使方言的演变不致脱离汉语音系结构格局所能控制的轨道。《切韵》就是为适应语言发展的这种需要而产生的一部有重要影响的著作。这或许对认识《切韵》音系的性质还有一些帮助。

2.3.6.2 《切韵》音系的性质，学界曾有激烈的争论，我们这里没有必要赘述。周祖谟(1963,444,473)曾根据《颜氏家训·音辞篇》等历史材料所提供的线索，认为"颜之推是重今而不重古的，他所重视的是在当时行用的相承的读音和实际存在于语言中的语音分类，而不是晋宋以上的古音"，切韵音系"是根据南方士大夫如颜、萧所承用的雅言、书音，折中南北的异同而定的。雅言与书音总是合乎传统读音的居多，切韵分韵定音既然从严，此一类字与彼一类字就不会相混，其中自然也就保存了前代古音中所有的一部分的分别，并非颜、萧等人有意这里取方音，那里取古音。切韵的音系是严整的，是有实际的雅言和字书的音读做依据的……这个系统可以说就是6世纪文学语言的语音系统"。这里所说的"雅言"、"书音"、"文学语言的语音系统"等，都与"口语音"相对，大体上相当于我们前面所说的文读系统。我们现在有了叠置式音变的概念，就可以把周先生的论断和《广韵》中多种多样的异读(异切)现象结合起来，把《切韵》看成为一种以某一方言音系为基础的叠置音系；至于这"某一方言"究竟是哪一种方言？这需要进一步研究，不过它反映了南方方言的很多特点，这一点已为很多学者所承认。从阳声韵字的阴声读音来看，说明这些字在以长安方言为中心的西北方言中已处于竞争中的白读地位，而《切韵》小韵阳声所代表的反切大体上代表一种文读系统，是调节方言演变方向的一种力量。但是，调节是自发的，相对的，而演变则是绝对的，因而虽有《切韵》音系的调节，但方言本身仍旧会发生不同的变化，出现新的歧异；就阴阳对转来说，就是阳声韵仍有可能通过连续式音变的方式使鼻韵尾消失,变成阴声韵,而这种阴声韵又可以通过叠置式音变而转化为阳声韵,因而出现一些不同于《切韵》的阴阳异切的对转现象。

西北方言阳声韵的演变可以清楚地说明这方面的问题。罗常培(1933,30－37)根据《千字文》等汉藏对音的材料,发现:"第一,'宕'摄字《千字文》跟模韵对转,而《阿弥陀经》跟《金刚经》读 aṅ,《大乘中宗见解》除'齿音'的摩擦外均转 oṅ;第二,'梗摄'字《千字文》跟齐韵对转,偶有保持-ṅ收声的也跟'曾摄'没有分别,在其他三种藏音里不单-ṅ收声没有消失,而且'梗'、'曾'两摄有分成 eṅ, iṅ 的趋势。"《千字文》的宕摄字因丢失-ŋ韵尾而与模韵字叠置和合流,同读-o(途:do;抗:k'o,煌:ho……);梗摄字因丢失鼻韵尾与齐韵叠置和合流,同读-e(兵:pe;情:dze;铭:me;西:sye;秉:pye;精:tsye;星:sye……)关于-ṅ的音值,说法不一,罗常培同意马伯乐的意见,认为它是一个-ɣ̃,"听的'过'了一点儿就保存住-ṅ,听的'不及'了一点就写作纯元音","鼻收声在现代西北方音里的消变从唐朝已经开始,不过在那时候只限于-ṅ的一部分,现在不单所有附-ṅ的韵一律消变,而且-m、-n 两类也都被波及了"(40)。是不是一定到现代才波及所有的阳声韵? 根据宋西北方音提供的线索(王洪君,1987,25－32),宕果合流,音值大多为-o,少数为-a;梗摄舒声二等与三、四等对立,二等与蟹摄一、二等字同注西夏同韵字,三、四等字可与假开三、蟹开四、止摄同注西夏的同韵字,已变成阴声韵。这一西北方音与罗常培所说的西北方音虽然不一定是一个系统(因为叠置的韵类有别),但就西北方音的阳声韵已经转化为阴声韵来说,却是相同的。这就是说,从上古到中古,汉语西北方言的阳声韵又一次向阴声韵转化,从而产生新的文白异读,再通过叠置式音变使那些阴声化了的原阳声韵重新转化为阳声韵,恢复其独立的音韵地位。现在我们所看到的西北方音的阳声韵应该是从那时或稍后时期开始出现的文读形式,它在某些地方已完全排挤白读而成为唯一的语音形式,不是残留在人名、地名中的一些白读的痕迹,我们就很难知道那时以后的文白竞争。

2.3.6.3 前面的分析说明:连续式音变(还有离散式音变,这里不讨论)使音系的结构发生变化,造成原来不同音韵地位的音类的分化或合流,从而使方言之间的差异越来越大,久而久之,甚至有可能突破音系结构格局的限制而使它们向着不同的方向演变。叠置式音变的作用正好相反,它通过"文"与"白"的竞争调节方言的发展速度,控制方言的发展方向,使它的变化限制在音系结构格局所允许的范围之内,或者说,使其向权威方言的方向靠拢。这就是说,连续式音变造成语言的分化和歧异,而叠置式音变造成方言的接近和靠拢;方言本身的变化越大,与其他方言的差异越大,通过文白异读的叠置式音变使其保持和其他方言的相对接近性就越重要。闽方言为此提供了重要的、有说服力的例证。在汉语的演变中,这两种音变方式互相制约,相辅相成,使歧异的汉语方言始终保持着统一的结构格局。所以,连续式音变和叠置式音变的交替和竞争是汉语语音演变的一种重要机制。"阴阳对转"在汉语语音的演变中为什么会具有特殊的地位和作用?就是由于在这种"对转"的"对"中隐含着连续式音变和叠置式音变的交替和竞争,隐含着语言的分化和汇合的辩证统一,隐含着汉语语音演变的重要的内在机制。语言发展中的时间和空间也可以通过这种"对转"而联系起来,避免方法论上的片面性。

2.3.6.4 最后,我们想在这里附带地说一下"旁转"。"对转"这个概念虽然有点含糊和笼统,但毕竟仍有其重要的价值,但是"旁转"则是另外一件事了,这是一个没有什么实际意义的多余概念。"对转"着眼于韵尾,在"阴"与"阳"两类韵母中"转",我们可以从中悟察音变的机理;"旁转"着眼于元音,而元音的变化会涉及整个系统,往往会呈现出一种推链式或拉链式的整体演变,需要着眼于"链"的整体才能把握住韵母中元音变化的实质。"旁转"没有"链"的整体观,只考察两个韵类之间的关系,因而无法把握元音变化的实质。它除了使我们在"旁转"、"次旁转"、"近旁转"之类的概念中转圈子之外,并不能给我们提供什么新的启示。

2.3.6.5 总之,通过现实方言的音变机理去解释历史上已经完成的音变规律,这是研究语言史的一种重要的、有效的途径,特别是像汉语这种用方块字记录下来的语言的研究,这种研究途径就具有更重要的方法论意义。

第四章 声调的性质、起源和发展

一 字和声调

2.4.1.1 前面的讨论都是 $\frac{t}{o(m)n(c)}$ 这个公式中的"o(m)n(c)"的有关问题,现在集中讨论"t"(声调)。这是汉语音韵结构中研究难度最大的一个问题,起步晚,成果也相对地少一些。如何认识它的发生和发展,这将直接涉及对以"1"为基础的结构格局的认识。

2.4.1.2 声调的研究在汉语音韵的研究中颇多争论。明朝的陈第认为"四声之辨,古人未有"。顾炎武的说法稍有变化,认为古人"四声一贯","……平多韵平,仄多韵仄,亦有不尽然者,而上或转为平去,或转为平上入,或转为平上去,则在歌者之抑扬高下而已,故四声可以并用"(《音论》)。此后清儒还有很多不同的说法,例如段玉裁认为上古只有平上入三声(《六书音韵表》);孔广森认为除闭口韵外,其余各部皆无入声(《诗声类》);最后到江有诰,才提出"古人实有四声,特古人所谈之声与后人不同"(《唐韵四声正》)的意见,成为当时一种肯定性的说法。但是,这些说法只涉及上古声调的有无和多少,还没有涉及声调的成因和其他诸如此类的问题,而恰恰是这些问题一直困扰着研究汉语的学者。

上世纪末,本世纪初,西学东渐,历史比较语言学的理论和方法渐次传入中国,学者们试图据此去观察汉语的声调,分析它的成因,直至去拟测它的具体调值。30年代,大学者陈寅恪(1934)写了一篇《四声三问》的文章,想用梵语对汉语的影响来解释汉语平、上、去、入四声的形成。此文当时很有代表性,先把它的说法引述于下:

> 初问曰:中国何以成立一四声之说?即何以适定为四声,而不定为五声,或七声,抑或其他数之声乎?答曰:所以适定为四声,而不为其他数之声者,以除去本易分别,自为一类之入声,复分别其余之声为平上去三声。综合统计之,适为四声也。但其所以分别其余之声为三者,实依据及摹拟中国当日转读佛经之三声。而中国当日转读佛经之三声又出于印度古时声明论之三声也。据天竺围陀之声明论,其所谓声 svara 者,适与中国四声之所谓声者相类似,即指声之高低言,英语所谓 pitch accent 者是也。围陀声明论依其声之高低,分别为三:一曰 udātta,二曰 svarita,三曰 anudātta。佛教输入中国,其教徒转读经典时,此三声之分别当亦随之输入。至当日佛教徒转读其经典所分别之三声,是否即与中国之平上去三声切合,今日固难详知,然二者俱依声之高下分为三阶则相同无疑也。中国语之入声皆附有各 k,p,t 等辅音之缀尾,可视为一特殊种类,而最易与其他声分别。平上去则其声响高低相互距离之间虽有分别,但应分别之为若干数之声,殊不易定。故中国文士依据及摹拟当日转读佛经之声,分别定为平上去之三声。合入声共计之,适成四声。于是创为四声之说,并撰作声谱,借转读佛经之声调,应用于中国之美化文。此四声之说所由成立,及其所以适为四声,而不为其他数声之故也。

声调是汉语等东方一些语言的一种特有的语音特征,一种语言有几个声调,每个声调的高低如何,都是由该语言在使用过程中自行调整、自行发展的结果;别的语言可能会产生一些影响,但只能加快或延缓发展的过程,无法代替一种语言自我调整的自组织的内在机制。陈寅恪的说法,今天人们一定会视之为奇谈怪论,但在有些人视四声为"中国语言中最寻常的怪物"(王玉川,1941)的时代,陈寅恪的说法无疑具有独立探索科学真理的精神,体现人们探索汉语声调成因的艰难历程。这里的核心问题是应该用什么样的"眼光"来观察汉语的音系结构?陈寅恪的说法,后人赞同的自然很少,但他观察问题的方法在汉语声调的研究中却屡见不鲜,总想在外语的结构中寻找汉语声调的成因的立论根据。为了摆脱这种观察问题的方法,我们需要弄清楚制约声调的内在机制。

2.4.1.3 在 $\frac{t}{o(m)n(c)}$ 这个公式中,要弄清楚制约 t 的内在机制,先要弄清楚产生声调的前提和条件。这个问题的研究,可以先考察一些有声调的语言,从中提炼出一些共同性的条件,而后再来分析有关的问题。

有声调的语言不只是汉语,藏缅语族的绝大部分语言和方言都有声调;侗台语族、苗瑶语族的语言也有声调。李方桂(1937,1977)认为这是这些语言有亲属关系的一个重要根据。这些语言是不是有亲属关系,这是一个问题,至于声调能否成为确定语言亲属关系的一种根据和标准,那又是一个问题。两个问题不能混为一谈。根据现在的研究,把声调的有无看成为语言亲属关系的一种标准,这是无法成立的,因为和汉语没有亲属关系的语言,如越南语就是一种有声调的语言;此外"在太平洋区域里头(西南太平洋,南洋)有许多不同的语族,看不出有什么亲戚的关系,但是有些共同点跟相似点。比方词素多半是单音节;名词前头有数字或指示词的时候,有'个、把、张、条'

那类的量词。在这些语言里头,用声调来当作音位的一种,虽然不是东方语言所独有啊,可是在这一区里头,不管有没有亲戚关系,是非常发达的"(赵元任,1959,64)。所以,有无声调与是不是亲属语言,二者之间并无必然的联系。但是,另一方面,这些有声调的语言却有一个共同的特点,就是句法的最小结构单位(一般称之为"语素",在汉语中它就是"字")一般都是单音节的,这一点恐怕至关重要。汉语的"字"是单音节的,这是人们熟知的事实;有声调的藏缅语族、侗台语族和苗瑶语族的语言,它们的"语素"也是单音节的;分布在太平洋各岛屿上的那些有声调的语言"词素多半是单音节的";"东南亚语言,包括藏缅语,单音节化倾向很强,不然的话就是一个词由'一个半'音节(sesqui syllabic)组成;一个主要音节,一个次要音节,换句话说,它们的音节分量不是很重"(马蒂索夫,据戴庆厦,1990a,3),汉语的轻声与这种"一个半"音节的"半"相当。这些事实都说明,声调是单音节性语言的一种类型特征或普遍特征,而不是确定语言亲属关系的依据。

那么,是不是最小的句法结构单位只要是单音节的,语言中就会有声调呢?那也不一定,因为单音节只是语言是否有声调的一个必要条件,而不是充足条件。例如7世纪时藏文所反映的藏语,现在甘肃、青海地区的藏语,其结构单位都是单音节的,但是现在还没有声调,究其原因,就是音节的内部结构比较复杂:辅音有清浊的对立;有前置辅音;韵尾很复杂,不仅有单辅音韵尾(如 b,d,g;m,n,ŋ;r,l,s),而且还有复辅音韵尾(ms,nd,ŋs,bs,gs,ld 等)。所以,一种语言或方言的声调的有无,还得具备一个条件,就是单音节的结构规则比较简单,如果借用汉语音韵学的术语来说,就是声母和韵母中的韵腹、韵尾都只能由一个音位来承担,即每一个位置只能出现一个结构成分,相当于我们前面所说的"1"。这种结构格式如代之以公式,大体上类似汉语的音节结构公式$\frac{t}{o(m)n(c)}$,只是(m)位置上的音不一定像汉语那样成系统。公式中的每一个位置大体上只出现一个"1",这可能是一种语言是否能产生声调的一个充足条件,因为语音的简化减少了语言的区别手段。苗语(大南山)如 nte^{55}(长)、ηto^{21}(火)、ηqhe^{33}(渴)等音节中的复辅音声母是向"1"演变过程中的残留现象,因为和苗语有亲属关系的勉语、畲语等已单化为一个音素。(马学良等,1991,611)这就是说,一种语言的句法结构单位如果是单音节的,而音节中的 o,m,n,c 位置又只能出现一个"1",那么它就有可能产生用音高变化来区别句法结构单位的声调。声调起源问题的考察应该以这种音节结构的语音简化为前提,从非"1"向"1"的转化过程中去寻找产生声调的原因。

2.4.1.4 根据前面的分析,说明$\frac{t}{o(m)n(c)}$这一公式是"语素"单音节语的一条语音结构规则,具有普通语言学的理论意义,不同语言的区别主要表现在每一个位置上能出现一些什么样的音以及这些音的出现规则,特别是带括号的两个位置,例如汉语就是根据这两个位置上出现的音的特点而把音节结构区分为开、齐、合、撮四呼和阴声韵、阳声韵和入声韵。这一事实告诉我们,从汉语语音研究中总结出来的结构原理以及声母、韵母、声调和韵母中的韵头、韵腹、韵尾这些概念都具有普通语言学的意义,可普遍适用于单音节性语言的结构分析。汉藏系语言以及它们的语音结构现在大多已经演变为$\frac{t}{o(m)n(c)}$的语言,不管相互之间有没有亲属关系,都可以以这些概念为基础进行分析。至于元音、辅音之类的语音单位,它们处于声母、韵母这些概念的下一个层级,即声母、韵母是由元、辅音构成的。语言的研究需要具体考察这些不同层次的结构单位之间的相互关系,因为一种语言的结构特点往往是透过这种关系表现出来的。如前所述,"1×1"是一种层级结构体系,每一个"1"都是由若干个"1 = 1×1"组成的,不同语言的特点在第二级、第三级……的"1×1"表现得比较清楚,大致说来,层级越低,不同语言的结构差异表现得越突出。语音结构同是 $\frac{t}{o(m)n(c)}$ 这种形式的语言,可以而且应该以这种普遍性的原则为基础重点探索每一种语言的结构特点。汉语音韵学的研究实际上就是这种研究的一种范例。

从声母、韵母这些概念的普通语言学意义中应该进一步讨论汉语"字"这个概念的普通语言学意义。"字"的语音形式是 $\frac{t}{o(m)n(c)}$,是概念(意义单位)的物质外壳,既然这种语音形式是单音节性语言的一般结构公式,它与意义相结合而构成的语言结构单位与汉语的"字"在性质上应该是相同的,因而完全可以把"字"这个概念推广到单音节性语言的研究中去。"字"是一种有普通语言学意义的语言结构单位。

"字"与"词"都是语言对现实进行编码的基本单位,但适用的范围不同。词适用于印欧系语言的研究,具体地说,适用于"1 个句子 = 1 个主语×1 个谓语"的"1 = 1×1"的结构格式的分析,每一个词出现在句子的不同位置中因受结构常数"1"的制约而会发生不同的形态变化,(§1.3.2.2)因而它在结构上是多音节的,形式上具有可随句法结构的需要而发生形态变化的机制,由重音使词的若干个音节统一为一个整体。语素没有重音,因而它只是词的构成成分,不能直接成为造句的结构单位。"词"只能适用于这种结构类型的语言的分析。"字"的适用范围与"词"不同,只能适用于单音节性语言的研究。我们应该名正言顺地提高"字"的地位,突出它的普通语言学意义,摆脱以往词"冠"字"戴"而给语言研究带来的困扰。

前面的分析说明,声调是一种结构类型的特征,它在语音结构中的地位和作用相当于印欧系语言的重音。重音着眼于词内音节之间的强弱对比,而声调则是音节内部的高低变化,它们的共同性质就是使其所控制的音段能够成为对现实进行编码的最小结构形式。

二 音节内部响度变化的规律与声调的起源

2.4.2.1 现在已经比较清楚,不同语言的声调不是同一原始母语分化的结果,而都是独立地形成的。它是语言演变中一种后起的现象,语言间的相互影响可以加速或延缓一种语言的声调的产生过程,但不能代替一种语言的声调的发生和发展。那么,为什么会产生声调? 是什么因素决定声调的产生? 这就需要联系一种语言的音节结构的简化过程进行具体的讨论了。一种语言产生声调的原因,既然像陈寅恪那样的外因说不成立,那么自然就需要从语言内部结构上去寻找它的原因。1954 年,法国语言学家奥德里库(Haudricourt)写了一篇关于越南语声调起源的文章,认为该语言原来没有声调,但有韵尾辅音-s 和喉塞音-ʔ,后来-s 变成了-h,由于喉音-h 和-ʔ 的消失而产生降调和升调;-h 尾的消失趋向于降低调子,而塞尾-ʔ 的消失趋向于提高调子,这有一般的语音学的根据;再往后,由于声母的浊音清化,每一个调又分化为高低两个,从而形成越南语的声调系统。(据马蒂索夫,1984,225)这篇文章影响很大,成为后来人们探索声调起源的范式和标准。(§2.4.3.1)用韵尾的消失和声母的变化来解释声调的成因,这无疑是理论上的一大进步,因为它着眼于语言内部的自组织过程来解释语言的演变,方向完全正确。

2.4.2.2 新中国成立以后,国内各少数民族的语言得到了深入的调查和研究,并培养出一批有深厚造诣的学者。他们在各民族语言的分析描写的基础上展开了相关理论问题的研究,其中声调的起源是一个热点,提出了各种各样的假设。概括起来,主要有下面几种意见:

1. 起源于声母的变化说。主要是由于浊声母的清化引发声调的产生。持此说的学者很多,重要的有胡坦(1980)、瞿霭堂(1981)、黄布凡(1994)等,用浊音清化说讨论藏语声调的起源,其中胡坦还兼及韵尾的作用,认为它是引起声调第二次分化的原因。

2. 起源于元音说。不同学者的着眼点也有差异。王力(1957,86)认为汉语的声调起源于元音的长短,"先秦的声调除了以特定的音高为其特征外,分为舒促两大类,但又细分为长短。舒而长的声调就是平声,舒而短的声调就是上声。促声不论长短,我们一律称为入声。促而长的声调是长入,促而短的声调就是短入"。袁家骅(1981)、严学宭(1959,43-45)关于声调的起源也着眼于元音,不过不是它的长短,而是松紧,认为松紧元音与声调的制约关系"多半是紧元音念高一点,松元音念低一点,结果有的语言有了高低之分,而消失了元音的松紧,于是产生了声调";"在汉藏语系里,声调的产生和元音松紧的转化有着密切不可分割的关系"。作者还据此认为"原始汉语也是以元音的松紧区分音位的,声调只是伴随现象。后来声调的高低跟元音的紧松相应结合趋于稳定,成为区分元音音位的组成部分,才逐渐区分词义,转化为声、韵、调三足鼎立之势"。

3. 起源于韵尾的变化说。持这种观点的学者比较多,国内、国外都有不少,其中国内比较有影响的学者有戴庆厦(1990;转引自瞿霭堂,1993)、张均如(1992)、陈其光(1994)等。戴庆厦和严木初在为第23届汉藏语言和语言学会议提供的论文《嘉戎语梭磨话有没有声调》中认为,"……藏缅语族语言声调的发展是从无到有、从功能小到功能大的。影响声调分化的条件有韵尾的舒促、声母的清浊、韵尾的有无等,其中,最先分化的条件是韵尾的舒促。如现代藏语方言声调分化的各种变异都是由古代藏语的一舒一促演变而来的,舒促两个声调的再分化,主要是与声母的清浊和声母带不带音有关"(据瞿霭堂,1993,16)。张均如在考察侗台语族声调起源的时候也着眼于韵尾的有无和变化,认为侗台语的舒声韵(由单元音、复元音和韵尾-m,-n,-ŋ 构成)发展出后来的 A 调,促声韵(-p,-t,-k,-ʔ,-h)发展出后来的 B、C、D 三调(这 A、B、C、D 四调相当于李方桂 A、B、C、D 调和汉语的平、上、去、入),而后再由声母的清浊和送气不送气分化出其他的声调。陈其光根据汉语、苗语并列结构按平上去入的先后排列顺序推断汉藏语的四声是从通、流、擦、塞四类韵尾转化而来的。还有一些学者持此观点,不再一一引述。这些观点与奥德里库的思路比较相似。

　　这些不同的观点相互间的差异虽然很大,但都着眼于语言系统内部的根据,不是借助于借字的对音来讨论声调的起源,这无疑比以往的研究又前进了一步。它们已为声调起源的研究奠定了良好的基础。毋庸讳言,这些研究也存在着一些不足,主要是满足于自圆其说的解释,而对一些矛盾的现象缺乏系统性、原理性的考察。声调既然是单音节语的一种普遍类型特征,不同的语言可以各自独立地产生出相互类似的声调系统,那么,我们可以说,其中肯定隐含着一种共同的音变原理;找出了这种原理,声调起源的问题也就会迎刃而解,各种不同说法的是非曲直也就有了一种统一的评述标准。所以,现在需要重点讨论的问题是:声调的形成是多途径呢,还是受一种统一的音变原理所支配? 这需要联系音节的结构原则进行具体的讨论。

2.4.2.3 我们在§1.3.3.4中说过,音节的结构,核心是音核,由元音充任;音核前的成分是音首,其后为音尾。汉语音节结构的各个位置只能出现一个"1",情况比较简单,如像印欧系语言那样,音节的音首或音尾都为复辅音,那么各种复辅音的音素就需要严格地遵守"音响顺序原则"(sonority sequencing principle)排列:从音首到音核方向的各个音素,其响度逐渐增加;从音核到音尾方向的各个音素,其响度逐渐减弱;音核的响度最高。已经确定各种音素的响度级别为:元音>介音>边音>鼻音>阻塞音。这种响度说的基本精神与以往的紧张说是相通的。这是音节结构的一般原理,是参照汉语音节结构的规则提炼出来的一种语言理论。我们现在可以反过来用"拿来主义"的办法再"拿"过来分析声调的发生和发展,因为声调是一种后起的现象,寄生于音节,它的起源和发展无法摆脱这种一般结构原理的控制。

汉藏系语言(此处泛指东亚有声调或可能有声调的语言和方言,下同)在声调没有产生以前,它的音节结构的公式,参照现代音节结构还比较复杂的语言,大体上是:

POMNCS

P代表前缀音,S代表后缀音,O、M、N、C仍旧分别代表音首、介音、音核和音尾,只不过音首和音尾有可能是复辅音。响度强弱的分布原则与上述的一般原理相同;前缀音和后缀音早期可能具有一定的独立性,相当于马蒂索夫所说的"一个半音节"的"半"(§2.4.1.3)。根据响度的这种分布原则,我们提出下面几条规则,以考察声调的起源问题。

1. 元音是音节的核心,"心"前的音素由于响度逐渐增强,可以看成为向心性的音节结构成分,"心"后的音素由于响度逐渐减弱,可以看成为离心性的音节结构成分;离"心"越近,音素的语音变化对"心"

可能产生的影响就越大。

2. 音首的音素由于响度是增强的,它的语音特征的变化会引发音核元音高低强弱的变化:多音节语产生强弱的变化,单音节语则产生高低的变化,因而与声调的起源有关;音尾的音素由于响度是渐次减弱的,它的变化或消失只会影响音核元音的长短和松紧,难以对高低强弱产生影响,因而与声调起源的关系不大。

3. 由于对"心"的"向"与"离"的差异,音首和音尾的变化不对称,同样的语音特征,一般都是音尾先于音首而发生变化。我们下面联系具体语言,参照这些规则进行分析,探索声调的发生和发展。

2.4.2.4 音首的部分首先涉及前缀音。根据藏语提供的线索,前缀音有 b-,d-,g-,r-,l-,s-,ɦ/N-,m-,除了 s-以外,都是浊音。这种前缀音在结构上是矛盾的:离"心"最远,不管它原先是不是具有相对的独立性,有"半"音节的资格,现在只是音节结构的一个边缘成分,因而容易发生变化;但另一方面,它的响度明显地强于它后面的音素,与规则不一致。这种矛盾也是结构不平衡性的一种表现,自然会使它发生变化,而变化的方式就是与它后面辅音的清浊相一致,以符合响度结构的原则。这里先根据胡坦(1980,31-32)的文章,选择 r-,s-,g-,m-四个前缀音,从中各引三个例子,然后再来讨论相关的问题。请比较:

前缀音	藏文转写	道孚	阿力克	德格	拉萨	汉义
r-	rko	rko	rko	ko^{53}	ko^{54}	挖
	rdo	rdo	rdo	do^{231}	to^{12}	石头
	rma	rma	rma	ma^{53}	ma^{54}	伤
s-	ske	ski	rke	ke^{53}	ke^{54}	颈
	sgo	zgo	rgo	go^{53}	ko^{12}	门
	sna	sna	rna	ṇa^{54}	nə^{55}ku^{54}	鼻

g-	gtub	ɣtəp	ɦtəp	tʊʔ[53]	tup[54]	切,剁
	gzig	ɣzu	ɦzək	ziʔ[53]	siʔ[54]	豹
	gnam	ɣnam	ɦnam	nã[55]	nam[55]	天
m-	mtaɦ	mt'a	mt'a	nt'a[53]	t'a[54]	边
	mdaɦ	mda	mda	nda[53]	ta[12]	箭

胡坦根据这些材料,认为"前缀音对声调的影响主要发生在次浊声母字。凡不带前缀音的次浊声母字,今读低调;古时带前缀音的次浊音母字,今读高调(zla 例外)"。为什么会形成这种状态?因为前缀音的语音特征发生了一次清浊的逆同化,即它的清浊与后面的辅音一致,因而后来就随浊音清化的规律产生高低的变化。这就是说,音核前最边缘的那个音,不管它原来是什么音,需要服从音节响度结构的原则,变为响度最低的一个音。另外,zla 这个"例外"很有意思,这说明 s-前缀早期可能也是一个浊音,因为例外中隐含着规律。

藏语产生声调的关键是声母的浊音清化,即离音核最近的那个音的变化使它产生了高、低两个声调。浊音清化是声调起源和演变的一条最重要的规律,但不是唯一的规律,因为像汉语这样有声调的语言,是先有声调,后有浊音清化,但影响声调演变的关键因素却是浊音清化。这些问题我们将在后面两节再讨论。

2.4.2.5 声调起源于韵尾的变化,此说最为流行,但在我们看来,它不符合音理,无法用音节结构的响度说进行合理的解释。理论来源于实践,需要根据实际的语言材料来验证理论假设的合理性。韵尾说和响度说,究竟是理论有误,还是对语言材料的解释欠妥?有必要进行一些推敲。

韵尾说最先见于奥德里库的前述论文,而后蒲立本(Pulley-blank)、梅祖麟等跟进,(§2.4.3.2)至八九十年代,国内的学者也相继发表文章,论证声调起源于韵尾的变化。胡坦(1980)已经涉及这一问题,认为韵尾的简化引起高低二调的再分化,"通常舒声韵尾(-m,-n,-ŋ,-r,-l)使声调变平(高调变高平,低调变低平升),促声韵尾和擦音韵尾(-b,-d,-g,-s)使声调变降(高调变高降,低调变低升降)"。藏学界对这一问题的看法似乎不大一致。瞿霭堂(1981,182-183)、黄布凡(1994,7-8)认为韵尾的变化或消失对声调的长短产生了重要的影响。这主要是:有韵尾——无韵尾、续音尾(-m,-n,-ŋ,-r,-l,-s)——塞音尾(-b,-d,-g)、复韵尾——单韵尾、开音节与词缀合并——无词缀,这里用顿号隔开的两组音,都是前长后短,"一般说来,声调的高低只与古声母类别有关;声调的长短、舒促只与古韵尾类别有关"(黄布凡)。声调是音的高低变化,长短和舒促是韵母的差异,无法纳入声调的范畴;固然,不同声调的时长有差异,(赵元任,1922)例如北京话上声的时长比去声的降调长,但起区别作用的是高低升降的变化,不是长短。这是声调的性质决定的。藏语"元音的长短缺乏独立的性质,它始终同声调纠缠在一起,难解难分,即声调与元音的长短有互补的对当关系:短元音出现在一类调里,而长元音出现在另一类调里"(瞿霭堂,1981,182),因而很难把这种长短看成不同的声调。藏语的声调有几个?历来颇多分歧,少的只有两个,多的有三个、四个甚至六个(参看胡坦,1980,22-24),究其原因,主要就是把元音的长短和音节的舒促都看成独立的声调。对比汉语,一种方言有几个声调,完全是"硬"的,有几种音高变化就是几个声调,不可能有像藏语那样的弹性。我们根据音节结构的响度说,基本同意瞿、黄两位先生的意见;所以只说"基本",就是他们仍把长短看成为不同的声调,有"长调"、"短调"的说法,而我则把长、短看成为韵母的差异。与此相联系的还有一个元音松紧的问题,根据汉藏系语言的研究,这种松紧也是韵尾的转化。彝语支是藏缅语族的一个分支,其元音有松紧的对立,"彝语支语言的紧元音韵母大都与藏语、缅语、景颇语、载瓦语的带塞音韵尾的韵母对应"（马学良，1980，18）。松紧与高低有别，是韵母的不同，与声调的起源没有什么必然的关系。

　　藏缅语的辅音韵尾比较复杂，是用来分析韵尾变化与声调起源的关系的最好材料。这些材料尚且不能成为声调起源的硬标准，其他的推测就更难以成立了。陈其光（1994）参照有关学者的意见，认为入声来自塞韵尾-p,-t,-k，去声来自清擦音-h，上声来自喉塞音-ʔ，平声无辅音韵尾。除了入声以外，这些拟测的根据都来自相关语言的类比，缺乏直接语言材料的根据。由于声调是字的语言的一种类型特征，不同语言的声调都是独立地形成的，如果没有可靠的根据，无法进行历史比较研究；类比性的拟测就更不足为凭。具体的论证可以参看第三节汉语声调起源的分析。

　　为什么人们喜欢从韵尾的角度考察声调的起源？主要是脑子里有一种来自入声的声调模式。入声有塞韵尾-p,-t,-k，人们就很容易会自觉不自觉地去类推其他声调的塞韵尾。其实，声调是音高的变化，入声是特殊的塞韵尾，相互间并不存在同一性的标准，只把入声看成韵，而不看成调，理论上完全说得通，即所谓"四声三调"说（李荣，1952，149－157）；入声之所以成为"调"，完全是由于有平、上、去三声之故。汉语音韵研究的传统从来就有两种分类的标准，即根据音高变化定声调的类，分出平、上、去，根据韵尾定韵母的类，分出阴声韵、阳声韵和入声韵；入声之归入声调，可能与汉语社团喜欢"二"、"四"的社会心理有关。（§3.5.1.3）其次，从实际的语言材料来看，汉语韵尾的变化与声调的演变并没有什么关系。例如，阴声韵、阳声韵韵尾的变化与声调的形成、分化、合流都没有关系；入声韵韵尾的消失也不会给调类系统的变化带来什么影响，它或者继续保持入声韵的独立的音韵地位（如湘方言的韶山、湘乡、银田等方言点），或者并入其他声调，所谓"入派三声"就是这方面的具体的表现。所以，从种种迹象来看,韵尾的变化与声调的起源没有什么大的关系。奥德里库首先用韵尾的变化来解释声调的起源,认为-s 韵尾的消失会产生降调、-ʔ 韵尾的消失会产生升调,既不符合音理,也得不到汉藏系语言事实的支持。例如,汉语的不少方言有带-ʔ 韵尾的入声,各种调型都有,因而才能在"入派三声"的时候归入不同调型的舒声;即使是在喉塞音-ʔ 消失之后它独立成为一个声调,也有不同的调型,如湖南湘潭的韶山地区是升调,而河北邯郸的某些地区是平调和降调。鉴于上述的几方面理由,我们认为奥德里库的拟测是可疑的,不能作为声调起源的凭据。

2.4.2.6 综上所述,音节结构的响度说用来解释声调的起源是很有解释力的,其基本的规律是:音首响度增强的语音特征的变化引发音核高低强弱的变化,与声调的起源有关,而音尾语音特征的变化可以影响音核元音的长短和松紧,使韵母系统发生变化,而与音高的变化关系没有直接的。形成这种差异的原因,就是由于音首部分渐次增强的响度是向"心"的,而音尾部分是离"心"的。把握住这样一种基本理论思路,对考察声调的起源和发展可能是很有帮助的。

三 汉语声调系统的成因和定型

2.4.3.1 前面讨论的是声调起源的一般原理,现在可以进一步探索汉语声调的成因。

汉语的声调是一开始就有的,还是发展到某一阶段之后才产生的? 从前面所分析的声调产生的条件和原理来看,应该是汉语发展到某一阶段才产生的,因为根据汉字谐声系列所提供的线索,那时的汉语是有复辅音的;复辅音还不是一个"1",声调产生的条件还不完备,至少是还不具备使声调系统定型化的条件。复辅音的简化和声调的产生,这是两个有内在联系的问题。

根据藏缅系语言提供的线索,复辅音出现于音节的"头"和"尾"。汉语的谐声时代,"头"的部分有复辅音,线索比较清楚,一般学者对此已无异议,而"尾"的部分已很难找到复辅音的痕迹。汉语声调的起源问题大多倾向于用韵尾的消失和变化来解释,如前所述,这不符合音理,也无法从现实的音变机理中找到相关的解释,用现在去说明过去。(§1.2.2.7)但是,由于这是一种有影响的观点,和我们前面讨论的音变原理直接相冲突,因而有必要进行具体的讨论;如果弄清楚了汉语声调起源于韵尾说的不可信,那我们也就可以从另一个侧面反衬声调起源于音首辅音的变化说。

2.4.3.2 汉语声调起源于韵尾的变化,这是奥德里库在分析越南语声调起源的那篇著名文章中首先提出来的。他认为汉语的去声源于韵尾-s,其根据就是汉越对音,因为用来对译的"寄诉墓"和"义露"这些去声字的越语问声(hɜi)和跌声(ngã)都有-s尾。蒲立本(Pulleyblank,1963,1973,1979)在奥德里库的研究基础上又进了一步,认为去声的-s尾一直保留到6世纪,并由-s变为-h,与越南语的演变方式一样。奥德里库认为越南语的锐声(sác)和重声(nang)来源于喉塞音-ʔ,蒲立本以此为参照点,用类比的方法推断汉语的上声也来源于-ʔ尾;-ɦ,-ð这两个辅音可以出现在音节的开头,根据前后对称的原则应该也可以出现于韵尾,因而推断平声来源于-ɦ,-ð韵尾。这样,由-s尾的去声、喉塞音-ʔ尾的上声和收塞音-p,-t,-k尾的入声一起组成汉语的仄声,与-ɦ,-ð韵尾的平声相对。(据梅祖麟,1977;丁邦新,1982)这就是说,汉语的平、上、去、入四个声调都来自塞辅音韵尾。

如果说,汉语去声的-s尾还有汉越对音的根据的话,那么上声的

-ʔ尾则完全是用类比的方法类比出来的,并无语言事实的根据。梅祖麟为证明这一假设,提出四方面的根据证明汉语的上声来自-ʔ尾:第一,中国东南沿海五个方言区的上声字都带有字尾喉塞音,尤其是定安方言上声字的字尾鼻音之后好像有个同类的塞音跟着;如果认为这是声调形成之后发展出来的,就很难解释这种现象。第二,从佛教经典中可以确信中古汉语上声字的调值高而短,而语音实验的证据证明,调形高而短的音节通常以无声塞音结尾;因此如果上古汉语果有字尾喉塞音的话,一定会发展成中古汉语上声的高而短的调型。第三,在汉代的汉越借字中,上古上声字与越语的 sác 及 nang 这两个声调的字对应,依据奥德里库的理论,sác 和 nang 这两个声调就是由喉塞音发展而来的。第四,从喉塞音发展出新的声调是东南亚几个语言共有的现象,因此并不算奇特。这些文章实际上是在论证奥德里库的假设,但由于在学术界颇有影响,因此-s 尾、-ʔ 尾和汉语声调起源的关系就成为我们必须解决的两个重要问题;至于蒲立本所说的平声的-ɦ,-δ 尾,学术界尚无附和之说,音理上也没有什么根据,因而我们下面也不再评述。

2.4.3.3 汉语的去声来自-s 尾,在学术界有比较大的影响,但究其根据,实在难以成立。丁邦新(1982)曾就这个问题进行过全面的讨论,反对这种假设。我们的意见与丁邦新相似,认为无法根据对音、译音来讨论韵尾与声调的关系。丁文引证蒲立本的材料比较详尽,我们下面就以此为基础讨论有关的问题。

去声来自-s 尾的说法,主要的根据是越汉、梵汉的对音。我们前面已经说过,对音如果没有音系内部的根据做基础,其局限性是比较大的,因为一种语言往往是用本语言中相近的音去对译外语的专名(主要是人名和地名),很难做到"等值对译"。罗常培(1931)的《知彻澄娘音值考》根据梵汉对音等材料拟知为 t,彻为 tʻ,等等,结果处置失当,受到很多学者的批评。(陆志韦,1947,14;王力,1985,174;李荣,1952,121)即使避开这一点不说,也还有很多其他的问题。比方说,汉语社团的最小语音感知单位是音节,而印欧语社团是音素,因而在对音、译音的时候就有可能用一个汉字去对译外语的某一个字母,也有可能用两个汉字去对译多音节词中的某一个音节,或者用一个汉字去对译两个音节。正由于此,对对音的解释往往因人而异,光凭一两种材料,很难成为立论的可靠根据。比方说,下列梵汉对音的材料是蒲立本拟测去声有-s 尾的根据。我们依据对音时-s 属前属后的处理把它们分成两组:

A		B	
1. Talas	都赖	12. Kyshan	贵霜
2. kashmir	罽宾	13. Nesef	贰师
3. Dhṛtarāstra	提头赖吒	14. apasmāra	阿贝摩罗
4. Dhṛtarāstrāya	陀里多赖多罗耶		阿贝莎摩罗
5. Sarasvati	莎赖婆底	15. apasmāranam	阿贝莎摩罗南
6. Vārānasi	波罗奈	16. Vipasyi	毗贝尸
7. Abhāsvara	阿会亘	17. Purastya, Pulastya	富赖沙他
8. Śrāvasti	舍卫	18. Asvalāyana	蔼莎罗耶那
9. Kapilavastu	迦维罗卫	19. Astamaka	蔼沙多摩驾
10. Śuddhāvasa	首陀卫	20. Brhaspati	毗里害波底
11. Akanistha	阿迦贰吒		毗里害婆波底

下带黑线的汉字与梵语的 s 有关。A 组的 s 属前一个音节,好像可以成为带黑线的去声字的韵尾,但 B 组的 s 在对音中却属于汉语后一个音节的音首辅音,表现为汉字的声母,用霜、师、莎、尸、沙、婆等字去对译,说明汉人是把 s 看成为一个独立音节的辅音的,这犹如现代汉语用"阿司匹林"去对译英语的 aspirin 那样,拿"司"对-s-,而不能把 s

看成为"阿"的韵尾。

语言现象是复杂的,为某一种说法找几个例子并不难,问题是这些例子能否纳入系统性的框架?相互间是否有矛盾?上述的对音材料,我们可以明显地看到汉语社团的处理并没有一个统一的标准,如果 s 真是去声的韵尾,就不会把它处理为第二个音节的声母。这些事实说明,我们不能把不成系统的对音材料作为汉语去声有-s 尾的拟测根据。

2.4.3.4 现在集中讨论上声来源于-ʔ 尾的问题。梅祖麟提出的几方面根据,对音材料不足为凭,已见于上面的讨论,值得研究的是方言所提供的线索,如果能在这里找到一些根据,那么根据我们用现在的音变机理去说明历史上已经完成的音变规律的原则,这倒不失为一种可靠的证据。

现在东南方言的上声字收喉塞音尾的情况,梅祖麟的分析很简单,只列出温州和蒲城的材料,可能是那里的上声都是高调(温州为 45 的高升调,蒲城为 55 的高平调),可与梵汉对音的"高而短"的拟测相印证。作者认为,"闽语一向被认为直接从上古汉语分支发展而成,没有经过中古汉语的阶段,因此我们可以理解何以上古的喉塞音只在闽语区出现,而其他方言区几乎已经消失(温州除外)"(178)。作者讲这些话的本意是:-ʔ 韵尾不是语言发展的结果,而是直接来自上古,是汉语原来的音,因而只存在于闽语中。这里有三个问题需要讨论。第一,-ʔ 韵尾是不是只限于闽方言?只限于上声?第二,-ʔ 韵尾是上古汉语遗留下来的,还是在语言发展中后来产生的?第三,-ʔ 韵尾是不是像奥德里库所说的那样,只与升调的调型有关?第三个问题前已论及,下面只做随文说明,我们重点讨论一、二两个问题。

上声字带-ʔ 韵尾的不限于闽方言。吴方言上声字带喉塞音尾的不限于温州,黄岩方言也有此类现象,不过它的位置不在"尾",而在音节的"中"。赵元任(1928,84)早就指出浙江黄岩方言"上声字单读时(尤其是阳上),当中喉头关一关,作一个'耳朵'音,把字切成两个音节似的"。北方的山西方言也有类似现象。1964年,我们曾带领中文系汉语专业高年级的学生去山西的晋中地区进行过一次实地的方言调查,发现孝义、太谷等地的降升调也有借助于喉塞音使一个音节分裂为两个音节的现象。王福堂(1964)在回京之后写了一份题为《晋中榆茨、太谷、祁县、榆社、平遥、介休、灵石、孝义方言语音特点简述》的调查报告,没有发表,现征得作者同意,将其中"降升调分裂语音的作用"一节引述于下,以飨读者:

晋中少数方言中降升调具有一种分裂语音的特殊作用。榆社(社城)方言的降升调(上声慢读)使韵母 i 分裂为 iɪ,例如:

些、谐(平)　　　　姐、解(上)　　　　谢、蟹(去)

çi　　　　tçi⁴¹(快读),tçiɪ³¹³(慢读)　　　　çi

孝义方言的降升调(上声和阳入)还使整个音节发生分裂:声调在下降到最低点时,产生一个强烈的喉塞切断音节,然后喉塞迅速解除,声调继续一个回升的阶段,如"走"tsɤu[tsə²⁴² ɤu²³],"石"sə?[sə³¹ ə¹²]。在音节为喉塞切断成二的同时,韵母也被有规律地分裂:上声字韵母中,1. 高元音单韵母(ɿ,ʅ,i,u,y)分裂为二;2. 齐合撮韵母(如 ʌi,uæɛ,yaŋ)即就介音与韵分裂;3. 开口韵母(如 ʌ,æ,ɜɛ,ŋa)自身不分裂,但在喉塞前产生一个过渡音ə;阳入字韵母则在按上述2、3两项变化的同时,还丢失了入声韵尾,从而在音节结构上与上声字完全一致。例如:

子　tsɿ³[tsɿ²⁴² ɿ²³]　　　纸　tʂʅ³[tʂʅ²⁴² ʅ²³]

体　t'i³[t'i²⁴² i²³]　　　主　tsu³[tsu²⁴² u²³]

取	tɕ'y³ [tɕ'y⁷⁴² y²³]	假	tɕiA³ [tɕi⁷⁴² A²³]
拐	kuæɛ³ [ku⁷⁴² æɛ²³]	犬	tɕ'yðŋ³ [tɕ'y⁷⁴² ɐŋ²³]
把	pA³ [pə⁷⁴² A²³]	老	lɒɔ³ [lə⁷⁴² ɒɔ²³]
喊	xɐŋ³ [xə⁷⁴² ɐŋ²³]	食	sə²⁸ [sə⁷³¹ ə²³]
鼻	piə²⁸ [pi⁷³¹ ə¹²]	活	xuɐ²⁸ [xu⁷³¹ ɐ¹²]

上述例字无论就听感或发音动作来说,都"像是两个字似的"(发音人的话)。看来孝义方言中一个字确实可以念成两个音节。但这种特殊的音节结构毕竟只存在于降升调单字读音的条件下。上声字和阳入字(没有快读)如果在连字变调后不再读为降升调,则这一特殊现象也就完全消失,各自恢复了原有单音节的面貌。如"黑老鸦"xəx²²¹/³¹ lɛɔ⁴²³/⁴⁴ uA²¹(斜线后为变调的调值)。既然音节分裂的现象只是在降升调的条件下才发生的,本身并不具有辨义作用,我们就仍然把上声字和阳入字看作单个音节。

降升调分裂音节的现象极其特殊,并不多见(晋中太谷方言也有类似现象,但只限于阳入字,如"活"xuɐ²⁸ [xu⁷³¹ ɐ¹²])。

这些事实清楚地说明,非入声的喉塞音韵尾-ʔ,地域上不限于东南方言,声调上也不限于上声,调型上也可能是一个长的降升调,而不是升调或高而促的短调。

山西地处北方,是北方方言的一个分支,谁也不会认为它的喉塞音韵尾直接来自上古。梅祖麟认为闽方言与汉语其他方言的分化时间比较早,就肯定蒲城话上声字的-ʔ是从上古继承下来的。这一假设有点离谱,找不到任何语言材料或书面文献资料的支持,用来解释闽方言,已经难以成立;碰到吴方言的温州话,更显困难,只能丢入"例外"的垃圾筒,现在再加上浙江黄岩方言和山西晋中方言的材料,怎能再用"例外"来解释？我们只能承认，非入声的-ʔ 韵尾是在语言发展的过程中产生出来的。比较上述榆社（社城）和孝义方言上声调值的差异，也可以得出这样的结论。可能人们会说：上声字的-ʔ 韵尾有可能是原来就有的，位置移到音节的中间则是语言发展的结果，犹如上述太谷方言阳入字的-ʔ 从"尾"移到"腹"那样。否！如果喉塞音韵尾-ʔ 是上声字固有的，那么在浊音清化的时候清上字就会和浊上字取同样的发展途径，但是实际情况不是这样，浊上字归入去声，而清上字"岿然不动"，说明上声字的分化决定于声母的清浊，而不是韵尾，不然-ʔ 尾的上声字是无法并入-s 尾的去声的。上声音节中的喉塞音实际上是特殊调型产生的一种伴随特征，与古上声字的发音特征无关，因为短促的声调容易增生一个喉塞音。丁邦新（1982，276）在分析梅祖麟所据以拟测的方言材料时，也曾指出海南岛的"海口、万宁、澄迈的上声字因为是低降调的关系，有一个附属的喉塞音"；"建阳、定安、文昌都是偏低的上声调，情形非常相像"，"徐州话中阴平调的字因为是低降升调的关系，听起来也有喉塞音或喉头紧缩的作用"。所以，现在方言舒声调带喉塞音的现象是特殊调型造成的，与某一个特殊的声调无关。基本的情况是：只要是一个短促的音节，就有可能增生一个喉塞音；即使像山西方言的"嵌 l 字"，也会因一个音节分裂为两个音节，第一个音节因其发音短促而产生一个喉塞音。（徐通锵，1981b）藏语的短调也带喉塞-ʔ 的伴随音。（瞿霭堂，1981，186）这些现象都说明，现在某些方言的上声调带喉塞音-ʔ 的现象是语言演变的结果，无法成为上古的上声调起源于-ʔ 尾的根据。

这样看来，梅祖麟为证明上声调源于-ʔ 韵尾的几条理由都难以成立，我们还得以汉语的结构为基础去考察汉语的声调及其相关的问题。

2.4.3.5 从陈寅恪到蒲立本、梅祖麟，他们研究汉语声调的方法有明显的欠缺,这主要是借助于汉外语的对音作为立论的根据,很少注意汉语内部的结构基础。

汉语的音韵结构,上古时期是二层的二分,或者如一般所说的那样,是阴、阳、入三分。根据谐声字和《诗经》押韵提供的线索,韵母系统的阴、阳、入三分的格局已经形成,但平、上、去、入的四声调类系统似未最后定型,尚在形成的过程中。这一点对声调的研究是有重要意义的。所谓"阴、阳、入三分的格局已经形成",就是说韵尾系统已经定型:阴声韵以 *b、*d、*g 收尾,阳声韵以 *m、*n、*ŋ 收尾,入声韵以 *p、*t、*k 收尾,在韵尾的位置上都已经是一个"1",而四声调类系统则是在韵尾系统定型之后发展起来的,因而阴声韵和阳声韵都有平、上、去三声。韵母的这种分类系统已经清楚地说明,我们不必在平、上、去三声以什么音收尾上做文章。韵尾的变化对声调系统的演变只有一点"消极性"的影响,(§2.4.2.5)也可以从一个侧面印证我们的上述论断。

现在需要弄清楚的是:平、上、去、入的四声调类系统的形成是不是晚于谐声时代? 各种迹象显示,声调系统的形成在时间上要晚一些。《诗经》晚于谐声时代,那时的声调系统看来还没有完全定型,其具体的表现形式就是存在着相当大数量的异调相押的诗句。丁邦新(1982)根据张日升的统计,诗韵异调相押的情况是:

	上	去	入
平	361	293	10
上		166	39
去			161

此外还有平、上、去、入四调相押的情况。丁邦新原是用这一材料来否定声调源于韵尾说,因为-gs、-ks 之类的"去声"是无法与-p、-t、-k 收尾的入声押韵的。我们用这一材料作为声调定型的时间参照点,因

为那么大数量的异调相押既然无法用例外来说明,(徐通锵,1991a,269-270)那就只能证明平上去入的四声调类系统那时候还没有完全定型。周祖谟(1984,82)从另一个角度说明汉语声调系统的形成的漫长过程,也可以印证我们的论断。他根据汉代竹书和帛书中的通假字的运用情况,认为汉语在周、秦时期的三个或四个声调"是经过长时期逐渐发展而形成的";"周秦时期不同韵部的调类多寡不同,也有一个发展过程。阴声韵如之支鱼等部除平声外,先有上声,进一步发展有去声,阳声各部,冬蒸两部没有上去,阳侵真三部则有上而无去";"去声成为一个调类,发展比较晚"。这些都是根据后来平上去入的调类系统去考察早期汉语的字调而得出来的结论,说明四声的定型经历了漫长的过程。汉人自觉地意识到四声的存在是在南朝时期,但其形成的时间自然要早于此时,至少是曹魏时期的孙炎在创制反切的时候,汉语的平上去入的四调系统应当已经定型。谢纪锋(1984,317-318)根据《说文》的读若,发现本字和读若字声调相同的占89.4%,而去声和平上入三调一样,自成一类,说明那时候的调类系统虽已基本定型,但还有十分之一的字与规律不符。从这些迹象来看,认为汉语的四声调类系统大体上定型于两汉,可能是比较合适的。

2.4.3.6 声调系统的定型时间晚于谐声,这就可以排除韵尾对声调的形成的影响。这样,我们就可以集中注意音节的"头"(声母)对声调的制约。前面已经说过,声调起源于音首辅音的变化(如浊音清化),汉语声调的产生在机理上应该与此相同,主要受制于声母的变化,不过与清浊没有关系。根据汉字谐声系列提供的线索,上古时期是有复辅音的,只是不清楚它是类似印欧语那样的复辅音呢,还是像藏语、苗语那样,是前置辅音?不管是哪一种情况,声母位置上的辅音不是一个"l",不符合产生声调的条件。和这种结构相似的还有以重言、双声、叠韵为标志的联绵字,这种在印欧系语言中见不到的特殊结构可能与复辅音之类的现象都有紧密的联系,只是现在还没有条件把这种联系说清楚。总之,复辅音声母的"复"如何单化为"1",是汉语产生声调的一个重要条件,甚至声母的清浊、送气不送气都有可能是由"复"单化为"1"而留下来的痕迹。张琨(1984a,244)对此有一种假设,认为"谐声字最有希望的、能做得出一点东西的就是复辅音。谐声字也还有一个大问题,恐怕也是只能猜想。比方说,在一套谐声字里头,按现在的读音,有清声母,有浊声母,有吐气,有不吐气,究竟原来是什么样子?我猜想原来可能是一个词根,前面有不同的词头。就是说,词根的声母本来是一样的,但由于受到不同词头的影响而使同一个声母有种种不同的变异。西藏话就有这种情形,一个词根,前头有d,或g,或m什么的,然后它在现在的方言中有各种各样的读音。谐声系列的声母不同,恐怕是由这种情形造成的"。这是一种很有价值的假设,是值得深入探索的一个新领域。

先秦时期的上古汉语有没有复辅音和平上去入的四声调类系统是否已经定型?这两个问题是有内在联系的,这就是:复辅音之类的现象越多、越复杂,声调系统就越难以定型,因为一个字一个音节,有复辅音起区别的功能,也就没有必要有一个独立的声调去实现同样的功能;反之,如果没有声调,那复辅音之类的现象一定比较复杂,声调系统没有定型,也就说明复辅音之类的现象还在向单辅音的转化过程中,没有完全形成我们前面所说的以"1"为基础的音系结构格局。汉藏语系语言的声调产生过程可以清楚地说明这方面的问题。周耀文(1992,133-150)根据对37种汉藏语系的语言的研究,发现28种语言有声调,5种没有声调,4种正从无声调向有声调的转化过程中。没有声调的语言的特点是:"复辅音声母多,声母总数多","辅音韵尾多","音节结构形式多,辅音在音节中出现的频率高于元音";

而有声调的语言则是"单辅音声母占优势,复辅音声母少或者没有","辅音韵尾最多只有 7 个","音节结构形式趋向简化";至于那些处于从无声调到有声调的演变过程中的语言则是"有一定数量的复辅音","单辅音韵尾大多还保留","音节结构的形式还比较多","音节已开始出现音高对立的声调"。作者根据汉藏语系语言的这些特点推断"周秦时代是古汉语从无声调向有声调发展的过渡时期"。不过我们想在这里补充一句,就是它已处于过渡的晚期,因为《诗》韵就其主流来说已是同调相押。平上去入的四声调类系统是否定型可以看成为以"1"为基础的结构格局是否形成的标志。

2.4.3.7 根据汉藏系语言提供的线索,复辅音既可以出现在声母的位置上,也可以出现在韵尾的位置上,汉语中为什么没有韵尾复辅音?为什么要把制约声调的形成和发展的关键音素都归属于声母?类比自然有助于分析,但不能成为立论的根据。汉语的韵尾复辅音在谐声时代以前可能存在,但现在已经找不到它的痕迹;谐声时代已经形成阴、阳、入三分的韵母系统,韵尾已经定型,不可能有复辅音韵尾。制约汉语声调的关键音素是音首的声母,它由"复"单化为"1",为汉语平、上、去、入四声调类系统的定型、最后完成以"1"为基础的结构格局排除了最后的障碍。

新格局是从旧格局演变来的,前后有继承性。以"1"为基础的结构格局和它所源出的格局的联系或相似性,主要是一个字一音节,这一点不管是先秦时期还是先秦以后,都是一样的,区别只在于声、韵、调三部分是否都只允许出现一个结构成分。复辅音声母、复韵尾都不是"1",由于它们具有区别语言结构单位的功能,音节中自然不需要声调,或者需要的声调数量很少;声调实质上是为了弥补由于复辅音等的简化、消失而产生的一种补偿性的区别手段。汉语在周秦时期已经接近于完成这种交替和转化。对比汉藏语系的其他语言的发展,大体上可以印证这一论断。区别是有的,主要是汉语产生声调的时间早,其他汉藏语系的语言要晚得多。如藏语,7世纪时创制的藏文所反映的藏语有复杂的复辅音声母和复韵尾,但没有声调;即使是现代的藏语安多方言,也还没有声调。为什么汉语会那么早地先于其他汉藏语系语言而简化、单化复辅音并产生独立的声调系统?这和语言的频繁接触不无关系。先秦是汉语和其他民族发生频繁接触,从而导致语言融合的一个重要时期。(徐通锵,1981a,195-196)固然,融合不会产生第三种语言,但必然会给语言的结构带来一些深刻的影响,它可以促使语言的结构简化,甚至有可能使语言结构的类型也发生变化。拉丁语在与众多的土著语言的接触中改变自己的综合性结构类型而发展为现代分析性较强的法语等罗曼系语言,就是这方面的一个很好的证明。英语在历史上和其他语言的接触比较多,受法语等外语的影响比较大,和同系属的德语比较,它的形态变化就要简单得多。这也是语言接触促使语言结构简化的一个例子。先秦时期的汉语在和众多的少数民族语言的接触中音系逐渐简化,复辅音之类的现象逐渐消失,从而使音节中的每一个结构位置只能出现一个结构成分,形成以"1"为基础的结构格局。联绵字之类的现象就是这种因音系的简化而遗留下来的痕迹,它们在上古音系的研究中应该占有重要的地位。

四 汉语声调的演变

2.4.4.1 汉语中制约声调的关键音素是音首的声母,这种结构机理既表现为声调的起源,自然也会表现为声调的演变;其实,起源和演变是一个问题的两种说法,因为起源、产生就是一种演变,而演变也是一种现象的起源。抓住这一点,也就抓住了汉语声调演变的"纲"。张琨(1975)、丁邦新(1989)等学者正是抓住了这个"纲",才比较清楚地理出了声调演变的线索。

声母制约声调演变的最重要的语音特征是清浊,因为它与发音的高低变化有着自然的联系。这一点现在已为实验语音学所证明,一般的情形是清辅音与高调相联系,浊辅音与低调相联系。(王士元,1984,257)这是声母的清浊制约声调的生理基础。正由于此,像藏缅系语言、侗台系语言、越南语等,不管与汉语有无亲属关系,声母的清浊对声调的形成和演变都有决定性的影响。这是单音节语言的一种普遍特征。有些语言学家利用这种普遍特征来证明语言的亲属关系,这是站不住的。(§2.4.1.3)

清浊对声调的制约作用现在已成为语言学家的共识,王士元(1967,95)据此提出中古汉语四声八调的假设。这有一定的道理,但说法不确切,因为声调之所以分为平、上、去、入四声,就是由于语言单位的区别性特征正好是"四",而不是"八"。如果着眼于调值,由于清浊与声调高低的内在联系,一个声调内部含有两个调值,这是完全有可能的。笔者家住浙江宁海北乡的一个小山村,那里的声调状况可以为此提供一个现实的根据:

阴平	阳平	阴上	阳上	阴去	阳去	阴入	阳入
通	同	统	动	痛	洞	督	毒
55	22	53	31	35	13	5	24

如不计入声,平、上、去三个声调虽然各分阴阳,调值不同,高低有别,但调型相同,其高低的差异由声母的清浊决定,是有条件的,因而从音位的区别功能来看,这里只有四个调类,每个调类因声母的清浊而各有两个变体。我们的祖先只立四个调类,没有根据声母的清浊而

分出八个调,说明当时已有音位学的观点,只重声调的区别作用,而不计因清浊而造成的高低差异。

2.4.4.2 浊音清化是从中古汉语到现代汉语的一个重要变化,由于此,原来因清浊的不同而呈现出来的声调内部的高低差异就演变为独立的声调,从而使"四声"演变为真正的"八调"。这种现象在汉语的南方方言中比比皆是,没有必要赘述。

影响汉语声调演变的语音特征还有送气不送气。这在汉语方言中比较少见。赵元任的《现代吴语的研究》首先注意到江苏吴江话可以根据声母的送气与不送气而分出"全阴上"和"次阴上","全阴去"和"次阴去"(盛泽),"全阴去"和"次阴去"、"全阴入"和"次阴入"(黎里)。叶祥苓(1983,32-35)根据赵元任提供的线索对吴江话的声调进行了一次再调查,发现送气与不送气对声调差异的形成确实存在着系统的影响,因而某些方言点的声调总数远不是人们一般印象中的七个或八个,而是十、十一、十二个。请比较:

古调类	古清浊	行	例字	今调类	松陵	同里	平望	黎里	芦墟	盛泽	震泽
平	全清	1	刚知丁边三字	全阴平	55	55	55	55	55	55	55
	次清	2	开超初粗天偏	次阴平	33	33	33	同全清	33	同全清	33
	浊	3	陈穷唐寒人云	阳平	13	13	24	24	13	24	13
上	全清	4	古走短比死好	全阴上	51	51	51	51	51	51	51
	次清	5	口丑楚草体普	次阴上	42	42	34	34	并入次阴去	34	同全阴上
	浊	6	近是淡厚老染	阳上	31	31	23	21	并入阳去	23	31

续表

古调类	古清浊	行	例字	今调类	松陵	同里	平望	黎里	芦墟	盛泽	震泽
去	全清	7	盖醉对爱汉送	全阴去	412	412	513	412	412	513	412
	次清	8	寇臭菜怕退气	次阴去	312	312	313	313	312	313	312
	浊	9	共大备树饭帽	阳去	212	212	213	213	212	212	212
入	全清	10	各竹百说发削	全阴入	5	5	5	5	5	5	5
	次清	11	匹尺切铁拍曲	次阴入	3	3	3	3	3	同全阴入	3
	浊	12	局读白服岳六	阳入	2	2	2	2	2	2	2
今音声调总数					12	12	12	11	10	10	11

因浊音清化而产生八个声调,有些方言又因送气音的影响而使清声母的声调发生再分化,这就是汉语声调的数目达到了可能有的最高点。从这个时候起,汉语声调的演变进入了一个新时期,主要的特点是如何简化。现代汉语的方言,声调多的有 12 个,少的只有 3 个,排比相互之间的差异,我们可以从这种空间的差异中找到时间的发展序列。当然我们这里无法进行全面的考察,但可以找到声调系统如何简化的一些途径。

2.4.4.3 吴方言现在还有浊音,但已处于清化的过程中,实验语音学已为此提供了有力的证明(曹剑芬,1982);苏州话的连读变调也已呈现出这方面的痕迹(李小凡,1990)。浊音尚未清化,清浊有别,这种特殊的语言状态决定了吴方言声调简化的特殊途径,这就是:舒促分为两类,每类又以清浊为标准,使舒声韵的各个调类分头实现合流和简化。吴江话的松陵、同里、平望虽有十二个声调,但全阴平和次阴平、全阴上和次阴上、全阴去和次阴去也可以看成为一个声调的两个变体,因为调型相同,高低的差异以送气和不送气为条件;不送气为高平调,送气为中平调。十二个调值现在一般仍看成为十二个声调,但相同的调型和有条件地出现高低的差异已为声调的合流和简化准备好了条件。其他地区的吴方言点原来是不是也和吴江话一样,分十、十一、十二个声调,不得而知;即使有,恐怕也不会太多。现在吴方言区的多数方言点显示,声调正以清浊为条件实现合流和简化。上海话(许宝华等,1982)阴上和阴去合,阳平、阳上和阳去合,舒声调只剩下阴平、阴去和阳去三个。宁波方言的声调内部差异很大,大体呈如下的状态:

	平	上	去	入
阴	42	(435)	(44)	5
阳	24	(313)		23

多的有 7 个,少的只有四个,就是括号中的声调已经依清浊分别与平声合流,其中阴去与阴平的合流要早一点,赵元任的《现代吴语的研究》已经说到"阴平阴去不易分。阳平阳去起音低,所以有一种特别'浊重'的宁波腔"(84)。只有四个声调的宁波人,其中有一部分常用的上声字,如纸、走、短、死等仍保留有 435 的调值,但已不计较它与 42 阴平调的区别,也就是说,言语行为虽然有别,但主观上已经认同为一。言语行为和主观认同的这种矛盾是音类合流过程中的一个必经阶段,非常值得研究。(徐通锵 1989a,200-207;1991b,25-35)

  从吴方言的声调演变的趋向来看,舒声调已经从六(或八)个向两个方向演变,如果再加上入声调,阴、阳各一,就是四个声调。清浊仍是不同声调的合流的一个条件。

2.4.4.4 浊音清化之后,制约声调演变的一个关键因素也就消失了。这样,调类系统的简化就得另觅新路,其中因调型相同、调值接近而实现不同声调的合流是一条重要途径。山西方言在这方面提供了一些重要的线索。

山西方言的声调多的有七个(汾西、潞城、平顺、壶关、长子等),少的只有三个(如晋南的古县只有阴平、阳平和上声),详细情况可参看温端政、侯精一的论述(1993)。三个声调,这恐怕是汉语方言中声调最少的。在浊音已经清化的情况下七八个声调如何简化为三个,这是一个值得探索的重要问题。因调值的接近而实现声调的合流恐怕只是一种表面现象,其背后还有制约演变的重要因素。声调的功能是区别语言的结构单位,交际的需要是保持声调区别性的基本条件。只有语言社团有了新的区别手段才有可能不计较原有的区别手段,从而导致它的简化和消失。交际如果有需要,哪怕是两个调值最接近的声调,语言社团也不会让它合而为一的。所以,浊音清化后声调的合流和简化有其自己的背景和条件,其中最重要的恐怕就是双音辞的大量产生。这一点,不管是吴方言的调类简化,还是山西话的声调合流,恐怕都是以此为条件的。了解了这种背景,我们也就可以具体讨论因调值的接近而实现声调合流的途径了。

闻喜地处晋南,它的声调系统并不复杂,只有阴平(31)、阳平(213)、上声(44)、去声(53)四个,但由于每个声调内部的字来源不同,因而呈现出很多复杂的现象。(徐通锵、王洪君,1986b)平声和去声都是降调,调型相同,调值接近,区别只在于去声的起降点高一点,阴平低一点,两调的实际调值比我们的标记还要接近一些,也许记为 53 和 42 更为合适。这两个声调现在在城关话中已明显地表现出合流的趋势,如把同声韵而原来声调有别的字排在一起,当地人的辨认多数有困难,认为姑故、居锯、朱注、低帝、饥冀等各为同音字。我们曾选择"姑故"类型的字 25 对,让两个年轻的姑娘(一为 24 岁,一为 17 岁)辨认,她们只能区分其中的 5 对;其他的 20 对,她们认为都同音。另一个 19 岁的姑娘,几乎是百分之百地把阴平和去声合为一类。这种迹象说明,闻喜城关话的阴平和去声,由于调值的逐步接近而发生合流,但还没有完成发展的全过程,因而在语言社团中出现一些参差的现象。前面说过,言语行为和主观认同之间的矛盾是音类合流过程中必然会发生的一种重要现象,因而调类之间的"混乱"用不着奇怪。

因调值的接近而发生声调的合流,这在山西方言中相当普遍,甚至入声韵也有可能通过这种途径而与相应的舒声韵合流。晋中地区的太谷、祁县、榆社等方言点的声调一般都是五个:平声、上声、去声、阴入和阳入。两个入声调有如下的特点:第一,单念时喉塞成分相当轻微,但在连读中还比较清楚;第二,发音已失去"促"的特征,其发音的时间长度与舒声调没有什么差别;第三,调值与舒声调中的某一调类接近,甚至相同,大体情况是:阴入调的调值与平声调接近,阳入调与上声调接近。请比较:

	太谷	祁县	榆社(南河底)	平遥(岳壁)	介休(东阳屯)	灵石	孝义
平声	32	33	21	33	33	42	21
阴入	ʔ22	ʔ33	ʔ21	ʔ23	ʔ44	ʔ52	ʔ21
上声	213	324	42	512	423	313	423
阳入	ʔ312	ʔ213	ʔ42	ʔ512	ʔ412	ʔ213	ʔ312

材料来自 1964 年我们对上述方言点的实地调查。表中上声的 324 和阳入的 ʔ213 之类的不同调值实际上是人为的区分,记为相同的调值也完全可以;由于两个声调的调值不易分,为区别计,我们在入声前加一喉塞的符号-ʔ。这里带喉塞音韵尾-ʔ 的入声的调型,平、升、降、

曲折的都有，可以再一次证明奥德里库等人关于-ʔ尾必与升调相联系的论断是没有根据的。

可以预见，晋中方言的声调循着这种方向发展的结果，阴入、阳入必将分别与平声、上声合流，使五个声调简化为三个声调。晋南某些方言点的入声字已经通过这种途径与有关的调类合流。例如，古县的阴平调含有古清平、古清入和次浊入，阳平调含有古浊平、古清去和古全浊入，上声含有古上声和古全浊去。声调系统简化为三，倒有点复古的味道，返回古时的简单的声调系统。这是一种螺旋式的上升，各自的条件不一样：古时的简单声调系统以音系的复杂性为前提，而现在则可能与双音辞的发展有密切的关系。

至于晋中方言的平声不分阴阳，是原本就是一个声调（即古平声的遗留）还是因浊音清化而先分为阴平、阳平，而后再合流为一个声调？答案应该是后者，因为古清平和古浊平的变调行为现在不一样。（温端政、侯精一，1993，383，401，403，414）

2.4.4.5 前面数次说过的连读变调也是汉语声调演变中的一个重要问题，它不仅涉及与汉语以"1"为基础的结构格局的关系，而且也是汉语声调演变的一条重要途径。

一个汉字一个声调，这原是汉语的一个特点，随着大量复音辞的产生，语言中出现了连读变调；连读变调的实质就是使二字组的两个声调纳入一个声调的轨道，以符合以"1"为基础的结构格局。（§3.5.2.3）这种变调在有些方言中已经打乱了单字调的分布，出现单字无定调的现象。我们在浙江宁波方言和山西闻喜方言的调查中都碰到了这种不易解决的困惑，直至弄清了连读变调的规律，才找到这种单字无定调的原因，并进而发现连读变调与声调系统的演化的关系。以宁波方言为例，《广韵》中同一调类的字在连读变调中有几种不同的高低变化，例如以阴平为首字的二字组，就有三种不同的变

调格式:

22 + 42	西瓜	安全	光彩	高兴	工会
22 + 44	青草	真理	车票	鸡蛋	亲戚(22 + 5)
44 + 33	纲领				

后字的声调这里没有按照《广韵》的音韵地位排列,如"22 + 42"中无阳上字,"22 + 44"中无阴平和阳平字。(徐通锵 1991b,30 - 34)前字的阴平调这里有 22、42、44 三种调值,说话的人会把这种不同的调值带入单字调,从而影响单字调的稳定性;另一方面,同一例字在不同的说话人中的变调行为也可以不一样。例如:

	城(郑)	城区(何)	南门(沈)	西门(王)
农村	11 + 42	11 + 44	11 + 44	11 + 42
导师	24 + 33	11 + 44	24 + 21	11 + 44
纲领	42 + 21	44 + 33	44 + 33	44 + 33
崇拜	24 + 33	24 + 33	11 + 44	24 + 33

这种不同的变调行为进一步加强了单字无定调的不稳定状态。

同一个例字在不同的发音人中虽然变调的行为可以不一样,但是变来变去,总跳不出几种有限的格式。如果我们对格式中每一种调值进行分析,就不难发现,它们基本上只是某些单字调调型的延伸。单字无定调,而变调有定形,这就为声调的分化、合流和重新分配单字调的归属创造了条件。

2.4.4.6 汉语声调的演变,从无到有,由简而繁,再由繁到简,都不是孤立地进行的。它一方面是由音段的变化而产生的一种超音段特征,如复辅音的单化导致声调的形成、浊音清化导致声调的分化、复音辞的形成和发展导致连读变调的产生,等等;另一方面则又以"1"的特征控制音段的发展,使结构单位难以超越结构格局所能控制的范围。连读变调会给汉语结构带来什么样的影响,还有待来日的研究。

第三编　字和汉语的构辞法

第三章 字和词的构词法

第一章　字和汉语的理据性编码机制

一　"六书"和临摹性编码

3.1.1.1　第一编第一章我们曾从宏观的角度讨论过汉语理据性的编码机制,现在需要在此基础上具体讨论字的理据性问题。

语言是现实的编码体系,语言的规则,归根结蒂都是现实规则的这样或那样的投射;而这种投射又必须通过语言的基本结构单位反映出来。字是汉语的基本结构单位,字的理据性实质上就是汉语如何用字接受现实规则的投射。如前所述,汉语社团的思维以直觉性概念为基础,表达这种直觉性概念的字在性质上都直接接受现实规则的投射,因而呈现出这样那样的理据。这是语义型语言的"码"的一个最重要的特点。汉语的语言范畴和逻辑范畴为什么是一致的?其原因就在于此。实现理据性的一个重要办法就是临摹(iconicty),那些直接接受现实规则的投射、"码"中存在理据性联系的语言,适合用临摹性原则来研究。(§1.1.4.3)我们这里强调临摹性,这是与汉语社团的"比类取象"和"援物比类"的思维方式相一致的,或者说,临摹性就是"比类取象"的"取象"的一种方式。

3.1.1.2　字是形、音、义三位一体的结构单位,义是核心,音与形是表现这一核心的物质形式;它们与义的关系都存在着理据,只是表现形式不一样。语言是听的,因而"音"是第一性的,语言学应该重音义关系的研究;"形"是为弥补"音"的不足而产生的表义形式,是写出来看的,因而是第二性的,其重要性自然不能与"音"相比。但是,形义关系必须适合音义关系的结构特点,使音义结合的原理也能通过"形"得到有效的表现。这是由文字与语言的关系的性质决定的,不然写出来的"形"也就没有存在的客观基础。所以,"形"的研究在汉语研究中仍有重要的价值,因为"表义字字形在词义研究中的重要性,主要在于它们能够帮助我们确定字的本义……确定本义,对于正确理解字义的发展变化,即作为造字对象的词的意义在后来的演变和派生新词等现象有很大帮助","在研究'休'字的各种意义的时候,如果充分注意到它的字形,就能把它的大多数意义整理出一个合理的系统来,并且能纠正一些前人对古书里某些'休'字的不正确的解释","甚至还能借助于表义字字形找出早已被人们遗忘的本义来"(裘锡圭,1988,142-145)。其他的文字体系没有这种见"字"而知"言"的功能,记载印欧系语言的文字符号只能是记录语言,其本身没有语言的内容。由于汉字的这种特殊性,我们在研究汉语临摹性编码途径的时候就先借助于"形",从传统的"六书"与临摹性原则的关系谈起。

3.1.1.3 文字是语言的书写工具,也是语言的书写符号系统,必须适应语言的结构特点。汉字是适应汉语结构特点的最佳书写形式,忠实地恪守着汉语的"比类取象"的临摹性编码方式。六书中的象形、指事和会意三"书",是临摹性的三种表现形式,这自然没有什么问题。转注一"书",如何理解,历来分歧很大,已有无穷的疏论和解释,至今仍旧缺乏统一的理解。从临摹性的编码方式来考察,或许可以说:转注者,借字临摹也,是汉语无法用象形、指事和会意这些临摹性方法进行编码而采用的一种书写方式。临摹必须有一种具体的占有一定空间的物做标杆,但现实中有很多现象往往是"虚"的,没有具体的物可以作为临摹的凭据，因而只能借物临摹，即借用一个依据临摹性而创造出来的字去转注难以临摹的现实现象。比方说《尔雅·释诂》的第一条：

初、哉、首、基、肇、祖、元、胎、俶、落、权舆，始也。

"始"这种现象没有具体的物件可以作为临摹的凭据，就只能借用"裁衣之始"的"初"，草木之始的"哉"，筑墙之始的"基"等去转注"开始"这一类现象。虽然"裁衣之始"、"草木之始"是文字学家对造字方式的一种解释，意义范围偏窄，但这是一种借物临摹的方法，那是没有问题的。我们的这种理解与清儒戴震、段玉裁的思路比较接近。"转相为注，犹互相为训，老注考，考注老。《尔雅·释诂》有多至四十字共一义者，即转注之法，故一字具数用者曰假借，数字共一用者曰转注"（戴震）。"作字之始，有音而后有字。义不外乎音，故转注亦注音。""转注异字同义，假借异义同字，其源皆在音均（韵）。《说文解字》者，象形、指事、会意、谐声之书也，《尔雅》、《广雅》、《方言》、《释名》者，转注、假借之书也。"（段玉裁）这些解释都注意到用表示这一种现象的字去转注那一种现象，符合语言编码的临摹性原则。

把"转注"看成为一种"借字临摹"的方法，必然与假借发生纠葛。戴、段已就两者的区别提出了明确的看法，而朱骏声与他们不一样，从另一个角度来观察假借与转注的关系，认为"转注者，即一字而推广其意，非合数字而雷同其训"。"转注者，体不改造，引意相受，令长是也；假借者，本无其意，依声托字，朋来是也。凡一意之贯注，因其可通而通之，为转注；一声之近似，非其所有而有之，为假借。就本字本训，而因以辗转引申为他训者，曰转注；无展转引申，而别有本字本训可指名者，曰假借。依形作字，睹其体而申其义者，转注也；连缀成文，读其音而知其意者，假借也。假借不易声而设异形之字，可以悟古人之音语；转注不易字而有无形之字，可以省后世之俗书。假借数字共一字之用,而必有本字;转注一字具数字之用,而不烦造字。转者旋也,如发轫之后,愈转而愈远;转者还也,如轨辙之一,虽转而同归……"戴、段的转注着眼于"数字共一用"、"异字同义",而朱骏声的转注着眼于一字有数义。这种区别是由观察角度的不同造成的,实际上都可以归入借字临摹的范畴:戴、段偏重于字与字之间的横向语义联系,即一般所说的同义关系;而朱则偏重于字中各个意义之间的纵向语义联系,即一般所说的多义关系,他的上述一大段论述说的就是多义字和同音字的区别。这种"纵"与"横"本来就是语义结构的两个坐标,每一个字的意义只有从这两个不同的角度去观察,才能把握它的实质。过去对这两种意见都强调它们的"异",而我们在这里则强调它们的"同",因为它们都是语言编码的临摹性原则的两种有内在联系的表现形式。

转注的基本精神既是借字临摹,那么除了戴、段和朱所论述的两种类型以外,我们还可以补充第三种类型,即字同音异,借字临摹,其中最典型的就是通过声调的转换而产生的用甲转注乙的现象。去声在这种类型的转注中的地位和作用早就引起了语言学家的关注,只是由于"印欧语的眼光"的影响,一般都把它看成为汉语形态变化的表现形式和词类转化的标记,而不是看成为转注的一种形式。王力(1980,213-217)认为,"中古汉语的形态表现在声调的变化上面。同一个词,由于声调的不同,就具有不同的词汇意义和语法意义。主要是靠去声来和其他声调的对立……凡名词和形容词转化为动词,则动词念去声;凡动词转化为名词,则名词念去声。总之,转化出来的一般都变为去声"。还有很多语言学家研究这方面的问题,其中最系统的是周法高(1962,50-87),用去声作为形态变化的标志去考察词类之间的转化。现在从中摘引数例,以见一斑:

王:君也,于方切,平声;君有天下曰王,于放切,去声。

女：未嫁之称也，尼吕切，上声；以女嫁人曰女，尼据切，去声。
妻：与夫齐者也，七奚切，平声；以女适夫曰妻，七计切，去声。
衣：身章也，於希切，平声；施诸身曰衣，於既切，去声。

周法高是根据《群经音辨》卷六所收之字、周祖谟的《四声别义释例》和他自己的《语音区别词类说》所收的材料，列出有这种变化关系的例子共190个，其中有172个是用平、上、入三声和去声的区别来表示他所说的名词、动词之间的转化关系的，约占91%。这么高的比例数肯定有其特殊的原因，可能与音变有关，(§2.4.3.5-6)而从编码的角度来看，把声调的这种转化看成为词类的转化，没有什么根据，而把它看成为转注的一种类型，可能比较合适。比方说，像"君有天下"这类现象很难用临摹性原则加以摹写，因而借用"君也"的"王"去转注"君有天下"，顺理成章。声调的转换是转注的一种语言形式，不能认为这是汉语的一种形态变化。固然，去声似与某些"词类"的转化有联系，但我们并不能根据去声或其他什么声调去确定某一个"词类"。

3.1.1.4 假借和通假（下面通称假借）在汉语书写系统的发展中占有重要的地位，刘又辛(1957,25)认为它是汉字演化的三个阶段（表形、假借、形声）之一。在先秦的有些著作中，假借字的使用频率甚至超过本字，如《孟子》中本字"彊"和假借字"强"并用，"彊"只用了1次，而"强"用了11次；《荀子》中"修"、"脩"并用，本字"修"用了39次，而借字"脩"用了67次；《史记》中"早"、"蚤"并用，用于早晨义时，"早"才用了35次，而"蚤"却用了63次。(洪成玉,1992,18)这说明，当时用表形（指事、象形、会意）、转注等临摹的方法已难以满足语言编码的需要，只能采用借字表音的方法去书写语言中的"码"，这就是说，抛开形义结合的临摹性原则，转而采用音义结合的任意性原则去扩大书写的范围，以满足日益增长的交际需要。根据文字发展的一般规律,汉字应该顺应这种假借的趋势而走上拼音化的道路。但是,汉字的发展却与这种一般规律背道而驰,为什么?因为拼音化与汉语的理据性编码原则是矛盾的。指事、象形、会意、转注这些表形性的造字方法都是通过不同的临摹性方法突出字的理据,完全适应汉语的语义型语言的结构原则,而假借字却不同,它使字变成为一种纯粹的表音工具,离开了汉语的理据性编码机制;为适应交际的需要,把它作为一种权宜的表达手段,这是可以的,但要永久脱离它所服务的语言系统的结构原则,言语社团是不会允许的。现代汉语用意译词代替借字的过程(§1.4.3.2),性质上与此相似,可以类比。正是由于这一根本性的原因,汉字才没有通过假借而走上拼音化的道路。这一事实从反面说明了汉语的理据性编码机制,要求文字的书写体系不能脱离它所服务的语言结构的特点。如果说,指事、象形和会意"三书"是造字的问题,那么转注和假借主要是用字的问题,在不增加字形的情况下扩大字的表义功能。应该把这些临摹性的造字方法看成为语言结构特点的一种体现。

3.1.1.5 经过曲折的发展,汉字最后找到了自己记载汉语的最佳表达方式,这就是形声字,从而使字的理据性编码机制形式化、表层化,进入了一个新的发展阶段。形声字的产生和发展,这是汉语社团一个伟大创造,因为它使汉字的书写系统完全适合汉语的结构。形声字给语言研究提供的最重要的线索就是"转化":"义"可以转化为"声",而"声"也可以转化为"义",相互处于一种对立统一的关系中。充当声符的符形原来大都是表意字,有音有义,是语言中的一个"码",随着语言文字的发展,汉语社团用它来再编码,使其转化为"码"的一个构件,表示字音。这样,"义"在结构体系中就转化为"声",成为语言再编码的基础;"形"就是在这个"声"的基础上加上去的,以摹写与这个"声"的意义有联系的现实现象。这真是"声由义转,形(义)由声生",使汉语的编码途径得到了重大的改进。我们可以举一些具体的例子来说明这种"转化"。

"共"字的意义,《说文》的解释是"同也",语义不明。"共"字金文作👐,像两手奉器供奉之状,作供奉、恭敬用。"供"字加形旁,字义与"共"的本义同。供奉必恭敬,因而加"心"旁成"恭";又孳生为"拱",《说文》:"拱,敛手也。"古人表示敬意时两手合抱当胸,叫作"拱"(《论语》:"子路拱而立");"拲"、"桊"两字,《说文》:"拲,两手同械也,从手从共,共亦声。桊,拲或从木。"两手同械,今名手铐,因戴手铐时两手对捧作拱状;"栱"字是"枓大者谓之栱"(《尔雅·释宫》),即斗栱,是用来托持栋梁的,和两手托物相像。"这些'共'声的字,都从两手托物以表供奉的初义引申而来"(刘又辛,1981,84)。这就是说,"共"转化为"声"之后,它就由"码"变成为"码"的一个构件,成为孳生新字的一个基地。汉语以这一类的"声"为基础进行再编码,改变了原来那种单纯表意或表音的编码方式。所以,"义"转化为"声"不是简单的转化,而是一种螺旋式的上升,是否定的否定,即由"义"变为"声",而后由这个"声"再转化为"义"。这种否定的否定的辩证转化是理据性编码机制的一种重要表现形式。

"义"可以转化为"声",那么,"声"有没有可能转化为"义"? 回答也是肯定的。联绵字(§3.3.1.2)中的每一个音节单独拿出来本来是没有任何意义的,但一当给它加上一个形旁之后,它将会获得原来由联绵字所表示的那一类意思。例如"非"声有如下的意义:

1. 非,违也,从飞下翅,取其相背也……

2. 分违义:辈,两壁耕也(从段注)。诽,谤也……斐,分别文也。骓,骖旁马也。案驾三马曰骖,在中曰服,在边曰骓。悲,痛也。徐锴《系传》云:"心之所非则悲矣。"悲有违失义。扉,户扇也。排,挤也……

3. 肥义:腓,胫腨也……即今俗所谓腿肚。跰,朏也。朏其胫腨,故亦名跰。

4. 赤义:菲,芴也。《尔雅》:"菲,菜",郭注:"菲草生下湿地,似芜菁,华紫赤色,可食。"翡,赤羽雀也。痱,风病也。今人夏日肤生……之痱子,其色赤。

这里的肥义、赤义与违也、分违义无关,因为它是从联绵字中节取下来的一个"声"。所以,"番声之训白,非声之训赤,非声之训肥,庚声之训大,皆需从连语得义。如云'番番'、'菲菲'、'腓腓'、'庚庚'始能形容白赤肥大之意,止用单字,或文不成义"(吴承仕,均据沈兼士,1933)。这是"声"转化为"义"的一条重要途径。另外还有一条途径就是通过假借而形成的转化。例如浓、脓等字中的"农"声表示浓厚的意思,但"农"字本身的意义只是"耕也"(《说文》),并无"浓厚"的意思;这个"浓厚"义是假借时期留下来的痕迹。刘又辛(1981,88-89)对此有过具体的解释,认为"金文只有'农'字,《说文》'浓'字下云:'露多也。'引《诗》'零露浓浓'……《说文》又有'袱''酦'等字,都有厚义。按照我们上面的说法,可以构拟出这一组字演变的经过。在假借字阶段,只有'农'这个会意字,本义是农民的农。上面《诗经》的那句诗,大约也只写作'零露农农','农农'只是假借其音。到秦汉时,才把'农农'写成'浓浓',成为形声字。然后又派生出袱、酦、脓、狁等字"。这样,"农"通过假借而成为"浓厚"义的"声",完成了一种转化。

对立面的转化都是有一定的条件的,这就是都得成为形声字声符的"声";不具备这一条件,无法实现转化的过程。音义之间的这种转化是汉语编码体系中的一种重要机制,后面将要分析的由重言到重叠(§3.3.3.2)、由语音联绵四字格到语义四字格(§3.5.1.4)等都是这种转化的具体标志。我们根据这种转化所提供的线索,有理由做出这样的假设：由象形、指事、会意到转注，形与实的理据渐次淡化和虚化，而形与义的理据则渐次加强；通过假借的过渡，到形声字的阶段，在形义结合的理据中又清楚地隐含着音义结合的理据，语言的结构特点渐次明朗化。这是文字发展的规律向我们提供的一种重要线索，要是这些最初的字也像印欧系语言的根词那样，音义的结合是任意性的，我们就无法解释音义之间的一系列转化和汉字为什么要坚持走表义化、反对拼音化的发展道路。有些具体的问题我们现在虽然还说不清楚，但汉语由临摹性编码原则而产生的理据性，应该没有多大的问题。我们是以这一假设为基础来分析汉语的结构的。

3.1.1.6 形声字是汉语的一种完善的书写形式。"比类取象"的思维方式的"类"与"象"在形声字中融为一体，不过在这个"体"中哪一个是"类"，哪一个是"象"？我们认为"声"代表"类"，而"形"代表"象"，即代表一种语义特征。同"声"异"形"而在语义上相通的一组字反映事物间的纵向联系，即同类的事物具有不同的特征；同"形"异"声"的一组字反映事物间的横向联系，即同一特征能支配若干个不同的类。例如上述的"共"声代表"双手并合作供奉状"这样一个事类，而人、心、木、手这些"形"则从不同的侧面衬托"供奉"这种事类的不同的特征。相反，语、谓、访、议、请、诺……这些同"形"（言）的字说的是吾、青、若、胃、方……这些"声"所代表的不同的类共同具有"直言"这样的语义特征；或者说，"直言"这一语义特征能支配吾、青、若、胃、方……这些不同的类。这也是以两点论思维方式为基础的相互转化的编码机制在语义结构中的一种反映。语言结构的这些基本原理对汉语研究的途径和方向产生了决定性的影响，我们后面几章还会就此进行专门的讨论，这里不赘。

和形声字相比较，以前几种体现临摹性的造字方法就都带有一些"片面性"：表形期的各种文字只注意义，而难以表现它与音的理据性联系；表音(假借)期的文字只注意音义结合的任意性，而无视音与义之间的理据性联系，因而在历史发展过程中它们都只能成为一种"过客"，难以成为一种固定性的书写系统。形声字紧紧抓住汉语的结构单位"字"的音义结合的理据性，完全符合汉语的结构原则，因而书写体系的创造与改造大体上到此告一段落。形声字一直沿用至今的历史清楚地说明了这方面的道理。

二 声训和理据

3.1.2.1 形声字尽管忠实而理想地反映了汉语理据性的编码机制，但毕竟是文字问题，还不能确切地说明字的理据性；要弄清楚这种理据性，必须着眼于音义之间的关系，理出其间的规律。在传统的汉语研究中，声训是研究音义结合理据性的一种方法，其代表性的著作就是刘熙的《释名》。我们可以从这里开始讨论有关的问题。

《说文解字》和《释名》这两本著作的写作年代差不多，都在公元后1世纪左右。同时产生这两种不同性质的训诂学著作，不是偶然的。由于语言的演变，特别是语音的系统性变化，不能不使字中音义结合的理据日趋模糊。刘熙想挽救这种日趋模糊的理据，写了《释名》。这一点，他在自序中说得很清楚，认为"夫名之于实，各有义类，百姓日称而不知其所以之意，故撰天地、阴阳、四时、邦国、都鄙、车服、丧纪，下及民庶应用之器，论叙指归，谓之释名"。由于语言的发展，刘熙的"论叙指归"受到很大的限制，难以实现其预期的目标，因而在语言学史上成为一种"弃之可惜，食之乏味"的著作。而与此同时，由于形声字的发展和定形，使语言编码的理据性得到了充分的表现，因而《说文解字》应运而生，成为研究汉语言文字的一部圣典。

《释名》与《说文解字》是音义理据和形义理据交替时期的两本重要著作。但是，从原则上来说，《释名》所倡导的音义结合的理据性是根本的，而《说文》的形义结合的理据性则是派生的，因而以形求义的训诂途径难以取得深入的发展；乾嘉时期的汉语研究为什么能取得突破性的进展，就在于它发现了因声求义的方法，重建了音义结合的理据。所以由《释名》所肇始的声训论还有必要进行一些推敲，以继承传统研究中的合理内核。

3.1.2.2 《释名》是系统地研究音义结合的理据的一本著作，作者想"论叙指归""百姓日称而不知其所以之意"的事物得名的缘由。它采用的方法是直音注释法，选择一个同音同义的字进行解释。现在以春、夏、秋、冬和金、木、水、火、土九字为例，看看《释名》研究音义结合的理据性的大致情况：

春，蠢也，万物蠢然而生也。

夏，假也，宽假万物使生长也。

秋，緧也，緧迫品物使时成也。

冬，终也，物终成也。

金，禁也，气刚毅能禁制物也。

木，冒也，华叶自覆冒也。

水，准也，准平物也。

火，化也，消化物也。亦言毁也，物入火皆毁坏也。

土，吐也，能吐生万物也。

诸如此类，都是用一个同音同义或近音同义的字去注释字的音义结合的理据，传统称为声训。由于音义之间的理据性联系当时毕竟只是"百姓日称而不知其所以之意"，《释名》自然难以全部恢复，因而书中瑕瑜互见，在所难免。即使在这种情况下，书中可信或基本可信的材料仍旧有近30%。（刘又辛、李茂康，1989，172）例如：

宿,宿也,星可以止宿其处也。(《释天》)

山夹水曰涧。涧,间也,言在两山之间也。(《释水》)

当途曰梧丘。梧,忤也,与人相当忤也。(《释丘》)

"宿"的本义是住宿,引申为住所,再引申为星宿,即星之所处。在语言已经发生巨大变化的情况下仍有近30%的可信或基本可信的材料,应该说已不在少数。可能是由于《释名》瑕瑜互见,而且"瑕"多于"瑜",因而在中国语言学史上的评价一直不是很高,但也觉得不无价值,"刘熙所加的声训,虽然有些是不无道理的,但是大部分都出于主观的推想,没有实际的根据,也并非经过系统的探索而得出来的,因而缺乏科学性。不过,远在1700多年以前就有这样具有语源学性质的书,还是很可贵的。其所以能流传下来而没有亡佚,与人民很想追寻语源的心理有关。《释名》这部书对后代学者提倡因声以求义的训诂方法也有很大的影响"(周祖谟,1988b)。

《释名》想"论叙指归""百姓日称而不知其所以之意"的事物得名缘由的大方向没有错,但论证的方法有严重的缺陷,这就是零散和主观,缺乏系统性,没有把握住音义结合的理据性的基本脉络。基本脉络是什么?应该是"名之于实,各有义类"。这可以从直觉性、联想性和系统性三个方面去考察。

3.1.2.3 语言的编码机制与思维方式有密切的联系。汉语社团以直觉性概念为基础的整体性思维方式(§1.1.3.2)自然会在语言的编码方式上有所反映,表现为音义结合的理据;或者可以反过来说,编码方式的理据性就是直觉、整体性思维的语言基础。不联系汉语社团的思维方式的特点就轻易地否定汉语的理据性编码机制,这恐怕是不够慎重的。

理据性的一种重要表现形式就是直觉性,人们能够比较清楚地意识到音义之间的理据性联系,即传统所说的"名生于实"。《释名》

"论述指归""百姓日称而不知其所以之意"的事物得名的缘由就是想恢复这种"名生于实"的直觉性和理据性。但是,这种直觉性联系会随着语言的演变而日渐淡化,人们只知其然而不知其所以然,因而要重建这种理据,困难自然很多、很大,起码需要先建立一种比较科学的远古音系;这方面的问题我们后面(§3.2)再讨论。有困难不等于不可能,我们现在虽然难以具体了解汉语早期的理据性编码机制,但还可以在语言中找到这种编码机制的痕迹。这除了《释名》等古籍保留下来的那一部分比较可靠的材料以外,主要就是联绵字;可以说,联绵字是理据性编码机制的一种活标本。

联绵字包括重言、双声和叠韵三类。每一个联绵字表面上都是两个字,是"2"不是"1",但每个字只代表一个音节,本身没有独立的意义,自然也谈不上什么理据,不符合字的要求,只有两个字组合在一起、相互作为一个整体,它才能成为语言中一个有理据的最小结构单位,对现实现象进行编码,其性质相当于一个字,"联绵字合二字以成一语,其实犹一字也"(王国维:《联绵字之研究》)。

联绵字的性质是临摹事物的状态,其中主要是"声"和"形",所以是"双声叠韵之字,其义即存乎声,求诸其声则得,求诸其文则惑矣"(王念孙:《广雅疏证》卷六上)。钱大昕在《诗音表·序》中也说过类似的意思:"凡古人之以两字相续者,非有所本。古人皆以意造,或以其形,或以其声,皆肖之耳。"这里的"肖"就是我们前面所说的临摹性,其性质就是音义结合的理据性,主要功能都是描写事物的状态,"……是以诗人感物,联类不穷,流连万象之际,沈吟视听之区,写气图貌,既随物以婉转;属采附声,亦与心而徘徊。故'灼灼'状桃花之鲜,'依依'尽杨柳之貌;'杲杲'为日出之容,'瀌瀌'拟雨雪之状;'喈喈'逐黄鸟之声,'喓喓'学草虫之韵;'皎日'、'彗星',一言穷理;'参差'、'沃若',两字穷形;并以少总多,情貌无遗矣,虽复思经千载,将何易夺?"(《文心雕龙·物色篇》)。这段话是对联绵字的"肖声"和"肖形"的性质、作用的具体描绘。王力(1944,384-392)根据联绵字的这种性质和特点,干脆把它们称为"拟声法"和"绘景法",并对之进行了具体的分析。

声音和形状可以"肖",可以临摹,但是很难用一个音节的字来表示,因而我们的祖先就采用"既是一个音节又不是一个音节"(§3.3.2.2-4)的联绵字来编制有关的"码",使人们能清楚地意会音与义之间的理据性联系。语言是一种系统,它的编码机制是人们驾驭现实、反映现实的能力的一种具体表现。字中音义之间的理据性联系固然随着语言的演变而逐渐淡化、消磨,到东汉《释名》的时候已是"百姓日称而不知其所以之意",而现在则是百姓日称而完全不知其意,说不清一个字的音义联系的缘由,但联绵字还保留着这种理据性编码机制,我们仍可以通过它而窥知直觉性的理据的大致状况。

语言规则(包括语义),归根结蒂,都是现实规则的投射,理据性就是直接接受这种投射的一种表现方式。直觉性是理据性编码机制的基础。

3.1.2.4 用直觉性的办法实现编码的理据性固然很重要,但受到的限制比较大,难以迅速而有效地编制出人们交际所需要的"码"。为弥补这种不足,人们以直觉性的理据为基础,采用联想的方式编制新"码",扩大编码的规模和范围,以满足日益增长的交际需要。汉语社团的思维方式是"比类取象"和"援物比类"的两点论(§1.1.3.5),可以为纵横驰骋的联想开辟广阔的道路。字有音和义两个方面,每一个方面都可以成为联想的中介,因此我们可以从这两个方面入手去考察联想与理据性编码的关系。

通过"音"的中介而编制新的"码",我们可以用杨树达(1941a)对"镝"字的分析来说明相关的问题。

"镝"字的意义各家说法颇异，《说文解字》是"矢锋也"，《释名》是"敌也，言可以御敌也"，徐灏的《说文段注笺》是"……适也，去此适彼也"。杨树达认为这些解释都欠妥，因为"兵器皆可以御敌，岂惟镝乎"；"去此适彼，矢之全体皆然，何独限于矢锋"。他对此进行了新的解释：

> 余谓镝从啇声，啇从帝声，而帝从朿得声，镝即受义于朿也。《说文》七篇上朿部云："朿，木芒也，象形。"矢锋锐利，足以伤害人，与木芒同，故取以为义。朿啇今音虽殊，古音不异，镝之从啇，犹帝之从朿矣。
>
> 金部又云："锋，兵耑也，从金，逢声。"字或作锋。《释名》云："刀末曰锋，言若蠭刺之毒利也。"徐灏云："蠭之命名，以其刺人如锋耳，非锋刃有取于蠭刺也。"今按此成国之说是也。蠭为自然之物，兵耑之锋出自人为，人类制器赋名，恒借天然之物为比拟，故兵刃之锋借蜇人之虫以为名，于事为顺。灏颠倒其先后，乖其理矣。
>
> 锋镝义近，故古人往往连言……锋受义于昆虫，镝受义于草木，皆天然之物也。二字义近，故其受名之故亦相近矣。

这个例证的考释在理据性的研究中有一般的方法论意义：一是清楚地说明了"义"转化为"声"的机制；二是以"声"为线索，层层剖析，探索理据；三是用横向比较的方法，借助于联想，说明有关的字的理据，对"镝"、"锋"的成功解释或许可以看成为这一方法的一个范例。另一方面，"锋"的例子也说明，音义结合的理据不一定是直接的，可能要经过若干个中介；这些中介如果随着时间的推移，在人们的意识中日渐淡化，最后直至消失，那么结合的理据就中断了。镝、锋两字的理据性,不经考释,不借助于"声",我们就无法知道。一般说来,音义结合的理据只存在于符号使用的初始时期,而后由于语言的演变,特别是语音经历了系统的演化之后,这种理据在言语社团中就会渐次淡化、转移,甚至消失;那些经历了若干中介而形成的理据,这种过程还会消失得更快一点。这一类例子都可以说明字中音义结合理据性的途径是多种多样的,不能死抓住一个字孤立地考察其间的理据。

以"义"为中介的联想途径比起"音"的中介更为多样复杂,可以围绕着一个字的意义而形成一系列与它有关的字,互相衬托,呈现出编码的理据性。我们以《广雅疏证》的"侏儒……短也"条(卷二下)为例来说明这方面的问题。先引述王念孙在该条的一段疏证:

> 豥者,《方言》:"豥,短也。"注云:"蹶豥,短小貌也。"《玉篇》音知劣切,云:"吴人呼短物也。"又云:"䏌,短也。"《庄子·秋水篇》:"遥而不闷,掇而不跂。"郭象注云:"遥,长也,掇犹短也。"《淮南子·人间训》:"圣人之思脩,愚人之思叕。"高诱注云:"叕,短也。"并字异而义同。《说文》:"䫏,短面也。"《广韵》:"颊,头短也。"《众经音义》卷四引《声类》云:"愶,短气貌。"义亦与豥同,今俗语谓短见为拙见,义亦同也。豥与侏儒,语之转也,故短谓之侏儒,又谓之豥。梁上短柱谓之棁,又谓之侏儒,又谓之棁儒。蜘蛛谓之蠾,又谓之蠾蝓,又谓之侏儒。《尔雅》梁上楹谓之棁。《释文》:"棁,本或作棳。"《杂记》:"山节而藻棁。"郑注云:"棁,侏儒柱也。"《释名》云:"棁儒,梁上短柱也。"棁儒犹侏儒,短,故以名之也。《方言》云:"鼁𪓰,蟾蜍也。自关而西,秦晋之间,谓之蟾蜍;自关而东,赵魏之郊谓之鼁𪓰,或谓之蝲蟆。蝲蟆者,侏儒语之转也。"注云:"今江东呼蠾蝓,音棁。"《玉篇》云:"蠾,蛜蚕也。"盖凡物形之短者,其命名即相似,故屡变其物而不

易其名也。

这是一个联绵字的例子,其中既有直觉性,可以"因声以见义",因为"大氐双声叠韵之字,其义即存乎声,求诸其声则得,求诸其义则惑矣"(《疏证》卷六上"扬榷……都凡也"条);又有联想性,以"义"为中介,"凡物形之短者"即可命之以窡(短面)、颋(头短)、愗(短气)、椳、椳儒(短柱)、蝃、蝃蝥(蜘蛛)、侏儒(短人),等等,"盖凡物形之短者,其命名即相似,故屡变其物而不易其名也"。以"义"为中介扩大理据性的编码范围,这是汉语扩大语汇量的一种重要途径。翻开《广雅疏证》之类的著作,这一类的例子不胜枚举。我们后面将会谈到的"挚、轵、臬……举也"(§3.2.1.4)和许多其他的例子都是这种途径的具体表现。

通过"音"或"义"的中介而进行联想式的扩展,这就使汉语理据性的编码体系不断得到扩充,以满足日益增长的交际需要。

3.1.2.5 以"声"所表示的意义为基础、通过联想的方式而形成的一组字构成一个字族。上述的束、帝、啻、镝构成一个字族;黜、蹶、黜、咄、掇、叕、窡、颋、愗、侏儒、椳、椳儒、蜘蛛、蝃、蝃蝥、桄、罿、鼀、鼀蜒、蝠蝙等是一组联绵字,写法虽异,没有一个共同的"声",但相互关系的性质与字族一样。字族中的字音近义通,例如黜、咄、掇、叕、窡、颋、愗、椳、桄等的读音相同或相近,可拟测为 *tuǎt,意义都表示"物形之短者",至于侏儒、椳儒、蜘蛛、蝃蝥这些两个音节的字,那是 *tuǎt 这个音节的分化,与联绵字的特点有关,后面再讨论。(§3.3.2.3)

联想是形成字族的一条重要途径,但联想有一定的"界",不能漫无边际地联想。这个"界"是什么?就是字音,它在文字中的反映形式就是形声字的"声",即联想不能超越字音所能控制的范围,例如"镝"尽管经过辗转联想,但不能摆脱它凭以产生的"束"的控制;黜、蹶貀、䍱、掇、叕、窡、䫾、惙、侏儒、椟、椟儒、蜘蛛、蝃、蝃蝥、梲之间的联想不能超越*tuǎt所控制的范围。"声"在字族的结构中处于核心的地位,是联想的根据、理据性编码的基础。人们可能会就此提出一个问题:你说"镝"有理据,或许有点道理,但说"束"这个"声"也有理据,说不通,应该承认联想性理据凭以产生的"根"(如"束")的音义关系是约定俗成的,没有理据。沈兼士(1941,259)的看法很有代表性,认为"凡义之寓于音,其始也约定俗成,率由自然,继而声义相依,辗转孳乳,先天后天,交错参互,殊未可作一概而论,作如是观,庶几近于真实欤"。这段话影响很大,很多学者都据此考察语言符号的任意性和理据性之间的关系。我们这里要与这一论断唱一点反调,认为它缺乏系统性的考虑,即理据性应该与系统性一起考虑,以字族的结构为基础,不能凭单个字的音义关系去研究编码的理据性。以"侏儒……短也"条为例,单凭一个"貀"字就说它的音义联系有理据或没有理据,都没有根据,只有把貀、蹶貀、䍱、掇、叕、窡、䫾、惙、侏儒、椟、椟儒、蜘蛛、蝃、蝃蝥、梲等字组成一个字族,具体考察它们的语义("物形之短者")以及它们与*tuǎt这个读音的联系,人们才能从它们的相互关系中去把握一个字的理据。单个字的音义关系是无法说明其间的理据的。

人们可能会说:这是一组联绵字,本来就可以"因声以见义",怎能证明"束"这一类字的理据性?不错,"貀、蹶貀、䍱、掇、叕、窡、䫾、惙、侏儒、椟、椟儒、蜘蛛、蝃、蝃蝥、梲"等是一组联绵字族,音义联系的理据性比较清楚,但它的系统性构造原则却是编码理据性的一种具体表现,非联绵字的字族与它并无二致,我们完全可以参照这种原则考察非联绵性字族的理据性问题。下面以杨树达(1934b,41-42)"燕声旻声字多含白义"条为例来分析相关的问题。杨的该条例释是:

鸟之白颈者谓之燕。《尔雅·释鸟》云："燕,白脰鸟。"《小尔雅·广鸟》云："白项而群飞者谓之燕乌。"

马之白骻者谓之䮄。《尔雅·释畜》云："马白州,䮄。"郭注："州,窍也。"按窍为后窍。

马尾本白者谓之騱。《尔雅·释畜》云："马尾本白,騱。"郭注："尾株白。"

白鱼谓之鳏。《尔雅·释鱼》云："鳏。"郭注云："今偃额白鱼。"郝疏云："白鱼生江湖中,细鳞,白色。"

这里以"声"为线索,把散见于各处的字汇集、系联为一个字族,探寻出"白"义的表现形式。族中每一个字的理据性与"燋、惄、椴、蠍、梲……"的理据性一样,都可以从族中字与字的相互关系中窥知。首先,"燕"声、"晏"声都是"形"(义)的转化,这种转化的机制本身已说明音义之间存在着某种同一性,不然是无法实现转化的。其次,人们可能会说,燕、䮄、騱、鳏这些字的理据是文字问题,与音义结合的理据性无关。前面说过,形声字的理据性是汉语编码的理据性的真实反映,因其适应汉语的结构特点而成为一种主要的文字书写形式,这正是我们研究理据性的向导,不能轻易放弃。第三,燕、䮄、騱、鳏这些字的写法虽然不同,但语音相同或相近,语义相通,表示动物的某一部位的"白"。这些字的读音,声母王力归入影母,韵母归入元部,如采用王力的拟音,情况大体是:

燕 = *ian ~ (鸟颈)白

䮄 = *ian ~ (马后窍)白

騱 = *ian ~ (马尾根)白

鳏 = *ian ~ 白鱼

确实,我们如果只是孤立地拿出其中的一个字,那是没有办法说明音义之间的理据性的,现在有了燕、䳺、䴔、鳏等字,相互构成一个字族,各个字的意义相互衬托、注释,理据性问题应该明白无误,因为这些字写法虽异,但读音一样,都是 *ian;意义相同,都表示某一类动物的某一个部位有"白"义,因而䳺、䴔、鳏等字的理据可以反衬燕、晏的理据。郝懿行的《尔雅义疏》是一部有名的著作,也倡导声近义同之说,但是由于不认识语言编码的理据性,因而只能一个字一个字地进行孤立的研究,无法弄清楚这些 *ian 声字之间的关系。杨树达对这种研究方法提出了批评,认为:"按郝疏于《释诂》、《释言》诸篇时时提及声近则义近之说,而于此《释鸟》、《释鱼》、《释畜》三文竟不能一为联贯。郝君享名甚盛,其于义由声生故果了解至何等乎?殆不能令人无疑也。"这一批评是很有道理的。所以,着眼于字族,着眼于系统性,对我们认识字的理据性是有重要的意义的。

3.1.2.6 前面列举的例子大多以形声字为拐棍,利用声符进行分析,但这里需要强调的是,我们说的是"声",不是"符";异符同声同义的现象在形声字中是屡见不鲜的。从讲求"一声之转"的清儒到杨树达,很多学者都在这方面进行过深入的考证性研究,认为"盖古人于形声字之声类,但求音合,不泥字形也"(杨树达,见《述林》12-13页),"盖文字孳乳,多由音衍。形体异同,未可执著。故音素同而音符虽异亦得相通,如'与'、'余'、'予'之右文均有宽缓义,'金'、'禁'之右文均有含蓄义。岂徒同音,声转亦然,'尼'声字有止义,'刃'声字亦有止义(刃字古亦在泥母),如仞、认、忍、纫、韧是也。'䖵'声字有赤义(䖵古音如门),'萬'声字亦有赤义,如璊、䅣、虉是也。如此之类,为右文中最繁复困难之点,倘忽诸不顾,非离其宗,即绝其脉,而语势流衍之经界慢矣"(沈兼士,1933,121)。这些论述都力图排除"形"的干扰,设法以"声"为线索讨论字族的结构,抓住了关键。关于"右文"的问题可参看§3.2.2.4。

问题是根据什么原则排除"形"异的干扰而求得"声"同？杨树达基本上根据对转、旁转的学说。例如，"赤声、者声、朱声、叚声字多含赤义"条说："按赤古音在铎部，读音近托，铎为模部之入，赤转模"，因而从赤声、者声的字有"赭"（赤土）、"褚"（卒之衣赤者）、"𢃄"（以绛帛著背）、"杜"（赤索）；由模再旁转侯就产生"朱"声：朱（赤心木）、絑（纯赤）、袾（朱衣），而由朱声再对转东冬而产生䞓（赤色）、銅（赤金）、彤（丹饰）；又因从赤声之字固有浅喉读音，如郝为呼各切、赫为呼格切等，因而又由此孳乳赫（大赤貌）、瑕（玉小赤）、騢（马赤白杂毛）、鰕（鱼之赤者，盖鰕熟则色赤）、霞（云气之赤者）、椵（赤色）、瑚（玉色之赤者）等。"转"是一个模糊概念，主观随意性很大，一些关系不大或甚至没有关系的现象也未始不能"转"进来，形成"无所不通，无所不转"的现象。这条几个"声"之间的"转"就存在这方面的问题。由"赤"转为"者"，这个"转"是对转，还是旁转？含义已经不清楚，而由此再旁转为侯，由侯再对转为冬东，"转"得实在没有什么道理；至于叚声，那距离就更大了，杨树达无法用"转"来解释，只能说"赤字固有浅喉读音"。固然，"同声多同义"，但同义未必同声，在字族的研究中，同声的"同"虽然是一种关键的线索，但如何确定这个"同"，实在是一门很大的学问；特别是对那些异声异符的现象，对"同"的确定需要更加谨慎，如无语音规律的支持，就不能借"转"把它们勉强地归入一类。杨树达的"对转"、"旁转"的概念用得过宽、过泛。

另一方面，对转、旁转这些概念都只着眼于韵部，根本没有注意到声母，因而这里的"转"又显出它的严重局限性和片面性。赤、者、朱三"声"的声母相同或相近："赤"属昌组，而"者"、"朱"都属章组，在中古的时候都属于三等字，如以此为基础解释它们之间的"转"的关系，理由可能更充分一些。我们前面说过，章组字有两个来源，一来自端系，一来自见系，(§2.1.3.2)这样"赤"声字为什么同时见于舌音和牙音两个系列也就不难解释了。我们对这几个"声"之间的关系做了如此的评述，并不是要笼统地否定"转"这个概念，而只是说应该根据不同的情况把"转"的内容具体化，不能局限于韵的"对转"和"旁转"。王国维在《〈尔雅〉草木虫鱼鸟兽释例》的序言中与"方伯"沈子培的一段对话很有意思，现摘录于下：

> 维又请业曰：近儒皆言古韵明而后古训明，然古人假借、转注多取双声，段、王诸君自定古韵部目，然其言古训也，亦往往舍其所谓韵而用双声，其以叠韵说古训者往往扞格不得通。然则与其谓古韵明而后古训明，毋宁谓古双声明而后古训明欤？方伯曰：岂直如君言，古人转注、假借，虽谓之全用双声可也，君不读刘成国《释名》乎？每字必以其双声诂之，其非双声者大抵讹字也。国维因举"天，显也"三字以质之。方伯曰：显与湿俱从㬎声，湿读他合反，则显亦当读舌音，故成国云，以舌腹言之。

这里强调双声的"声"的作用是很重要的，清儒的"一声之转"的"转"也包括双声的"声"，即"转"的概念也同样适用于声母的变化。杨树达用韵的对转、旁转的概念来解释上述那些异符异声的现象，思路显得有点狭窄。我们在第二编第三章各节中已经说过，"对转"体现方言之间的叠置，而"一声之转"恐怕不能局限于此，还应包含语音的交替规则。因此，如果要把"转"的概念具体化、科学化，就应该对"声"进行语音学的描写，拟测出它的音值，这样才能突破符形差异的干扰而求取音同，找出"转"的规律。

3.1.2.7 总之，直觉性、联想性和系统性，这是在研究编码理据性时必须考虑的三项重要内容,其中的直觉性是基础,联想性是扩大编码的途径,而系统性则是理据性字族的结构原则。这里虽然从三个不同的方面来考察理据性的问题,但实际上有一个共同的核心,这就是《释名》所说的"名之于实,各有义类"的"义类"。豵、蹴豵、豽、掇、叕、窡、颇、惙、侜儒、棳、棳儒、蜘蛛、蝃、蝃螚、梲的义类就是"物形之短者",燕、骒、骁、鰋的义类就是动物身上某一部位的"白"。义类由"声"承担,抓住"声"所表现的义类,也就抓住了理据性的关键;声训之所以能成为一种重要的训诂方法,就是由于有义类的存在。沈兼士(1941,257)在引用了《释名》序言中"名之于实,各有义类……"的一段话之后特别指出:"语有义类,实为声训成立之主要原因,刘氏特为拈出,可谓卓识。"这一评论抓住了汉语音义关系的理据性特点。我们感到遗憾的是,《释名》提出了这一重要的问题,但没有以此为基础展开相关的研究,直至清儒的"因声求义"理论的提出才弥补了这方面的缺陷。所以,研究字的音义结合的理据性问题必须着眼于系统,抓住义类,具体考察字族中各个字之间的关系,这样才能把握字的理据性;只考虑单字的音义关系,那是无法弄清楚字的理据性的。

字族中的字(除了联绵字之外)都有自己特定的写法,不然就是别字。"别字"这个概念很有意思,它大致在两汉以后就很流行。这里说的虽然是写的字,但它是语言编码机制的反映,要是字中音义的结合是任意的,没有理据性,那就会和印欧系语言一样,只有错字,而不可能有别字;"别字"这个概念可以从另一个侧面说明字的理据性,不然它就没有存在的客观根据。所以,如能抓住"转化"和"系统性"两点,或许有助于字的理据性的研究。

三 理据和语言的结构

3.1.3.1 语言研究有所谓"从外到内"和"从内到外"两条路子,前者就是从表达形式到意义内容,后者则取相反的途径;印欧系语言的研究多取"从外到内"的路子,而汉语的研究应该充分考虑"从内到外"的途径,吕叔湘的《中国文法要略》由于对汉语语法做了从内到外的描写,至今仍有重要的影响。(徐通锵、叶蜚声,1979,170)理据性的研究也应该根据语言结构的特点,充分考虑这两种途径。"名之于实,各有义类"的论断大体上着眼于"从内到外"的途径,因而在编码过程中可以以某一义类为核心尽可能地挖掘它所具有的不同特征,编成"码",形成一个字族。研究理据性字族的结构,如能抓住代表义类的"声",也就抓住了义类,就可以使"从内到外"的研究途径有一种形式的依据。人们可能会说,这是文字问题。不错,这是文字问题,但对汉语形、音、义三位一体的字来说,又不光是文字问题,而且也是语言问题;即使是文字问题,我们也得首先通过文字所提供的线索去研究相关的语言问题,世界上任何语言的研究都不会放弃文字所提供的线索,何况是像汉语这种语义型结构的语言。形声字是汉语理据性编码原理的最佳表达方式。

从《释名》到清儒的"因声求义",汉语的理据性编码机制从来没有发生过问题,但是自索绪尔的语言理论传入我国之后,语言学家就根据语言符号任意性的原理来审视汉语的结构,并进而否定理据性的编码原理;受西方语言学的影响越深,否定这种编码原理也就越坚决。王力(1963,68)在肯定《释名》是从语言学出发来研究声训、是一种语源学著作的同时,特别强调它的唯心主义性质,认为"声训作为一个学术体系,是必须批判的,因为声音和意义的自然联系事实上是不存在的"。"凡企图寻找事物名称和事物性质之间的关系的人,都不可避免地陷入了唯心主义的泥坑"。高名凯(1963,17-26)没有涉及声训,但特别强调索绪尔语言符号任意性理论的价值,并对各种否定任意性理论的说法进行了批判。总之,近百年来,语言符号理据性问题一直是理论语言学的一种批判对象。随着汉语研究的深入,人们发现,要否定汉语编码的理据性是困难的,但是又觉得索绪尔关于语言符号任意性的理论也难以推翻,因而有一些语言学家想兼收并蓄,在汉语初始编码机制的研究中既承认任意性,又承认理据性,认为索绪尔所说的"能指"相当于汉语的"名"(语音),"所指"相当于汉语的"实",在这两者之间汉语还有一种"义";名与实的关系是任意的,没有理据性,而名与义之间的关系则存在着理据,因为"名之于实,各有义类","能指"与"所指"的结合"与人类的意识客观性有着不可分割的联系。这种联系决定了声音和意义之间的结合不可能具有盲目任意性。如果说,作为事物名称的词完全是一种任意性的符号,那么很明显,这是跟名称的社会性和历史性的事实,跟语词同源的事实相背离的"(孙雍长,1985,161)。这一结论我们完全同意,但在任意性和理据性之间"走钢丝",实在没有必要。索绪尔的"所指"指符号的概念部分,是心理的,即一般所说的"意义",而不是"实",因而我们既不能也不必把"意义"和"所指"区分为两个概念。我们只能根据汉语的结构特点得出相应的结论,没有必要迁就索绪尔的理论。因此,我们不想"走钢丝",而是想吸收和继承传统的研究成果,以理据性的假设为基础,展开有关问题的研究。

3.1.3.2 我们强调汉语编码的音义结合的理据性,人们肯定会提出一系列问题:既然音义的结合是有理据的,那语言是一种自然现象还是社会现象? 世界上的语言怎么会形成如此巨大的差异? 语言演变的规律怎么和理据性的性质相协调？等等。这些都是值得研究的具体问题。

理据性和任意性，似乎前者强调语言的自然性质，后者强调语言的社会性质。这种认识与语言的实际状况不符。固然，语言符号的任意性强调的是语言的社会性质，但不能由此得出结论，说理据性着眼于语言的自然性质，因为理据的抽象和总结不是个人的行为，而是一种社会习惯，需要受到语言社团的思维方式和语言结构的制约。不错，理据要受到客观现象的特点的制约，但更重要的是语言社团如何将这种客观现象转化为主观的认识（意义），编成语言中的"码"，并借此进行交际。这种转化是语言在自组织的过程中逐步形成的，是一种社会现象，不是自然现象。索绪尔在《普通语言学教程》中在说到符号任意性的时候指出，"一个社会所接受的任何表达手段，原则上都是以集体习惯，或者同样可以说，以约定俗成为基础的"。"因为符号是任意的，所以它除了传统的规律之外不知道有别的规律；因为它是建立在传统的基础上的，所以它可能是任意"（中译本103，111页）。这里强调的是"任何表达手段"都"以约定俗成为基础"，文字体系也是一种表达手段，它是约定俗成的，但却是有理据的，不是任意的，因为它必须适合它所记录的语言的结构特点。把"约定俗成"看成为"任意性"的替换语，这是没有根据的，何况荀子所讲的"约定俗成"并不是我们现在一般所理解的意思。（§1.1.2.1）另外，索绪尔这里强调的是"传统"的绝对性，而不是"任意性"的绝对性；索绪尔只是说"建立在传统的基础上的"集体习惯"可能是任意的"，而不是必然是任意的。把理据性和社会性对立起来是没有根据的。总之，不管是以任意性为编码基础的印欧系语言，还是以理据性为编码基础的汉语，一样都是"除了传统的规律之外不知道有别的规律"，倒是我们的有些语言学家，由于受"印欧语的眼光"的影响，在观察汉语结构的时候却有些偏离汉语研究的传统。

3.1.3.3 《语言学概论》之类的教材常常说,如果承认符号的理据性就会抹煞世界上各种语言结构的复杂性和多样性。这种说法有点想当然,缺乏具体的推敲。不错,客观现象对各个语言社团来说大体上是相同的,但由此而形成的音义结合的理据性却可以有完全不同的特点,因为不同的语言社团有不同的思维方式和思维习惯,因而如何把相同的现实现象编织成语义,如何通过隐喻、换喻的方式体现语言社团的联想习惯,不同的语言社团是很不一样的;而且,不同的语言是不同的系统,用什么样的语音组合方式去表现相同的、有理据性的现实现象,编成"码",不同的语言也是完全不同的。比方说,汉语只能用一个音节去临摹现实,实现音义结合的理据;即使是几个音节,那也有一个音节的结构的影子,最典型的形式就是双声、叠韵和重言;即使像"稀里哗啦"之类四音节的结构单位,它也是以双声、叠韵为基础的。(§3.5.1.1-3)英语里的摹声词是决不会"摹"出像汉语的那种联绵词和"稀里哗啦"之类的四字格的结构的;同样,汉语也不会摹写出像英语的那种 clackety-clackety-clackety(打字机声)、clitter-clatter(废话连篇)、clip-clop(蹄声)、mooe-ooo-er(公牛叫声)的结构的。比较不同语言的拟声词的结构特点,这是分析理据性和语言结构多样性的关系的一条重要途径。

不同的语言系统各有其自己独特的实现音义结合理据性的方法。

3.1.3.4 历史比较语言学是在印欧系语言的研究基础上发展起来的,已经取得了重大的成就,究其原因,就是由于它有可靠的方法论基础,其中的一个基础就是语言符号的任意性,"假如语言所表达的意义和那些用来表达这个意义的声音之间有一种或松或紧的联系,就是说,假如语言的符号可以撇开传统,只用它的音值本身可以使人想到它所表达的概念,那么语言学家所能采用的就只有一种一般的比较方法,任何语言的历史也就都不会有了"(梅耶,1925,2)。这种看法把复杂的问题简单化了,因为同质的现实并不能自然地通过理据性而在不同语言中有相同的表现,最简单的平行性例证就是人类思维能力和思维方式的关系。思维是大脑的机能,是对客观现实的反映能力。谁都知道,人类面对的客观现实是相同的,大脑的结构各个民族也没有什么差别,这两点决定了人类具有相同的思维能力;至于这种能力是不是得到了充分的实现,那是另一个问题,这里不讨论。但是,这种思维能力的全人类共同性并不能保证各民族思维方式的共同性,相反,各民族的思维方式有很大的差异,汉语社团的两点论思维方式和印欧系社团的三段论思维方式就是这种差异的具体表现。(§1.1.3)理据性和语言结构的关系与此类似,因为语言这种现实的编码体系一方面需要直接或间接地接受现实规则的投射,另一方面与语言社团的思维方式、语言结构有密切的关系,因而现实的共同性并不能排斥语言结构的多样性,正像人类思维能力的共同性不能排斥思维方式的多样性一样。梅耶没有考虑语言接受现实规则的投射的时候还需要受语言社团的思维方式和语言系统的制约,因而得出了一种片面的结论。

人们可能会就此提出一个问题:这是不是说,梅耶所说的任意性是历史比较法的一种客观基础的论断应该否定?回答是:又是又不是。历史比较法的客观基础是语言发展的不平衡性、音变的规律性和语言符号的任意性,其中的核心是以语音对应关系为特征的音变规律性,认为两种语言的基本词只要有成系统的语音对应关系,它们就是亲属语言,可以进行历史比较研究;语言符号任意性的价值是衬托音变的规律性,说明语音对应关系的产生不是偶然的,而是语言亲属关系的铁证。这是在印欧系语言的研究基础上总结出来的理论,虽然有它的重要参考价值,但不可否认有它的局限性,因为语音对应关系不一定是同一语言的分化的产物,也可能是由语言的接触和相互影响造成的,因而不能成为语言亲属关系的铁证。陈保亚(1996)根据汉语和傣语的相互关系的研究,发现语言的深入接触也会产生成系统的语音对应和语言之间的同构,因而仅仅有语音对应关系不足以证明语言的亲属关系。这就是说,历史比较法得以成立的客观基础确实发生了动摇,需要根据新的研究予以补充、改进和完善。陈保亚的语言接触的无"界"有"阶"理论已在这方面做出了重要的贡献,读者可以参看王均、徐通锵为这一著作而写的两篇序言。我们第二编的语音研究也对历史比较的理论和方法进行了一些改进,抓住语音的易变性和音系结构格局的稳固性的辩证关系,强调音系结构的非线性的性质,着眼于它的结构原理和运转机制,从系统性的角度进行研究,解决了一些历史比较法难以解决的问题。语言理论需要随着语言研究的深入发展而不断地加以改进,语言史研究的理论和方法自然也不能例外,因而我们也不必把梅耶的论断看成为不可动摇的信条。

语言符号的任意性与历史比较法的关系既然发生了动摇,编码的理据性又有它的科学根据,那历史比较法是不是没有用武之地了?否!历史比较法仍是一种重要的方法。语言是人类最重要的交际工具,"用"是语言的生命,但语言一经运用,它就会发生变化。这是语言运转的规律。变化的方式,如不计系统之间的相互影响,就是连续式变异和离散式变异两种,不管是以任意性为编码基础的语言,还是以理据性为编码基础的语言,都得服从这种变化的规律。历史比较法基本上只适用于由连续式变异所产生的变化,适用的范围是有限的。连续式变异由于偶然性因素的作用,相同的原因可以产生不同的结果,(§1.2.3.4)因而来自同一原始语的各个语言就会向不同的方向发展,相互间会出现有规律的语音对应,形成后来的方言或亲属语言。这是形成方言或亲属语言的一条重要途径,可以对它们进行历史比较研究。以理据性为编码基础的语言也是在这种发展规律的支配下演变的,也会形成方言或亲属语言,因而可以而且需要对它们进行历史比较研究。我们这里需要强调的是,每一种理论都有它自己适用的范围和条件,超越这种范围和条件,它就会走向谬误。历史比较法只适用于来自同一原始语的不同方言或亲属语言的关系的研究,而证明语言有无亲属关系的方法不能只凭语音对应关系,需要另找可靠的标准。现在这方面最有说服力的标准是陈保亚(1996)的关系词"阶"曲线的走向。只要证明两种语言确是同一语言的分化,是亲属语言,那就可以用历史比较法进行研究。

语言学是务实的科学,我们只能根据语言本身的结构特点进行研究,找出隐蔽于语言现象背后的规律。

第二章 字族和汉语的语义结构

一 字族和字义结构的基本原则

3.2.1.1 一种语言的语义结构与该语言社团的思维方式有密切的联系。汉语社团的思维方式是"比类取象"和"援物比类"的两点论,(§1.1.3.5)始终需要在"类"与"象"的一分为二和合二而一的辩证联系中去把握事物的性质和特点。语言结构是观察思维方式的一个重要窗口,要了解这种"类"与"象"的辩证关系,字义的结构是一条重要的线索;或者说,找出字义的结构规律是了解思维方式的一条重要途径,而思维方式的特点也可以帮助我们了解字义的结构。

语义是最复杂的,研究的难度大,因而有人比之为"泥潭",陷进去就拔不出来,直至没顶。但是,它是语言非线性结构的核心,如果弄不清楚它的基本结构规律,我们也就无法把握语言的结构脉络,像结构语言学那样采取回避的办法,这无助于语言的研究。有没有可能闯过这一"泥潭"?回答应该是肯定的。第一,一系列科学研究已经证明,任何复杂的现象中都隐含有一条驾驭它的简单线索,只是发现这种线索很困难。第二,悠久的传统有强大的生命力,只要善于总结,肯定可以从中找到一些合理的线索;汉语有悠久的语义研究传统,文字、音韵、训诂的研究,其核心就是语义;典籍的语义训释隐含有很多有价值的理论和方法,这些都为我们寻找这种线索提供了可能的条件。我们基于这两点考虑,准备找路径,闯"泥潭",探索语义的结构规律。

3.2.1.2 研究汉语的语义结构,首先得抓住字族。如前所述,汉字是汉语理据性编码机制的忠实反映,而形声字则是这种理据性的最佳表现形式,我们可以从中观察形、声、义之间的相互转化,(§3.1.1.5)而这种转化则为字义结构和字族的研究提供了一种重要的有形线索。形声字的书写形式是形与声的合一,反映思维方式和字义结构中的"类"与"象"的一分为二和合二而一的关系。哪一个代表"类"? 哪一个代表"象"? 前面已经讨论,是"声"类"形"象。(§3.1.1.6)少量充当声符的字,如前所述,它本来就是"义"的转化,体现"类"和"象"的合一。"声"与"形"都是表面形式,它们的实质都是"义",因为"声"是"义"的转化,既表"声",又表"义",不过表示的已不是原来某一种具体的意义,而是表示一种抽象的、类化的"义",犹如上一章分析过的"燕声旻声字多含白义"的"声"那样(§3.1.2.5)。字义的结构就是这种由"声"表示的义类(或义象)和由"形"表示的义象(或义类)的结合,体现"类"与"象"的合二而一。把握住这一基本脉络,我们就可以对字义进行一分为二和合二而一的分析,具体考察其间的结构关系。杨树达(1934b,49)根据"声"与"形"的相互关系已对字义的结构原理进行过初步的考察,认为"屋栌樀谓之栟,又谓之栌。开有骈列之义,卢有连侣之义,义相近"。"缝衣谓之绗,又谓之绍。并有并合之义,吕有连侣之义,义相近"。"栟榈谓之栟,又谓之榈,又谓之椶。并有并合之义,吕有连侣之义,㚇有聚合之义"。这里所解释的每一个字的意义都是由一个声类和一个事类相结合构成的。他为此列出了一个表:

事类 声类	宫室	衣服	植物	禾秉	庶物
幵	枅	絣	栟		槃
吕	梠	绍	梠	筥	
夒			樕	稯	

这个表大体上可以表示字义之间的纵横交错的结构关系：横列的字以"声"为纲，同声同义，用不同的"形"表示"并合"这一义类的不同语义特征；竖行的字是同"形"同义，表示不同的义类具有相同的语义特征。表中每一个字的意义都是一个声类和一个事类的结合，体现"类"与"象"的合一。声类和事类就是我们所说的义类和义象，是一种语义范畴。印欧系语言的范畴是通过形态变化表现出来的语法范畴。汉语没有这种类型的语法范畴，但有语义范畴，是字族中由声类和事类表现出来的义类和义象。这两种不同性质的范畴的形成决定于语言编码机制的差异，对语言研究的途径和方向都会产生决定性的影响。字义的结构原则可以用这种语义范畴进行形式化的表述，即：

1 个字义 = 1 个义类 × 1 个义象

用这个公式来描写上表中的字，那就是：

枅 = [骈列] × [宫室]

絣 = [并合] × [衣服]

绍 = [连侣] × [衣服]

樕 = [聚合] × [树木]

这种分析大体上相当于现在的义素、义位分析法，只是借助于字形提供的线索。这是汉语与汉字的关系的特点，可以见字而知义，印欧系语言的研究不可能有这种可资利用的线索。蒋绍愚(1989, 71)

用现代语义学的理论和方法对古汉语的字义也进行了类似的描写。叶文曦(1996)正是受到这种分析方法的启发,在他的博士论文中用"1个字义=1个义类×1个语义特征"的公式来分析汉语字义的结构。这些研究抓住了汉语字义的纵横交错的结构网络,使传统的"四方而高曰台"、"高平曰原"之类的解释进一步形式化。比方说,杨树达(1934b,40-41)"𡳾声瞿声字多含曲义"条中的"齿曲谓之齤,角曲谓之觠,膝曲谓之卷,手曲谓之拳(朱骏声:"张之为掌,卷之为拳"),顾视谓之睠,行曲脊谓之趯,弓曲谓之彊,屈木为卮匜之属谓之圈,枉道而合义谓之权,革中辟曲谓之鞼,荄茇之萌句曲谓之虇"的解释,就可以进行这样的描写:

齤=[卷曲]×[齿]　　趯=[卷曲]×[行走]

觠=[卷曲]×[角]　　卷=[卷曲]×[膝]

拳=[卷曲]×[手]　　彊=[卷曲]×[弓]

睠=[卷曲]×[顾视]　鞼=[卷曲]×[皮革]

……　　　　　　　……

其中"卷曲"是由𡳾声、瞿声所表示的义类,是字族的语义核心,其他如"齿"、"角"等为义象,说明具体现象的"卷曲"。编码以义类为核心"比类取象",说明不同的现实现象中隐含有某种共同的特征。我们这里用的是义类、义象的概念,没有采用义位、义素。这是由于:一是考虑语言与思维的关系,采用共同的术语;二是义位、义素的性质是离散的,而语义的性质是连续的,每一个意义都没有明确的界限,用义类、义象的概念来描写比较合适。

3.2.1.3 "1个字义=1个义类×1个义象"的结构原则,其中"类"是编码的核心,即以这个"心"为基础编制出一系列新的码,造出一系列新的字,组成字族。以"声"为义类而形成的字族,不同的字之间隐含有一种共同的意义,是"名之于实,各有义类",因而我们称为向心性字族。前面分析过的"侏儒……短也"、"燕声晏声字多含白义"、"关声萑声字多含曲义"的几组字,都是以"声"为核心而形成的一种向心性字族,例如"关"、"萑"二声如果没有"卷曲"这个共同的意义,那就无法以"声"为义类进行理据性的编码,形成一种向心性的字族。

以"形"为义素而形成的一组字由于相互间没有一个共同的意义,因而可以称为离心性字族。我们不妨选择《尔雅·释山》中的一些例子加以说明:

《尔雅》注释　　　　　　　语义结构公式

山大而高,崧。　　　　　　崧 = [山] × [大] × [高]

山小而高,岑。　　　　　　岑 = [山] × [小] × [高]

锐而高,峤。　　　　　　　峤 = [山] × [锐] × [高]

卑而大,扈(郭注:广也)。　　扈 = [山] × [低矮] × [大]

小而众,岿(郭注:小山丛罗)。　岿 = [山] × [小] × [众多]

小山,岌(郭注:岌谓高过)。　　岌 = [山] × [小]

大山,峘。　　　　　　　　峘 = [山] × [大]

……　　　　　　　　　　……

《尔雅》有三十几个字称呼不同形貌、特点的山,这里用不着一一列举。这些字的意义也有某种共同性,即与"山"有密切的联系,或者说,从不同的侧面描写"山"的状态,但这种共同性与前述向心性字族的语义共同性很不一样。向心性字族的语义共同性是"名之于实,各有义类",是以义类为核心,"从内到外"地指称现实中具有该义类语义特征的不同现实现象,或者说,字族中的字隐含有一个"最小公倍数"性质的意义,例如我们能从"关"、"萑"声族字"卷、鬈、卷、拳、眷、趯、彊、圈、权、拳"等字中找出一个共同的意义核心"卷曲";而离心字族,如崧、岑、峤、岿、岌、峘、崔、炭、幽……等字,我们无法从中找出一个共同的意义核心,因为它们本来就是从不同的义类中抽象出来的相同的语义特征,怎能有共同的意义核心!所以,向心性字族和离心性字族的语义共同性有原则的差异,前者以义类为核心,说的是不同的现象具有相同的意义,着眼于"同"中的"异";而后者以义象为核心,说的则是同一现象或语义特征所支配的不同的义类,着眼于"异"中的"同"。这是两种字族各自的语义基础,反映汉语社团认识现实现象的两条重要途径。这里所说的"离心性字族",以往的研究从来没有称之为字族。这自然也有它的道理,因为向心性字族含有共同的语义核心,我们可以在字族的范围内对字义进行系统的研究,而这种离心性字族我们做不到这一点,只能对字的意义进行个别的研究。那我们为什么还要称它为字族?一是着眼于系统,和向心性字族配对,构成两个对立而统一的语义结构,说明汉语社团观察现实现象的两种不同而相互又有内在联系的视角;二是这种字族有其自己的语义基础,反映同一现象的不同侧面,也是汉语字义结构的一个重要原则,有资格称为字族。总之,向心和离心,这是汉语语义结构的两条最基本的原则。

向心和离心这两个概念原是布龙菲尔德在1933年根据分布的标准提出来的,前者指IC(直接组成成分)结构体的功能和分布与其中的中心成分相同,后者指结构体的功能和分布不同于其中的任何一个结构成分。它们原来只适用于线性语法结构的分析,我们这里借用这两个概念,但在内容上进行了语义学的改造,用来分析非线性的语义结构。

3.2.1.4 前面说过,字的重要特点是它的理据性,向心性字族和离心性字族从两个不同的侧面反映字的理据性,我们可以通过上述的结构公式,以"义类"、"义象"为基础去考察"比类取象"、"援物比类"的理据性。

为什么能"比类取象"或"援物比类"？这是由于"象"与"类"之间存在着某种共同性。训诂学家曾从不同的侧面详细讨论过这种共同性。齐佩瑢(1943,145-148)在论述"事物命名之所因"的时候列举了八个方面的因由：形貌、颜色、声音、性质、成分、作用、位置、比喻。孙雍长(1985,156-162)根据王念孙父子的研究，也列出几条名实理据性的依据：功能、形状、颜色、方位、声音、品味、质地等。其他学者也会列出十条八条，没有必要罗列。不管多少条，概括起来就是两条：相似和相关，前者指"象"与"类"有共同的特征，后者指"象"在形状、色泽、空间、时间、性质等方面与"类"的特征相关，只要语言社团在两者之间建立起联想的关系，就可以由此"比类取象"。联想，这是"比类取象"的桥梁，是形成向心性字族与离心性字族的思维基础。王念孙的《广雅疏证》所以能取得众所公认的成就，其中的一个重要原因就是由于他的思路对头，抓住"义类"这种语义范畴，把语义上相似或相关的一组字联系起来，进行准确的解释。例如："挈者，对举也，故所以举棺者谓之'輁轴'；扛者，横关对举也，故床前横木谓之'杠'；梟者，亦对举也，故舆床谓之'桐'；舆者，共举也，故车所以举物者谓之'舆'。《释名》云：'自古制器立象，名之于实，各有义类'，斯之谓矣！"(《广雅疏证》卷一下"举也"条)这里抓住"对举"的义类，用功能的相似性来解释相关的现象，因而能使一组有相似语义关系的同族字清楚地呈现在读者的面前。我们前面列举的几个字族，如"类"声、"藿"声条表示"象"的各个字"卷、䇪、卷、拳、眷、趚、拳、彊、圈、权"与表"卷曲"的义类大多是形貌相似。"人脐居腹之中央，故谓之'脐'。'脐'者，齐也。《士丧礼》下篇'齐三采'，郑注曰：'齐，居柳之中央。'疏曰：'以其言齐，若人之齐，亦承身之中央也。'《庄子·达生》篇'与齐俱入'，《释文》：'司马云：回水如磨齐也。'是'齐'为之中央也。"(《经义述闻》卷二十七"齐,中也"条)，是"象"的方位特征与

"类"有相关性。其他特征的情况与此类似,不一一列举。洪堡特在讨论语言系统的结构特点时曾特别强调语言中"没有零散的东西,它的每一个成分都只显示它是整体的一部分","所以第一个词就已经预示并决定了整个语言"(§1.1.1.5)。这种观点如加上特定条件的限制,即抓住语言社团的联想式思维的特点,在字族的范围内进行考察,那就比较适合于汉语理据性编码的分析。

3.2.1.5 向心和离心是汉语字族的语义结构的两种基本方式,反映"类"与"象"的两种基本结构关系。向心性字族的"类"是"声";"声"是字族结构的核心,"形"(义)所表示的意义仅仅是一种"象",说明不同的"象"中隐含有一个共同的义类;相反,离心性字族的核心是"形",说明不同的义类中隐含有相同的语义特征。这是从两个不同的角度去观察相同的语言现象而形成的两种结构。向心性字族反映字义之间的纵向联系,以"声"的义类为基础形成"名之于实,各有义类"的理据性,因而与语源的研究有关,可以对它进行系统性的研究。离心性字族反映字义之间的横向联系,反映形义结合的理据性,与语义研究,特别是字的本义的研究关系比较密切;自然,汉语的语源也是语义的问题,但研究的方向和任务不一样,因而需要从一般的语义研究中分离出来,进行单独的语源研究。向心和离心形成汉语语义结构的纵、横两轴,每一个字的意义都可以在纵、横两轴的交叉点上找到自己的位置。这样,向心和离心,两种编码方式,纵横交错,构成汉语语义结构的网络,可以最大限度地满足语言的编码需要。显然,汉语如果只有一种纵向的向心性语义结构,那么编码就会受到极大的限制,因为由"声"的语义特征通过相似、相关的语义关系扩大编码的范围不可避免地会受到视角的限制,编出来的"码"数量有限,难以满足日益增长的交际需要。现在通过"形"在现实现象之间建立起一种横向的联想关系,这就使编码机制如虎添翼,可以从两个不同的角度进行"类"、"象"的联系,为最大限度地满足交际的需要开辟了两条广阔的编码途径。

语言结构的"纲"是以"1＝1×1"为特征的结构关联(§1.2.3.6),而"向心"和"离心"这两个概念则是挚起这个"纲"的两根缆绳,具体讨论"1×1"之间的结构关系。前面说过,语义结构犹如"泥潭",陷进去就拔不出来,我们希望能依靠"向心"和"离心"这两根拐棍,从"泥潭"中走出去。所以,"向心"和"离心"是我们理论系统中的两个核心概念,其重要性和价值一点儿也不亚于索绪尔语言理论中的组合和聚合。在以后的讨论中,我们都将用"向心"和"离心"这两个概念去考察汉语的语义构辞法和语义句法,尽可能就汉语研究汉语,挖掘汉语本身的结构特点,摆脱"印欧语的眼光"的束缚。

3.2.1.6 不管是向心性字族,还是离心性字族,字义的基本结构原则都是"1个字义＝1个义类×1个义象",也是"1＝1×1"。字义的这种结构公式与字音(音节)的结构公式"1个字音＝1个声母×1个韵母(×1个声调)"的"1＝1×1"是相互呼应的。这里的"1个声调"打上了括号,主要是由于它是语言演变中的一种后起的现象。音与义的结构规则会形成如此严密的相互呼应关系,在印欧系语言中是找不到的。这自然会引起语言学家的关注,有些语言学家由此认为声母、韵母也具有理据性编码的功能,刘师培就是这方面的一个代表。他认为"古韵同部之字义多相近说","之耕二部之字,其义恒取于挺生;支、脂二部之字,其义恒取于平陈;歌、鱼二部之字,其义多近于侈张;侯、幽、宵三部之字,其义多符于敛曲;推之蒸部之字,象取凌逾;谈类之字,义邻隐侠;真、元之字,象含联引,其有属于阳、侵、东三部者,又以美大高明为义"(《左盦集》卷四)。后来,刘赜(1932,369－378)步其后尘,也写了一篇《古声同组之字义多相近说》。这些说法的可靠性值得怀疑,因为韵部或声纽数量有限,无法满足编码的需要;即使把意义归成类,汉语早期的语义恐怕也不会贫乏到如此简单的地步。但是,谬误中也往往含有某种合理性,我们现在还不能想当然地把这种看法斥为无稽之谈,因为音与义的"1=1×1"的结构对应恐怕有其成因,很难说是完全任意的,至少在理论上还不能最后排除声类、韵类早期也可能有某种编码的功能,何况章炳麟、刘师培等人也找到了这方面的一些痕迹。

刘师培死于1919年,但他的"古韵同部之字义多相近"这种观点近来却得到了一些新的推衍、发展和引申。齐冲天(1981,118-141)利用双声和叠韵研究汉语单音节复合词的形成,探索有关语源的问题。他认为汉语"很早就对单音节词做了声母和韵母的分析,如果不能分析出声母和韵母,怎么能有双声为训和叠韵为训呢?既能分出声和韵,就必定存在着频繁的拼音,有分就有合,能分就能合,这也是可以相见的,合乎逻辑的"(118),并由此进一步认为"至少有相当一部分单音节词是由不同来源的声母和韵母构成的。这不同来源的声母和韵母又各自都有特定的意义。这种单音词,我姑且把它叫作复合词,一种特殊的单音节的复合词"(119)。他以这一假设为基础分析了莫、朔、牒、筐、茬、览、给、答、丧、佚、遁、追这十二组与"单音节的复合词"有关的字。例如"遁"字,它与"逃"双声,与"隐"叠韵,其义为"逃隐也"。这就是说,"逃"不是一般的逃跑,而是一种隐蔽的"逃";"遁"也不是一般的"隐",而是逃避危险的"隐","遁"是"逃"与"隐"的音义结合体。作者的基本思路是:"……双声和叠韵的关系是相辅而行的,两者之间既有相互依存的一面,又有相互排斥的一面。甲与乙为双声,就不能又是叠韵,但是既发生了双声,必随之以叠韵,乙必有丙与之为叠韵,而乙与丙为叠韵,就不能又为双声。反之亦然,发生了叠韵,必随之以双声。一个新的单音节复合词的产生,就是通过这样两步来完成的"(139),就是说,甲与乙双声(或叠韵),意义相通;乙与丙是叠韵(或双声),意义相通,在这种情况下就可以说乙是甲与丙的音义结合体(语音上的切合和词义上的综合)。这就是作者所说的"单音节的复合词"的形成过程和构造原则。

齐冲天的研究是对汉语音义结合的理据性的一次新探索,把当前汉语史研究中一个被忽视的重要问题又重新提出来,摆在读者的面前,这对研究的深入发展有好处。用双声、叠韵来考察字与字之间的关系也有参考意义。但是,这一研究超出了可以控制的范围,能否成立尚需研究,至少还需要有新的材料的支持。根据现在的研究,汉语编码的语音结构框架是音节,而不是声母和韵母;声母和韵母只是汉人的最小语音感知单位,完全属于语音层面的结构,本身没有意义,至少我们现在还没有发现它们与意义有什么联系;章炳麟、刘师培的有关研究还需要有新的材料的验证。"汉字建立在单音节的基础上,有的汉字表了整个音节,如'盒',从合,盒合同音,匣母,缉部;有的只表了韵母,如'朔'从屰,表了铎部,朔的心母没有表;有的只表了声母,如'莫',从茻(音莽),表了明母,莫的铎部没有表……"这里所说的"从×"的"合"、"屰"、"茻"是字的声符,本身就包含着声母和韵母,不能当作双声、叠韵的声母和韵母。作者在这一点上好像混淆了声符的"声"和声母、韵母的"声"的界限。汉语至今还没有发现有小于音节的语音单位可以作为编码的结构框架,因而也很难"拼"出"单音节的复合词";北京话如"甭"这样的字,那是"不用"的合音,是因经常连用而简化、浓缩的结果,这里既无双声,也无叠韵,与"遁"是逃、隐的拼合之类的现象无关。

总之,根据现在的研究,声母和韵母只是汉语音节的两个不可或缺的结构成分,不是自足的编码单位,因而在研究理据性编码机制的时候还得以音节为基础,不能超越这个界限。

3.2.1.7 我们排除了声母、韵母与编码的直接关系,就可以以向心性字族和离心性字族为结构框架,进行语义结构的研究。

二 向心性字族和语源研究(上):声训论和"右文"说

3.2.2.1 汉语语源的研究是语义研究的一个特殊而重要的组成部分,也是汉语理据性编码体系的研究能否取得进展的关键。向心性字族的结构以"声"为核心,形成"名之于实,各有义类"的理据性编码,为语源的研究开辟了前进的道路。清儒已经根据"声"在汉语结构中的地位和作用提炼出一些重要的理论,其中最有影响的就是"凡同声多同义"(段玉裁)、"声同字异,声近义同"(王念孙)的理论,使汉语的研究迈上了一个新台阶(§1.1.2.4)。鸦片战争之后,西学东渐,汉语语源的研究也出现了一些新的面貌。大体上可以分为两个方面:一种以中学为基础,其代表性的理论就是声训论和"右文"说;另一种以西学为基础,用西方历史语言学的原理来研究字族的结构,探索理据性的途径。这两种不同的研究途径都包含有合理的因素,可以结合起来,以改进汉语理据性编码的研究。

3.2.2.2 清末民初,有些学者由于受到清儒"因声求义"的成就的鼓舞和西方语言起源于摹声说的影响,用了很大的精力进行声训的研究,设法找出字的理据。章炳麟关于摹声说的理论、刘师培的一系列物名探源的文章、王国维关于《尔雅》草、木、虫、鱼、鸟、兽得名原因的例释等等,都对字的理据性问题进行过很好的探索,取得了一些重要的进展。不过他们的研究还比较零散,缺乏系统性,而且也还缺乏自觉的语源意识,我们这里不再评述。有自觉的语源意识而对声训进行系统性研究的代表人物是杨树达,他明确地以"声"为纲进行声训的研究。这抓住了汉语编码理据性的关键,因而他的成就也比其他学者大一些。

杨树达,字遇夫,湖南长沙人,早年留学日本,既有深厚的国学根底,又受过西方式的教育,因而形成了他独特的语言研究的路子。他的声训理论有两个重要的特点,这就是自觉的语源研究的意识和方法上的系统性。他的研究成果主要见于他的《积微居小学金石论丛》和《积微居小学述林》这两本论文集中。他在《述林》的自序中说:"我研究文字学的方法,是受了欧洲文字语源学 etymology 的影响的。少年时代留学日本,学外国文字,知道他们有所谓语源学。偶然翻检他们的大字典,每一个字,语源都说得明明白白,心窃羡之,因此我后来治文字学,尽量地寻找语源。往年在清华学报发表文字学的论文,常常标题为语源学,在这以前,语源学这个名词是很少看见的。"他根据 etymology 的精神,以汉语形声字的"声"为线索,进行语源的研究。为什么形声字可以成为汉语语源学的研究线索?那是由于"盖文字根于言语,言语记于声音,言语在文字之先,文字第是语言之徽号。以我国文字言之,形声字居全字数十分之九,谓形声字义但寓于形而不在声,是直谓中国文字离语言而独立也。其理论之不可通,固灼灼然矣"(《论丛》,38)。这些论述是有道理的,因为以形声字为基础的汉字书写系统完全适合汉语的理据性结构原理(§1.1.2.2,§3.1.1.5);我们前面分析过的一系列例证也可以清楚地说明这方面的问题。

杨树达的声训方法是"予循声类以探语源,因语源而得条贯"(见《论丛·自序》),带有系统性的特点。他根据这种方法把相关的字系联起来,"得以声联义之例证数百事"(《论丛》,40),对它们做出语源性的解释。我们前面引用过的"类声蘸声字多含曲义"、"燕声晏声字多含白义"等都是这方面的很好分析,并由此得出重要的结论:"观上方九例,吾国语言义逐声生之故,学者可以豁然明白矣。字义既缘声而生,则凡同义之字或义近之字,析其声类,往往得相同或相近之义,亦自然之结果也"(《论丛》,49)。杨树达认为他的循声探源的研究"皆语言之根柢,欧洲人谓之 etymology,所谓语源学也。盖语根既明,则由根及干,由干以及枝叶,纲举而万目张,领挈而全裘振,于是训诂之学可以得一统宗"。"由余上方之所讨论,知吾祖先文字之制作实有极精之条贯存于其间。惟吾人漫不经心,此中条贯尘翳数千年,不曾显见于吾辈之目前……若吾人将此中条贯理会明白,使国人知祖宗制作之精,将油然生其爱国之心。"(《论丛》,51)杨树达自己身体力行,把这一原则贯彻于研究工作的始终,写出了诸如《形声字声中有义略证》、《造字时有通借证》、《字义同缘于语源同例证》和《释×》等一系列语源性的考释文章,为汉语的语源研究做出了重要的贡献。

杨树达的语源研究得到了学术界的好评。沈兼士认为杨的成就已经超过了段玉裁和王念孙(见为《积微居小学金石论丛》写的序);杨树达自己则认为他的功力远不及段玉裁和王念孙,但"以我的成绩论,又似乎有比段、王进步了一些的地方。这并非我的学力超过段、王,乃是受了时代的影响。我出生较晚,时代的思想有变迁,因此我的研究方法与前人大有不同"(《论丛》自序)。杨树达归纳他与前人的不同方法有六条,概括起来主要是两条:一是受了西方语言学的影响,思路比较开阔;二是由于学术研究的发展,可资参考比较研究的资料多而且广,因而能够"继承《苍颉篇》及《说文》以来形义密合的方法,死死抓住不放"。用我们的话来说,这种方法也就是以汉语的研究为基础,吸取西方语言学中于我有用的理论和方法,探索汉语的结构规律和演变规律。这是中国式的历史语言学,相当于原始印欧语的语源研究。杨树达为中西语言学的结合树立了一个良好的范例。

3.2.2.3 与杨树达同时,把声训与语源的研究联系起来并进行一些理论性探讨的还有沈兼士。他的《声训论》(1941,278-279)说得很明确,他研究义符和声符,目的就是为了"建设汉语字族学"。声训为什么能够成立?就在于有义类,认为"语有义类,实为声训成立之主要原因"。什么是义类?沈兼士没有下明确的定义,但可以借用他对"右文"(§3.2.2.4)的规定进行注释:"惟右文须综合一组同声母字,而抽绎其具有最大公约数性之意义,以为诸字之共训,即诸语含有一共同之主要概念……"(1933,82)这"诸语含有一共同之主要概念"指的就是一个义类,而所谓"一组同声母字"指的就是有相同的声符,所以这段话的基本意思与杨树达的论述相同,区别只在于沈兼士强调的是"右文",而杨树达说的是"声类"。鉴于声训的有关材料"凌乱散漫,自来学者未曾有贯串综合统筹全局之计划",沈兼士还特为"假设若干规律",对声训的条理进行了一番整理。他假设的规律计相同、相等、相通、相近、相连、相借六条,如"相同"即"谓字虽异而语则同"(未,味也……),"相等"即"谓字异音转而语义仍相等也"(逆,迎也……),其他各条从略。这些条例使声训进一步理论化和系统化。

"义类"是声训的关键,但它的确定却是一件相当困难的事情,因为语言的发展已经使这种义类难以辨认。为克服这种困难,沈兼士提出七条办法来"审辨声训义类",其中最重要的是头三条,即"用卜辞金文校正篆体以明其形义相依之理";"本初期意符字形音义不固定之原则以溯义类之源"和"用右文法归纳同谐声字之义类"。这些办法可以纠正传统声训中"往往随心所欲地进行音同或音近字之间的比附、系联"(75)的弊病,有重要的参考价值,对改进声训的研究都有积极的意义。

声训论是研究汉语语源学的一种重要理论和方法。黄侃在谈到音义关系的时候强调指出:"古人制字,义本于声,即声是义,声音训诂,同出一源,文字孳生,声从其类,故今曰文字声音训诂,古曰字读,读即兼孕声音、训诂二事,盖声音即训诂也。详考我国文字,多以声相训,其不以声音相训者,百分之中不及五六。故凡以声音相训者为真正之训诂,反是即非真正之训诂。"沈兼士(1941,261)对这段话的评价是:"黄氏此说,虽似偏激,实具特识。"不能不承认:声训,这是汉语语源研究的一条重要途径,不能轻易否定。

3.2.2.4 汉语语源研究的另一条重要途径就是所谓"右文"说。汉语的形声字一般都是"形"在左,主义;"声"在右,主声。"右文"说就是通过形声字的"声"去求解意义,说明音与义之间存在着一种理据性的联系。这种学说肇始于北宋的王圣美。据沈括的《梦溪笔谈》十四载:"王圣美治字学,演其义为右文。古之字书,皆从左文。凡字,其类在左,其义在右。如木类,其左皆从木。所谓右文者,如戋,小也。水之小者曰浅,金之小者曰钱,歹而小者曰残,贝之小者曰贱,诸如此类,皆以戋为义也。"这一解释是不是完全科学,不同的学者可能有不同的意见(裘锡圭,1988,177);对于我们的研究来说,这一学说的重要价值在于它想突破《说文解字》以来的"形"的束缚,而想通过"声"来研究字与字之间的语义关系。虽然当时的研究还不成熟,但在理据性的研究上迈出了重要的一步。以后历朝都有不少人循着这种思路探索音义之间的关系,王念孙父子用"因声求义"系联同族字时就吸取了这种"右文"说的合理的因素,将声符相同,意义确实相关的形声字归在一起,使汉语的研究前进了一步。

"右文"说肇始于北宋,盛行于清朝的乾嘉时期,历经近千年,不仅没有泯灭,而且还得到了发展,这可以从一个侧面说明字中音义之间的理据性联系确是汉语编码的一种重要机制,是从语源的角度研究语义的一个重要问题。从乾嘉时期到清末民初,讨论"右文"说的学者很多,如黄承吉的《字义起于右旁之声说》,认为"谐声之字,其右旁之声必兼有义,而义皆起于声",陈澧的"声肖乎意"的理论(见《说文声表》），刘师培的《字义起于字音说》，认为"试观古人名物，凡义象相同，所从之声亦同，则造字之初，重义略形，故数字同从一声者，即该于所从得声之字，不必物各一字也"，等等。这些论述的核心意思就是"同声多同义"，虽然涉及"名之于实，各有义类"的"义类"，但认识不明确，思路也不够清楚。客观研究的需要呼唤着新的理论，沈兼士（1933）的《右文说在训诂学上之沿革及其推阐》就是一篇为适应这种需要而诞生的论文。这篇近5万字的长篇论文，主要内容可以分为三个部分：评述历史上的"右文"说；分析"右文"的一般结构公式；利用"右文"进行语源的研究。文章的材料丰富，分析具体，在学术界产生了很大的影响。这是汉语语源研究中一篇不可多得的论著。

3.2.2.5 "右文"的结构模式，沈兼士列出了七种公式：右文之一般公式；本义分化式；引申义分化式；借音分化式；本义与借音混合分化式；复式音符分化式；相反义分化式。传统所说的"同声多同义"为什么能分列出这么多的结构格式？这主要是根据语言的实际情况进行具体分析的结果。沈兼士首先对历史上的"右文"说进行总结，认为"自来诸家所论，多不知从此种学说之历史上着眼观察其作者何代，述者何人。徒凭一己一时之见到，腾诸口说，诩为发明。实即古人陈说，第有详略之不同，绝少实质之差别。此为学说不易进步之最要原因"。"夫右文之字，变衍多途，有同声之字而所衍之义颇歧别者，如非声字多有分背义，而'菲''翡''痱'等字又有赤义……其故盖由于单音之语，一音素孕含之义不一而足，诸家于此辄谓'凡从某声，皆有某义'，不加分析，率尔牵合，执其一而忽其余矣"（121）。沈兼士对一个声符为什么会有不同的意义进行了具体的分析，因而分出七种格式，以纠正以往的绝对化、简单化的理解。

"右文"的七种格式，其中最根本的是"由本义分化和借音分化"两式。由"斯"（息移切）孳生出"㯱、㾞、澌、嘶"是本义分化式。"斯"

的意思是"析也","分也","今俗语犹呼手裂物为斯也"(王念孙:《广雅疏证》)。以此为基础,"硎,磨也"(《广雅·释诂》);"甇,瓮破也"(《集韵》引《学林》);"譬,悲声也",字或作"痂"、"嘶",悲痛则声散;"澌,水索也。澌,流尐也"。这些"斯"音字都有"分"、"散"的意义,是一种典型的本义分化式。由"农"(奴冬切)孳生出"脓、袨、犷、浓、酞"则是借音分化式。"农"的意思原来只有"耕也",无"浓厚"义,沈兼士根据章炳麟《文始》的"盖出于乳"的解释,认为"乳于古亦为泥纽音,故农借为乳而得浓厚之义",因为"按凡泥纽字多含重滞不流利之义"。这样,语言中就有:脓,肿血也;浓袨,衣厚貌;犷,多毛犬也;浓,露多也;酞,厚酒也。本义分化和借音分化这两种方式抓住了"右文"所提示的语源形成的基本途径,虽然对借音的有些解释不甚确切(刘又辛,1981,89),但这两种方式的概括是有理论意义的,抓住了"声"与"义"相互转化的机制和原理。利用"右文"研究字族的意义,沈兼士认为有四:可以分训诂之系统,可以察古音之变迁,可以穷语根之起源,可以溯语词之分化。这种方法使汉语语源的研究前进了一大步。

和本文讨论的问题有关的,主要是如何利用"右文"去探寻语根或语源,"语根者,最初表示概念之音,为语言形式之基础"。沈兼士认为,历史上研究语根的著作主要有《说文》、《方言》和《释名》,但"其材料均有缺点":《说文》拘泥于字形义,如"初"据字形扶衣从刀而训为"裁衣之始",这"只是据形立义,假定古人造此字时所以取象之由耳。若云《说文》之训释,即语言之本根,言语之初,含义本当如此,则差以毫厘,谬以千里矣";《方言》虽以语言为研究对象,以"通语"释"转语",能"说明语言变衍之现象,较《尔雅》为具体,似亦甚凌乱";至于《释名》,由于它"任取一字之音,傅会说明一音近字之义,则事有出于偶合,而难期于必然"。沈兼士由此认为,"如欲探求中国之语根,不得不别寻一途径。其途径为何？余谓即'右文'是也"(169-170)。

3.2.2.6 "右文"说的实质就是根据声符提供的线索进行语源的研究,但声符的产生晚于语言的起源,怎能据此进行语源的研究？沈兼士在分析了章炳麟的初文说、魏建功等的简单象形体说以及他自己的文字画的缺点之后说,"余以为审形以考谊,似不若右文就各形声字之义归纳之以推测古代之字形(表)与语义(里)为较合理",并就此做了进一步的解释：

> 或谓右文所据之对象,多为晚周以来之字,奚足以语古？余以为形声字固为后起之音符字,然研寻古代语言之游源流反较前期之意符字为重要……且形声字之声母,泰半借意符之象形指事字为之,即欲研究意符字,则综合各形声字之音义,以探溯其声母之所表象,不犹愈于但取独体文或剖析象形体而假定其孳乳字之为自然有系统乎？且右文所表示之古义,本非如清代古音学家据《诗》三百篇韵脚研究所得之结果,辄目之为三代古音尽在于是者然。虽然,欲凭古文字以考古语言,则舍形声字外,实无从窥察古代文字语言形音义三者一贯之迹。故右文之推阐,至少足以为研究周代以来语言源流变衍之一种有效方法,此固为吾人所不能漫加否认者也……中国文字虽已由意符变为音符,然所谓音符者,别无拼音字母,只以固有之意符字借来比拟声音,音托于是,义亦寄于是。故求中国之语根不能不在此等音符中求之。(170-171)

确实,声符的"符"是后来产生的,比其所表示的语根要晚,以此为据来研究汉语的语源确有其一定的局限性,但是,应该承认,它是我们现在所能见到的、能提示语源的最早的、最有价值的线索,是汉语史研究中的一项宝贵材料,应该充分加以利用。印欧系语言的研究,历史比较法虽然能研究史前时期的语言状态,但是如果没有相应的书面材料或其他材料的佐证,拟测出来的语言可能与实际的语言状态风马牛不相及,张三与李四的拟测也会是一人一个样。印欧系语言的历史比较研究的成效为什么以罗曼语系的研究为最佳?就是由于有众多的拉丁文书面文献资料的参照。汉语是语义型语言,有悠久的历史传统,这是我们语言史研究的一个得天独厚的有利条件,"右文"说抓住这一点无可厚非,何况"声"本来就代表"言"。问题不在于要不要右文,而在于如何对这种右文进行语音学的描写。

沈兼士自觉地通过右文探寻语根,对北宋以来的"右文"说进行了一次语言学的改造,意义重大,因而在学术界引起了强烈的反响,认为"'右文'之说,与谓字学,宁称语学"(魏建功);"您在这篇著作里搜集材料之丰富,与用心之精密,自使我非常的佩服,尤其是您拿字作音符看,然后再用它来求音与义间的关系,不为许君的因形取义所累,这是先生的卓见,也就是右文对于古代语言上的一大贡献"(李方桂);"盖此文将启后人研究汉语语根之源而为语源学打定一基础"(林语堂);"弟觉字得义于声,故义近之字,析其声类,往往亦相近,竟是一通则,拙稿亦颇详言之"(杨树达);"大作宗旨及方法皆极精确,实获我心。大约中国语言文字之学只有此一条路可走也。'右文'之学即西洋语根之学,但中国固有文字特异之点,较西洋尤复杂,西洋人苍雅之学不能通,故其将来研究亦不能有完全满意之结果可期,此事终不能不由中国人自办,则无疑也"(陈寅恪。上述引文均见沈兼士,1933,174-183)。这些评价,沈文是当之无愧的。

"右文"说是探寻汉语音义关系的理据性的一条重要途径,对认识汉语的编码机制有重要的意义。

3.2.2.7 杨树达的声训论,沈兼士的"右文"说,共同的特点都是以声符为线索进行汉语语源的研究,抓住义类,考释字族的结构。沈兼士在为杨树达的《积微居小学金石论丛》写序言时明确地说到两者之间的关系:"吾友杨树达先生近以其所著小学金石论文裒集成书,征文于余,且坚之曰:兄治右文,弟研声训,同时同地同好。弟有所著而兄无言,他日学人或以为异事。盖余于十年前曾谓:今之文字学家已知用卜辞金文参验《说文》以索形体之原始矣,更当用古书音义现代方言参验《说文》以探语言之根株,而叹惜后者之寂寞无闻。爰上溯声训,推衍右文,略有造述。今读斯篇,深幸吾道之不孤。"杨树达说他们两人的研究是"同时同地同好",而沈兼士贺之以"深幸吾道之不孤",一"唱"一"和",说明他们殊途同归,试图解决汉语语源的问题。

杨树达的声训论和沈兼士的"右文"说都以声符为线索,探索字中音义之间的理据性联系,说明汉语的语源。这是在汉语传统研究的基础上发展起来的理论,其合理的内核应该继承和发扬。他们的研究也有缺点,这主要是:第一,缺乏系统的眼光,既没有看到隐含于"声"中的音与义的相互转化关系,也没有从字族结构系统性的角度来考察每一个字的理据性,因而无法对"声"的理据做出必要的解释;第二,不能用现代语音学的工具对"声"进行语音学的描写,因而难以摆脱"形"的束缚。语言研究的客观需要迫使语言学家学习西方历史语言学的理论和方法,而高本汉的有关研究正好符合汉语研究的需要,因而产生了重要的影响,使汉语的语源研究增添了一条新的途径。

三 向心性字族和语源研究(下):上古音系的拟测和字族的构建

3.2.3.1 鸦片战争之后,西学东渐,西方的一些汉学家用西方的语言理论来研究汉语的结构,并取得了重要的进展,其中最有影响的自然要首推瑞典汉学家高本汉。他继研究中古音系的《中国音韵学研究》和上古音系的《分析词典》之后,进一步向远古汉语攀登,用历史语言学的理论和方法研究汉语的字族,出版了《汉语的字族》(Word Families in Chinese, BMFEA, No.5)一书。这本书出版于1934年,第一次用历史音系学的方法对汉语的字族进行了语音学的描写。张世禄很快把它翻译成汉语,书名为《汉语词类》,1937年由商务印书馆出版。word families 的 word,理应译为"词",但由于这个 word 指的是和意义相联系的音节,相当于我们的"字",因而我们这里把 word families 译为字族。赵元任(1975,234)在谈到这一点的时候指出,汉语的早期,由于 word 与字的区别不大,"因而高本汉才可能写关于汉语的 word family"。印欧系语言中没有对应于汉语"字"这一概念的词,高本汉也只能用 word。

3.2.3.2 《汉语的字族》这本书分前后两部分:前一部分是高本汉对汉语上古音的研究,后一部分是以此为基础,根据开首辅音和韵尾辅音的配合情况分成10个类型,作为字族研究的结构框架。这10个类型是:

    K-NG型 T-NG型 N-NG型 P-NG型
    K-N型 T-N型 N-N型 P-N型
    K-M型 T-M、N-M、P-M型

高本汉用他自己所拟测的汉语上古音标注汉字的读音,而后根据每一个字的首尾辅音的配合类型列出矩阵,把 2000 多个字一个个地填入矩阵中,而矩阵中的字则再根据音、义的相同或相通进行类聚分合,构成字族。现以第一矩阵为例,列表于后,以见一斑:

A word of type K-NG

1. 景　　2. 镜　　3. 光　　4. 晃　　5. 煌
6. 旺　　7. 莹　　8. 耿　　9. 颖　　10. 炯
11. 荧　　12. 萤　　13. 杲　　14. 赫　　15. 旭
16. 熙　　17. 熹　　18. 晓　　19. 映。　20. 行
21. 徨　　22. 往　　23. 迂　　24. 街　　25. 巷
26. 遨。　27. 讲　　28. 告。　29. 更　　30. 改。
31. 麴　　32. 酵。　33. 迎　　34. 逆　　35. 糠
36. 壳　　37. 谷　　38. 癭　　39. 痈　　40. 鸿
41. 鹄。　42. 浴　　43. 沃　　44. 渥　　45. ……

这一矩阵一共 152 字,44 以后的例字略。用"。"号隔开的一组字有可能成为一个字族,例如 1-19,20-26,27-28……都可能是一个字族。字族内的几个字意义相同或相近,语音上存在着有规律的交替。第 1 组 1-19,字数多,读者不容易摸到头绪,我们可以选择 27-28 以及它后面的几组为例,做一简单的分析:

27. kŭng　to speak, explain

28. kôk, kôg　to tell

29. kăng　to change, alter

30. kəg　to change, alter

33. ngiăng　to meet, go out to meet

34. ngiăk　to go out to meet, go against, oppose

各组内部的起首辅音相同,不存在交替现象;33-34 是韵尾的交

替;27-28 和 29-30 主要是元音的交替。高本汉特别重视元音的交替,认为"汉语上古音系由于元音的交替而产生了一个 Ablaut 系统,极其丰富多样,不愧为藏语的姊妹语言"(110 页)。根据他的分析,元音交替的花样有近 30 种,极其繁杂,29-30 的 ă~ə、27~28 的 ŭ~ŏ 的交替只是其中的两种。高本汉根据他所总结出来的交替规律说明字族的语音结构。这是高本汉以汉语上古音系的研究为基础而向远古汉语攀登的一次尝试。

3.2.3.3 如果说,声训论和"右文"说以"声"为纲,那么高本汉的研究方法就完全摆脱了汉语传统研究的束缚,参照原始印欧语的研究,先建立上古音系,而后以此为基础,根据字义有联系的字的语音交替规律,建立汉语的字族。他认为汉字的数量虽然比印欧系语言的语素多得多,但那主要是"形"的问题,其实不少写法不同的字之间存在着同一性,可以把它们归并为一个"族",犹如印欧系语言以同一词根为基础而构成的一组词构成一个词族那样。这种"族"与前面讨论过的字族很不一样,以拟测的音系为基础,与"声"无关。上面以开首辅音和韵尾辅音的不同配合而整理出来的 10 个类型就是他为汉语字族的结构拟测的语音框架,把语义相近、语音上存在着交替规律的字归并为一个字族。这种研究方法的特点,除了语音的拟测以外,最重要的就是参照印欧系语言的 Ablaut 系统来解决字与字之间的语音差异问题。Ablaut 是元音变换,属形态变化的范畴,像现代英语的 bring~brang~brung、take~took~taken 等的不规则变化就是原始印欧语的 Ablaut 的遗存。高本汉对汉语字族的语音结构的拟测为什么着眼于音节首尾辅音的配合类型,重点考察元音的交替,原因恐怕就在于此。确实,Ablaut 在原始印欧语的研究中占有重要的地位,它的精神对远古汉语的研究也不无参考价值,例如"一声之转"的"转"就可以从语音交替的角度进行具体的考察,但"依样画葫芦"对汉语字族的研究不一定有多大的帮助。如前所述,汉语语源性字族的核心是有一个共同的义类,由"声"表示,但高本汉的研究根本不管义类,这就离开了汉语本身的结构基础。这样,如何确定一个字族也就失去了一个客观的标准。高本汉自己可能也考虑到了这一类的问题,因而对其研究的成效估价比较清醒,说了一段比较客观的话语(见第59页):

> 下面列表(指前面列出的矩阵)的目的不是肯定各组的字同源,只是说它们可能同源。少数情况的亲族关系是极明显、肯定的,更多的是很可能,其余的只是至少值得探讨。故每一小族只能看成一种"架子",其中所包含的材料将来还要经过选择。肯定的结果只有通过支那系语言的比较研究才能定,因为语音相似有时容易骗人。例如汉语收-ng的字中有好多可能来自由其他辅音收尾的支那系的字。c和š系可能是极多样的支那系复辅音简化的结果。因此,最好的情况也不过一部分是真正的字族,许多相似由于偶然。但我仍然立出这些架子,不这么做无法起步。

高本汉的态度是比较实事求是的,没有吹嘘他的发明创造和研究成就。他的研究,虽然还存在着这样或那样的问题,但在方法论上为汉语语源的研究开创了一条新的途径。这一历史功绩是不应抹煞的。

3.2.3.4 继高本汉之后,国内学者运用历史语言学的理论和方法对字族进行过系统研究的主要有王力(1982)和严学宭(1979)。王力的研究主要见于他的《同源字典》(这里的"同源字"相当于我们所说的"同族字"),认为"凡音义皆近,音近义同,或义近音同的字,叫作同源字"。"同源字,常常以某一概念为中心,而以语音的细微差别(或同音),表示相近或相关的几个概念。例如:小犬为狗,小熊、小虎为豾,小马为驹,小羊为羔"。严学宭的定义与此稍有差异,认为"语源上有亲属关系,而由同一本源的词核所构成的亲属语词","前人训诂中所谓'一语之转'、'一声之转'、'双声相转'、'叠韵相转'……大多数是有亲属关系的同族词"(85)。王与严的理论、方法都脱胎于高本汉,各以他们自己所拟测的上古音系为根据把"音近"和"义通"联系起来进行字族的研究,比较起来,严学宭的理论系统性强一些,因而可以对它做一些简要的评述。他认为字族的结构以"词核"为中心,"鉴定同族词的原则要求是据义系联,即词析音,抓住它们的共同语音形式——词核,分析其辨义的语音变换模式。如'囟'*sjən、'思'*siəg、'心'*sjəm 三词,'囟'指'头会匘盖','思'指思虑,'心'古人误为思维器。词义相关,故可系联。音则仅为变换韵尾"。这里的着眼点是"共同的语音形式——词核"。"词核"的结构公式是:

B(辅音) + A - (元音):(或) - A + C(尾音)

这个公式的意思"是指同族词里各个亲属词所共同具有内在联系的共同基本成分"(86),其前半段(":"之前)是辅音声母和元音相同,如前引的"囟"、"思"、"心",后半段是指元音和辅音韵尾相同,如"先"*sian 和"前"*dzian。公式的中心要素是元音,"它比较稳定,起着核心作用"。这个公式是对高本汉 10 种类型的语音框架的改进和提炼,用"词核"来命名,比高本汉的框架简练、集中。严学宭分析了 5000 多个语辞,"认识到汉语语词的音的变换是古汉语中最有孳生力的构词和构形手段,它就是利用同一词核变换辅音声母、元音和辅音韵尾派生许多新词。所派生新词的物质的声音的组成和意义是有规律地贯彻着对应关系,同类的义类大体相当于同类的音转,这就形成一组一组的同族词,它们在一组内的同族词是有音与义的同源关系"(86)。他以此为理论基础,总结出 6 种有规律的语音交替模式:1. 变换辅音声母,2. 变换元音,3. 变换辅音韵尾,4. 变换元音同时伴随辅音声母的变换,5. 变换元音同时伴随辅音韵尾的变换,6. 变换辅音声母和韵尾。其中1、3两类的孳生力最强,其他各类较弱。现在选择第三类"变换辅音韵尾"的模式为例,看看严学宭对字族结构的认识。字的注音系他自己对上古音系的拟测。例如:

婩 *ʔam: 婴 *ʔar　　崦 *xam: 峨 *xar

能 *nəŋ: 耐 *nəg　　禁 *kjəm: 忌 *kjəg

忸 *njəkw: 怩 *njəd　　恩 *ʔən: 爱 *ʔəd

饥 *kjəd: 馑 *kjən　　开 *khəd: 垦 *khən

伦 *ljən: 类 *ljəd　　林 *ljəm: 立 *ljəp

莅 *ljəd: 临 *ljəm

字族研究的核心是音义结合的理据性,严学宭在理论上不同于高本汉和王力的地方,最重要的一点就是他清楚地意识到理据性在汉语字族研究中的重要性。例如(拟音照录):

代(更易) *dəg: 递(传递) *deg

合(聚合) *ɤəp: 协(协和) *ɤiap

倒(翻转) *təgw: 吊(悬挂) *tiogw

彳(左步) *thek: 亍(右步) *thuk

埃(尘埃) *ʔəg: 翳(翳,蔽) *ʔeg

瘿(颈瘤) *ʔjeŋ: 壅(壅塞) *ʔjuŋ

……

孤立地抽出其中一个字,很难说明字中音义结合的理据,但研究两个字之间的相互关系就可以发现它们音近义同,而"近"又有一定的规则性(上述例子都是元音变换),这就可以衬托出其间的理据。严学宭根据他的研究,认为"这元音变换可视构词的表达概念的内部形式。如:尘埃的特征,可以翳蔽,这就是'挨、翳'两词的理据;颈瘤的特征是壅塞,这就是'瘿、壅'两词的理据。所谓理据,就是指语词为什么具有某个意义的理由和根据,也就是指词的声音和意义的内在联系,亦即所谓内部形式。乌尔曼(Stephen Ullmann)在他所著《语义学》(Semantics, An Introduction to the Science of Meaning)一书中曾说汉语是理据性最缺乏的语言,这是不对的"(88页)。严学宭不受西方语言学理论的影响,坚持字族结构中字的理据性,这一点是很不容易的。

3.2.3.5 如果说,西方语言学的理论和方法与汉语实际的结合,或者说,现代语言学与汉语传统语文学的结合,是建立和发展中国理论语言学必须遵循的一条原则,那么,这一原则同样适用于汉语语源的研究。根据我们前面的讨论,汉语语源的研究基本上是两条途径:一是声训论和"右文"说,它们都以"声"为纲,抓住义类,探索音义结合的理据性联系;二是由高本汉开始的、根据上古音系的拟测构建相应的音型或"词核",讨论字族内的字的"音近义同"说。这两种途径都有道理,但也各有自己的片面性和局限性。从"族"的建立来说,显然声训论和"右文"说比较可靠,因为它以有形的"声"为线索,抓住义类,进行研究,切合汉语的结构特点;以音型或"词核"为基础,由于脱离了汉语字族结构的有形的线索,而所拟测的上古音系现在也还处于草创阶段,一个人一个系统,不大成熟,因而这种途径难以建立汉语真正的字族,自然也无法揭示字族结构的理据性。另一方面,如果从描写的手段来说,以上古音系的拟测为基础的音型说或词核论显然有它的优越性和先进性,这就是可以对字族进行语音学的描写。因此,如果我们能从这两种对立的研究途径中吸取各自的合理内核,把它们结合起来,以"声"为纲,并对这种"声"进行语音学的描写,或许是改进汉语语源研究的一条重要途径。

"结合",这是发展我国语言理论研究的一条重要途径,历史语言学的发展也为此积累了有益的经验和教训。高本汉首先把历史比较法和《切韵》系韵书相结合进行汉语音韵史的研究,取得了重要的成就,开创了中古音系研究的一个新时期。后来他又以这一研究为基础,把内部拟测法等与清儒上古音研究的成果相结合,开创了汉语上古音系研究的一个新格局。(徐通锵、叶蜚声,1980b,1981)高本汉所以能取得这些成就,关键就在于有扎实的汉语研究成果做基础,用他自己的话来说,就是在汉语音韵的研究中碰到了两次好运气。(§0.2.2)高本汉想以他所拟测的上古音系为阶梯向远古汉语攀登,由于没有找到可以与之相结合的汉语的有关研究成果,因而只能仿效印欧系语言的 Ablaut 的分析方法研究语音交替的规则,进而构建字族。失去了相应的汉语书面材料的控制,高本汉就失去了结合性研究的依据,因而其研究成效也就难以与中古音、上古音的研究相比拟,存在一些明显的缺点。要改进这些缺点,不能不联系汉语的"声",抓住汉语研究中有特殊价值的义类,而后再吸取西方历史语言学理论、方法的精神,对"声"进行语音学的描写,以对理据性的研究进行"现代化"的改造。这种"结合"是发展我们理论语言学的一条有效途径。

3.2.3.6 要抓住"声"这种有形的线索,突出义类的地位和作用,对字族进行语音学的描写,需要有一种可靠的参考资料。有两种资料可供考虑,一是高本汉的《修订汉文典》,一是沈兼士主编的《广韵声系》。

1940 年,高本汉根据他对上古音的研究写成《汉文典》(Grammata Serica)一书,重点分析谐声字。1964 年高本汉对此书进行了修订,称为《修订汉文典》(Grammata Serica Recensa)。书中收录 1260 条材料,其中谐声声符有 1235 个。高本汉以此为纲,编成"谐声字典"。字典中每一个字都有高本汉的上古音的注音,并引证古文字的材料,加注字义。这是高本汉对汉语历史音韵学的研究的一部综合性、总结性著作,是汉语史研究的一部重要参考书,但遗憾的是,他只用来研究上古音系,没有透过谐声系列来研究其中的义类,因而使字族的研究受到影响,没有取得预期的结果。《广韵声系》最初由辅仁大学于1944年出版,1985年由中华书局重印。《广韵》里的字,《广韵声系》以四十一声类为纲,按谐声系统编纂、排列,"盖凡谐声字之主谐字声纽相同者为一类,每类之主谐字及其被谐字又均依其见于《广韵》韵次之先后排列之"(《叙例》)。沈兼士在《编辑旨趣》中说:"吾人欲建设汉语学,必须先研究汉语之字族;欲作字族之研究,又非先整理形声字之谐声系统不可。《广韵》一书,为记载中古文字之总汇。其谐声字,比之说文,多逾三倍,其语汇亦较《说文》、《玉篇》为完备。"周祖谟(1988a)把这种旨趣化解为四个要点:叙列周秦、两汉以来谐声字发达的史迹;提出主谐字与被谐字训诂上、文法上之各种关系;比较主谐字与被谐字读音分合之现象;创立以主谐字为纲之字典模范。鉴于此,《广韵声系》可视为研究汉语字族的一本有价值的参考书。如果把它与高本汉的《修订汉文典》加以比较,时间虽然晚一些,但晚有晚的好处,因为它的资料丰富、可靠,人们可以从其由少到多的发展过程中悟察语言运转的机理。从这方面来说,《广韵声系》无疑有其独特的优势,可以成为字族研究的一个可靠的蓝本。

抓住主谐字的"声"这一有形的线索,结合上古音系的研究,对字族进行语音学的描写,这是建立汉语科学的语源学的一条重要途径。

四 离心性字族和字的本义的研究

3.2.4.1 离心性字族与向心性字族是我们面对的两种字义结构原则。它们相辅相成,形成汉语语义结构的两根轴。向心性字族以"声"为核心"比类取象",为适应交际的需要创造新字,反映"象"与

"类"之间的纵向的联系。离心性字族则需要对已经造出来的字据"形"进行横向的系联，整理成人们易于驾驭的字汇系统。例如"雚"声的"趯"、"芻"（"刈草也"）声的"趨"、"召"（"呼也"）声的"超"、"干"（"犯也"）声的"赶"……都与"走"这一"形"（事类）的意义有联系，是同"形"异类，因而可以把它们汇集成"族"。这是汉语社团观察语义结构的两个重要的窗口，缺一不可。从历史的发展过程来说，人们的认识早期偏重于向心性字族的结构，注意音义之间的理据性联系，但随着语言的演变，这种联系在人们的意识中日趋淡化和消失，因而把注意力逐步转向以"形"为特征的字的结构，探求形义结合的理据，而且有点喧宾夺主，成为人们观察字义结构的最重要的视角。从"声"转向"形"，这是汉语研究重心的一次大转移。完成这种转移的时间可能是在两汉，其最重要的标志就是《释名》和《说文解字》的刊行。

《释名》和《说文解字》是在东汉时期面世的两本著作，前者探求音义结合的理据，后者主要研究形义结合的理据。由于音义结合的理据当时已是"百姓日称而不知其所以之意"，即使是专家的"论述指归"也说不清楚结合的理据，因而《释名》是对一种即将完全消亡的语言现象的抢救。《说文解字》着眼于文字与语言的关系，研究形义结合的理据，有迹可寻，因而成为后来汉语研究的一部圣典。这两部著作，《释名》是对一种"没落"的语言现象的抢救和总结，而《说文》则是对一种新兴研究领域的挖掘和开拓，它们同时面世，正好反映了理据性研究重心的转移。从此之后，汉语的研究大体上就循着《说文》的思路进行以形求义的研究了。

3.2.4.2 《说文》以表事类意义的"形"为纲，把同形的字汇集在一起，可以说是一本离心性字族的大字典。这种离心性字族的语义研究与向心性字族有一个重大的差异，这就是"族"中的字没有一个统一的意义,因而很难对它进行统一的、系统的语义研究,只能一个一个地进行个别的解释。《说文》是单字字义解释的汇集,无法如音义结合的理据性那样,形成"名之于实,各有义类"的系统性。由于《说文》是汉语研究的圣典,它的研究方法自然也会对后来的汉语研究产生重大的影响,这就是一个字一个字的研究。这样的研究虽然精辟而具体,"明察秋毫",但零散而不系,"不见舆薪",无法进行相关的理论建设。这是传统的汉语语义研究的一个重要特点。但是,在一个字一个字的零散研究中也隐含有观察个体的一种统一的思路,我们只能以这种思路为基础考察有关的问题。

《说文》的核心是释义,集中探求字的本义,而不是解"形";释义是目的,解形只是实现释义目的的一种手段。求本义,这是《说文》研究单字的一种统一的思路。

本义者,源义也,《说文》集中探求字的本义,实际上仍带有语源研究的性质,只不过观察的角度和研究的任务发生了变化,不是探求音义结合的理据,而是重点研究形义结合的理据。这一点决定了它的释义的特点,尽可能使形与义相贴切,"《说文》之作,至为谨慎。叙称博考通人,至于小大,是其所说皆有来历。今观每字说解,俱极谨严。如'示'云:'天垂象,见吉凶,所以示人也。从二。三垂,日、月、星也。观乎天文,以察时变,示神事也。''示',合体指事字,为托物以寄事,故言'天垂象,见凶吉,所以示人'也。如不说'天',则'二'无根据,不说'垂象',则三垂无所系,言'示神事',为在下凡以示之字安根"(黄侃,据陆宗达、王宁,1983,34)。这是从形、义之间的关系来解释语源性的本义,贯穿于《说文》的始终。《说文》的一个重要价值就是保留了大量的字的本义。这方面的问题人们已经说得很多,我们没有必要重复引证。《说文》的时代,一个字大多已不是只有一个本义,还有不同的引申意义,但语源性的意义只有本义;《说文》只求本义,不及其他,说明它的目标是探求语源,明确字的形义结合的理据。这与《释名》的目标似乎是异曲同工,从不同的侧面解释字的理据性。

《说文》把研究的重点集中于字的本义,说明形义结合的理据,这不是偶然的,是时代的需要。这种需要过去人们都比较强调汉时人们因读不懂先秦的典籍,必须通过训诂,因而需要对变化着的文字进行一番整理,以考求字义。我们想从另一个角度考察这种需要。前面说过,字是形、音、义三位一体的结构单位,最重要的特点就是理据性。由于语音系统的演变,音义结合的理据日渐模糊,人们不知道名称的"所以之意",因而研究的注意力转向形义结合的理据。但是,形义结合的理据,由于文字从甲骨文、金文经大篆、小篆到汉隶,书写形体发生了重大的变化,也日趋模糊和消失,因而需要在篆体还在运行的时候对形与义的关系进行分析整理。这也是一种抢救性的研究,以便把字的理据性尽可能完整地保留下来。理据明,字义清,训诂通,《说文》是为适应这种客观的需要而编纂的,不管后人能够从中找出这样那样的问题,但它实现了求本义的语源性研究,为以形求义开辟了广阔的道路。

人们往往把《说文》看成为一本文字学的著作,好像与语言的研究无关。这实在有失公允。固然,《说文》是研究汉字形体的一本权威性著作,但它的语义解释完全属于语言学的范畴,而且它的体例也已粗具现代字典的雏形。例如:用"读若"、"读若某"等等来注释字的读音,这是此前的《尔雅》、《方言》不曾用过的方法,在反切出现以前是一种重要的注音法,其来源是"汉时经籍,今古异文,同属一家,仍多互异。然形体虽异,音读无殊,许君精读五经,博通群籍,知其异字同音,故尔以此拟彼"(杨树达,1946,110),我们今天还可以参照这种读若去考察古音的某些痕迹。又如,用典籍来证明字的本义,为读通先秦的典籍服务,并不是一味地据形释义。这也是它带有语言学性质的一种表现。据朱星(1995,100-102)的分别统计,《说文》引证的典籍计有44种,引证1152处,是"六艺群书之诂,皆训其意"。这些都难以归入文字学的范畴。所以,《说文》既是文字学著作,也是语义研究的结晶,我们完全可以根据它的求本义的特点去考察形义结合的理据性,归入语源性的研究。

3.2.4.3 据形释义虽然为字的理据性研究开辟了一条前进的道路,但它先天不足,不可避免地会带来这样那样的弊病。字是形、音、义三位一体的结构单位,其中义是核心,音与形是义的表现形式,突出理据性。但是,音义结合的理据与生俱来,历时久远,是在语言自组织的过程中自发地形成的,而形是后来配上去的,时间要晚得多,它与义的理据性是先经少数人的体验、创造而后加以推广,带有某些人为的痕迹。在其初始时期,形与义有清楚的理据性联系,这是没有问题的,但随着时间的推移,形义结合的理据性痕迹也就日渐模糊,直至泯灭,后人的推断难免发生错误。《说文》去古已远,形义结合的理据性当时已经不大清楚,因而对本义的探求很难避免主观的猜测,进行错误的解释。近几十年来,随着地下出土的增多和甲骨文、金文的研究的深入,人们发现《说文》有不少字的本义解释是错误的。例如"爲",《说文》的解释是"爲,母猴也。"但根据罗振玉《殷虚书契考释》的研究,"'爲'古金文及石鼓文并从爪从象,绝不见母猴之状。卜辞作手牵象"。与汉语有亲属关系的藏缅语中和"爲"相对应的同源成分是 *m-gwi(y),意为"象"。这一类性质的错误在《说文》中占有相当的数量。有些人据此对《说文》进行了一些过头的质难,这也似可不必,因为《说文》究竟只是一种在字体发生重大变化的情况下而进行的抢救性研究,有这样那样的毛病,在所难免。

本义是一个字的意义的核心,各种引申的意义只有通过它才能得到合理的解释,本义有误,自然会影响后人的语义研究。其次,随着文字的发展，形义结合的理据日益解体，后人离开《说文》也就无法以形求义。再次，形声字中隐含着形、音、义相互转化的机制，有相当数量的"声"是通过假借的途径产生的，无法直接进行据形求义的解释。这些缺点的不可避免的结果就是对先秦典籍的训释产生了消极的影响，望文生义，误解原意。传统的汉语研究，不管是文字、音韵还是训诂，其终极的目的，就是要读通典籍；据形求义不能有效地实现这样的目的，自然会促使人们去寻找新的方法。最后，清儒为适应这种客观研究的需要，吸收传统的声训和"右文"说的合理内核，发现了"同声多同义"的规律，为"因声以求义"的训诂新途径奠定了坚实的理论基础。从《释名》的声训到清儒的"因声求义"，这是一次否定的否定，要在新的基础上重新探求音与义之间的理据性，即以"声"为纲，对字义之间的关系进行系统性的考察。朱骏声的《说文通训定声》改变《说文》以"形"（部首）排列的原则，完全以"声"为纲，把同"声"的字系联在一起，构成一个声系，就是为适应这种"因声求义"的需要而撰写的著述。新的理论使汉语的研究进入了一个新的全面发展的时期。乾嘉学派的重要成就就是实践这种理论而取得成果的证明。

不管是《说文》的以形求义，还是清儒的因声求义，核心的问题都涉及字的理据性，不过主次有别，语言的研究应该着眼于音义关系的考察，形义关系的理据只能作为一种附属的手段，不能喧宾夺主。

3.2.4.4 字义的结构原则是"1个字义 = 1个义类 × 1个义象"，体现字的理据；以"声"为核心形成向心性字族，以"形"为核心形成离心性字族。这种原则适用于单字格局的分析。随着语言的发展，单字格局日益解体，以双音字为主体的格局逐渐形成，这种结构原则的表现形式也就逐渐发生变化。我们在前两编各章中曾一再强调，语言现象是容易发生变化的，但是它的结构原理很稳固，不会轻易变化，即语言现象的易变性和结构格局的稳固性的对立统一始终支配着语言的运转和演变。语义结构自然也是在这一原理的支配下运转和演变的。这就是说,单字格局可以解体,但它的"1个字义=1个义类×1个义象"的结构原理和理据仍然长存,只是表现形式有所变化而已。这种变化大体上循着两个方向发展:一是向"外",表现为字与字的线性组合的理据,这是我们后面三章需要重点讨论的问题;一是向"内",表现为本义和引申义之间的关系,下面只就这一方面进行一些必要的考察。

语言中的字大多都是多义的,除本义外,其他都是引申义。引申就是借助于本义的一个语义特征、通过联想而去表示与该特征有关的现象,这种联想的语义基础就是相似和相关。前面说过,这是形成向心性字族和离心性字族的语义基础。多义字的产生与这种结构原理有密切的关系。谁都知道,一种语言需要表达的语义是无限的,而表达这种语义的语音结构方式却是有限的。在人类社会的早期,这种矛盾并不突出,人们可以用新字表达新义,但随着社会的发展,交际频繁,思维发展,认识的新事物、新现象越来越多,有限的语音结构方式无法满足无限意义的表达需要,因而一方面组字造辞,增加结构单位的长度,另一方面从造字转向造义,借助于原来的字去表达新造出来的意义,用朱骏声的话来说,就是用转注的方法产生多义字。所以,多义字各义项之间的语义关系,实际上就是向心性字族和离心性字族的结构原理的转移,区别只在于字族的语义关系表现在字与字之间,而多义字则表现在义项与义项之间,它们的结构公式都是"1个字义=1个义类×1个义象"。例如"发"字,根据《辞源》,它有下列的意义:

1. 发射:《诗·召南·驺虞》:"彼茁者葭,壹发五豝。"
2. 出发、启程:《诗·齐风·东方之日》:"在我闼兮,履我发兮。"
3. 生长、发生:《诗·大雅·生民》:"实发实秀。"
4. 兴起、奋发:《孟子·告子下》:"舜发於畎亩之中。"

5. 显现、发扬:《礼·乐记》:"乐必发于声音,形于动静。"
6. 散发:《书·武成》:"散鹿台之财,发钜桥之粟。"
7. 启发、阐明:《论语·述而》:"不愤不启,不悱不发。"
8. 发表、发布:《诗·小雅·小旻》:"发言盈庭,谁敢执其咎。"
9. 揭发:《列子·力命》:"四人相与游于世,胥如志也,穷年不相摘发,自以行无戾也。"
10. 开发、打开:《诗·周颂·噫嘻》:"骏发尔私,终三十里。"
11. 震动:《老子》:"天无以清,将恐裂;地无以宁,将恐发。"

这是意义比较复杂的一个例字。"发"的本义"射发"(《说文》),这可能是凭以造字的根据,实际的意思不一定那么狭窄。我们现在在文献中看到的意思是:施加一种力量使事物的状态发生从无到有、从小到大的变化。为行文的方便,我们下面用"生发"这个辞来指称这一复杂的意义。在狩猎时代,这个字的意义可能经常用于弓箭的射发,因而使人们造出一个带"弓"形的"發"字。但是,在语言的运转和演变中这个意义已转化为一个义类,凡是现实中能使事物的状态发生从无到有、从小到大的变化的"生发"现象,语言社团就可以根据相似、相关的原则,通过联想,"比类取象",指称相关的现象,形成一个个具体的意义。这些意义必须借助于字的组配才能显现,不然就难以存在,例 11 如前面没有"天恐裂","发"就不可能有"震动"的意思。义项的分列往往因人而异,这是人们对连续性的义域进行离散性的划分时因认识的差异而产生的区别,难以避免。"发"的义项划分这里只能据《辞源》。不管是本义还是引申义,它们的结构原则都是"1 个字义 = 1 个义类 × 1 个义象","义类"就是与"发"的读音相联系的本义,"义象"就是每个意义所指称的现象。这样,上述"发"的各个意义就可以表之以如下的公式:

1. 发射 = [生发] × [射击]

2. 出发、启程＝[生发]×[出行]

3. 生长、发生＝[生发]×[成长]

4. 兴起、奋发＝[生发]×[主观的努力]

5. 显现、发扬＝[生发]×[表现]

6. 散发＝[生发]×[分散]

7. 启发、阐明＝[生发]×[开导说明]

8. 发表、发布＝[生发]×[公开]

9. 揭发＝[生发]×[(使隐私)暴露]

10. 开发、打开＝[生发]×[关闭]（使关闭的事物打开）

11. 震动＝[生发]×[晃动]

有些意义现在已经不用，如例11。每个义项的结构原则都与字义一样。语义特征的概括不一定准确，因为现在还没有对此进行过系统的研究。

多义字的语义结构类似向心性字族还是离心性字族？这得根据各义项之间的语义关系来分析。就"发"字各义项的关系来说，应该说与向心性字族一致，与前面讨论过的"类"、"雚"声与卷、鬈、卷、拳、眷、蹉、拳、疆、圈、权等字的关系没有什么两样，区别只在于"发"字各义项隐含于字内，而"类"、"雚"声各字表现为一个个单字。不管是"发"的义项与义项之间，还是"类"、"雚"声的各个字，它们都是通过语义的相似性原则联系在一起的。相反，"兵"字各义项的关系，从"兵器"到"拿兵器的人"（兵士），再到"战争"（用兵）等，是通过相关性原则展开的，与离心性字族的结构一致。这些只能根据不同的字的不同情况进行具体分析。

3.2.4.5 随着语言的发展，双音字兴起并逐渐成为语言的主流性结构单位，从而使字的理据性的表现形式发生了变化。这样，我们就需要进入理据性研究的一个新领域。

第三章 结构的不平衡性和单字结构格局的解体

一 编码体系的结构不平衡性和结构格局的调整

3.3.1.1 单字编码,类与象辩证地统一于"1",直接接受现实规则的投射。这是汉语早期编码体系的一种结构格局,但是随着语言的发展,这种格局渐次解体,让位于以双字为主体的格局。为什么会发生这样的变化?就是由于编码体系内部存在着结构的不平衡性。这可以从宏观和微观两个角度进行考察。先讨论宏观的结构不平衡性。

3.3.1.2 语言是现实的编码体系。现实为编码提供的客观基础大体上可以分为空间、时间和性状三大类。名物占有一定的空间,表现出事物的大小、高低、宽窄、厚薄、聚散、离合等的特点,大多是一些离散的、有形的现实现象;和空间的表现形式不同,时间是无形的,它只有通过名物的运动变化才能表现出自己的存在;性状也是无形的,它存在于不同的名物及其运动的状态中。空间、时间、性状是语言对现实进行编码的客观基础,不同语言都需要将这三类不同的现象编成"码",至于这些类型的"码"在不同语言中的具体表现形式,则随语言的不同而不同。在印欧系语言中这三类"码"的表现形式大体上就是我们平常所说的名词、动词和形容词;虽然由于一致关系的调节,名、动、形的语法表现形式和它们的语义基础可能会出现这样那样的矛盾,但是它们在语义上是名物、动作、性状的转化,这一点是不会有问题的。汉语没有印欧系语言的那种类型的词类,但同样需要把空间、时间和性状这三类现实现象转化为语言的"码"。如何转化?类、象合一的单字编码格局就不能不给这种转化带来深刻的影响。

"1个字义=1个义类×1个义象"的语义编码规则,如前所述,首先是通过临摹性的原则实现的。临摹,需要有具体的、有形的物做标杆,这就使汉语的编码体系呈现出重名物的特点,因为名物大多是具体的、离散而有形的,可以成为临摹取象的凭据,把现实现象转化为义类和义象,形成"直觉的"概念。行为动作类的"码"是表无形的时间的,需要借助于名物的运动变化才能表现它的意义,因而在单字编码格局的状态下就呈现出很多复杂的情况:如果能借助于名物"比类取象"的,就能表现出特定的动作内容,如果没有找到寄托的名物,它的含义就显得宽泛和笼统。性状是一种寄存于各种不同的事物和动作中的现象,本身不是一种具体的、独立的、可以"取象"临摹的事物,因而在类、象合一的单字格局中难以独立,形成早期的汉语除了联绵字以外基本上没有表性状的"码"的状态。可以说,这是汉语理据性编码体系的一个总特点,而离散的名物类的"码"则是这一编码体系的中心和基础。可以说,这是汉语社团的直觉性思维方式在语言结构中的一种表现,其最大的特点就是重"静"不重"动"。这对汉语的语法结构将会产生重大的影响。

下面可以具体讨论编码的现实基础和单字编码格局的关系以及由此产生的一些矛盾。

3.3.1.3 字义的结构,如前所述,是类、象合一。类与象是从纵与横两个不同的角度去观察相同的现实现象时抽象出来的语义特征,大体上是类纵象衡。随着语言的发展,人们后来比较关注的是字义之间的横向联系,从"象"的视角去观察字义之间的关系,把字归成类,而语源性的义类则渐次模糊。《尔雅》是我国最早的一部语文学专著,大体上反映两汉以前的汉语语义、语汇的特点。它对字的分类基本上是以"象"为准,根据事物的自然性质分类,把表示同一类现象的字归属于一类。据《汉书·艺文志》,《尔雅》分3卷20篇,今本19篇,分释诂、释言、释训、释亲、释宫、释器、释乐、释天、释地、释丘、释山、释水、释草、释木、释虫、释鱼、释鸟、释兽、释畜。释诂、释言的"释"大体上相当于前面所说的转注(§3.1.1.3),是在原有的"码"的基础上通过"转注"而编成新的"码";释训的"释"基本上是用重言(有少数双声和叠韵)来描写事物的性状;而释亲以下的16篇则完全根据事物的自然性质把有关的字归属于一个类,各篇的名目就已经清楚地反映出它的归类原则。至于语源性的"类",《尔雅》虽然不乏一些精到的例证,但并没有系统的考虑。经常为学者所引用的"马"的各种名称就可以清楚地说明这一特点。比方说,与白色有关的马的字《尔雅》有28个:

膝上皆白,惟馵;四骸皆白,驓;四蹄皆白,首;前足皆白,骧;后足皆白,翑;前右足白,启;左白,踦;后右足白,骧;左白,馵;骊(指赤色黑鬃)马白腹,騵;骊马(深黑色的马)白跨(胯),骊;白州(白臀),驈;尾本白,騴;尾白,騥;驺颡,白颠(指顶额白。郭注:戴星马也);白达素,县(郭注:素,鼻茎也,俗所谓漫驴彻齿。县音玄);面颡皆白,惟駹;骊白駮,黄白骅(诗:骅駮其马);骊白杂毛,鸨;黄白杂毛,駓;阴白杂毛,骃;苍白杂毛,騅;彤白杂毛,騢;白马黑鬃,骆;白马黑唇,駩;黑喙,騧;一目白,瞷;二目白,鱼(郭注:似鱼目也。诗曰:有驒有鱼。瞷音闲)。

这是义象的类,在文字上的表现形式就是以形"马"为基础而把相关的字汇集在一起,与语源性的义类无关,说明横向联系的"形"象已经模糊了纵向以"声"为线索的语源的类的界限。这里的每一个字义都是类、象的对立统一,可用具体的语义特征代入"1 个字义 = 1 个义类×1个义象"的公式。对名物进行这样明确而细致的编码,过去一般都归因于社会条件,认为是为适应游牧社会的生活环境而产生这些特定的字。这种解释恐怕站不住脚,至少是理由非常不充分,因为这只是对马、牛、猪、羊等属的一些具体名称的孤立考察,而没有把它们与草、木、虫、鱼、器、室、亲等的编码方式进行横向的比较。比方说,"马"属名称的细致划分如归因于游牧社会,那么亲属称谓的精细而明确的划分应归因于什么呢? 现在一般的研究都把它归因于森严的封建等级。显然,这个论断与马属的论断是矛盾的。汉语亲属称谓的细致划分并不是在封建社会中产生的,而是在此之前就已广泛运用了。《尔雅》的一个重要价值就是它保留着汉语早期的一些编码原则,我们只要把有关的部分联系起来分析,就不难得出比较符合实际的结论。这种亲属称谓的细致划分与游牧社会的生活环境有什么关系呢? 很难说。如果再与"释宫"部分比较,我们就会进一步发现释宫的分类原则是无法用游牧社会的生活环境来解释的,因为它对房舍的结构已有明确细致的描写,不同的部位都有特定的名称,而且还有亭台楼榭阙闱闺阁的分别。游牧社会的人们一般都是逐水草而居,房舍很简陋,哪儿来的亭台楼榭阙闱闺阁呢! 语言是一种系统,要求用最简单的规则去驾驭最广泛、最复杂的语言现象;任何一个成分都不是孤立的,而是和其他的现象存在着内在的联系,用洪堡特的话来说,就是语言中"没有零散的东西,它的每一个成分都只显示它是整体的一部分";"第一个词就已经预示并决定了整个语言"(1820,148)。《尔雅》所反映的语言编码原则说明了这种"第一个词就已经预示并决定了整个语言"的结构原则,虽然我们现在说不清哪是第一个"词"(字),但每一个字在编码体系中的地位可以清楚地说明这种原则,只要我们对"释亲"以下16篇的名物类编码进行横向的比较分析,就不难发现编码原则的平行性,就是各类名物性的现象在编码体系上都呈现出具体、明确、细致、离散,每一个字都有确切的语义范围,大体上都是根据"1个字义=1个义类×1个义象"的原则构成的。名物类的"码"为什么会表现出这种平行性?原因就在于以直觉的概念为基础的"比类取象"的思维方式。

3.3.1.4 时间和性状都是无形的,需要借助于名物才能看到它们有形的存在。时间在语言中大体表现为行为和动作,存在于名物的运动和变化之中。汉语早期表示动作的一些字大多与特定的名物相联系,使它们只适用于一些特定种类的名物。比方说,雕刻金的行为曰"雕",雕玉曰"琢";追人曰"追",追兽曰"逐";"凡师有钟鼓曰'伐',无曰'侵',轻曰'袭'"(《左传·庄公二十九年》);无牲而祭曰"荐",荐而加牲曰"祭"(《谷梁传·桓公八年注》);土硬曰"坚",刀硬曰"刚",弓有力曰"强",四面闭塞、难攻易守曰"固",等等。这是借用空间的名物限制行为动作的存在方式的一种表现。在汉语的编码体系中,用空间来限制时间,这是一种很重要的特点。除了上述这种限制方式之外,还有很多其他的方式,例如,"室中谓之时,堂上谓之行,堂下谓之步,门外谓之趋,中庭谓之走,大路谓之奔"(《尔雅·释宫》)等等。时间一旦得到了空间的限制,每一个字的意义范围就会比较明确,反之,就会显得宽泛和笼统。

性状作为一种独立的编码对象在汉语的早期还没有分离出来。它寄托于名物,在编码的时候大体上都是通过某一类名物的摹写来衬托某种特定的性状。我们可以通过一些表颜色的字的意义来说明这方面的问题。

红、白、黑这些颜色是事物的性状的体现,具体考察一下这方面的"码"就可以清楚地看到汉语社团如何将性状化解为不同的名物进行编码的状况。张永言(1984)根据古代文献的材料对汉语五色之名进行了一次全面而系统的整理,发现表"黑"的字有 98 个,"白"85,"赤"65,"黄"29,"青"25,真是细致到无法再细致的地步。但是,只要我们对每一个字的意义加以分析,就会惊奇地发现,这些字"编"的是名物类的"码",而不是黑、白之类的性状。为了说明问题,我们这里选录张永言的"黑"字条下的若干例证,以见一斑:

1. 黑《说文》:"黑,火所熏之色也。"
2. 鲸《说文》:"鲸,墨刑在面也。"
3. 玄《说文》:"玄……黑而有赤色者为玄。"
4. 祄《玉篇》:"祄,黑衣也。"
5. 黔《说文》:"黔,黎也……秦谓民为黔首,周谓之黎民。"王筠、朱骏声等均训"黎"为"黑"。
6. 黇《说文》:"黇,残黄黑也。"
7. 绀《说文》:"绀,帛深青扬赤色。"
8. 黪《说文》:"黪,黄黑也。"
9. 䵣《释文》引《字林》:"釜底黑也。"
10. 黯《说文》:"黯,深黑也。"春秋时人蔡黯字子墨,"黯"、"墨"同训。

……

这里的每一个字都特指某一类"黑"的事物,表示一种名物,而不是性状。前面谈到寄托于"马"的各种名称中的"白",情况与此类似。张清常(1991,66)已经注意到了这方面的特点,认为《尔雅》在颜色方面提供最有价值的材料乃是若干早已死亡的专词,它们是带颜色的物件,却没有把颜色的概念分析出来而成为一个专词,意义是某色某物。例如'释草'赤苗叫什么,白苗叫什么;'释木'赤棠叫什么,白棠叫什么;'释兽'白虎叫什么,黑虎叫什么。最突出的是那里面的马,因毛色的差异及所在位置的不同,致使马有35种专名。"这可能也是研究古汉语的学者感到"形容词"特别贫乏的一个原因。(参看周法高,1962,13)

前面所述的各种情况汇聚于一点,就是:汉语的基础性编码着眼于空间,尽可能将现实现象都转化为名物而加以编码。古代四本语文学专著《尔雅》、《方言》、《释名》、《说文》,其中《尔雅》、《释名》集中研究名物,《方言》偏重于名物。这都不是偶然的,是汉语编码体系的特点的反映。比较印欧系语言编码体系和汉语编码体系的差异,我们就会清楚地发现:印欧系语言是空间、时间、性状三类"码"三足鼎立,互相制约,而汉语却呈现出严重的结构不平衡,即空间名物类的"足"很粗,而性状类的"足"很细,甚至接近于无,主要表现为对名物的单向依附。编码体系的这种不平衡就不能不给汉语的结构和演变带来特殊的影响,其具体的表现就是以"向心"、"离心"为特点的语义构辞法的形成和发展以及以"话题-说明"为框架的语义句法的结构。这将在以后各章逐步展开。

3.3.1.5 从微观的角度考察汉语的编码体系,我们也可以发现一些结构的不平衡。如前所述,字义的结构原则是"1个字义=1个义类×1个义象",是类与象的合一,含义明确。但是,语言中也有一些字义是类、象一体,含义宽泛而笼统,其中最典型的就是最常用的"人"字;汉语的基本结构格局是"1个字·1个音节·1个概念"的一一对应,但联绵字却又是"2个字·2个音节·1个概念",是"2"对应于"1",等等。这些结构的不平衡不能不影响语言的演变。

汉语名物类的编码细致而明确,呈现出平行性的结构特点(§3.3.1.3),但"人"在编码系统中与禽类、山类、宫类、亲类等的编码方式不平行,没有像山、马那样细分为不同的小类,因而它的字义在名物的横向联系中表示的范围比相应的崧(山大而高)、岑(山小而高)、骁(前足皆白)等宽泛,大体上只表示一个义类,因而要表示各种不同的"人"就得借助于另一个字的注释。这就是说,单字如不能适应交际的要求,就得借助于字组。(请参看§3.3.4.1)

如果说,"人"字本来就是类、象一体,难分形与声,因而含义宽泛,那么语言中还有相当一部分类象合一、声形分界、意义明确的字,由于声所表示的义类的淡化,它们也可能进入含义宽泛、需要与别的字相组合才能表示确切意思的行列,即字义的宽泛化呼唤着字组的诞生。这里不妨引用《广雅》中的"排、挤、摧、攘、抵、拔、斥、舜,推也"条来说明。王念孙的《广雅疏证》(卷三上)对该条做了如下的疏证:

> 排者,《说文》:"排,挤也。"又云:"推,排也。"《少仪》云:"排闼脱履于户内。"挤者,《说文》:"挤,排也。"荀子《解蔽篇》云:"不好辞让,不敬礼节,而好相推挤。"摧、推声相近。《说文》:"摧,挤也。"《楚辞·九思》云:"魁垒挤摧兮常困辱。"攘者,《说文》:"攘,推也。"《楚辞》:"七谏反离谤而见攘。"王逸注云:"攘,排也。"抵者,《说文》:"抵,挤也。"《夏·小征·抵蚳传》云:"抵犹推也。"拔者,《玉篇》:"拔,如勇切,推车也。"《说文》:"辄,反推车令有所付也。"《吕氏春秋·精通篇》云:"树相近而靡或辄之也。"《淮南子·览冥训》:"辄车奉饟。"高诱注云:"辄,推也。"《泛论训》:"相戏以刃者,太祖辄其肘。"注云:"辄,挤也。"《说文》:"撺,推捇也。"拔、撺、辄并音如勇反,其义一也。斥者,《众经音义》卷十四引《三仓》云:"斥,推也。"《说文》:"斥,却屋也。"却与推同义……

这些字大多有形有声，各有义类和义象，例如"排"的"非"声有"分违"义(§3.1.1.5)，但是随着语言的发展，它的意义范围逐渐宽泛化、笼统化，和挤、摧、攘、抵、拭等字一样，只表示"用手向外用力使物体改变它的空间状态"，由于它们失去了特定的空间性名物的限制，因而每一个字的意义就显得笼统、模糊，只能相互对注或连环互注。更有甚者，完全相反的两个意义也可以共居于一个"码"中。郭注《尔雅》已有这方面的记载："以徂为存，犹以乱为治，以曩为曏，以故为今。此皆诂训义有反复，旁通美恶，不嫌同名。"("徂、在，存也"条注)这类现象传统谓之反训。清人刘淇《助字辨略》、俞樾《古书疑义释例》、近人章炳麟《小学答问》都曾专门论及这一类在西方语言中很难见到的现象。1989年徐世荣汇集这一类字，编著了一部《古汉语反训集释》，共收录反训字505个，分名物、动作、性状、虚助四类，其中名物类83字，动作类246字，性状类136字，虚助类40字，动作类和性状类的字占四分之三。为什么会出现这种现象？主要是这些字的意义没有找到它们特定的空间限制形式，因而含义比较笼统、模糊，相反的意义也可以共居一体。我们在名物、动作、性状三类"码"中各引前面的五个例证，依原文的编号顺次排列(性状类的"一"有两条，这里只取其一)，以见一斑：

名物类	动作类	性状类
1. 子：男儿也。女儿也。	84. 保：佑护也。依持也。	330. 一：少也，独也，分也；全也，皆也，不分也。
2. 侄：兄弟之女也。兄弟之子也。	85. 靠：相违也。相依也。	332. 寡：女子丧夫也。男子丧妻也。
3. 须：姊也。妹也。	86. 栀：戾也。依也。	333. 老：年长也。年幼也。

4. 孳:双生也。独子也。　87. 挨:推排也。亲近也。　334. 考:延年也。终命也。
5. 仇:匹偶也。敌对也。　88. 姘:屏除也。并合也。　335. 育:长老也。幼稚也。

这三类字的意义都有一个共同的特点,就是都反映两个或两个以上的事物之间的关系。例如"子",涉及由同一父母生育的儿子与女儿;"保"涉及保护者和被保护者之间的关系,从不同的身份去观察,就会有"佑护"或"依恃"的意义;"寡"涉及配偶的丧失,等等。在关系难以临摹的情况下,只能让相互依存的两类现象的含义共存于一个"码"中,形成反训。这类字如果要表示类中的某一种具体现象,只能借助于另一个字义的注释,如要表达"保"的"佑护"义,就使用"保护"之类的说法。编码方式的这种特殊的笼统和宽泛,是由特殊的编码原则和思维方式决定的,在印欧系语言中很难见到这种现象。

3.3.1.6 交际的需要是语言演变的指挥棒。上述"人"、"排"、"保"三类字的笼统而宽泛的意义如果找不到别的字义的限制和补充,它们就难以满足日益增长的交际需要。这说明,字义的功能负荷已经到了极限,需要对"1个字·1个音节·1个概念"的格局进行一些必要的调整。总之,不管是宏观的结构不平衡,还是微观的结构不平衡,都要求突破单字格局"1"的限制,要求采用字组以改进编码的方法。但这种改进必须有内在的基础,不能是人为的"革命"。汉语有这种内在的基础,这就是联绵字的结构。

二　单字结构格局和联绵字的"一分为二"

3.3.2.1　"1个字·1个音节·1个字义(概念)"的一一对应的结构格局是上古时期汉语编码方式的主流。有主流,自然还会有支流,这主要就是联绵字。联绵字包括重言、双声和叠韵三类,都是两个字表示一个意义,形成"2个字·2个音节·1个字义"的结构形式,与字、音节、字义三者一一对应的格局不一致。这里的"2"实质上是"1"的一个变体,但在语言发展中它却成为突破单字结构格局、诞生字组、形成双字结构格局的过渡环节和桥梁。这是一个非常值得推敲的重要问题。

3.3.2.2 联绵字三种表现形式的使用频率,《诗经》、《尔雅》以重言为主,双声、叠韵的联绵字数量比较少。根据杨即墨(1943)的《诗三百篇叠字类辑》的统计,《诗经》用重言608个次(如不计重复使用,则为454个),而双声、叠韵的联绵字数量要少得多,只有91个次(据张寿林,1936),而且文中列举的如"颠倒~倒颠"、"饥渴~渴饥"、"疆界"等恐怕还不是严格意义上的联绵字。这个统计数字时间比较早,稍晚的还有王显(1959,33)和杜其容(据周法高,1962)。王只有重言,计547个,678次;杜的重言字是359个,609条,678次;而双声、叠韵的联绵字,如剔除AXBX、XAXB("颉之颃之"、"以敖以游")之类的AB之外,也只有百条左右。不同作者的统计数字虽不全同,但重言字远远多于双声、叠韵联绵字的情况却是相同的。《尔雅》的情况与此类似,《释训》一章收集的几乎全部是重言,计140余条,再加上散见于各部分的重言如皇皇、关关、阮阮、藐藐,总共计170余条,而双声、叠韵的联绵字都散见于各处,如弗离、婆娑、翠微、崔嵬、於弋等,计30余条。这些迹象显示,双声、叠韵联绵字的能产性早期不如重言,但在语言的往后发展中情况发生了变化,双声、叠韵的比重远远超过重言。这种变化与汉语双音字的大量发展是相呼应的。

对双声、叠韵联绵字的性质的认识比较晚,两汉时期的训诂学家还把其中的每一个字都当作有独立意义的单字来看待,不知道它们只相当于一个音节的单字。宋元之际,这种情况才发生变化,开始具体讨论联绵字。但是,理论上的"无知"一点也没有妨碍人们对双声、叠韵联绵字的创造和使用,使它们随着"赋"这种文体的兴起而有了一个很大的发展。王若江(1986)根据她对《文选》联绵字的研究,发现有三分之二的双声、叠韵联绵字都是在先秦以后的中古时期产生的,总数约计 820 余条。王的研究不涉及重言,我们根据《文选索引》(日本斯波六郎主编,1959 年日本京都大学人文科学研究所印行,中文出版社 1971 年再版,1986 年第三版)统计,重言仅 247 条。这组数字如与前述《诗经》的用例比较,不能不说联绵字的结构状况发生了一次重大的变化。这种变化的原因可能与文体的变化有关。根据王若江的统计,《文选》中联绵字的使用情况分布如下:

文体	联绵字数	文体	联绵字数
赋	452	碑文	12
诗	103	诔	11
骚	47	序	10
七	35	檄文	10
书	29	颂	9
论	29	设论	8
表	16	史论	7
符命	16	哀	7
赞	12		

其他文体的联绵字不超过 5 个,而诏、文、启、奏、对这些文体则一个联绵字也没有见到。这里,赋的联绵字超过总数 813 条的一半以上,说明它比较适合这种文体的崇尚高雅、追求形式美的需要。

3.3.2.3 双声、叠韵和重言,表面上看是三种形式,而实际上是同一现象的三种变体：重言是同一个字（音节）的重叠，而双声和叠韵则是同一个音节向不同方向的延伸，周法高（1962，97－101）把重言看成为全部重叠，把双声、叠韵看成为部分重叠，这是有道理的。这就是说，联绵字的"2"是"1"的分化的结果。这种"1"与"2"的关系，以往的训诂学著作已有不少论述，认为急言为一（字），缓言为二（字）。近人朱芳圃（1928）也指出，颛，"缓言之，则为侏儒，故短谓之侏儒，又谓之豵"。这种"急"与"缓"往往可随结构或吟诵的需要而做适当的调整，"急"就是一个字，"缓"就是二音节的联绵字。随着优秀文学作品的影响的扩大，这种扎根于口语的联绵字就会成为一种相当固定的形式，流传给后世。汉语的字是单音节的，这就给节奏的自由组合提供了广泛的可能性，当然"节奏的自由也可能走向反面，成为自身的桎梏。正是由于很容易用随意多的音节造出可接受的甚至高雅的结构，中古时期才兴起了两晋六朝固定用四六音节格式的骈文"（赵元任，1975，247）。

"颛"一分为"侏儒"的二，或"侏儒"的二合为"颛"的一，说明联绵字的"2"与"1"的关系确实是"合二字而成一语"或"分一字而成二言"的语言变异现象。联绵字是因"肖声"和"肖形"的需要而产生的，因而不同的人可能因"肖"的差异而呈现出差别，致使一个联绵字在文献中没有固定的写法，少的有几个，多的有十几个，甚至二十几个，"侏儒……短也"条可以清楚地说明这个问题。（§3.1.2.4）对于这种现象，刘师培（1907）曾有过如下的解释："惟所用骈词，往往义同字异。推其原因，则以骈词之中，或无正字，同音之字，取义必同。故字异音同，均可通用，名曰异文，实则同义……古代文词之骈字，虽因文而殊，然其音极近，其义亦必相同，不必泥于字之同异也……"这是古汉语中的一些同义异文现象，我们现在看起来有隔膜，其实，这种编码机制在现代汉语中也是一样的，比方要描写洗衣机所发出的一种怪声,"他问我表示那种声音的词怎么写,我实在难以回答,也无法向词典请教,只好说:'随便写个声音相同的字就行了'……口语里的象声词究竟有多少,无法估计"(文炼,1995,29)。古今比较,就不难了解古汉语中指明同一现象的联绵字有多种写法的原因了。这种义同字异、字异音同或字异音近的现象,一方面给联绵字的研究带来了困难,需要找出一定的原则去确定同源的联绵字,但另一方面也给音韵的研究提供了一些线索,是语言史研究的一笔重要财富。

3.3.2.4 确定联绵字的标准一般都根据双声和叠韵,认为"在一组同源联绵词中,各个词的上字与上字、下字与下字应同声纽(包括旁纽),而每个词的上字与下字一般应同韵部"(张永言,1981,147)。但是如何根据这种标准确定联绵字,仍旧有很多具体的问题,因为语音的演变已经难以确定双声、叠韵的界限。为了弥补这方面的不足,人们求助于"转"。根据这种理论写成的最新研究成果是陈燕(1992)的《〈广韵〉双声叠韵联绵字的语音研究》。她根据声"同"定双声,韵"同"定叠韵;再根据李方桂的两条谐声原则(上古发音部位相同的塞音可以互谐,上古的舌尖塞擦音或擦音互谐,不跟舌尖塞音互谐)定准双声,根据王力的对转、旁转、旁对转的理论定准叠韵。此文的讨论很细致,很有价值,不过我们这里只讨论双声、叠韵的结构特点,对此文的利弊得失不做评论。援引李方桂的两条谐声原则定双声,以解决因语音的演变而带来的声母差异,这一原则没有什么问题;至于用"对转"、"旁转"等的"转"来解决叠韵的问题,看来问题不少。前面说过,王力的"转"的理论难以成立,(§2.3.2.3)因而据此确定联绵字就可能会失于宽泛。根据郭小武(1993)的研究,认为叠韵联绵字的同源关系的构成,关键不在于韵部的对转和旁转,而是"其语音核心在于上下字声母有着相同、相近或者顺序相反的搭配类型";"叠韵联绵字上下字语音的联系,不仅表现在韵部(韵腹和韵尾)

方面的呼应、和谐,而且表现为开、合口、等、声调各方面的呼应、和谐"。文章把叠韵联绵字的上下字声母分为六组搭配类型(明·来/来·明、并·心/心·并、并·匣/匣·并、定·明/明·定、从·疑/疑·从、泥·影/影·泥),分析例证200余条,列表统计66例,其上下音节同开、合口的约占89%,同"等"的约占91%,同声调的约占92%。统谐的比例为什么那么高? 根据我们的假设,就是由于联绵字本来就是同一个音节的不同变体。10%左右的例外,这可以得到合理的解释。现在以六组例表中的开、合口的差异为例来考察这些例外的成因。这些例外的例证如下:

词例	声组	开合口	等	声调	韵部
烂漫	来/明	开/合	一/一	去/去	元
漫澜	明/来	合/开	一/一	平/平	元
彷徨	并/匣	开/合	一/一	平/平	阳
婆娑	并/心	合/开	一/一	平/平	歌
蹒跚	并/心	合/开	一/一	平/平	元
娑婆	心/并	开/合	一/一	平/平	歌
澶漫	定/明	开/合	一/一	去/去	元

这里开合有差异的其中必有一个唇音字,而唇音字本来就是可开可合,不分开合,(李荣,1952,130)所以这里开/合的差异连例外都算不上。至于等与声调,情况与此类似。等要到隋唐时才形成,上古联绵字中两个字,等在后来有分化,自然是可能的。郭小武的论述可以印证我们关于联绵字是一个音节的不同变体的书写形式的推测。

3.3.2.5 根据前面的讨论,我们可以说,联绵字的"2"是"1"的分化,是"1"分为"2"的结果。它是单字编码格局因理据性编码的需要而产生的一种变体;虽然是变体,但在汉语编码格局的调整中却产生了巨大的作用,为双字编码格局的形成和发展开辟了前进的道路。

三 联绵式的结构和理据性编码机制的转移

3.3.3.1 联绵字是汉语中理据性编码机制保留得最好、表现得最清楚的结构单位,印欧系语言中只有象声词之类的理据性可以和此相比拟。

人们可能会说:象声词之类的结构单位在不同的语言中都是有理据的,都是对现实现象的临摹性摹写,为什么要把汉语联绵字看成为汉语的一种理据性的编码机制?不错,各种语言中的象声词都是有理据的,但它不能成为一种有效的编码机制,即不能成为一种能产的结构模式,变成语素组合成词的结构框架。汉语的联绵字却不同,它是汉语理据性的编码机制从非线性向线性转移的过渡环节,是"音"与"义"相互转化的一种桥梁,在汉语编码体系的形成和演变中是一个非常值得研究的重要问题。我们前面花了那么大的篇幅来讨论联绵字的特点,原因也就在这里。

3.3.3.2 联绵字中最初占支配地位的是重言,我们可以从重言说起。

重言的结构格式是 AA,两个字的语音形式一样,而每一个字独立出来之后本身是没有意义的。这种结构格式随着语言的发展扩大了它的编码功能,具体的表现就是实义字进入这种 AA 的结构框架,构成真正重叠的、每个字都有自己意义的复音辞。这种编码机制在其他语系的语言中是很难见到的。

从重言到重叠,这是理据性编码机制的一种发展,使非线性的音义结合理据转化为字义线性组合的理据。AA 这种重言式的结构原来只是用音节的重叠来"肖声"和"肖形",呈现出音义结合的理据,现在这种"肖"的功能扩大到语义,通过同一个字的重叠去摹写事物的性状。中国语言学家经过长期的摸索才逐步弄清楚这种重言和重叠的区别和联系,而做出最有说服力解释的是丁声树(1940)。《诗经》"采采"一词的注释历来有两种解释,"一以'采采'为外动词,训为'采而不已';一以'采采'为形容词,训为众盛之貌"。丁声树针对这种对立的解释,统观全局,从语言发展的观点深入分析有关的现象,得出令人信服的结论:"以全《诗》之例求之,单言'采'者其义虽为'采取',重言'采采'必不得训为'采取'";"遍考全《诗》,外动词绝未有用叠字者,此可证'采采'之必非外动词矣"。"夫外动词之用叠字,此今语所恒有(如言'采采花'、'锄锄地'、'读读书'、'作作诗'之类),而稽之三百篇乃无其例;且以声树之寡学,仰屋而思,三百篇外先秦群经诸子中似亦乏叠字外动词之确例,是诚至可骇怪之事。窃疑周秦以上叠字之在语言中者,其用虽广,而犹未及于外动词;外动词只有单言,尚无重言之习惯,故不见于载籍,降及汉代,语例渐变,叠字之用浸以扩张,向之未施于外动词者今亦延及于外动词。习之于唇吻者,不觉即形之于简编,毛氏诗传训'采采'为'事采之',韩诗章句亦言'采采而不已',此皆狃于当日语言之常例以释《诗》而不自知其乖违"。实义字填入重言 AA 的格式而构成一种新的双音字,这是汉语编码方式的一个重大变化,说明可以用一种线性的组合方式表示编码的理据,表达一种定量化的语义特征。(§4.2.3.4)AA 本来是一种语音的结构格式,有理据性的实义字进入这种结构,就使同音的重言转化为同音同义的重叠,这是汉语理据性编码机制从非线性向线性转移的一种标志,也是音义相互转化的一种表现形式。两汉是这种转移、转化的一个关键时期。

3.3.3.3 重言只是联绵字的一种结构形式,要说明联绵字的结构是理据性编码机制从非线性向线性转移的桥梁,是音义转化的一种形式,那还得考察双声、叠韵联绵字的结构与辞(双音字)的形成的关系。

从重言到重叠,共同的特征是一个"同"字,差异是一个"义"字,即重叠不仅同音,而且同义。这里,"同义"是核心。双声、叠韵联绵字的性质与重言字一样,重言的结构形式成为理据性编码机制的转移的桥梁,这自然会涉及双声、叠韵的结构。重言的 AA 式结构由于受同一个字的"同"的限制,理据性编码机制的转移自然不能不受到这种"同"的影响,双声、叠韵联绵字的结构格式是 AB,不受音同的限制,因而转移的途径显得更为宽广,但是这种宽广的途径也有一个发展的过程。早期,理据性的编码机制利用双声、叠韵的 AB 格式从非线性向线性转移时,两个字除了语义上互补性同义(§3.4.3.2)之外,语音上必须是,或双声,或叠韵,仍有比较严格的限制。研究汉语语源的语言学家大体上都把它们归入同一个字族的范畴。严学宭(1979)认为在语源上有联系的两个字差不多都是以双声、叠韵为特点的联合式语义结构。现在以他的"在起首辅音相同的条件下,通过元音交替伴随辅音韵尾的变换,又产生大量平列结构骈词"为例,列举如下(记音系严的拟测):

奔 *pən:波 *par　　　　坎 *khəm:坷 *khar

估 *kag:计 *kid　　　　呼 *xag:喊 *xəm

堆 *tʷəd:垛 *tʷar　　　货 *xʷar:贿 *xʷəd

琐 *sʷar:碎 *sʷəd　　　合 *ɣəp:伙 *ɣʷar

切 *tshjet:磋 *tshar　　祖 *tsag:宗 *tsuŋ

荼 *dag:毒 *duk　　　　咀 *dzjag:嚼 *dzjok

拘 *kjug:谨 *kjəg　　　引 *djin:诱 *djəg

信 *sjin:息 *sjək　　　奠 *dən:定 *deŋ

真 *tjin : 挚 *tjəd　　　　淫 *djəm : 佚 *dit
轮 *lʷjəg : 流 *ljəgw　　祈 *gjəd : 求 *gjəgw
流 *ljəgw : 利 *ljid　　　纯 *dʷjən : 熟 *djəkw
倔 *gʷjət : 强 *gjaŋ　　　风 *pjəm : 发 *pjat
生 *seŋ : 产 *san　　　　委 *gʷjeg : 婉 *ʔʷjan
耿 *keŋ : 介 *kad　　　　政 *tjeŋ : 制 *tjad
声 *sjeŋ : 势 *sjad　　　偏 *phʷjan : 僻 *phek
凶 *xjuŋ : 险 *xjam　　　松 *sjuŋ : 散 *san
零 *ljeŋ : 落 *lok　　　　浩 *ɣog : 瀚 *ɣan
喧 *xʷjan : 嚣 *xjog　　　哮 *xəgw : 呷 *xap
闪 *sjam : 烁 *sjok　　　学 *ɣəgw : 效 *ɣog
蒙 *muŋ : 昧 *məd　　　　蓬 *buŋ : 勃 *bət
供 *kjuŋ : 给 *kjəp　　　习 *zjəp : 俗 *zjuk

高本汉所说的 word family 大体上也都属于这种类型。根据我们前面的讨论,(§3.2.3.5)这里把每一组的两个字看成为同族字,似乎根据不足,但把它们看成为汉语从单字编码格局向双字编码的过渡,倒是一些非常合适的范例。这里每组的两个字都是以互补性同义为基础的双声或叠韵,结构上与联绵字相似,犹如前述的"侏儒"。"侏儒"中的每一个"字"都是没有意义的,只表示一个音节,而这里的每一个字都是音义结合体,各有自己的理据,在语言的发展中,两个字由于互补性同义,语音上又有双声、叠韵的联系,因而两两紧密地结合在一起,形成为一种语义上"合二而一"的复音字。汉语中为什么会首先创造出大量联绵式的双音辞?这是汉语社团为满足日益增长的交际需要而创造的一种新的编码方式,也是理据性编码机制的一种延伸。但是,这种理据性的编码机制不是从天上掉下来的,而是利用联绵字的构造原则把同义而又有双声、叠韵联系的两个字联合在一起,构成一个新的"码",使单字音义结合的理据转化为单字线性组合的理据。利用双声、叠韵的结构把两个意义上相同或相近的字组合在一起,构成一个结构单位。如果说联绵字是"一分为二"的结果,那么这种以双声、叠韵为标志的同义联合的最小结构单位则是汉语早期"合二而一"的语义结构的一种表现;这里的"1"虽然不那么典型,但双声、叠韵暗示它们与"1"的联系。理据性编码机制的这种转移与从重言到重叠的机制是一样的,都是利用音节编码的框架填入语义的内容,是音义转化的一种方式。这说明,双声、叠韵、重言这些联绵式的结构确是汉语理据性编码机制从非线性向线性转移的一个重要桥梁。这种转移是汉语社团创造的一种新的编码方式,摆脱了一个字编一个"码"的格局,使汉语的编码方式更趋灵活。

3.3.3.4 双音字(辞)在其产生的初期,大体上都带有联绵字的构造痕迹,两个字除了同义之外语音上还必须符合双声、叠韵或重言的规则。随着语言的发展,语音上的限制逐渐松动,直至消失,只要两个字义相同或相关,就有可能相互组合,构成辞。比方说,"夋"声的俊、峻、陵、嵏、骏等,每一个字都有自己的意义范围,可以和意义相似或相关的字组合起来构成辞,而在语音上不必受双声、叠韵的限制。例如:

"俊"的原义是"才过千人"。和这意义相同或相近的字有杰、英、豪等:"千人才曰俊,万人曰杰"(《尹文子》);"智过万人者谓之英,千人者谓之俊,百人者谓之豪,十人者谓之杰"(《淮南子·泰族》);"万人者曰英,千人者曰俊,百人者曰杰,十人者曰豪"(《春秋繁露》)。各家的说法虽然不尽相同,但这几个字都是"才智过人"的意思,相互同义,但语音上没有双声、叠韵或重言的关系,在语言的发展中它们因同义而互相组合,构成英俊、英豪、英杰、俊杰、俊豪、豪俊、豪杰等,可以摆脱因同音字过多而给交际带来的困扰。

表示概念的字组,主要是那些双字组,一旦突破了语音上双声、叠韵的限制,就像去除了套在头上的紧箍,为字组的形成和发展开拓了广阔的道路。字组结合的语义基础仍旧是上一章说过的相似和相关,而相似和相关之间并没有一条不可逾越的界限,因而随着语言的发展,为适应日益增长的交际需要,语言社团就会设法把语义相似或相关的字组合起来构成辞,以表示新事物和新概念。结合的办法就是以一个核心字为基础,或在它前面加一个语义相似或相关的字,构成向心辞;或在它后面加一个语义相似或相关的字,构成离心辞。它们的结构原理就是向心性字族和离心性字族的延续和发展,详细的情况下一章再讨论,这里为了讨论双音辞(字组)的发展过程,先做一点举例性的说明。如以上述的"峻"字为例,以它为核心而组成的双音辞主要有:

向心:险峻　陡峻　高峻　严峻

离心:峻文　峻切　峻法　峻刻　峻急　峻峭　峻密　峻绝　峻隘

《说文》:"崚,高也。"段注对此做了如下的补充:"高上当有陵字,转写夺之耳。高者,崇也;陵者,峭高也,凡斗上曰阶。崚从陵,则义与陵同。同一高而有危高、陵高、尤高、短而高、巍高、大而高之别。《大雅》:崧高维岳,骏极于天。《传》曰:骏,大也;《中庸》、《孔子闲居注》皆曰:峻,高大也。然则《大雅》之骏,用假借字。"这个注释说明"峻"字隐含高、大、险、陡以及其他与它们相类似的语义特征,但需要人们去意会,只要汉语社团在"峻"与这些特征之间建立起固定性的联想,就可以用"显"的同义字去注释"隐"的特征,组成诸如险峻、陡峻、高峻、峻峭、峻法、峻绝、峻隘等字组。从语言发展的时间顺序来说,大体的走向是:重叠—双声叠韵的同义联合—同义联合—向心和离心。向心和离心难分先后,因为它们是同一个问题的两个方面,正像有了向心性字族就可以整理、系联出离心性字族一样。(§3.2.4.1)向心和离心一旦成为构辞的基本方式,同义联合就失去了它独立存在的基础,它或归于向心,或归于离心。这两种结构使汉语的编码方式更趋灵活多变,为满足日益增长的交际需要提供了多种可能的表达手段。

3.3.3.5 汉语以联绵字的语音结构为桥梁,利用已有的字,根据它们在意义上的联系,加以灵活组配,构成不同类型的复音字,这是汉语理据性编码机制的一次重大调整。它突破了一字一码的限制,使符号的线性组合的理据成为弥补因语言的发展而日渐模糊、消失的非线性的音义结合的理据的一种重要手段。从编码机制来观察,这里重要的是音义之间的转化,即语音的编码功能转移到语义,使语音的结构形式成为语义组合的一种框架,借此以构辞,使复音字在语言中的比重日益增加。这是语义型语言的一种重要的结构机理。

根据交际的需要,对原有的编码体系进行适当的改造和调整,不同的语言都会有这种过程。印欧系语言的根词大都是单音节的。体现语法作用的形态变化大多也在词根内部,通过元音变换(ablaut,§3.2.3.3)等方法实现。随着语言的发展,这种编码体系难以满足交际的需要,只能进行适当的调整,其中的一种重要的调整方法就是从词根的"内"转向词根的"外",在词根的基础上加上前缀、后缀而编成新的"码";加上或改变词尾来表示原来由 ablaut 所实现的语法作用。这种调整的办法和方向决定于印欧语"1 个句子 = 1 个主语 × 1 个谓语"的"1 = 1 × 1"的结构格局。汉语的编码基础不同于印欧系语言,因而它对编码体系的调整和改造自然不会与印欧系语言一致,而采取自己特殊的方式,这就是上面所说的以联绵字的结构格式为桥梁,使语音的编码机制转化为字义组合的编码,用合字成辞的办法编制新码,以满足日益增长的交际需要。

联绵字的"2"是形成双音字的中介和桥梁。

四　双音辞的形成和单字编码格局的解体

3.3.4.1　结构的不平衡是引起语言系统进行自我调整的内部动因。像"人"这样的"码"在平行的名物编码系统中与禽类、山类、官类、亲类等的编码方式不平行,自然会寻找一些补充的办法来表示各种不同的"人"。这种办法就是借助于另一个字的注释。在先秦汉语的研究中人们已经注意到这种特点。程湘清(1982,101-107)指出,"在偏正式双音词中,有一种特别值得注意的现象,就是有一些代表最常用概念的单音词(均属基本词汇),往往成为构词能力很强的词根",列举的例子有:人、夫、民、士、子等,其中以"人"为"词根"的辞有:

价人	众人	倌人	舆人	圬人	野人	王人	馆人	山人
伶人	舌人	夫人	丈人	玉人	天人	神人	津人	刑人
党人	门人	内人	羽人	隶人	庶人	孺人	室人	私人
哲人	大人	先人	硕人	美人	小人	佞人	成人	寡人
良人	至人	真人	畸人	圣人	庸人	重人	细人	故人
贵人	亡人	嬖人	达人	流人	没人	牧人		

这些字组是不是"词",没有必要讨论,重要的是"人"这个字如要表示某一种特定的人的时候需要借助于另一个字的注释,组成字组,才能实现编码的要求,而不是像山、马那样创造不同的新字去表示有不同特点的山与马。

3.3.4.2　现实现象的分类,从大到小,是一种层级体系。如以

"人"与"马"二字为例,分类的层级体系大体如:

生物→动物→人

→马→驵、骍、骒……

→牛→……

→……

"人"与"马"属于同一个分类层级。一般说来,分类的范围越大,该类事物的意义就越宽泛,相反,分类越细,该类事物的意义就越明确、具体;借用逻辑学的术语来说,就是外延越广,内涵就越窄,而外延越窄,内涵就越广。下一层级的单位(属)包含它所从属的上一层级的类(种)的全部内容,像驵(或骍、骒)字的意义就包含"马"的内容。语言对现实的编码以哪一个层次的"类"为基础,决定于交际的需要,即需要符合经济性、区别性(明晰性)和模糊性的要求。基本情况是:选择的类越大,需要编的码就越少,虽经济而没有区别性、明晰性的特点,一般难以满足交际的需要;相反,选择的类越小,需要编的码就越多,区别性、明晰性的特点很突出,但不大符合经济性原则,因为人们的记忆负担太重。汉语的编码体系主要与人、马和驵、骍、骒这两层的类有关。汉语早期的编码体系大体上以驵、骍、骒这一类现象为基础,表达的意义很具体、很细致,而人、马这一类现象并不是概括、分类的主要对象,因而在编码方式上呈现出不平衡的状态。不平衡必然会引起语言结构的调整和演变。"1个字义=1个义类×1个义象"的结构公式是汉语编码的基底规则,"人"等类、象一体的字如要表示某一种特定类型的人,就需要根据这种结构公式的要求增加补充的措施,以编制新的"码"。这种补充的措施很容易地找到了,这就是借助于另一个字,使之成为一个"象",形成"1个义类×1个义象"的结构。例如(例中的"人"字都表义类):

野人=[野]×[人]　　　山人=[隐居]×[人]

刑人＝［受刑］×［人］　　夫人＝［有身份］×［已婚］×［女人］
神人＝［神］×［人］　　　隶人＝［受奴役］×［人］
……

人们可能会说,这是废话,公式并没有比字组多提供多少东西。否!这不是废话,而是社会因约定俗成而形成的一种特殊类型的预设(presuposition)在支配着人们的交际活动。比方说"野人"这个字组,它的意思很复杂,指离开社会人群而孤独地生活在野外的人,甚至可以由此而引申为没有教养的人,但汉语社团只抓住"野"和"人"两个点,很多具体的内容都隐含于这两个"点"所控制的跨度之内,需要说话人和听话人自己用已知的知识去补充。吕叔湘(1964—1965,61-64)在谈到"什么是意义"的时候曾举过这样一个例子:"像'谢幕'那样的字眼,就放弃了很多东西,只抓住两点,'谢'和'幕'。说是'放弃',并不是不要,而是不明白说出来,只隐含在里边。比如'苹果',并不指一种无一定大小、颜色、形状、口味的东西;同样,'布鞋'、'谢幕'也都隐含着某些不见于字面的意思。语言的表达意义,一部分是显示,一部分是暗示,有点儿像打仗,占据一点,控制一片",要是没有这种隐含和暗示,"要把其中(指'谢幕')的意思说清楚还真不简单:'闭幕之后,观众鼓掌,幕又拉开,演员致谢'——这不太啰唆了点儿吗?"这里的"占据一点,控制一片"的说法很好,这是语义型语言的语义编码的一个重要特点,结构单位的意义既有显示,又有暗示,而这暗示的意义只要有显示意义的提示,听话人就能由此及彼,完全理解。Fillmore(1977)曾提出一种"场景"理论,认为意义是联系着场景的;场景指视觉形象,还指任何一个具有整体性的独立的知觉、记忆、经历、行动或物体;有许多角色参与场景的构成,一个词或一个短语或一个句子或一段话语,都确定一个场景,但无法把场景中的各种角色都映现出来,只能根据角色的重要性而突出和强调某些角色。(这里据杨成凯,1986)吕叔湘的"抓住一点,控制一片"实际上就是一种场景理论,我们可以顺着这种思路去考察由显示的"点"与暗示的"片"构成的场景。"预设"这一概念借用自语用学,但所指的意思不大一样,我们这里偏重于由历史形成的、全社会已经知道的知识,而不只局限于交际时双方的已知信息。上述"野人"之类的字组的意义都是"占据一点,控制一片",我们的公式也只能列出显示的两个"点"。

3.3.4.3 所以,上古时期虽以类、象合一的单字编码格局为主流,但已经产生和此格局不一致的类、象分离的字组。这是在"1 = 1×1"的结构格局控制下而出现的一种结构变异,用字组来表示一个概念(字义),使每一个字只表示一种语义特征,即或表义类,或表义象,继续维持"1 个字义 = 1 个义类 × 1 个义象"的结构格式。这两种不同的编码方式在交际的过程中自然会出现竞争,而竞争的结局决定于交际的要求,看哪一种编码方式能最经济、最便捷、最迅速地编出交际所需要的"码"。在社会生活比较简单的时期,汉语社团显然选择了类、象合一的单字编码方式,其特点就是用一个音节去表示某一种特定的现象,在书面形式中就是造出一个个方块汉字,特别是其中的形声字。一个音节一个"码",这是语言中最短的结构单位,时间上最经济,但缺点是音节的数量有限,用相同的音节去表示不同的现象,超过一定的数量,就会妨碍交际;造字虽然可以用字形把相同音节所表示的不同的结构单位区别开来,但现实现象无限,一类现象就得造一个字,思维无法承担这一记忆的任务。社会的发展迫使人们寻找新的编码方式,而这种"新"必须以"旧"为基础,不能背离原来的编码基础规则,只能是在交际过程中运用原来的"码"进行自发的改进和改良,不能搞突发的"革命"。这样,增加"码"的长度,减轻字的语义负担,把类、象合一的编码方式改为类、象分离,一字一类

（或一象），用字组来实现编码的要求，就成为唯一可能的选择。增加长度，那增加到多长才合适？决定于汉语类、象合一的编码机制，以两个字的长度为最佳，即一个字表类，一个字表象，二字合一，构成双音辞，何况联绵字的二音节结构已为这种从"1"到"2"的过渡准备好了现成的结构框架。这种编码方式的弹性大，既可以根据交际的需要得心应手地编制新的"码"，也可以减轻同音的干扰和造字的负担，显然比单字编码格局优越；但是这里需要强调的是，不管它多么优越，其基础仍旧是一个音节的单字。因此，为适应交际的需要，用双音字来实现"1个字义＝1个义类×1个义象"的结构就逐渐成为汉语编码方式的主流，而单字编码格局也就由此而退居次要的地位。

　　从类、象合一的单字编码格局到类、象分离的双字编码格局，这是汉语编码方式的一次重大的调整，对语言结构自然会产生重大的影响。类、象合一的时代，造字的任务非常繁重，如前面说到过的表五色的字，表示黑色的事物分出来98种，需要有98个字来表示，但是没有一个能统辖这98种黑色事物的一个独立的"黑"。用双音字进行编码，类、象分离，一个字只表示一个类或一个象，就可以对原来的某些单字编码方式进行一定的改造，用双音字代替那些原来使用频率不高的字，以减少字的数量，减轻记忆的负担。比方说，如果从这98种黑色事物中抽象出它们的共同的属性，叫作"黑"，而后再用这个字与相关的字组合起来构成双音字，那就可以表示某一种与黑色有关的事物，例如用"黑衣"代替"袨"，就可以将"袨"字淘汰掉。98个与"黑"有关的字，现在没有留下几个，但有关"黑"的"码"却层出不穷，只要与"黑"有理据性联系的字，就可以与"黑"相组合，构成语言的结构单位。类、象分离的一个重要结果就是"性状"开始从名物中分离出来，成为一种独立的编码对象，原来那种性状类的"码"接近于"无"

的状态就不复存在。

3.3.4.4 以往把复音字的大量产生归因于音系的简化,认为是为了避免同音的干扰而产生的补偿手段。这两者自然有联系,像现代粤方言、闽方言的音系比较复杂,因而同音字少些,但是绝不能把这种联系绝对化,因为"北方话的语音面貌在最近几百年里并没有多大变化,可是双音词的增加以近百年为最甚,而且大部分是与经济、政治和文化生活有关的'新名词'"(吕叔湘,1963,21)。春秋战国时期的音系比起以前的音系可能在某些方面发生了简化,例如复辅音的单化等,但另一方面,有迹象表明,音系也在向繁化的方向发展,例如声母系统的四大分化(§2.1.1.4)、"口"与"等"的系统的形成,等等。这些是音系内部的自我调整,或者说,是因音系简化而产生的补偿手段。这就是说,先秦时期的复音字的大量产生不一定与音系的简化有关,而与编码方式的调整却有非常密切的关系,是类、象分离的"一分为二"的语义结构代替类、象合一的"合二而一"的结构的一种自然的结果。随着双音字的形成和发展,汉语的研究也就需要开辟一个构辞法的研究新领域。

第四章 核心字和汉语的语义构辞法

一 汉语构辞法的性质

3.4.1.1 单字格局的解体和字组的发展必然会提出一个问题：字组中字与字的组合规律是什么？这就涉及构辞法的问题，一个在单字编码格局时期从来没有碰到过的问题。

3.4.1.2 一谈起构辞法，人们就会想到述宾式、述补式、主谓式、联合式、偏正式这些名称，认为它是语法结构的一部分。这是仿效印欧系语言的语法理论来研究汉语而得出来的一种结论，实在是张冠李戴，可以说是汉语构辞研究中的一个误区。为什么？因为汉语有汉语的结构规律，印欧语有印欧语的结构规律，用印欧语的语法概念来分析汉语的构辞问题，必然会肢解汉语的结构，打乱它的内在结构规律。近年来，人们开始对这种研究的方法论提出质疑，认为汉语的构辞法没有语法的性质。刘叔新（1990a，74－78，92－106；b，241－245）谈得比较系统，认为汉语"复合词并非词与词组合关联的结构，其中不存在句法关系"，"复合词结构无论其词素的顺序形式还是意义关系，都无句法性质，也非词法现象，而只是词汇性的"，其中唯一有可能成为语法形式的东西就是词素序，"但是词素序不仅不是句法的词序，而且根本上不成其为语法形式。原因在于，无论词性还是词素意义关系类型，都往往不与特定的词素序形式相照应，即一种词素序可表示多种词性和不同的意义关系,不同的词素序则可表示同样的词性和意义关系"。例如"活动义词素-事物义词素"这一次序,可以"出现在动词'眨眼、跳水、兜风、执笔、变卦、开刀'等等之中,也见于名词、形容词和副词,如'司机、裹腿、抽风、活力、刻板、刺眼、屈才、有力、逐步、随手、任意、托故'等等……"这里对语法构词法的内在矛盾的分析比较具体,击中了存在于现在语法构词研究中的一些要害问题。根据这种认识,刘叔新放弃了述宾式、主谓式之类的概念,代之以结合法、叠连法、改造法、转化法等造词法,对汉语构辞的研究提出了一个新的视角。这种研究有助于摆脱"印欧语的眼光"的束缚,是有意义的。

刘叔新的研究涉及汉语构辞法的一些实质问题。他说汉语的辞的结构不是语法问题,这完全正确,但说它是词汇性的,"是两词素的概念意义相结合而造成的词汇性的结构关系",似乎不大确切;据此列出的词素意义的相互关系的类型(质限格、态饰格、支配格、陈说格、重述格等)也还没有摆脱偏正式、支配式、陈述式等语法概念的羁绊,因而还需要进一步推敲。汉语的辞的构造最重要的是语义问题,需要重点弄清楚辞内字与字之间的语义关系。黎良军(1995,90-111,142-153)的研究在这方面前进了一步,认为汉语辞的构造不是语法问题,而是语义问题,"词的语义结构的分析,目的在于揭示合成词的理据,而不在于把合成词的结构归纳出一些语法类型"。他根据这一认识归纳出汉语合成词语义结构的十种类型:虚素融入式、同义互限式、反义概括式、类义互足式、分别提示式、因果式、物动式、时间顺序式、短语词化式和截取古语式。这些理据性的分类不是很合理,也缺乏系统性,但从语义理据性的角度去考察汉语的构辞法则不能不承认是汉语构辞研究的一个进步。

3.4.1.3 不管是刘叔新,还是黎良军,虽然对现在汉语构辞研究中的方法论误区进行了一次冲击,但似乎没有找到走出误区的途径。究其原因,一是没有完全摆脱旧有语法观念的束缚,字里行间还不时流露语法构词的阴影;二是还没有找到解决汉语构辞问题的钥匙,缺乏形式的依据;三是对汉语深层的基本编码规则和它的不同表现形式缺乏具体的研究。这就是说,根据汉语本身的特点研究汉语的构辞法,我们还没有做好必要的理论准备,因而这里需要就此进行一些讨论。

语义与思维的联系很紧密。要弄清楚汉语语义构辞的规律,必须联系汉语社团"比类取象"、"援物比类"的两点论的思维方式去考察。根据前几章的讨论,这种思维方式的语义表现形式就是:"1个字义=1个义类×1个义象"。我们曾用这个公式考察单字编码格局时期的语义结构规则,总结出相应的理论,现在仍然需要依据这一公式研究语义构辞法。紧紧抓住这个公式,就可以据此考察类、象之间的"一分为二"和"合二而一"的辩证运动。它或许可以帮助我们摆脱"印欧语的眼光"的束缚,走出语法构辞的误区,进行语义构辞法的研究。

"1个字义=1个义类×1个义象"是汉语编码的基础规则,自然应该成为我们观察汉语语义结构的方法论视角和理论基础。

二 核心字和汉语构辞法的基本原则

3.4.2.1 "1个字义=1个义类×1个义象"的单字编码格局,类与象都可以成为核心进行造字。以"类"为核心而造出来的字就是以"声"为纲的字族,向心的语源性造字,反映事物间纵向的联系;以"象"为核心而造出来的字就是以"形"为纲的字族,离心的衍生性造字,反映事物间横向的联系。这里借助于文字的"声"、"形"而加以说明的向心和离心的结构是汉语编码体系的一种最基本、最重要的结构原理,形声字的"形"与"声"及其所隐含的相互转化的关系只是这种结构原理的一种外在表现。尽管单字编码格局会随着语言的演变而逐渐解体,但这种基本的结构原理却是非常稳固的,不会轻易发生变化。这是语言现象的易变性和结构格局的稳固性的对立统一关系在语辞范围内的具体表现,是始终支配着语言系统的运转和结构格局调整的杠杆。随着语言的发展,双字编码格局代替单字格局而成为一种主流的编码方式,类、象相互依存的结构原理虽然改变了它的表现形式,但原理本身没有什么变化,大体情况是:原来由"声"与"形"承担的核心转化为独立的单字,并以这种单字为核心吸收与它有理据性联系的字组成若干个字组(辞),对现实进行编码;同一个核心字如处于字组的不同位置就承担不同的语义功能,形成不同结构形式的辞。这样,汉语的理据性编码就由非线性的结构转向字的线性组合。请先看一组以"谢"为核心的例子(例引《现代汉语词典》和《倒序现代汉语词典》,下同):

A: 璧谢　称谢　酬谢　辞谢　答谢　代谢　道谢　凋谢
　　多谢　感谢　鸣谢　申谢　推谢　婉谢　萎谢　谢谢
　　致谢

B: 谢病　谢步　谢忱　谢词　谢恩　谢绝　谢客　谢幕
　　谢却　谢世　谢帖　谢孝　谢谢　谢意　谢罪

这是以"谢"为核心而组成的两组双音字,其中的"谢"就是核心字。这一组例字说明,核心字就是语言社团借以与其他现实现象建立起联想关系,从而与表示这一现象的字相结合来组成字组去表达一个新概念的那个字,它或居前,或居后,位置的不同反映它的语义身份的差异:A组的核心字居后,代表义类,与它相组配的前字代表义象,用以描述核心字本身的语义特征,大体上是字族时期纵向的理据性编码原理的延续和改进;B组的核心字居前,代表义象,看这种语义特征能修饰、管辖哪些义类,而与它相组配的后字则衬托其适用的对象、范围或场合,以使各种不同的义类能通过核心字的语义特征而发生某种横向的联系,大体上是字族时期横向的理据性编码原理的延续和改进。这就是说,同一个字因位置的不同,它所体现的语义核心就有区别:居后,核心字代表义类,接受前字的限制和修饰,犹如一个音位具有几个不同的区别特征那样(如汉语北京话的音位/p/具有双唇、塞、不送气的特征);居前,核心字代表义象或语义特征,管辖不同的义类,犹如北京话"塞"的区别特征能管辖音位/p//t//k/那样。或许可以说,这是现代汉语辞族的结构原则,上面 A、B 两组双音字就是"谢"族辞的两种不同的表现形式。汉语构辞法的研究需要以这种核心字为基础,从形式和意义两个方面入手,考察字组的结构规则和理据,弄清楚字与字之间的结构关系,揭示其间的规律。

3.4.2.2 单字结构格局中字义的结构规则隐含于字的结构内部,只能借助于形声字的结构考察声与义的相互转化,揭示字族的向心性和离心性的结构。双字格局的理据不在字内,而在字外,表现在字与字之间的语义组合上,因而有可能整理出相应的结构规则,进行构辞法的"法"的研究。确定"法"的形式标准就是核心字的位置:核心字在后,构成向心结构,因为所有与它相组配的前字都向着这个核心而被用来刻画、描述这个核心字的语义特征,使其意义具体化,例如A组的前字壁、称、酬、辞、答、鸣等等都是用来表示"谢"的一种方式,说明它们可以成为"谢"的一种语义特征;反之,核心字在前的二字组就是离心结构,因为后字的意义只涉及核心字的适用对象和场合,其本身一般不表示核心字的语义特征,例如B组的后字病、恩、绝、客、幕等等并不是"谢"的语义特征。所以,上面以"谢"为核心字的字组，A 组为向心结构，B 组为离心结构。这两种结构都有一个"心"，区别只在于"向"与"离"。这种"向"与"离"反映汉语社团两点论思维方式的规律和特点。这两种结构是单字编码格局的义类与义象、向心和离心的结构原理的延续和发展，是改变了结构形式的向心性字族和离心性字族。它们是汉语构辞法的两种基本原则。

字组结构的向心和离心是从纵、横两个不同的角度去观察同一种语言现象而整理出来的两种结构形式，标准就是核心字或前或后的位置。以前述的"谢"族辞为例，A 组着眼于现实中不同的义象与义类"谢"的联系，揭示它本身所具有的内在语义特征；B 组着眼于"谢"作为一种语义特征能与现实中哪些不同的义类相联系，表示它的外向语义功能。核心字的这种前后不同位置是鉴别辞的结构格式的一种最重要的形式标准。汉语的研究已经根据这一标准把材料整理好，其具体的表现就是现代汉语的两本辞典：《现代汉语词典》收录的是离心结构的字组，核心字居前；《倒序现代汉语词典》收录的是向心结构的字组，核心字居后。这两种结构形式面对的语言事实是一样的，只是观察角度不同，只要编出一种辞典，弄清楚一种结构形式，另一种形式就可以从中系联整理出来。每一种形式都有自己的用武之地，以往只有一种《现代汉语词典》时，使用辞语的效果就会受到很大的影响。同一个字大多是既可以居后做向心辞的核心，也可以居前做离心辞的核心，位置的简单变换会给字组的结构原则带来如此重大的影响，这确是汉语的一个重要特点。印欧系语言的构词法没有这种类型的结构，它的语素的出现位置都是相当固定的，词根和前、后缀的位置是不允许颠倒换位的，即使像英语的 railway（铁路），football（足球）这种由两个词根语素组合起来的所谓复合词，两个语素的次序也不能颠倒。特点往往是人们习以为常的现象，不易引起注意，比方说，字是汉语中最重要、最常见的现象，但人们往往熟视无睹。

字组的结构与此类似,我们以往的研究由于受到"印欧语的眼光"的影响,只在动宾、动补、主谓这些概念上兜圈子,不大注意汉语本身已经整理得很好的材料,未免有点遗憾。我们这里想转移观察的角度,以核心字为基础,利用现代汉语的两本辞典,从中探索汉语构辞法的一些特点。

3.4.2.3 以核心字为基础,抓住向心和离心这两种结构形式,不仅有助于字的功能和语义特征的分析,而且也有助于字组(辞)理据性的清理和研究。核心字的功能和语义特征可以借助于它的位置和与它相组配的字的关系得到有效的说明。例如"好"(hǎo)只能做离心字组的核心(好比、好处、好歹、好多、好事、好笑、好转……),而一般不做向心辞的核心;"爱好、癖好、同好、喜好……"的"好"读 hào,去声,已是另一个字。这说明"好"(hǎo)的功能只起修饰后字的作用,即只能作为一种语义特征去刻画、描述后字所表示的义类的意义,使其具体化。相反,"虑"就只能作为向心辞的核心(顾虑、挂虑、过滤、焦虑、考虑、思虑、疑虑、忧虑、远虑),需要受与它组配的前字的修饰才能进入语句的结构。这两个字可以看成为字的功能的两极:只能做离心辞核心的字,它的语义功能负荷大,组配能力强,运用灵活自由,而只能做向心辞核心的字,它的功能负荷比较小,位置固定,组配能力弱。处于这两极的字语言中只占少数,大多数的字都是既可以做向心辞的核心,也可以做离心辞的核心,能与这种"心"相组配的字的多少和频次,可以说明它的功能负荷的大小和结构灵活性的程度,对语义句法的研究有积极的意义。

前面说过,汉语的构辞法是语义性的,不是语法性的,抓住核心字进行字义关系的研究,这就使辞(字组)的理据性的研究有了一个统一的杠杆,容易把握其中的脉络。另一方面,以核心字为基础,我们也可以对与它相组配的字进行系统的考察,总结它们统一的语义功能,像前面的"谢"族辞,A组的前字大体表方式,B组的后字大体表示"谢"字的语义功能说明它的适用的场合和对象。这种语义功能的考察实际上已进入一个新的研究领域,即语义句法。汉语的字的功能灵活多变,难以把握,但核心字是清楚的,通过它去把握字的基本功能,或许是一条重要的途径。

3.4.2.4 不管是向心结构,还是离心结构,就汉语的构辞法来说,最重要的是考察字义的组合规律,弄清楚它的理据。这种理据基本上和单字编码格局的类、象关系一样,可以归入相似和相关两大范畴,只是通过字义之间的关系表现出来而已。我们下面就根据向心、离心这两种结构规则来分析汉语的语义构辞法。

三 向心构辞法和它的语义基础

3.4.3.1 向心构辞法就是核心字居后、前字描述核心字的语义特征而构成辞(字组)的方法,用这种方法构成的辞就是向心辞。向心辞前后两个字的语义组配规律可以从相似、相关两个方面进行考察。先讨论相似性的语义基础。

3.4.3.2 相似的语义关系就是核心字和与它相组配的前字有共同的语义特征,或相同,或相近,或相反,因而对"相似"的问题可以从相同、相近、相反三个角度去分析。相同的语义关系指前后两字同音同义,这就是现在一般所说的重叠,如跑跑、跳跳、谢谢等。这类现象人们都很熟悉,不必啰唆,但有一点要说一下,即"同音"的问题。跑跑、跳跳、谢谢之类的重叠,后字一般都读轻声,与前字不同音,这是由于变音构辞法发生作用的结果,要把"2"纳入"1"的结构框架。这个问题我们后面再讨论。(§3.5.2.2)

相近和相反这两种语义关系实际上是一个问题的两个方面,无法截然分开,因而把它们合起来一起讨论。

相近或相反的语义关系就是前后两字的语义等值,大体上表示同一个"类"中的两种并列而又有一些差异的"象",而这种差异必须呈对立互补的状态,彼此相互限制、相互补充,共同表示某一类现实现象,因而在语义结构上是一种典型的"合二而一",即合二字而成一义。比方说,以"逐"为核心字的字组有:

斥逐　放逐　角逐　驱逐　追逐

前字与"逐"的意义相近,都有某种同义关系。"逐"的本义是追兽,后来泛指追赶和放逐,《说文》也只有"追也"的注释。与它相组合的前字也都有某种与此相类似的意义:

斥,"逐也"(《广韵》)。

放,"逐也"(《说文》),徐锴系传对此的注释是:"古者臣有罪宥之于远也。"

角,"竞也"(《广韵》)。

驱,"马驰也"(《说文》),段注:"驱马,自人策马言之。"

追,原指追人,但《说文》的注释已是"逐也"。

这里的每一个字都带有一种追赶、放逐的意思,因而随着单字编码格局的解体和每一个字所特指的意义的消失,它们就因同义、近义而相互组合,构成一个个新的编码单位。这样就可以从不同的侧面突出"追逐"的不同方式和特点。这种单位有一个发展的过程,在其形成的初期,两个字的组合有其严格的条件限制。例如"追逐","追"指追人,"逐"指追兽,语义互补,语音双声,但核心是语义。这是汉语中一种很有特点的语言现象。为了说明一些相关的问题,这里不妨扩大一些考察的范围,以进一步了解这种字义组合的理据性。先请比较下面甲、乙两组例字的语义异同:

	甲	乙
a.	语:回答别人的问话("论难曰语")	言:自动地跟人说话("直言曰言")
b.	城:内城	郭:外城
c.	皮:有毛的兽皮	革:无毛的兽皮
d.	饥:粮荒	馑:菜荒
e.	朋:"同师曰朋"	友:"同志曰友"
f.	跋:"草行曰跋"	涉:"水行曰涉"
	……	……

这里每一组的两个字的语义在分类的层级体系上都同属一个"类",它们所表示的只不过是同一个"类"下面的两种不同的"象"。随着语言的发展,汉语社团对编码方式过细的"码"按"类"进行组合,使之扩大所表示的意义范围。例如,不管是粮荒还是菜荒,都是因食物过少而发生的饥荒,因而凡饥荒都可以叫"饥馑";不管是追人还是追兽,都是追赶;不管是"草行"还是"水行",都是在艰难的环境中行进……每组甲、乙两个字组合起来构成的辞都是把思维中属于同一个"类"的两个"象"联合起来,表示该"类"的语义,因而范围比较宽泛,而不是两个字的意义的简单相加。字组中的两个字既然语义上并列、等值,哪一个字放在前面,一般都决定于声调的平、上、去、入的次序,即平声字在前,上、去、入声字在后,如"城郭"、"皮革",平声的"城"、"皮"在前,入声字"郭"、"革"在后。也有少数例字与这一规律不一致,如"语言",可作为个别的例外来研究。"语言"是在语言演变中产生的一个辞,指人们用来交流思想的工具,如指说话的行为,一般说"言语",与规律一致。《三国演义》第 45 回写"群英会蒋干中计"时周瑜只能说"昨日酒后失事,不知可曾说甚言语?""言语"的这种用法

是我们古时惯常的说法。一般说来，只要找出真正的规律，个别的例外是可以得到合理的解释的。

其次，同"类"只是二字联合的一个必要条件，但仅此还不行，要联合，二字的意义还需要有对立，至少在语言社团的心理意识中要构成对立，把它们看成为同"类"中的两极。以上述几组例子为例，"语"与"言"是说话中的主动和被动，"城"与"郭"是城池的"内"与"外"，"皮"和"革"是兽皮中毛的"有"和"无"……这就是说，两个字的意义只有处于"类"中的两极，它们才有可能联合成辞。"类"的大小没有定规，"大"可以"大"到整个宇宙，"小"可以"小"到一个人的说话的自动或被动。上面几组例子涉及的"类"都比较小，大"类"中两极的联合在汉语中也比比皆是，例如：世界、东西、阴阳、乾坤、天地、宇宙……"类"不管大小，只有两极相补，才能成为"类"。所以，目前语法书所说的同义和反义，从语义构辞法来看，都属于同一个范畴，其中"同"的是"类"，"反"的是"象"，都是同中有异，异中有同。例如"宇"指无限空间，"宙"指无限时间，在时空这一点上它们互补，呈"反"的状态，而对于由时空组成的整个宇宙来说，它们的"反"只是宇宙中的两极，因而又是"同"。这种对立互补的语义关系在语辞形成的初期更为明显，限制也较为严格，大致在语音上还伴随有双声或叠韵的限制。(§3.3.3.3)随着语言的发展，语音的限制虽然有所松动，但是两个字的这种又同又异的编码机制并没有发生什么变化，现在一般语法书所说的联合式大体上都是这种既同又异，而"异"又必呈互补的状态的字组。(徐通锵、叶蜚声，1981)

第三，相似的语义关系体现两个字的意义的对立统一，因而辞中的两个字必定同功能。

这种对立统一的相近或相反的语义关系是语义的"合二而一"；"相同"语义关系的重叠也可以归入真正"合二而一"的范畴。这是汉语中的一种重要的语义结构,这种"重要"不在于在其他语言中难以见到这种现象,而是汉语社团两点论思维方式的一种表现,其中充满对立统一的辩证精神。它与散文中对称性的排比和对文、律诗创作中的对仗、四字格的形成(§3.5.1.3)以及对对子等,都是这种辩证的思维方式的一些具体表现。语言的结构是我们观察思维的一个窗口,存在于向心构辞法中的相同、相近或相反的"合二而一"的语义关系就是这种窗口之一。

3.4.3.3 如果说相似的语义关系的特点是语义上的"合二而一",那么"相关"的语义关系的特点大体上就是"一分为二"。这需要联系编码体系的历史特点来讨论。如前所述(§3.3.1.2-4),汉语早期的编码以名物为基础,性状、动作等大多都寄托于名物,每一个字所表示的意义大多是细密而离散,类、象合一(在文字上的表现形式就是形声字);少数字是类、象一体(如"人"),含义宽泛。这两类字义的结构形式虽然有异,但实质相似,都是类、象共居一体,合二而一。随着语言的发展,这两类形式都难以满足日益增长的交际需要,前者是分类过细,同音、近音的现象过多,在书面语上的反映就是造字的任务不胜其负担;后者是语义范围过宽,难以确切表达一些特殊的现实现象。交际的需要与编码方式的矛盾迫使语言改进自己的编码方式,其具体的办法就是类、象分离,采用字组的方式表示类、象相依的结构原理,一字表类,一字表象,这样就产生了"一分为二"的语义结构的特点,前面表示各种身份的"人"(倌人、舆人、圬人、野人、王人、馆人、山人等等)就是这种"一分为二"的一种表现形式。现在需要讨论的是那些由形声字表现出来的类、象合一的字以及它们的"一分为二"。

名物、动作、性状三类"码"都想通过名物表现自己的语义特点,这势必使名物类的"码"负担过重,只能通过不断的造字来表达新事物、新现象、新概念,类、象合于一体。这样,语言中字数虽然很多、很庞杂,可以说到了人们的记忆难以承担的程度,但另一方面却又无法满足日益增长的交际需要,因为需要表达的意义是无穷的。编码体系的结构不平衡性必然会引起语言的演变。主要表现为造字的编码机制由于它缺乏弹性,运转不够灵活,因而语言系统在交际的过程中进行了自发的自我调整,由单字编码格局逐步过渡到双字编码格局,把原来类、象合于一字的编码机制改为类、象分离,各自单独编码,而后根据交际的需要,只要字义间有相关的语义关系,就可以将它们组合起来构成复音字,表达人们想要表达的意思。我们可以看一些具体的实例。王念孙《广雅疏证》卷一下"睼……视也"条收录了49个表示"视"的意义的字,差不多每一个字都表示一种特殊的"视"。我们这里引录几条,以见一斑。请比较(只引释义,不述引文):

睼,《说文》:"迎视也。" 覵,《说文》:"窥视也。"
盻,《说文》:"恨视也。" 覝,《说文》:"正视也。"
眄,《说文》:"旁视也。" 睇,《说文》:"目小斜视也。"
覷,《说文》:"窥视也。" 眙,《说文》:"直视也。"
覰,《广韵》:"笑视也。" 睨,《说文》:"斜视也。"

这是类、象合一的编码方式,"类"为"视","象"为"视"的各种方式。从单字编码格局变为双字格局,类、象分离,前字和核心字的语义关系就从原来的"合二而一"转化为"一分为二",后字表"类",前字表方式。这只要把现代汉语以"视"为核心字的一组辞和上述那些字的意义进行比较就可以清楚看到这种转化。根据《倒序现代汉语词典》收录的材料,以"视"为核心字的向心辞有:

傲视 逼视 仇视 敌视 短视 俯视 忽视 环视 监视
检视 近视 窥视 眄视 蔑视 藐视 漠视 凝视 怒视
平视 歧视 轻视 扫视 审视 探视 透视 无视 小视

斜视　省视　巡视　远视　珍视　诊视　正视　重视　坐视
电视

显然,这些以"视"为核心字的辞都是以"䁹、觇、盼、窥、晒、觑、觊"等的"一分为二"为基础通过类推而逐步创造出来的,前字和后字的语义关系相当于原来䁹、觇、盼、窥、晒、觑、觊等字的类、象合一时的语义关系。由"1"分化为"2"之后,字序上究竟哪一个字在前?哪一个字在后?基本的原则是以"小"饰"大"、以"偏"饰"全",象在前,类在后。上面除晚近产生的"电视"一辞外,其他如傲视、仇视、俯视、忽视等辞中的傲、仇、俯、忽……都只是表示"视"的一种方式,是"视"的一种"象",从不同的侧面描述"视"的语义特征。这种以"小"饰"大"的字序是汉语语义构辞的一条普遍规则,像"北京市"、"海淀区"之类的字组,表个体意义的字必须放在表全体意义的辞的前面。为什么?这是由于核心字的意义与向心辞的意义是逻辑上种、属关系的反映,因而限制核心字意义范围的字必须放在外延宽泛、内涵贫乏的核心字的前面。

3.4.3.4　我们了解了相关的语义关系的产生背景之后就可以进一步讨论向心构辞法中的前字和核心字之间的相关的语义关系了。这种关系比较复杂,可以分成很多类。如:类属、性状、形貌、功能、方式、工具、质料、空间、时间、比喻等等,但最重要的是性状和方式,其他的相关关系可以看成为这两种关系的派生或变体。表"方式"的相关关系,前面有关"视"的字组已经清楚地说明了这种关系,即前字都具体地表示"视"的一种方式;前面§3.3.1.2所分析的"谢"字,情况与此相同,这里没有必要再重复。性状也是一种重要的语义相关关系,我们可以对此进行一些必要的讨论。

性状的相关关系就是前字的意义从一个侧面具体描述后字(核心字)的一种语义特征。我们可以以"马"为核心字进行一些考察。

《倒序现代汉语词典》收录以"马"为核心字的双字字组计45条,除了几条相似语义关系的辞(如:牛马、人马、犬马等)之外,根据前字和后字的语义关系,大体上可以分为如下几个类型:

性状:斑马　儿马　劣马　驽马　铁马　头马　驼马　野马　驷马　蓟马　绵马

类属:骏马　骡马

功能:戎马　辕马　战马

空间:川马　口马　海马　河马　灶马

质料:鞍马　木马　纸马　竹马

方式:出马　堕马　遛马　拍马　跑马　骗马　赛马　下马　跳马　走马

前字与"马"的语义关系以性状为主流;类属、功能、空间、质料等类实际上也可以归入于性状,如"骏"原来就是马的一种,自类、象分离之后,现在已变成"走得快"、"好"之类的意思,完全可以归入性状。至于河马、竹马、木马等是不是马,那无关紧要,因为汉语社团已根据这类现象的某一特点与马联系在一起,把它比喻成马,因而可以与相关的字组配在一起表示一种类似马那样的事物。前面已经说过,双字编码格局中的辞只抓住显示的两个点,很多暗示的意义都隐含于两个点所控制的跨度之内,由交际的双方根据已知的知识去补充,(§3.3.4.2)因而竹马、木马等是不是实际的马不是关键的问题,重要的是汉语社团已经把它们看成为类似马一样的东西。带有历史遗留色彩的驸马、探马、趟马、响马等也都不是马,而是具有某种身份的人,追溯它们的初义,原来也与马有关。例如"驸马"原为"驸马都尉"的官名,掌副车之马,多以宗室、外戚与诸公子孙任之,后因杜预娶司马懿之女、王济娶司马昭之女,皆官拜驸马都尉,后就称皇帝的女婿为"驸马"。诸如此类与马相关的现象,生活在汉语社团中的人都能用已知的知识去补充,不会有什么误解。总之,像"马"这种表"静"的意义的核心字,其前字与它的语义关系以性状和其相关的变体为主,而方式的语义关系则处于次要的地位。如把它和前面的"视"字比较,那么我们就会发现"视"字类的字以方式的语义关系为主,而"马"类字则以性状为主。如果再进一步把性状与方式这两类语义关系进行比较,人们就会发现,方式是表"动"的,而性状是表"静"的。"马"这种码本来是作为一种"静"的事物来看待的,如果想要它"动"起来,就可以在它的前面加一个表示某种动作意义的字,突出它"动"的方式,它就能由"静"转化为"动"。比较上面有关"马"的双音字,表方式类的一组辞,其前字都是表示动作的,而其他各组的前字都是表名物的。我们或许可以从这一类现象中提炼出一条向心构辞法的字的语义组配规律:表静态名物的核心字如要转化为动态性的意义,在其前面加一个表示行为动作的字,反之,表动态动作的核心字如要转化为静态性的名物,可在其前面加一个表静态名物的字。前面有关"视"的一组辞只有一个"电视"是表静的名物的,数量太少,难以说明问题,这里不妨再以"雕"字为例,看看是否符合这种规律的要求:

贝雕 浮雕 花雕 木雕 漆雕 石雕 牙雕 圆雕

这里除了"浮雕"、"圆雕"的"浮"、"圆"之外,其他辞的前字都是表名物的,表示用什么质料雕成的物件,从而使表动作意义的"雕"转化为表静态的名物;"浮"、"圆"表性状,不是表动作,因而"浮雕"、"圆雕"也是表静态的名物。看来这条动静转化的字义组配的规律还是能够成立的。

3.4.3.5 这里还需要对一般称之为比喻的相关关系进行一些讨论。这种关系的特点是用一个意义与核心字相类似的字来描述核心字的语义。我们可以以"黑"为例来分析:

昏黑 焦黑 黎黑 抹黑 漆黑 骏黑 炭黑 乌黑 黝黑

这里除了"抹黑"一辞的"抹"表动作、应归属于由静转动的规律外,其他各例都是用一个意义相近的字来比喻、描述核心字的意义,像"昏黑"表示傍晚天色暗下来时的那种颜色;"漆黑"表示像漆一样的黑……这种比喻式的相关关系大多表示性状,是性状从编码体系中分离出来而成为一种独立的编码对象的具体见证。这种相关的语义关系虽然有它自己的特点,但从性质上说,与前述的"骏马"之类的类属关系并没有什么不同,即"昏、漆、墨、炭"等等都只是"黑"这种"类"的一种"象",因而完全可以把它归属于性状,没有必要另立一类。

3.4.3.6 向心构辞法的语义基础,从相似、相同、相近到相关的类属、质料、功能、性状、方式、数量、时间、空间等等,实际上是一种语义关系的连续统,相互间很难划分出一条截然分明的界限,我们只能根据语义关系的大势进行大致的分类。不过就相关关系的总体来看,性状和方式是向心构辞法中两种最重要的语义关系;把握住这两种关系和同义组合的相似关系,大体上就可以把握住向心构辞法的基本脉络。

四 离心构辞法和它的语义基础

3.4.4.1 离心构辞法与向心构辞法相对,是从另一个角度考察汉语的语义构辞法。它的形式特点是核心字居前,后字衬托前字的语义功能。如果说,向心辞的"心"是看核心字作为一个"类"能接受哪些"象"的描述,借以显示它本身可能具有的语义特征,那么离心辞的"心"就是看核心字作为一种"象"能与哪些"类"发生语义上的联系,或者说,这个"心"的语义功能能够统辖哪一些"类",说明这些

"类"具有一种相同的语义特征。我们不妨先看一组以"黑"为前字的离心辞：

黑暗　黑白　黑板　黑帮　黑道　黑地　黑点　黑店　黑貂
黑洞　黑豆　黑管　黑光　黑话　黑货　黑品　黑口　黑麦
黑霉　黑幕　黑钱　黑枪　黑人　黑市　黑鼠　黑糖　黑陶
黑体　黑头　黑鱼　黑枣　……

这里除"黑暗"、"黑白"两个辞表相似的语义关系之外，"黑"的功能是修饰名物，说明板、道、地、店、貂、洞……等名物都具有"黑"的语义特征；或者说，"黑"是从黑板、黑地、黑道、黑豆……这些名物中抽象出来的一种共同的语义特征，可以借此建立起事物间横向的语义联系。这种结构原理是字族时期以"形"为核心的离心性语义关系的延续和发展。

前字表性状，辞的意义大体表静态的名物，上述的"黑"族辞就是这方面的具体表现；如前字表方式，辞的意义大体表示动态性的行为动作。在单字编码格局的时期，有些表行为动作意义的字如得不到相应的名物的限制，它的意义就宽泛、笼统，并且以"人"和"排、挤……推也"为例说明相应的问题。（§3.3.1.5）进入双字编码格局的时期，这些笼统的字义都用另一个有关的字进行补充，使其意义具体化。以"推"字为例，它作为离心辞一种表方式、原因意义的核心字，就可以用一个相关的字加以注释、补充，构成意义比较具体的辞。例如：

1. 推测　推迟　推崇　推辞　推戴　推宕　推导　推定
　　推断　推度　推服　推及　推荐　推见　推究　推举
　　推拿　推敲　推求　推却　推让　推算　推托　推委
　　推问　推想　推销　推卸　推谢　推行　推许　推选
　　推延　推演　推知　推重　推倒　推动　推翻　推广

推进　推论

2. 推理　推力　推事　推头　推论

1组表动态性的行为动作,因为后字都是"动"的,与时间的特征有关;2组表静态的名物,因为表名物的后字使辞的意义由"动"转化为"静"。"推论"两属,既可以列入1组,也可以列入2组。相同的前字为什么会产生"动"与"静"的差异?主要的原因是后字的作用,这与向心构辞法的字义组配规律是相互呼应的,就是不管是向心辞,还是离心辞,其语义重心都在表义类的后字。

1组的辞人们过去都根据中间能不能插入"得"、"不"去分析它们的结构形式,认为能插入"得"、"不"的就是动补式,不能的则归入其他的结构形式,如"推荐"一般都归入联合式。其实,这一分析是很不确切的,是仿效印欧语语法理论来分析汉语的结果;印欧语有动宾式,这些字组的后字不是"宾",就名之以"补",认为这是汉语的一个重要特点。说这是汉语的特点,完全正确,但说那些在两字之间能加"得"、"不"的是与动宾结构相平行的动补结构,那就肢解了离心辞这种统一结构的语义基础,无法自圆其说。根据汉语自身的结构,离心辞既然有一种统一的结构形式,它自然就应该有一种统一的语义。这种语义是什么?这就是"自动"和"使动"。(§4.5.3.2-8)先请比较"推选"和"推荐"的扩展式的异同:

　　A."使动"扩展式:推选　推而选之　推而使之选　使选
　　　　　　　　　　X而Y之　X而使之Y　使Y
　　B."自动"扩展式:推荐　推而荐之　────　──
　　　　　　　　　　X而Y之

两个例子的扩展式有同有异,异多同少。为什么?这与后字的语义指向有关。"推选"与"推荐"都要有"推"的人(施事)和"推"的对象(受事),如果后字的语义指向施事,就是B,属自动;如果后字的语义指向受事，就是 A，属使动，因为代字"之"可以移至动字"选"之前，甚至可以省略。汉语"动·动"的字组大体上都有这样的特点。A、B 的语义重点都在后字，是古汉语自动、使动意义的一种浓缩和变异。上述以"推"为核心字的辞属于哪一种格式？回答是：能代入 A 式的是使动，代入 B 式的是自动；"动补式"这个概念不能确切地反映这种结构的性质。这涉及汉语句法结构的根本性特点，我们到后面 §4.4.3.6 再进行详细的分析，这里从简。辞的中间能否加"得"、"不"，这不是这种结构形式的本质，而是决定于后字的语义特点，即后字如在瞬时间具有离散性变化结果的意义，中间就可以加"得"或"不"。所以，像"推翻"、"推倒"等就可以说"推得倒"、"推不倒"，而"推销"、"推选"、"推荐"等就不行，因为"翻"与"倒"能在瞬时间就可以表示发生离散性结果的变化，而"销"、"选"、"荐"是一种连续的过程。这是"动·动"组配的辞的一条语义规则，与前述的"动·静"组配、"静·动"组配的语义规则相呼应。这样，在我们面前就出现了两种规则：一种是向心和离心，着眼于形式；一种是静与动的不同组配方式，着眼于语义。这是从两个不同的层次中总结出来的规则，因为每一种构辞法，不管是向心还是离心，都有静、动的不同组配规则，即一种构辞法隐含有几种不同的语义组配规则。

向心和离心这两种构辞法的类、象之间的相互联系都是开放的；一个"类"究竟能与哪些"象"发生构辞上的联系，这决定于汉语社团能在哪两类现象之间建立起一种联想的关系，即抓住两个"点"，以涵盖这两个"点"的跨度所能包含的意义。从原则上说，只要交际有需要，人们就会设法挖掘一个"类"所可能具有的各种联系，把相关的字组合起来造出向心辞或离心辞。同一个字由于前后位置的差异而能相当自由地构成"向心"和"离心"这两种不同类型的辞，这是汉语构辞法的一个重要特点，也是汉语灵活的表达方式的一种具体表现。

3.4.4.2 离心辞的两个字的语义关系与向心辞相同,可分相似和相关两类。例如上面所说的"黑"族离心辞,"黑暗"、"黑白"二辞的字义是相似关系,而其他辞的字义是相关关系。相似关系的两个字由于同义、同功能,相互等值,因而离心和向心只是形式上的差异,在语义指称上并没有什么区别,是相互结合起来互补地指称一种现实现象。例如"黑白"比喻善恶,"城郭"指称城墙,等等。相关关系的情况就不同了,这是由于核心字在辞中的地位发生了变化,因而给语义的指称关系带来了重大的影响。比方说,"工人"与"人工",字同序异,但"人"的指称意义很不一样。"工人"是指"个人不占有生产资料、依靠工资收入为生的劳动者(多指体力劳动者)","人"的意义仍旧没有离开"能制造工具并使用工具进行劳动的高等动物",即"工人"仍旧是一种人;而"人工"则是指一种"人为的(区别于'自然'或'天然')"的行为,如人工呼吸、人工降雨等等,只是指一种与"人"有关的行为动作或与此相关的意义,其核心的意义不是"人"。这种差异是向心辞和离心辞的语义差异的具体表现,即向心辞的语义核心是"心",表"义类",前字只是表示这个"心"的一种语义特征;而离心辞的核心不是表义类,而是义象,看这种语义特征能驾驭、统率哪些义类,因而重点不是它的具体意义,而是它的语义功能。所以,从辞义的角度研究向心辞或离心辞,我们重点考察的是后字的意义,而从语法结构的角度来研究,那重点就得转向离心辞的"心"了。我们这里研究的是辞义,重点自然放在后字。这个问题和汉语的语义结构关系重大,需要再列举一些例子,而后再进行理论的讨论。请比较:

A 向心辞	B 离心辞
斑马 毛色棕、白条纹相间,形状似马的动物	马鞭 赶牲口的鞭子

川马	体形较小、能负重爬山、产于四川的马	马车	泛指骡马拉的大车
海马	鱼,头像马……	马店	主要供马帮客人投宿的客店
骏马	走得块的马;好马	马枪	骑兵使用的一种枪
木马	木头制成的马	马靴	骑马人穿的长筒靴子
……		……	

A 组为向心辞,语义核心都是马或马状的物件;B 组为离心辞,语义都是指与马有关的物件,而不是指马。这就是说,向心辞的语义特点是自指,指核心字本身可能具有的各种意义,前字只是说明核心字的一种语义特征;离心辞的语义特点与此相反,不是指核心字本身的意义,而是转指一种与核心字的意义相关的另一种意义,如"马鞭"指鞭子,"马车"指车,"马店"指店,"马枪"指枪,"马靴"指靴子,等等。它们都不是指马,因而可以把离心辞的语义特点概括为转指。"自指"和"转指"这两个概念是朱德熙(1983)提出来的,想以菲尔墨的"格"理论为基础讨论汉语的语法结构,其中特别强调"的"既有自指的功能,也有转指的功能。这一分析的利弊得失,请参看§4.3.2.3 的评述。这里只想指出,同一个"的"既可以用于自指,又可以用于转指,这一事实本身已对朱德熙的设想提出了否定,说明"的"不适合用于自指、转指的分析。但是,这并不是说,"自指"和"转指"这两个概念不重要,而是说"的"难以纳入以"格"理论为基础的"主语-谓语"的结构分析。这两个概念如用来考察汉语构辞的语义特点,那么将是一对很重要的术语。我们接受这两个概念,用"自指"说明向心辞由相关语义关系而形成的语义特点,用"转指"说明离心辞由相关语义关系形成的语义特点。和此相对应,由相似语义关系而形成的语

义特点可以称为同指。不管自指、转指还是同指,语义上都指向义类。从自指、同指到转指,实际上是一种语义的连续统,只能就基本趋向而言,在相互邻接的区域很难画出一条截然分明的界限。

3.4.4.3 向心与离心,自指与转指,这是两对相互呼应的概念,是从两个不同的角度观察相同的语言现象时提炼出来的,前一对概念着眼于结构形式,后一对着眼于语义的指称,自指与向心对应,转指与离心对应。这是汉语构辞法的基本结构规律。有没有与这一规律不一致的现象?有的。如果碰到这种现象,这就需要像研究语音规律的例外那样,逐个加以研究,找出例外的原因。如仍以"马"字为例,"探马"、"响马"的结构形式是向心式的,但它们的语义却是转指式的,因为"探马"、"响马"都不是"马",而是进行某种活动的"人"。语义与形式的这种矛盾有其特殊的原因。这两个辞的意义都是表达旧时从事两种特殊活动的人。在科学技术不很发达的时代,马是最重要的一种工具,战斗、交通、运输等都离不开它,探听敌方活动的侦察兵,或拦路抢劫的盗匪,都以马为一种主要的工具,汉语社团在编码的时候就以"马"为一个参照点,以控制与"马"有关的信息。这样,"探马"虽然为一种从事特殊职业的"人",但汉语没有突出"人",而是突出"探"和"马",用这两个"点"来涵盖相关的语义,因为"探"只能是人,不能是马,不言而喻,因而辞中可以省略"人";"响马"在抢劫前先放响箭的也只能是人,因而汉语社团也是突出"响",而不是突出人。由于这种特殊的原因,才出现辞的语义特点与形式结构不相对应的例外。例外是考验规律的;例外的解释是规律的研究的一个组成部分。

向心和离心,自指和转指,对汉语语义句法的结构有决定性的影响,甚至可以说,汉语的句法结构规则就是这种向心和离心、自指和转指的规则的扩展和变换。这些问题我们将在语义句法部分再进行详细的讨论,这里不赘。

3.4.4.4 我们前面以核心字为基础考察汉语的构辞法,整理出它的形式和语义的结构规律。可以用下表来归纳前面的讨论:

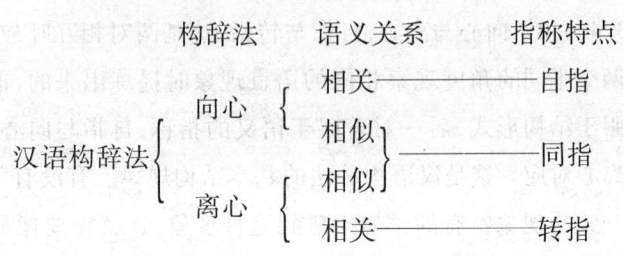

```
              构辞法      语义关系        指称特点
                       ┌ 相关──────自指
                  向心 ┤
                       └ 相似┐
        汉语构辞法┤              ├──────同指
                       ┌ 相似┘
                  离心 ┤
                       └ 相关──────转指
```

相似的语义关系,不管是向心辞还是离心辞,前后两个字的意义同义同功能,共同表示它们所属的那个"类"的语义,因而其指称为同指。语义的结构是分层的,如果要弄清楚每一种"指"的内部的字义组配规律,那就需要进一步搞清字义的"动"、"静"及其相互关系。

五 改进构辞法的研究,就汉语论汉语

3.4.5.1 语言理论是根据某些抽样材料的研究而提炼出来的假设,而后用这种假设来分析广泛的语言材料;如果能用这种简明的假设有效地解释语言的结构规律,它就是一种好的、有解释力的语言理论。我们只能根据这一标准来鉴别一种理论的好坏和优劣。我们的理论和方法以核心字为参照点,与现在流行的语法构词法是两条完全不同的研究途径,孰优孰劣,需要由语言研究的实践来检验。我们曾一再强调,现在流行的语法构词法是一种先天不足的语言理论,因为它不是根据汉语实际语言材料的研究而提炼出来的假设,而是根据印欧系语言的语法理论来套裁汉语事实的结果;而且,这还是一种间接的套裁,即:先根据印欧语的语法框架分析汉语的句法结构,而

后再用这种句法规则建立汉语的构词法。它是40年代末、50年代初随着结构语言学理论和方法的输入而盛行于汉语语法的研究,其中影响最大、讨论最系统的是陆志韦等出版于1957年的《汉语的构词法》。他认为构词法和造句法的结构关系是相同的:

	造 句	构 词
前修饰后	王先生昨天买的/帽子	礼帽
后补充前	打得/他满院子乱窜	击败
前后并立	一个人/一匹马	弟兄
前动词,后宾语	说了/好些话	注意
前主语,后谓语	他/写字	口快

构词法的规则与句法规则完全一致,"要认识词,主要是凭它的内部结构,拿它来跟同一类型的造句结构互相比较,在每一个类型上找出某种具体的条件来,说明所研究的语言片段已经不是造句的结构而是构词的结构了。说'已经'是要着重我们不是先'构'了词,然后拿它来造句的;词是从成片的语言资料里分析出来的。这是这次研究的基本精神"(陆志韦等,1957,3)。我们的研究与这一理论有两点重要的差异。第一,是语法构词法还是语义构辞法?以语法的词类为参照点,还是以核心字为参照点?第二,是先构辞,后造句,还是先造句,而后再在句中分出词来?

3.4.5.2 关于语法构词法,印欧语的语法理论用于汉语的句法研究已经是"张冠李戴",很不合适,(详见第四编的讨论)现在再拿它来分析汉语"本来没有这样一种现成的东西"(吕叔湘,1964–1965,45)的"词"的结构,自然难以对汉语字组的结构做出符合实际的分析和解释。陆志韦用语法规则来分析汉语的词的结构,用词性来描写词中的每一个结构成分,结果是既烦琐,满纸都是难以确定的词类标记(如名·名→名词,形·名→名词,动·名→名词……),又打乱了汉语的内部结构规律,把一种统一的语言事实割裂成相互没有联系的零星碎片。如以"烧"为后字的字组为例,根据陆志韦和现行的语法理论,应有如下的结构:

　　偏正式:低烧　高烧　红烧　干烧　延烧
　　动宾式:发烧　退烧
　　主谓式:火烧
　　联合式:焚烧　燃烧　煅烧

这样,以"烧"为核心字的一种统一的语义结构就被肢解为几种相互没有联系的"式"。其实,这里没有四种不同的语法构词法,而只有一种向心的语义结构,其中"烧"为"心",前字都只是表示"烧"的一种方式。以"火烧"这一字组为例,语法构词法由于把"火"看成为"名词",认为它置于"动词"之前就成为一种"主谓式"。其实,如以"烧"为核心考察"火、高、红、低、退、发"等的关系,就不难发现"火"只是"烧"的一种方式:不用油,把表面没有芝麻的饼放在饼铛一类的器具上,下面用火加热烧烤。汉语社团只是抓住"火"与"烧"这两个"点"来概括相关的意思。人们如果对此还有疑虑,还可以考察一下以"火"为核心字的离心辞,如火急、火葬、火种、火化、火拼、火烫、火烧等后字表"动"的辞,仔细比较前后字之间的语义关系,从系统性的角度把握"火"的语义特点,就可以清楚地看到"火"字只表示性状、方式一类的意义,根本与"主语"无关,不然,像"火急"、"火拼"之类的辞是很难得到语义解释的。

　　现在在语法构辞的研究中一般都认为动宾结构最难进行语义的解释。吕叔湘(1963,60)早就指出动宾关系多种多样,"宾"的语义可以是地点、目的、原因、身份等等,有些(如报幕、谢幕、等门、叫门、跳伞、冲锋、闹贼、赖学、偷嘴等)还说不清是什么样的语义关系。后来人们对此进行了很多研究,其中最详尽的是李临定(1983),但都无法整理出合理的系统。为什么?在我们看来,这是由于观察的视角有毛病。"动宾结构"是借用印欧语语法理论的一个概念,不是从汉语的研究中提炼出来的。这自然难以有效地分析汉语的结构。我们现在换一个角度,以核心字为参照点,看能不能整理出一个比较清楚的头绪。比方说,"养病"这个辞外国学生很难理解,因为根据和它相平行的"养花、养狗、养猫"等动宾结构的语义关系,"病"应该是越养越大、越养越厉害,怎么能养好呢?现在一般把"病"这样的结构成分都解释为原因宾语,即使如此,"因病而养"的解释也并不能确切地反映"养病"一辞的含义。如果以核心字为分析的参照点,那么就可以把与"养病"相联系的向心辞都收集在一起,进行统一的分析。根据《倒序现代汉语词典》收集的材料,"养病"一类的辞有:

  抱病 暴病 发病 犯病 扶病 看病 闹病 生病
  受病 卧病 谢病 养病

这些辞的字义都是"动·静"的组配,一般都称之为"动宾结构"或"述宾结构"。如对这一组辞的字义关系进行系统的考察,就不难发现它与向心性字族的结构原理是一样的,或基本一样的。这就是以"病"为心,从各个侧面描述"病"的状态,突出与"病"相关的理据:"抱病"突出生病的现实,"暴病"突出病的突发性,"发病"突出始发性,"犯病"突出重复性,"看病"突出治疗,"闹病"突出非自愿的被动性(请比较"闹瘟疫"),"生病"突出自发性,"受病"突出潜伏性,"卧病"突出病情的严重性,"谢病"突出因病而推托。"养病"和它们一样,突出一个侧面,强调主观的调理。这样,以核心字为"心",对向心辞进行统一而系统的考察,比较相互的异同,就容易抓住辞的语义特点,突出它的理据。这里的每一个辞,汉语社团都是抓住两个字所突出的两个"点",借此以控制暗含的一片,以便让交际的双方用已知的信息去补充。(§3.3.4.2)这样的语义特点和暗含的已知信息,是无法用"动宾结构"之类的语法概念去分析的;即使把"宾语"抽象成原因、目的、工具等,也难以说清每一个辞的语义特点。

　　语言理论研究的一个重要问题是视角的选择,视角变了,整个理论体系就需要进行调整和改变。我们以核心字的研究为基础,选择向心、离心的视角,就汉语论汉语,进行字义组配的理据性研究,自然会与现在流行的语法构辞法发生尖锐的冲突。这不是我们喜欢标新立异,而是由于汉语的构辞法确实不是语法的性质,难以用现行的、来自印欧系语言的理论、方法来分析。刘叔新、黎良军关于汉语的构词法没有语法的性质的分析已经相当具体、深入,前已介绍,这里没有必要重复。我们的理论和方法是否可行,自然还有待于实践的检验,但至少可以为汉语构辞的研究提供一条新的途径,以便于读者的分析和比较。

　　3.4.5.3　词是句中分离出来的,还是合字成辞再造句? 我们前面的分析已经清楚地说明,辞(字组)是以字为基础构成的,并根据核心字的位置分出向心和离心两种辞,也就是先有字和辞,而后才有句,即《文心雕龙》所说的"夫人之立言,因字而生句,积句而成章,积章而成篇"。如果说,先造句,后析词,那我们构词分析的目的就说不清楚了。根据《汉语的构词法·序言》的说明,研究汉语构词法的主要目的是为了解决一个实际问题,"二十年代以来,构词法问题总是结合着拼音文字提出来的,而现在到了普通话规范化和设计拼音文字的重要关头。拼音文字怎么把音节联写,规范化的词典该收哪样的词,总得有一个比较有系统性的根据"。显然,这里打上了明显的时代烙印。根据我们对汉语和汉字的关系的分析,汉字无法实现拼音化,不然,早就通过假借而走上拼音化的道路了。(§1.1.2.2, §3.1.1.4)但是在五六十年代,对拼音化提出异议是不可想象的,否则就难免会被戴上这样那样的"帽子"。至于辞典的选辞,那可以根据字组的出现频率,把那些经常结合在一起的字组看成辞,收入辞典,不必用印欧语的语法理论打乱汉语以核心字为基础的统一的语义结构规律。

3.4.5.4 前面说过,语言研究的理论和方法不大好说对和错,因为任何理论,哪怕是最荒谬的理论,都可以找出一定的语言事实的根据。鉴于此,看待一种语言理论的好与差,评判的标准只能是简明和有解释力。我们的理论和方法与语法构词法的优劣,也只能根据这两条标准进行比较和鉴别。以核心字为基础的分析法,无论就其形式还是语义,都具有线索单纯、规律整齐、涵盖面广、富有解释力的优点,人们易于掌握。这些优点不是我们为强调与语法构词法的差异而杜撰出来的,而是汉语编码规律的客观反映,是汉语基底编码规律的延续和发展。前面说过,汉语单字编码格局的基底结构规律是"1个字义=1个义类×1个义象",这种规律并没有因单字编码格局让位于双字编码格局而发生变化,区别只在于义类和义象都由某一个字承担;汉语社团就以字为基础,抓住"类"与"象"两个"点"来控制与此相关的语义信息。这种隐含的理据性或可论证性,汉语比其他的语言要更突出一些。这或许是语义型语言的一个重要的特点。

二字组的语义关系是汉语语义结构的基础,我们了解了这一点,就可以进一步讨论汉语和变音构辞法相关的一些问题了。

第五章　音义的相互转化和变音构辞法

一　音义的相互转化和四字格的结构

3.5.1.1　汉语中诸如"开天辟地、精耕细作"之类的成语一般都是四字一组,可以称为四字格。这是汉语中一种特殊类型的辞。

汉语的辞的形成过程,如前所述,是"一分为二"的结果,而联绵字的结构则是形成这一过程的过渡环节。这种编码机制在语言的运转和发展中得到了进一步的延伸,就产生了四字格。联绵字是"1"分化为"2",而四字格则是在联绵字的基础上再由"2"分化为"4";初期它与联绵字类似,每个字只代表一个音节,本身无义,而后以此为基础,实义字利用这种结构格式,以义代音,形成汉语特殊的四字格。这里,不管是"2"还是"4",都是"1"通过几个层次的"转","1"转"2"、"2"转"4"那样转出来的,归根结蒂是"1"的分化,因而我们还得抓住汉语的基本结构格局去认识四字格的实质。

3.5.1.2　汉语很早就有四字格的结构。《诗经》、《尔雅》都有不少四字格的资料。这种结构格式大体上可以分为四类(例引《诗经》):

　　AABB:委委佗佗　战战兢兢　穆穆皇皇　绵绵翼翼
　　ABAB:委佗委佗　式微式微　悠哉悠哉　其雨其雨
　　ABAD:将翱将翔　如切如磋　以敖以游　既夷既怿

ABCB：颉之颃之　　恩斯勤斯　　赫兮咺兮

这四种格式都是联绵字的结构格式 AA 和 AB 的变体，其中第一类 AABB 是 AA 式的叠合；第二类 ABAB 是 AB 式的叠合；第三类 ABAD，1 与 3 是 AA 式，重言，2 与 4 是 AB 式，双声或叠韵；第四类的 ABCB，1 与 3 属 AB 式，双声或叠韵，2 与 4 是 AA 式，属重言。它们大多都是为了描写事物性状的需要而创造出来的"肖声"和"肖形"的语言形式，大多运用于诗赋的创作，与联绵字的运用范围大体相当。这种由"1"而分为"2"，再由"2"分为"4"的结构是汉语的重要特点，它们不管是"2"还是"4"，核心仍旧是一个"1"。"4"是由"1"转出来的最长的固定字组的形式。在"2"和"4"之间，汉语还有一种三音节的结构：

　　XAA：烂昭昭（兮）　　杳冥冥（兮）　　惨郁郁（兮）（《楚辞》）
　　XAB：舒窈纠（兮）　　舒忧受（兮）（《诗经》）

这些辞的结构形式是"3"，但性质上相当于"2"，因为 AA 或 AB 都是"1"的转化。这种结构格式是联绵字与非联绵的实义字的结合，用联绵字来补充描写实义字 X 的意义。《诗经》中这类格式很少见，但到《楚辞》就渐渐多起来了，而发展到现在，绿油油、黑洞洞、阴森森之类的现象就是一种很常见的结构形式了。所以这种三音节的结构还得联系"1"和"2"以及它们的相互关系才能了解它的实质。

　　上述各种结构格式在汉语的发展中都有重要的作用，为汉语的四字格、三字组的形成奠定了结构基础。

　　3.5.1.3　现代汉语从古代汉语演变而来，它的结构特点可以追溯到上古。联绵字的"2"为铸就双音字（辞）开辟了前进的道路，同理，以联绵字的"2"为基础而分化出来的语音四字格也为语义四字格的形成和发展准备了结构的框架。已有不少语言学家研究过它们之间的渊源关系。陆志韦（1956）认为"汉语有这么一种特性：我们听一段话或是念一段白话文，老是会觉着句子里的字（音节）会两个两个，四个四个结合起来"(45);周有光(1961,245)也谈到这种趋向,认为"把单音节的补充为双音节,把超过两个音节的缩减为双音节……双音节化是现代汉语的重要节奏倾向";吕叔湘(1963,10-22)撰文讨论汉语构辞的双音化和四字格的问题,认为汉语的辞有双音节化趋势,而四字格,不管其语法结构格式如何,也以"2+2"占优势。为什么"2"和"4"在汉语的字组结构中占有这么重要的地位?这决定于汉语的结构基础和它的编码机制。"字·音节·概念"的一对一的对应是汉语的基本结构格局,但这种对应有一定弹性,可以通过联绵字的结构格式向"2"延伸;这种本来是单纯音节的"2"又可以容纳实义字,从而使语音的"2"转化为语义的"2",产生以向心和离心为特点的复音辞;而这种"2"则又可以进一步成为"4"的结构基础。这是汉语音与义可以相互转化的编码机制的一种具体表现。所以,现代汉语双音字"2"的形成可以追溯到先秦的联绵字,"风平浪静"之类的四字格自然也可以追溯到先秦。陆志韦在分析现代汉语四字格时就是这么做的,认为"现代语里所有各种类型,绝大多数已经在诗经里出现了"(77)。这个论断是完全正确的。《诗经》里的四字格陆志韦做了一个统计(为了行文的统一,文中"甲乙丙丁"本文统改为ABCD):

		国风	小雅	大雅	颂	
AABB:	委委佗佗	1	11	11	(2)	23
ABAB:	委佗委佗	38	10	—	(6)	48
ABAD:	是刈是濩	51	108	112	(52)	271
ABCB:	颀之颀之	24	24	8	(5)	56
		114	153	131	(65)	338
不叠字的:	日居月诸	35	25	18	(16)	78

"不叠字的"四字格先秦已经出现,说明实义字已经开始利用表音的格式创造成语式的四字格,不过那时的数量还比较少。陆志韦

认为现代汉语四字格的结构形式和先秦的四字格一样,可以据此整理现代的四字格。例如:

AABB:家家户户　里里外外　干干净净　齐齐整整
　　　大大小小　吃吃喝喝　吵吵闹闹　三三两两
　　　啰啰唆唆　叮叮当当

ABAB:滴溜滴溜　动弹动弹　暖和暖和　研究研究
　　　认识认识　舒服舒服　大批大批　贼亮贼亮
　　　雪白雪白　精瘦精瘦

ABAD:没头没脑　动手动脚　人来人往　徒子徒孙
　　　人山人海　又臭又硬　滑头滑脑　不阴不阳
　　　百伶百俐　不知不觉

ABCB:买空卖空　张口闭口　东说西说　七个八个
　　　倚势仗势　这痛那痛　风里雪里　清醒白醒
　　　起满坐满

这种"不叠字的"四字格现在已经成为四字格的主流,说明声义转化的编码机制促进了四字格的形成和发展,丰富了汉语的表达功能。

3.5.1.4 现代汉语四字格的结构该怎么分析?现在一般都是根据语法结构的规则。陆志韦的分类很细,以前后两字的语义关系为基础,结合字的词类属性分出动宾、主谓、向心(偏正)、后补、并列等格式。现在把他的分类摘引排列如下:

动宾:开宗明义　收缘结果　设身处地　留心在意(宾是名)
　　　说长论短　隐恶扬善　驾轻就熟　标新立异(宾是形)
　　　连踢带打　惹是招非　发号施令　送往迎来(宾是动)
　　　接二连三　呼幺喝六　颠三倒四　　　　　(宾是数)
主谓:门当户对　眉开眼笑　风调雨顺　时来运转(谓是动)

	风平浪静	眉清目秀	水深火热	身微言轻（谓是形）
向心:	铜墙铁壁	枪林弹雨	凤毛麟角	狼心狗肺（名＞名）
	油腔滑调	奇形怪状	轻车熟路	闲情逸致（形＞名）
	落花流水	嬉皮笑脸	画栋雕梁	来龙去脉（动＞名）
	鸡零狗碎	油光水滑儿		（名＞形）
	老奸巨猾	穷凶极恶	漆满儿乌黑	（形＞形）
	狼吞虎咽	里应外合	泥塑木雕	根生土长（名＞动）
	胡思乱想	轻描淡写	大惊小怪	深谋远虑（形＞动）
	分割围歼	眠思梦想	冒撞冲犯	（动＞动）
	半斤八两	千头万绪	半夜三更	五光十色（数＞名、量）
	七大八小	三长两短	一干二净	（数＞形）
	一来二去	七折八扣	千变万化	八纵千随（数＞动）
后补:	翻来覆去	赶尽杀绝	打净捞干	
虚字:	猫啊狗的	丫头婆子	牢头禁子	
四并:	妖魔鬼怪	风花雪月	春夏秋冬	鳏寡孤独
并并:正大:光明　风俗:习惯　家庭:骨肉　盘旋:曲折

这是用印欧语的语法理论和方法来分析汉语的一种具体表现，它不仅烦琐，而更重要的是无法揭示汉语四字格的实质，找出其中的结构规律。汉语是语义型语言，大量的语言现象无法用语法型语言的结构规则来分析。如前所述，成语式四字格的形成基本上都是实义字填入联绵字的结构格式而"1"分"2"，"2"分"4"的结果，是音与义的相互转化机制的一种具体表现，因而它的结构理应带有联绵字的一些痕迹。虽然在联绵式的结构中"义"代替了"声"，"声"的痕迹已经消失，但一定会在"义"上找到它的寄托。比方说，ABAB式的联绵结构，其特点是1与3都是A，同音；2与4都是B，同音；1、2的结构是AB，双声或叠韵；3、4的结构是AB，双声或叠韵，所以1、2与3、4的结

构同形。实义字填入这种联绵式的结构以后,"义"代替了"声",但编码的机理不变,仍旧维持着这种异同的结构格局。这就是:1 与 3 同义,2 与 4 同义;1、2 的语义结构关系和 3、4 的语义结构关系同形,都是相关关系的结构,犹如 ABAB 中的 1、2 是 AB,3、4 是 AB 一样;正因为此,1、2 和 3、4 的语义关系同形,是一种相似关系的语义结构。我们可以说,四字格的语义关系的实质是:把相关语义关系的双音字联合起来纳入相似关系。这恐怕是四字格的前后两段的结构所以会呈现出对称、同形的特点的原因。所以,用印欧系语言的语法结构规则来分析汉语,那四字格就会被肢解得支离破碎,像前述陆志韦的分析那样,人们很难掌握它的规律。实际上,汉语四字格的结构规则很简单,只接受一条语义规则的支配:1、3 同义、2、4 同义,1、2 与 3、4 的语义结构关系同形,使 1、2 的相关关系和 3、4 的相关关系联合起来成为一种相似关系的语义结构;或者可以说得更简单一点,四字格的实质就是把相关关系的结构改造为相似关系的结构。用这种语义规则来解释汉语的四字格显然比目前流行的语法结构规则简单而有解释力,而且不会发生肢解汉语的现象。其他的四字格结构,如"吃吃喝喝、三三两两"之类,基本精神与此相同,区别只在于这是重言式的"2"延伸为四字格的"4"。总之,汉语四字格结构的核心是要将相关关系的"2"联合起来构成相似关系的"4";这一原则也可以解释汉语四字格中如"妖魔鬼怪、甜酸苦辣"之类的现象为什么会比较少的原因,因为它们本来就已经带有相似的性质。合异"象"为一"类"的相似的语义关系在汉语的编码体系中占有特殊的地位,在这里也可以得到进一步的证明。

和汉语的辞的形成过程一样,从表音的四字格到成语式的表义四字格,自然也有一个发展的过程。在开始的时候,从表音四字格脱胎出来的四字格的结构也要受到双声、叠韵的限制,而后再逐渐摆脱联绵式结构的束缚,完全以字义的同异为准,形成以"相似关系"为特点的四字格。由于这个"4"是从"1"转出来的,仍旧需要受结构格局的"1"的控制,而且涵盖的语义面比较大,有特殊的表达功能,因而在汉语社团的心理意识中占有重要的地位。在语言的发展中,汉语社团往往根据这种"4"的模式改造历史上留传下来的辞句,使之成为四字格,如"得陇望蜀、剑拔弩张"之类,或者根据"4"的形式标准,截取古书的辞句,成为一种四字结构,如"美不胜收、水泄不通、价值连城、口若悬河"等等。汉语编码体系中受"1"控制的最长的"码"就是这种以"相似关系"为特点的四字格。

3.5.1.5 现代汉语中还有一类如"叽里咕噜、丁零当啷"之类的特殊象声四字格。先秦时期不见有这种格式。这引起了语言学家的关注和重视。他们比较这种结构格式在方言中的差异来考察它的结构特点。(陆志韦,1956,51-52;朱德熙,1982b,174-180)。陆志韦认为这种格式在吴方言中最丰富,如吴兴一带"有五百多个四字格的象声词,其中一百多用到l-音节";"北京话四字格的象声词数目上决不能达到吴语的十分之一。我们老是想一种语言的音韵系统的复杂性和它的词汇丰富性没有关系,但是就四字格的象声词来说,音韵和词汇是有关系的"。现在需要进一步认识这种四字象声格的性质。如前所述,不管是联绵字还是在此基础上产生的联绵四字格,都是借字表音,用以"肖声"和"肖形"。字的突出特点是它的顽强的表义性,联绵字和联绵四字格中的字不具备这种特点,因此没有固定的写法。北京话的四字象声格完全具有这种特点,因为它"在语音上容易发生个人的差异,也就不容易详细记录下来,用汉字来描写它当然更没有准儿"。陆志韦的这一观察是可靠的,说明这种象声四字格是一种特殊类型的联绵式结构。我们不妨先看一看具体的语言事实。朱德熙曾对北京话的象声四字格进行过全面的研究,认为一共有28组。现

在以唇音声母 p-、p'-为例,各摘引 3 组,以见一斑:

  pi-li-pa-la 枪声;爆竹声;打算盘声

  p'i-li-p'a-la 同上

  piŋ-liŋ-paŋ-laŋ 金属撞击声

  p'iŋ-liŋ-p'aŋ-laŋ 敲东西的声音

  piŋ-liŋ-pəŋ-ləŋ 鼓声

  p'iŋ-liŋ-p'əŋ-ləŋ 鼓声

这 28 组象声四字格都有 l-音节。这种不见于先秦的四字格大概是后来在某一时期从联绵式的结构中演化出来的。以 p'i-li-p'a-la(噼里啪啦)为例,它可以有四种形式:

  1. p'i-p'a(噼啪)   AB

  2. p'i-p'a-p'i-p'a(噼啪噼啪) ABAB

  3. p'i-p'i-p'a-p'a(噼噼啪啪) AABB

  4. p'i-li-p'a-la(噼里啪啦) ACBD←{ABAD,ABCB}

2、3、4 是 1 的三种变体,语义上也各有侧重:1 强调声音的短暂性和突发性,2 强调连续发生这种短暂、突发的"噼啪"声,3 与 4 强调这种"噼啪"声的连续性。就结构说,2 相当于《诗经》时期的"委佗委佗",3 相当于"委委佗佗",4 是利用双声、叠韵的原理和 l-音节在音系结构中的灵活性而创造出来的一种新形式:音节 1、叠韵,3、4 叠韵;1、3 双声,2、4 双声;这种象声四字格与"委佗委佗"的区别只在于 2、4 是 l-音节。这种形式始于何时,现在难以查考,可能是在元蒙以后,因为在关汉卿的元杂剧中有"劈留扑碌"、"七留七力"、"乞留乞良"之类的象声四字格,结构上已是 A-l-A-l,不过在北京话里一个也没有留传下来,而现在北京话的 p'i-li-p'a-la 之类的结构,也还不见于元杂剧。语音的结构也可以印证这一推断,因为"叽里咕噜"之类的声母 ki-腭化为 tɕi-是在《中原音韵》之后。(参看杨耐思,1981)这些现象都说明,上古时期的联绵字的结构原理和运转机制,虽然历经几千年,至今仍有一定的生成能力,还可以因语言交际的需要而产生、改进它的表达形式,而 l-音节则因这种交际的需要而成为构成四字格的一种"百搭"型的万能声母。

3.5.1.6 p'i-li-p'a-la 之类的四字格都有两个 l-音节,为什么会发生这种现象?为什么其他的辅音声母不能代替 l-?这是一个值得推敲的重要问题。这种现象不只发生在象声四字格中,现在的一些民歌、戏曲中也不乏这方面的例子,如"正月里来是新春",其中的"里"、"来"没有意义,只是填补音节空缺的一种替代品,以便凑成七个音节。这说明 l-音节在语言中具有一种独特的组配功能,以满足语音结构的需要。我们强调这一点可能对一些语言历史现象的解释有帮助。

先秦汉语的 l-音节在联绵字的构造中很活跃,"来母除与发音部位相同的端组(中古有知组)以及发音部位相近的章组(仅上古来母与章母发音部位相近。笔者按:章组字主要是因-i-介音的作用从端、见两组字中分化出来的,请参看§2.1.3 各节)构成准双声关系外,还与其他声母有组合关系"(陈燕,1992,72)。对于这种现象一般都用 pl-、tl-、kl-之类的复辅音来解释,这恐怕有点牵强,至少是理由很不充分。首先,从谐声关系看,s 可以和不同发音部位的辅音谐声,(李方桂,1968,24-25)一般都认为上古时期存在如 sp-、st-、sk-之类的复辅音。为什么 s(心母)没有像来母字那样与不同发音部位的音构成双声或准双声的关系?为什么在系统上会与来母(l)呈现出如此重大的差异?理论上恐怕说不通。其次,像"茨"慢言为蒺藜,"壶"慢言为葫芦,"螳"慢言为螳螂,等等,这里第二音节的 l-怎么与有关的声母解释为复辅音?这些迹象说明,来母字在联绵字中的活跃恐怕不能解释为复辅音,而需要从音系的结构中去寻找它的原因:l-是一个单向对立的音位，在非线性的音系结构中处于一种不平衡的地位上，容易发生变化，往往会因结构的需要而与相关的音节配对，（徐通锵，1990a，5）因而在联绵字的构成中呈现出一种活跃的状态。现代的p'i-li-p'a-la之类的l-音节的产生可以为我们的解释提供一种佐证，因为语言的结构机理和演变机理古今是一样的，完全有理由用现在已经得到验证的原理去解释历史上留存下来的结构和演变规律。（参看§2.1.1各节）

二 变音构辞法

3.5.2.1 汉语编码机制的一个重要特点是声与义在一定条件下可以相互转化，这在构辞上也有反映，这就是与语义构辞法相呼应的还有一种变音构辞法。这个概念过去一般都用来分析汉语早期的字族结构，指称因语音交替而构成的不同的字。前面说过，用这种交替来构建字族，根据还不充分，我们没有采纳，（§3.2.3.5）因而我们这里所说的变音构辞法也不是指这种交替，而是指因双字结构格局的形成和发展而产生的变音。

汉语的基本结构格局是"1个字·1个音节·1个概念"的一一对应，由于音与义两个方面的"一分为二"和"合二而一"的矛盾运动，产生了以"2"为特征的复音辞，因而与这种一一对应的结构格局发生矛盾。基本结构格局是语言结构进行自我调整的杠杆，与格局相矛盾的现象需要接受以"1"为特征的格局的节制与调整，因而在语言的运转和演变中不可避免地会引起"1"与"2"的改造和反改造的竞争，设法用"1"去控制"2"的变异范围，使语言遵循着结构格局所能控制的方向演变。变音构辞法就是为适应这种结构调整的需要而产生的一种构辞法,用"1"个音节的"1"的精神约束"2"的变异方向和范围。

3.5.2.2 "一分为二",和"合二而一"是一个问题的两个方面,有"一分为二",自然也就会有"合二而一"。这是由于"1"的控制而发生的两种相反相成的变化。变音构辞法也可以从这两个角度进行研究。在以往的研究中,对联绵字之类的"一分为二"的现象比较注意,而对"合二而一"的现象研究得不够,我们除了在文献中能看到一些合音字之外,就不清楚"合二而一"的具体情况。"合二而一"的变音构辞法是根据现代方言的变音(变声、变韵、变调)总结出来的。为什么会发生"变音"之类的变化?这决定于意义,是一个概念(意义单位)的"1"要求字组音节的"2"或"3"融化为"1",采取的办法就是变音,即一般所说的变声、变韵、变调和轻声等。语义对变音的制约可以用一般所说的成词变调和不成词变调的差异来说明。有些字组,即使是由相同的字组成的,表示一个单一概念的字组就变音,而表示复合概念的就不变,或按照另一种方法变音。比方说,宁波方言下列两组由相同单字组成的字组就有不同的变调行为。请比较:

例字	单字声调	不成辞变调	成辞变调
打手	$ta^{435} \, \varsigma i Y^{435}$	42 + 435	42 + 21
炒饭	$ts'p^{435} \, v\varepsilon^{24}$	22 + 24	44 + 33 或 42 + 21
生蛋	$sa^{42} \, d\varepsilon^{24}$	44 + 24	22 + 44
爱人	$e^{44} \, \underset{\sim}{n}i\eta^{24}$	44 + 24	44 + 33

这一类例子各地方言都有,王福堂(1959)在这方面就已有具体的分析。1978年以后《方言》发表了很多有关变调的文章,其中也有不少章节谈到了这方面的差异。这些现象说明,青年语法学派和布龙菲尔德(1933,452-453)关于音变是纯语音过程的假设不完全适用于汉语的研究。

变音是现实的音变构辞,根据现实语言变异的原理可以解释、说明历史上已经完成的音变规律的原则,(§1.2.2.4-7)再结合合音字、联绵字提供的线索,我们可以推断这种"合二而一"的变音是和"一分为二"相呼应的,是古汉语音变机理的延续。我们下面以这一假设为基础讨论汉语的变音与构辞的关系。

3.5.2.3 "合二而一"的变音构辞法的基本方法就是以音节的结构规则为基础,通过变声、变韵和变调使"2"转化为"1",实现单音节化。这或许是音义结合的理据性编码机制在新的结构条件下的一种曲折的反映,表明它始终保持音义相互制约的非线性的结构原则。

以"2"为特征的复音字现代主要有儿化、轻声、复合(向心辞和离心辞)等形式。用变声的办法对复音字进行"合二而一"的改造在汉语中比较少见,但有些方言的儿化的"化"是用变化声母的办法来解决的,例如山西的平定方言(徐通锵,1981)、山东的金乡(马凤如,1984)和阳谷、高密(董绍克,1985,1993)方言的儿化复音字就是用变声的办法使原来的两个字、两个音节化合为一个音节。(例证可以参看§3.5.2.6)变韵就是通过变化韵母的办法来实现双音字的单音节化。这在汉语方言中比较普遍,现在的研究已有相当的进展。变韵中最重要的表现形式就是儿化,在汉语的方言中有多种多样的表现形式,像北京话的儿化变韵就是这方面的一种代表。变韵的实质与变声一样,是要使双音字中两个独立的字的音节融化为一,挤入一个音节的框架,实现单音节化。这个过程的一个不可避免的结果就是迫使儿化辞中的两个字的语音发生融合性的变化,从而出现异于语音结构规律的语言现象。这种现象分析起来比较困难,现在还难以做出圆满的解释,只能分成不同的层次,列出各自的音类,举例说明。这方面比较典型的是河南的获嘉方言,韵母系统可以分出基本韵母、儿化韵母、Z变韵母、D变韵母、合音韵母、轻声韵母六层。(贺巍,

1982)后面五层韵母的成因以及它们与基本韵母之间的关系是我们语言理论研究的一个难点,但也是我们进行语言理论建设的沃土,有待于今后的开发。语言结构和演变的这些事实清楚地说明,音变不完全是像青年语法学派、布龙菲尔德(1933,452)所说的那样,是一种纯语音过程,而可能是各层面相互影响的产物,因为语义、语法等其他结构层面的变化同样会干扰语音的结构面貌和演变的规律。(徐通锵,1985,84)双音字如果无法用变声、变韵这两种办法去实现单音节化,那就在声调上想办法,于是出现了变调。变调的实质就是使双音字的两个单字调融化为一,实现单字调化。五臺(1986,4)曾对这个问题进行过很好的考察,提出"语音词"的概念,认为"一个语音词的所有音节的声调融合在一起,联合构成一个跟某单音节调相同的声调",例如"苏州话中有五个双音节调,其调型恰恰跟七个单音节调(即单字调)中的五个舒声调一致……其中只有阴平调略有不同(但也可以视同一致),其余四个调都一样"。例如:

阴平	清	ts'in^{44}	清爽干净	ts'in sã^{442}
阳平	寻	zin^{113}	寻着找到	zin zaʔ^{113}
上声	早	tsæ^{52}	早点早一点儿	tsætiɪ^{52}
阴去	够	kY^{523}	够哉够了	kYtsE^{523}
阳去	动	doŋ^{231}	动气生气	doŋ tɕ'i^{231}

二字组变调的调型和调值与单字调一致,说明在苏州人的语感里,这些双音字与单字是等价的。苏州话的变调是吴方言的一个代表,宁波话的情况与它类似,二字组的变调的调型基本上与单字调相同,只是因声母清浊的影响在调值上有些差异而已。(徐通锵,1991b,32)变调的这种性质与印欧系语言的重音倒有些类似。前面说过,一个重音控制一个词的若干个音节,与语法结构单位形成一与一的对应,

汉语二字组变调的情况与此相似,由于两个字在音段上无法实现单音节化,就在超音段上想办法,通过变调使两个字的声调融化为一个声调。这样,"2"就转化为"1",维持结构格局的平衡。

变声、变韵、变调可以统称为变音,其实质就是用"变"的办法实现汉语结构的自我调整,保持"1个音节·1个概念·1个字"的一对一对应的结构关联。轻声也是汉语中的一种重要现象,介于儿化和连读变调之间。轻声的二字组双音字在结构上与儿化相似,第二个字已经变为一种后附的成分,但它不能像"儿"那样"化"入第一个音节,因而只能在声调上找出路;但后附成分已经失去了它前字的平等的语义地位,因而不可能采用连读变调的办法,于是出现了轻声。这是一种特殊类型的变调。后字由于其发音上的"轻",在语言的发展中就有可能由"轻"而走向消失,只在前字的声调上留下一点特殊的痕迹,从而使语言的声调系统出现异于规律的例外。山西的晋城方言(沈慧云,1983)在这方面提供了一个很好的例证,相当于北京话"子"尾的双音字在那里都是通过不同于单字调的特殊声调表现出来的。浙江的温岭方言(李荣,1978)、广东的信宜方言(叶国泉、唐志东,1982)的那些异于单字调调值的特殊变音也可以归属于这种类型。

总之,双音字的"2"现在正接受结构常数"1"的调整,处于变异的过程中。这是我们考察语言系统如何围绕这种结构常数"1"而进行自我调整的一个很好的"实验室",可以从中了解语言系统动态性的"动"的特点;并且,由于变音"变"出来的单位很难用现在流行的"对立"、"分布"、"音位"、"语素音位"之类的线性语音理论去分析,因而还可以以此为基础发展我们的语言理论研究。

3.5.2.4 在"合二而一"的变音中还有一种特殊的类型,这就是合音字,其语音的结构大体上取上字之声母、下字之韵母,拼而合之

为一个音节。这在古汉语中已不乏其例,在注释中经常提到的就有:

茨=蒺藜　椎=终葵　笔=不律　诸=之于　之乎

叵=不可　旃=之焉　那=奈何　芎=鞠躬　钉=叮咛

壶=葫芦　盍、曷=何不　……

现代方言中也不乏其例,北京话的"甭"已见于前述;吴方言的苏州话有5个合音字。(谢自立,1980,303-306)不过这些都只是一些零散的例子,没有给音系的结构带来什么影响。合音现象最丰富的恐怕应首推豫北和豫中方言,它因合音而产生了很多与基本韵母不一致的新韵母。这在汉语方言中实属少见。贺巍(1982,34)、赵清治(1990)都对此进行过具体的研究,发现了很多有意思的语言现象。获嘉方言可以进行合音造字的后字有限,最常见的只有"个"[kɤ^5]、"头"[t'ou^2]、"上"[·ʂɔ̃]或[·xɔ̃]、"来"[·lai]等字;合音字的声调视前字而定:前字如为非入声,用前字声调;如为入声字,读阴平或阳平,一般由古声母的清浊而定。现举数例,以见一斑:

一　i?^{7}　一个　yɤ^1　九　tɕiou^3　九个　tɕyɤ^3

几　tɕi^3　几个　tɕiɤ^3　这　tʂɤ^3　这个　tʂuɤ^2(城内)

"个"只能与基数字1-10和"几"、"这"、"那"等字组合而合音,如和"这"、"那"组合时声调读阳平。"上"只能与路、树、会、堆、顶、身、脚、不这八个字组成合音字:

路　lu^5　~　路上　luɔ̃^{5}　树　ʂu^5　~　树上　ʂuɔ̃^{5}

身　ʂən^1　~　身上　ʂɔ̃^{5}　脚　tɕya?^{7}　~　脚上　tɕyɔ̃^{1}

"头"和"来"的合音字受到的限制更大,如"头"只能跟"里"[li^3]组合而成[liou^3];"来"只有"起来"[tɕ'iɛ^3]、"出来"[tʂ'uɛ^1]、"过来"[kuɛ^5]三个例字。也还有一些其他的合音字,如:

多少[tuɔ^5]　　知道[tʂɔ^2]　　人家[ʂɔ̃^{2}]

后响[xuɔ̃⁵]　　　　前响[tɕiɔ̃¹]　　　亲家[tɕ‘iɔ̃⁵]

这里几个合音字的声调规律与前述的合音规律不符,其原因有待于进一步探索。不见于获嘉方言的合音字,豫中的长葛方言还有:

地下	ti⁵ ɕia⁵ > tia²	没有	mu¹ iou³ > məu¹/məu²
不要	pu¹ iau⁵ > pau²	吃了	tʂ‘ʅ¹·liau > tʂ‘ɔ¹
只当	tsʅ¹ taŋ⁵ > tsaŋ⁵	自家	tsʅ¹·tɕia > tsa⁵
哩呀	·li·ia > lia⁵	哩啊	·li·ɔ > ·liɔ

人们可能会说,这些合音字不成系统,难以作为"合二而一"的变音的根据。确实,在现代方言中这些变音都是零散的语言现象,但它们是历史的沉迹,或者说是早一时期的语言运转机制留在现代方言中的"化石",是我们观察早期语言状态的一个窗口和向导,不能因"零散"而不予重视。在语言史的研究中往往是这些"零散"的现象成为解决语言演变规律问题的关键。宁波方言"鸭"[ɛ]类字的"零散"成为吴方言儿化规律的见证(徐通锵,1985)就是这方面的一个有力而具体的佐证。豫北方言的合音字与宁波方言"鸭"[ɛ]类字还不大一样,它并不那么"零散",最有力的证明就是获嘉方言由合音"合"出来的韵母是一个完整的系统,与基本韵母的系统不同。这套系统是:

a　ia　ua　iɣ　ïɣ　ʌɣ　yɣ　ɔ̃　iɔ̃　uɔ̃　yɔ̃　o　ɔ　ɛu　
uɛ　i:ou

一共16个合音韵母,不过现在只存在于少数合音字中。这些合音韵母,iɣ 和 ïɣ 只出现在合音中,ɔ̃　iɔ̃　uɔ̃　yɔ̃　o　ɔ　ɛu　i:ou 与变韵的韵母相同,都是通过不同的途径(合音和变韵)由"合二而一"的变音"变"出来的,在基本韵母系统中从不出现。这些都是值得研究的重要语言现象,因为语言的运转机制和规律或许就隐含于这些现象之中。我们现在尽管还说不清楚其中的奥秘,不过有一点可以肯定:语言结构规则中不存在不合理据的结构,一时说不清楚不等于没有理据。

3.5.2.5 汉语自古至今在构辞的时候既有"一分为二"的分音,也有"合二而一"的合音。双音字的语音形式,从变调、轻声、变声、变韵到合音可以看成为"合二而一"的不同的"阶",其间没有明确不变的界限。它们的共同特点是设法让两个音节挤进一个音节的框架,接受"1"的支配和调整,实现单音节化。这是汉语根据自身的基本结构格局进行自我调整的一些具体表现形式。"一分为二"和"合二而一",从表面上看,是两种相反的过程,但是它的内部机制是"异"还是"同"?实在是一个值得推敲的问题。从原则上说,它们既然是由"1"的支配而产生的两种变异形式,其内在的机理应该是一样的,但这需要有语言事实的根据。如果我们能够找到两种相同或相似的形式,其中一种是由"合二而一"的方式产生的,另一种则是"一分为二"的形式,那我们就有理由讨论这两种相反过程的机理的异同问题。我们现在找到了两种语音上相似的形式,一种是山西平定方言的儿化,一种是广泛存在于山西晋中地区(包括平定)的所谓"嵌 l 辞",两者的语音形式都是在一个音节的声母和韵母之间插进去一个"l",但形成的原因不一样,前者是"合二而一",后者是"一分为二"。不同的原因形成相似的结果,可以说明"一分为二"和"合二而一"的"变"的机制的高度一致性。

3.5.2.6 平定方言的"儿"读 l(舌位偏后,近似卷舌变音),儿化就是将 l 插入声母和韵母之间而使两个音节挤入一个音节的框架,实现单音节化。这是变声的变音。例如:

豆儿　　tɤu⁵ + l̩ > tlɤu⁵　　　　尖儿　　tɕiæ¹ + l̩ > tslɐ¹

枣儿　　tsɒ³ + l̩ > tslɒ³　　　　今儿　　tɕiɤŋ¹ + l̩ > tslɤŋ¹

梨儿　　li² + l̩ > l l̩²　　　　圈儿　　tɕʻyæ¹ + l̩ > tsʻluŋ¹

本儿　pyŋ³ + l > plɤŋ³　　影儿　iyŋ³ + l > zlɤŋ³

舌面音因儿化而转化为舌尖音,零声母增生一个新的声母 z,都可以清楚地说明这种变音是一种典型的"合二而一"的过程。"嵌 l 辞"的情况正好相反,是一个音节中间嵌个"l"分成两个音节。王立达(1961,27 - 28)首先对这种现象进行了分析,现在根据他所收集的太原话"嵌 l 辞"的材料,略加变动,列举如下:

不唻 pəʔ⁸　　lai³　　"摆":"狗儿不唻尾巴"="狗儿摆尾巴"

不烂 pəʔ⁸　　læ̃⁵　　"绊":"小心叫石头不烂倒"="小心让石头绊倒"

圪懒 kəʔ⁸　　læ̃³　　"杆":"玉茭圪懒"="玉蜀黍杆"

圪老 kəʔ⁸　　lau³　　"搅":"把碗里的面圪老一下"="把碗里的面搅和一下"

骨拉 kuəʔ⁸　　la¹　　"刮":"把锅底骨拉干净"="把锅底刮干净"

骨搂 kuəʔ⁸　　lou³　　"裹":"把娃娃骨搂住"="把孩子裹住"

骨拢 kuəʔ⁸　　luŋ³　　"滚":"打骨拢"="打滚"

窟联 kuəʔ⁸　　lyɛ⁵　　"圈":"画老块窟联联"="画了个圈儿"

黑浪 xəʔ⁸　　lɒ̃⁵　　"巷":"背黑浪浪"="背静的小巷"

忽拉 xuəʔ⁸　　la¹　　"划":"吃干东西把嗓子忽拉老一下"="吃东西把嗓子划了一下"

侧拉 tsʻəʔ⁸　　laʔ⁷　　"擦":"把地下的痰荷下脚侧拉老吧"="把地上的痰用脚擦掉"

晋中的其他地区也有类似的现象,赵秉璇(1979)后来做了一些重要的补充,这里不赘。这类现象已是历史的残迹,数量不多。闽方言的福州话比山西话保留得多一点,梁玉璋(1982,37 - 46)曾进行过整理,称为"切脚词"。这些字大多表行为动作,也涉及一些数量字。其他方言也有一些,但非常零散,不像山西话、福州话那样还能呈现出一个相对完整的轮廓。这种"嵌 l 字"或"切脚字"的内部结构机理犹如联绵字,是一种典型的"一分为二"的表现。

平定方言的儿化和晋中方言的"嵌 l 字"分别代表"合二而一"和"一分为二"的两个过程,但在音理上却呈现出惊人的相似性和一致性。第一,"嵌 l 字"是在一个音节的声母和韵母之间插个"l"分成两个音节,平定方言的儿化也是把"儿"[I]嵌进一个音节的声、韵之间,抽掉[I]就可以还原为原来的音节。"嵌 l 字"和平定话的"儿化"也有不同之处,这就是"嵌 l 字"为两个音节,第一个音节还有以-əʔ 或-uəʔ为标志的韵母。这个韵母看来是"l"嵌入一个音节的声、韵母之后产生的,最有力的证明就是这些音节的声调绝大部分都是阳入,而与原来声母的清浊无关。这一点可以清楚地说明它是在语言演变过程中产生的一种语言现象,不是汉语固有的结构。第二,平定方言不能"儿化"的声母,如[tɕ tɕʻ ɕ],也没有以这些辅音为声母的"嵌 l 字"。第三,平定方言的"儿化"只能在开、合二呼的框架中进行,"嵌 l 字"的四呼结构也与此相同。这说明"一分为二"和"合二而一"的音变在"变"的机制上存在着内在的联系,可以看成为由结构常数"l"所控制的两种不同形式的变化。徐通锵(1981b,413)曾根据这两种现象的语音近似性和一致性,认为平定方言的"儿化"和晋中方言的"嵌 l 字"是历史上遗留下来的同一种语言现象的两个不同的发展阶段。这个说法不大确切,因为他没有注意到某些舌面音声母在"嵌 l 字"中的原形和在儿化韵中的表现有差异。例如(例引赵秉璇,1979):

k'uəʔ^8　luɤ^5　□𡇊　圆圈,如:小娃娃在地啊画了喔地些些圆□𡇊。

k'uəʔ^8　luæ^2　□𣎴　祝贺小儿满月赠送的环状食品,用白面蒸的,一般外径有 1 尺 5 寸,内径有 1 尺。

k'uəʔ⁸ 这里虽然写不出汉字,但从语义关系看,可能是一个"圈"字,声母仍保持舌根音的读法,没有变成舌面音 tɕ'-,说明这两类现象没有历史联系。有问题的是这两个例子的第二个音节韵母和声调都有差异,但语义上它们是一致的,可能是不同历史时期留下来的痕迹。福州话"圈"的"切脚"读音或许可以为此做一注解:

圈　k'uaŋ² > k'ua³　luaŋ²　绕圈:铁线~过来~过去。

这里的声母都是舌根音,保留着"圈"字原来的声母,没有因嵌"l"而发生变化,而这个字在平定方言中儿化时声母却要由 tɕ'-变成 ts'-,即 ts'luɐ¹。另外,平定方言的儿化韵和晋中的"嵌 l 字"所表达的语义也有差异,即儿化韵大多表名物,而"嵌 l 字"大多表行为动作。这些现象都说明晋中方言的"嵌 l 字"和平定方言的儿化没有历史同源关系,不是同一种现象的两个不同的发展阶段,而是两种不同现象隐含着相同的音变机理。参照豫北方言的变音,也可以印证这一论断。我们现在正好利用这一机会订正以前的不确切的说法。

3.5.2.7 "一分为二"和"合二而一"虽然是相反相成的两种非线性变音构辞法,但以"一分为二"为基础,有了"一分为二",才有"合二而一",把"2"纳入"1"的结构轨道。这是汉语的一种特殊的构辞法,与语义构辞法遥相呼应。

第四编　语义句法

第四篇　語義分析

第一章　字和汉语的语义句法

一　语形句法和语义句法

4.1.1.1　一种语言的语法结构的特点决定于它的结构关联的基点或结构常数。印欧系语言的结构关联的基点是由一致关系所控制的主谓结构，其他规则都得以它为基础层层展开；可以说，主谓结构是印欧系语言的一种封闭性的结构框架，各种语法问题都得在这个封闭性的框架中进行讨论。汉语结构关联的基点是字，因而在组字造句的时候没有印欧系语言那样的封闭性框架的限制，不受类似一致关系那样的规则的制约，完全以语义规则为基础，生成相关的句子。这是两种不同类型的句法结构，由于印欧系语言由一致关系所控制的封闭性主谓结构富有形态变化，因而我们把它叫作语形句法，而把汉语类型的句法叫作语义句法。两种句法的划分是把语言分为语法型语言和语义型语言的必然结果。

"语形句法"人们比较熟悉，现在通行的语法体系都可以列入语形句法的范畴，用主、谓、宾和名、动、形之类的概念来分析，而"语义句法"这个概念人们很生疏，听起来还可能感到很别扭，但同样是实际存在的一种语法结构，很难用语形句法的一套概念来分析。比方说，什么是一个句子？印欧系语言的回答比较简单，只要是由一致关系维系着的主谓结构就是一个句子。而汉语呢，由于没有一致关系之类的形式规则的控制,因而什么是一个句子,在理解上就往往会因人而异,因而叫几个人去标点一段没有标点过的文章,找出句子,句号常不会落在同一个地方。为什么会发生这种现象?因为印欧系语言的句法结构是封闭性的,即"1个句子=1个主语×1个谓语",只要找到主谓语之间的一致关系,也就找到了句子;而汉语的结构关联的基点是字,"因字而生句"是开放的,缺乏一种硬性的规定句子的标准。印欧系语言的研究传统为什么以语法为重点?而汉语的研究传统为什么以字为基础而没有类似印欧系语言那样的语法?我们还得从这种结构关联基点的差异中去寻找它的原因。

4.1.1.2 "语义句法"与从语义出发进行语法的研究不是一回事儿。结构语言学所批评的传统语法往往从意义出发进行语法的研究,但那是在一致关系所控制的主谓结构框架内进行的,用的那一套概念也是主、谓、宾和名、动、形,也要讲形态变化,因而它仍然属于我们所说的语形句法的范畴,不要和下面所讨论的语义句法混为一谈。

"语义句法"的提法不是我们的新发明,印欧系语言也有语义句法。随着语言研究的深入,印欧系语言的研究也要解决语法和语义的关系,因而提炼出一批与语法有关的语义理论;(§1.3.4.2-3)而兰姆(S. M. Lamb,1969)在这方面更进一步,明确地提出语义句法的概念。他和其他一批转换-生成语言学家发现转换-生成规则虽然能够生成语言中为人们所接受和理解的句子,但是也能够生成形式上虽然合乎语法规则但在语义上却根本说不通、在实际语言中根本不可能出现的句子。例如:

Tomorrow the sleeping table married its jumping lake.
(明天那睡着的桌子嫁了它的跳跃着的湖。)

兰姆针对这种现象认为,语法学应该进行词位句法(lexemic syntax)和义位句法(sememic syntax)的研究:在词位句法中人们碰到的范畴是名词、动词、介词、形容词等,而在义位句法中这些范畴并不出现,人们碰到的是"分类等级所给予的","义位句法规定哪些义位的结合是允许的,哪些是不允许的。例如动作义位的等级和事物义位的等级就有联系,联系的方式是规定只有某些类事物能施行某些动作,又只有某些类的事物能作为某些动作的对象。只有有生之物能够实行死的动作;只有食物可以吃;只有歌儿可以唱"。兰姆认为,符合词位句法规则的句子不一定符合义位句法,只有句子的词位句法同时符合义位句法的规则才能成为现实语言的真实句子;"这两种句法模式是各自独立存在的",应该分别加以独立的研究。这种分层的语法理论一般称为层次语法(stratificational grammar)。

义位句法的提出有重要的理论价值,但这一概念的名称则有商榷的必要。义位(sememe)是瑞典语言学家诺伦(A. Norren)于1908年首创的一个概念。1926年布龙菲尔德把它引入结构语言学的研究,指一个最小的意义("一个最小的形式就是 morpheme,它的意义就是 sememe")。兰姆的义位概念又是另外一种理解,相当于现在一般所说的语义成分或语义特征。不同的语言学家还可以有不同的理解,这里没有必要详加讨论。就一个概念本身的含义来说,兰姆的独特理解无可非议,但就句法结构的原则来说,这样的理解似嫌狭窄,不容易把握义位句法的实质。如我们将在后面分析的那样,以语义为基础的句法结构,它的最重要的特征是独特的语义范畴、语序以及与此相关的一系列语义特征。义位句法的"义位"这一概念不能确切反映这些特征,因而我们下面就干脆把这种句法称为语义句法,并相应地把它的词位句法叫作语形句法。

4.1.1.3 兰姆把印欧系语言的语法区分为词位句法和义位句法两个层次,这是美国语言学家为解决语法与语义的关系而提出来的一种理论假设。由于印欧系的语言必须在"主语-谓语"结构框架中进行语法研究,其中难以安置语义,因而兰姆的分层理论受到人们的一些怀疑,认为"这个理论是否有前途值得怀疑"(Francis,1973,据Bolinger,1975b,785)。但是,把词位句法和义位句法分为两层,并各自进行独立的研究,不能不认为是语法理论研究的一次重大进展。在传统语法中,词位和义位这两类句法是混而不分的,以往把主、宾语和施、受事这两类不同层次的概念纠缠在一起,就是这方面的一个具体例证。为了推动学术研究的深入发展,纠缠在一起的不同现象应该区分开来进行独立的研究,不然就难以掌握每一类现象的性质和特点。实践证明,格语法、生成语义学、认知语言学的诞生以及它们对语义句法或与语义句法有关现象的研究已为语法理论的发展做出了重要的贡献。语义作为语法结构的一项内容,已在语法研究中确立了它不可动摇的地位。所以,把语义句法独立出来,理论上是无可非议的,不过要在"主语-谓语"结构框架中完善这种理论,那还需要经历一段艰苦的历程。汉语缺乏印欧语的那种词位句法,它的"因字而生句"的规则和印欧系语言的语义句法相当,因而在语法研究中如果能排除词位句法或语形句法的干扰,集中进行语义句法的研究,或许能为语义句法的建立和完善做出重要的贡献。

为什么汉语只有相当于印欧系语言的语义句法?这决定于基础性的编码机制。汉语的编码机制以理据性为基础,直接接受现实规则的投射,因而语言范畴与概念范畴一致,(1.3.2.3)"因字而生句"的句法自然也会受这种编码机制的影响而呈现出理据性的特点,不必通过形态变化的折射。理据是语言规则的语义基础,印欧系语言的编码机制以约定性为基础,只有通过符号的组合才能表现出它的理据,和汉语相比多了一道手续,(§1.1.2.5)因而在语法结构中的反映就呈现出语形句法和语义句法的差异。印欧系语言的语法研究的首要任务是弄清楚语形句法的结构,不然就会寸步难行;近几十年来所以能提出语义句法的概念，并进行相应的研究，是由于语形句法的研究已经取得了圆满的成功，有条件向深层的语义结构进军。汉语的语法研究如果一味追求印欧系语言的语法理论，围绕着主、谓、宾和名、动、形兜圈子，那无异于舍简就繁，去走一段不必要走的冤枉路。理论是根据实际现象的研究而提炼出来的假设。现在流行的语法理论是根据印欧系语言的研究而提炼出来的假设，不完全适用于汉语，我们根本没有必要把它奉为圣典。

4.1.1.4 为什么说印欧系语言的语法理论不大适合于汉语语法的研究？因为语义句法有根本不同于语形句法的特点。语形句法重"形"，首先得弄清楚由一致关系所控制的形式变化的体系，而语义句法重"义"，需要弄清楚它独特的语义范畴和与此相适应的其他语义特征，因而在"因字而生句"的时候讲求字义的组合顺序以及虚字的运用等。这些问题在语义句法的研究中占有特殊的地位，我们将在后面进行具体的讨论，这里不赘。

前面说过，印欧系语言由一致关系所控制的主谓结构是一种封闭性的结构，而汉语"因字而生句"的时候"生"到什么地方才算是一个句子，没有类似一致关系那样的"硬"的形式标准；它完全决定于所要表达的意义的完整性，而"完整"则又可能因人而异。这样，汉语语义句法的一个重要特点就是它的开放性，与印欧系语言封闭性的句法结构完全不同。我们不妨举一个近于绝对的例子。先请比较《红楼梦》描写王熙凤出场的那一段话：

> 这个人打扮与姑娘们不同，彩绣辉煌，恍若神妃仙子，头上戴着金丝八宝攒珠髻，绾着朝阳五凤挂珠钗，项上戴着赤金盘螭璎珞圈，身上穿着缕金百蝶穿花大红云缎窄裉袄，外罩五彩刻丝石青银鼠褂，下着翡翠撒花洋绉裙；一双丹凤三角眼，两弯柳叶掉梢

眉,身量苗条,体格风骚:粉面含春威不露,丹唇未启笑先闻。

这是句子还是句群?汉语里它是一个句子,因为整段话都是描写"这个人打扮"的,中间任何地方断开,都会影响语义的完整性。这是一个比较典型的开放性结构的句子,如译成英语就只能把它处理为句群。为了说明英、汉两种语言语法结构的差异,我们这里不嫌啰唆,把英译本 A Dream of Red Mansion 中的译文引述于下:

… Unlike the girls, she was richly dressed and resplendent as a fairly.

Her gold-filigree tiara was set with jewels and pears. Her hair-clasps, in the form of five phoenixes facing the sun, had pendants of pearls. Her necklet, of red gold, was in the form of a coiled dragon studded with gems. She had double red jade pendants with pea-green tassels attached to her skirt.

Her close-fitting red satin jacket was embroidered with gold butterflies and flowers. Her turquoise cape lined with white squirrel, was inset with designs in coloured silk. Her skirt of kingfisher-blue crepe was patterned with flowers.

She had the almond-shaped eyes of a phoenix, slanting eye-blows as long and drooping as willow leaves. Her figure was slender and her manner vivacious. The springtime charm of her powdered face gave no hint of her latent formidability. And before her crimson lips parted, her laughter rang out.

一个汉语的句子被拆散成四段 12 个句子,而且根据英语句子结构的要求,对汉语的小句(先姑且以此名之)进行主谓结构的改造,例如一系列存现句,即"头上……,项上……,身上……"都被改造为英语的主谓结构,而且补充了一些必要的、汉语中原来含而不露的成分。这样,英语的"味儿"是足了,而一气呵成的"汉语味儿"却消失了,这是为迁就英语的结构规则而必须做出的调整。两种语言的句法为什么会产生如此重大的差异?就是由于印欧系语言的句法结构是封闭的,一致关系的封闭框架无法容纳开放性的汉语的句法结构。我们只能根据汉语的特点进行自己的研究。

4.1.1.5 两种语言的比较说明,汉语的句子观和印欧系语言的句子观是有原则的区别的,因而拿印欧系语言的语法理论来分析汉语的句法结构,自然会呈现出很多格格不入的情况。那么,是不是印欧系语言的语法理论百分之百地不适用于汉语的研究?那也不是,由于语言的普遍特征,某些句法现象在两类语言之间是可以进行类比的,不过所占的比重不大。先请比较下列例句:

1. 小王下午去逛颐和园。
2. 花猫逮住了一只耗子。
3. 李晓明打开窗户向远处眺望。
4. 大夫嘱咐他准时吃药。
5. 槽内的水左冲右突,翻着花,滚着个,激扬飞溅,像爆炒着一槽玉珠,风翻着一槽白雪,隆隆声震荡着山谷。(郑伯伦:《黑龙潭印象》)
6. 且说鸳鸯一夜没睡,至次日,他哥哥回贾母,接他家去逛逛,贾母允了,叫他家去。(《红楼梦》)

例1和例2是一般所说的简单句,例3和例4是"连动句"和"兼语句",例5和例6过去有些语法书叫作"复合句",现在好像有点回避这一类语言事实的分析。根据"主语-谓语"的结构框架来分析,我们很难找到这些例句所以能成为一个句子的一种统一的标准。例1和例2没有问题,可以顺利地进行主谓结构的分析。例3和例4就显得非常勉强,因为这里出现了两个"动词"(连动)、两个"主语"(兼语),与印欧系语言的主谓结构只允许一个主语、一个谓语动词的格局矛盾。"连动"和"兼语"这些名称本身已经暗示它们与"主语-谓语"这种结构框架的基本精神有些不一致,不过总还可以勉强地纳入到"主语-谓语"的结构中去分析。例5和例6的情况就不同了,它们与"主语-谓语"框架的结构原则是矛盾的。例5不是一个"谓语",而是有一系列"谓语",而且其间还存在着几个层次:"……左冲右突,翻着花,滚着个,激扬飞溅"是对槽内的水的客观描写,而在"像"字后的"谓语"则兼蓄作者的主观评述,而最后将主、客观的描述都落实到"隆隆声震荡着山谷"。如果用"主语-谓语"的结构标准来衡量,它不合"语法规则",而就汉语的结构来说,这是一个完全合格的句子,符合汉语的结构规则。这种"递进式"的"谓语"可以减少几个,也可以增加几个,都不影响句子结构的完整性。这种句子的结构原理与前述介绍王熙凤"这个人打扮"的句子一样,是一种开放性的结构,无法用"主语-谓语"这种封闭性的结构框架来分析。和例6比较,例5还算是简单的,它或许可以像有些语法著作所说的那样,看成为"连动式"的扩大,而例6则兼有几个"主语"("鸳鸯"、"他哥哥"、"贾母"),几个"谓语",但绝没有可能看成为"兼语式"的扩大。根据"主语-谓语"框架的结构标准,这里有三个"主语",应该是三个句子,但汉语只能算一句。如果我们愿意,还可以列举出许多其他类型的不能用印欧系语言的语法理论来分析的句子。这些情况都清楚地说明,"主语-谓语"的标准无法涵盖和分析像例5、例6所代表的语言现象,但是我们没有权利把它们从汉语的句子中开除出去。语法理论的好坏主要决定于它所能解释的语言现象的广度和深度,"主语-谓语"的语法理论不能有效地解释如例5、例6那样的语言现象,涵盖面窄,因而对汉语的研究来说,不能说是一种好的语法理论。

4.1.1.6 印欧系语言的句法结构的封闭性和汉语句法结构的开放性形成鲜明的对照。封闭性的句法理论的核心是"主语-谓语"的结构框架和与此相联系的名、动、形的词类划分,它虽然能很好地分析印欧系语言的语法结构,但是无法解决汉语开放性语法结构的一些基本问题,因而我们需要探索新的研究途径。

二 语义句法的结构框架:话题-说明

4.1.2.1 "因字而生句"的开放性句法结构需要用开放性的结构框架来研究。

框架是人们观察语言结构的一种特定视角,以便使复杂、纷繁的语言现象条理化、规律化。"主语-谓语"是印欧系语言的语法结构框架,人们可以它为视角观察语言的结构,整理出相应的理论和方法。汉语的研究有悠久的历史,一个字、一个音的研究具体而精辟,但没有结构的研究,因而没有给我们留下一个观察汉语结构的框架。印欧系语言的语法理论为什么能轻而易举地占领汉语的语法研究领域?其中的一个重要原因就是汉语原来没有这种类型的研究,白手起家,只能先参照流行的理论和方法进行研究。但是流行的理论只适合封闭性结构的研究,而汉语的句法结构恰恰是开放性的,因而产生重重矛盾,无法解决语法结构中的一些实质性的问题。

句子是表达思想的一种结构单位,因而句法结构框架的确立还得与语言社团思维方式的特点联系起来考虑。印欧系语言的语法结构框架是根据亚里斯多德的逻辑范畴说建立起来的。(§1.1.3.3)古希腊的哲学家认为语言的结构反映世界的结构,语言的表达方式与现实现象的存在方式之间存在着直接的对应关系,因而语言的研究被纳入哲学研究的轨道。"实体-偶有性"的逻辑理论本来是哲学家用来解释现实现象的结构的,如果我们暂时撇开语言,仅就"纯"逻辑理论来说,它确实不失为一种能有效地描写现实结构的理论。印欧系语言的研究由于受语言结构特点的制约,因而以此为基础建立起以"主语-谓语"为结构框架的语法理论;汉语能不能参照这种逻辑理论的精神,根据汉语的结构特点,建立相应的语法框架?回答应该是肯定的。如前所述,"实体-偶有性"的核心原来在"实体","偶有性"是用来说明"实体"的,只是印欧系语言的编码体系着眼于时间,因而语法研究的重点才逐渐转移到和"偶有性"相对应的谓语;而汉语理据性的编码体系着眼于空间,重静态的名物,因而从这个角度看,"实体-偶有性"这个公式的基本精神恐怕更适用于汉语句法结构的研究。事实上,汉语也有相应的逻辑理论,只不过它的表述形式不是"实体-偶有性",而是"比类取象"和"援物比类";特别是其中的"援物比类",其含义实际上就相当于亚里斯多德的"偶有性是用来表述实体的",只不过汉语没有形态变化,没有一致关系之类的形式规则的制约,因而可以根据"两点论"的思维方式自由地比喻例证,呈现出比较大的"援物比类"的灵活性。这就是说,要建立汉语的语法结构框架就应该充分考虑汉语社团思维方式的特点,充分注意"类"在结构中的地位。

"类"与"象"的关系是汉语语义结构的基础,我们前面的分析从来没有离开过这两个概念。"类"在结构中处于中心的位置,由"象"衬托、说明,或由"象"比喻例证:在字的层次,"类"表现为"声","象"表现为"形",要对字义进行系统性的研究,就必须抓住"声";在辞的层次,"类"表现为向心辞的核心,"象"表现为离心辞的核心,它们的指称,不管是向心还是离心,都指向"类"。现在,进入造句的层次,"类"是不是仍然存在？是不是仍然处于中心的地位上？如何体现？这就是一个值得推敲的问题。"援物比类","类"当然存在,而且是被比喻例证的对象,处于中心的位置。所以说,"援物比类"的"类"实际上就是说话的主题或话题,是陈述的对象,"援物"的"物"相当于其他层次中所说的"象",是用来衬托、说明这个"类"的,只不过汉语没有形态变化,没有诸如一致关系之类的规则的制约,因而"象"与"类"之间的联系很松散,可以由说话人比较自由地比喻例证。汉语的句法结构应该是这种"类"和"象"的关系的反映。鉴于此,我们放弃了由一致关系控制的、以谓语动词为中心的"主语-谓语"的结构框架,而主张用"话题-说明"(topic-comment)的框架来分析汉语的句法结构。和"话题-说明"相关的还有一对概念,叫作"主位-述位"(theme-rheme),是30年代布拉格学派的语言学家马泰修斯(V. Mathesius)等提出来的,其含义在不同的语言学家中不完全相同,不过现在一般多用于语篇的研究(胡壮麟等,1989),因而后面语义句法的讨论也不再涉及这方面的问题。

4.1.2.2 "话题-说明"这一框架不是英语 topic-comment 的简单翻译,而是中国语言学家在探索对汉语进行"独立的而非模仿的"研究时提出来的。陈承泽(1920,14)首创是说,认为汉语"文法上发展之径路,与西文异。如'标语'(即"鸟吾知其能飞"之鸟),如'说明语'之不限于动字……"这里的"标语"即为"话题"(topic),而"说明语"即为"说明"(comment)。陈承泽主张根据汉语的特点进行"独立的"研究,反对模仿,他的"标语-说明语"理论就是反对模仿印欧语的"主语-谓语"理论而对汉语进行独立研究的一种探索。可能是由于当时很有影响的胡适(1920,33-34)反对"独立的"研究,认为"中国文法学的第一需要是取消'独立'";还可能是由于陈承泽自己只提出一种设想而没有以"标语-说明语"为结构框架去研究汉语的句法,因而这一理论在汉语的实际研究中没有产生多大的影响。过了30多年,可能是由于结构语法进入尽头,霍盖特(1958,251-253)才提出"话题-说明"的理论。

霍盖特以"主语-谓语"结构为基础、以语序和句子所表达的信息为枢纽来研究"话题-说明",认为"主谓结构的最一般的特点可以从它的直接成分的名称'话题'和'说明'两个术语来认识:说话人先宣布一个话题,然后就它做出说明"。这里的"先"与"然后"就是根据语序的先后而做出的说明,虽然它们与主语、谓语这两个概念纠缠在一起,但霍盖特已经明显地感到它们之间的矛盾:"在英语和大家熟悉的欧洲语言里,通常话题也是主语,说明也是谓语,在 John | ran away 中就是这样。但是这种一致在英语口语里有时达不到,正式英语里在一些特殊情况下也经常达不到,在有些非欧洲的语言里更达不到",例如 That new book by Thomas Guernsey | I haven't read yet(托马斯写的新书,我还没有读过)这个句子中,that new book by Thomas Guernsey 之所以先说,是因为它指明说话人要谈论的是什么:它是句子的话题,虽然不是主语。话题同时又是动词 haven't read(yet)的宾语,而动词的主语是 I,属于整个句子的说明部分。霍盖特看到了这种区别,但囿于"主语-谓语"的框架,只把这种区别看作"次要的差异"。事实上,这不是"次要的差异",而是两种不同性质的语言现象。"主语-谓语"的结构框架受句法层面的结构常数"1"的控制,与名词、动词等词类的划分存在着结构关联;(§1.3.1.2-3)而"话题-说明"与这种结构常数"1"没有关系,它与语义结构的关系比较密切,因而在汉语的研究中可以不管"主语-谓语"的结构,直接用"话题-说明"作为语义句法的结构框架。

4.1.2.3 用"话题-说明"这种结构框架的精神来研究汉语而产

生重大影响的是赵元任的《汉语口语语法》(1968，45)。他针对汉语的特点认为，"主语和谓语的关系可以是动作者和动作的关系。但在汉语里，这种句子（即使把被动的动作也算进去，把'是'也算进去）的比例是不大的，也许比50%大不了多少。因此，在汉语里，把主语、谓语当作话题和说明来看待，较比合适，主语不一定是动作的动作者，在'是'字句里不一定等于'是'字后边的东西；在形容词谓语前头不一定具有那个形容词所表示的性质。它可以是这种种，但不是必得是这种种"。这里虽然在"主语-谓语"的框架中考察汉语的话题和说明，但对主、谓语的性质的认识与以往已有重要的区别，"因此"后面的一段话清楚地指明了汉语不同于印欧系语言的一些重要特点。Charles Li & Sandra Thompson(1976)在理论上又比赵元任前进了一步，干脆把"话题-说明"和"主语-谓语"作为语言结构类型的两种分类标准，认为可以据此把语言的结构分成四种类型：注重主语(subject-prominent)的语言；注重话题(topicprominent)的语言；主语和话题并重的语言和主语与话题都不注重的语言。汉语分入"注重话题的语言"，英语等印欧系语言分入"注重主语的语言"。这种分类标准是有参考价值的，他与兰姆的词位句法与义位句法的划分，我们关于语法型语言和语义型语言的划分在理论上显然有明显的联系，可以说是"殊途同归"。关于主语与话题的原则区别，根据赵元任、霍盖特和Charles Li等人的研究，先说明几点：

第一，主语和谓语之间存在着形式上的一致关系，而话题和说明与这种一致关系无关；

第二，话题是有定的，是说话人想要强调的对象，只能置于句首，而主语是无定的，决定于和谓语动词的一致关系，不一定置于句首；

第三，主语和谓语因为有一致关系的联系，因而相互之间的联系非常紧密，而话题和说明之间的联系却非常松散，简直松散到在别的语言里将成为不合语法的句子。赵元任列举了这样一些例子：

> 他是个日本女人。（意思是：他的佣人是个日本女人）
> 他是一个美国丈夫。
> 你（的鞋）也破了。
> 我（的铅笔）比你（的）尖。
> 你（的小松树）要死了找我。

这些或许可以解释为词语的省略（指括号中的字），有时候连省略了什么也说不出来，如：

> 人家是丰年。

这些句子或许就是"援物比类"的两点论的思维方式的一种反映，在印欧系语言里是找不到这一类例子的。除了这三点以外，我们还想补充两点。第一，话题是有定的，必须置于句首，但如果语境已经提示这种有定性的话题，说-听双方都已知道，那么它就可以省略，而主谓结构的"主语"是无法省略的。第二，"主语-谓语"结构由于有一致关系的控制，总的说，较为简单，一个句子只允许一个主语，即使是有分句，也一定有关联词语的标记，其功能相当于一个结构成分，其中的主语仅仅是分句的主语；而"话题-说明"的结构比较复杂，它可以层层套合或递进，但没有什么形式上的标记。先请比较下面两个例子：

> 我今天城里有事。
> 东方红，太阳升，中国出了个毛泽东。

头一个例子是霍盖特在《现代语言学教程》中分析过的例子，说这个句子的结构犹如中国的套盒，一层套一层："我今天城里有事"，"我"是话题，其余部分是说明；"今天城里有事"，其中"今天"又是话题，"城里有事"是说明；"城里有事"，"城里"是话题，"有事"是说明。如果说，这个例子的"话题"是层层套合，那么第二个例子的"话题"就是层层递进:"东方红"是"话题-说明"的结构,而这个结构本身又可以作为一个"话题"与"太阳升"构成"话题-说明"的结构;而"东方红,太阳升"又可以进一步作为一个"话题"与"中国出了个毛泽东"构成"话题-说明"的结构。层层套合和层层递进的基本精神是一样的,都是一层套一层。由一致关系所维持的主谓结构,如果没有特殊的关联词语的关联,就不可能有这种主谓套主谓的结构。

这一系列区别的核心是有定和无定的问题,即主语是无定的,而话题是有定的,存在于"主语-谓语"之间的一致关系实际上只是"±有定"范畴的一种派生物。这个问题由于涉及面太广、太复杂,我们将在本编的第五章进行专门的讨论。话题由于是有定的,不受一致关系之类的形式规则的制约,这可能就是造成"话题"与"说明"之间的联系比较松的原因。这个"松"是一种重要的结构特征,赵元任(1968)在"主语、谓语作为话题和说明"之后又进一步分析了"主语、谓语作为一问一答"的特点,提出"零句"和"整句"的概念,"得出了一个令人惊异然而明明白白的结论:一个整句是一个由两个零句组成的复杂句"。"零句是根本。整句只是在连续的有意经营的话语中才是主要的句型。在日常生活中,零句占优势。由这种零句组成整句,这就使得整句的主语和谓语的结构形式多种多样这一现象成为完全可以理解了"。这里的"松"的特征虽然没有涉及它与汉语社团的思维方式的联系,但在结构上的解释是很明确的。朱德熙(1985,38-39)是用结构语言学的原理研究汉语的专家,他根据主谓结构的标准对"松"的特征又增加了如下的解释:"……第三,主语和谓语之间可以有停顿,这个时候主语后头还可以加上'啊、呢、吧、嘿'等语气词跟谓语隔开。第四,主语和谓语之间可以插入'要是、如果、虽然、即使'等连词。三、四两点都说明主语和谓语的联系是比较松的"。朱德熙这里说的"主语"实际上已经是"话题"。(陆俭明,1987,90)

这些分析都说明一个问题,就是"话题"和"说明"之间的联系很松。为什么会形成这种"松"的特征?实际上就是汉语社团"比类取象"、"援物比类"的思维方式的一种反映,因为用来比喻例证的两类现象之间本来就没有必然的联系,不受三段论的那种与种、属关系相联系的因素的制约。但是,另一方面,"说明"与"话题"之间的关系却要受到一系列在语形句法的研究中不会碰到的因素的制约,例如:由于处于句首位置的"话题"是陈述的对象,因而只要有语境的提示和补充,有说-听双方的交际意图上的配合,相互都了解所说的"话题",它就可以省略,从而使整句变为零句。

4.1.2.4 "话题-说明"这种结构框架比较适合汉语的语法研究,但由于印欧语语法理论的影响,现在人们褒贬不一。国内一些有影响的语法学家虽然也开始讨论这方面的问题,但重点似乎是放在如何把这种理论纳入"主语-谓语"的结构框架去研究。朱德熙(1982,95-97)认为可以从结构、语义、语用三个不同的方面来观察主语和谓语,"从表达上说,说话的人有选择主语的自由","说话的人选来做主语的是他最感兴趣的话题,谓语则是对于选定了的话题的陈述。通常说主语是话题,就是从表达的角度说的……","说话的人选来作为话题的往往是他已经知道的事物,因此汉语有一种很强烈的倾向,即让主语表示已知的确定的事物,而让宾语表示不确定的事物";"从结构上看,在正常情况下,主语一定在谓语之前,两者之间的关系,跟其他各种结构比较起来,要算是最松的";从语义上看,主语可能是施事,也可能是受事、与事或工具。通过这种"从三个不同方面来观察",就把"话题-说明"的内容统统转入"主语"和"谓语",把有定性的话题纳入无定的主语。这种情况说明,"主语-谓语"的结构框架在汉语语法的研究中已经发生了一些松动,悄悄地从结构语言学的立场上往后退却。为什么说是"悄悄地"?因为所述的内容明明已经不符合"主语-谓语"的结构原则,却仍要把原本不同的、互不相关的内容塞进"主语-谓语",造成语法理论难以自圆其说的困境。现在还有一些语言学家也想"兼收并蓄",把"话题-说明"和"主语-谓语"两种理论融于一炉,认为"话题"属于话语功能(discourse function),"主语"属于句法关系(syntactic relation),它们可能对立,也可能合一。那些和主语对立的话题可以独立于句子之外,不和句子的任何成分发生句法上的关系。(汤廷池,1972)胡裕树(1982,16)的意见与此类似,认为可以从结构的"内"与"外"来考察"主语"与"话题"的区别。请比较他举的两个例子(序号照录):

3. 这件事我不怪你。
4. 三十六计走为上计。

胡裕树认为,这些句子的"句首的名词性成分是句子的外层结构成分,后边出现的主语和谓语是句子的内层结构成分。把(3)中的'这件事'称作话题,'我'作为主语,把(4)中的'三十六计'作为话题,'走'作为主语,这种区别是句子的内层结构和句子的外层结构的区别,是句法关系和非句法关系的区别。所谓'对立'也就是句子的内层结构和外层结构的对立,是句法关系和非句法关系的对立。它们是不能'合一'的,正如花生的壳和花生的衣不能相兼一样"。这里所说的"合一"是针对赵元任的"在汉语里,把主语、谓语当作话题和说明来看待,较比合适"来说的。这里的论述很明确,"话题"是外层结构,"主语"是内层结构,基于此,胡裕树提出区分"话题"和"主语"的三条形式标准,认为汉语的主语有三个重要的特点:

第一,不带介词。一般是不能加介词,只有少数是例外,例如,"被李娇儿一面拉住大姈子……"(《金瓶梅》,76回),"把西门庆吃得酩酊大醉"(同上,11回),"连妈妈都说不中用了"(《红楼梦》,57回)。

第二,位置固定,一般不能后移。

第三,与 VP 的语义关系较为密切(就 VP 前的 NP 之间互相比较而言)。作者为此做了一个注解:"V 前边有几个 NP,哪一个与 VP 的语义关系最密切,这要在研究的基础上排列主语化次序。通常认为施事是排列在第一位的。"

要用这三条标准来区分"话题"与"主语",恐怕有些困难。第一条"不带介词"已有很多例外;即使暂时不考虑这些例外,不带介字的"主语"原来不一定没有介字,而是因为介字后面所"介"的名物已经有定化,因而在这种字块中可以省略介字。(§4.5.2.3)第二条位置不能后移,这同样适用于话题,因为话题是居于句首的。第三条的主语化次序和内、外层说有联系,所涉及的语言现象大体上相当于朱德熙所说的主谓谓语句。这确是汉语语法结构的特点,说明"主语-谓语"的结构框架确实容纳不下汉语的这种类型的结构,因而不同的语言学家都在寻找一些补救措施,内外层说和主谓谓语句只是这种补救措施的两种具体的方案。但是这种补救措施在理论上有弱点,这就是都在坚持"主语-谓语"这一结构框架的前提下进行补救,而没有解剖这一框架与汉语语言事实之间的矛盾。前面的讨论已经说明,"主语"、"谓语"这些概念适用于印欧系语言的研究,但不适用于汉语,我们没有必要抓住不放;想调整"主语"和"话题"这两个概念的关系,把"主语-谓语"和"话题-说明"这两种结构框架合而为一,确实是不可能的。既然人们已经发现"主语-谓语"的框架不适合于汉语的研究,而"话题-说明"的框架对解释汉语的语言现象倒比较有效,那我们就不妨大胆地探索这种框架的结构及其相关的问题。实际上,胡裕树已经清楚地看到了"话题-说明"框架的优越性,认为像赵元任那样,"把话题和主语合而为一,凡话题都是主语,把 VP 前的时间词、处所词,其他名词性成分乃至介词结构,一律看成是主语","确有标准明确、易于掌握的好处。VP前边的名词性成分本来比较复杂,现在一律看作话题,同时也是主语,分析起来就便当得多了。从交谈者的心理说,话题是可以理解得非常宽泛的。把处于句首的不论什么词语和结构都理解为话题,不能说没有理由"。既然有那么大的优越性,胡裕树为什么还要拒绝这种结构框架而追求"主语-谓语"的结构呢? 据这篇文章的解释,那是由于这样做的结果"必然会导致主谓谓语句范围的扩大,而主谓谓语句扩大的结果,是出现严重的句型交错。在汉语中,不但动词谓语句、形容词谓语句前边带上时间词、处所词、其他名词性成分都变成了主谓谓语句,就连名词谓语句也大多可以变为主谓谓语句。如:这张桌子三条腿~过去这张桌子三条腿,最近老王把它修好了……这样一来,主谓谓语句就成为和各种句型相平行的一种句式。有一种什么句型,就有一种平行的主谓谓语句"(胡裕树,1982,13-14)。把这段话的意思概括起来,大体就是:采用"话题-说明"的结构框架就会打乱"主语-谓语"的结构体系;为了维持"主语-谓语"的结构,就不能像赵元任那样,把汉语的主语和谓语看成为话题和说明。语言研究的理论和方法本来没有对错之分,只有好坏之别,只要能简明地、有效地解释清楚语言的结构,它就是一种好的或比较好的理论和方法。赵元任把主语、谓语看成为话题和说明,既然能简明而有效地解释汉语的结构,它自然就是一种好的理论和方法,不必顾忌"主语-谓语"结构的牵扯和干扰。

4.1.2.5 造句的过程,印欧系语言是词的线性排列,汉语是"字"的线性排列,相互之间好像没有区别,为什么非得采用不同的结构框架去分析? 这需要深入进行句子的内在结构分析。线性排列是一种表面现象,而在其背后却隐蔽着原则的差异。如果用我国文学创作中的两种不同文体来比拟,那么印欧系语言造句时的"词"的线性排列犹如填词,而汉语造句时的"字"的线性排列犹如写散文。填词要遵守一定的结构格式,填入的"字"的声韵平仄都要符合这种格式的要求。印欧系语言的句法规则可以和此相比拟,因为它由一致关系控制,造句时所用的词和词的变化都需要接受这种一致关系的支配。写散文比较自由,没有固定格式的限制,只要不离主题,写作的时候就有相当的自由度。汉语的造句与此类似,"话题"确定以后就可以在语境许可的范围之内自由地进行比喻例证,把它说清楚,不受一致关系之类的形式规则的支配。正由于此,汉语"说明"与"话题"的关系和印欧系语言的"谓语"与"主语"的关系就有原则的差异:"谓语"和"主语"受一致关系控制,相互之间的联系非常紧密,彼此依存,不可或缺;而"说明"和"话题"的关系显得很松散,因为语境和说-听双方的交际意图可以弥补因这种"松散"而带来的"缺陷"。

三 语义句法的结构单位:字、辞、块、读、句

4.1.3.1 印欧系语言封闭性语法结构的框架决定了它的结构单位的序列是:语素-词-词组-句子,每一种单位都直接或间接地受一致关系控制。这是人们熟知的常识。《马氏文通》以来的汉语语法研究大体上也是仿效这种序列来考察汉语的语法结构,并试图以其中的一种单位为本位来建设汉语的语法理论。这种思路与以字为基础的开放性的句法结构很难相互兼容,因而形成汉语的语言事实与"印欧语的眼光"的矛盾。开放性和封闭性,这是两种不同的语法结构类型,应该各自寻找自己的结构序列。汉语"因字而生句"的语义句法的结构单位的序列是:字-辞-块-读-句。我们下面联系它们与印欧系语言的句法结构单位的区别依次讨论它们的性质和特点。

4.1.3.2 字是汉语的基本结构单位,而辞只是字的组合,用来称

呼那种其语义功能相当于字的字组。它不是汉语的基本结构单位,离开了字,根本谈不上辞。汉语中没有像印欧系语言中 word 那样的结构单位。一些有经验的语言学家早就谈过这一点。吕叔湘(1964-1965,45-46)最早提出这个问题,认为"'词'在欧洲语言里是现成的,语言学家的任务是从词分析语素。他们遇到的是 reduce(缩减)、deduce(推断)、produce(生产)这些词里有两个语素还是只有一个语素的问题。汉语恰恰相反,现成的是'字',语言学家的课题是研究哪些字群是词,哪些是词组。汉语里的'词'之所以不容易归纳出一个令人满意的定义,就是因为本来没有这样一种现成的东西。其实啊,讲汉语语法也不一定非有'词'不可。那么为什么还一定要设法把它规定下来呢?原来'词'有两面,它既是语法结构的单位,又是组成语汇的单位,这两方面不是永远一致,而是有时候要闹矛盾的。讲汉语语法,也许'词'不是绝对必要,可是从语汇的角度看,现代汉语的语汇显然不能再以字为单位。用汉字写汉语,这个问题还不十分显露;如果改用拼音文字,这个问题就非常突出了"。我们前面已经说过,汉语是语义型语言,它反对把汉字变成一种纯粹表音性的工具,(§1.4.3.1-3)所以吕叔湘因汉字拼音化的需要而讲"词",只是当时的一种政治需要(因毛主席说过"文字必须改革,要走世界文字共同的拼音方向"。这是当时的既定方针,谁都无法反对)。随着时间的推移,这种呼声已经淡化,认识到汉字无法拼音化的人越来越多,如果是今天写文章,吕先生一定会更多地考虑汉语的结构规律而坚持"讲汉语语法也不一定非有'词'不可"的意见,而不会顾忌投鼠忌器。我们避开这一点不说,吕先生关于汉语里本来就没有"词"这么一种"现成的东西"的意见,含义已经很清楚,说明汉语中没有 word 那样的结构单位。赵元任后来的论述更明确、更精辟,因前已讨论(§0.3.3),这里不再重复。

汉语中没有像印欧系语言 word 那样的结构单位,那还有没有像 word 那样的语言现象？回答是肯定的。语言是现实的编码体系,不同的语言只是采用不同的方式对相同的现实进行不同的编码,因而相互之间可以进行代码的转换,每一种语言都可以从另一种语言中找到和自己相对应的东西。那么,像 word 那样的语言现象在汉语中存在于哪里？是通过什么现象表现出来的？是字或字组的义项,就是说,一个字里可以兼容好几个词。现在很多语言学家都已在自己的研究实践中意识到这一点,认为"多义项动词应看作不同的词"(马庆株,1989,108),"一个字可以代表若干个词"(孙景涛,1986,32)。字或字组的意义范围是模糊的、连续的,义项是对模糊、连续的意义范围进行离散化分析的结果,带有一定的主观性。不同的字典对同一义域的不同处理就可以清楚地说明这个问题。这说明,印欧系语言的 word 在汉语中缺乏客观的结构基础,无法以此为基本结构单位进行语法的研究。这或许可以从一个侧面为赵元任的"汉语中没有词但有不同类型的词概念"的论断做出一个有说服力的解释。我们在汉语的研究中排除了印欧系语言的 word(词),但行文中需要经常提到和字的功能相似的字组,因而设立"辞",专门用来指字组,特别是那些凝固性很强的固定字组。"辞"与"词"本来是相通的,《词海》、《辞海》都可以,但为了区别于 word 那样的"词",我们把它们分开:"词"指 word,而"辞"指字组,不过在引文中我们还得遵照原文,人家用什么,我们引什么。这个问题前面讲构辞法的时候已经说清楚,为了避免误解,这里再强调一遍。辞是字的派生物,它写出来是两个或几个字,但在语音上往往要经过"一分为二"和"合二而一"的改造,不一定与写出来的字的个数一致。

4.1.3.3　字是汉语语法的最小结构单位,因而很多学者把它与印欧系语言的 morpheme(语素)相提并论,认为一个字就是一个语素。

这种看法也是难以成立的。语素(morpheme)和字在各自的语言系统中所处的地位完全不同。字是汉语结构关联的基点,是"因字而生句"的基础,决定着汉语的基本结构面貌,而 morpheme 在印欧系语言中是从词中分离出来的最小的带有意义的单位,与结构关联的基点没有直接的联系。结构地位上的这种差别自然会给字与语素带来一系列原则的差异。这可以从以下几个方面去认识:

第一,语素基本上是一种线性结构,不含非线性的因素:不能有重音;与音节没有固定的联系,一个语素在不同的词中的音节划分不一定相同;不是语言对现实进行编码的基本单位,即使是词根语素,没有相应变词语素的配合,也无法实现编码的功能;ablaut 之类的元音变换(如 bring-brang-brung 中的 i-a-u)虽然是非线性的,但很难把这种"变换"看成为语素,IA 模式分析这类问题的失败经验(Hockett, 1945,99-105)已为此做出了充分的反面说明。和语素相反,"字"是一种非线性结构:"字·音节·意义(概念)"之间存在着强制性的一对一的对应关系,"声调的使用使得同样复杂程度的单位占比较短的时间"(赵元任,1973,93),"字"是汉语对现实进行编码的基本单位。非线性,或者说,立体性,这是字的非常重要的结构特点。

第二,语素的功能单纯,只是词的结构要素或表示词的某种特定的句法功能,而"字"是汉语结构的枢纽、结构关联的基点,语音、语汇、语义、语法的结构都交汇于此,因而是各个层面的基本结构单位。把字降格为一种语素性的地位,无疑会把汉语结构的一些重要的特点扔进垃圾筒,走上歧路。

第三,一个"字"中可以包含若干个不同的 word,而语素绝不可能有这样的结构。

总之,字与语素是两种不能进行类比的范畴,如果拿赵元任的"汉语中没有词(word)但有不同类型的词概念"的论断做参照点,那么可以说,汉语中不仅没有语素,甚至连语素的概念都没有,在汉语社团中没有任何心理现实性。如果一定要把语素作为汉语语法的基本结构单位,那实际上就是把汉语中本来不存在的东西作为结构单位,以此为基础而建立起来的语法体系可能很精致,但无法说明汉语的结构。几十年来语言研究的实践已经清楚地说明了这方面的问题。汉语的研究不能离开字;字是汉语的基本结构单位,也是最小的结构单位。

4.1.3.4 印欧系语言大于词的结构单位是词组。汉语中大于辞的结构单位我们称为字块。块在一般的情况下都是字组,与辞的区别是:辞是固定性字组,而字块则是根据交际的需要而临时组织起来的字组。不要把字块与词组混为一谈。词组是词按照语法结构规则组合起来而在句法结构中充当一个结构成分的语法结构单位,受"主语-谓语"结构的一致关系的支配和控制。这是印欧系语言中的一种重要的语言现象,是封闭性语法结构中的一种特有的结构单位。朱德熙在比较英、汉两种语言的语法结构的特点时指出:"……句子(sentence)的谓语部分必须有一个由限定式动词(finite verb)充任的主要动词(main verb)。词组(phrase)里是不允许有限定式动词的,词组里要有动词的话,只能是不定形式(infinitive)或者分词形式(participle),不能是限定形式。"(1985,7)这就是说,一致关系会调节词与词之间的关系,使词组在封闭的结构框架中能够找到它所适合的结构位置。汉语的语法结构是开放性的,因而字与字在组合起来后所碰到的问题与印欧系语言的词组完全不同,它不是要在封闭的结构中寻找自己的位置,而是要在"因字而生句"的开放性结构中如何以字、辞为基础形成一种封闭性的字块。"块"这个概念很不理想,由于一时找不到更合适的概念,我们就先用它来指称句中那些因交际的需要而临时组织起来的、表示某一种意义的字组。陆丙甫(1985)、黄曾阳(1995)都曾用过这个概念,前者用来指句子层次切分中的直接下位块,后者用来指语句生成中的语义块。我们的"块"概念与黄曾阳的"语义块"较比接近,用来分析那种在句中能作为一个整体易位、变换,而且还往往有特定标记(如的、了、着、过之类)的结构单位。在多数情况下它是根据交际的需要而临时组织起来的长短不定的字组,但在现实的句子结构中它也可以是一个字或辞,也可以成为一个读或句。字块是一种能把字、辞组织起来以造成开放性句法结构的一种承上启下的枢纽性、封闭性的句法结构单位,或者说,是字、辞进入句法结构的必经的途径和桥梁。这是汉语语义句法的一个特殊的结构单位。

从结构上说,块的结构形式是辞的结构的延伸,因为它们都是一种字组。辞的结构分向心和离心,块也可以根据这一标准分成向心性字块和离心性字块两种。辞与块的结构虽然都是向心和离心,但是相互有一些区别:一个字族的向心辞和离心辞的"心"都由核心字承担,而字块的向心和离心就没有这种统一的"心",只有"心"的位置,能根据"心"是居前还是居后的位置来确定它的向心、离心的性质。大体情况是:凡是在一个结构核心的前面添加若干个结构成分,用来修饰、说明该核心的语义性质和特点的,我们称为向心性字块;而在一个结构核心的后面添加若干个结构成分,借以衬托、说明该核心的语义功能的,我们称为离心性字块。向心辞的语义特点是自指,离心辞是转指,字块的向心和离心,其语义的指称性质与向心辞和离心辞的自指和转指的性质是一致的。比方说,以"推开"这个辞为例,根据交际的需要我们造出了"慌慌忙忙地推开了窗户"这样一个结构,其中加在前面的"慌慌忙忙地"是说明"推开"的状态的,没有改变"推开"的语义特点,所以"慌慌忙忙地推开"和"推开"的指称意义相同,是自指性的,是一种向心性字块;"窗户"加在"推开"的后面,它衬托出"推开"的一种语义功能,指称意义上发生了变化,因而是一种离心性字块。人们可能会提出这样一个问题:"大门推开了"的"大门"是加在"推开"的前面的,它是不是一个向心性字块?否!因为"大门"与"推开"的语义关系不是自指性的,相互的关系已经超出了字块的封闭性范围,应该另行分析;就这个具体的例子来说,"大门"与"推开"的关系已属于"话题-说明"的结构。字块是汉语语义句法中的一种封闭性的语义结构单位。

可能有人会说,这种字块不是与词组一样吗?否!词组是语形句法的概念,与主谓结构的层次划分有关,着眼于结构,可分述宾、述补、偏正、联合、主谓等结构形式。字块是语义句法的概念,着眼于语义的自指和转指,只有向心和离心这两种结构形式;某些并列的结构单位可以仿效核心字的分析方法或归入向心、或归入离心,其语义的指称是同指。其次,词组的结构不包含虚字,而字块的结构虚字却是一种重要的标记,在块的形成中起着重要的作用。这种标记既可以分布在块首,也可以分布在块尾;块首的标记主要是数量字和介字,块尾的标记主要是"的、了、着、过"等。有这种标记的字块在句法结构中一定是能自成一个结构成分。还有没有其他标记?自然还有,例如连字(辞),它也有可能成为块首的标记,不过不全是,因而得根据具体情况进行分析,不像介字和"的、了、着、过"那样可以成为绝对性的块标记。至于一个块用什么样的标记,那决定于块在语法结构中的功能。块的语音标志现在研究得很不充分,但有两点可供参考:一是块与块之间可以有一个小小的间歇,二是口语中自成一个以音高变化为主的连说节奏单位,海丰话连读变调中的连读就是块的一种语音标志。根据杨必胜、陈建民(1981,126-168)的研究,海丰方言的连读变调,"各种语法结构可以分为分读、连读以及可分可连三种","一般情况下,各音节同属于一个声调段落叫连读;各音节分属于不同的声调段落叫分读"。为什么会有这些差异？这"首先同语法结构的松紧有关；其次，也同语义的显示有关"："主谓、连动、递系及嵌入虚字的凝固格式，一般是分读的"，"述宾、述补、重叠等结构总是连读"，等等。这些结构的连读而不是分读，正好说明它们自成一个字块。有时候，"同属一个声调段落，或者一个直接成分与另一个直接成分的一部分共处于一个声调段落，换言之，直接成分之间不是两个声调段落的分界线，那么，这个语法结构是属于连读的。例如'睇只本册'（读这本书）这个述宾结构的述语'睇'与宾语'只本'共处于一个声调段落。尽管宾语本身有两个声调段落，这个述宾结构还是属于连读的"，这说明，现在所说的语法结构如与声调段落有矛盾，那还得服从声调段落。这虽然仅仅是一个方言的连读变调所提供的线索，但对认识字块的语音特点还是有一定帮助的，可以从一个侧面说明字块与词组的原则差异。字块的具体语音特征还有待于实验研究。

语言结构的研究对象必须具有封闭性的特点，不然难以驾驭；开放性的句法结构虽然属于另一个范畴，但是也得以封闭性结构的研究为基础。至今为止，语言研究的成果主要见于封闭性结构的研究。印欧系语言的语法理论研究的是一致关系所控制的主谓结构和与此相联系的词类体系和结构规则；汉语的传统研究是以封闭性的字为基础的文字、音韵、训诂，至于字与字的组合结构，我们传统的研究基本上没有涉及，因而也没有提炼出相关的理论。从宋、元的时候开始，可能是由于结构单位复音化的步伐加快，虚字的研究就此兴起和发展。这是一种标志，说明汉语已进入字与字的结构关系的研究。《马氏文通》引入印欧系语言的语法理论研究汉语，一方面由于它符合汉语结构研究的需要，因而产生了重大的影响，另一方面由于它是一种舶来品，不是在汉语的研究中总结出来的理论，因而在实践中矛盾重重，迫使中国的语言学家想方设法寻找适合汉语研究的理论和方法。各种本位的实践反映了中国语言学家艰苦探索的历程。赵元任(1968,51)的"零句"说和朱德熙的"词组本位"说已逐渐接近汉语的封闭性结构的研究,特别是朱德熙(1985,2-9),他已经设法使名、动、形的词类划分与主、谓、宾之类的句法功能的概念脱钩,但毕竟由于印欧系语言的语法理论的影响太深,而且还由于他们过早去世,无法在这条道路上再前进一步,殊感遗憾。我们这里提出的"块"概念可能优于"零句"说和"词组本位"说,因为"零句"说基本上只涉及话题或说明,"词组本位"说只涉及它的主谓、述宾等的内部结构规则,而块概念则综合语音、语法、语义的特征,而且有明确的形式标记,还可以和汉语虚字研究的传统挂钩,所以这是在汉语研究的基础上总结出来的一种理论,比较适合于汉语语法结构的研究。

4.1.3.5 汉语中比块大的结构单位是读(dòu),比读大的结构单位是句。传统的汉语研究根据汉语语法结构的开放性特点讲求"句读",我们的"读"就是参照这种研究提炼出来的。

"句读"原是训诂学中的一个术语。"句"指句子,能表达一个完整的意思,而"读"则是语意未完而在语音上可以做短暂停顿的结构单位,它小于句子而大于块。就书面语来说,句读就是如何给文章断句,从语篇中找出句子来;或者反过来说,看字的有规则的排列"排"到什么地方才能成为一个句子。由于汉语句法结构的开放性,应该在哪儿断句,主要决定于说话人或标点人对意义的理解。唐天台沙门湛然《法华文句记》卷一载:"凡经文语绝处谓之'句',语未绝而点之以便诵咏,谓之'读'。"这一论述把握住了句读的基本精神。所谓"语绝处",用我们的话来说,就是对事件的话题的叙述已告一段落,语义上呈现出相对的完整性;找到了"语绝处",也就找到了句子。传统所说的"句读"大体上都是这个意思。马建忠(1898,490)根据西方语言学的语法结构框架来研究汉语的语法,因而想用西方的语法理论给"句读"做出新的解释,认为:"凡有起词、语词而辞意已全者曰'句',未全者曰'读'。起词者,即所志之事物也;语词者,事物之动静也。故欲知句读之所以成,当先知起词、语词之如何。"这是把汉语的句读纳入西方的语法体系的一次尝试。根据这一标准,那就是只有主语、谓语齐全者才能谓之"句",不然只能谓之"读"。但是,这与汉语的实际状况有矛盾,因为开放性的结构无法纳入封闭性的结构框架中去研究。马建忠也看到了这种矛盾,因而列出了省略"起词"、"语词"的各种条件,但这是根据印欧系语言的"主语-谓语"的结构框架来看省略的,与传统的"句"的概念不一样。例如:"道千乘之国,敬事而信,节用而爱人,使民以时。"《马氏文通》说这"四单句,皆无起词。盖泛论治国,起词即治国之人也"(492)。这是四句,还是一句?实在还是一个问题。根据语义的标准,这是一个整体,只能算作一句,因为在"读"之后"语未绝"。在印欧系语言的研究中这种问题是不存在的。正由于汉语中"句子"与"句群"之间没有一条泾渭分明的界限,因而句读才成为汉语研究中的一个问题。这是标注古籍的一个难点。同样一段文字,该在哪儿"圈"与"点",得根据语义的标准,而不是有无主、谓语的形式标志。正由于此,不同的人由于对文句的理解有差异,因而"圈"与"点"也就会有不同。吕叔湘(1979b)在审核《资治通鉴》的标点时提供了一些很有意思的例证。现举三例,以见一斑:

1. 岭南尝献入筒细布一端八丈……(3745页)应于"细布"后加逗号。如无逗号,则所献者一端而已,不近情理。有逗号则"一端"作"每一端"讲。"端"之长有一丈六尺、二丈、六丈之说,八丈而仍"入筒",极言其细。

2. 自淮、汉以北,诸城多请降,送任于秦。(3497页)请降于秦,送任于秦,八个字省并成六个字,"请降送任于秦",中间不断较好。

(送任:送亲属去当人质)

3. 王乃与伍被谋,先杀相、二千石。(625页)王指淮南王刘安,伍被是他信任的臣子。刘安和伍被密谋杀害淮南国的相和内史、中尉(秩皆二千石),但看下文可知并未实现。"谋"字后无逗则只是谋划,有逗则已杀、未杀两可。

可见,什么是汉语的一句子,实在不易确定,不同的理解可以对相同的句群做出不同的句读。可能人们会说,这是古汉语,现代汉语不会有这种情形。不见得。例如《红楼梦》第四十五回(人民文学出版社1973年本):

(平儿斟上茶来,赖嬷嬷忙站起来道:)"姑娘不管,叫那个孩子倒来罢了,又生受你。"脂本作:"姑娘,不管叫那(哪)个孩子到(倒)来罢了,又折受我。"

这里,同样的文字就有不同的标点,哪一种标点好一点?似以脂本为宜,因为"姑娘"在这里是"话题",自成一个块儿,略做停顿,自然较为合适。我们的这种解释实际上已涉及确定句读的标准。前面说"读"是"语意未完而在语音上可以做短暂停顿的结构单位",语意似不甚明确,因为它没有联系汉语句法的结构框架来讨论。根据"话题-说明"的框架,应该是:凡能成为"话题"的单位,或者是对"话题"进行一个侧面"说明"的单位,都有可能因停顿而成为"读";由于"话题-说明"是一种层层套合或递进的结构,因而对"话题"或"说明"也就有可能进行多层次的停顿,前面引述的《红楼梦》王熙凤出场的那个例子和《黑龙潭印象》中的"槽内的水……"的例子都可以为此提供具体的说明。所以,传统所说的"读"不是一种主观主义的概念,而是"话题-说明"结构的一种重要的特征。

《马氏文通》以后，在现代汉语的语法研究中没有人再讲句读，实际上也就放弃了开放性语法结构的研究。这是语法研究方法论上的一种失误，主要原因是由于印欧系语言的语法理论的影响，只偏重于一些单句的研究，如真正要根据汉语的结构特点来研究汉语的语法，就不能不关注句读之类的语法现象。

4.1.3.6 前面的分析说明，汉语语法结构单位的序列是：字-辞-块-读-句，而不是语素-词-词组-句子。两种不同的结构序列代表两种不同类型的语法结构，应该根据各自的特点进行独立的分析。字是汉语的基本结构单位，"字-辞-块-读-句"这一结构序列以字为基础，离开了字，其他的结构单位也就无从谈起；块是句法结构研究的基础，不然字与辞难以进入开放性的句法结构。现在需要说明的是，序列中两个相邻的结构单位之间往往有交叉的地方，或者说，相互之间往往缺乏明确的界限。比方说字与辞，辞已是字的组合，两者的分界应该是很明确的，但由于构辞中的"一分为二"和"合二而一"的变音，也会使两者之间呈现出某种模糊状态。例如北京话的 tɕiər¹，从语音来说，它是一个音节，应该说是一个字，但从语感来说，它是"鸡儿"或"今儿"，又应该是两个字。它究竟是字还是字组（辞），似乎都有道理。如果我们联系变声、变韵、变调、轻声来考察字与辞的关系，就会发现从字到辞是一种连续的过渡，很难分出泾渭分明的界限。字与辞的关系尚且如此，其他依次相邻的两个结构单位之间的连续性过渡状态就更明显了，因为字与辞在句法结构中都有可能充当块，块有可能充当读，读有可能成为句，赵元任强调汉语的"零句是根本"，已经隐含着读、句难以分界的意思。这恐怕是语义句法的一种特点，印欧系语言的结构序列之间没有这些麻烦的问题。"字-辞-块-读-句"这样一个结构序列尽管呈现出连续的过渡状态，但每一个作为语义句法的一级结构单位，那还是能够成立的，因为每一级单位大体上都有它自己的语音、语义特征。我们可以用下表来说明这一点：

	字	辞	块	读	句
语音特征	声调	变音	连说的节奏单位	停顿	语调
语义特征	单纯概念	合成概念	"语义块"	"语未绝"	"语已绝"

"单纯概念"、"合成概念"之类的说法不一定很确切，但在没有想出更好的说法以前，暂时先用这些概念来指称不同结构单位的语义特征。字、辞、块这些结构单位进入"话题-说明"的结构框架之后，会提出一系列在印欧系语言研究中未曾碰到的问题，其中比较重要的有：语义范畴的性质、特点和它与语法范畴的差异；字块的语义性质和它的结构标记；语序与现实规则的投射的关系；有定性范畴和语法结构的关系，等等。我们下面依次对这些问题展开一些讨论，为建立语义句法提出一些粗浅的设想。

第二章 语义范畴

一 语法范畴和语义范畴

4.2.1.1 语法型语言有语法范畴,这是人们熟知的事实,我们也进行过必要的讨论(§1.3.2.3)。语义型语言有没有相应的语义范畴?回答是肯定的,因为"范畴"是一种分类,是人们根据对现实现象的本质的认识而进行的一种概括,如对语义加以概括和分类就可以形成特定的语义范畴。

语法范畴是和特定的形式标志相联系的语法意义的概括和分类,不同的范畴都各有自己的形式标志。印欧系语言的语法范畴,无论是名词的性、数、格,还是动词的时、体、态,都有自己的形式标志,这就是日常所说的形态变化;我们正是凭借这种形态变化的引导去认识一种语言的语法范畴。英语的形态变化已经衰退,但统率形态变化的一致关系还顽强地坚持着它的阵地,动词以"时"为核心的形态变化体系也还相当完整地保存着,因而我们仍旧可以凭借相应的形态变化去把握英语的语法范畴。语法范畴的核心问题是词类的划分,性、数、格和时、体、态,虽然每一个范畴都有自己的形式标志,但都需要归入相关的词类,以便服务于语法结构的分析。汉语是一种语义型语言,没有印欧系语言那样的形态变化,我们还有没有可能进行语义范畴的研究?回答自然是肯定的。范畴必须有形式的标志,但这种标志不一定是形态变化;汉语语义范畴的形式标志就是特定的虚字。我们后面都是根据虚字的指引去认识相关的语义范畴的。

语法范畴的核心问题是词类的划分,以便进行以"主语-谓语"为结构框架的语法研究;语义范畴的核心问题也与结构单位的语义分类相联系,目的是进行以"话题-说明"为结构框架的语义句法的研究。我们下面就从字的语义分类问题谈起,以便为句法结构的研究奠定必要的基础。

4.2.1.2 一种语言的句法结构单位千千万万,为了某一种特定的研究目的,往往需要把它们分分类。传统的汉语研究也曾有过不同的分类,例如《尔雅》是按自然现象的类别分类,以满足训诂释义的需要;《广韵》是按韵分类,以满足作诗押韵的需要,等等。与语法研究的需要相联系的分类,传统的汉语研究主要是分出实字和虚字两大类;虚字内部的分类比较细,主要有介字、连字、助字、叹字等,实字的分类不大讲究,但后来在随文释义的时候也有静、动之分。元代刘鉴著有《经史动静字音》,不过此书已佚。清王筠的《说文句读》明确地从传统的虚字中分出一类动字,以与静字相对:"盖,《说文》'苫也'。《释器》'自盖谓之苫'。苫、盖,物名,而苫之、盖之,用为动字"(见卷二);"粪,《说文》'弃除也'。粪本动字,《孟子》'百里之粪',《老子》'却走马以粪',则用为静字"(见卷八)。这里虽有静、动的概念,但还没有静、动的类别,最多只是随文释动、静,没有进行过整体的考虑,因而也就谈不上分类的标准。汉语的研究有悠久的传统,但到近代才提出静字、动字的概念,而且还没有明确的分类标准,说明汉语这种语义型语言的语法结构自成一系,即使不用静、动这些概念,语句的构造也能说得清楚,不像印欧系语言那样,离开主、谓、宾和名、动、形,就寸步难行。这种现象对探索汉语结构的特点应该是有启示的。

实字和虚字的划分是汉语研究传统对语言理论研究的一大贡献，已为世界各国的语言学家所接受。这种分类为什么能被广泛接受？因为它抓住了分类的一条根本原则：实字是对现实现象的编码，讲求如何将现实现象转化为语言的"码"，因而客观现象的性质和特点会对分类产生这样那样的影响；虚字是对语言结构单位的再编码，以便使实字能有规则地进入句法的结构；尽管实字可以转化为虚字，使虚、实之间呈现出一种连续的过渡，但两类单位的不同性质是比较清楚的。汉语的词类问题向来意见很分歧，但需要分出虚、实两类，而在虚字中又可以分出若干个类，则是语言学家的一致意见。所以，意见的分歧是在实字的分类。我们后面关于分类问题的讨论也集中于实字或相当于实字的结构单位。

4.2.1.3 实字的分类服务于特定的研究目的。印欧系语言的名、动、形的词类划分是为了讲解以"主语－谓语"为结构框架的语法。吕叔湘、朱德熙(1951,10)很早就说过，"区分词类，是为的讲语法的方便"。帕默(1971,63)也表述了同样的意见，认为："无论如何，要想写某种语言的语法而不建立词类，那是完全不可能的。因为不仅语法大部分要根据词类的功能做出说明，而且在词典里主要要准确地指出某个词在某种语言里功能如何……"这些都是就印欧系语言的语法结构与词类划分的关系而做出的具体说明，很有道理。所以，分类的问题和语法结构的框架有密切的关系，不同性质的结构框架自然会对结构单位的分类原则提出不同的要求。这就要求我们抓住结构框架与分类的结构关联去考察汉语实字的分类问题。

"主语－谓语"这种结构框架与名词、动词、形容词的划分存在着结构关联，(§1.3.1.3－4)汉语句法的结构框架既然不是"主语－谓语"，字、辞直至块的分类办法自然不能照抄印欧系语言的词类划分标准。依样画葫芦是没有出路的，《马氏文通》以后的汉语语法研究的实践已为此做出了明确的结论。汉语语义句法的结构框架以"话题-说明"为宜,这就不可避免地会对结构单位的分类提出特殊的要求。

"话题-说明"是一种开放性的结构框架,要根据结构关联的要求对结构单位进行分类,就得抓住句法结构中的有定性范畴。汉语有定性范畴的集中体现是"话题",分类需要解决的核心问题就是什么样的结构单位才能进入"话题"的位置。这一问题明确了,"说明"中的结构单位的性质和特点也就容易把握了,因为汉语社团"比类取象"、"援物比类"的思维方式的核心是"类",句法结构中和此对应的"话题"自然成为一种有定性的范畴,需要加以"说明"。"有定性"在句法结构中带有"指挥棒"的性质,语言的语法结构大体上都是围绕着这种有定性范畴展开的。印欧系语言的句法结构为什么以谓语动词为中心?因为有定性范畴是动词,特别是其中的"时",一个句子必须有特定的"时"的标志。对有定性的这种有悖于现在流行理论的解释涉及的问题很多,后面§4.5.1-2各章节再进行详细的讨论。在这里,我们需要强调的是,汉语结构单位的语义分类需要适合自己的有定性范畴的要求,不能套用印欧语的语法理论。根据这样的考虑,我们给结构单位的语义分类原则定下三条要求:

1. 语义的,不是语法的,应该排除"词类是词的语法分类"之类的概念的束缚;

2. 形式的,即语义的分类有形式的依据,不能随研究者的主观需要而进行随意的分类;

3. 分出来的类能服务于语法结构规则的分析,能有效地说明它与"话题-说明"框架的结构关联。

如果能满足这三方面的要求,它就可能是一种合适的语义分类,否则,它与语义句法的研究无关。例如,《尔雅》的释宫、释亲等虽是一种字的语义分类,但它没有一种形式的控制标准,不能服务于"话题-说明"的结构分析;我们前面分析过的"声"和辞中的核心字,其所反映的也是一种义类,但也与"话题-说明"的结构框架挂不上钩,因而这些分类的办法都不能成为语义句法的结构单位的分类依据。我们还得寻找新的标准。

4.2.1.4 语义范畴是语言研究中的一个新问题,以往缺乏系统的研究,尽管如此,我们也不难看到一些真知灼见。这里,我们根据现在已有的研究成果,主要是参照吕叔湘(1945)、陈平(1987)和石毓智(1992)的有关研究,进行一些必要的提炼和总结,讨论有关的语义范畴。这里先重点讨论四对范畴,即:"离散/连续"、"定量/变量"、"肯定/否定"和"有定/无定",其中"离散/连续"的范畴是结构单位的语义分类的基础。其他的语义范畴,有些在前面已有讨论,例如"自指/转指";有些在后面讨论具体问题的时候有专门的研究,例如"自动/使动"、"有生/无生"等,因而这里都不做重复性的讨论。

二 "离散/连续"和结构单位的语义分类

4.2.2.1 要研究语义句法,对结构单位进行语义的分类,"离散/连续"是一种比较合适的标准。我们将以此为基础讨论有关的语义范畴。

"离散/连续"是一对重要的范畴,自然界的现象都可以根据这一标准而分为离散和连续两大类。以"数"为例,自然数、形式逻辑的真假值、字母表等都是离散的,而多值逻辑中的值、速度的变化等则都是连续的。和此相对应,数学也分为连续数学和离散数学两大类,如集合论、数理逻辑、数论等都属于离散数学,而数学分析、模糊数学等则属于连续数学。语言研究以往只考虑离散性的语言现象,排斥任何与连续性有关的因素。离散和连续是一对相互对立、相互依存的范畴,离开连续,也就不会有离散,把连续性现象从语言研究中排除出去,实在有失于片面。社会语言学把语言变异现象引入语言的研究,从而也就把连续性引入语言学。我们曾经以汉语方言的语言变异为例研究过离散与连续的相互关系,发现了语言系统的一些重要的运转机理与演变规律(请参看§1.2.2各节)。这些都说明连续性在语言研究中应该占有它的一席之地。现在,我们需要进一步用"离散/连续"这一对范畴来研究汉语的语义句法,讨论结构单位的语义分类问题。

在汉语语法研究中首先用"离散/连续"这一对范畴去观察语言现象的是石毓智(1992)。他用否定字"没"和"不"来鉴别结构单位的"离散/连续"的性质:能用"没"否定的是离散性现象,能用"不"否定的是连续性现象,因为"没"(带有文言色彩的是"无")否定的是有无的问题,而"不"否定的只是程度的差异。"花没红"是花没有红的颜色,而"花不红"只是说红的程度还不够,没有否定花的红色属性。所以,凡是能用"没"否定的是离散性单位,能用"不"否定的是连续性单位,既能用"没"否定,又能用"不"否定,那它就兼有离散和连续的性质。这或许可以说是对离散和连续的质的限定性分析。不同的质在量上也会有不同的表现。离散性单位的量的表现形式就是在字块的结构中可以自由地用不同的数量字来限制和修饰,如一座山、两杯水、三斤油、住两天……因为数量字都具有离散的性质。连续性单位的量表现为模糊的、强弱不等、界限不明的程度,因而不能自由地用数量字修饰、限制,而只能用"有点(儿)"、"一些"、"比较"、"很"、"最"、"特别"等来限制和修饰。"很"是一个最典型的表模糊连续量的字,一般都可以以它为代表去分析连续的"量",能用"很"修饰的,就意味着含有连续量的特征。这样从质和量两方面来考察离散和连续，就可以比较准确地把握一个结构单位的性质和特点。

4.2.2.2 这是一种全新的理论标准，适合于我们的语义句法的研究。我们将采用这一标准和其中的某些分析方法，但在理论上做了一点重要的调整，即：石毓智是在名词、动词、形容词的划分基础上研究结构单位的离散和连续，即在语形句法的基础上研究结构单位的语义特点，而我们根据汉语的语义型语言的性质，不管在汉语中行之无效的名、动、形的划分，而直接进行"离散/连续"的语义分析。

汉语以字为基本结构单位，因而对结构单位的分类需要以字为基础，总结相应的规律，而后再扩大到辞和块。鉴于此，我们下面以汉语《普通话三千常用词表》（增订本，郑林曦，1992）为基本材料，用"离散/连续"的标准考察结构单位的语义分类。

4.2.2.3 《常用词表》中的单字，根据"没/不"的限定和每个字所具有的数量特征，其"离散/连续"的性质，大体上呈现出如下的分布：

一、能受"没"否定而不能受"不"否定的字只有离散的性质：

耙　班　杯　笔　菜　草　茶　车　船　床　刀　灯　风
肝　缸　糕　弓　锅　海　火　鸡　家　江　脚　井　酒
梨　铃　路　马　奶　牛　炮　枪　墙　人　神　手　书
我　瓦　戏　血　盐　羊　针　纸　字　猪　嘴　一　二
三　……

这一组约计250字。每个字都可以自由地用数量字限制和修饰，如一张耙、两个班、三支笔等等。这是一组典型的表离散性特征的结构单位。

二、既能受"没"否定，又能受"不"否定的字兼有离散和连续的性质，字数比较多，下面根据受"没/不"否定的频度和自然性程度的高低分为A、B两组:A组"没/不",B组"不/没",前者受"没"否定较为常见和自然,后者则反之,是受"不"的否定较为自然和常见。例如:

A:拔 搬 办 变 唱 吵 吃 吹 到 丢 翻 飞
　　改 割 干 耕 化 拣 救 看 哭 炼 买 喷
　　铺 敲 杀 生 逃 偷 ……
B:暗 多 白 大 方 肥 贵 黑 恨 横 红 黄
　　紧 净 渴 冷 凉 乱 绿 忙 密 粘 浓 胖
　　偏 飘 青 瘸 软 甜 歪 稳 好 坏 ……

这A、B两组约计470字。A和前面第一组都具有离散的性质,但是相互有重要的区别:一组不能用"不"否定;字块中用数量字进行限制、修饰的时候,一组的数量字只能放在前面,二A只能放在后面,例如拔一棵白菜、唱三首歌,等等。二的A、B两组的区别,除了前面说过的受"没/不"否定的频度和自然性程度的高低外,在量的特点上也有不同的表现:A的后面受数量字限制、修饰比较自由,而B的限制比较大,如"贵了三元"、"乱了一天"之类的说法虽然较为常见,但范围究竟有限;B的前面可以用"很"限制、修饰,表明它有连续性量的特征,而A组不能。这表明,A、B两组有重要的区别,难以合为完全相同的一组。其实,如果分得再细一点,在A、B两组之间再分出一个A′组,也未尝不可。如果进行这样的区分,这一组的字有想、爱、恨、懂、怕……主要表示人们的心理活动,它们无论是受"没/不"的否定,还是用数量字、用"很"限制和修饰,都很自由,典型地介于A、B两组之间,是从A到B的过渡区。

三、只能受"不"否定而不能受"没"否定、只能受"很"等表程度的字限制、修饰而不能或很少能用数量字来限制、修饰的字只有连续的性质,计有:

矮 薄 笨 差 长 稠 丑 粗 淡 低 短 乖 急

近　宽　猛　难　嫩　浅　巧　轻　傻　深　疼　温　痒
远　早　窄……

这一组约计60字,是字数最少的一个组。

这是一个大致的分类。从一到三,这个分类体系是一个从离散到连续的连续统(continuum),各组之间没有不可逾越的鸿沟,比较起来,离散性的第一组的独立性大一些。看了这个连续统,人们可能会自发地与我们所熟悉的名词、动词和形容词的划分联系起来,认为第一组是名词,二A多是动词,二B和三多是形容词。确实,它们之间有点相似,但相似的原因不是汉语的字的语义分类有点像印欧系语言的名词、动词和形容词,而是名词、动词和形容词的划分有其客观的语义基础,是现实中的名物、行为和性状三类现象在语言中的投射,由于经过形态变化的折射,才名之以名词、动词和形容词。在语义句法的研究中,我们可以只考虑字的语义分类,不必受语法分类的干扰。

现在需要对连续统中的各类现象做一点简单的说明。只能受"没"否定的第一组字的语义特点是每一个字所表示的都是一个个独立的个体,是离散的,大多表名物。一般语法书所讲的"你、我、他"之类的代字,其作用是在结构中代替名物,因而也是离散的,只能受"没"否定。所有表"数"和"量"的意义的字也是离散的,不能用"不"否定。二A组的多数字的语义表行为和动作,其含义具有离散和连续的二重性:就一个完整的动作来看,它和其他的动作没有瓜葛,因而是离散的,而就一个动作本身的内部发展过程来看,它却是连续的。比方说"看",就动作的整体说,它与说、听、写、读、哭、笑……之类无关,是离散的,可用"没"否定,也可用表离散的数量成分修饰,例如"没看电影"、"看了三场电影"等等;相反,如就"看"的动作本身来说,从开始到结束,则是一个连续的过程,因而可用"不"否定,不能加离散的数量成分,例如可以说"不看电影",而一般不能说"不看三场电影"(只有在比较的场合可以说,如"宁看一场京戏,不看三场电影"之类)。所以,动作类的"码"兼有离散和连续的性质,因而既可用"没"否定,也可用"不"否定,主要是看它的运用场合。这种离散和连续的差异也可以从它们各自的"肯定式-否定式"的相互转化中得到证实。"没"否定动作时实际上是对"动作+了"的否定,如"没看电影"的肯定式是"看了电影",这里的"了"表明动作是一种整体性的离散量,有明确的起讫点。"不"否定动作时实际上只是对动作本身过程的否定,如"不看电影"的肯定式是"看电影","看"后不能加"了"。凡是典型地表示动作、行为、过程的字的意义都兼有离散和连续这两方面的特点。

二 B 组字的意义大多表性状,像暗、多、白、高……的意义,就其本身来说都是连续的,模糊的,没有精确的标准能够确定它们的意义范围,但这种连续的意义可以离散化,其办法就是后面加"了"(暗了,多了,白了,高了……),或者在前面或后面加离散性的数量特征(一尺高,高三尺……)。所以,这一组字也同样兼有离散和连续的性质,既可用"没"否定,也可用"不"否定,但和二 A 组比较,其受"没"否定的限制要多一点,或者说,它的连续性特征比二 A 组要强一些。

总之,字的语义分布是一个从离散到连续的连续统,三类字的比例数大体上是 4∶8∶1。这些字都是汉语编码体系中最活跃的因素,在汉语的发展中大体上都以它们为基础,两两结合,用"向心"和"离心"的结构格式扩大汉语的编码范围,借以满足日益增长的交际需要。

4.2.2.4 我们前面一再强调,汉语的编码体系以名物为基础,在古汉语中这类"码"有细、多、繁的特点(§3.3.1.1),但在三千常用字表中第一组表名物的离散性的字仅占三分之一,是不是汉语的编码重心发生了根本性的转移?否!表离散性名物的单字尽管少了,但通过字的组合去表名物的现象却大大地增加了,说明汉语的编码重心没有发生转移,只是方式发生了变化。我们用同样的标准("没/不"否定和数量成分的限制)检查《常用词表》的二字组、三字组和四字组,大体上呈现出如下的状态:

一、受"没"否定、能自由地受数量字限制、修饰的二字组有:

本领　鼻孔　茶馆　车床　衬衫　道德　电车　帆船　饭碗
风琴　钢铁　公路　寒假　幻灯　教室　经理　脸盆　理论
马路　内科　农场　排长　情绪　汽水　人民　商场　食堂
书籍　体操　图案　晚会　卫星　象棋　银行　英语　照片
……

这一组约计1350个字组,数量相当大。

二、既能受"没"否定,也能受"不"否定的二字组,仍分A、B两组,A组受"没"否定的限制小一些,而B组则是受"不"否定的限制小一些。请比较:

A:变化　比赛　唱歌　创作　调查　逗留　发挥　粉碎
　改革　公开　怀疑　校对　解决　考试　理发　满意
　暖和　盼望　忍耐　撒谎　声明　坦白　忘记　吓唬
　摇晃　印刷　拥抱　照顾　……
B:悲观　诚恳　稠密　粗鲁　呆板　反动　高兴　广泛
　含羞　活泼　尖锐　积极　恐慌　灵活　勉强　便宜
　亲热　熟练　痛快　顽强　性急　稀罕　重要　……

A、B两组合计约为760个二字组。这两组的量的特征与单字的A、B两组一致,这里不再重复。

三、只能受"不"否定、受"很"之类的表程度的字限制、修饰的二字组有:

薄弱　丑陋　纯粹　聪明　粗糙　大方　恶劣　肥沃　丰富

精明　伶俐　敏捷　漂亮　普通　谦虚　清楚　伟大　温和
应该　勇敢　……

这一组的例字很少,据我们"宽大"的统计,只有140个左右。这一组和二B组之间很难划出一条清楚的界限。这些分类的情况再一次突出汉语字的语义分类体系的连续统的特点。

把二字组的语义分类和单字的分类比较一下,我们就会清楚地发现,二字组(辞)的离散性占绝对的优势。为什么离散性的"码"和连续性的"码"在单字和二字组中的比重会发生这么大的变化? 这主要是编码方式发生了一些变化。我们前面(§3.3.1.4)曾以表五色的字"黑、白、红、黄、青"(都是《常用词表》中的字)为例说过汉语早期编码方式的一些特点,但在汉语的发展中这种方式发生了重要的变化,主要是对性状进行独立编码,和它所依附的"类"分离,因而很多表示某些特殊意义的字消失,只保留一些如黑、白之类的字,扩大它的表义范围,使之成为常用字,并以此为基础和其他有关的字组合,构成辞(字组)。这些辞除了个别字外都是表离散性的名物的。这可以从一个侧面说明名物性编码方式的一些变化。大体情况是,"码"的长度越长,表名物的比例就越大。二字组的长度比单字长,因而它表名物的比例数就要比单字大得多,几近60%。三字组呢,除了含有"不"的近20个字组(如分不得、用不着、不可不、可不是……)外,几乎全是表名物的。《常用词表》中这种三字组约计170,如:

出版社　电车站　电视机　辅导员　共产党　公安局
共青团　火车站　解放军　机关枪　录音带　普通话
邮电局　原子弹　羽毛球　治安员　志愿军　自治区
座谈会　……

至于新产生的四字组、五字组则全是表离散性的名物的,《常用词表》有"帝国主义、封建主义、个人主义、公共汽车、共产主义、马克思主义、人民解放军……",共计 27 条。所以,汉语编码方式的演变在名物类的"码"中表现得最为明显,但不管怎么变,汉语编码体系重静、重名物的编码机制和原理并没有发生变化。我们提出的汉语语法结构的研究以"话题"为中心的假设是与这种重静、重名物的编码原理相呼应的。

4.2.2.5 汉语结构单位的语义分类是一种从离散到连续的连续统,各类之间没有一条明确的离散性界限,但有明确把守离散和连续的大门的"哼"、"哈"二将,这就是"没"的肯定式"有"和"不"的肯定式"是","有"只表离散,"是"只表连续,连续统中的各类结构单位只能在它们把守的"大门"内活动,其语义走向大体是:

离散-离散/离散-连续/连续-连续

因为是一种连续统,因而很难对结构单位进行离散化的分类;或者说,单位的分类有多种可能性,从不分类到分两类、三类或四类,都有一定的道理,但也各有自己的问题。传统的汉语研究除了分实字和虚字之外,在实字内部不再分类,这是有充分语言事实的根据的。实字不分类,是因为句法研究没有一种特殊的结构框架。前面说过,分类和结构框架之间存在着结构关联,它们本是一个问题的两个方面,无此自然不能有彼。汉语传统的句法研究只讲句读,不讲结构,原因恐怕就在这里。现在,我们根据"话题-说明"这一结构框架的要求,建议分两类:只有离散性特征的叫离散性单位,而有连续性特征的叫连续性单位;就是说,只能受"没"否定、可以自由地受数量字限制、修饰的为一类,而其他的各组为另一类。这两类给以一个什么名称? 这好像不是原则的问题,采用传统所说的静字、动字也未始不可,但为了照顾目前人们的习惯,我们后面用名字、动字或名辞、动辞这两个概念;名字重"静",动字重"动"。这是对立的两类,但是每一类在一定的条件下可以向其对立面转化,这"一定的条件"大体上包括结构单位的位置和块标记(§4.3.2-4)的运用两个方面。我们采用这样的分类办法,主要是为了有效地讨论和"话题-说明"这一结构框架的结构关联。如前所述,结构单位在"离散/连续"的连续统中的分布不是离散性的,因而其与结构框架的结构关联也就不是一种固定的、离散的一一对应关系,而是一种动态性的连续状态:凡是有离散性特征的单位都有可能进入"话题"的位置,充当话题;离散性的特征越强,进入"话题"的位置充当话题的概率就越大;由于连续性和离散性在一定的条件下可以相互转化,因而差不多每一种结构单位都有可能进入"话题"的位置。"话题"的规律弄清楚了,"说明"的规律也就迎刃而解,这就是:只有具有连续性特征的结构单位才有可能进入"说明"的位置。所以,各类结构单位在进入"话题"或"说明"时所呈现出来的差异主要是概率的大小,而不是"能"与"不能"的差异。这与印欧系语言的语法结构有原则的差异,因为印欧系语言的"主语-谓语"结构框架与名、动、形的划分存在离散性的结构关联。(§1.3.1.1-3)如果用"印欧语的眼光"来看汉语的语法结构,那就会发现,好像所有的"词类"差不多都能进入句子的"主语"的位置。朱德熙(1985,7,30)后来看到了这一点。说"百分之八九十的动词和形容词可以做主宾语"。这里,朱德熙虽然看到了差异,但由于没有摆脱"印欧语的眼光"的束缚,仍旧用"主语-谓语"的结构框架和名、动、形的结构关联来分析汉语,因而得出"百分之八九十的动词和形容词可以做主宾语"的结论。尽管如此,这仍是朱德熙在语法理论研究中的一个进展,因为1982年的《语法讲义》还没有这种看法。由于"话题"的句首位置,朱德熙根据句首位置定主语的论断倒可以为我们的动态性、连续性结构关联的认识提供一种具体的注释。

4.2.2.6 结构单位的语义分类有一定的层次性和目的性。虚字、实字的分类是第一个层次,目的是把虚字分出来,以便讲语法的结构。离散和连续是对实字的分类，是第二个层次，目的是讨论结构单位的语义分类和结构框架的结构关联。如果语法的分析再往细里划分，比方说，要进行句型的研究，那么分类的工作还得在"离散/连续"的基础上再继续下去，这些问题我们将结合具体问题的研究后面再讨论。

三 定量和变量

4.2.3.1 任何事物都有自己的"质"和"量"，因而要把握一种事物的性质和特点，往往需要同时从这两个方面去认识。如果说，"离散/连续"是从"质"的方面考察结构单位的性质，那么现在需要进一步从"量"的方面去认识结构单位的特点；前者着眼于纵向的观察，抓住"类"，后者着眼于结构单位之间的横向联系，以突出它在语义结构网络中的地位。"质"与"量"是一对相互依存的范畴。不同的"质"往往具有不同的"量"的表现形式。一般说来，"质"是隐蔽的，不易觉察，而"量"是比较明显的，容易为人们所把握；认识了"量"，也有助于加深对"质"的认识。离散性结构单位的"量"的表现形式，如前所述，也是离散性的，具体表现为可以自由地用不同的数量字来限制和修饰；连续性结构单位的"量"的表现形式与此正好相反，表现为模糊的、强弱不等、界限不明的程度，只能用"有点（儿）"、"一些"、"比较"、"很"、"最"、"特别"等来限制和修饰，而不能用离散的数量字。"很"是最典型地表模糊连续量的一个程度字，一般都用它来表连续的"量"，即能用"很"修饰的，就意味着含有连续量的特征。前面在分析"离散/连续"范畴的时候已经初步说过这方面的问题，现在需要从"量"的角度再具体讨论结构单位的数量特征。如果字的语义分类仍

以"离散/连续"的连续统的分组为准,那么"量"的分布大体上会呈现出如下的状态:

第一组只能由"没"否定的"山、水、江、河、人、车床、衬衫、商场、食堂……"只有离散性的特征,因而可以自由地用数量字修饰,如一盆水、两条河、三张纸等等。数字和量字都是离散的。

二A和二B兼有离散和连续的特征,不过二A的离散性特征强一点,而二B的连续性特征强一点,具体表现为"没/不"否定的频次和其自然性的程度,现在则可进一步用"量"的特征来说明二A和二B的相似和差异。二A的离散性强于连续性,具体表现为其后可以自由地增删数量成分,现在的语法书一般都把它叫作"数量宾语"或者带数量特征的"宾语"。"他看了一场(两场、三场……)电影"中的"一场(两场、三场……)","进了两次城"、"蹚过三条河"等等中的"两次"、"三条"都具体地说明"看"、"进"、"蹚"的离散性特征。它与只有离散性特征的第一组的区别是,一的数量成分前置,而二A的数量成分后置。二A也有连续性的特征,其"量"的表现就是后面可以跟一些表义模糊、没有准确界限的程度字,如"说了很多"、"做得不少"、"看了一些"等等,其中"很多"、"不少"、"一些"等都只能表示一些模糊的"量",跟"三条"、"两次"等的离散量不一样。什么时候用离散的量,什么时候用连续的量,决定于交际时强调的是什么。如强调这一动作与那一动作的区别,用离散的量;如强调动作本身的特征,则用连续的量。二B的情况与二A的情况有点相似,不过连续性特征似乎强一些,其具体表现就是可以自由地用不同的程度字来限制、修饰,如:有点远、比较远、很远、非常远、最远、特别远等等;如用数量字来限制、修饰,它与二A的区别,一是没有那么自由,二是既可以前置,也可以后置,如"一里远"、"远一里"之类的说法都是符合规则的。

第三组的结构单位只能用"不"否定,只有连续的特征,因而在"量"上的表现也就只能用表不同程度的字来限制和修饰。例如笼统,只能说有点笼统、比较笼统、很笼统等,而不能有"笼统三回(次、遍……)"之类的说法。

结构单位的"量"的特征,从第一组的离散"量"到第三组的连续"量",经二A、二B的过渡,也呈现出一种连续统的状态,和"离散/连续"的连续统相互呼应。

4.2.3.2 从前面的分析中我们有一个印象,就是在"离散/连续"的连续统中好像每一类字都有自己的"量"的特征,不是离散的量,就是连续的量,但是,我们如果对结构单位加以仔细地审核,就会发现有大量的字和辞不符合这一标准,即它们不能由数量字或程度字修饰、限制。以第一组的字为例,像山、水、江、河、饭店、旅馆……固然可以自由地用数量字称数,但下列的字和辞就没有这一特征了。请比较:

饮食	心性	机缘	形态	怪样	风光	景物	气象	面貌
长相	步伐	神情	目光	声色	风采	性质	特性	流弊
局面	牢笼	方面	领域	天地	世界	门面	要害	本位
尺码	师表	品质	牛劲	名目	贞操	海量	卓识	高见

……

这些结构单位虽然可以用"没"否定,但都不能用数字自由地称数,和前面讨论过的能用数量字修饰、限制的离散量特征形成鲜明的对照。这说明,语言中有两种不同的"量":可以自由地用数量字称数的"量"是可变的、不确定的,我们可以称为变量或不定量;那些不能自由地用数量字称数的结构单位的"量"是确定的、不变的,我们可以称为定量。"定量/变量"与"离散/连续"一样,是一对重要的语义范畴,我们可以从"量"的对立中去把握一个结构单位的性质和特点。这是汉语语义句法的一种重要的结构机理。"离散/连续"的连续统中的每一类字都可以放到"量"的体系中去认识。例如二 B 的高、低、大、小、干净、漂亮……固然可以用一系列表程度的连续量来限制、修饰，其量是可变的，是非定量的结构单位，但像粉（色）、中、疑难、雪亮等等就没有这种特点，说明它们缺乏连续量的特征，是定量的。在这方面进行开创性分析的是石毓智（1992），我们可以借此进行有关问题的讨论。

4.2.3.3　定量与变量是一对相互对立、相互依存的语义范畴，与语义句法的结构有密切的关系。要弄清楚这种关系，应该以变量的结构单位为线索，找出和此相联系的定量字，排出"量"的系列。例如：

	A	B	C
1.	声息	声音	洪钟（声如洪钟）
	迹象	征状	征候
2.	介意	记得	铭记
	在意	注意	专注

例 1 相当于前面所分析的离散性结构单位，例 2 相当于二 A 组。这里的每一组只选择三个例字，其中 B 行的例字都是不定量的变量字，可以用离散性的数量字修饰，而两边 A 行和 C 行的例字一般不能用离散的数量字进行修饰，是定量的，它们的区别只在于 A 行字表小量，C 行字表大量。表小量的字一般只能用于否定结构，表大量的字一般只能用于肯定结构，而 B 行的变量字的运用范围比较广泛，既可用于肯定结构，也可用于否定结构。同义字的研究应该增加量的内容，构成量的系列，这样才能适用于语义句法的研究。一组字义相关的字按量的大小依次排列，那就会呈现出一种量的连续统。这种连续统可以分为两个类型，一是同义性的，二是反义性的。上面列举的例 1、

例2 两组例字都是同义性的,按量依次从小到大排列。反义性的量的连续统与此正好相反,中间的那个单位的量是不变的,属定量,而两边的结构单位的量是可变的,属变量。请比较:

   A B C
3. 大 中 小
4. 热 暖 温 凉 冷
5. 红 粉 白

3、4、5三组的中间的那个B行字,即"中"、"温"、"粉",其"量"的特征都是定量的,不能用"一点、比较、很、最"等表连续量的程度字来限制和修饰。例如大、中、小,"大"和"小"的量是可变的,比如可以说"很大"、"很小"、"特别大"、"特别小"等等,而"中"的量是不变的,不能说"*特别中"、"*很中"。如果拿一根绳子做比喻,"大"和"小"好比绳子的两端,"中"好比中间的二分之一处,不管绳子的两端延长多少,二分之一处的中间点是不变的,说明"中"只能是一个定量字。其他例字的语义关系与此类似:

  热+冷→温 红+黄→橙
  红+白→粉 高级+低级→中级

凡此等等,不一一列举。总之,"量"也是一种连续统,如对这一连续统进行离散性的处理则可以分成定量和变量(非定量)两类。这种划分法完全是为语义句法的研究服务的,因为借助于这种划分可以有效地说明"肯定/否定"的语义范畴。

  4.2.3.4 定量和变量是对立的,但又是相互依存的,它们可以在一定条件下相互转化。变量转化为定量的"一定条件"就是重叠。先请比较下面几组例字:

  1. 人人 箱箱 碗碗 天天 月月 家家 张张 包包
  2. 说说 听听 尝尝 学学 看看 打打闹闹 讨论讨论

3. 高高　早早　远远　满满　甜甜　硬硬　诚诚恳恳　大大方方

这里所列的三组例字，其中的每一个单字大体上相当于§4.2.2.3的一、二A和二B，都是非定量的变量字，可以用离散的数量字修饰（1、2两组），或者用表连续的程度字修饰（2、3两组），但是重叠之后它们的"量"的性质发生了变化，都转化为定量的，既不能用数量字或程度字限制、修饰，也不能用"没"或"不"否定。现在流行的语法理论都根据名、动词、形容词的词类理论来分析这种重叠，这就离开了汉语的实际状况，使重叠的运转机制和结构原理发生了模糊。重叠是汉语的一种结构方式，自然隐含着一种统一的结构原理，这种原理就是结构单位的"量"的转化，是变量向定量的转化的一种方式。

汉语的四字格有一部分是由双音字的重叠构成。重叠的格式有两类，即AABB（辛辛苦苦、哭哭啼啼、平平安安）和ABAB（活动活动、矮胖矮胖、焦黄焦黄）。为什么会形成这两种不同的重叠格式？有些语言学家根据名、动、形的词类划分来分析，认为形容词的重叠用AABB式，动词的重叠用ABAB式，但这与语言事实有悖，因为不管是哪一个"词类"，都包含有两种不同的重叠格式。即以上述有限的几个例字为例，"哭哭啼啼"就不能说是"形容词"的重叠，"矮胖矮胖、焦黄焦黄"也不能说是"动词"的重叠。石毓智（1992，152-153）换了一个角度，根据双音字的字义关系来考察，认为"凡是以语义相同或相近而且语义程度相等或相当的两个词素合成的复音节形容词，一般都可以用程度词序列切分，因此它们是非定量的，可以用'不'否定。凡是概念义不同的两个语素合成的复音节形容词，都不能用'不'否定"，前者同义联合的重叠式用AABB，后者非同义的重叠式用ABAB。这比以往的研究前进了一步，但似乎不是很准确。先请比较：

1. 安定　安全　暗淡　吵闹　充裕　粗糙　大方　富裕
　　干净　公平　古怪　含混　和顺　简单　谨慎　空洞
　　冷淡　朦胧　明亮　平安　普通　奇怪　清白　随便
　　妥当　清净　完整　稳当　辛苦　严密　整齐　细致
　　……

2. 矮胖　笔挺　冰冷　翠绿　飞快　干冷　滚烫　焦黄
　　精瘦　溜光　闷热　喷香　漆黑　瘦长　刷白　死沉
　　乌黑　雪白　阴冷　油黑　崭新　贼亮　……

第 1 组的重叠用 AABB 式,第 2 组用 ABAB 式。石毓智从辞的构成成分的同义与否来考察两种不同重叠格式的成因,似舍近就远,而且说得不够准确。双音字的字义关系分相似和相关两类,两种不同的重叠形式是这两种不同的语义关系的反映,即 1 组是相似关系,而 2 组大多是相关关系中的比喻关系。这里的关键不是两个"语素"同义不同义,而是辞本身的结构特点;如以同义为准,2 组的"冰冷、焦黄、漆黑、乌黑"等辞的组成成分的语义也是相同或相近的。其次,这两组辞的重叠之所以取不同的格式,还由于第 1 组的辞具有连续性的语义特征,只能用"不"否定;而且是不定量的,可以用表程度的"很"等字限制和修饰。具有这种语义特点的辞的重叠用 AABB 式。第 2 组例字因本身已经隐含"质"和"量"的特征,即第一个字已表明第二个字的性质和特点,因而既不能用"没"或"不"否定,也不能用"很"修饰,因而是定量的,重叠的时候取 ABAB 式。这两个条件是形成两种不同重叠格式的重要原因。有些例字,例如"热闹",重叠的时候既可以是AABB(热热闹闹),也可以是 ABAB(热闹热闹),这是由于它本身兼有定量和变量的特点,因而也就为它提供了两种重叠方式的可能,不过这一部分的例字不是很多。汉语的结构还得根据汉语的特点来分析,完全依据印欧系的语法理论,势必会模糊,甚至抹煞汉语的结构原理,把一种统一的语言事实肢解为若干个不相干的现象。

4.2.3.5 在"量"的问题中还有一个周遍性问题需要讨论。所谓"周遍",就是包罗无遗地遍指一类事物的全体,因而是定量的,而且"定"的是大量,只能用于肯定结构。能重叠表周遍性的字不是离散性结构单位的全部,而只是一些能充当量字的字,而且数量也有限,只占整个量字的12%左右(陆俭明,1987,84)。例如:

把 包 笔 瓣 本 杯 遍 车 层 场 餐 处 撮
船 次 袋 滴 顿 叠 对 段 顶 朵 斗 栋 份
幅 副 封 个 根 挂 管 锅 户 盒 壶 件 节
间 截 家 架 句 卷 棵 颗 块 筐 孔 口 里
粒 辆 篮 楼 箩 萎 列 门 面 笼 幕 年 盘
盆 瓶 匹 片 篇 批 期 勺 所 扇 首 束 双
台 桶 天 沓 团 套 条 趟 碗 网 下 箱 项
页 月 样 桌 张 章 座 枝 支 幢 株 针

为什么只有这12%左右的量字能重叠表周遍性?石毓智(1992,199-210)提出如下的几个条件:1.凡是可用重叠表周遍性的字都能用数字直接修饰,像书、水、布、火、光、电、草……不能直接用数字修饰,而只能由数量字修饰,因而不能重叠;2.其前修饰的数字可以自由替换,不能只由某一个或几个特定的数字修饰(如可以说"想了一番",但不能说"想了两番、三番……");3.必须单音节;4.能重叠表周遍性的字所表示的现象必须是一个个完整的个体,那些表度量衡的字如"尺、米、斤、两、升、元、角、分……"由于不是表完整的个体,因而不能重叠;5,凡符合上面的四个条件,就可以重叠表周遍性,只要其中有一个条件不符合,即使重叠了,也不能表周遍性(如爷爷、爸爸、妈妈、姐姐、弟弟……)。这五个条件可以参考,但略嫌烦琐,而且有些说法也不够准确。例如表度量衡的字虽然重叠的可能性比较小,但也不是不可能,像"斤斤计较"、"分分计算"之类并不是杜撰的说法。重叠表周遍性的条件还得从字义本身的特点中去寻找它的答案。"把、包、本、桶、张……"都表离散的个体,内部没有任何连续性特征的痕迹,从中取出一部分就会破坏它的个体性,不再是"把、本、包……"。具有这种语义特点的字往往可以重叠表周遍性。"水、火、光、布……"与它们不同,就其字义本身来说,虽然是离散的,可用"没"否定,但每一种现象本身的内部构造却不是离散的个体,取出其中的一部分或者加上一部分,并不能改变它的性质,例如从水中取出一些水或加上一些水,仍旧是水,因而如不借助于量字(如"一桶水"之类)就难以直接表达离散的量,无法重叠表周遍性。度量衡的"尺、寸、分"等虽然表示的是一种可度量的范围,但有明确的端点,因而介于上述两类字之间,重叠表周遍性的可能性虽然很小,但也不是不可能,因为两端的明确端点有可能使它们成为离散性的个体。根据上述考察,石毓智的五个条件可以简化,大体上是:能直接用"每"限制、修饰(如每张、每本……)的字可重叠表周遍性,或者说,字的量如果是有定的,就可以重叠表周遍性。抓住了这一点,"爸、妈"等的重叠也可以得到合理的解释,因为这些字的语义的量是有定的,因为一个人只有一个爸爸、一个妈妈;姐姐、妹妹等的量虽然多少不定,但与爸爸、妈妈等同属一个血缘关系的语义场,可能受此类推的影响,也不再强调它的不定量的性质。这些条件概括起来就是离散和定量。

4.2.3.6 "离散/连续"和"定量/变量"这两对语义范畴是从两个不同的角度去认识语言结构单位的性质和特点时总结出来的。这是两对重要的范畴,是语义句法的结构基础;以此为基点,我们就可以进一步讨论"肯定/否定"和"有定/无定"这些语义范畴了。

四 肯定和否定

4.2.4.1 语言是现实的编码体系,"肯定/否定"这一对语义范畴着眼于主观对客观的态度,而这种态度的语义基础就是"量",即大量用于肯定,小量用于否定。

肯定和否定是很流行的一对语法概念,一般的语法书都会谈到这些问题,但是很少能进行具体的讨论,特别是缺少语义与语法的关系的讨论。其实西方语言学家对此早有具体的研究,只是我们没有很好地加以吸收。近年来,这种情况发生了一些变化,已开始对此进行专题的研究,其中比较重要的是石毓智(1992)的《肯定和否定的对称和不对称》。我们可以在现在研究的基础上进行这方面的总结和讨论。

4.2.4.2 每一种语言的语法结构都会有肯定和否定,但不一定有相应的语法范畴。印欧系语言的肯定和否定附属于句法结构,用 not 等虚词来说明结构的否定性,与动词的关系比较密切,但以形态变化为标记的语法范畴只有时、体、态,而没有"肯定/否定"的范畴。这是一种句法语义范畴,只要着眼于语义的研究,就必然会涉及"肯定/否定"的问题。

对"肯定/否定"进行过系统的研究并发生重要影响的西方语言学家应该首推叶斯柏森(1924,464-488)。他的《语法哲学》是一部重要的语法理论著作,其中对肯定和否定进行了详尽的讨论。他根据逻辑学家的论述把概念分为矛盾(白~不白)和对立(白~黑,富裕~贫穷)两类,认为两个矛盾的概念加在一起包含了该类的全部事物,排除了任何中间的词语,而在两个对立概念之间却允许有一个或一个以上的中介的概念,例如 young ~ old,中间可以有 neither young nor old(既不年轻,也不老), good ~ bad 之间可以有不好不坏的 indifferent(无差别)。叶斯柏森认为语言学中的对立概念与逻辑学的对立概念不是一回事。比方说:

  John is rich. (约翰有钱。)

  John is not rich. (约翰没有钱。)

如果和逻辑学的概念相类比,这应该与"白 ~ 不白"的矛盾概念相当,但实际情况却相当于对立概念,因为在 rich ~ not rich 之间还可以有:

  Perhaps John is rich.

  He may be rich, he is possilbly rich.

这种三分的方法反映说话人对把 John 归到"有钱"(rich)和"没有钱"(not rich)中哪一类时的态度,与逻辑学的分类原则不大一样。叶斯柏森根据三分的方法给语言建立起一种三分的系统:

  A. 肯定的(Positive)

  B. 有疑问的(Questionable)

  C. 否定的(Negative)

A 和 C 是绝对的,含义肯定,即不是肯定就是否定,B 表示不肯定,在这种意义上 B 也就相应地否定了下面两个意思明确的肯定句:

  A. It is certain that he is rich. (他肯定有钱。)

  C. It is certain that he is not rich. (他肯定没有钱。)

疑问句是对 B 类的判断再加一个向听话人提出的解决疑问的请求,因此它是肯定的还是否定的,无关紧要。"Is John rich?"和"Is John not rich?"意义完全相同。所以,"肯定/否定"反映的不是双分,而是三分,虽然在 A 与 B,B 与 C 之间还可以分出若干个过渡环节,但不会影响三分的格局。叶斯柏森在这种三分的基础上讨论否定的意义,认为语言的否定是把一个概念变成它的矛盾概念(相当于逻辑学中的对立概念),以允许那些非 A 非 C 的内容的存在。几乎所有语言的否定规则都是用 not(不),以表示"少于、低于、不及"(less than)的意思。这就是说,"肯定/否定"是人类语言所共同具有的一种语义范畴,含义基本相似,只是不同的语言有不同的表现形式而已。叶斯柏森以英语为基础讨论肯定和否定,由于这种语义的普遍性,因而对我们的讨论很有启发。我们可以吸取这种思路的精神讨论汉语的肯定和否定的问题。

4.2.4.3 汉语的否定形式是"没(有)"和"不",它们的涵义也是 less than,例如"不很好"是指"好"的程度是在"好"与"坏"之间;"她没(有)一米六高"是指高度不到一米六,等等。这就是说,在用"没"、"不"否定时,其所否定的对象的"量"必须有一定的伸缩性,以便能够容纳被否定的涵义 less than(少于,低于,不及)。

"量"的特征和"±肯定"的关系,石毓智(1992)认为有深刻的根据。客观世界和日常生活中都存在着这样一条规则:量大的事物能够长期保持自己的存在,而量小的则容易消失。例如沙漠中广阔的绿洲在风沙的侵袭中能够长期存在,而面积小的就会很快被沙暴吞没。把这一类事情归结为抽象的量,就可以得出一条肯定和否定的公理:

量大的事物肯定性强,量小的事物否定性强,中间量的事物其肯定的程度和否定的程度相当。

这里要说明的是,量的大小不是指某一个具体的量,而是相当于数学中的无穷小量和无穷大量。石毓智以这条公理为基础考察语言中的肯定和否定,认为语义程度极小的字只能用于否定结构,语义程度极大的字只能用于肯定结构,语义程度居中的字可以自由地用于肯定和否定两种结构中。我们可以选择一些语义相同或相近的字,按其语义程度的大小从左到右排成一个序列,那么位于左端表小量的字只用于或多用于否定结构,而位于右端表大量的字正相反,是多用于或只用于肯定结构,而量的大小居中即变量的字则可以自由地用于肯定或否定的结构中。字义相同或相近的字可能有七个、八个或十几个,但这里为说明问题的方便,只从书中引用的例字中选取下面几组,A 组表小量,B 组表居中的量,C 组表大量。例如:

	A	B	C
1.	介意	记得	铭记
2.	认账	佩服	钦佩
3.	理睬	说话	倾诉
4.	对茬	相符	吻合
5.	景气	繁荣	鼎盛
6.	顶用	适用	万能
7.	在意	注意	专注
8.	当(dàng)	认为	咬定
9.	二话	牢骚	中伤
10.	声息	声音	响声

这 10 组左端的 A 行成分,《现代汉语词典》都注明是"只用于或多用于否定式",它们共同的语义特征都是语义程度极小。第 8 组的"当"比较特殊,不能加否定字"不"或"没",那是由于它的语义量的程度太低,本身已经含有否定的意思,如"我当他已经来了",实际上是说他还没有来,如此等等。中间的 B 组可以自由地用于肯定和否定两种结构中,可以自由地加"没"或"不"否定。C 行的字的语义程度都很高,字典虽然没有注明它们只能用于肯定结构,但其前面不能加"没"或"不"否定,就可以推断它们只能用于肯定结构中。如果处于两端

之间的居中的字或辞不是一个,而是若干个,那就看它们靠近哪一端:靠近左端的,多用于否定式,靠近右端的,则多用于肯定式。例如:

  挂齿 提起 说起 谈论 叙说 诉说 倾诉

语义量的程度极低的"挂齿"只用于否定结构,在运用时前面一般都有否定字"不"或"没";语义量的程度极高的"倾诉"只用于肯定结构,其前不能加"不"或"没"否定;语义量程度居中的"谈论"可以自由地用于肯定结构和否定结构,表现在它前面可以自由地加"不"或"没"否定。靠近左端的"提起"、"说起"经常用于否定结构,表现在它前面加上"没"或"不"说起来更顺口;靠近右端的"叙说"、"诉说"经常用于肯定结构,如前面加上"没"或"不",说起来比较别扭。

  4.2.4.4 上面关于"量"的大小与"±肯定"的关系的理论讨论还需要得到语言事实的证明。福建人民出版社出版的《动词逆序词典》是从大量文学作品中选录例子给字和辞释义的一部工具书,石毓智根据它所提供的线索,找出下列各组结构单位的"否定式、肯定式"的用法之比是:

  1. 认账 服气 佩服 钦佩
   3∶0   2∶1   0∶3   0∶3

  2. 介意 记得 牢记 铭记
   3∶0   1∶3   0∶3   0∶3

  3. 打岔 妨碍 阻碍 阻挠
   3∶0   3∶0   0∶3   0∶3

  4. 理睬 提说 谈说 诉说
   3∶0   2∶1   0∶3   0∶3

  这可以从一个侧面反映语义量的大小与"±肯定"之间的相互依存关系,说明前述的理论假设可以得到语言事实的证明。不过这里需要说明的是,"认账"、"介意"类字只用于或多用于否定结构的说法是有条件的,即一般只用于陈述句,如在疑问句中,情况正好相反,一般只用于肯定式。这就是说,"介意"类字的用法在陈述句和疑问句中呈互补的状态。《动词逆序词典》从文学作品中收集到103条"介意"类字的用例,其中用于否定句的93例,都是陈述句,另外几个表肯定的用例都出现在问句中。例如:"我要是穿一身土布,像个乡下脑袋,谁还理我呀?"(老舍:《茶馆》)这里的"理"等于"不理"。这种互补也说明陈述句与疑问句之间存在着转换关系,疑问句只是一种正话反说的表述方式。

4.2.4.5 语言是现实的编码体系,语言的规则,归根结蒂,都是现实规则的投射。既然如此,决定语言中"±肯定"的公理也不能只适用于汉语,如果其他语言中的"±肯定"找不到公理的根据,那么它的合理性和科学性就成问题了,需要进行重新推敲。规律是经得起检验的,检查英语的用例,也可以清楚地发现英语的"±肯定"与量的大小也同样存在着公理性的内在联系,也就是说,英语和汉语一样,肯定和否定都遵循着"±肯定"的公理运转。请比较:

A	B	C
1. budge	move	quake
2. care	like	devoted
3. mind	oppose	abbor
4. brook	tolerate	endure

这四组词,左端A组的单词在中型英语词典中都注明它们一般是用于否定句或疑问句;中间B组的词语既可以用于肯定句,也可以用于否定句,没有什么限制;右端C组的各个词几乎全部用于肯定结构。下面不妨看看第1组三个词的语义程度的高低(引文释义据《牛津当代英语词典》):

budge: move slightly, move very little, make the slightest movement.

move: change position or posture.

quake: (of earth) shake.

显然,budge 语义量的程度最小,一般用于否定结构,quake 语义量的程度最高,用于肯定结构,而 move 的用法比较自由,肯定或否定都可以。其他各组的例字的情况与此类似,不再引述。这说明,语言的语义结构规则由于受现实的规则的制约,不同的语言具有相当大的相似性。以往的研究由于受到词形变化的干扰而不注意语言规则与现实规则的关系,因而不大注意理据性的研究。这是一种很大的失误。

4.2.4.6 语义量的大小与"±肯定"的相互依存关系的规律给语言研究提出了一些新的课题。第一,同义字的研究需要摆脱原来的思路,最好以"量"为参照点,把有关的字和辞按"量"的大小排成一个系列,考察它们之间的语义关系。第二,语法与语义的关系是现在语言研究的一个热门话题,很多语言学家都在寻找其间的突破口。现在,我们发现语义量的大小与"±肯定"之间的依存关系,就不妨以此为基础去探索语义和语法的关系,从中总结相应的经验,为进一步的研究开拓前进的道路。这些问题的研究都有待于来日的努力。

五 有定和无定

4.2.5.1 "话题"的最重要的语义特征是它的有定性,即它的所指能和现实中特定的现象联系起来而成为谈话的主题,因为"话题"是"说明"的对象,"话题"无定,陈述的时候就无法说明。

在汉语语法研究中首先对"有定和无定"的问题进行系统讨论的是吕叔湘(1942)。他在《中国文法要略》中专门有两章分别讨论"有定"和"无定"的问题,例如"有定"一章讨论了"三身指称"、"之、其、彼"、"我们和咱们"、"的、之"、"相、见"、"尊称和谦称"、"确定指称:特指"、"承指"、"助指"、"指称复数"、"指称容状和程度"等问题,"无定"章讨论"与疑问有关的和与数量有关的两类"。这些讨论都很具体,材料丰富,我们可以从中得到很多启发。

第一次把"±有定性"与相应的句法结构框架联系起来讨论的是赵元任(1968,45),他虽然在行文中仍然使用"主语"、"谓语"这样的概念,但已经声明"在汉语里,把主语、谓语当作话题和说明来看待,较比合适",因而我们应该把他所说的"主语"、"谓语"当作"话题"和"说明"。正由于此,他才能摆脱印欧语系语法理论的束缚,明确提出"有一种强烈的趋势,主语所指的事物是有定的,宾语所指的事物是无定的"。他为此列举了这样一些例子:

水开了:发水了。

火着了:着火了。

我要请客:客来了。

哪儿有书:书在哪儿?

我看完了书了:书看完了吗?

处于句首位置上的语言成分都是话题,表有定性。而"宾语"位置上的结构单位所指的事物则是无定的。如此明确地指明"±有定性"和句法结构的关系,在汉语的语法研究中还是第一次。句首位置是"话题"的有定性的一个重要的形式标志。除此之外,赵元任还列举了其他的一些形式特征:"这个"、"那个"表有定,"一个"表无定,"人们不太愿意在句子起头用'一个'、'一件',宁可说'有一个'、'有个',甚至光说'有'(有人来了)";"周遍性的事物如'个个儿人'、'件件事'被认为是有定性的,必得搁在前头(双双鞋都穿破了)"。这些特征都是有定性的形式标志。美国的功能学派如 Charles Li 和 S. Thompson

(1981)等继赵元任之后又在这一领域进行了专门的研究,写出了一部《汉语语法》,对"话题"的有定性特征做了进一步的分析。这些研究都为语义句法的建立奠定了一定的基础,现在需要进一步弄清楚的是有定性的语义特征。

4.2.5.2　有定性的语义特征主要表现在三个方面:

第一,离散性。任何连续性的现象都无法进入"话题"的位置。为什么"这个"、"那个"之类的辞能够表有定?因为它们把其所指称的现象从其与周围现象的联系中离散出来了,为"说明"提供了确切的主题。

第二,定指性。说-听双方都清楚充当"话题"的成分的指称。

第三,定量性。

这三个都是语义特征。一个结构单位如果具备了这三条语义特征,它就可以成为一种有定性范畴,有条件充当话题;至于能否成为话题,还要看它是否处于句首的位置。这就是说,"话题"必定具有离散、定指、定量的有定性特征,处于句首的位置,但不能反过来说"凡句首位置的成分都是话题",因为在环境许可、说-听双方已经明确了交谈的话题,它就可以省略;也不能说凡有定性的范畴都是话题,因为有定性范畴也可以处于其他的结构位置中。明确了这些问题,我们就可以进一步讨论"±有定性"中的定指性问题了(离散性已在前面讨论,这里不赘)。

4.2.5.3　近些年来在汉语语法研究中集中地讨论"±有定性"及其相关问题的是陈平(1987),他着眼于"名词性成分的所指对象(referent)同实际语境中存在的事物之间的关系"讨论了"±有指"、"±定指"、"±实指"、"±通指"四组概念:"有指是指名词性成分的表现对象是话语中的某个实体",反之即为无指;"只有有指成分才有定指和不定指的区别","只有不定指成分才有实指和虚指的区别",

通指是指"整个一类事物","一方面,它并不指称语境中任何以个体出现的人或物,从这个角度看,它与无指成分有相同之处。另一方面,通指成分代表语境中一个确定的类,从这个角度看,它与定指成分有相同之处"。所以,这四组概念都与"±有定性"有关。哪些结构单位具有这些特征?现在先根据陈平的分析,归纳列表于下:

NP	±有指	±定指	±实指	±通指
A 人称代词	+	+	+	+
B 专有名词	+	+	+	+
C 这/那+(量词)+名词	+	+	+	+
D 光杆普通名词	+/-	(+/-)	+/-	+
E 数词+量词+名词	+/-	(+/-)	+/-	+
F 一(+量词)+名词	+/-	-	+/-	+
G 量词+名词	+/-		+/-	+

这里的四组概念与有定性有关的主要是"±有指"、"±定指"和"±通指"三组。"有定"的语义特征是离散、定指和定量,凡定指的自然也就隐含着离散和定量,意味着有指,因而"有定"的概念包含这里所说的"有指"和"定指";既然是有指和定指,自然也是实指,听话人"能够将所指对象与语境中某个特定的事物等同起来,能够把它与同一语境中可能存在的其他同类实体区分开来",因而凡是"有领属性定语"的、能回指上文已经出现过的现象(有指)的都可以归属于有定。陈平的思路比较开阔,联系语用来研究语义及其相关的问题。我们可以顺次讨论表中与有定性有关的问题。

4.2.5.4 表中的七组结构单位,A、B、C三组具有有定性的特征,这没有什么问题,因为具体的形式标准已指明了它们具有离散、定指和定量的特征。需要进一步讨论的是D、E、F、G四组和与此相关的一些问题。

D组为"光杆普通名词",它的"±有定性"决定于它在句法结构中的位置和功能。同一个"光杆普通名词",处于句首"话题"的位置上表有定,而在"说明"的位置上表无定;在"把"字句、有领属性修饰语的位置中表有定,在一般所说的"宾语"位置中表无定,等等。这一点,赵元任已经说得够清楚了,如"水开了:发水了",其中"水开了"的"水"特指烧开了的那壶水,是有定的,而"发水了"的"水"系泛指,是无定的。这里提出的问题是特定的句法位置与"±有定性"的关系,其中最重要的是句首的"话题"位置,任何字或辞,不管它是"光杆的",还是有附属性修饰成分的,只要一进入句首的"话题"位置,就自然而然地获得了有定性的特征。不过需要指出的是,这里的"有定性"不能局限于"光杆普通名词",还应包括一般语法书上所说的"动词"和"形容词"。先请比较下列例句:

1. 走行,不走也行。　　　走了就好了。
2. 光说没用。　　　　　　说比做容易。
3. 打是痛,骂是爱。　　　站着不动很难。
4. 干净最重要。　　　　　干干净净的舒服。

例1、2、3引自赵元任的《汉语口语语法》,例4是朱德熙的用例。所以选用他们用过的例子,主要是为了说明问题,即出现在"话题"位置上的不光有"光杆普通名词",而且还有现在的语法书称之为"动词"和"形容词"的结构单位。这些处于"话题"位置上的"动词"或"形容词",不管它们原来具有什么样的特征,现在都有了有定的性质,表示一种离散、定指和定量的现象。像例1的"走"不是指有连续性特征的动作,而是指"走"还是"不走"这样的一个特定事件。2、3两例的"说"、"打"、"骂"和"站着不动",情况与"走"一样,不是指动作,而是指事件。

"干净"原来是一种典型地表连续性语义特征的辞,现在进入了"话题"的位置,就失去了它的连续性而获得了离散、定指和定量的性质,指"干净"这一事件。至于"干干净净的",其中的"的"已经指明了它的离散性。(§4.3.2.3)面对这些现象,反对动词、形容词"名物化"理论的朱德熙(1961;1982a,101)也不得不承认"这些动作、行为、性质、状态等等已经事物化了,即变成了可以指称的对象"。我们原来总以印欧语的语法理论为依据,用词类和句子成分一一对应的"印欧语的眼光"来观察汉语的结构,总无法解释"动词"、"形容词"做"主语"这些反常的现象,于是乎把它们归之于"汉语的特点",强调汉语的"动词"、"形容词"可以做"主、宾语"。这是要求汉语的语言事实迁就印欧系语法理论的一种具体表现形式。我们现在着眼于"±有定性",就可以发现"话题"位置上的结构单位具有统一的语义特征,都是离散、定指和定量的,或者说,都是"有定"的。把汉语生硬地纳入印欧系语言的语法理论框架中去分析,不可避免地扭曲汉语的语言事实。

表中的 E 组情况与上述一样,不再赘述。

4.2.5.5 现在集中讨论表中的 F 和 G 两组。F 和 G 的区别只在于起首有没有一个"一",有"一"就是 F,去掉"一"就是 G;它们所具有的特征也大体类似,因而可以把它们看成为一个格式的两个变体。这两种格式的研究已有良好的基础。吕叔湘(1945,79)早就对"一+个"的数量结构进行过全面的研究,认为"(一)个是一个表数量兼表无定的冠词……它的应用范围比西文的无定冠词更广,可以用于非名词乃至用于不在名词地位的词,又可以把数量观念从名物方面转移到动作方面来"。"(一)个常常用于非'一'的场所",如:

每到五更必醒个几次。(《红楼梦》)

在家看家,只好熬个几夜。(同上)

可得豁着挨个三拳两脚。(《儿女英雄传》)

花几个钱算什么,一场麻将就可以输个三百五百。(丁西林《妙峰山》)

我要是个男人,我就讨个七八个小老婆。(曹禺《北京人》)

这里的"个"并不是专指"一","至少就现代的语感来说,这个'个'字多少带了点'大约'的意思。而且多半是说的未来的或一般的事情,若是实打实地述说已过的事情,就不用这个字"(80)。这就是说,"(一)个"确是表无定的,赵元任也强调过这一点,(§4.2.5.1)陈平的 F、G 两组抓住了"(一)个"的无定性语义特点。但这个问题比较复杂,有不少例外,吕叔湘已经列举过很多例证。例如:

前任老爷取过他个头名。(《儒林外史》)

我们家的姑娘们就算他是个尖儿。(《红楼梦》)

那韩安国方才坐下,书童又唱个第四个前腔儿。(《金瓶梅》)

我有个择席的病。(《红楼梦》)

旗装打扮的妇女……走起来大半是扬着个脸儿,拔着个胸脯儿,挺着个腰板儿走。(《儿女英雄传》)

这后一句"因为和句子的主语有领属关系而取得有定性的"(82)。吕叔湘针对这种现象指出:"这种本身具有独一性的名词,前面可以不用冠词,古代汉语里是不用,近代汉语里也往往不用。若是加用冠词,似乎有些欧洲语言那样用定冠词较为合理,不该用无定冠词"(81)。这些都是早期现代汉语的用例,在现代汉语中也不是没有,如"东方红,太阳升,中国出了个毛泽东"就是一个典型的例子。这种例外可能是因语言的发展而留存下来的遗迹,因为古汉语里不用,近代汉语也往往不用,而当代的现代汉语也很少见,如有,也往往出现在一些特殊的文体中(如前述的民歌)。前引的大量用例都引自早期的现代汉语,而且多半还要受到一些使用条件的限制,其中最常见的场所是在"把"("将")之后(吕叔湘,1945,82;1948,129),如:

把个天王殿穿堂门儿的要路口儿给堵住了。(《儿女英雄传》)

把个荀老爹气得有口难分。(《儒林外史》)

又将房中一个十七岁的丫鬟,名叫秋桐,赏他为妾。(《红楼梦》)

无论行住坐卧,他总把个脑袋扎在脑坎子上。(《儿女英雄传》)

吕叔湘针对这些例子指出:"这些句子里的宾语,尤其是人名,显然是有定的,虽然前头有'个'字。这可以翻成外国语来试验,比如在上面这些句子里英语是不能用 a 的。"碰到这种例外的情况需要像解释音变的例外的原因那样进行具体的研究,就这个具体的例子来说,可以从语言的变异和语言演变方向的关系中去寻找它的答案,不要因此而影响规律的研究。

4.2.5.6 有定性范畴中还有一个特殊的问题就是周遍性。这个问题赵元任(1968,47)进行过具体的讨论,认为重叠表周遍性的事物"是有定性的,必得搁在前头"。朱德熙(1982a,97)在赵元任的分析基础上又做了进一步的研究,认为它"经常在主语位置上出现(做主语或主语内部的修饰语),不在句尾出现"。他们都提出了问题,但没有展开讨论。陆俭明(1987)根据赵、朱的思路对这一问题进行了全面的分析,认为周遍性的主语可以分成三类:

1. 主语由含有表示任指的疑问代词的名词性成分所充任的周遍性主语句(如"什么人都可以进去看看");

2. 主语由有数词"一"的数量短语所充任的周遍性主语句(如"一个人也不休息");

3. 主语由含有量词重叠形式的名词性成分所充任的周遍性主语句(如"家家都用上了煤气炉")。

例2表周遍性有特殊条件的限制,即无定的表现形式(前面分析过的F、G两组)在否定式中表肯定的周遍性。我们前面讨论的都是肯定的陈述句,因而这一类现象应该另做讨论。除例2外,周遍性的这些表现形式为什么都只能充任"主语"? 其间有没有共同的语义基础? 陆俭明没有讨论,这可能是由于他研究的是"用语法手段造成的周遍性主语句",而对隐含于语法手段背后的语义基础还没有进行必要的考虑。根据我们前面对周遍性问题的语义分析,这里的语义基础是离散、定量和定指;而且定量的"量"是大量,只能用于肯定结构。由于这些语义特点,表示周遍性的成分只能用于"话题"的位置,或者像现在一般语法书上所说,只能充当"主语"。它与前表的D,即"光杆普通名词"的区别在于:"光杆普通名词"只有进入"话题"的位置,才能获得离散、定量和定指的句法语义特征,而表周遍性的结构单位则因其本身已是离散、定量和定指的单位,因而只能在"话题"位置上出现。我们了解了这些特点,就可以说明陆俭明提出的这些周遍性主语的共同语义基础,这就是离散、定量和定指。请比较:

   什么人都可以进去看看。 什么人＝任何人＝每一个人
   家家都用上了煤气炉。   家家＝每一家

这里的"什么人"表周遍性与其所处的结构位置有关,只有"话题"的位置才能赋予它周遍性的意义。"家家"与它们不同,重叠的形式已表示它的周遍性的语义。

4.2.5.7 有定性范畴是一种语言的语法结构的基础。我们花了这么大的篇幅讨论有定和无定的问题主要是为后面讨论有定性范畴与语法研究的关系铺平道路。详细情况可参看第五章的分析。

第三章 字块和它的标记

一 标记

4.3.1.1 字块是汉语语义句法的一种重要的结构单位。"话题-说明"的结构框架,"话题"和"说明"本身都是一个字块,如果它们恰恰是一个字,那在结构中就成为一种特殊的字块。这种在特殊情况下能成为一个字块的字与单字不同,它能扩展、能转换移位、能归入某一语义范畴,等等。总之,字块是结构中的问题,它下连字与辞,上连读与句,是"话题-说明"结构框架中的一种承上启下的中介性、封闭性的结构,是语义句法的一项重要研究内容。它的特殊的结构地位往往使它带有一种特殊的结构标记。"标记"(marker)是现代语言学的一个重要概念,指聚合系统中一对有对立关系的结构成分,其中起区别作用的那个区别性特征,就是一般所说的标记;语言社团正是凭这种特定的标记把它和另一个与之对立的成分区别开来。例如,音位的/p:b/对立,/b/的浊音就是有标记的成分;人们见到这种"浊"的标记,就知道系统中一定还有一个"清"的/p/。"标记"这个概念是布拉格学派首先提出来的。雅科布逊(1941)在他的论文《儿童语言、失语症和音系的普遍特征》中曾用这一概念分析过很多问题,产生了广泛的影响。他认为小孩儿一般先掌握无标记的音位因素;如果一个人的大脑受到损伤而失去对音位要素的控制,首先受到影响的是有标记的成员。随着结构语言学的发展,这个概念广泛运用于语言结构的各个层次的分析。例如,语法层次的 boy: boys(男孩:男孩们),boys 的-s 标记为复数;语义层次的 deep: shallow(深的:浅的),其中的 deep 是无标记的成分,可以用于中性的意义,如人们可以说 How deep is it(它有多深)? 但不能说 How shallow is it(它有多浅)? 这里的"深"与"浅"用标记这个概念来分析有点勉强,因为这里不像性、数、格、时、体、态那样有形式的标记。这是有待研究的问题,这里不讨论。大体说来,印欧系语言的语法标记大多依附于词,通过词的形态变化表现出来;在词的前面加虚词标记某一种语法意义,占的比重比较少。讨论语法的结构,标记是一个重要的概念。

汉语是一种分析型语言,没有形态变化,因而语法结构的标记自然也有其自己的特点,主要表现为一些特定的虚字。我们这里不妨以"的"为例做一些初步的考察。

4.3.1.2 虚字的功能是对实字的再编码,使之能有规则地进入句法的结构,构成字块。比方说,单字可以分为离散和连续两类,这两类字因组合而构成字块的时候,大体上可以分成如下几个基本类型,其中有些就需要借助于虚字的辅助。先请比较:

1. 离散·离散:皮帽子　衬衫领子　寒假作业　钢铁长城　马路天使　农场场长　内科医生　封建余孽　理论座谈会　解放军战士　经理办公室　帝国主义政策……

2. 离散·连续:相貌丑　本领差　航程远　表情冷淡　说法笼统　表皮粗糙　经验丰富　长相漂亮……

3. 连续·离散:丑陋的相貌　虚弱的身体　谦虚的作风　勇敢的精神　漂亮的脸蛋儿　肥沃的土地　便宜的东西　高兴的表情　快跑的马匹……

4. 连续·连续:?

汉语的结构以"2"为基础,在单字编码格局时期,字中隐含着"2",即"1个字义=1个义类×1个义象";双字编码格局的两个字也是"2",即一个为"心",另一个字衬托"心"的特征和功能;以字、辞为基础而形成的字块,不管是两个字,还是三个、四个或十几、二十几个字,也都是以"2"为基础组织起来的。这里列举的头三组例字,字数不等,但都可以分解为"2"。比较这三组例字的异同,我们就会发现:如果离散性单位作为前字与后面的离散性或连续性单位组合时,一般不需要加"的",而连续性单位作为前字与后面的单位组合时,除了前字因单音节而辞化的一些例子(如"矮人"等)外,一般都需要加"的"。这说明,"的"是一个离散性的标记。"连续·连续"的字块难以成立,所以第4组我们举不出例子来。这就是说,字块的结构大体上都是离散性单位的组合,连续性单位只有加"的"进行离散化之后才能与其他的字块发生结构的联系;这种带"的"字的字块如果包含在一个更大的字块里,前面的那个"的"可以省略。请比较:勇敢的精神～勇敢精神的发扬～勇敢精神大为发扬的时候。这里只要保留后面一个离散性的"的"就可以,前面的几个表修饰性的"的"都可以省略,因为"的"已把其前面的字组作为一种统一的结构进行离散,与"时候"组成一个"2"。标记,在汉语语法结构中也是对立范畴相互转化的标志。

字块的结构都是离散的,如果要表示连续性的意义,那就必须带有连续性的块标记。标记可以处于块首,也可以处于块中和块尾。块首的标记主要有指代字、数量字和介字,块尾的标记主要有语气字和一般称之为助字的"的"、"了、着、过"等;"的"和"了、着、过"也可以处于块中。我们依次讨论这些标记与字块的结构关系。

4.3.1.3 数量性的字块是由数字和量字组合起来表示离散"量"特征的结构。数量字是可以用来修饰、限制离散性的结构单位或兼有"±离散"特征的结构单位的一种块标记。这是汉藏系语言乃至东亚其他语言的一个重要特点。作为一种结构标记,它可以处于块首,也可以处于块尾。块首的数量标记用来修饰、限制只有离散性特征的结构单位(人、山、草、木……),构成名物性的字块。块尾的标记用来修饰、限制兼有"±离散"的结构单位,人们往往称它为"数量宾语",不过这个概念很不确切,因为它割裂了"宾"与"动"的内在语义联系;赵元任(1968,158-159)称它为动词自身的宾语,是说明动词"自身"的,这就较为确切,相当于我们所说的块尾标记。

数量标记的语义大体上可以分为两类。一类是表单个的个体,如"三个人"、"两棵树"之类,一般可以用"个"来替换的量字(把、根、间、件、孔、片……)都表个体,"几乎所有的个体名词——不管有没有自己的专用量词——都能论'个'"(朱德熙,1982a,49),使用的范围相当广泛。第二类是表范围的量字,"度量衡量词和其他标准量词表示的量,都可以表示为一个线段,有起点和终点,这两个端点之间的一段就是一个单位。这种单位的大小是固定的,是由国家计量管理部门确定的一维的长度单位,如'米、尺'表示两点间的标准长度;重量也可以表示为长度,如秤杆上'公斤、斤'也表现为两点间的距离即表示为长度的;时间单位则在表盘上表示为弧线的长度"(马庆株,1990,160)。这种分类比较简明,可以用来分析字块的离散量的特征。

重要的块首标记还有介字。介字大多是由实义动字转化来的,因和另一个动字连用时经常处于第一个位置,因而获得了"介"的特征。它的产生与时间的一维性特点有关。石毓智(1992,228-233;1995a,3)曾对此有过很好的分析。他认为,时间从过去到现在,再到将来,无始无终地向着一个方向运动,与长、宽、高的三维性特征相比,只有一维性特点。这一特点给时间的计量带来了重大的影响,这就是:在

同一时间位置上如果有多个行为动作,只能选取其中的一个运动速度来计算:

$$v_1$$
$$v_2$$
$$\ldots$$
$$\ldots$$
$$v_n$$

时轴————→

v_1、v_2…v_n 代表同一时间中所发生的多个运动,我们只能选择其中的一个时间来计算。这在句法结构中的反映就是:一个句子中如果有两个或两个以上的动字,只有其中的一个能带时间的标记,代表确切的时间,其他失去时间特征的动字就退居介字的位置;从理论上说,几乎所有的动字都有可能成为介字,只是频率有高低而已。一个典型的行为动作的特征大致包括施事、受事、与事、工具、处所、时间、范围、目的、方式、原因等,介字的作用就在于为动作引进这些语义特征而成为一种块首的标记。这主要有:

1. 引出施事:被、叫、让、由
2. 引出受事:把、将、拿
3. 引出与事:跟、给、对、为、比
4. 引出工具:用、以、拿、通过
5. 引出处所:在、于、从、自、打、由、朝、向、沿
6. 引出时间:从、自、打、在、当、于
7. 引出原因或目的:为、因为、以、借以
8. 引出方式:以、经过、通过、凭
9. 引出论题:关于、至于、对于、论

这些都是一些最重要的块首的介字标记,除 9 外,它们从各个方

面衬托动字的语义。介字的语义特征赵元任(1968,332-339)分析得最具体,图解列举了57种。这些意义,除了"于"、"对于"、"关于"、"至于"等少数几个字"介"离散性的名物外,其他大都可以归入连续性范畴,表示动作的时间、空间、方向、方式等。如果说,以数量字为标记的字块主要用来修饰、限制离散性的名物,那么以介字为标记的字块则主要用来修饰、限制连续性的动作或状态。这种表连续性特征的字块如果用来修饰离散性的名物,中间需要加个"的"("朝西的窗户"、"在家的日子")。介字字块的这些语义特点,我们只要分析比较一下赵所列举的57种意义,就不难得出这个结论。至于以"关于"、"对于"为块首标记的字块,因其"介"的是名物,如处于话题的位置,由于结构位置已经指明名物的有定性,因而这些介字可以省略。请比较:

1. 关于这个问题我还没有打定主意。
2. 这个问题我还没有打定主意。

1与2的意思一样。这可能也是造成汉语"主谓谓语句"特别多的一个原因。

4.3.1.4 块尾或块中的标记,最重要的有"的"和"了、着、过",因它们在汉语的结构中占有特殊的地位,我们后面再进行专门的讨论。句中的语气字也是一种块尾的标记,可以清楚地把不同的字块分离开来。例如:

人家呀,说咱们这招牌跌份!
人家说呀,咱们这招牌跌份!
人家说咱们这招牌呀,跌份!

过去人们大多认为句中语气字(啊、吧、呀、呢等)可出现在主谓语之间,并借此说明谓语和主语的联系很松。(§4.1.2.3)张伯江、方梅(1996,8)在分析了上述例证之后指出:"首先,语气词出现在主语成分之后并不占绝对优势；其次，出现在语气词之前的不仅有名词性成分，还有副词、连词、动词等，因此不足以据此把主谓结构和其他结构分开。但语气词在句中的分布并不是随意的，它永远不会在焦点信息所在的最小结构里……句中语气词实际上是说话人对句子信息结构心理切分的手段，并不与句法成分相干……"这一观察是很有说服力的，说明我们难以用句中语气字来分析"主语"的结构特点。字块是人们在交际中临时组织起来的字组，用来表示某种"个别"化的现象，因而它的语义与信息的切分、处理有关，我们可以把它看成字块的标记。上述几个例子中带有语气字的字组都是一个字块。

4.3.1.5　字块在结构上往往能移位变换，使语序发生这样那样的变化，形成汉语语法的灵活多变的特点。这或许可以看成为一种特殊类型的标记。吕叔湘(1986a,1)认为"移位是指一个成分离开平常的位置，出现在其他位置上。造成移位的原因，有时是为了强调某个成分，有时是为了避免重复或由于其他结构条件的作用"。文中所说的"平常的位置"是根据"名$_a$ + 动 + 名$_b$"等常见的语序定的，并据此列出前移至句首、后移至句尾等几个不同的类型。例如：

　　这稿子请让我看一次ˇ校样。（加黑点字表移位成分，ˇ表示移位成分的原来的位置）

　　饶你可只有这一次。

　　十年来，大大小小，他经历了几十次战役。（＜他经历了几十次大大小小的战役）

不一一列举，总之，能移位变换位置的在结构上都自成一个字块。吕叔湘所列举的例子还是比较"传统"的，比较"现代"的移位也已经引起人们的注意。陆俭明(1980)最早对这种现象进行了系统的分析，列出了主语和谓语之间的易位、状语和中心语之间的易位、述语和宾语之间的易位、复谓结构组成成分之间的易位等类型,并认为,凡易位句都具有如下四个特点:重音一定在前置成分上,后移部分一定轻读;意义重心始终在前置成分上;易位倒置的两个成分可以复位,复位后句子的意思不变;句末语气词决不在后移部分之后出现,一定紧跟在前置成分之后。文章的材料很丰富,分析也具体,像"下班了,已经?""快起床吧,八点了,都!"之类的句子以往很少有人问津,或者作为不规范的例句来分析,而实际上这是汉语结构灵活性的一些具体表现。近年来,用北京话写作的王朔的作品影响很大,这一类灵活易位的现象也逐步引起语言学家的广泛关注,其中张伯江、方梅(1996,52-70)的考察尤为具体。如果说陆俭明着眼于结构的分析,那么张、方则偏重于信息结构和语体特征的研究,从语义、功能等各个方面探索后置成分的特点,揭示出汉语口语中许多灵活多变的语用特征。王朔写的是北京话,老舍写的也是北京话,《儿女英雄传》、《红楼梦》写的也是北京话,但这种易位倒置的现象好像是相当"现代"的,在从《红楼梦》到老舍的作品中还不曾发现这种现象。这说明北京话在演变,如果比较这些不同时期的作品的异同,定能从语法变异中发现一些语法结构规则的演变线索。

4.3.1.6 我们前面从不同的侧面考察了字块的标记,用不同的标记分离出来的字块内部并不很统一,这是由于字块是一种动态的结构单位,是因交际的需要而临时组织起来的,与信息的交流有密切的关系,因而有可能在标记的运用、结构段落的易位等出现不同的特点。这些只能联系信息交流的特点进行具体的考察。

虚字是字块的一种重要标记,其中块尾的标记"的"和"了、着、过"、块首的介字标记"把"和"被"最具特点,对汉语的语法结构有重大的影响,因而需要在下面进行专门的讨论。

二 "离散/连续"对立范畴的相互转化和"的"字结构

4.3.2.1 可以用"没"来否定的单位具有离散的性质,用"不"来否定的单位具有连续的性质,既能用"没"否定又能用"不"否定的单位兼有离散和连续的性质,应该说,标准是很明确的。但是,语言现象很复杂,"离散"和"连续"的语义特征在一定的条件下可以相互转化,这就使本来比较明确的标准发生了一系列复杂的情况。鉴于此,这里需要对"转化"的问题进行一些必要的讨论。

"转化"需要有一定的条件,需要有明确的形式标志。在"离散/连续"的相互转化中,"的"是一个重要的形式标志,一个表连续性特征的字块,如果在块尾加上"的",它就会向离散性转化而获得离散性的语义特征。"的"是离散性字块的一个最重要的结构标记。字块的指称性语义有自指和转指两种功能,"的"在语义上也是转指的一种标记。由于现在一般都把带"的"字的结构叫作"'的'字结构",我们沿用此说。

4.3.2.2 "的"是汉语中的一个重要虚字,近几十年来进行过几次大的讨论。朱德熙发表了好几篇长文,其中影响最大的是《说"的"》。他"比较不带'的'的语法单位——假定为 X——跟加上'的'之后的格式'X 的'在语法功能上的差别",把"的"分成的$_1$、的$_2$、的$_3$,认为"的$_1$"是副词性语法单位的后附成分,"的$_2$"是形容词性语法单位的后附成分,"的$_3$"是名词性语法单位的后附成分。这里说的虽然只有一个"的"字,但却涉及汉语研究的方法论原则和根本的语法理论问题。

朱德熙为什么把汉语的一个"的"分化成三个?基本的理论依据

就是"主语-谓语"结构和与它相关联的名、动、形的词类划分。我们把汉语研究中的这种理论称为"印欧语的眼光"(§1.4.1.3)。用这种"眼光"来观察汉语的"的",只能把它分化为三个,因为"的$_1$"只出现在副词之后,"的$_2$"只出现在单音节形容词的重叠式之后,"的$_3$"只出现在单音节形容词之后(出现在名词、动词后面的"的"的功能与此相同)。这里碰到的方法论原则很尖锐:承认名、动、形的词类划分,只能把"的"分为三个;如果相反,承认汉语的"的"是一个,那就需要否定名、动、形的词类划分,非此即彼,二者绝不可能兼容。正是由于此,我们认为有必要在这里进行一些具体的讨论。

语言结构单位的划分应该与语言社团的心理现实性(语感)相一致。在汉语社团的语感中,"的"是一个,还是三个?只能说是一个,除了少数深受印欧语语法理论的影响的语言学家之外,不会有人把一个统一的"的"肢解为三个不同的"的"的;如果根据这种"印欧语的眼光"来观察汉语的结构,那么每一个字都得以名、动、形、副的词类划分为准把它看成为几个不同的"词",而后再标上1、2、3之类的编号($X_1, X_2, X_2\cdots$),这样,势必会把一种统一的语言事实人为地肢解成各种碎片,把语言研究引向歧路。另一方面,朱德熙的研究也清楚地说明了他碰到了现实的"字"和潜在的"词"的矛盾。赵元任说"汉语中没有词但有不同类型的词概念",朱德熙想根据名、动、形的词类理论把这种潜在的"词"的观念现实化,从而与现实的"字"发生了尖锐的矛盾,于是舍"字"而取"词",再标上1、2、3的编号。语言学家可以自圆其说,但后果不堪设想,例如编字典,差不多每一个字都得标上1、2、3的编号;编语法书,同一个字将分见于不同的词类清单中。这样,一种统一的语言事实就不存在了,人们看到的只是一些零散的、与人们的语感不相符合的语言现象的碎片。这不是危言耸听,如果把这种理论付诸实践,必定会带来这种不良的后果,好在现在还没有走到这一步。

朱德熙的《说"的"》一文在语法学界引起了一些争论,为了进一步论证"的"的三分的理论,朱德熙(1980b)还利用古汉语和福州、广州、山西文水等方言材料进行了纵横的比较分析,认为北京话的"的$_1$"相当于广州话的"咁"[kam^{35}],"的$_2$"相当于"嘅"[$kɛ^{33}$],"的$_3$"相当于"哋"[tei^{35}]。这种研究在方法论上有毛病,因为北京话的"的"和广州话的"咁、嘅、哋"没有历史同一性,不是同一成分的分化,因而最多只能进行一些类比,而无法作为"的"的三分的根据。理论上的这种矛盾也说明汉语的语言事实是无法纳入印欧语的语法理论框架中去分析的。

4.3.2.3 "的"既然不能像朱德熙那样根据印欧系语言的词类划分标准分化为三个,那有没有作为一个统一的"的"的标准?有,只不过不是语法功能,而是句法语义的标准,即带"的"字的结构都是离散化的字块。我们不妨仍旧使用朱德熙用过的例子,并根据他的标准分组列出:

的$_1$:这使他非常的痛快　　简直的没一点起色
　　　暗暗的掉下了眼泪　　大家伙儿赶紧的往屋里跑
的$_2$:绿绿的　新新的　长长的　瘦瘦的　凉凉的　软软的
　　　秃秃的　脆脆的　酸酸的　胖胖的
的$_3$:白的好　懂的少,不懂的多　昨天的好

根据"的"与词类的分布关系,这里分成三个"的",但各组的语义功能是一致的,都是使其所附的字块的意义离散化。"非常"、"新新"等单位原来只指性状,既不能用"没"否定,也不能用"不"否定,因而难以纳入"离散/连续"的分类体系,加上"的"之后,它就具有一种离散性的特征,可以成为一种修饰成分而和其他的结构单位组合,进入语义句法的结构序列;不然,它们只是编码体系中的一些半成品,在造句

的时候难以运用。"的"在语义句法中的分布主要出现在连续性单位或"±离散"性单位之后,只有离散性特征的那一类结构单位之后(即前述的第一类字)往往不出现。朱德熙的三个"的"的语法分布主要是副词和形容词,相当于我们所说的连续性单位;名词和动词只是附带地提一下,因为它们本身已具有离散性特征。这也可以从一个侧面印证我们的论断。

"的"字的研究在朱德熙的语法理论中占有重要的地位,在《说"的"》一文以后还有不少论述。1982年的《语法讲义》曾就"的"的语法作用发表过一些重要意见,认为它是谓词性成分转化为体词性成分的一种重要的语法标记。所用的术语不同,但其实际含义与我们的论断一致。朱德熙的"体词性成分"相当于我们的离散性字块,"谓词性成分"大多相当于我们所说的具有连续特征的字块;所谓"谓词性成分"的体词化,其语义功能相当于我们所说的连续性语义的离散化。朱德熙虽然恪守着结构语言学的理论和方法,但面对实际的语言事实也不能不做出符合汉语本身结构规律的说明。谓词性成分的体词化理论,只要改变说法,就可以不管的$_1$、的$_2$、的$_3$的划分而转化为我们的理论。我们先把朱德熙的论述引述于下:

> 在现代汉语里,谓词性成分转化为体词性成分的主要手段是在谓词性成分后边加上助词"的"造成"的"字结构。例如:凉:凉的;便宜:便宜的;买:买的;游泳:游泳的;看电影:看电影的;到上海去:到上海去的;闭着眼睛说瞎话:闭着眼睛说瞎话的。从上边举的例子可以看到,"的"字不仅改变了谓词性成分的语法功能(从谓词转化为体词),同时也改变了它的意义。例如,"游泳"原来指一种动作,加上"的"之后,"游泳的"转为指做这种动作的人了。

朱德熙这里的分析既涉及语法功能的转化,也涉及语义指称的转化,而实现转化的方法就是在"块"后加一个"的"。这种转化的考察是符合汉语的实际的。此后,他又写了一篇《自指和转指》的长文,其中谈到了"的"的自指和转指的功能,理论上似乎从他的"转化"说后退了一步。这篇文章是以菲尔墨的格理论为基础写成的,认为"的"有自指和转指的功能,如"VP 的 t"所属的格正好是 VP 里所缺的那个格,那它就具有转指的功能,提取主语或宾语。例如"用中草药给病人治好关节炎"里缺施事,加上"的"之后,"用中草药给病人治好关节炎的"指的正是施事(大夫),提取的是施事主语,因为这个施事是与 VP 相关的一个格。另一方面,"当 VP 里没有缺位的时候,'VP 的'不能独立,后头总是跟着中心语",这时候的"的"就只有自指的功能。先请看他列举的两组例子:

甲	乙
开车的(人)	他开车的技术
老王开的(那辆车)	火车到站的时间
……	……

甲类的 VP 里各有一个缺位,"VP 的"跟后头的中心语同格;乙类的 VP 里没有缺位,"VP 的"和中心语没有同格的关系,"'VP 的'不属于跟 VP 里的动词相关的任何一个格",因而表自指。(朱德熙,1983,25)同样一个"的",既可以表自指,又可以表转指;既与语义格有关,又与语义格无关,这些相互矛盾的说法本身已经说明这一思路难以揭示"的"的结构规律。为什么会产生这种矛盾?主要是为了维护"主语-谓语"的结构框架,因为菲尔墨的"格"理论是以印欧语的主谓结构为基础考察名词和动词的语义关系的。这一理论在印欧语的研究中已经碰到很多问题,何况以"话题-说明"为框架的汉语!"的"

是结构单位离散化的标记,使用的范围很广,一定要把它纳入主谓结构框架中去研究,自然会出现这样那样的矛盾。朱德熙在他去世前又对"的"进行了一次研究,遗憾的是天不借时,我们只能看到一篇没有完成的遗作(见《方言》1993,2)。在这篇文章中,他进一步提出状态形容词的名词化问题,认为状态形容词充任定语时必须通过加"的$_3$"的办法名词化。这些研究与我们的"的"是离散性字块的标记的论断完全一致,只是使用的概念有别。

"的"的研究涉及的不是一个具体的字,而是涉及汉语语法研究的整个方法论问题,值得深入推敲。我们认为,在朱德熙的"的"的研究中,谓词性成分加"的"转化为体词性成分的"转化"说是其中的精髓,应该深化和发扬,其他的研究似乎难以成立。

4.3.2.4 根据前面的讨论,我们与朱德熙的研究既有相通之处,也有尖锐的对立,因而想在这里再强调几点。第一,汉语的"的"只有一个,没有三个,其功能就是字块的离散性标记。我们只能根据汉语本身的结构特点来研究汉语,不能用印欧系语言的语法理论来改造汉语,即不能用名、动、形的词类划分来肢解汉语诸如"的"这种统一的语言事实。

第二,由于以印欧系语言的名、动、形的词类划分为参照点,朱德熙在"的"字分析中的概念比较多,例如副词后缀、状态形容词后缀、名词化标记、谓词性成分的体词化,等等,说法虽异,但实质相同,都是使连续性结构单位离散化。离散性标记是"的"的一个统一的语义功能,所以可以使用一个统一的概念,它既可以统括朱德熙的各种不同的说法,也可以有效地解释汉语语法的结构。如前所述(§4.3.1.2),汉语结构单位的性质可以分离散和连续两大类,这两类单位在相互组合时,离散性单位与离散性单位可以直接组合,中间不必加离散性的标记"的";而连续性单位用来修饰离散性单位时,则必须先加"的"加以离散化,才能组合成一个字块。这是一条简单的语义句法的结构规则,抓住它,可以省却许多啰唆的叙述。

第三,朱德熙的语法研究以词组为本位,像"的"这样重要的语言现象无法纳入到词组的结构中去研究,只能另用"'的'字结构"来指称,说明这种理论是有毛病的。把带"的"的字块称之为一种"结构",这是完全正确的。我们这里需要强调的是,虚字在汉语的语法结构中占有非常重要的地位,应该是结构本位的一个有机组成部分,并据此进行相应的分析;既然无法把虚字纳入词组的结构,那我们只能放弃,另觅出路。我们以字为本位,没有"词",自然也不会有"词组"。汉语的句法结构是组字、辞成块,组块成句,虚字在字块的结构中占有重要的地位,是字块的结构标记。这就可以统一语言现象的分析,与系统比较谐和。我们把"的"看成为离散性字块的标记,或许有助于对复杂的现象进行简化的分析,而且不会发生把一种统一的语言现象肢解为不相干的各个部分。这应该是一种可行的研究方法。

4.3.2.5 为了反衬"的"的离散化标记的性质,这里可以附带地讨论一下"子、儿、头"的问题。

"子、儿、头"等是汉语社团寄托某种感情色彩(如爱称、小称等)的表义成分,人们一向把它们看成为"名词"的后缀,或者说是"名词"的标记。但是,语言事实与这种理论有矛盾。固然,名词后面可以跟"子、儿、头",但在其他"词类"后面跟"子、儿、头"的也不乏其例。以"儿"为例,《红楼梦》中已有玩儿、忒儿、走儿、可惜了儿、多儿等,而在《儿女英雄传》中进一步增加,如顽儿、远儿、不相干儿、耍儿、香儿、白儿、痛儿、断儿、瞧儿、齐整儿、俊儿、不敢当儿、鸣儿、新儿、得儿等等。这些非"名词"的儿化在今天的北京话中有的已消失,有的还保存着,另外还产生了一些新的非"名词"的儿化,如刺儿、腿儿、蔫儿、颠儿、倍儿、翻儿、呲儿、份儿、镚尔、嘿儿、劲儿、火儿、膈儿、概儿、哗儿等等,(例引陈保亚,1990,463－464)从《红楼梦》到现在,这种非"名词"性的儿化在发展,因而用词类理论来认识儿化的性质就很难把握住问题的实质,不然又得以儿$_1$、儿$_2$、儿$_3$之类的办法来解决了。其实,汉语的规则很简单,是语言学家的理论失误才使简单的问题复杂化。子、儿、头这些字本身具有离散性的特征,可用"没"或"无"否定,也可以用数量字加以限制和修饰,它们的意义在构辞的时候虽然逐渐虚化,但离散的性质并没有消失,因而只有离散性特征的结构单位(字或辞)才有可能带子、儿、头,语义上表转指。结构单位在"离散/连续"的分类体系中成连续统式的分布,因而"子、儿、头"的出现概率随离散性特征的强弱而变化:具有离散性特征的结构单位原则上都有可能加子、儿、头,而兼有"±离散"的结构单位则要受到比较多的限制,总的原则是:离散性特征越强,能加子、儿、头的概率就越高,反之,离散性特征越弱,加子、儿、头的概率就越小,那些只有连续性特征的结构单位(如普通、冷淡、笼统等)永远不可能加子、儿、头。至于有离散性特征的字与辞,哪些能加子、儿、头,哪些不能,决定于结构单位本身的意义,即:只有那些能寄托汉语社团的主观感情的结构单位才有可能加上子、儿、头。

子、儿、头的这些特征说明,它们只能用于离散性单位的构辞,不能用于离散和连续的相互转化,因而也就不能成为字块的离散性标记。这是"子、儿、头"与"的"的原则差异。

子、儿、头等字在汉语结构中是一种很特殊的现象,在人民群众的口语中非常活跃,而变化的方式也多种多样,不同的方言没有一个共同的变化模式。就普通话来说,子、儿、头在辞中都处于轻读的位置,而"儿"还化入前一个音节,失去了它作为一个字的特征。为什么会发生这种现象？除了双字组的读音一般都是前重后轻、容易轻读外，与子、儿、头的性质有关。子、儿、头本身是离散的，而又只能加在离散性的字之后，因而在结构上是一种多余的标记，容易在辞中失去它的独立性，所以在语言的运用中能化则化，形成方言中特殊的变音，不能化则变成前字的附庸而轻读，甚至消失。但是另一方面，语言社团又需要有一些特殊的字，借以寄托它的主观的感情和评价，因而子、儿、头之类的现象又成为一种不可缺少的结构成分。这矛盾的两个方面相互作用的结果，往往会使子、儿、头之类的现象失而复生。有些方言，子、儿、头因弱化而消失，但语言社团又会在一些离散性的字之后再加上子、儿、头。四川的邛崃（李龄，1959）在儿化韵后还可以再加上自成音节的"儿"或"儿子"，就是一种很好的例证。所以，子、儿、头之类的现象一方面是语言社团的交际所需要的，借以寄托主观的感情色彩和评价，另一方面在语言结构中对离散性的结构单位来说又是多余的，因而在语言运用中容易弱化和消失，影响韵母的变化，进而形成例外的音变。这是语言结构与社会因素相互影响、相互作用的结果而形成的一种独特的现象。

三 "了、着、过"和带有时间特征的字块

4.3.3.1 "了、着、过"是汉语中与时间特征有关的字块的标记，如果说以"的"为块尾标记的字块在语义上表空间、表离散性的名物，那么带有"了、着、过"标记的字块在语义上表时间，与连续性的行为和性状有关。这两种不同性质的字块标记可以把汉语的字块分为空间和时间两大类。

一说起"时间",人们就会想到它是动词的语法范畴,可以分过去、现在和未来。《马氏文通》之后有一段很长的时期,中国的语言学家大多用这种观点来考察"了、着、过",认为"了"表完成,相当于过去时,而"着"表动作的进行,相当于现在进行时。高名凯(1948)否定了"了、着、过"的"时"的特征,而把它们纳入到"体"。高名凯指出"了、着、过"不是现在时、过去时的标记,这一点完全正确,但说它们是"体"范畴的标记,与时间无关,似乎欠妥,因为"体"指的是行为、动作进行的状态或方式,是在时间中完成的。比方说,俄语的未完成体表示动作的持续或重复,而这种持续或重复既可以发生于过去,也可以发生于现在或未来;完成体说的是动作在过去已经完成的状态或将要完成的状态。总之,不管哪一种"体"都是在时间中实现的。"时"是"体"能否存在的前提。高名凯否定了汉语中的"时",但又主张汉语中有"体",理论上似乎很难说得通。

4.3.3.2 "体"与"时"的关系是语法理论中的一个重要问题,以往对"体"与"时"的研究基本上是分别进行的,不大注意两者之间的关系。"体"虽然着眼于行为动作进行的状态。但必须以"时"为基础。语言中的时间是一种复杂的体系,不同的语言相互间千差万别,无法用一种单一的标准来衡量。叶斯柏森(1924,362-363)认为"时"有自然的"时"(time)和语法的"时"(tense),需要用两套不同的术语来分别指称 time 和 tense:丹麦语、德语可以方便地使用称呼 time 的术语,拉丁语可以方便地使用 tense 的术语,而英语则需要同时使用这两套术语,因为很难区分过去的 time 和过去的 tense,将来的 future 和将来的 futurum。他建议用 past 指称自然的 past(过去),用 preterit 指称语法上与 past 相对应的 tense,然后再用 ante 和 post 把 tense 的 preterit 分为"前"和"后",用 before 和 after 把 time 的 past 也相应地分为"前"和"后"。叶斯柏森为此绘制了一张图表:

```
            tense              time
    ante‑preterit · Aa  before‑past
                  |
         preterit · Ab  past
                  |
    post‑preterit · Ac  after‑past
                  |
          present · B   present
                  |
      ante‑future · Ca  before‑future
                  |
           future · Cb  future
                  |
      post‑future · Cc  after‑future
                  ↓
```

箭头表示时间的方向，B 为说话时的"现在"，语法"时"和自然"时"对应重合。叶斯柏森认为这种时间系统在理论上无懈可击。这一论断缺乏具体的分析。比方说，英语的"时"的体系就不是过去、现在和未来的三"时"对立，而是过去时和非过去时的对立，没有未来时；埃塞俄比亚的库斯特语族的比林语（Bilin）相当于英语 verb to be 的"时"（tense）是由两个不同的动词构成的，其中一个动词提供所有的过去时形式，另一个提供所有的现在时形式，可是提供现在时形式的那个动词却有跟过去时相联系的意义，而提供过去时形式的那个动词反而倒有跟现在时相联系的意义。（帕默，1971，98‑99，212‑215）这就是说，那些有形态变化的语言，语法"时"和自然"时"的表现形式往往是不一样的，无法像叶斯柏森所说的那样一一对应；语言的研究只能根据形式提供的线索去研究它的"时"的系统。

4.3.3.3 汉语是语义型语言，语法范畴和逻辑范畴一致，因而完全可以根据自然时间的过去、现在和未来的标准来划分汉语的"时",指明说话人以说话的时间为参照点去看动作发生的时间以及它与说话时间的关系。这种"时"主要用语辞分别表示:"过去、昨天、已经、曾经……"表示过去,"现在"表示说话时的"现在","将来、明天……"表示未来;句中结构单位之间的关系也可以为时间提供一些信息。以前由于印欧语语法理论的影响,人们认为"时"是一种语法范畴,因而就把用语辞表达的时间从语法的研究中排除出去。这种考虑方法不对,其实语汇的运用也是表示语言的"时"的一种方法,而对于像汉语这种语义型语言来说,这还应该是一种非常重要的方法。对这一问题的研究近年来取得了一些重要的进展,其中最重要的标志就是陈平(1988)的《论现代汉语时间系统的三元结构》一文的发表。这篇文章系统地分析了汉语中时相、时制和时态的问题,认为"现代汉语的时间系统的三个主要部分是:一、句子的时相(phase)结构,体现句子纯命题意义内在的时间特征,主要由动词的词汇意义所决定,其他句子成分的词汇意义也起着重要的选择和制约作用,其中宾语和补语所起的作用尤为显著。二、句子的时制(tense)结构,指示情状发生的时间,表现为该时间与说话时间或另一参照时间在时轴上的相对位置。三、句子的时态(aspect)结构,表现情状在某一时刻所处的特定状态"。这里所说的"时制"和"时态"就是现在一般语法书中所说的"时"和"体",而"时相"在以往的研究中很少涉及,陈平把它作为时间的一种重要表现形式进行重点的分析,这是很重要的。这种理论的基本精神,一是根据动字本身的意义特点,二是考察它与其他结构成分之间的语义关系。根据句子的语汇意义,有的表静止的状态,有的表动态的行为;动态的行为又可细分为表瞬间的动作或可以有一定的延续时间;在有延续时间的动作中又可细分为行为有内在的终结点或没有终结点,等等。如将这些不同的行为动作展现在时轴上,就会出现不同的情景,可以把它们归属于不同的情状类型,"动词的词汇意义,决定了它所在的句子能够表现哪些种类的情状,而与动词连用的其他句子成分则决定了该句实际表现了哪一种特定的情状类型。换句话说,前者提供了可能性,后者在也许不止一种可能性中间进行了具体的选择,确定了句子的时相结构"。陈平依据"±静态"、"±持续"和"±完成"三对语义特征的各种组合方式将汉语句子所表现的情状分为"状态"、"活动"、"结束"、"复变"、"单变"五种类型,并对之进行具体的分析。这种研究吸取了西方语法理论的一些精神,又能根据汉语的特点进行灵活的分析,揭示出前人不曾注意的一些语义规律,很有价值。吕叔湘对陈平的研究颇为赏识,在为陈平的论文集《现代语言学研究》写的序言中说:"在介绍西方语言学方面,他能够做到融会贯通。在论述汉语和英语方面,也能够从新的视角出发,使读者有耳目一新的感觉。这都是难能可贵的。"

陈平的研究引起了语言学家对汉语的"时"的兴趣,相继发表了好几篇有影响的文章,其中郭锐(1993)、龚千炎(1994)的两篇比较重要。郭锐着眼于语言结构的系统性考察动词在时间连续统中的不同位置以及它们各自具有的语义特点,分析很细致。龚千炎同意陈平关于时相、时制和时态的划分,但对它们的性质做了进一步的分析,认为时相是语义层,属词汇范畴;时态是语法层,属语法范畴;时制作为时相到时态的过渡,多使用词汇成分,但也含有不少语法因素。该文的最大特点是对中西语言的时间系统进行了具体的比较,发现两种语言的时间表达有三方面的重大区别:"(1)印欧语言通过谓语动词本身的形态变化来表现时制和时态,而汉语则在谓语动词的前后附加语言成分来表现时制和时态;(2)印欧语言的时制和时态是通过同一的动词形态变化来表现,二者往往融合在一起,而汉语则使用词汇成分表现时制(我明年中秋节回故乡),使用语法成分表现时态(我一口气喝了三碗茶),二者分离而且性质不同;(3)印欧语言的时间表现偏于时制,在'三时'(过去、现在、将来)的基础上建立表时系统,而汉语的时间表现则偏于时态,对比而言,所表示的时态要丰富得多。"这些区别是非常明显的,而对于"了、着、过"的研究来说,时态和时制的关系就是一个非常重要的问题。龚千炎认为汉语的时态最为重要,表达的方式也灵活多样,围绕着动字,"有的前加,有的附着,有的后置,有的紧挨动词,有的稍离动词,它们的词性也因之不同,前加的是时态副词(曾经、已经、正在……),附着的是时态助词(了、着、过),后置的是时态语气词(了、来着)。由此,现代汉语就形成了一个独特的时态表达系统:｛[副+(动+助)]+语｝"。这三方面的区别抓住了两种语言的"时"体系的要点,有助于认识时间的复杂性。这种研究也引起了外语学界的兴趣,认为"为我们提供了一种新的思路"(李瑞华,1996,212)。这些讨论使汉语时间问题的研究前进了一大步。

4.3.3.4 我们这里花了比较大的篇幅介绍"时"的研究,一是由于语言中"时"的问题很重要,需要破除汉语语法没有"时"的错误观念,二是说明语汇手段与"时"的表达也有相当密切的关系;三是为考察"了、着、过"的语义功能提供一种语言结构的背景。几十年来,对"了、着、过"的认识主要着眼于体或时态,但我们这里却想强调它们与时间的关系:用语汇手段表达的过去、现在和未来,这是自然的、纯粹的时间,而"了、着、过"则强调在这种时间中发生的运动变化的状态,与说话人对这种状态的观察和判断有关,因而在语言运用中两者需要配合,以衬托运动与时间的关系。龚千炎强调印欧语的时间表现偏重于时制、汉语的表现偏重于时态的论断是正确的,他关于汉语时态的"｛[副+(动+助)]+语｝"的结构公式也有重要的参考价值,因为它体现了自然的时间与时态的关系,对认识"了、着、过"的时间特征有帮助。比方说,"助"的"了、着、过"可以和"副"的"曾经、已经、正在"等共现，就可以衬托出它们的"时"的特征；相反，不能与"曾经、已经、正在……"这些表时间的语辞共现的"是、等于、以为、作为、姓、当……"，后面也不能加"了、着、过"。这些现象都说明，认为"了、着、过"与时间无关、仅仅是"体"的标记，与语言事实有悖。

时间是一种既无始点，也无终点的连续时程，过去、现在和未来的划分仅仅是粗线条地将这种连续的时程离散化。"了、着、过"的"时"的特征主要表现在哪里？就是将连续的时程离散化，或者强调某一已经离散化的时段的连续性特征。离散和连续都是语言社团对客观现象的一种主观反映，与说话人的观察有关。我们下面着重讨论"了、着、过"与时间相关的语义功能，至于它们与表时间的语汇的配合规律，即时态与时间的关系，由于涉及的问题太多，有待于来日的探索。

4.3.3.5 "了[·lə]"是汉语的一个重要的带时间特征的字块标记，其语法功能是将连续的时程离散化；而这离散化的实际时间既可以发生于过去，也可以发生于现在或未来。

以往的研究大都把"了"看成为完成体的标志，随着语言研究的深入，有人对此提出了补正和修正。刘勋宁（1988）认为"了"只表示行为动作的"实现"，而不表"完成"，因为如"吃了那么长时间还在吃"，"问了一遍又一遍，讨厌死了"中的"了"都不表"完成"，只表"实现"。"实现"说比"完成"说前进了一步，但还不是很确切，因为"您好好休息，我们走了"这种平常使用的告别用语的"了"并没有"实现"，而是将要实现。我们把"了"看成连续性时程的离散化的标记，可能比较合适，因为这种离散化没有特定时间的限制，过去、现在和未来都可以，完全决定于交际双方对某一时段的离散化要求。当然，离散的现象多发生于过去和现在，因而"了"的使用也偏重于过去和现在，用于未来时间的场合比率要低一些。"了"的这一语义特点也就决定了哪些类型的字能与之共现的规律。大体情况是:凡是有连续性特点的字和辞,一般都可以加"了"进行离散化;前面§4.2.2各节所分析的二A、二B和三各类动字都可以加"了"进行离散。至于离散的具体时程,则需要结合与"了"共现的结构单位的语义特点进行具体的分析。例如"死了三天了"离散的是"死","三天"表示"死"后的具体时间,不是"死"的时间有"三天";"等了三天了"离散的是行为动作的整个时程,"三天"补充说明"等"的时间。这种差异决定于动字的语汇意义以及数量字与动字的语义关系。"红了一片"、"短了一寸"等的"了"都是对"红"、"短"的连续性的离散。

现在的一般语法书都认为汉语的"了"有两个,一个是动字后缀,只在句中出现;一个是语气字,只在句尾出现,如"吃了饭了",前一个"了"是动字后缀,后一个"了"是语气字。(朱德熙,1982,71)从来源上说,它们确是两个,在很多方言中现在还保存着不同的语音形式,如山西的文水话(胡双宝,1981,128－130)、临汾话(田希诚,1981,141)和北京话的所谓动字后缀"了"相当的读 lau(文水)、lou(临汾),和语气字"了"相当的读 lia。例如文水话:

  开 lau 花 lia。 他走 lia。
  吃 lau 饭 lia。 他写好 lia。

这里的 lau(或临汾话的 lou)和 lia 的位置不能互换,lia 只能处于语尾。lau(或 lou)源于古代白话的"了",而 lia 则源于古代白话的"了也"。请比较(例引《祖堂集》):

  1. 第二日粥鼓鸣了,在西侠里坐,伸手取粥。(75上)
  2. 师曰:"何不问老僧?"僧曰:"问则问了也。"(78下)

例1的"了"山西文水话今天念 lau,临汾话念 lou;例2的"了也"在今天山西话的上述方言中合音为 lia。(参看刘勋宁,1985)山西话这两个有不同来源的 lau 和 lia,用普通话来念,都念"了"[·lə],说明普通话的"了"确有两个不同的来源。比较有关的方言材料来分化普通话的两个"了"自然可以避免结构分析法 IA 的烦琐手续,但不能解释普通话中的两个原来有不同来源的"了"何以会合并为一个"了"[·lə]。其实,合并体现了两个"了"的语义发展趋向,即它们都表示连续性时程的离散化,固然现在还可以勉强分出动作过程的离散和事件的离散,但统一的语音形式和相同的语义最终将使它们合并为一个统一的离散性的结构标记。

"了"是连续时程的离散化的标记,因而具有连续性特征的结构单位都可以加"了"进行离散,反之,那些只有离散性特征的结构单位一般是不能加"了"加以离散的。这里为什么要强调"一般"?因为语义结构中有很多复杂的情况,可以使一般的结构规律出现例外。例如,只能用"没"否定的第一类名字,如果由于结构位置赋予它带有顺序的连续性意义,也就可以加"了"进行离散化:

都大人了,还是小孩子脾气!

已经是冬天了,天气怎么还那么暖和!

"大人"本来是一种离散性的结构单位,但在这里却获得了连续性的特征,因为它与后面的"小孩子"对比,使它具有从小孩子到大人的连续性的顺序意义,因而后面可以加"了"进行离散化;"冬天"的情况也一样,是继春、夏、秋之后出现的季节,在这里获得了连续性的意义,因而后面也可以加"了"进行离散。这些都只能根据具体的情况进行具体的分析了。

4.3.3.6 "着"[·tʂə]的语法功能与"了"正好相反,表示连续性时程的延续;这种延续可以用于过去的时间,也可以用于现在的时间,但不能与表示将来时间的语辞共现。

"着"[·tʂə]的语法功能以往大体上都是参照印欧系语言的某些语法功能来定的,开始把它看成为"时"的标志,而后否定了"时",

而把它归入"体"的范畴。什么"体"？早期大都认为是进行体,指明某种动作或历程尚在继续之中,但由于这种进行体难以解释某些持续的现象,因而《现代汉语八百词》干脆分为两个意义:表示动作正在进行;表示状态的持续。但是这些分析都不能很好地解释实际的语言现象。马希文(1987)根据他对北京话的研究,认为北京方言根本就没有"进行态"这种东西。费春元(1992)的研究又进了一步,认为"着[·tşə]"的意义是统一的,汉语中没有"进行体"这种语法范畴;它在某些情况下为什么在"V₁着[·tşə]"(V₁指"看、听"等[-附着]的动词)中能表示某种"进行"的意义,那是由于语境给予它一个"现在"的时间参照点;即使有了这种时间的参照点,它也不一定能解释为进行的意义,因为它可以与"不时"、"时时"等表示非进行意义的辞共现。费春元从《雷雨》开幕时的两段舞台提示中引了两个例子:

  四凤在靠中墙的长方桌旁,背着观众滤药,她不时的揩着脸上的汗。

  ……天气热,鼻尖微微有点汗,她时时用手绢揩着。

这一分析是很有说服力的,说明汉语确实没有"进行体"这种范畴。"着[·tşə]"不分"进行"和"持续",而表示一个统一的意义;至于是什么意义,费春元认为是"情状"。这篇文章我参与了讨论,可能是我们当时还没有找到一个有效的观察视角,因而这一解释有点不得要领。现在,我们就"±离散"的分类系统来观察汉语的结构,把"着[·tşə]"的语义功能看成为先于现在就已发生的连续时程的延续,因而可以说:凡是具有"±离散"性特征的字都可以加"着"表示时程的连续性;只有离散性特征的第一类字和只有连续性特征的第三类字后面都不能加"着",因为前者只有离散性,无法加"着"表达连续性,后者本身已是连续性的结构单位,自然就不必再加"着"。这条语义规则可以避免以前的解释所带来的困惑。

4.3.3.7 "了"表离散,"着[·tʂə]"表连续,语义都比较单纯,"过"与它们有点不一样,好像与离散和连续都有点关系似的。比方说,"看过"的否定式是"没(有)看过",既可用"没"否定,它自然带有离散的性质;但是,"看过"之后也可以加"了"进行离散。这是不是说"过"带有一些连续的性质?这需要进行一些具体的考察。先请比较下面三个例子在"±离散"的连续统系中的异同:

1. 看了。
2. 看过了。
3. 看完了。

例1的"了"是对"看"的连续性的离散,这不会有问题。例2和例3有点类似,但相互有区别:例2的"过"强调已经发生过的经历,隐含有一点连续的性质,加"了"是对这种经历的离散;例3的"完"表结果,应已离散,但在后面也可以加"了"进行再离散。这说明这个"了"是对"看完"这一事件的离散。所以,2、3两例的"了"和例1的"了"所离散的对象不一样:1是离散动作,2、3是离散发生过的事件,如用山西文水话来念,例1的"了"念 lau,2、3两例的"了"念 lia。

"过"适用的事件范围最窄,只适用于过去的时间,是说话人回顾已经发生过的事件时用的一个字,与"了"的使用范围在"过去"这一点上有交叉,因而有时候可以互换。

4.3.3.8 我们前面结合时间,用"±离散"的标准来考察"了、着、过"的语义特点,找到了一条比较简单的规则,可以说明"了、着、过"的语义功能。它们与时间的关系可以用下面的图式来表示:

```
        过去      现在      未来
    A ─────── B ───────→ C
过:     ←─────
着:      ───────── ……
了:     ─────────
```

箭头代表时间的方向。以时程 ABC 的方向为准,"过"是用"现在"去回忆已经离散化了的"过去",时间的方向是逆向的;"着"是用"现在"去看从"过去"至"现在"并可以延续到未来的连续性,时间的方向是顺向的;而"了"则是用"现在"去看"过去"、"现在"和"未来",时间没有方向性,因而使用的范围也比较广泛。这三个字在时间上有重叠的地方,由于"着"表连续,"了"表离散,性质不同,即使在时间上重叠,也不会产生混淆;"了"与"过"都表离散,因而在某些情况下可能会发生交叉,但适用的时间条件和它们本身的语义特点可以把它们分开来。

"体"与"时"是与动字有关的两大范畴。在俄语等富有形态变化的印欧系语言中这两大范畴都有自己特定的表现形式,而在英语等形态变化已日渐衰退的语言中,它们的表现形式往往纠缠在一起,像一般语法书所说的"现在进行时"实际上包含时和体两个方面:现在时,进行体;"过去完成时"包含过去时和完成体。这两个范畴融于一体,说明它们存在着内在的联系,而时间则是这种联系的基础。以往人们习惯于各别的认识,因而在考察汉语"了、着、过"的时候也就把时与体分割开来,否定它们与时的关系。其实,时体分别表示,相互结合,衬托特定时间中的运动状态,这正是汉语的特点。我们前面以时间为基础考察"了、着、过"与"±离散"的关系,找出了一条比较简单的规则。如果以此为基础考察它们和与之共现的语辞的关系,或许可以把握住汉语时间系统的脉络。

四 "把"、"被"和有定性结构单位的移位

4.3.4.1 "的"和"了、着、过"都是汉语重要的字块结构的标记,

其功能是使"的"字结构、"了"字结构等与其他的字块发生结构上的联系,组成一个更大的字块。这些标记大多处于块尾,也可以处于块中,但绝不能处于块首。块首的标记,如前所述,比较重要的有介字、连字、数量字等,其中的"把"与"被"是两个特殊的块首标记,在汉语的句法结构中占有非常重要的地位,因而这里还需要再进行一些具体的讨论。

"把"与"被"的研究已经发表了大量的文章,取得了重要的进展。这两个字对汉语句法结构的影响有内在的联系,甚至可以说是一个问题的两个方面,其共同的功能是调整有定性结构单位的位置。先请比较:

1. 李晓明撞倒了老太太。
2. 李晓明把老太太撞倒了。
3. 老太太被李晓明撞倒了。

例1是陈述句,例2是一般所说的"把"字句,例3是"被"字句。三种句式之间存在着转换关系。"把"与"被"的功能都是调整字块与字块的关系,使有定性的结构单位移位。如果以例1为参照点,有定性的结构单位是"李晓明";"说明"中的"老太太"是有定还是无定,主要是看它能不能移位至句首。例3说明它能移至句首,这个"老太太"自然属于有定的范畴。例2和例3就是调整例1的两个有定性结构单位的位置,以突出说话人想要突出的重点。这是从语义的角度考察汉语句法的结构,与以往研究的侧重点有异。这涉及语法研究的方法论,下面可以进行一些具体的考察。

4.3.4.2 "把"字的功能过去的研究大都围绕着谓语动词展开的。根据王惠(1992)的总结,"把"的研究成果主要表现在三个方面:第一,从谓语方面去认识"把"的特点,主要有处置说(王力,1943)、谓语的复杂形式说(吕叔湘,1948)和动词含有结果义说(邵敬敏,

1989);第二,从宾语方面去认识,认为动词的宾语是有定的(王力,1943;吕叔湘,1948;朱德熙,1982a);第三,从主语方面去认识,认为"把"字句的主语一般是动作的施事或动力的源泉(Таnb,1989)。王惠认为这些研究偏于零散,因而用美国功能学派的及物性理论来研究"把"字句,认为"把"字句的主要特点是它的高及物性,这不仅表现为它对句中成分的选择,而且更重要的是全句各成分的高及物性特征的共现限制,在全部11个高及物性特征中,其中7个(施动、动作、完成、肯定、有指、完全受作用、两个参加者)必须共现,还有其他四个与及物性有关的特征(有定、瞬时、自主、直陈语气),不能同时为"-",但可以同时为"+"。这一研究的系统性自然强于前述的各项研究,而且有量化的标志,读者容易把握。

前面的各种研究基本上都是以"主语-谓语"的结构为基础去观察"把"字的功能,除了Таnb强调主语的施事功能外,大都以谓语动词为中心去认识"把"字的结构特点;及物性理论虽然着眼于语义,但仍以谓语动词为基础。这些研究虽然抓住了"把"的某一方面的结构特点,但难以反映"把"在结构调整中的地位和作用。"把"作为块首的标记,最重要的功能是调整有定性受事的结构位置,把它移至最接近有定性话题的位置,以强调"话题"对受事的控制和影响。受事的有定性是用"把"调整句中的句法结构关系、使受事性字块前移的重要条件;抓住了这一点,也就把握住了"把"字的核心,即使碰到例外,也可以得到合理的解释。以往的研究过于纠缠于主语、谓语和宾语,这就难以摆脱印欧语语法理论的影响,尽管列出的特点不少,但终究难以把握"把"字句的关键。

4.3.4.3 是不是只要"说明"中的受事具有有定性的特点就能用"把"把它移至接近"话题"的位置? 否! 它还需要有其他的条件。请比较A、B两组例子:

　　　　　　　　A　　　　　　　　　　　　B
　　1. 小王看电影《红樱桃》。　　1′.＊小王把电影《红樱桃》看。
　　2. 李小明修自行车。　　　　　2′.＊李小明把自行车修。
　　3. 马连良唱《借东风》。　　　3′.＊马连良把《借东风》唱。

除了戏曲语言中由于特殊的结构要求偶尔出现"把家回"之类的说法之外，日常的语言是不允许把 A 组的有定性受事用"把"挪位前移的，因而 B 组的例句不成立。为什么？这涉及"把"字标记的另一个特点：离散，即要求句中的每一个结构单位都具有明确的离散的性质和特点，而且有关动作的离散过程还得兼及受事，而上述例子中的"看"、"修"、"唱"都没有离散化，因而不能转换成 B 组的"把"字句。相反，如果把这里的"看"、"修"、"唱"离散化为"看完了"、"修好了"、"唱完了"，就可以用"把"字来调整字块与字块的结构关系，把有定性的受事前移，因为这里的"完"、"好"兼及受事状态的离散性改变。行为的离散兼及受事状态的离散性变化，这是挪动有定性受事的位置的一个重要条件，比方说，如果"看"、"唱"、"修"后面跟的是"过"，它虽然也表离散，但强调的是行为本身的经历，没有涉及受事状态的改变，因而也不能用"把"字把有定性的受事移位挪前。以往的研究，如吕叔湘的谓语复杂形式说（动词后加"结果宾语"、"数量宾语"、"结果补语"、"单个动词＋了/着/过/住/成"等）、邵敬敏的"结果义"、Tанb 的宾语在谓语动作结束之后会出现可观察的变化等，都只是"离散"这一语义特点的不同表现形式。句子的结构如不符合这种离散性的要求，即使有有定性受事的陈述句，也不能转换为"把"字句。我们了解了这种语义特点，也就容易弄清楚"把"字句中动字后面加"了/着/过"的原因和限制了。"了"表离散，能出现在"把"字句中，表示行为过程的离散性，这不会引起人们的怀疑；"过"表过去经历过的离散，因而只有当它带有离散性结果意义的时候才能与"把"

共现,有严格的条件限制。例如:

> 4. 由二十五年春天到夏天,我入迷似的去搜集材料,把祥子的生活与相貌变换过不知多少次——材料变了,人也就随着变。(老舍:《我怎样写骆驼祥子》)

这个"过"表示受事的状态有了"结果"性的变化,因而可以与"把"共现,离开这一语义条件,它与"把"字句无缘。有问题的是"着",它原是一种表连续性的结构成分,为什么能出现在"把"字句中?例如:

> 5. 他打三天前就天天把这副脸冲着我。
> 6. 把介绍信带着!
> 7. 把头抬着。

根据赵元任(1968)、马希文(1987)的研究,这里的"着",北京话一般念[·tṣao],或弱化为[·tṣəu],而"他躺着呢"、"他唱着歌走来"中的"着"念[·tṣə]。从语言学的观点来看,读音不同,应该是不同的结构单位。[·tṣə]表连续,没有问题,它不能出现在"把"字句中;[·tṣao]或[·tṣəu]是一个没有完全虚化的实字,是从"著"弱化而来的表结果的补语性成分,(请参看木村英树,1983)是一种离散性的意义。所以"把"字句中的"了/着/过",不管是哪一个,都表离散性的意义。

有定性与离散性是"把"字句的两个重要特点。

4.3.4.4 "把"是有定性受事的标记,而"被"则是有定性施事的标记,朱德熙(1982a,178-181)认为"'被'字的作用在于引出施事,'叫、让、给'也有同样的作用",这一论断是完全正确的。"把"字的语义功能是强调受事的前移和有定性话题对受事的控制和影响,而"被"字则是强调句首话题的施事后移至受事之后的位置,以突出受事受施事的控制。请比较下面的两组例子:

> 一 1. 但到后来,大驴子还是被小老虎吃掉了。
> 2. 我被风刮得晕头转向。

3. 他被大会授予一枚金质奖章。

二　4. 提案被否决了。

5. 箱子被王老二翻得乱七八糟。

6. 天井被雪片装饰得那么漂亮,令人心旷神怡。

第一组例子的受事都是有生性名物,而第二组是无生性名物。受事有无生命对"被"字句的结构有深刻的影响。第一组的"被"字不能省略,不然施事失去了它的特定的标记,无法与有生的受事相区别。第二组例子的情况正好相反,受事成分是表述的对象,不能省略,而"被"所标记的施事成分的省略却不会给句子的结构带来什么影响(如例4);不仅如此,即使"被"字本身在一定条件下也可以省略,这"一定条件"就是"被"字后的施事必须是有生的事物,例4省略"被",句子照样成立。需要解释的是例6的"雪片",它不是有生的,但却是运动飘移的,因而能装饰天井,与一般只能受有生的事物摆布、控制的无生物不一样。这或许可以看成为语义规律的例外。"被"和施事成分的省略还给汉语的语法结构带来一些其他的影响,主要有:

1. 如果既省略"被",又省略施事性成分,那就成为现在一般语法书上所说的"受事主语句",例如"提案否决了","衣服缝好了"等等。

2. 如果仅仅省略"被"而没有省略它后面的施事性成分,那就成为现在语法书上所说的"主谓谓语句",如"那个苹果(被)我削了皮了","撒在地上的米粒儿(被)小鸡吃完了",等等。"主谓谓语句"的形成原因很复杂,但"被"字句的变异是其中的一个重要原因,这一点是没有问题的。

"被"字是移动句首话题施事位置的一个重要的形式标记。

4.3.4.5　"有生"和"无生"这种语义特征对"把"字句和"被"字句的结构和出现频率有深刻的影响。根据对儿童运用被动句的调查,这种影响非常明显,"当施事无生命,受事有生命时,选择被动句得到比率最高。当施事有生命,受事无生命时,则几乎不用被动句。当施受事的生命性与非生命性完全一致时,无生命时选择被动句的比率高于有生命时。这个因素对'把'字句的选择也有较大影响,因为被动句与'把'字句基本处于一种此消彼长、此长彼消的状态之中"(亓艳萍,1996,44)。儿童掌握语言的规律反映了语义对语言结构的影响。所以,"把"字句和"被"字句实际上是同一种句式因强调侧重点的差异而产生的两种转换式,如以主动的陈述句为观察的基础句,"把"和"被"就是用来调整受事和施事的结构位置的两个标记,或者说,"把"是有定性受事字块的标记,而"被"则是有定性施事字块的标记。相关的陈述句、"把"字句和"被"字句的语义基础是相同的,而有生和无生的语义特征则对有定性结构单位的移位会产生决定性的影响。正由于相关的陈述句、"把"字句和"被"字句有相同的结构基础,因而"把"字句和"被"字句之间也可以进行转换,"多数被动式是可以改为处置式的。被动句若要转成主动句,也是变为处置式较为合宜"(王力,1943,175),"根据语义动作成分的结构,点明施事的'被'字句式基本上类似'把'字句式。这说明这两种句式在很大程度上是可以相互转换的"(Танъ,1987,174)。现在抄录几条王力引用过的例子,以见一斑:

1. 何三被他们打死。~他们把何三打死。
2. 他们被他哄上手。~他把他们哄上手。
3. 老太太被风吹病了。~风把老太太吹病了。

"被"字句可以转换为"把"字句,但"把"字句转换为"被"字句却不大自由,因为"把"字句与自动句的关系比较密切,而"被"字句则与使动句的关系比较密切。这两种句式的差异我们将在本编第五章进行讨论。

第四章 字块和语序

一 语序和时间观

4.4.1.1 语序是汉语的一种重要语法手段,每一本语法书都会说到它的重要性,但什么是语序?进行具体讨论的著作并不多,现在说得最具体的是文炼、胡附(1984,161):"语序是语言单位的序列,不是指具体的词的序列。尽管在举例时排列的是具体的词,但它们只不过是以代表的资格出现的,代表的是某些功能类别的序列。"固然,语序是功能类别的序列,但是这难以解释同样的"功能类别的序列"何以有些能成立,有些不能成立?例如北京话的"吃饭"、"喝水"是人们的日常用语,但功能类别的序列与它们相同的"吃水"、"喝饭"为什么不能成立?上述的定义无法解释。这说明,语序的研究既要考虑功能类别的序列,也要考虑结构单位之间的语义组配选择;离开这种选择,语序就成为一种没有内容的空壳子,在语言研究中不会有多大的价值。兰姆的层次语法为什么要把词位句法和义位句法分别进行研究?其中的一个原因就是抽象的生成规则也能生成符合语法规则但语义上根本不能成立的句子。(参看§4.1.1.2)语义句法研究语序虽然需要考察功能类别的序列,但更重要的是需要具体考察结构单位之间的语义组配选择,以便从中了解这种组配选择对语序的影响。

语序既然是一种"序",它自然与时间因素有关;语序应该是语言社团的时间观在语言中的表现。鉴于此,我们需要对时间观与语序的关系进行一些必要的讨论。

4.4.1.2 语言是现实的编码体系,时间和空间自然会成为编码的客观基础。但是,如何将这种客观基础语言化? 必然会受到语言社团的文化背景的制约,用洪堡特的话来说,就是它与民族精神联系在一起,"民族的语言即民族的精神,民族的精神即民族的语言","每一语言里都包含着一种独特的世界观"。汉语的编码机制重名物,重静的、离散性的空间,但是在造句的时候需要将这些静的、离散性的"码"纳入到动的、连续性的运行轨道,使语序成为一种最重要的语法形式;汉语社团的时间观必然会在这种语序中打上自己的烙印。时间观是科学研究方法论的基础。索绪尔的共时和历时相分离的时间观为他的语言系统学说奠定了坚实的基础。这个问题很重要,但是我们现在还缺乏具体的研究,"在社会科学中,时间在很大程度上依然是一个空白的领域。人类学告诉我们,各种文化在对时间的想象上是极为不同的。在某些文化看来,时间是循环的——历史永无止境地重演。在另一些文化(包括我们自己的文化)看来,时间是一种伸向过去和未来的大道,人民或整个社会沿着它前进。还有其他一些文化,人的生命被看作对时间是静止的,未来迎向我们,而不是我们走向未来"(托夫勒,1984,14)。汉语社团观察时间的视角似属这后面的那一种,它以"我"(观察者)为中心观察过去、现在和未来,即"我"是静止的、不动的,而时间是运动的,是未来向"我"走来,而过了"我"之后就成为过去,因而汉语社团才有"明天"、"后天"、"今天"和"昨天"、"前天"之类的说法。前面讨论过的"了、着、过"的时间方向就是以"我"为中心去观察的。印欧语社团观察时间的视角与汉语社团不同,它设想"我"是运动的,在静态的时间大道上前进或后退,因而"好多说英语的人把'前天'理解为 front day(前面的日子),'后天'理解为 the day behind(背后的日子)";现在也用 before(之前)和 after(之后)的说法(the day before yesterday——前天,the day after tomorrow——后天),说明英语社团在时间观上已经发生了一些调整。英、汉两种语言社团在时间观上的差异自然会影响人们的思维方式和语言的表达方式,"跟英语不同,汉语成套地使用上下这种纵的空间关系来描写过去和未来,例如'上个月'、'上个星期'、'上次'、'下个月'、'下个星期'、'下次'。美国学生初学汉语,常常觉得这套说法违反直觉。在他们看来,'上'跟向上运动有关,应为未来,'下'与过去有关。这又一次说明说英语的人喜欢自己在动的比喻。汉语和英语偏爱的比喻不同,这跟人们常说的汉族人的思维模式趋向于静态的,西方人的思维模式趋向于动态的有关系……"(戴浩一,1987,30)。两种语言社团在时间观上的差异主要表现为"我"(观察者)的"动"与"静":印欧语的观察者重"动"不重"静",而汉语正好相反,重"静"不重"动",这与语言的编码机制重"静"不重"动"的特点是相互呼应的。

4.4.1.3 时间观的这种差异必然会给语序带来深刻的影响。印欧语是有形态变化的语言,词的每一种形态可以清楚地表明它的语法功能,因而语序相对地说比较自由。雅科布逊(1966,268)曾以 Lenin cities Marx("列宁引证马克思")为例,说这里的 S、V、O(主、动、宾)有六种可能的排列方式(SVO,SOV,VSO,VOS,OSV,OVS),在俄语中都有可能出现。不过最自然的语序还是 SVO。汉语和此相对应的句子最自然的语序只有一种:"列宁引证马克思";"马克思列宁引证(过)"虽然勉强说得过去,但是非常别扭。就这一点来说,好像形态变化越丰富、越复杂,语序就越自由,而形态变化越贫乏,语序就越严格、越固定。但是,另一方面,汉语的语序又有它特有的灵活性,例如"大饼夹油条~油条夹大饼"都可以说,而印欧系语言就没有这种自由了。俄语是形态变化很复杂的语言,汉语的语序和它有差异,人们比较清楚,即使是形态变化大为衰退的英语,上述 S、V、O 的语序虽然也要受到严格的限制,基本上只有 SVO 和 OV(by)S 两种,好像和汉语差不了多少,但是它的词组的词序却和汉语有成系统的差异。请比较:

汉语	英语
1995 年 5 月 19 日	19,5,1995 或者 May 19,1995
中国北京北京大学中文系	Dept. of Chinese,Peking Univ.,Beijing,China
张教授	Prof. Chang
第一课	lesson one
北京城	city Beijing
三年前	before three years
今日语言学	linguistics today
……	……

从表面上看,汉语语序的特点是从大到小(年、月、日;国、市、校、系等等),而英语的特点是从小到大(日、月、年;系、校、市、国);汉语是姓在前,职称在后(张教授、李先生……),而英语却正好相反,等等。这种成系统的语序差异绝不是偶然的,可能就是不同的时间观在语言表达上的反映。揭示隐蔽于这些差异背后的规律和理据,对语义句法的研究是有重要的意义的。

4.4.1.4 字块是汉语的一种封闭性、枢纽性的结构单位,字和辞只有通过它才能进入读和句的结构。汉语语序的研究可以以字块为基础进行考察,而后再研究组块成读、组读成句的语序,考察语义对语序的制约和影响。

字块的结构是辞的结构的扩展和延伸，辞的结构有向心和离心之分，因而字块的结构也可以从向心和离心两个角度进行考察，它的语义基础也与自指和转指有关。不同的是，辞的向心和离心都有一个具体的"心"，由核心字承担，而块的向心和离心，这种由核心字承担的具体的"心"不见了，只留下"心"的位置。我们可以根据这种位置的特点来确定字块的向心或离心的性质以及它们与语序的关系。大体的情况是，汉语社团重"静"不重"动"的时间观在字块的语序中的表现就是："心"是"静"的、不动的，而与"心"相组配的结构单位则围绕着"心"而运转。向心字块的"心"在块末，它的语序排列取前加的办法，即"心"的性质和特征决定了它前面能选择一些什么样的修饰性成分；离心字块的"心"在块首，它的语序排列取后加的办法，即"心"的性质和特征决定了它后面的成分的组配选择。从结构成分与语义信息的关系来说，"心"的信息是已知的，而加上去的成分，不管是前加还是后加，其表达的信息都是未知的新信息；已知的信息决定未知新信息的组配选择，如"楼房"的已知信息决定了它前面的结构成分只能是"高大"、"矮小"、"新"、"旧"之类的新信息。选择组配的成分不止一个，如何排列成序，决定于与"心"的语义关系。新信息是字块的语义重心或重点，例如问楼房怎么样，只要回答"高大"或"矮小"、"新"、"旧"之类就可以了，不必带出"楼房"。向心和离心，除了"心"的位置前后有别以外，新信息的位置也是一个重要的方面。研究字块的语序必须考虑这些方面的差异和特点。我们下面先考察向心性字块的语序。

二 向心字块的结构和它的语序

4.4.2.1 向心性字块的结构相当于现在语法书上所说的偏正结构。我们为什么不取"偏正结构"这个名称？因为它着眼于语法标准，前"偏"后"正"，而从两个结构成分的语义关系来说，情况恰恰相反，语义的重点是在前面。这种现象早就引起人们的注意，认为"所谓偏正，所谓中心，都是就结构说话，并不是说在意义上中心语比修饰语重要"（丁声树等，1952－1953，13）。语义句法的研究着眼于结构成分之间的语义关系，因而意义重点的位置就是一个很重要的问题，所谓"向心"的"向"实质上就是如何使这个"心"的意义具体化、个体化、有定化，（§4.4.2.3）比较能反映这一概念的语义关系，而且可以和"离心"这一概念配对。

向心结构的"向"与"心"的语义关系现在已经受到人们的重视，一般都设法从语义的角度说明两者之间的关系。北京大学中文系现代汉语教研室（1993）的分析是：属性或质料（"白马"、"木头房子"）、领属关系（"农场的马"）、数量（"三匹马"）和动作的方式（"细细研究"）或某种性质的程度（"非常高"）四类。这种分类的缺点是缺乏客观的标准，有点随意性，无法穷尽，而且不同的语言学家也会做出不同的分类。例如，赵元任（1968，145－147）在分析"修饰关系的意义"的时候列出修饰语的意义有来源、数量、指示、人称、整体、形状、动作、用度……有21种之多，但没有"领属"的一类，与北大汉语教研室的四分法不一样。赵元任针对这种分类得出的结论是："上面这些分项既不能包举一切，也不是互相排斥[即，有交叉]。比方'水泥'，'主要的原因'，就说不好属于上面哪一项。"这些分析虽然很有参考价值,但都没有涉及"向"的部分为什么必须放在"心"的前面,也没有涉及几层"向"的成分的语序排列。这是由于对向心结构的研究只局限于向心结构本身层次的二分,没有联系句法结构框架和在"向"的位置上对各个修饰性成分的语义关系进行考察,因而这方面的研究还有待于改进。

4.4.2.2 向心结构是语言的一种基本结构,不同语言都会有这样的结构,但是它的语序却可能有很大的差别。前面列举的英、汉两种语言的语序差异就是这种差别的一种具体表现。国外的汉学家曾根据这种差异以及与此相关的问题,联系句法结构框架,做过很多文章。我们可以联系这些研究讨论向心结构的语序问题。

70年代,美国的功能学派根据语序的差异讨论语言的结构类型,认为汉语是一种 SOV 型语言。(戴浩一,1973;Li,Charles 等,1976)戴列出的 10 种语序,其中包括很多条与向心结构相关的语序:

A. 关系从句在名词前面;

B. 形容词在名词前面;

C. 领属词在所领属名词前面;

D. 状语成分在主要动词前面;

E. 副词在形容词前面;

F. 专有名词在普通名词前面;

G. 疑问句和陈述句词序相同;

H. "是-非"问句有句末助词;

I. 后置词(postpositional);

J. 在比较句的结构中标准标志词在形容词前面。

戴浩一认为从 A 到 F 这几种语序的排列"可以概括为一条一般句法规则,就是:SOV 语言趋向于把限制性成分放在被限制成分的前面"。这些语言事实的描写并没有错,问题是从中引出的结论。黎天睦(1979,25)承认这些描写,但反对把汉语看成为 SOV 型语言,认为戴、李等人忽视了"整体先于部分"的原则。黎天睦认为:"在名词组里甚至在小句里,当整体和部分成为问题的时候,整体总是放在部分的前面。在叙述地点、日期、称号、分数、细目、姓名以及类别成分的表述中需要强调类别总体的时候,这种趋向总是不变的",并据此概括出一条明确的原则:"(16)在'整体和部分'的关系构成问题的名词组中,整体总是在部分的前面。"黎天睦根据这一类的特点证明汉语是一种 SVO 型语言。这一"整体先于部分"的原则确实能解释向心性结构的一些语序,但是无法否定和代替"限制性成分放在被限制性成分的前面"的规则,也无法据此说明汉语就是一种 SVO 型的语言,它的解释力有很大的限制。这一点黎天睦自己也明显地感觉到了,因而反复强调这一原则的适用条件是整体和部分要"构成问题",不然难以运用。什么叫"构成问题"?黎没有具体解释。面对一些与"整体先于部分"的原则相矛盾的现象,黎只能进行补充解释,认为"许多名词组里整体和部分的关系是不贴切的,或者说整体和部分之间并没有什么关系。最简单和最普通的名词组——指量名词组——说明了这一点,如'那本书'、'他三支笔'。我认为这些句子里头并没有整体和部分之间的关系……""只要整体和部分不构成问题,名词词组里的形容词的次序同规则(16)所规定的次序正好相反。"黎天睦根据这些情况进一步强调,"(16)正是这样的规则:它是以存在着整体和部分的关系这种特定条件的词序为基础的,并且在这个条件之下没有例外"。固然,"那本"和"书"之间、"他三支"和"笔"之间不存在整体和部分的关系,但是"北京"和"市"、"广东"和"省"之类的现象呢,要把它们从整体和部分之间的关系中排除出去是很困难的。黎天睦的这些补充解释没有为这条"整体先于部分"的原则增加多少解释力。

这些研究把语序与句法结构框架联系起来,从中挖掘语序的语义基础,这是语法研究的一种进展,但是把它们纳入主谓结构框架中去观察,就值得研究了。SOV、SVO、VOS等结构类型是根据语言普遍特征的调查研究、以印欧语的语法理论为基础总结出来的。这里用的是归纳法,是根据所调查的材料得出来的结论。归纳法虽有其独特的长处,但也有它严重的弱点,因为"我们用世界上的一切归纳法都永远不能把归纳过程弄清楚。只有对这个过程的分析才能做到这一点"。"事实上它(指归纳法)是很不中用的,甚至它的似乎是最可靠的结果,每天都被新的发现所推翻。"(恩格斯:《自然辩证法》)因此,归纳法的研究成果应该慎重分析,不能奉为圣典。汉语的语序有些同SVO型语言,有些同SOV型语言,或者说,汉语的语序既不同于SVO型语言,也不同于SOV型语言,那就应该得出结论:汉语既不是SVO型语言,也不是SOV型语言,应该根据汉语的特点进行自己独立的研究,因为这种结论已被汉语的"新的发现所推翻"。汉语是语义型语言,本来与SVO、SOV之类的结构没有什么关系,为什么发现了明显的矛盾之后还要把它解释为其中的某一种类型呢?这反映我们语言理论研究的一些弱点,这就是难以突破西方人设定的框框。像戴浩一、李讷等都是倡导功能学说的语言学家,认为汉语是一种突出话题的语言,与突出主语的印欧语不同,但他们却仍旧难以摆脱"主语-谓语"的语法结构框架的束缚,不免有点使人遗憾。语言事实与方法论的矛盾自然难以使他们的研究取得预期的结果,最后连他们自己也不说汉语是SOV型语言了,因而我们也没有必要在这里多费唇舌。重要的是需要为向心性字块的语序找到一种统一的语义解释。最近,刘宁生(1995)从认知语言学的角度对这类向心性结构的语序做了一番研究,想对汉语的语序与SVO、SOV型语言的结构的矛盾做出合理的解释。他认为偏正结构中的"中心语"和"修饰语"的认知基础是"目的物"和"参照物";"中心语"和"目的物"、"修饰语"和"参照物"之间存在着对应关系;汉语中存在着一个可以称作"参照物先于目的物"的语序原则,决定了"修饰语"位于"中心语"之前的语序一致性,"整体先于部分"的那种从"大"到"小"的语序排列"实际上是由'参照物'到'目的物'的一种特殊方式"。作者认为,"这一发现有助于说明为什么汉语一方面兼有 VO 和 OV 两类语言的语序特征而另一方面又具有自身严整一致的语序"。从"目的物"和"参照物"的关系来研究汉语向心结构的语序,这是一个可供思考的视角,但难以具体解释字义的组配规则和选择限制。至于这种"参照物先于目的物"的语序与 SVO、SOV 结构的关系,也只能根据汉语的特点得出相应的结论。刘宁生已经清楚地发现了汉语的所谓后置词是"指汉语中的一些方位词。究竟方位词算不算后置词还是一个有争议的问题。至少有一点比较清楚,汉语方位词的历史来源是名词而非动词,因此它与一些 SOV 语言中的后置词不可同日而语"。"最近的一项调查表明,在被调查的 61 个 SVO 语言中,唯独汉语是定语前置"。这些特殊的现象都要求对汉语进行独立的研究,刘宁生如果不受 SVO、SOV 之类的结构的束缚,而仅就参照物和目的物之间的关系进行描写,效果可能会更好一些。

前述种种说明,向心结构的语序规则还有待于人们的探索。

4.4.2.3 考察向心性字块的语序似应同时考虑两方面的因素:第一,字块的语序与句子信息表达的关系;第二,未知新信息与已知旧信息的关系以及与此相关联的向心字块的结构特点。前一个因素主要是联系语言编码体系的性质去考察语序的问题,后一个因素主要是考察向心字块的语序的语义基础。先请看下面两个例子:

1. 他 那件 刚买的 还未穿的 新 的确良 短袖 衬衣

2.(他）立刻　满有把握地　用钳子　从墙上　把钉子　慢慢地　一个一个地　拔下来

这是陆俭明(1990a,82)在分析汉语句法成分特有的套叠现象时分析过的两个例子。我们可以借用这些例子来讨论向心字块与语序的关系问题。

前面说过，字块是下连字与辞、上连读和句的结构单位。它的语序，就"内"来说，是字、辞的语义组合和它们的先后顺序；对"外"来说，就是句子的一种结构单位，与句子的思想表达有密切的关系。句子是人们用来交流思想的一种最小结构单位，含义必须确切，借用语法学的术语来说，就是必须是有定的，字块的语序应该和这种有定性的思想表达联系起来考虑。不过这里需要说明的是，这是两个不同层次的"有定"：一个是语法结构的有定，另一个是交际内容的有定，为了便于分析，我们这里都采用"有定"的概念，以利于句法语义关系的分析。根据这样的思路，我们不得不回过头来重复一下语言在认知体系中的地位和作用。我们在§1.1.1.2中曾列出一个公式：

现实——语言·思维——现实

如从科学研究的方法论来说，这个公式也可以表述为：

个别——一般——个别

从"个别"到"一般"，这是语言的编码，即将现实现象的"个别"转化为语言的"一般"，构成"'码"，为交际、为思想的交流准备充足的结构单位。这种转化在语言中的表现就是字和辞。语言社团在实现这种转化的时候，只抓住每类现象的最重要、最本质的特征，以便与其他现象区别开来，因而舍弃了很多一般性的特征，比方说，"外界事物呈现无穷的细节，都可以反映到人的脑子里来，可是语言没法儿丝毫不漏地把它们全部表现出来，不可能不保留一部分，放弃一部分。比如现实世界的苹果有种种大小，种种颜色，种种形状，种种口味，语言里的'苹果'却只能概括所有苹果的共同属性,放弃各个苹果的特殊属性。概括之中还有概括,'水果'比'苹果'更概括,'食品'比'水果'更概括,'东西'比'食品'更概括。每一种语言都有一些这样高度概括的字眼儿,如'东西、玩意儿、做、干、搞'等等"(吕叔湘,1964－1965,63)。这些字、辞的意义不管多么抽象、概括,都只是语言中的一个"码",是"个别"的转化,只有"一般"性的特点。这种从"个别"到"一般"的转化尽管是认识过程的一次质的飞跃,但还没有实现认识的目标;只有实现了公式的后半段,即完成了从"一般"到"个别"的转化,一个完整的认识过程才告一段落。这是一次更高层次的飞跃,在第一次转化中被舍弃的东西都有可能一一捡回来,尽可能完整地认识现实现象的"个别",这种转化在语言中的表现就是组字造句;语法规则就是在实现这种转化的时候形成的。这就是说,字和辞的意义是"一般"的,但一当人们根据交际的需要把它们和其他的字、辞组合成一个更高层次的结构单位的时候,这种"一般"就会向"个别"转化。大体的情况是:结构的层面越高,这种"个别"化的倾向就越明显、越具体;字块是从"一般"向"个别"转化的初级单位,是实现从"一般"向"个别"的转化的一种途径和桥梁,虽然它不一定能实现有定化、个别化的目标,但可以为实现这一目标奠定必要的基础。我们需要从认识过程的这种"一般"与"个别"的相互转化的辩证法中去把握字块的语序、结构特点和语义的性质。

向心字块在结构上的一个重要特点就是在"心"的前面可以添加若干个修饰成分,能添加多少个修饰成分,虽然从理论上说可以是无限的,但实际上有一定的限制。为什么?因为添加的成分要服从"一般"向"个别"、"无定"向"有定"的转化的需要。以例1为例,字块的"心"是"衬衣",它的语义是"一般"的,"无定"的,舍弃了诸如质料、颜色、长短、大小之类的特征,只抓住"通常穿在里面的单衣"这样一个功能性的特征,以便与"衬裤"等相区别;它泛指一般的衬衣,没有特定的归属。在"向"的位置上每增加一个修饰性成分,它就向个别化、有定化的方向前进一步,或者说,向"衬衣"的自指性的方向前进一步,到"刚买的"、"那件"、"我"那几层的修饰成分,它已经实现了向有定性、自指性转化的目标,没有必要再添加,不然就显得冗余、芜杂。所以,向心性字块的语序的语义基础就是转化:一般向个别转化、无定向有定转化;有定,可以看成为向心性字块添加修饰性成分的"界",在"界"内的各种修饰性成分与"心"的关系可以看成为从无定到有定的转化过程的不同的"阶"。语言运转中要实现什么样的"阶",那决定于交际的需要。

向心结构的这种与有定性有关的特点已逐渐引起人们的注意,不过大多还局限于领属性的"偏正"结构。陈平(1987,133)认为"领属性定语具有强烈的定指性质,带有这类定语的名词性成分一般作定指理解"。这类"偏正"结构的有定性的概率高一些,但不能排除其他类型的"偏正"结构的有定性的可能。即使上例没有"我"的领属标志,"那件"也已指明"衬衣"已归属于有定性的范畴。把握住"一般"向"个别"的转化、无定向有定的转化,从动态性的结构去认识向心字块的语序的语义基础,或许可以比较准确地了解这种结构的语义特点。

4.4.2.4 需要重点研究的是向心字块的语序,特别是在"心"前所添加的修饰性成分的语序。

语序与结构的层次有关。现在对向心结构的分析一般都分为两层,一偏一正;即使参考了语义的分析,大体上仍以二分为基础,从中找出层层套叠的结构关系。如果仍以前面的例1为例,二分套叠的情况是(据陆俭明,1990a):

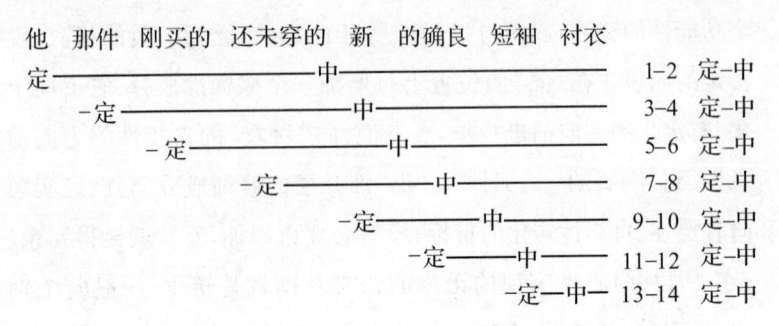

```
他    那件   刚买的   还未穿的    新   的确良   短袖   衬衣
定━━━━━━━━━━━━━━━━━━━━━━━━━━━━━━━中━━━━━━━━━━━━━━━━━━━━━━━━━━━    1-2   定-中
    -定━━━━━━━━━━━━━━━━━━━━━━━中━━━━━━━━━━━━━━━━━━━━━━━━━    3-4   定-中
        -定━━━━━━━━━━━━━━━━━中━━━━━━━━━━━━━━━━━━━━━    5-6   定-中
            -定━━━━━━━━━━━中━━━━━━━━━━━━━━━    7-8   定-中
                -定━━━━━━━中━━━━━━━━━    9-10  定-中
                    -定━━━中━━━━━    11-12 定-中
                        -定—中—  13-14 定-中
```

标上"定"、"中"记号的一个线段代表一个直接构成成分,每一个层次由两个直接构成成分组成。下层的结构是上层的一个直接构成成分。这种分析的优点是层层套叠,"定-中"套"定-中",结构的层次很清楚,但缺点是无法说明各层的语义关系,也无法解释语义的核心在哪一层;"他"何以必须放在第1层?"他"与"那件"互换位置,或"那件"、"刚买的"、"还未穿的"互换位置,句子何以还能成立?这些问题也是层次分析法无法解决的。这说明层次分析法的成效很有限。要弄清楚向心结构的语序,还得以语义为基础,从无定向有定的转化、一般向个别的转化的角度去考察。这样,向心结构的语序和语义的关系,如以"心"为基础,上例就需要从以下的几个层次去认识:

  1. 核心辞:"衬衣";

  2. 核心辞本身所具有的语义特征:新、的确良、短袖;

  3. 与核心字的语义特征有关的外围特征,如时间、空间、数量等:刚买的、还未穿的;

  4. 有定性成分:我,那(件)。

1、2、3、4,数字越大,离"心"越远,处于外层。基本的原则是:属于"心"本身所特有的性状,即与"心"的自指性关系密切的语义特征必须靠近"心",而不是"心"所特有的那些语义成分放在性状性成分的前面,有定性成分是这个"心"所可能具有的"界",放在最外层。属于同一个语义层次的几个结构单位可以互换位置,例如"新"、"的确良"、"短袖"三个辞互换位置,句子照样成立而不改变语义,因为它们在这个向心结构中都属于"衬衣"的性状,是"心"所具有的自指性特征,相互处于同一个语义层次。其他依次类推,不一一列举。这种语义层次就是向心结构的语序的语义基础,总的原则是:以"心"为核心,由近及远,范围由一般到个别,在"心"前层层叠加,使"心"的一般的、无定的意义向个别的、有定的方向转化。抓住这一点,就可以合理地解释前面谈到的一些矛盾现象。例如"广东省",部分的"广东"先于整体的"省",而"北京大学中文系语言学教研室历史语言学小组"这种向心字块却是"北京大学"等的"整体"置于"部分""历史语言学小组"的前面。为什么?因为这些例子的语义都不是"整体"和"部分"的关系,而是"一般"与"个别"、"无定"和"有定"的关系。"省"和"历史语言学小组"的语义和信息是一般的、无定的,前面加上"广东"和"北京大学、中文系、语言学教研室"等就使它们向个别、有定转化。这里有统一的语义原则,没有"整体"与"部分"的矛盾。在具体的向心结构中,除了"心"以外,其他的语义层次可以不出现,或只出现其中的一个、两个;如果出现几个,语序的排列层次大体上仍旧依照上述的4、3、2、1或4、2、1或3、1的次序排列;4、2、3、1或3、4、2、1之类的次序是不能成立的。当然,这是一些理想的情况,实际的语言现象比这要复杂得多。上例中的"那件"就很特殊,一方面"那"是有定性的标志,与"我"的有定属于同一个范畴,因而"那件"也可以处于块首而成为向心结构的"界";另一方面,"那件"的"件"表数量,与"心"的关系和时、空性因素差不多,因而这个结构单位除了现在所处的位置外,也可以挪至"刚买的"之后,或"还未穿的"之后,但不能挪至"新"、"的确良"等之后,因为它不是"心"即衬衣所特有的特征。假定说,上例中出现的如果不是"那件",而是"三件",即它就只是一种纯数量的成分,那么它的位置就得后移至"刚买的"或"还未穿的"之后,没有其他选择。即使有这些灵活的变化,对向心结构的语序排列原则也不会产生什么影响。

"衬衣"是一种离散性的结构单位,以这种单位为核心的向心结构的语序大体上都是依照上述的原则排列的。至于那些以"±离散"的结构单位为基础而构成的向心字块的语序,虽然有其自己的特点,但是基本原则一样,就是"心"本身所具有的性状要靠近"心",其他的成分以此为基础,根据其与"心"的语义关系的远近而层层推开,顺次排列;属于同一层次的几个成分可以互易位置。读者可以比较§4.4.2.3的例2,就不难得出这样的结论。为了节省篇幅,具体的分析这里从略。

4.4.2.5 语序是结构单位顺着时间从前至后的一维性方向顺次说出,表现为线性的音流。照理说,这种线性的音流应该是前一个单位制约着后一个单位的选择,但向心结构的语序的选择机制却与此相反,是后面的"心"制约着前面"向"的成分的选择。从语义上说,"心"是已知的信息,是说话人在说话之前就决定要强调的意思,但是它的位置却在后面,而未知的新信息却在已知信息的前面。这样的语序排列与时间的流向正好相反。这说明,语言不能单纯地看成为一种线性的结构,而是在线性的音流中隐含着非线性的结构原理,不然就无法解释这种逆向时序的语义选择机制。

向心字块的逆向时序的选择也可以从一个侧面透视语言与思维的机理,说明人们的交际有时候确实是心中先有一个已知的"心",而后根据交际的需要再去选择相关的结构单位与"心"组配。以前面的例1为例,是心中先有一个"衬衣"的概念,而后选择相关的字和辞与之组配,构成一个向心性的字块。语义的向心和时序的逆向选择,这种矛盾的关系是向心性字块的语序的最重要的特点。

三 离心字块的结构和它的语序

4.4.3.1 如上所述,向心字块的"心"在后,语义上多属离散的范畴,兼有"±离散"特征的成分不占多大的比重,而离心字块与此有重大的区别,它的"心"在前,语义上多与时间的表达有关,因而必须具有连续性的特征。我们前面把具有连续性特征的字叫作动字,因而离心的"心"的主流就是动字,前面分析过的"了、着、过"这些字块的标记主要也是与这一类动字有关。离心字块的"心"在前,表示已知的信息,在"心"后添加上去的成分表未知的新信息;"心"的语义特点决定它后面的结构成分的组配选择,因而结构单位的语序排列与时间的流向一致。离心字块的语义比向心字块复杂,因为向心结构的语义是自指性的,在"心"前添加上去的"向"的成分都是向着这个"心"的,不管添加多少层,它在结构上仍旧是一个自指性的结构单位,不会给句法结构的变化带来什么影响;离心字块由于添加在后面的成分是离"心"的,而语义又是转指,具有相对的独立性,因而添加的成分与"心"可以分别进行各自的扩展,构成相对独立的两个下位块,使整个离心结构呈现出复杂多变的状态。这种情况自然会增加离心字块的研究难度。

复杂结构的研究需要以简单的、理想的结构为基础,先弄清它的典型的结构特点,而后再扩大考察的范围,分析复杂的结构。这是一般采用的语言研究方法。Lyons(1968,350-371)在分析印欧系语言 ergative(致使性,作格)结构的时候就是先假设一种理想的结构,而后再分析各种复杂的情况。离心字块的分析也可以采取这样的步骤。它的简单的、理想的语义结构大体上可以分为如下的两种类型:

1. 动字 + 名字
2. 动字$_1$ + 动字$_2$ + 名字$_2$

这里涉及的是连续性特征和离散性特征在结构中的一种相互关系问题。1 相当于一般语法书所说的"动宾结构",2 相当于"动补结构"。下面先讨论第一种类型的结构和它的语序。

4.4.3.2 把"动字 + 名字"的结构笼统地称为"动宾结构"或"述宾结构",这是很不合适的,因为这里"动·名"的连续和离散的语义关系很复杂,离散性的"名"根本无法用一个"宾"来概括。这种复杂性人们现在已经认识到了,因而在"宾"之前冠以受事、原因、目的、方式之类的名称。这自然向汉语特点的分析前进了一步,但仍难以准确地表述"动·名"语义关系的性质和其结构关系的特点。根据"名"的位移和它与"动"的语义关系,大体上可以分为三个小类:

1A. "名"为受事成分,它对"动"保持着比较大的独立性,如语义有定,就可以移至句首充当话题,或用"把"移至靠近有定性话题的位置;如为无定,语义上只能接受"动"的支配。如"通过了决议"之类。这一类可以名之以"动受结构"。

1B. "名"为动辅成分,它依附于"动",语义上缺乏独立性,可以位移至动字之前,但不能改变它对动字的依附性,而且在位移时必须有介字的标记,以显示它辅助于动字的语义关系。例如:

工具:浇水～用水浇(花)　　捆绳子～拿绳子捆(箱子)
　　　填土～用土填(坑)
处所:调查过不少地方～到不少地方调查过
　　　翻箱子～在箱子里翻东西
对象:请示上级～向上级请示　　活动选民～向选民活动
目的:请求开会的事情～为开会的事情请求
　　　活动选票～为选票活动

……

这些"名"都是辅助动字的，从不同的侧面衬托动作的运动方式。根据汉语语序的时间顺序原则(§4.4.4.4)，这些动辅成分应该居于动字的前面，至少应以居于动字之前为常。为什么它们能位移至动字之后？主要是为了删除无定的受事，因为及物性的动字要求后面跟一个受事性的结构成分，没有受事，就可以替之以表示工具、对象、目的、原因等的成分，以提示后续句要向有定性的方向转化。(§4.4.3.3)这一类可以名之以"动辅结构"。

1C."名"为动附成分，附属于"动"，不能移位，其作用仅仅是使连续性的动作离散化，因而这里的"名"也不是典型的名物，往往是一些数量成分之类的东西。例如：表示次数(打两下、说一声……)、时间长短(住了三年、等了半天……)、幅度或数量(长了三寸、大不了多少……)等等。赵元任称这些成分为"动词自身的宾语"，说明他在语义上已经把它单列为一类。他在行文中把"飞太平洋"、"去上海"等也归属于这一类，由于这里的"名"能用介字移位("向太平洋飞"、"到上海去")，因而应该归属于1B的动辅型。1C可以名之以"动附结构"。

这三小类在"动字+名字"这种类型的结构中的地位是不一样的。A是典型的"动·名"结构，应该居于研究的首位，对句法结构的影响也以它最大。1A、1B、1C三类之间的语义和结构都有原则的差异，也有不同的位移原则，把它们都纳入一个"宾"，这就难以揭示它们的各自的特点。这种现象清楚地说明，迁就印欧语的语法理论，对汉语的字、辞进行名、动、形的语法分类，势必会给汉语的研究带来严重的消极影响。

4.4.3.3 "动字+名字"的语义关系和结构关系既然如此复杂，不宜用"动宾结构"之类的概念去分析，那该如何去研究这种类型的字块的结构和语序？和前面研究过的向心字块一样，首先需要着眼于"转化"，即无定向有定的转化、一般向个别的转化，以及1A、1B、1C三类的语义关系和结构关系给"转化"带来的影响，而后再来讨论它的语序的语义基础。

离心的"心"与时间有关，而时间是无形的，需要借助于和行为动作有关的因素（如施事、受事之类）的关系才能表现它的具体含义。正由于此，在1A、1B、1C三类结构中以1A最为重要，可以成为考察离心字块的结构的一种以简驭繁的线索，因为1B的"辅"、1C的"附"都直接或间接地与此有关，即1B是省略、删除无定性受事的一种语义条件，1C在一般情况下无受事；抓住这一线索，我们就可以集中注意受事的有定和无定以及它们给句法语义关系带来的影响。这或许可以简化离心字块的分析。赵元任（1968，46，157）说汉语中"有一种强烈的趋势，主语所指的事物是有定的，宾语所指的事物是无定的"；"动宾结构的一个附带的语法意义是宾语表无定的事物而主语表有定的事物"。这一看法已被普遍接受，但受事的这种有定、无定给句法结构会带来一些什么影响，则还需要进行具体的研究。

离心结构的新信息和语义重点都在"心"的后面，相当于赵元任所说的无定"宾语"。不过这种"无定宾语"的情况比较复杂，很难一概而论。它虽有强烈的趋势指无定的事物，但这仅仅是一种"趋势"，而不是"定势"。汉语的"宾语"也往往表有定，可以前移至句首充当"话题"（通过了决议～决议通过了），也可以用"把"字提取、移位。这种有定性的"宾语"给句法结构带来的影响是明显的，已有很多研究。我们这里需要强调的是，既然有定性的"宾语"给句法结构的变化会带来如此重大的"有定性"影响，那么应该承认，这一事实已经向我们暗示，对无定性的"宾语"也需要进行相关的考察。如前所述，语言是实现"个别-一般-个别"相互转化的工具，无定性的范畴在交际中需要通过这样那样的方式向有定性的方向转化,以使"一般"转化为"个别"。"宾语"既然是无定的,那就还需要设法使它向有定性的方向转化,而这种转化就不能不给汉语句法的结构带来深刻的影响。这一点现在已开始引起人们的注意。张伯江、方梅(1996,10－11)认为动宾组合的分类如果着眼于名词性宾语自身的功能属性,那就可以分为有定宾语、无定宾语、无指宾语等。有定宾语在句法结构上有较强的承前性("我看到门卫穿着拖鞋从家门内出来,急忙叫住他"),无指宾语往往只是一种说明("我是售票员","她唱女中音"之类),而无定宾语的句子则"有很强的启后性,很少有承前性,一般来讲这样的句子后面总是随有后续小句的,不大可能光秃秃地作结。例如:'我先进去的那间摆着一张大床,摆着几只樟木箱,床头还有一幅梳着50年代发式的年轻男女的合影,显然这是男女主人的卧室'"。这种分类是不是完全合理?所举的例子是不是完全合适?这些都可以进一步研究,但这里提出来的思路是很重要的。无定"宾语"的句子为什么"不大可能光秃秃地作结"?就是由于无定性的"宾语"还没有完成向有定性的转化,"一般"还没有转化为"个别"。汉语的句子为什么会有那么多的读读相连的流水式复合句?为什么不易弄清楚句子的界限?"宾语"的无定性是其中的一个重要原因,因为需要有相应的后续句才能使它从无定转化为有定。

4.4.3.4 "转化"为离心字块的语序的研究提供了一个观察的视角,但如何实现这种"转化",还得具体考察字与字之间的语义组配规律,弄清楚动字的"心"与添加在它后面的名物性结构单位的语义关系和以这种关系为基础的语序。请比较:

1. <u>喝水</u>
2. <u>洗衣服</u>

3. <u>送来了</u>一车蜂窝煤
4. <u>发展</u>我们的友谊
5. <u>说说</u>我家里的情形
6. (这)<u>就是</u>这对新婚夫妇第一个早上开始的谈话
7. <u>看着</u>那个替她做琐碎家事的小保姆,<u>不免引起</u>悲哀的感慨和狂乱的梦想

下带横线的字或字组是离心字块的"心"(它内部的一些复杂构造有些前面已有涉及,有些后面还会讨论),其余部分就是由它支配、控制的受事性结构单位,是一种向心性的字块,虽然它有时候可以是一个字。因此,这种离心字块的语序可以概括为一个简单的公式:"动字+向心字块"。前面讨论过的向心字块的语序结构原则可以代入这一公式。

动字和后面向心字块的组合有一系列条件的限制。首先是语义的选择限制。离心字块是"心"的语义特征决定后面结构成分的组配选择,使各个结构成分呈现出有次序的排列。像例 7 的"看着"要求后面必须是可以"看"的事物,"引起"后面必须选择和前一个字块所表示的意思有因果性联系的联想;至于"看"的是什么事物,"引起"的是什么联想,则决定于相应的语境和说、听双方的交际意图。人们可能会就此提出问题:这不是乔姆斯基所否定的那种"有限状态语法"吗?我们为什么还要拿它来分析汉语的结构!我们这里只能说它们有点"像",似乎都是前面的结构单位制约后面的结构单位的选择,但实际上它们是两种不同性质的语言现象,难以类比。第一,印欧语是有形态变化的语言,每一个词都有明确的功能,能出现于什么样的结构位置要受一致关系及其相关规则的支配,因而选择的余地受到极大的限制。Lyons(1977,38-45)的具体评述可以使我们清楚地了解这种语法的局限性。汉语以字为基础而形成的各种结构单位的语法

功能宽泛而模糊,因而离心字块的"心"对后面结构单位的选择要求,由于有语境的提示,又不受一致关系、支配关系之类的形式规则的支配,因而限制较小,只要字义之间的关系有现实的根据(现实规则的投射),符合搭配的习惯,就有可能进入交际双方的选择网络,组成语句。第二,印欧系语言的"有限状态语法"的前后选择限制由于受一致关系、支配关系之类的形式规则的制约,词与词之间的联系紧密,环环相扣,而语境,说-听双方的交际意图等无法参与句子的构造。汉语的情况与此不同,语境,说-听双方的交际意图可以随字义之间的关系进入句子的结构,从而使某些原来有相互选择限制的成分可以不出现。这样,句子各成分之间的联系显得很松散,表面上看不出相互的选择限制关系,像"我(交的)是三角钱","你(教的)是现代汉语,我(学的)是古代汉语","你(的衣服)破了,该补一补"之类的句子省略掉括号中的成分照样成立,但无法把它们直译成外语。这种受语境影响的省略机制虽然主要表现在话题与说明之间,但是也可以出现在离心字块之中,像例6,如有相应的语境,省略"这对新婚夫妇"并不会影响原句的意思。第三,"有限状态语法"的选择限制不管所要表达的意思多么复杂,都要纳入一致关系中去处理,从而使句子的结构呈现出封闭性的特点。汉语以"字"为基础的结构单位的选择限制是层层递进,读读相连,到什么地方该结束,得看句子所要表达的有定性范畴有没有实现,因而句子的结构呈现出开放性的特点。语义型语言的这些结构特点决定了离心字块的"心"对后面的结构单位的语义选择。

4.4.3.5 离心字块的"动字+向心字块"的语序结构,除了动字的语义会制约向心字块的组配选择以外,向心字块中的结构成分本身也会给这种选择带来重要的影响。我们这里无法讨论其中的每一个成分与语序的关系,只能就数量成分对结构的影响进行一些必要的考察。

陆俭明(1988)在《现代汉语中数量词的作用》一文中曾对数量字对语法结构的制约作用进行过具体的研究,指出有些句法组合没有数量字就不能成立,而有些句法组合却需要排斥数量字。现在先把与这里讨论的问题有关的例子引述于下:

A. *盛碗里鱼　　　　　　盛碗里两条鱼
*捂了孩子痱子　　　　捂了孩子一身痱子
*飞进来苍蝇　　　　　飞进来一只苍蝇
(*)吃了苹果　　　　　吃了一只苹果
B. *山上架着两门炮　　　山上架着炮(语境条件是山上正在架炮)

左边的例子不能成立,A组没有数量成分,B组有数量成分;右边的A组加了数量成分之后,它们就成为符合句法语义的规则;而B组则是去了数量成分之后才符合结构规则。为什么会产生这样的限制？沈家煊(1995)做出了一种有说服力的解释,认为"数量词对句法结构的制约作用实际上体现了人类认知上'有界'(bounded)和'无界'(unbounded)这样一种基本对立。人们感知和认识事物,事物在空间有'有界'和'无界'的对立;人们感知和认识动作,动作在时间上有'有界'和'无界'的对立;人们感知和认识性状,性状在'量'或程度上也有'有界'和'无界'的对立"。作者据 Langacker 的论述,认为无界的事物内部是同质的(homogeneous),有伸缩性而无重复性,而有界的事物内部是异质的(heterogeneous),没有伸缩性而有重复性。例如"水"是无界的,分出任何一部分都仍然是水,加上一些水或减去一些水仍然还是水;桌子是有界的,把它分割为不同的部分,每一部分就不再是桌子,但它是可以重复的,可以说一张桌子、两张桌子……动作和性状的有界和无界也有与此相对应的表现形式。人类认知上的这种

"有界"和"无界"的基本对立"必定会在语法结构上有所反映,语法分析的一个任务就是要把这种反映揭示出来"。从这一角度去观察结构单位的选择限制,确实可以清楚地揭示字义组合的一些规律。沈家煊从这里入手解释数量字制约句法结构的原因。我们下面引述作者所列的第一组例子来说明相关的问题:"动词+间接宾语组成的动宾式:盛碗里(两条鱼)|来这儿(两个人)|掉地上(五分钱)|送学校(一幅油画)。其中的间接宾语有的是表示位移终点的处所宾语(碗里,这儿,地上),有的是表示'给予'对象的与事宾语(学校)。""*盛碗里鱼"之类的不合语法的例子加上数量字之后就是一种完全合语法的结构了。"盛碗里两条鱼"和"盛碗里鱼"的两个"盛",沈家煊认为有重要的区别,这就是"盛碗里两条鱼"的"盛"表示的动作在时间上不但有一个起始点,而且有一个内在的自然终止点,因而是"有界的",而"盛碗里鱼"的"盛"的动作虽有起始点,但没有一个内在的自然终止点(或者说终止点是任意的),因而是"无界的"。通过这一类有界、无界的分析,作者得出结论,认为"数量词对句法结构的制约实际上是'有界'、'无界'对句法结构的制约。'盛碗里鱼'、'打破玻璃'、'飞进来苍蝇'、'吃了苹果'等句法组合之所以不成立或不自由,那是因为其中的有界动词(事件动词)跟后面的无界名词不匹配,换句话说,事件动词的后面跟上有界名词宾语,动作的自然终止点才有了着落,变成'实际的'终止点,整个组合才能表示一个完整的事件"。这就从语义上对结构单位的组配选择和语序结构的原则做出了具体的、合理的解释。有界和无界在一定的条件下可以相互转化。例如"水"、"苹果"都是无界的,但前面加上"一桶(水)"、"两只(苹果)"之类的数量字之后,它们就转化为有界的,前面"盛碗里两条鱼"之类的数量字就是使名字从无界转化为有界的一种具体表现。这一解释与我们前面(§4.2.2.1)关于连续、离散的讨论的基本精神

是一致的,即用离散的数量字排除前面动字的连续性意义,使动作的过程有一个明确的起讫点。这就是数量字为什么对句法结构有重要的制约作用的原因。

前述的情况清楚地说明,语序的研究不能仅仅局限于功能类别的排列,而应该联系语义,具体考察结构单位之间的语义的组配选择限制,不然就难以对结构的成因做出有说服力的解释。

4.4.3.6 现在讨论动态性离心字块的第二种类型,即 2 的"动字$_1$ + 动字$_2$ + 名字$_2$"的结构和它的语序。这种类型大体上可以根据"动字$_2$"的语义指向分为两个小类:

2A. "动字$_2$"的语义指向"动字$_1$"的受事。例如"推翻帝国主义的统治"。

2B. "动字$_2$"的语义指向"动字$_1$"的施事。例如"门外走进来一个老太太~一个老太太从门外走进来"。

这两类结构现在一般都称之为"动补式"或"述补式"。国内外的语言学家都公认这种"动补式"是汉语语法结构的一个重要特点,但为什么会形成这样的特点?该怎么分析这种特点?见仁见智,相互间的差异很大。早期,比较着重于静态的描写,只考察补语与动词的语义关系,分出结果补语、趋向补语、程度补语等,但对其成因、与其他句法结构成分的关系则缺乏具体的研究。吕叔湘(1986a,5－9)独辟蹊径,把补语和主、谓、宾的语法关系和施、受事的语义关系等一起结合起来去考察补语的语义和语法功能,提出了一条独特的研究思路。比方说,句子的语义关系是:动作发自主语,及于宾语,结果表现为补语,宾语和补语构成一个表述,也不妨说是有一种主谓关系。例如:"小刘爬上车身,拉紧帆布篷,拴牢绳子。"这里的宾、补的关系是:帆布篷紧,绳子牢,在语法上是一种主谓关系。吕叔湘的分析很细致,除"把"、"被"字句外,一共分出八种类型,并图解示意。上引的例子是其中的一种类型,我们可以从中看到补语和句中其他结构成分的语义关系的大致状况。这一研究使述补结构的研究水平向前迈进了一大步,摆脱了人们难以得其要领的、单纯考察"补"与"动"的关系的静态描写。北大的《现代汉语》(1993)说补语有些"是直接说明充当述语的动词的","有的是说明述语动词的施事的","有的是说明述语动词的受事的",显然是受到吕叔湘的研究的影响。这些研究虽然比以往有进展,但我们仍旧感到不足,因为还没有清理出一种驾驭"动补结构"的简单线索;找不到这种线索,说明我们还没有很好地弄清楚"补语"的性质和功能。那么,驾驭"动$_1$+动$_2$+名$_2$"的"动补结构"的线索是什么?就是"动$_2$"的语义指向:指向受事,"动$_1$+动$_2$+名$_2$"就是一种使动结构;指向施事,就是一种自动结构。自动和使动是古代汉语的两种重要句式,(§4.5.3.4-6)所谓"动补结构"就是这两种句式的遗留和变异。

我们先讨论"动$_2$"的语义指向受事的2A。我们在§3.4.4.1 曾以"推"为核心字的离心辞为例讨论过这种类型的结构,认为它的语义是"X而使之Y"或"使Y",是古汉语使动结构的遗留和变异。字块是辞的结构的延伸,因而这一论断同样适用于"动$_1$+动$_2$+名$_2$"的字块的结构分析。它的结构意义可以概括为:

名$_1$用动$_1$而使名$_2$发生动$_2$的变化

吕叔湘所举的八类述补结构,前三类显然属于这种使动结构的类型。由于我们的研究重点不是补充新的语言事实,而是对现行的事实做出理论的解释,因而下面的用例都选自吕的文章。每类各选一个例子,分成A、B两组,其中A组为现在一般所说的动补式,B组根据我们的假设还原为使动式的语义结构,看看是否能对2A型的"动补结构"做出合理的解释:

	A	B
1.	……拉紧帆布篷,拴牢绳子	"拉"使"帆布篷紧","拴"使"绳子牢"
2.	(你)说破了嘴唇皮(也不中用)	"说"使"嘴唇皮破"
3.	(你真是吃浆糊)吃迷了心	"吃"使"心迷"

"使名$_2$发生动$_2$的变化"是这三类例子的共同特点。意义的核心在"动$_2$","动$_1$"实际上只表示"动$_2$"的一种原因、方式之类的意义。如例$_1$是因"拉"而"紧",因"拴"而"牢"。这种2A型的结构有两个重要的特点。第一,句中既要出现名$_1$和名$_2$,又要出现动$_1$和动$_2$;动$_1$的语义指向名$_1$的施事,动$_2$的语义指向名$_2$的受事。如例2的动$_1$"说"指向名$_1$"你",动$_2$"破"指向名$_2$"嘴唇皮",它们相互间具有吕叔湘所说的特定语义关系。至于"说"和"破",它们之间并没有什么特殊的语义关系,或者说,"说"只是"破"的一种原因或方式,现在人们把它看成为"结果补语",实际上是模糊或掩盖了句中字块之间的实质性的语义关系。第二,名$_1$可以省略,而名$_2$可以移至句首充当话题,这样句中就只出现一个"名"。例如上述的三个例子就可以改说成:

1′. 帆布篷拉紧了,绳子拴牢了。

2′. 嘴唇皮说破了。

3′. 心吃迷了。

受事的位置变了,但使动的语义没有变,因"帆布篷"不"拉"是不会"紧"的。根据这一特点,吕叔湘所说的第7种类型,即:

7. 这个字写错了。

也属于这种使动式的类型,因为"这个字"是动字"写"的受事,可以移位至"动$_1$＋动$_2$"的"写错"之后而不改变语义。

2A的结构性质弄清楚了，2B也就不难解释了。2B是一名二动，"动$_2$"的语义指向施事，因而它没有使动的性质，而是和使动式相对立的自动式的变异和遗留。吕叔湘分析"动补式"的八种类型，4、5、6、8四种类型大体上与此有关。我们从每一类中先各引一个例子：

4. 别理他，他是喝醉了酒发酒疯。

5. ……咱们吃老了，儿子吃大了，还有了孙子。

6. 地已经下饱和了，雨不再渗进去。

8. 这种酒喝不醉的。

这里，"动$_2$"的语义都是指向施事性的"名"的：4的"醉"指向"他"，是"他"醉了，而不是"酒"醉了；5的"老"、"大"指向"咱们"，是"咱们老了，大了"，而不是"吃"的"老了，大了"，把"吃老"、"吃大"等看成为"动补结构"，这种实质性的语义关系就看不出来了。6、8的情况与此类似，只是施事性的结构成分在"动$_2$"的前面没有出现：6的施事性的"雨"出现在后续小句；8是陈述一种事情，施事不明，但也不属于2A，因为"这种酒"不能移到"喝不醉"的后面去。总之，这些类型的结构不是使动式，适合从自动式的角度去解释，主要的根据是看"动$_2$"的语义指向。

吕叔湘的研究已经接触到"动补式"的原型，虽然离目标还有一步之遥，但却为后辈的研究铺垫了一层坚实的台阶。这里的"动补式"我们打上了引号，这是由于我们对这一术语有保留，因为它是仿效印欧系语言的"动宾式"类比出来的，不能反映这种结构的实际性质。我们建议仍用使动式和自动式，还其本来的结构面貌。这种结构格式的历史变异我们在下一章还有具体的讨论，这里从简。

前面曾一再强调，语言现象是容易发生变化的，而支配和控制这种变化的结构原理是很稳固的，不会轻易退出历史舞台，这里讨论的

"动补式"和古时自动式、使动式的联系和区别,可以再一次说明"语言现象的易变性和结构格局的稳固性"这一对立统一的矛盾与语言演变的辩证关系。

4.4.3.7 上面的分析是离心字块的两种最重要、最复杂的类型,汉语的字义关系和语序可以联系这种最基本的结构类型进行考察,而后再扩及字块与字块、读与读的结构和语序。

四 语序与虚字

4.4.4.1 向心和离心是汉语字块的两种基本结构,它们的语序结构原则自然也是汉语语序的基础,我们可以以此为基础去研究以"话题-说明"为结构框架的句子的语序。从原则上说,"话题-说明"的结构可以看成为离心字块的结构原理的延伸,因为它也是已知信息的"心"在前面,未知的新信息在后面,只是表现形式已不局限于字块,而是读与读的排列顺序,因而仍有许多新的问题需要研究。

4.4.4.2 语序是抽象的原则,具体表现为结构单位的组配选择;要弄清楚语序的语义基础,还得联系具体表义单位之间的关系进行考察。就句子的结构来说,"话题"是有定的,决定着"说明"的组配选择。如果说,字块中结构单位的组配选择体现语言的结构,那么,"话题"对"说明"的组配选择就还要受到一些非语言因素的制约,其中最重要的就是预设。我们下面不妨引用《红楼梦》第34回的一个句子,然后再来讨论结构单位的组配选择和相关的语序:

> 宝玉默默的躺在床上,无奈臀上作痛,如针挖刀挑一般,更热如火炙,略展转时,禁不住"嗳哟"之声。

"宝玉"这个话题是有定的,后面所能选择的说明性结构单位多种多样,但这里的"宝玉"有他特定的预设:惨遭其父贾政毒打,伤病严重。这种预设就排除了后面选择如跑、跳、欢笑、攀登、冲撞之类的字语的可能性,只能在躺、卧、睡、趴……中进行选择,这里选择了"躺"。"躺"必须有一定的空间,因而后面再补之以"在床上";这三个字放在"躺"的前面也可以,但这里放在后面,属于离心字块的1B型,与特定的预设有关系,借以突出其因伤痛而不得已地躺在床上的无奈状态。"躺"的意义是笼统的、一般的,没有说明以特定预设为基础的有定性话题所要求的含义,即没有使无定转化为有定,因而后面还需要选择恰当的语辞,组成读,使意义具体化,以实现预设的特殊要求。这样,在"躺"之后又补之以"痛"以及与"痛"有关的描述和"宝玉"的生理、心理反应。各个读的语序大体上遵照事件的自然发展顺序排列。

预设是不见于言而隐于言的已知信息,一般都归入语用的范畴。有定性的话题对说明的组配选择都以特定的预设为前提,没有预设,句首的有定性话题对其后面的说明的组配选择就会失去凭据。预设和现实的句子如影随形,只有一句话说完了,这个"影"才能随"形"的结束而消失。

有定性话题对说明的选择,尽管有预设的限制,仍然会碰到很多复杂的问题。如以上述"宝玉默默地躺在床上……"为例,有定性的话题"宝玉"对后字说明的选择是"躺",但实际上跟在"宝玉"后面的是"默默的",而不是"躺"。为什么能越位进行选择?这涉及向心字块的语序的逆向时序的选择机制和语序的时间流向的关系问题。话题的确定以预设为前提,它对说明的选择首先要在预设的暗示下选择一种动作,构成一种"名物-动作"的结构,而动作本身或要求有支配的对象,或要求有特殊的修饰说明,以便使它的意义具体化。这就是说,与有定性话题相配的是说明,而说明是一种字块,它的内部构造决定于"心",而不是直接决定于有定性的话题。这样,语序上表现出来的组配选择有些是直接的,有些是间接的,因而使语序的线性组合呈现出非线性的结构层次。像"宝玉默默的躺在床上……""宝玉"只对"躺"有直接的选择关系,而与"默默的"的关系不很密切,最多只是一种间接的联系,而"躺"则与"默默的"有直接的选择关系,体现向心字块的逆向时序的选择机制。我们从这里可以看到,向心字块的逆向选择和离心字块的顺向选择相互交织在一起,使结构单位的线性组合呈现出非线性的结构特点。这是语序研究中需要注意的一个重要问题。

4.4.4.3 线性组合中隐含着非线性的性质,将会影响对目前流行的某些语法研究方法的评价。汉语语法研究中影响最大的方法是所谓中心词分析法和层次分析法。从句子生成的选择机制来看,传统的中心词分析法是有它的客观根据的。句子的语义结构框架是"话题-说明",其中的"话题"是名物,一般表现为向心字块,"说明"是有连续性特征的结构成分,一般表现为离心字块,典型的格式是"动作 + 名物"。吕叔湘(1986a,1)根据汉语语法的研究列出句子的五种基本模式,认为最基本的模式是"名物$_1$ + 动作 + 名物$_2$",表示这些意义的成分一般就是句子的中心成分,前面引述的"宝玉……"这个例子就是这种类型的句式的扩展。由于构成句子的字块的结构有向心与离心之分,语序中时序的选择机制有逆向与顺向之别,因而分析结构单位的组配选择应该抓住"心",而后再顾及与"心"相关的成分。传统的中心词分析法抓住了组配选择的"心",无疑有它合理的因素,不能轻易否定。英国韩礼德的系统-功能语法的及物性理论把语义成分分成过程、参与者和环境成分,与传统的中心词分析法的基本精神比较接近,而与层次分析法却大相径庭。

从结构单位的组配选择机制来看,句法结构的性质,就其整体来说,应该说是非线性的,线性只是其中的一个局部状态。人们可能会说：说话脱口而出，结构单位顺着时间的先后依次排列，是一种线性的音流，哪儿有非线性的层次？从表面现象来看，话语确实有点像线性的音流，但实质是在线性的音流中隐含着非线性的结构，因为组字造句，选择的时候有主次之分，表现为越位选择和每层进行附加选择的机制。人脑的机能有这种非线性的快速选择组合的能力。据介绍，有人曾经计算过，假如大脑真是运用任何已知的运算方法，那么要说出或者听懂一个很短的句子也得好几秒钟（帕默，1971，4）。显然，大脑的机能比现在世界上任何最先进的计算机不知道要先进多少倍。我们根据语言现象提供的线索清理出选择的层次，说明句子的生成过程不是表面所呈现出来的那样，是一种单纯的线性音流，而是有主、次两个（至少是两个）层次。这种非线性的选择不会影响组字造句的运转速度，因为大脑的运转速度不知道比最先进的计算机的运算要快速多少倍。

我们前面以有定性的话题为基点考察它对说明的非线性的组配选择，肯定了中心词分析法的一些合理的因素，那怎么评价现在流行的层次分析法或直接成分分析法？层次分析法是根据替换（substitution）的原则划分出来的，是结构语言学的线性的语言系统说（§1.2.1.2）的一个重要组成部分。它强调语言结构的线性组合，固然有其合理性，但是它把语言中的线性特征绝对化了，掩盖了语言的非线性的结构性质。理论的偏颇必然导致研究实践的失误，像语法就只强调能用替换来检验的分布分析，而排除语义等的研究，内容显得相当贫乏。帕默（1971）分析了语法研究的三种理论模型，其中内容最单薄的就是结构语法，而传统语法和转换-生成语法的内容就显得相当丰富和充实。我们在评述"五四"以来汉语语法研究的方法时曾说过：传统的中心词分析法和结构分析法"各有自己的优缺点。总的说来，结构分析法重形式，讲求条理，它能够在力所能及的一些平面全面推进,整理出比较齐整的系统,但它的能耐有限,对付不了较高的层面。传统方法偏重意义范畴,层次和章法不够严密,陈述中常有难以自圆的困难,却往往能触及较高的层面,揭示语言深处的一些意义特点。看来这两个途径需要取长补短,作更高的综合"(徐通锵、叶蜚声,1979,173)。我们前面分出逆向时序、顺向时序两种组配选择的机制,讨论它们之间的相互关系,并以此为基础分析线性音流中的非线性的结构,是对这种"更高的综合"的一种探索。成效如何,还有待实践的检验。

4.4.4.4 汉语句子的结构是开放的,为了说明一个有定性的话题,往往需要有一系列的读(小句),例如上述"宝玉……"的那个例子。读与读的语序排列与话题的语义特征有密切的关系,其中最重要的是"±有生"。这是一对重要的语义特征,不管是有形态变化的语言还是没有形态变化的语言,在语言结构中都占有举足轻重的地位。印欧系语言名词的性、数、格的变化与"±有生"的语义特征的关系很密切,而汉语,这一对语义特征的地位更为突出。李佐丰(1994,172-175)在研究古汉语语法时已涉及这方面的问题,认为"有生名词主要表示人物、国家和其他生物,经常给动词性词语做主语,并且主语充当施事主语。有生名词给动词性词语做主语有三个特点",即常给带宾语的状态动词做主语、常给具体动词性词语做主语和给具有言语、心理等行为的抽象的动词性词语(主要是人类所具有的心理活动)做主语。而无生名词则相反,"给动词性词语做主语的次数要少得多,并且很少用作施事主语。排除受事主语和反身主语,无生名词给动词性词语做主语也有三个特点",即"状态动词一般不带宾语";在给少数具体动词做主语时,"这些具体动词主要是表示运动和存在的不及物动词和'在'、'及'、'如'等个别及物动词";"一般不给(表示言语、心理等人类所特有的行为的)抽象动词做主语"。把这些话综合起来,就是一般所说的"多数及物动词在主动句中同做主语的有生名词一起出现,而不及物动词的主语和及物动词的宾语对有生、无生名词间的区别相当漠然"(J. Lyons,1968,341)。汉语和印欧语是两种不同结构类型的语言,但有生和无生的语义特征在两类语言的语义结构中却起着相同或相似的作用,说明"±有生"的语义特征在语言结构中确有其特殊的作用。

就语序的结构来说,紧紧抓住"±有生"这对语义特征是一个非常重要的问题。戴浩一(1985)的《时间顺序和汉语的语序》一文立足于Peirce的临摹性(iconicity)原则,认为语法结构来自现实的象征,可以参照概念领域的原则来了解汉语语法的结构。他根据这种原则提出"时间顺序原则",认为两个句法单位的相对次序决定于它们所表示的概念领域里的状态的时间顺序,"跟思维之流完全自然地合拍"。对汉语的语法研究来说,这一原则是很重要的。戴浩一文中分析的语言现象大多是一般语法书上所说的复句(如"我吃过饭,你再打电话给我")和连动句("张三上楼睡觉"),基本上还是在封闭性的结构中做文章,没有涉及汉语语法中最具特点的开放性结构。比方说:

1. 王亦东,推了自行车进了门,瞧见李贵在刷油漆,他的老伴儿,陪在一旁打扇子,真是从心眼里羡慕。

2. 我陪他们坐了一阵,因为不会喝酒,又很疲倦,就先睡了,早晨起来,才知道潘霓融已连夜走了。

3. 进了神京,雨村先整了衣冠,带了小童,拿着宗侄的名帖,至荣府门前投了。

用不着多举例子。这里的每一个句子都包含若干个"读","读"的排列次序都是根据时间顺序排列的,根据有生性施事(1为"王亦东",2为"我",3为"雨村")的思维之流,把先发生的事情先说,顺次排列,不能随便变换位置,需要依据时间顺序的原则进行分析。如翻译成

英语,就不受这个原则的制约了。请看例3的英译文:

> Yu-tsun sprused himself up and went with his pages to the gate of the Jung Mansion, where he handed in his visiting-card on which he had styled himself Chia Cheng's "nephew".

和汉语比较,这里显然不受时间顺序原则的限制,像"至荣府门前投了"这一最后的动作已挪至"拿着宗侄的名帖"的前面,等等。这种比较可以说明,语序中的时间顺序原则是汉语的一种重要的语法特征。

时间顺序是汉语语序排列的一种重要的语义基础,渗透在各个方面,除了读与读的排列和这一原则有关外,其他如有定性的话题必须置于无定性的说明之前,因果句的"因"在前,条件句的条件在前,有定性的施事在动作之前,等等,都是这种时间顺序原则的不同表现形式。为什么这一原则在汉语中占有如此重要的地位?戴浩一认为这是由于汉语"这种语言把动词作为中心参照点,按照时间顺序来排列跟动词有语义联系的成分"。这一解释恐怕站不住,因为时间顺序原则的形成原因根本不在动词上,而是有定性话题的有生性语义特征。戴浩一在文章中所列举的全部例子的"主语"都是有生性结构单位,离开了"有生"这个语义条件,"谓语"中即使有若干个动词,复句中即使有若干个小句,它们的排列顺序也与现实现象本身的先后时间顺序无关。例如:

> 槽内的水左冲右突,翻着花,滚着个,激扬飞溅,像爆炒着一串玉珠,风翻着一槽白雪,隆隆声震荡着山谷。(郑伯伦:《黑龙潭印象》)

这里除了最后一个小句(读)"隆隆声震荡着山谷"外,中间的各个"动词"性单位的排列顺序只代表观察者的思维顺序,而不代表现实现象先后发生的时间顺序;我们更动各个小句的次序,句子照样成立,而且意义不变。为什么?因为这里的话题是无生性的"槽内的水",而且这个"水"在这里只是一种描写的对象,不是对他事物能施加影响的洪水。所以,汉语时间顺序原则的成因不是"把动词作为中心参照点",而在于话题的有生性语义特征。

4.4.4.5 可能人们会问:汉语的结构单位既然根据时间顺序来安排语序,那是不是说,汉语的语序比较简单、固板、缺乏伸缩性和灵活性呢?否!语言作为交际的工具,它要求有简明、经济而又灵活多变的表达手段,每种语言都有自己实现这些要求的机制。固然,时间顺序以及与此相联系的一些原则在汉语的语序中具有举足轻重的作用,但为了有效地表达人们想要表达的信息,汉语有可靠的方法对这种以时间顺序为基础的语序进行适当的、必要的调整,其中最重要的一种方法就是虚字的运用。戴浩一(1987,27)在谈到时间顺序原则的作用时也注意到虚字的作用,不过他没有讲虚字,而是用凸显原则来说明,认为时间顺序原则是自然语序的原则,而"凸显原则是用焦点的观念来定义的",与说话人的兴趣、态度有关。例如:

1. 我病了,没去开会。
2. 我没去开会,因为我病了。

例1是自然语序,先"因"后"果",例2则是使用凸显原则,把"果"放在"因"之前。"凸显原则"这个概念似无必要,因为例2之所以能违背自然的时间顺序原则,就是由于虚字"因为"把原因挪至结果之后。虚字在汉语语义句法的结构中具有非常重要的地位和作用,是调整语序的一种重要工具。一般说来,一种语言的语序在结构中越重要,其虚字的作用一定越发达,相互处于一种正比的关系中;相反,一种语言如果形态变化很发达,语序的作用相对地处于次要的地位,那么它的虚字的功能也就会相对地弱一些。一般语法书说语序和虚字是汉语的两种最重要的语法形式,这是完全正确的,欠缺的是缺乏具体的分析,我们想在这里进行一些必要的补充。

虚字的研究是汉语研究传统的一项重要内容,其作用就是"审辞气",以与研究实字的"明训诂"相对。"审辞气",用现在的话来说,就是要弄清楚字与字之间的结构关系和语义关系,以准确地弄通文意,像《助字辨略》、《经传释辞》等都是"审辞气"的重要著作。宋元以降,虚字成为汉语研究的一个重点,与文字、音韵、训诂并列,这是完全符合汉语结构规律的发展的。《马氏文通》以后,汉语语法研究的重点从虚字转向实字,用印欧语的语法理论来研究名词、动词、形容词的划分和"主-动-宾"之类的结构。这种研究突出了汉语研究传统所忽视的实字与实字之间的关系和句法结构的研究,这一点是有重要意义的。但是,不可否认,消极的负面影响也是非常明显的,忽视语序与虚字之间的关系的研究就是这方面的一种重要表现形式。《马氏文通》虽然开创了用"印欧语的眼光"来观察汉语结构的先例,但对汉语本身的特点、语序与虚字的关系还是非常重视的,总结出不少重要的规律。现以"于"字为例,列出几条规则,以见一斑:

> "于",介字也,联缀实字也,而为用不一……用附动字,则以介转及之词。用附受动,则以明行之所自发。以上"于"字之用,要皆缀于所附之后。若"于"之司词为意之所重者,则可先所附焉。"有"、"无"两动字如有转词,以言所于有、所于无者,往往先焉。
>
> 不特此也,外动字之止词,间有介以"于"字而先焉者。其止词之重否,一以字之奇偶为定。表词之偏次,若与起词有对待之义者,率介"于"字而先之。其非表词之偏次,又非转、止两词,而与起词有相关之义者,亦从此例。

每一条规则之后都有大量的例证和具体的分析,这里略。这种把虚字的功能与语序的调整联系起来的研究抓住了汉语语法结构的一个重要关键,但遗憾的是,此后的汉语语法研究对此都不大重视,特别是结构语言学的分布分析盛行之后,这方面的弊病更为突出。文炼、胡附(1984,162)在谈到这一点的时候指出,现在的语法研究对虚字和语序的关系的研究"似乎反不如《文通》那样重视。看来过去的语法著作中,还有许多值得继承的内容"。这一批评是切合现在汉语语法研究的时弊的。

虚字除了沟通实字与实字之间的结构关系之外,也是调整语序的一种重要工具。

第五章 有定性范畴和语法结构

一 有定性范畴和语法研究

4.5.1.1 "有定"和"无定"是语言理论中的一对重要概念,前面已有讨论,现在需要进一步研究它们与一种语言的语法结构的关系。

语法现象很复杂,但是任何复杂的现象中都隐含有一种能驾驭它的简单的线索;找出这种简单的线索,我们就能以简驭繁。这是语言理论研究的一项重要任务。驾驭一种语言的语法结构的简单线索是有定性范畴,语法研究如能以此为基础,就能建立起一种能比较有效地分析语法现象的语法理论。这就是说,有定性范畴是建立一种语言的语法结构的"纲",纲举目张,语法研究需要设法找到这种"纲"。现在流行的语法理论都是在印欧系语言的研究基础上总结出来的,我们下面也就从有定性范畴和印欧系语言的语法理论的关系入手来讨论语法研究中的这种"纲"与"目"的关系。

4.5.1.2 "±有定"原是传统语法常用的一对概念,指修饰名词的冠词的一种功能,或者说,有定冠词和无定冠词是名词的有定或无定的一种语法标记。随着语言研究的发展,这对概念的使用范围已经扩大,主要用来指称名词的句法语义特征,而且还在"±有定"的基础上进一步提炼出"±有指"、"±定指"、"±通指"、"±实指"等概念，用来解决语法与语义的关系的研究中碰到的一些问题。陈平（1987）根据西方语言理论的发展已开始用这种理论来研究汉语的句法语义特征，我们可以从中看到现代语言学在有定性及其相关问题的研究中的一些概况。(§4.2.5.3)

迄今为止，不管是国内，还是国外，有定性及其相关问题的研究都集中于名词。我们先就此提出一点不同的看法，认为一种语言的有定性范畴的确定不能以某一词类为准，而应该根据语法框架中支配语法的运转、决定语句结构面貌而又必不可少的语义特征，它可能由名词性成分体现，也可能由别的结构成分承担。就印欧系语言的语法结构来说，它的"±有定性"首先决定于谓语动词，名词的"±有定性"充其量也只是一种第二性的现象。人们可能会说，这是胡说八道。但是，只要对语言现象稍加推敲，就不难得出我们的结论。首先，印欧系语言的语法结构，谓语动词的人称、数、时、式、体等范畴必须是确定的，称为定式动词(finite verb)。一个句子必须有一个定式动词，而且也只允许有一个定式动词，如果还有其他动词，那只能是不定式动词(infinitive verb)或动名词之类。定式动词是一个句子的句法结构的核心。名词的"有定"和"无定"是英语 definite 和 indefinite 的翻译。这两个词的词根与 finite verb 中的 finite 一致；它们原是由同一词根派生出来的几个词，语义一致，区别只是所指的词类不同：finite 指动词的有定，definite 指名词、冠词的有定。finite 和 infinitive 现在一般翻译成定式和不定式，那是翻译的问题，如果把它们翻译成有定和无定，不会有任何问题。人们可能会说，你在做文字游戏。否！名词和动词词根的这种一致性反映印欧系语言的深层的编码机制。前面说过，根据梵语的研究，在巴尼尼语法诞生前的一个世纪，即公元前5世纪左右，印度曾爆发过一场关于名词和述词的关系的争论。有两派意见：一派是词源学家，认为一切名词都源于述词，即名出于动；另一派是语法学家，认为只有一部分名词出于述词。争论的结果是"名出于动"的词源学家取得胜利，语法学家也以"名生于述"这一原则进行语法研究。巴尼尼语法就是以1943个表示动词意义的词根作为梵语构词的基础，而以3000多条经文说明其变化（金克木，1981，241-242）。梵语是印欧语的一种语言，其中构词法的研究是希腊-罗马传统不曾涉及的一个领域，这种"名生于动"的理论对了解印欧系语言的编码机制有重要的价值。现代英语名词的有定和无定实际上就是由动词的有定和无定通过一致关系而派生出来的一种范畴，可以看成为原始印欧语的编码机制遗留下来的一种痕迹，就是说，finite是根本的，definite是派生的，名词、冠词的有定性实际上是在动词有定性的前提下提出来的。印欧系语言的有定性范畴的基础是谓语动词。

其次，以"主语-谓语"为结构框架的语法结构，谓语动词的人称、数、时等必须是有定的，没有一个定式动词就无法建立和主语的一致关系，无法生成合乎语法的句子。相反，和定式动词有一致关系的主语虽然在结构形式上也是不可少的，但语义上却可以是无定的，甚至还可以出现没有实际意义的虚位主语，其中最重要的就是it和there。这就是说，语法结构的语义核心是有定性的动词（finite verb），一个句子可以没有其他的结构成分，但是绝不能没有一个在性、数、人称、时、式、体方面有定的动词。形态变化丰富、复杂的拉丁语和俄语就不乏这种只有一个有定性动词的句子。

第三，有定性范畴既然是语法结构的核心，因而它在语法结构中的地位就具有恒定少变的特点。古英语原来是形态变化很丰富的语言，但在往后的发展中形态大量简化，从综合语向分析语的方向演变，但是动词的形态系统变化较少；特别是"时"（tense）的系统，至今还保存着相当复杂的形态变化。为什么？因为动词中隐含着有定性范畴,语言结构不允许它轻易发生变化;如果发生了变化,那语言的结构类型和语法结构的根本原则就会发生重大的改变。这就是说,有定性范畴是一种语言的语法结构格局的基础,非常稳固。

基于这样的认识,我们认为有定性范畴的确定不能局限于名词,而应该着眼于语法结构的基础和核心,可以定义为一种语言的语法结构必不可少的、支配整个语法结构运转的语义特征,是连接语法与语义的轴心和枢纽。一种语言的语法理论如能建立在有定性范畴的基础上,它的研究方向和途径就不会发生什么问题,解释力也会比较强,反之,它就会离开自己语言的结构基础,走入歧途。印欧系语言的语法理论所以具有生命力,成为世界各国语言学家的学习目标,其原因就在于它扎根于印欧系语言的有定性范畴的研究,不管是传统语法,还是现代的语言学,语法研究的核心都是以有定性的谓语动词为基础,而后展开相关问题的研究。以乔姆斯基为代表的生成-转换理论的研究重点从转换转向生成,实际上就是从句式的转换关系转向以动词为基础的生成机制,提炼出相关的理论。印欧语研究中的各种语法理论都需要以谓语动词为基础,在这一点上它们都是相当一致的。我们这里不妨结合对汉语语法研究有较大影响的配价理论、及物性理论等来考察印欧系语言语法理论的结构基础。

4.5.1.3 "价"是法国语言学家泰尼埃尔(L. Tesnière, 286 – 301)提出来的。"价"原是一个化学名词,指一种元素的原子和一定数目的其他元素的原子相互化合的性质。泰尼埃尔借用这个概念研究句中的动词和与它有依存关系(dependency)的名词性成分的结构关系与语义关系。他认为动词在印欧系语言里占中心地位,代表一整出小戏剧,与人物语等有密切的联系,"动词有不带人物语的,带一个人物语的,带两个人物语或带三个人物语的","因此可以把动词比作一个带钩的原子,能根据用以钩住人物语使其处于依附状态的钩子的多少,吸引相应数目的人物语。动词所带的钩子数目,因而也就是动词所能支配的人物语的数目,就是我们所说的动词的价"。这样,不及物动词就是一价动词,及物动词是双价动词,而像 donner(法语"给")、give(英语"给")等就是三价动词。虽然双价动词和三价动词不一定需要带满它们所可能带有的第二人物语或第三人物语,但它们各有两个(双价)和三个(三价)"带钩的原子",这一性质是不变的。这一语法理论是泰尼埃尔在1934—1954年期间酝酿形成的,但该书的出版却是在1959年,是他死后由他的学生、挚友福凯(F. Fourquet)和多马(F. Daumas)根据他的手稿整理而成的。这是一种重要的语法理论,引起了学术界的广泛注意和兴趣。70年代,英国语言学家莱昂斯在《理论语言学导论》中再一次强调这种理论,称为"位"(place):one-place verb(一位动词)、two-place verb(双位动词)和three-place verb(三位动词),并以此为基础研究及物性和致使性(ergative)的句法结构。(Lyons,1968,350)

　　动词的这种"价"或"位"的理论非常适合印欧系语言的研究,因为它抓住了语法结构的核心;即使换一个角度,比方以名词为基础,人们也可以提炼出相应的理论。传统语法讲求名词的变格和动词的变位,没有从名、动词之间的关系中提出"价"的理论,但这不是说没有"价"的观念,而只是隐含于名词的"格":主格作动词的主语,宾格作动词的宾语,与格作动词的间接宾语;这三个格的功能与泰尼埃尔所说的"人物语"是相呼应的,都是动词所可能钩住的原子,因而以动词为参照点定出相应的名称。所以,着眼于语言的系统性,我们不难发现"价"与"格"的理论实际上是异曲同工,殊途同归,从不同的侧面观察印欧系语言的结构。为什么只有一价、二价和三价?这是由语言结构的特点决定的。生格、离格(表时间、处所、工具等)和呼格由于它们不是带钩的动词所能钩住的原子,因而不能列入价的范畴。

4.5.1.4 以动词为中心的语法理论现在有广泛影响的还有一种及物性理论。"及物"原来是传统语法的一个概念,指动词是否有带宾语的语法特征,而现在流行的及物性理论含义要广泛得多,其中影响比较大的是英国语言学家韩礼德的系统-功能语法理论和美国以霍柏(P. Hopper)、汤姆普森(S. Thompson)等人为代表的功能学派。韩礼德认为语言是社会活动的产物,是人类的交际工具,承担着各种各样的功能:概念功能、交际功能和语篇功能,而及物性就是英语中表现概念功能的一个语义系统,其作用就在于把现实世界中的所见所闻、所作所为分成若干种"过程"(process),并指明与各种过程有关的参与者(participant)和环境成分(circumstantial element)。这里的每一个部分还可以细分为若干个部分,例如"参与者"可分为动作者、目标、感知者等;"过程"可分为物质的、行为的、心理的、关系的、言语的、存在的六种;"环境成分"可分为时间、空间、方式、程度、比较、伴随、因果、身份等。每一个句子都可以根据这种及物性的内容进行分析,因而语言学词典对它下的定义是"系统地用来表示参与某种交际的人之间的某种关系,以及参与者的活动、状态或环境之间的某种关系"的语法特征(哈特曼等,1973,364)。读者想了解这种理论的详情,可参看胡壮麟等(1989)的介绍。

美国功能学派的及物性理论与韩礼德有异,主要根据及物性概念来研究句法语义关系,认为一个动作一般包含三个要素:一个有效力的(effective)动作和两个参与者(施事和受事);谓语动词的所指是动作还是状态?主语是不是施事?谓语中是不是有受事?是不是完全受动作的作用?这些因素都会从不同的方面影响动作的效力,从而对句子的及物性的高低产生重要的影响;宾语在句中是不是出现只是影响及物性高低的一个因素。这是霍柏、汤姆普森等(1980)提出来的"广义及物性"概念的基本意思。它们经过多种语言的研究,认为上述影响及物性高低的诸要素在不同的语言中都普遍存在,因而把它化解为 10 个语义特征,并根据其相互关系来衡量及物性的高低。这 10 个语义特征是:

	高及物性	低及物性
1. 参与者(participants)	两个(A,O)或两个以上	一个
2. 动作(kinesis)	动作	非动作
3. 体(aspect)	完成(telic)	非完成(atelic)
4. 瞬时性(punctuality)	瞬时的	非瞬时的
5. 受意志控制的(volitionality)	受意志控制的	不受意志控制的
6. 肯定(affirmation)	肯定式	否定式
7. 式(mode)	陈述式	非陈述式
8. 施动(agency)	A 施动潜力大	A 施动潜力小
9. 受动(affectedness of O)	O 全部受作用	O 没有受作用
10. 个别性(individuation of O)	O 的个别性高	O 的个别性低

根据这 10 个语义特征去检验句子的语义结构,大体上可以找出及物性高低的原因,人们可以从中去分析句法语义结构的网络。这种理论的操作比韩礼德的系统方便,因而也容易引起人们的关注。王惠(1992)直接采用这种广义及物性理论来研究汉语语法,讨论一般主动句、把字句、被字句、受事主语句的及物性的高低,认为传统所说的"名句"(也叫"静态描写句")的及物性最低,"动句"(也叫"动态叙述句")的及物性最高,整个汉语句式的及物性系统可以看作是从静态描写和动态叙述为两极的逐渐过渡的连续统:随着及物性从低到高,句子逐渐带有动态叙述的特征;及物性从高到低,句子带有

静态描写的特征。作者根据这种及物性理论对"把"字句和"被"字句做了具体的分析,认为"'把'字句的实质是高及物性","'被'字句在静态句(描写句)中及物性最高"。这是以及物性为视角研究汉语的语法结构而提炼出来的一些理论设想,发现了人们以往不曾涉及的一些特点。

及物性理论是在印欧系语言的研究基础上总结出来的,确实有一定的普遍理论意义,因为"名物$_1$＋动作＋名物$_2$"是语言编码体系的一种基本结构格式,不管哪一种语言,造句的时候都会涉及动作和名物的关系,只是表现方式有所不同而已。传统的及物性概念只涉及"动作"和"名物$_2$"的关系,视野有点狭窄,现在以动词的及物性为纲,联系其他的结构成分,特别是其中的施事,进行系统的考察,确实在方法论上前进了一步。但是这种理论偏重于说明句子的及物性的高低,强调它对不同语言的普遍适用性,而对及物性高低与语法结构核心的关系、不同语言的不同特点等则还缺乏应有的考虑。以汉语为例,现在语法学界所说的"主谓谓语句"就无法用及物性理论来解释。王惠在它的论文中指出这一点是非常正确的。另外,及物性理论以有定性的动词为中心、在封闭的句法结构框架中总结出来的,用它来分析汉语这种开放性的句法结构,自然会碰到一些新的问题。比方说,句中如果出现几个动字(如现在一般所说的"连动式"、"兼语式"之类),要把各种结构成分都纳入到及物性中去分析,就有困难;至于那些读、读相连的流水句,就更无法应付了。

4.5.1.5 任何一种理论都会有它适用的范围,及物性理论自然也不例外。在印欧系语言的研究中,语言学家也发现及物性理论的解释力有局限,因为及物性动词要求主语是一个施事名词;如果主语是受事,它的解释力就会受到很大的影响,光说这种句子的及物性低,并不能说明句法语义的结构。正由于此,学者们现在开始转向致使性的研究。"致使性"是英语 ergativity 的翻译,一般的文献常用 ergative 这个词来分析有关的现象。ergativity 或 ergative 在汉语的文献中一般都译作"作格"、"唯被动格","用以表示及物动词的主语"(哈特曼等,1973,118)。这一翻译令人费解,我们没有采用,而是根据它在句法语义结构中的作用和含义译为"致使性",意为及物动词的受事性主语因受某种力量的作用而发生运动和变化。请比较:

1. John moved the table.
2. The table moved.

例 1 的 moved 是及物的,因为 table 是动作延及的目标,而例 2 的 moved 是不及物的,因为这里没有动作延及的目标,及物性理论无法说明这个 table 和 moved 之间的语义关系。这种局限性促使语言学家转向致使性的研究,设法弄清楚动作发生的原因是来自内部还是外部。例如例 1 的 moved 的原因来自外部,即施事 John,而例 2 就找不出这样的一个原因,是人为的移动,还是因自然力量的作用而发生的移动,不得而知。根据致使性理论的分析,the table 在例 1 和例 2 中的功能相同,都是 moved 这个动作得以实现的中介(medium)。"中介"是每一个过程必须具有的成分,或者说,是一切过程中除过程本身以外唯一的必需成分,人们可以通过它了解不同结构之间的内在联系。及物性理论在处理这种现象的时候只能对这种中介贴上不同的标签,无法进行具体语义关系的分析,例如例 1 的 the table 是目标,而在例 2 中它却是动作者,这就掩盖了 the table 在不同句法结构中有相同的语义功能的实质。(胡壮麟等,1989,89-91)

"中介"是系统功能语法学派的一个术语。这个学派认为,"过程和中介一起构成了英语小句的核心;这个核心决定了小句其余部分的选择范围。例如,'tear + cloth'这个核心成分形成一个小语义场,它可以单独成句,也可以跟其他参与者和环境成分一起构成句子"。

"在对小句其他成分做进一步选择时的首选是致使性成分,因为它能出现在所有的过程类型中。"(Halliday,1985,147)这就把"中介"在句法结构中的特殊作用强调出来了,对我们认识语法的非线性结构层次也有重要的作用。及物性和致使性虽是两种不同的语法理论,但相互之间存在着内在的联系,一种系统的功能可以在另一个系统中找到对应的功能。韩礼德(1985,148)曾列表加以比较:

致使性系统的中介	及物性系统
物质过程	动作者(中态),动作对象(效果态)
行为过程	行为者
心理过程	感知者
言语过程	说话人
属性过程	载体
识别过程	价值
存在过程	存在者

从这里可以看到,中介在所有过程类型中都是中枢性参与者,是一个必不可少的关键成分。这是以谓语中定式动词为基础来观察印欧系语言的结构而得出来的结论。莱昂斯(1968,350－371)干脆据此把动词分为一位动词、双位动词和三位动词,具体考察英语中由那些既有一位动词的用法,又有双位动词的用法的词(如 move, change, open 等)组成的及物句和不及物句之间的关系,进行致使性结构的研究。

根据上面的分析,我们可以说,及物性和致使性是从两个不同的角度来研究同一种语言现象的两种理论,但核心思想一样,都以谓语动词为中心进行句法结构的研究。

4.5.1.6 印欧系语言最核心的有定性范畴是谓语动词,因而整个句法结构可以建立在谓语动词中心论的基础上。印欧系语言的语法理论,从古至今,不管是这个"派",还是那个"派",都以谓语动词为中心,这一点是完全一致的。我们前面花了那么大的篇幅来分别介绍几种不同的语法理论,目的就是想说明它们都没有离开过谓语动词的中心。这就是说,这种语言的语法理论没有离开过自己的有定性范畴,因而是一些好的或比较好的语法理论。但是,任何理论都有它自己特定的适用范围和条件,离开这种范围和条件,它就会走向谬误。汉语的语法理论都是外来的。我们一直采用印欧系语言的语法理论,特别是英语的语法理论,来研究汉语的语法结构,但是汉语的结构基础不同于印欧语,有定性范畴不是谓语动词,因而印欧语的语法理论超越了它所适用的范围和条件,不适合,或者说,不完全适合汉语的研究。吸收异文化的研究成果,这本来是学术进步的一种表现,应该充分肯定,但现在的弊病是过分注意和强调理论的表层形态,即:人家讲"主语-谓语"的结构和与此相联系的名词、动词、形容词的划分,我们也就照葫芦画瓢,醉心于词类的划分和它们与句子成分的关系;人家以谓语动词为基础建立相应的语法理论,我们也仿效不误,而对印欧语语法理论的立论精神,即它是根据什么材料建立相应理论的来龙去脉却没有予以应有的关注。我们学习印欧语的语法理论,只能学习它的精神,而不能借用相应的概念来剪裁汉语的语言事实。印欧语语法理论的立论精神是什么?根据我们的理解,就是紧紧抓住语言的有定性范畴,并以它为基础,展开相关的研究。我们学习印欧系语言的语法理论,应该抓住这一思路的关键,弄清楚汉语的有定性范畴,并以此为基础去探索汉语语法研究的途径。

二 汉语的有定性范畴和它的语法结构

4.5.2.1 有定性问题的研究,最重要的是要弄清楚它的真实内容、具体表现形式和它在句法结构中的位置以及由此而给语法结构带来的影响。汉语的语法理论虽然都是外来的,但有经验的语言学家在结合汉语运用这些外来理论的时候不可能不涉及汉语的有定性范畴问题。我们需要对这方面的研究进行一些必要的回顾。早在半个多世纪以前,吕叔湘(1942)就在他的《中国文法要略》中联系指代和疑问等讨论过有定和无定的问题,(§4.2.5.1)以后又在一系列文章中继续探索这种范畴与汉语语法结构的关系,提出了很多至今还值得深入推敲和研究的重要问题。

语言研究有所谓"从外到内"和"从内到外"两条路子。所谓"从外到内"就是从表达形式到意义内容,而"从内到外"则正好相反,由意义内容到表达形式。《中国文法要略》的上卷偏重于"从外到内"的描写,而下卷则偏重于"从内到外"的研究。"有定"和"无定"这两章放在下卷之上的"表达论:范畴"中,是"从内到外"的研究路子的两种样品。这种"从内到外"的研究设想来自法国语言学家勃吕诺(Ferdinand Brunot)。勃吕诺认为,语言和思想互为表里,学习一种语言,应该既能理解,又会表达,一般语法只顾理解的方面,忽略表达,有很大的局限,因此他自己从两方面分析法语的语法。《要略》的"表达论"第一次对汉语语法做了从内到外的描写,实际上等于语法手段的同义辞典,特别符合本族人学习语法的需要。"从内到外"的描写,关键在于意义范畴的确定,例如确定了"有定性"范畴,就可以列举和分析表达有定性范畴的具体办法,从中总结相应的规律。实际上这就是一种语义句法,《要略》的"表达论"对汉语的语义句法进行了一次非常有价值的探索。

如果说《要略》对"±有定"的研究还多限于指代和疑问,那么吕先生(1946,100-107)以后的研究就深入到句法结构,揭示出一些重要的句法语义的特点。他针对"榻上坐着一老子"、"今儿偏偏来了个刘老老"和"大树大皮裹,小树小皮裹"、"这个理我就不明白了"这两类语言现象,指出前一类现象"有几个特点可以注意:1. 里边的动词是很有限制的,不但是必须是无受事的,并且大多数是指示身体的运动或变化的。2. ……动词前头大多数有表处所或时间的附加语,极少直接用动词起头的。3. 这个施事实体词大多数是无定性的,可以用'有'字把它提到动词前的位置上去,如'榻上坐着一老子'可以改成'榻上有一老子坐着'"。这一原理虽有例外,出现了有定性的人或物,但其前面加了个"一"、"一个","仿佛把这些做无定性的人或物看待似的"。后一类现象的特点是"它的受事词必须是有定的,不是有指示词(写出或隐藏)或领格限定,就是周遍性的。我们遇不着无定性的例子"。这就是说,后置的施事是无定的,而前置的受事则是有定的,"±有定性"是结构成分的语序发生变动的原因。吕叔湘联系这些语言事实讨论汉语语法的结构特点,提出了一些独特的看法,认为汉语的句法分析比印欧语言困难的原因有两个:"一、隐藏和省略的部分太多;二、缺少语形变化的依据"(95)。由于此,"我们所能凭借的只有位置和施受关系这两项,而这两项标准给我们的答案,有时候一致,有时候不一致"(97),因而汉语主宾语的确定"原则上以施事词为主语,以受事词为宾语;但在只有受事词的句子里,要是受事词位置在动词之前,也算是主语"(112)。显然,吕先生在这里偏重于语义标准,"位置"仅仅作为一种参考,认为"国语既没有语形等等的顾虑,又何妨把这个原则充分应用开来;除了极少数例外,每个句子里实体词和动词的施受关系是不难确定的。既把主语限于施事词,没有施事词的句子就算没有主语,不必再有被动句的说法。可是我们必须承认这种分析法的前提:句子不必都有主语。要是觉得这样不合适,也不妨不立'主语'和'宾语'的名目,干脆就称'施事'和'受事'"(114-115)。"甘愿冒重复啰唆的危险,再把这个问题说一遍:

分析国语的句子,是不是可以只讲施事受事,不讲主语宾语?……"(123)如果顺着这一思路发展,汉语语法的研究可能会早一些走上独立研究的道路。

4.5.2.2 前面的回顾说明,40年代汉语语法关于"±有定性"及其相关问题的研究已经达到了相当高的水平,但遗憾的是,在50年代的主、宾语问题的讨论中竟然很少有人谈及"±有定性"与汉语句法结构的关系。这只能归因于西方语言理论的深刻影响。当时正是结构语言学发展的黄金时期,它的研究方法经过赵元任等的介绍而对汉语语法研究产生了深刻的影响。这是语言学的结构主义思潮,刚刚开始探索独立的汉语语法研究道路的中国语言学根本无法与之抗衡,连位置与施受关系并重的吕叔湘也向重位置的结构分析法转移。虽然首先用结构分析法全面研究汉语语法的《现代汉语语法讲话》(丁声树、吕叔湘等)在分析主宾语的时候没有用"有定"、"无定"这些概念,但这方面的意思还是说得很清楚的。后来的语法研究就不再谈这方面的问题,这只能说明它离开汉语的结构特点越来越远。

《马氏文通》以来,汉语语法研究的理论和方法大体上都是随着西方语言学理论的发展而变化的。60年代末,随着结构语言学的衰落,活跃在欧美的华裔语言学家开始从新的视角探索汉语语法研究的道路,重新审视有定性范畴在语法结构中的地位,其中最重要的就是赵元任(1968,45),明确指出汉语句首的话题表有定。赵元任是一位紧跟语言学的发展思潮、不断提出汉语研究的新理论和新方法、对中国语言学的发展有重大影响的语言学家,这一次又是他站在思潮的前沿,充当排头兵,引导汉语语法研究向新的方向发展。这样,经过20多年的摸索,我们又开始转向有定性范畴的研究。这是一次否定的否定,涉及汉语语法研究的一次方向性的转折。面对这种转折,国内有影响的语法学家表现出一种"不想接受,但难以拒绝"的无可奈何的心态,其中比较典型的是朱德熙(1982a,95–97;1985,37–41)。他一方面认为"进行语法分析,一定要分清结构、语义和表达三个不同的平面",属于表达平面的话题"没有什么实际的意义。因为话题这个概念本身就缺乏明确的定义",另一方面却把话题的有关内容都统统纳入他的主语的概念,认为"从表达上说,说话的人有选择主语的自由";"说话的人选来做主语的是他最感兴趣的话题,谓语则是对于选定了的话题的陈述。通常说主语是话题,就是从表达的角度说的……"这段话实际上是重复赵元任的论述,说的是有定性的话题,连陆俭明(1987,90)也认为这里说的是话题,不是主语。显然,朱德熙关于"主语"的认识已经悄悄地从结构语言学的立场上退却,开始考虑和接受有定性的话题,只是受原有语法理论的束缚,只能在不影响结构语言学的分布原则的前提下后退一步。不管是哪一种现象,都说明汉语的结构特点和它与印欧语语法理论的矛盾已开始迫使研究汉语的学者逐步接触汉语的有定性范畴,要求以此为基础进行研究。

4.5.2.3 经过几十年断断续续的探索,汉语有定性范畴的研究已经取得了一些成效,其中最重要的共识就是句首的"主语"表有定,"宾语"表无定。前面说过,有定性范畴是调节一种语言的语法结构的"纲",汉语的有定性范畴能不能成为调节汉语语法结构的一个"纲"?这需要语言事实的检验。我们不妨先看一看下面一般认为是汉语语法结构特点的几条规则:

　　1. "主语"表有定性,处于句首的位置;
　　2. 受事主语句特别丰富;
　　3. 句首的介字可以省略("对这个问题我有意见~这个问题我有意见");
　　4. 主谓谓语句;

5. 周遍性主语句,特别是其中的重叠表周遍性("家家都有一本难念的经");

6. "把"字句;

7. "被"字句;

8. 存现句(如"台上坐着主席团")。

这些规则所体现的语法结构确是汉语的特点,无法用印欧语的语法理论来分析。但是这些语法结构规则的特点"特"在什么地方？就是"特"在有定性还是无定性上。从例1到例7,表面看起来有7条规则,但从语义句法的结构规则来说,这里只有一条有定性的语义规则,这就是:有定性的结构成分处于句首话题的位置或可以调整到句首话题的位置,否则就需要有特定的语法标记。现在参照上述规则的顺序顺次加以说明:

1′. 有定性的结构成分处于句首的位置充当话题。这是一条基本的有定性规则,小孩儿学话首先得掌握这条规则,而后才能学会其他相关的规则。我们可以这条规则为参照点进行分析。

2′. 句中如有两个或多个有定性结构成分,那对句法结构的调整和变化就会产生重大的影响:"说明"中的有定性结构成分可以移至句首,这就产生诸如"受事主语句"、"主谓谓语句"之类的结构;如果不是移至句首,而是移至接近句首话题的位置而强调它是一种被处置的对象,则可用"把"字移位;如果要移动句首的有定性结构成分的位置,改变其施事性话题的身份,那可以用"被"字移位;如于理解无碍,"被"字可省略(如"桌子〔被〕他移动了一下")。

3′. 这种省略"被"字的结构、句首介字省略的规则和前述因有定性的受事移至句首而形成的所谓"受事主语句",都是形成汉语"主谓谓语句"的重要途径和原因。这些原因使句首的位置可以依次出现两个或两个以上的有定性成分,其排列的顺序大体上根据说话人想要突出谈话主题的重要性程度而定,一般都把想要强调的重点放在前面,形成由远及近、层层套合的所谓"主谓谓语句"。

4′. 周遍性表有定性的结构成分只能置于句首做话题。

所以,从规则1到规则7,这些表面上看起来没有联系的规则实际上只是同一条有定性语义规则的不同变体;抓住了有定性,也就抓住了统率这些规则的"纲"。8例的"主席团"是无定的,因而不能调整至句首的位置,我们把它放在这里是为了便于和前7例的规则进行比较。生活在汉语社团中的人一旦学会了汉语,也就会得心应手地用这种有定性规则来灵活运用相关的表现形式。语法的研究应该找出这种有定性规则的形式特征。吕叔湘(1942)的分析偏重于指代,而赵元任(1968,47-48)的研究着眼于句首的位置和周遍性等形式;把握住这些形式特征,自然会有助于有定性规则的理解。吕叔湘的《中国文法要略》开创了汉语语法的"从外到内"和"从内到外"的研究路子,这对于理解上述由有定性规则所支配的各种语言现象是很有帮助的,这就是我们可以从有定性规则的"内"来了解"受事主语句"、"主谓谓语句"之类的"外",即使碰到一些例外,也可以从"±有定性"的关系中得到合理的语义解释。语法研究的理论和方法不大好说对与错,但是可以分出好与坏,衡量的标准就是简明和有解释力,凡是能用简明的规则解释尽可能多而广泛的语言现象,它就是一种比较好的理论和方法。和现行的语法理论相比,有定性的语义规则显然比现在流行的语法理论简明而有解释力,可以清楚地揭示出上述不同规则之间的内在联系,对"内"与"外"进行统一的分析。现在的语法理论对上述的规则进行个别的研究也是需要的,问题是没有从"外"进到"内",抓住统一的结构原则。上述的分析可以从一个侧面说明有定性范畴在语法结构中的核心地位。

4.5.2.4 前面分析了汉语和印欧语这两种不同结构类型的语言

的有定性范畴,我们可以从中发现相互间的原则差异。这种差异可以用下表来表示:

	结构类型	结构框架	有定性范畴内容	±有定性范畴序列
印欧语	语法型	主语-谓语	谓语动词	无定-有定
汉　语	语义型	话题-说明	名物性话题	有定-无定

句子是信息交流的基本单位,有确切的含义,我们前面借用语法学的"有定"概念指称这种确切的含义。句子的这一性质必然要求句中的无定性结构成分在语义上向有定的方向转化。印欧系语言的主语由无定性向有定性的转化比较简单,因为定式动词和它与主语的一致关系已为转化建立了"有定"的封闭性框架,不允许自由变化。印欧系语言的"±有定"、"±有指"、"±定指"、"±实指"、"±通指"等的研究为什么集中于名词?恐怕与这种有定性的转化有密切的关系。汉语的情况与此不同,有定性的"话题"只给无定性的"说明"指明一种转化的范围和方法,没有类似印欧语那样的一致关系的制约,因而相互之间的联系很松,形成一种开放性的结构;这种结构"开放"到什么程度才能算一个句子,决定于转化的需要,即只有当无定的说明实现了向有定性的转化,为交际提供了确切的新信息,开放才到了一个"头"。这种因"转化"的需要而形成的"开放"给句法结构带来的重大影响,简单地说,有两个方面:第一,形成了汉语的一种特殊的句法结构单位——读;第二,句中隐含和"省略"的部分特别多。

"话题"是有定的,处于句首,这就给造句规定了一个主题和表述这个主题的大致途径和范围,使无定的"说明"沿着"话题"指明的方向去表达语句的信息,造出合乎交际需要的句子。由于"说明"和"话题"之间没有类似印欧语那种一致关系之类的规则的制约,因而这种表述富有弹性,繁简不定,既可以是单层次的表述,也可以是多侧面的说明,在一个"话题"下出现一系列有层次的"说明",构成一个说明的链;链中的每一个环节就成为一个"读"。前面分析过的王熙凤出场、宝玉挨打等等例子都可以清楚地说明这种特点,这里没有必要重复。为什么汉语的句子有点类似印欧系语言的语篇？原因就在这里。我们需要强调的是"读"的形成给句法结构带来的影响。现在的语法理论一般都认为句子的典型语法结构是:"主语+谓语+宾语"和"主语+谓语",前者是及物句,后者是不及物句。汉语以句、读为特点的语义句法与这种典型的结构有很大的距离。北京大学博士生荣晶的博士论文《汉语语序的语义基础》(1997)在研究汉语的语序时发现,在理想状态下分析出来的单句的语序及其变序的潜能一进入语篇就呈现出很大的差异,既不能随便变序,以基本句"$NP_1 \cdot VP \cdot NP_2$"(使用的符号照录原稿,下同)的结构形式出现的比率也很低,大量出现的句式是连谓句和"$NP_1 \cdot VP \cdot NP_2$"的各种缺省句($NP_1 \cdot VP$; $VP \cdot NP_2$; VP),等等,说明汉语语篇中句子的语法结构规则不是单句结构的简单加合和再现,与印欧系语言的结构有重大的差异。这一发现很有意义,说明汉语的语法研究应该把句与读联系起来进行统一的、系统的考察,而不能只局限于在理想状态下抽象出来的单句。这对纠正汉语语法研究中的"印欧语的眼光"、改进语法研究的思路和对外汉语的教学都有积极的意义。

汉语语法中隐含和"省略"的地方特别多,这与"话题—说明"框架的开放性结构有密切的联系。吕叔湘早在1946年就明确地讨论过这种特点,指出"省略"可以补回去,而"隐含"没法补(95)。我们对"省略"加了一个引号,这是由于它是不是"省略",实在还需要研究。"省略"的成分是可以补回去复原的,而汉语的很多所谓"省略"无法复原。请先看一个例子:

1. 林一洲"沉着"半日,已然按捺不住,终于丢了矜持,歪头朝太太嬉笑,引太太发问。

2.*林一洲"沉着"半日,<u>他</u>已然按捺不住,<u>他</u>终于丢了矜持,<u>他</u>歪头朝太太嬉笑,<u>他</u>引太太发问。

例1引自《编辑部的故事》,例2是将例1的所谓"省略"的部分复原,下加横线。显然,复原后的例2已经不是汉语的自然话语。为什么在语篇中许多被解释为省略的成分,一旦补出来就不合汉语的习惯,不是流畅的话语? 回答只能是:有定性的话题已经指明了说明链中每一个"说明"的主体,没有必要(或者说不允许)重复,"汉语不是建立在小句模式之上的一种语言,小句('读')必须是处于语篇之中,参与特定的语言环境才能够成立。这个'句子'往往是由连接在一起的一串语言单位构成的一个整体性单位,而不是这些孤立小句的加合。所以,汉语的'句'与印欧语的不同就在于它可以是由一个话题统辖若干个说明的语言单位"(荣晶,1997)。现在有不少人用乔姆斯基的空范畴理论来研究汉语的省略,其实两类语言现象差异很大,没有什么可比性,因为印欧语的空语类、空范畴是在封闭的句法结构框架中产生的,多由移位所致,可以在封闭的范围内研究"空"与语法成分的移位的关系。汉语的所谓"省略"是在开放性语法结构中产生的现象,无法复原补位,难以类比。

以上两点是"话题"的有定性给汉语语法结构带来的重大影响,形成了一种与以谓语动词的有定性为基础的印欧语语法完全不同的语法结构格局。

4.5.2.5 不同的有定性范畴决定了不同的语法结构格局,应该由此提炼出有不同特点的语法理论,并以此为基础吸收另一格局的研究成果,借以发展和丰富自己。汉语的语法理论都是外来的,"外国的理论在哪儿翻新,咱们也就跟着转。这不是坏事,问题是什么理论都得结合汉语的实际,可是'结合'二字谈何容易"(吕叔湘,

1986b)。问题就在于"谈何容易"的"结合"二字。不同文化的接触和交流是学术研究得以改进和发展的一个基本条件,中西语言学的"结合"是发展中国语言学的一条重要途径,但问题是站在什么样的立脚点上实现这种"结合"？纵观《马氏文通》以来的汉语语法研究,从初期的模仿到四五十年代以来用西方的语言理论和方法来分析汉语的结构,基本上都是以印欧系语言理论为基础来分析汉语,把汉语"结合"到西方的语言理论中去研究,因而很多语法研究中的基本问题,例如:什么是汉语一个句子？什么是汉语的主语、谓语和宾语？名、动、形的词类的划分和它们与句子成分的关系是什么？这些问题虽然历经百年的探索,而且还经过几次周期性的大争论,但至今还众说纷纭,难以解决,究其原因,就是由于现行的语法理论离开了汉语本身的有定性范畴。最近20来年,汉语语法理论研究中讨论得比较多的一个问题是"价",我们不妨结合这一问题的评述考察一下离开汉语特定的有定性范畴而去和西方语言学结合的一些弊病。

以谓语动词为中心的配价理论是现代语法学中的一个重要问题,对汉语语法研究的影响始自70年代末。不过应该说明的是,"价"这一概念的发明人不应该是法国的泰尼埃尔,而是中国的吕叔湘。早在1946年,吕叔湘(1946,116)就提出了一个"系"的概念:"可是细想起来,'施'和'受'本是对待之词,严格说,无'受'也就无'施',只有'系'。一个具体的行为必须系属于事物,或是只系属于一个事物,或是同时系属于两个或三个事物。系属于两个或三个事物的时候,通常有施和受的分别;只系属于一个事物的时候,我们只觉得这么一个动作和这么一件事物有关系,施和受的分别根本就不大清楚。""照这个看法,动词的'及物、不及物'、'自动、他动'、'内动、外动'等名称皆不甚妥当,因为都含有'只有受事的一头有有无之分,凡动词皆有施事'这个观念。照这个看法,动词可分'双系'和'单系',双系是积极性动词(active verb)，单系是中性动词(neuter verb)。"这段话讲得早了一点，没有引起多少人的重视。70年代末，朱德熙(1978,125-129)可能受莱昂斯(J. Lyons)的动词的"位"的理论的影响提出汉语的动词有单向、双向和三向的区别，认为"只能跟一个名词性成分发生联系的动词叫单向动词"；"主语和宾语不能同时出现"，"能够跟两个名词性成分发生联系的动词叫双向动词"；"动词的前头有主语，后头有宾语"，"能够跟三个名词性成分发生联系的动词叫三向动词"，如"我给他一支烟"里的"给"。这一理解着眼于动词和主、宾语的关系，跟吕叔湘、泰尼埃尔的不一样，跟运用"位"的理论研究及物性、致使性(ergative)特点的莱昂斯也有区别，基本上是对动词与主、谓、宾的关系冠以"向"的新解释。

语言是现实的编码体系，它的语义结构具有一定的普遍性，因而"价"或"位"在某些情况下自然也能解释汉语的事实。比方说英语的give是三向动词，和它相对应的汉语的"给"也有三个"向"，在它的前后可以一起出现主语、直接宾语和间接宾语。但是，汉语的语法结构与印欧系语言有原则的差异，主要是印欧系语言的谓语动词是有定的，而汉语是无定的；印欧语的语法结构是封闭的，而汉语是开放的，因而把印欧语有定性动词的"价"(或"位")的理论用于汉语的研究就不能不碰到一些尖锐的矛盾。"价"或"位"与句中名词的关系，从形式上说是主语、直接宾语和间接宾语，但其实质是动词与名词间的语义关系，用泰尼埃尔的话来说，就是动词与"参与情节的人或事物"的"人物语"的语义关系；撇开这种关系而只考察动词与主、宾语的关系，由于各家对主、宾语的理解不同，就有可能使"价"或"位"的研究走上歧路。朱德熙的"向"导源于"位"，但其含义已偏离了"位"。他基本上根据句中名词性成分的数目来定动词的"向"的多少，而对动词本身的语义特征则缺乏应有的重视。这样，除了"给、送、借"之类可以带主语、直接宾语和间接宾语的三向动字外,认为"这把刀我切肉"的"切"也是三向动词,因为句中有"这把刀"、"我"、"肉"三个名词性成分,其中"这把刀"是间接主语。从语义上说,"这把刀"不是动词"切"钩住的一个原子,而仅仅是一种工具。朱德熙根据分布的形式特征定主宾语,把表示工具、时间、处所等可以做"主语"的成分也拉入"向"所联系的范围,这就敞开了"向"的大门,离开了"向"或"价"、"位"赖以生存的有定性、封闭性的语言结构基础,无法控制"向"的数目。例如"我帮他收拾屋子"这样的句子,"帮他收拾屋子"前头有主语"我",动词"收拾"后头有自己的宾语"屋子",动词"帮"后头又有自己的宾语"他",因此认为"帮……收拾……"是一个三"向"的动词性结构;"我陪他上医院去看望病人"的谓语部分是一个四"向"的动词性结构。照这样的说法,"我请你叫他找人寄这封信"的"请……叫……找……寄"就是一个五"向"的动词性结构。这种看法明显地脱离了"价"或"位"的理论的基本精神。这些有几个动字的句子是很难纳入"价"或"向"的理论框架中去解释的;勉强应用,效果只能适得其反。在往后的语法研究中朱德熙没有再讨论这些三向、四向、五向的动词性结构,看来已放弃了这种看法。总之,开放性的句法结构难以形成印欧系语言那样的有定性的"向";这种理论最多只能适用于只有一个动字的简单句。

"价"(或"位"、"向")是封闭性句法结构中谓语动词的特有的结构特征,把它用于汉语的研究,还会碰到一个问题,就是什么是动字?是不是只有动字有配价的要求?最近,袁毓林(1992,205-223)、谭景春(1992)综合运用西方从属关系语法(Dependency Grammar)和格语法(Case Grammar)的基本精神进行了汉语名词、形容词的配价研究,也可以从一个侧面说明汉语的结构与西方语法理论之间的一些矛盾。袁毓林认为,"这件事老张有意见"中的"有"是二价动词,带了

"老张"和"意见"两个配项;剩下的"这件事"不是"有"的配项,而是名词"意见"的配项;再进一步考察,"老张"同时又是"意见"的配项,"从语义上看,'意见'一般是某人针对某人或某事物的,他关涉到两个个体,由此可见'意见'要求两个配项,是个'二价名词'"。名词有配价的要求,这是袁毓林根据汉语的特点灵活运用西方的语言学说而提炼出来的一种理论,揭示出一些汉语特殊的结构规律,很有启示性。但是,袁毓林在这里碰到了一个难题:"价"原来是以"主-谓"结构为框架的动词的结构特点,现在用来考察名词的结构,该如何分析?在这一点上,袁毓林似乎没有摆脱西方语言理论的束缚,采用降级述谓结构来刻画二价名词的语义特点,认为"降级述谓结构(某人对 某事)相当于一个语义特征,用以表示二价名词'意见'的配价要求",例如"老张对这件事的意见"中,"老张"和"这件事"分别是"意见"的降级主语和降级宾语。说"意见"类的结构单位有配价的要求,这是袁毓林的创造性发现,而把它纳入述谓结构中去分析似乎是舍简就繁,没有抓住问题的关键。在我们看来,"意见"类单位的配价要求与降级述谓结构无关,而是无定向有定的转化的一种要求。前面说过,"说明"中的名物往往是无定的,而这种无定性范畴在交际中需要向有定性转化;"意见"类单位所以有配价的要求,就是需要实现从无定向有定的转化。我们不妨用袁毓林自己的例子来分析:

A	B
1. 这件事老张有意见	1′.？老张有意见
2. 这种事我不发生兴趣	2′.？我不发生兴趣
3. 他对刘刚一直没有好感	3′.？他一直没有好感
4. 厂长对这起事故负有责任	4′.？厂长负有责任

袁毓林认为 B 组例子的语义不完整,因而都打了一个问号。为什么"不完整"? 因为处于说明中的"意见"、"兴趣"、"好感"、"责任"都是无定的,都需要有后续小句(读)的补充,以实现向有定的转化。A 组的例子语义为什么是完整的? 就是由于有"这件事"等对"意见"类单位进行了有定性的补充。所以,无定是"意见"类单位有配价要求的根本原因;同样是"意见"类的单位,如处于句首而获得了有定性的语义特征,它就失去了配价的要求。请比较:

5. 意见很深刻
6. 兴趣不大
7. 责任重大

"好感"似乎不大能处于句首的位置。上述例子在口语中是常见的,我们不能说它们的语义不完整。无定向有定的转化是"意见"类单位产生配价要求的语义基础,不必求助于"降级述谓结构"。

4.5.2.6　致使性(ergative)结构是近几十年发展起来的一种重要的语法理论,已在印欧语、爱斯基摩语等语言的研究中取得了一些重要的进展。"外国的理论在那儿翻新,咱们也就跟着转"(吕叔湘),研究汉语的学者也试图用这种理论来分析汉语的结构。如前所述,及物性和致使性是两种不同的语法结构格局,如以"名物$_1$—过程—名物$_2$"的语义结构为参照点,那么"名物$_2$"在及物性结构格局中是受事,处于宾语的位置上,而在致使性的结构格局中它在语义上虽为受事,但在语法上却处于主语的位置,是句法结构中不可缺少的中介。汉语中由于受事主语句比较丰富,因而有些研究汉语的学者认为汉语也是一种致使性语言。吕叔湘(1987)曾以"胜"、"败"两字为例讨论过这两种结构格局。1987 年,中韩女篮进行比赛,结果是中国女篮取得了胜利。《光明日报》和《北京日报》在报道这同一事件时使用了不同的标题,前者是"中国女篮大败南朝鲜队",而后者的标题是"中

国女篮大胜南朝鲜队",反义字"胜"、"败"在这里竟然使这两个句子具有相同的意义。吕先生据此讨论了两种句法结构格局:

```
       第一格局                第二格局
     X——动词——Y           X——动词——Y
     X——动词                Y——动词
   中国队  胜  南朝鲜队      中国队       败  南朝鲜队
   中国队  胜                 南朝鲜队  败
```

这第二格局就是一般所说的致使性结构。在有些有形态变化的典型的致使性语言(例如爱斯基摩语)中,不及物句的主语和及物句的宾语有相同的形式标记(请参看 Lyons,1968,341-342)。这一事实说明,"主语"这一概念用于及物句时部分地取决于希腊语、拉丁语等印欧系语言的语法结构,其中包含两个条件:第一,及物句的施事名词与不及物句的主语有相同的格位屈折;第二,动词的数、人称等决定于不及物句的主语名词和及物句的施事名词,英语如用代词去分析,这两个条件都很清楚。我们这里强调这一点,是想再一次说明"主语"是诞生于印欧语基础上的一种语法理论,不一定适合于其他语言的分析,我们完全没有必要把它看成为一种"放之四海而皆准"的普遍真理,因而汉语的语法研究也没有必要受它的束缚。

印欧系语言的语法理论过去一直强调及物性,致使性是晚近受非印欧语研究的启示而提炼出来的新理论,并应用于印欧语的研究。西方有些语言学家认为汉语是一种致使性结构的语言。吕叔湘针对这一点说:"我不知道这个说法的根据是什么,是不是跟前面所说的动词第二格局有关。"吕先生在分析了有关的语言现象之后进一步得出结论:"很重要的一点区别作格语言和受格语言(相当于我们所说的致使性和及物性)必须有形态或类似形态的手段做依据。汉语没有这种形态手段,要说它是这种类型或那种类型的语言都只能是一种比况的说法。如果汉语的动词全都只能,或者大多数只能进入前面提出来的第二格局,不能进入第一格局,那么说它是作格语言还有点理由。可是事实上汉语的及物动词绝大多数都能进入第一格局的二成分句,而进入第二格局的二成分句却很受限制。这就很难把汉语推向作格语言一边了。"看来"依葫芦画瓢"地套用致使性理论来分析汉语的结构,是很难取得预期的结果的。吕叔湘以"胜"、"败"两字为例而进行的分析,一方面否定了"汉语是致使性语言"的结论,但另一方面也肯定了汉语语法有两种不同结构格局的存在,这一点非常重要,因为它涉及汉语语法的基本句式的构造。(§4.5.3.2)

4.5.2.7 在西方的语言研究中行之有效的配价理论、致使性理论以及前面已经谈到过的及物性理论等等为什么在汉语的研究中会碰到这样那样的矛盾?在我们看来,这主要是由于离开了汉语特定的有定性范畴;要实现中西语言学的"结合",立脚点应该站在汉语特定的有定性范畴的基础上,弄清楚汉语基本句式的结构,才能有效地吸收西方语言学中于我有用的理论和方法,使其为汉语的研究服务。

三 自动和使动——汉语的两种基本句式

4.5.3.1 基本句式的建立决定于语言的有定性范畴。不同语言的不同的有定性范畴必然导致基本句式的差异。

印欧系语言的两种基本句式是主动和被动。传统语法非常强调主动句和被动句的相互转换关系。乔姆斯基出版于1957年的《句法结构》基本上也是以主、被动句的转换为基础研究它的转换-生成语法的。相反,汉语的被动句在句法中就没有像印欧语被动句那样的地位,"被"(包括"给、叫、让"等)基本上只是一种使有定性的施事后置的语法形式,和相应的"主动"句的转换很不自由。(§4.3.4.5)两种语言的这种差异不是偶然的,而是句法结构基础的差异的反映。

印欧语的主动和被动是以动词的形态变化为基础的一种语法范畴,俗称"态"或"语态"(voice),即一般语法书上所说的主动态和被动态。希腊语有主动、被动和中动三种。英语的形态变化已经衰退,被动态的表现形式已变为"系词 be + 动词的过去分词"表示。俄语的形态变化很丰富,动词的形态变化至今仍保留着主、被动的成系统的对立。所以,态是"动词的一种形式或某种句法结构,它表示动词的主语和宾语之间的某些关系。主动语态(active voice)出现在动词的语法主语进行某种动作或过程的句子中……被动语态(passive voice)或非主动语态则出现在动词的语法主语是该动词所表示的动作的目标或承受者的句子里"(哈特曼等,1973,380)。这就是说,有定性动词的主、被动的形态变化决定了主语的语义功能,并且为主、宾语的相互转换提供了特定的形式依据,使主动句和被动句成为印欧系语言的两种基本句式。这是以动词为基础而形成的一种语法范畴。汉语没有形态变化,有定性范畴在句首的话题,而不在动字上,因而不可能形成印欧语那样相互有转换关系的主、被动句的对立。

4.5.3.2 汉语的基本句式是什么?这还得以话题的有定性为基础去分析;不过这里需要对此做一点小小的限制,就是下面的讨论只限于陈述式。

有定性话题的语义特征最基本的可以分为两类,一类是能对说明产生作用和影响的名物,另一类是承受某种力量的作用而成为一种陈述的对象。前者大体上都是一种施事动态句,我们后面称它为自动句(因为"主动句"和被动句相对,容易引起误解),而把后者称为使动句,"使动"者,是"使"有定性的结构成分"动"起来之因由也。如和印欧系语言的基本句式进行比较,情况大体是:自动句相当于主动句;使动句,印欧系语言没有这种类型的句式,或许称为 causative(使动)的句子可以和它相比拟。"使动"中尽管可以包含一些被动的因素,但和印欧系语言的"被动"是两个完全不同的概念。"自动-使动"是汉语的两种基本句式,而印欧语的基本句式是"主动-被动";前者的观察视角是句首位置的有定性话题,而后者的观察视角则是有定性的谓语动词。使动句是汉语的一种重要句式。

汉语的句式分为自动和使动,实际上就是吕叔湘所说的汉语句法的两种结构格局(§4.5.2.6)。我们的自动句相当于他的第一格局,使动句相当于第二格局。分立自动和使动的一个重要根据就是我们前面分析过的"名$_1$ + 动$_1$ + 动$_2$ + 名$_2$"的结构(即一般所说的"动补结构")的"动$_2$"的语义指向,指向"名$_1$"的施事就是自动式,指向"名$_2$"的受事就是使动式。(§4.4.3.6)使动式的一个重要特点就是"名$_1$"可以省略,"名$_2$"移至句首充当话题,表示它是使动的对象。吕叔湘所说的第二格局的例子"南朝鲜队败(了)"就是一种典型的使动结构,因为这里的"南朝鲜队"不是自己败,而是有一种力量使它败,只是这种力量在句子的表层结构中没有表现出来而已。这类句子如用主谓结构来分析,就无法在语义上与"南朝鲜队胜(了)"的结构相区别。"使动"这个术语在语法书中早有论述,但作为一种独立的、与自动句相对立的句式结构,则是我们根据汉语语义句法的结构特点提炼出来的。

"自动-使动"的对立不同于"主动-被动",它在结构上可以同型,例如前引的"中国女篮大胜南朝鲜队"和"中国女篮大败南朝鲜队"的语义等价,结构形式一样,因而需要"动$_2$"的补充,只有依据它的语义指向才能把这种同型的结构分化为两种不同的句式。"主动-被动"的对立不会碰到这种麻烦的问题。这是两种对立方式的一个重要区别。其次,主-被动句可以比较自由地进行相互转换,但自动-使动句的相互转换要受到很大的限制,一般只能依靠"把"、"被"的标记。这些都提示我们要根据汉语的特点去进行独立的研究。

4.5.3.3 基本句式是一种语言的句式结构的两极,在这两极之间自然还有其他句式,例如印欧语的主动和被动之间还有中动等等。汉语的情况与此相似,在自动句和使动句之间自然还有其他句式,只是我们把它们列入非基本句式,其中比较重要的是静态的事实句和动态的说明句。请比较:

A	B
李小明(是)上海人。	小张摔了一跤。
今天(是)星期三。	小猫死了三天了。
他二十七岁。	张木匠病了。
这件大衣皮领子。	我怕。
他属牛。	小毛毛丢了五元钱。

这 A、B 两组既不能归入自动句,也不能归入使动句,而相互之间又有区别,因而分成两类。A 组是事实句,话题既无自动性,也无使动性,只叙述一件话题和说明的语义具有某种等值性的事情。B 组称为陈述句,话题没有任何自动性的因素,但一些有生性的话题句却隐含有某种使动性的成分,因为有一种力量使话题发生这样那样的事情,但是这里只有一个动字,没有补充性的"动$_2$",话题无法后移,因而不能归入第二格局的使动句。"叙述"和"陈述"这两个概念不是很理想,相互的区别也不大,但由于找不到合适的概念,就用它们来分别指称上述两组不同的语言现象。

句式是"话题-说明"的语义关系的概括。从自动句经叙述、陈述到使动,实际上也是一种语义连续统,就是自动性渐次减弱,而使动性则渐次加强,像陈述句虽然不是使动句,但在某些情况下已明显地隐含有使动的因素。叙述句传统称为名句。印欧系语言没有这种类型的句子。这是王力、吕叔湘、高名凯等根据汉语的结构特点总结出来的。它的语义特点,王力(1943,84)特别强调前后指称的"同质"性,即"判断句是可以分为两类的。第一,是断定主语所指和谓语所指同属一物的。例如:'他是李德耀'……第二,是断定所指的人物属于某一性质或种类的。例如:'他是好人'……"这一类句子只在这里做一个简单的交待,后面不再讨论。

下面集中讨论汉语的基本句式及其相关的问题。

4.5.3.4 自动句的有定性话题主要由表示有生性的字或字组承担,其中最重要的有生性字组是"人"或与人有关的事物,如机关、团体等;无生性名物进入自动句结构的主要是一些处于运动状态的风、雨、雷、电之类,但比重很小。

语言是现实的编码体系,而编码的主体是人类;人类想用语言为自己适应、改造客观环境服务。因此,在"有生"的名物中"人"处于一种特殊的地位上,应该把它单独分出来。在语义句法的结构中,在有生性语义范畴中再分出"±人类"这一语义特征是有重要意义的。王静、王洪君(1995,101)根据《普通话三千常用词表》的统计,各类动字中要求施事必须有"人"的特征的占68%;是"人"或动物的占18.5%;可以是人、动物、无生物的占11%;只能是动物的只有1%;只能是无生物的只占1.5%。从这一百分比中可以看到,人类关心的主要是如何使语言有效地为自己表达思想、交流对客观世界的认识服务。

自动句的话题主要是要具有有生性的语义特征,但是不能反过来说,因为使动句中的话题也有可能是由有生性的字或字组表示的;一个有生性的字组充当话题的句子究竟属于哪一种类型,主要是看它是影响行为动作的进行还是受行为动作的影响。前面说过的汉语句法的两种格局已经清楚地说明了这方面的问题。

4.5.3.5 自动句的话题大多是由有生性的字或字组充任的。这种句式的最重要的语义特征就是自控和自主,即行为过程是由话题位置上的有生性施事控制的,形式上的标准可以用王力(1943,106 - 115)、高名凯(1948,234 - 248)称之为"能愿动词"的那一类字和辞来鉴别:凡是在施事性的话题之后能加上"能愿动词"表示对行为动作有控制能力的就是自动句,反之,即为非自动句。请比较:

A	B
当年麒麟童唱《追韩信》,场场客满。	小张摔了一跤。
小王看电影去了。	小猫死了三天了。
展厅长夫妇铁定了心要娶这个儿媳妇。	张木匠病了。
小猫叫,小狗跳。	我怕。
大鱼吃小鱼,小鱼吃虾米。	小毛毛丢了五元钱。

B组的例子前面已经说过,但为了比较,仍放在这里。A组的例子在施事性的话题之后都可以加"能、会、可以……"之类的字或辞,而 B 组不行。"能愿",它表示施事性话题有指令行为过程的发生、发展的欲望和能力,在肯定式的结构里,它可以不出现,而在否定式的结构里则需要在"能愿"字之前加"不(能)"、"没(有)"等否定性的字或字组。

现在需要进一步弄清楚的是:什么是"能愿动词"?王力分为可能式和意志式两类,前者如"能、可、必、该"等,后者如"要、欲、肯、敢"等。这种说法似嫌狭窄,除意志和可能以外,还应该包括对客观发展的推断和需要,如"应该、应当、值得"等。高名凯比王力分得细,有可能、许可、意欲、应然和必然。朱德熙(1982a,61)把这一类单位统统叫作"助动词",计有"能、能够、会、可以、可能、得、要、敢、想、应该、应当、该、愿意、情愿、乐意、肯、许、准、(不)配、值得"等。这种处理的观察视角与王、高不一样,着眼于谓语动字,突出一个"助"字。

根据汉语有定性范畴的特点,这种分类的目的比较模糊,基本上只是把某些无法分入动词的字和辞分立出来,忽视了施事性话题的"能愿"。这不利于句法语义结构的分析。

有生性名物的核心是"人类",因此,凡是以"人类"为施事性话题的自动句应该加以专门的研究,因为它有自觉的意志去控制、指令行为过程的发生和发展的能力。马庆株(1989)在研究汉语动词的时候提出"自主性和非自主性"的概念,很重要,因为它涉及自动句的另一个重要的语义特点,即自主的问题。马庆株以"来/去 + V + O + 来/去"("去看电影去")作为鉴别动词"±自主性"的标准,认为能进入这种格式的是"自主动词",不然就是非自主动词。他认为在这一鉴别的公式中除了动词之外其余各项都可以不出现;如果动词前后的"来/去"都不出现,那就构成典型的祈使句。袁毓林(1991)以祈使句句式为基础考察动词的分布,也得出了类似的结论。这些研究都有相当的深度,揭示出汉语的句法语义结构的一些重要特点,在学术界产生了良好的影响。现在的问题是:自动句为什么有自主性的语义特点?马庆株认为这是汉语的动词所使然,因而把它分为自主和非自主两类;我们的着眼点与此不同,认为自主不自主的关键根本不是动字,而是有定的施事性话题。我们可以联系汉藏系语言的结构来讨论这个问题。

"±自主性"是汉藏系语言的句法语义结构的一个重要特点。藏缅语族的语言现在还有形态变化,它的"±自主性"一般都认为表现在动字的形态变化上,但实际上这种变化有点类似汉语的"能愿动词"。其大体情况是:凡是能为人的意志所控制的句子,动字后可以跟助字 yin、yod;不能为人的意志所控制的语义后边不能跟 yin,一般也不能用 yod。例如"吃"sa^{13}(拉萨话,下同)是自主的,而"饿"to^{54} 是不自主的。"藏语中,纯语义上的自主不自主和语法上的自主不自主,既有联系也有区别。语义上的不自主动词在语法上总是不自主的,语义上的自主动词在语法上一般是自主的,但不尽然。以'去'为例,从纯语义的角度说,它属自主的一类,但如果是不自愿去的,在语法上就要用不自主的形式。"(张济川,1989,47)语法上的"±自主"和语义上的"±自主"的一致性说明语法的规则有其语义的基础;不一致则说明自主不自主的关键不是动字,而是句首的有定性话题。目前的研究可能是受印欧语的语法理论的影响,大多着眼于动字,因而在解释上难免要碰到一些矛盾。

如何确定藏语的"±自主性"的范畴？现在各家的说法不大一致。马学良等(1991,162–165)采用句法的标准去确定,认为古藏语的自主动字有四种形态：

现在	未来	过去	命令	汉义
za	b-zaɦ	b-za-s	zo	吃
lta	b-lta	b-lta-s	lto-s	看
slu	b-slu	b-slu-s	slu-s	诱
rduŋ	b-rduŋ	b-rduŋ-s	rduŋ-s	击
kloŋ	b-kloŋ	b-kloŋ-s	kloŋ-s	读

但非自主动字只有三种形态,无命令式：

现在	未来	过去	命令	汉义
sȵuŋ	b-sȵuŋ	b-sȵuŋ-s	——	生病(敬)
ɦitɕhi	~	ɕi	——	死
na	~	~	——	生病
mthoŋ	~	~	——	见,看见

这种句法的标准比较明确,可资汉语研究的参考。马庆株(1989)正是由于受到藏语研究的启示而对汉语的动词进行"±自主性"的研究,提出了一些很有启示性的见解。

上面借助于藏缅语的研究提出了两个问题:"±自主性"的成因和确定"±自主性"的标准。"自主",不管是藏缅语还是汉语,如果离开了句中有定的施事性话题的作用,它就失去了凭借。藏语的"±自主性"虽然可以说表现在动词的形态变化上,但实际上相当于虚字,是与施事性话题联系在一起的。离开施事与动作的关系,"自主"就会成为一个难以理解的概念。马庆株(1989,164,165)虽然着眼于动词研究自主性的问题,但在解释这一概念时也不能不结合施事性话题的作用,认为"自主动词从语义上说是能表示有意识的或有心的动作行为的。所谓有意识的动作行为指的是能由动作发出者做主,主观决定,自由支配的动作行为"。"自主动词一般只和施事名词相联系。"作者是从这种联系中去研究动词的自主性的,因而把握了正确的脉络和方向。

4.5.3.6 和自动句相对的是使动句,指有定性的话题是动作承受的对象,是因受某种力量的作用和影响而使它发生一种因果性的变化。这种句法语义的结构是汉语乃至汉藏系语言的一种重要的句型。为了弄清楚汉语使动性的结构和它的特点,这里介绍一点与汉语有亲属关系的藏缅语族的使动结构的情况,我想不会是多余的。

汉藏系语言有丰富多样的使动性结构,学者们已经多次讨论过这方面的问题。马学良等(1991,165)根据动字和主、宾双方的语义关系分出使动动词和非使动动词两类;戴庆厦(1990b,337-338)讲得更具体,认为"使动范畴是动词中的自动和使动两个对立的语法意义的概括。自动,就是动词的动作行为是由主动者发出的,不是由外力使其发生的;使动就是动词的动作行为不是主动者发出的,而是由外力引起的"。这种解释有一点很值得注意,就是对"外力"的理解和印欧系语言的致使性结构很不一样,像 John moved the stone 中的 John 被理解为发生行为动作的外在原因,而汉藏系语言的研究则把它看成为一种自动的范畴,是"内"不是"外"。我们关于自动和使动的讨论以话题与动作的语义关系为准,动作如由有生的施事性话题发出,那就是自动,力量的源泉来自"内",否则就是"外",是使动,因而不能把我们这里所说的"使动"和印欧系语言的致使性结构相混淆。

藏缅语族现在还保留着一些形态变化,自动和使动的对立还可以在残存的形态变化中找到它的痕迹,"古藏语动词的使动式有两种构成方式:形态手段和句法手段。前者主要是在动词词根前附加前缀 s- 或 b-/g-,使非使动词变为使动词;有时也用声母交替的方式"。"使动式的第二种构成方式是在动词后头加-par bjed 或-la ɦidzug。"(马学良等,1991,165-166)使动式的第一种构成方式,请看下列的例子:

	非使动		使动	
s + v	laŋ	起	s-laŋ	使起
	baŋ	泡	s-baŋ	浸泡
	gon	穿	s-kon	使穿
b + v	gug	弯	b-kug	弄弯
	grol	松开	b-krol	解开
g + v	thug	遇见	g-tugs	接触,会见
	ɦithor	散	g-tor	使分散,破坏
清~浊	bug	穿孔	phug	使穿孔

这种成对的"自动~使动"相对立的动词,根据格桑居冕(1982,31-32)的研究,还可以找出二百多对,而在拉萨话中却只有九十多对了,数量在不断减少。

书面藏语中构成使动范畴的第二种方式是句法手段。例如:
-par bjred:

ҫes -par bjed 使知道   ɦithob -par bjed 使得到
(知道 词尾 做)   (得到 词尾 做)

-la ɦidʐug：

ҫes -su ɦidʐug 使(人)知道　ɦigro -ru ɦidʐug 使人走
(知道　助词　使)　　　　　　（走　　助词　使）

这种自动和使动的对立在句法关系上的表现就是自动范畴的动词必须与施事性的话题相组配,而与使动范畴相组配的话题却是动作承受的对象。使动,这是汉藏系语言中一种特殊的语义范畴。

4.5.3.7 汉语在它的有史时期,我们已经很难看到形态变化的痕迹,但在古代汉语的一些表动作的字还明显地存在着自动和使动的系统对立。王力(1965,442)曾对此进行过深入的研究,认为:"在古代汉语构词法上有一种特殊现象,就是自动词和使动词的配对。这种现象在现代汉语里也还存在着,不过有些词的古义已经死去或仅仅残存在合成词里,自动词和使动词的关系就不如古代汉语那么明显了。"吕叔湘(1987,2)在谈到这一点的时候也指出:"不及物动词和形容词的使动用法是古汉语里常用的语法手段。现代汉语里,动词的使动用法已经不能广泛应用了,形容词的使动用法如'端正态度、严格纪律'等等,是最近三四十年里才出现的。"我们前面曾一再强调,语言现象是容易发生变化的,但语言的结构原理却是很稳固的,语言的变异不会超越结构原理所许可的范围。音系的演变和构辞法的形成已经清楚地说明了这两方面的问题,语法结构的演变自然也不可能摆脱语言结构格局的控制。固然,我们在现代汉语中很难找到古代汉语那样的自动字和使动字的系统对立,但一定可以找到它的变化了的形式,前面讨论过的所谓"动补式"(§3.4.4.1,§4.4.3.6)由"动$_2$"补充受事的语义指向就是这种使动性的变异和延续。现在需要讨论的是古汉语的使动式如何会演变为现在的"动补式"以及与使动有关的其他句式。这方面的研究早已开始,但讨论得最具体、最深入的是王力的汉语史研究。先请比较下面的例子:

1. 君岂有斗升之水而活我哉？（《庄子·外物》）
2. 工师得大木，则王喜，以为能胜其任也；匠人斫而小之，则王怒，以为不胜其任矣。（《孟子·梁惠王下》）
3. 求也退，故进之；由也兼人，故退之。（《论语·先进》）
4. 然则王之所大欲可知已：欲辟土地，朝秦楚，莅中国，而抚四夷也。（《孟子·梁惠王上》）

这些例子都引自王力（1965，442）。带横线动字的后面都是有定性的结构成分，为行文的方便，我们下面把这种结构成分的语义称为使事。使事既不同于施事，也不同于受事，而是兼有施事和受事的一些特点。施事的语义功能是支配动作，受事的功能是受动作支配，而使事一方面接受施事的支配，但另一方面又有它自己的受事。随着语言的发展，这种使事性成分的结构位置发生了一些变化：如果挪至表行为过程的动字之前，它就变为现在有"使"类动字标记的使动句；如果仍旧处于动字之后，则向"补充式"的方向发展。

有"使"类动字标记的使动句是汉语句法结构的一种重要特点。使事成分挪至动字之前而如不加"使"类字，一是句法不通，二是失去了使动意义。例如例1仅仅把"我"挪至"活"字之前，语句不通，如说"君岂有斗升之水而使我活哉？"那就可以保持原来的使动意义。使事位置的挪动给句法结构带来的影响与"±有生"的语义特征有密切的关系：如为有生性的使事成分，它挪至动字之前，而且在其前面再加上"使"字类的字，它就会向兼语式的方向转化，如"朝秦楚"只能说成"（王）使秦楚来朝"，这就与上古时期已经出现但还不发达的递系结构，如"王命众悉至于庭"（《书·盘庚上》）、"令彭氏之子御"（《墨子·贵义》）等，合流成为现在一般所说的兼语式。时间顺序原则使汉语的一个句子可以出现若干个表示行为过程的动字，因而这种使动句在汉语中获得了强大的生命力，得到了很大的发展。根据吴竞存、梁伯枢(1992,238)的研究,《红楼梦》前八十回有3000来条递系结构,其中使动句有2000来条,占三分之二。这种比例数不是偶然的,是"自动-使动"体系中的使动式的转化,这里最"值得研究和注意的是那些在句中表使动的动词。这些动词只有少数几个纯粹表使动义(使、叫、让、要、令),多数都还另有各自的词汇意义。但这有两种情况:一种是词汇意义外本身带有使动义,如派、求、劝、托、逼、准许、催、号召、发动、打发、分付、组织、动员、怂恿、允许、阻止、命令等等;一种是词汇意义外,本身不带有使动义,只是进入'V_1NV_2'后,句式才赋予它使动义"。这一发现很有价值,说明古汉语的使动用法在现代汉语中找到了它的栖身之所。分析也有不足之处,这就是为名、动词的概念所束缚,没有强调"N"的使事性意义。

前面讨论的使事性成分主要限制于有生性的语义,如使事为无生性的名物,加上"使"类字之后就会形成一种使动的因果句:"使"字之前为因,之后为果,也就是说,由于在使事成分之前加上了一个"使"类字,原来那种含而不露的原因,即对使事产生影响的力量,就从"幕后"跑到"前台",成为使动句的一个结构成分。请比较:

5. 个个雪白的衬衣,鲜红的领巾,使我想到大海上空白色羽毛的海鸥群。(报)

6. ……由于各种原因使生态环境恶化,昔日的沃野良田变成了不毛之地,终于形成了今日的65平方公里沙漠。(报)

7. 在旧的落后观念支配下,各种势力联合起来,逼得枣花的母亲走上了绝路,最后悲惨地死去。(报)

这些例句中"使"类字前的成分都是表使事的原因的。印欧系语言的致使性结构,由于着眼于动词,原因含而不露;汉语的使动结构,由于有特殊的使事性成分和"使"字类标记,就把原因表层化,放在话题的位置上,突出"使"的前后的因果性。

4.5.3.8 古汉语的使动式,如果使事成分仍旧处于动字之后,那么它就会向后来称之为"补充式"的方向发展。王力(1986,367–371)对这一类现象的研究很具体,认为"由使动用法发展为使成式,是汉语语法的一大进步。因为使动用法只能表示使某种物得到某种结果,而不能表示用哪一种行为以达到这一结果。若要把这种行为说出来,就要加个'而'字,如'斫而小之'。使成式不用'而'字,所以是一种进步"。王力这里所讲的就是我们现在所说的补充式。他认为这种使成式在汉代就已经产生,出现了大量"及物动词带形容词的使成式和及物动词带不及物动词的使成式",如:

今诸侯王皆<u>推高</u>寡人,将何以处之哉?(《汉书·高帝纪》)

汉氏<u>减轻</u>田租。(《汉书·王莽传》)

楚骑追汉王,汉王急,<u>推堕</u>孝惠、鲁元车下。(《史记·项羽本纪》)

语言是一种自组织系统,会根据交际的需要和语言发展的内在规律而自发地进行合理的、适当的调整。古汉语使动式的分化可能与汉代双音辞的逐渐增加有关。实字的重叠肇始于汉代,(§3.3.3.2)"推高"、"减轻"、"推堕"之类的双音字与重叠的产生是相互呼应的,目的是改进编码的方式,扩大动字的组配功能,使结构简练;如仍是单音节,带着重号的部分应是"推寡人,使寡人高高在上(而脱离臣下)(位)";"减田租,使田租轻";"推孝惠、鲁元,使之堕车下",显得累赘;而且"推寡人"的意义与"推高寡人"的意思还正好相反。动字加上一个补充性成分,既可以把两个组成部分合一,经济简练,又可以扩大动字的组配功能,准确地表达人们想要表达的意思。当然,这里有条件的限制,就是补充成分(动$_2$)的语义必须指向受事。这无疑是汉语语法结构规则的一种重要发展。音节的"单"与"双"会影响句法的结构规则,这就是一个很好的例子,因为在"斫而小之"这种结构的"之"的位置上是很难容纳像上引例子中的"寡人"、"田租"、"孝惠、鲁元"等多音节的结构单位所充任的使事的。不过这里需要补充的是,现在的"动补式"也有自动式的变异和遗留,究竟属于哪一类?要看"补充式"的动$_2$的语义指向。(§4.4.3.6)

4.5.3.9 语言的演变是在结构格局控制下的自我调整,虽然可以改变某些结构,但不能脱离原来的结构基础。汉语的使动结构由于使事性成分的位置的前移与否,推进了汉语的两种特有句式(一般所说的"递系式"和"补充式")的产生和发展。虽然这些结构格式现在不完全能用"使动"来解释,但它们源自使动,这一点恐怕不会有什么问题。汉语特殊的结构基础产生了使动式的特殊的发展道路。这种"特殊的发展道路"究竟"特"在什么地方?就是"特"在自动和使动这两种基本句式的套合。着眼于这一点,或许可以比较容易地把握这两种句式的基本脉络。

"连动式"和"兼语式"的语义特征都是有生性的话题对行为过程的自主、自控和支配,区别只在于"连动"的自控性和支配性的动力是同一个有生性的施事,而"兼语"则是不同的有生性施事,是一个有生性施事使另一个有生性使事发出一种能对他事物产生影响的力量。这一类语言现象的挖掘和分析始于本世纪的40年代,是王力首先在《中国语法理论》和《中国现代语法》两部著作中提出来的。印欧系语言的句子只允许一个主语,一个谓语;谓语中只允许一个定式动词。王力(1943,23)发现汉语的句法结构和此很不一样:句子可以没有主语,谓语可以不止一个动词,因而为了"表彰中国语法的特征,汉语和西洋语法相同之点固不强求其异,相异之点更不强求其同。甚至违反西洋语法书中之学说也在所不计","从语言事实出发才是研究语法的正确的道路",因而他根据汉语的特点提出递系式这一类汉语特有的句型。由于"印欧语的眼光"对中国语言学家的影响太深,无法摆脱"主语-谓语"框架的束缚,因而对这一类句式的解释始终难以取得圆满的结果。王力(1944,134)认为"凡句中包含着两次连系,其初系谓语的一部分或全部分即为次系的主者者,我们把它叫作递系式,取'递相连系'之意"。"递系"的概念由此而来。50年代之后,这类结构格式不断改变名称,反映学界对这类语言现象的性质还缺乏统一的认识。丁声树等(1952—1953,112)把它称为"兼语式",其特点"是两个主谓结构套在一起"。陈建民(1960)反对这种分析,认为兼语式不是主谓套主谓,而是述宾套主谓。朱德熙(1982a,160-167)反对连动和兼语的划分,统称为连谓式,认为"连谓结构也跟主谓、述宾、述补、偏正等句法结构一样,是由前后两个直接成分组成的",不能因 N 指施事就把这种连谓结构看成为兼语式,不指施事的看成为连动式,因为"如果当 N 指施事时,说 N 是 V_2 的主语,那么当 N 是受事时,是不是说 N 是 V_2 的宾语呢?其实不管 N 与 V_2 之间意义上有什么样的联系,从结构上说,N 只是 V_1 的宾语。有的方言里,某些人称代词有格的变化,做主语是一种形式,做宾语时是另一种形式,而在所谓递系式里,用的正是宾语形式。这个事实说明即使在 N 指施事的时候,N 也只能看成 V_1 的宾语,不能看成 V_2 的主语"。朱先生在这里忽视了一个事实,这个"N"是有定的,与宾语的一般表无定的语义特点不一样。有定,这才是所谓"兼语式"中"兼语"的实质。正由于这种类型的结构难以用现行的语法理论来分析,因而有人干脆主张取消"连动"、"兼语"这些名称。(萧璋,1956;张静,1977)这些争论的背后隐含着汉语的语言事实和印欧语的语法理论的矛盾;我们如果摆脱不了"印欧语的眼光"的束缚,自然也就只能在"连动"、"兼语"之类的概念中兜圈子。这些意见,观点尽管不同,但方法论的原则是一致的,都是就谓语论谓语,没有一家能联系 N 与"主语"的关系进行语义结构的考察。根据我们的假设,这类递系性的现象看起来很复杂,实际上是由一条简单的语义规则支配的,这就是:两个有生自动句的套合和组配,一个有定性的施事指令另一个有定性的使事去实现它想实现的行为过程,而这种过程必须依照时间顺序原则顺次进行,其结构公式是:

有定性施事+"使"类字+有定性使事+行为过程

比方说"我请你叫他找人寄这封信"这个句子,若沿用"主语"、"述宾"、"兼语"之类的概念,那分析起来就相当复杂,而且难以掌握它的要领;如果我们用语义结构规则来分析,那就要简单得多,只要掌握"有定"、"有生"和"时间顺序原则"(包括施事在动作之前、施事在使事之前)等原则,大体上就可以对这一类现象和它的变体进行有效的解释。这个句子是几个使动句的套合,变换有定性使事成分的位置,句子的语义就会发生相应的变化。

紧紧抓住自动句和使动句这两种基本句式以及它们的变衍和套合,对理解汉语句法结构的特点无疑是会有帮助的。

引用书目

白涤洲,1933,《关中方音调查报告》(喻世长整理),中国科学院出版社,1954年。

鲍林格(D. Bolinger),1975a,《语言学各主要流派简述》,《语言学译丛》第1辑,中国社会科学出版社,1979年。

鲍林格(D. Bolinger),1975b,《语言要略》,外语教学与研究出版社,1993年。

北京大学,1923,《国学季刊·发刊宣言》。

北京大学中文系现代汉语教研室,1993,《现代汉语》,商务印书馆。

北京大学中文系语言学教研室,1989,《汉语方音字汇》,文字改革出版社。

布龙菲尔德,1933,《语言论》,商务印书馆,1980年。

曹剑芬,1982,《常阴沙话古全浊声母的发音特点》,《中国语文》第4期。

陈保亚,1990,《语言演变的结构基础》,见《缀玉集》,北京大学出版社。

陈保亚,1996,《论语言接触与语言联盟》,语文出版社。

陈承泽,1920,《国文法草创》,商务印书馆,1957年。

陈复华、何九盈,1987,《古韵通晓》,中国社会科学出版社。

陈　刚,1989,《古清入字在北京话里的演变情况》,《中国语言学报》第3期,商务印书馆。

陈建民,1960,《论兼语式和一些有关的句子分析问题》,《中国语文》第3期。

陈　平,1987,《释汉语中与名词性成分相关的四组概念》,见《现代语言学研究》,重庆出版社,1991年。

陈　平,1988,《论现代汉语时间系统的三元结构》,同上。

陈蒲清,1981,《益阳方言的边音声母》,《方言》第3期。

陈其光,1994,《汉藏语声调探源》,《民族语文》第6期。

陈士林等,1962,《凉山彝语的使动范畴》,《中国语文》第8-9期合刊。

陈　燕,1992,《广韵双声叠韵联绵字的语音研究》,《语言学论丛》第17辑。

陈寅恪,1934,《四声三问》,《清华学报》第9卷第2期。

程湘清,1982,《先秦双音词研究》,见《先秦汉语研究》,山东教育出版社。

戴浩一,(Tai, James H-Y.) 1973, Coordination Reduction, Blcomington, Indiana University Linguistics club.

戴浩一,1985,《时间顺序和汉语的语序》,《国外语言学》1988年第1期。

戴浩一,1987,《以认知为基础的汉语功能语法刍议》,《国外语言学》1990.4-1991.1。

戴庆厦,1990a,《藏缅语族语言的研究和展望——马蒂索夫教授访问记》,《民族语文》第1期。

戴庆厦,1990b,《载瓦语使动范畴的形态变化》,见《藏缅语族语言研究》,云南民族出版社。

邓晓华,1993a,《人类文化语言学》,厦门大学出版社。

邓晓华,1993b,《古音构拟与方言特别语音现象的研究》,《语文研究》

第4期。

丁邦新,1982,《汉语声调源于韵尾说之检讨》,台湾国际汉学会议论文集(语言文字组)。

丁邦新,1989,《汉语声调的演变》,台湾第二届国际汉学会议论文集(语言文字组)。

丁声树,1940,《〈诗〉卷耳、芣苢"采采"说》,见《国立北京大学四十周年纪念论文集》。

丁声树,1952,《谈谈语音构造和语音演变的规律》,《中国语文》第1期。

丁声树等,1952-1953,《现代汉语语法讲话》,商务印书馆,1961年。

董绍克,1985,《阳谷方言的儿化》,《中国语文》第4期。

董绍克,1993,《高密方言的儿化》,《山东师大学报》第1期。

董同龢,1944,《上古音韵表稿》,台湾"中研院"历史语言研究所,1948年重印。

方霁,1991,《通城方言字表》,未刊。

房德里耶斯,1914,《语言》,商务印书馆,1992年。

菲尔墨,1968,《格辨》,《语言学译丛》第二辑,中国社会科学出版社,1980年。

费春元,1992,《说"着"》,《语文研究》第2期。

冯必扬,1993,《试论我国古代哲学家未能发现三段论的原因》,《哲学研究》第8期。

冯友兰,1947,《中国哲学简史》,北京大学出版社,1985年。

冯志伟,1985,《数理语言学》,知识出版社。

弗里斯,1952,《英语结构》,商务印书馆,1964年。

弗罗姆金等,1988,《语言导论》,北京语言学院出版社,1994年。

高本汉,1915-1926,《中国音韵学研究》,商务印书馆,1948年。

高本汉(Karlgren, B.), 1923, Analytic Dictionary of Chinese and Sino-Japanese, Paris.

高本汉(Karlgren, B.), 1934, Word families in Chinese, BMFEA, No. 5.

高本汉(Karlgren, B.), 1940, Grammta serica recensa, MOFEA, Stockholm, 1972.

高名凯,1948,《汉语语法论》,商务印书馆,1986年重印。

高名凯,1963,《语言论》,商务印书馆。

格桑居冕,1982,《藏语动词的使动范畴》,《民族语文》第5期。

耿　军,1990,《现代汉语外来词研究》,学士毕业论文,存北大图书馆学位论文阅览室。

龚千炎,1994,《现代汉语的时间系统》,《世界汉语教学》第1期;又见李瑞华,1996。

郭　锐,1993,《汉语动词的过程结构》,《中国语文》第6期。

郭锡良,1993,《杨时逢〈湖南方言调查报告〉衡山音系读后》,《语文研究》第1期。

郭小武,1993,《试论叠韵联绵字的统谐规律》,《中国语文》第3期。

哈特曼等,1973,《语言与语言学词典》,上海辞书出版社,1981年。

何　丹,1995,《汉字二度成熟研究暨人类文字演变阶段和演变规律比较研究》,杭州大学博士学位论文;该文经修改后分篇发表于《浙江大学学报》1996年第2期和1997年第2期。

何九盈,1985,《中国古代语言学史》,河南人民出版社初版,广东教育出版社1995年增订重印。

何九盈,1995,《中国现代语言学史》,广东教育出版社。

贺　巍,1982,《获嘉方言韵母的分类》,《方言》第1期。

贺　巍,1983,《获嘉方言的一种变韵》,《中国语言学报》第1期。

洪堡特,1820,《论与语言发展的不同时期有关的比较语言研究》,《国外语言学》1987年第4期。

洪堡特,1936,《论人类语言结构的差异及其对人类精神发展的影响》,参看《西方语言学名著选读》,中国人民大学出版社,1988年。

洪成玉,1992,《汉字在发展中形符起着主导作用》,《语文建设》第8期。

洪笃仁,1957,《词是什么》,新知识出版社。

侯精一,1985,《晋东南地区的子变韵母》,《中国语文》第2期。

侯精一、温端政,1993,《山西方言调查研究报告》,山西高校联合出版社。

胡　适,1920,《国语文法概论》,见《胡适学术文集》(语言文字研究),中华书局,1993年。

胡双宝,1981,《文水话的若干语法现象》,《语文研究》第2期。

胡双宝,1984,《文水方言志》,《语文研究》增刊。

胡　坦,1980,《藏语(拉萨话)声调研究》,《民族语文》第1期。

胡裕树,1981,《现代汉语》(增订本),上海教育出版社。

胡裕树,1982,《试论汉语句首的名词性成分》,《语言教学与研究》第4期。

胡壮麟等,1989,《系统功能语法概论》,湖南教育出版社。

黄布凡,1994,《藏语方言声调的发生和分化的条件》,《民族语文》第3期。

黄曾阳,1995,在香山举行的计算机语言处理的科学讨论会上的发言和北大中文系的讲演。

霍盖特,1945,《语法描写的两种模型》,《语言学资料》1963年第6期。

霍盖特,1958,《现代语言学教程》,北京大学出版社,1986年。

霍盖特,1961,《语言的各种单位及其关系》,《语言学资料》1964 年第 1 期。

霍盖特,1970,The State of the Art, Mouton The Hague, Paris.

姜　松,1992,《蒲圻方言字表》,未刊。

蒋绍愚,1989,《古汉语词汇纲要》,北京大学出版社。

蒋希文,1982,《湘赣语里中古知庄章三组声母的读音》,《语言研究》第 1 期。

金克木,1981,《梵语语法〈波你尼经〉概述》,《语言学论丛》第 7 辑,商务印书馆。

金有景,1964,《义乌话里咸山两摄三四等字的分别》,《中国语文》第 1 期。

金有景,1980,《〈义乌话里咸山两摄三四等字的分别〉一文的补正》,《中国语文》第 5 期。

金有景,1982,《关于浙江方言中咸山两摄三四等字的分别》,《语言研究》第 1 期。

拉兹洛,1978,《用系统论的观点看世界》,中国社会科学出版社,1985 年。

莱普斯基·乔里奥·C.,1970,《结构语言学通论》,中国社会科学出版社。

黎锦熙,1924,《新著国语文法》,(上海)商务印书馆。

黎良军,1995,《汉语词汇语义学论稿》,广西师范大学出版社。

黎天睦(Timothy Light),1979,《汉语词序和词序变化》,《国外语言学》1981 年第 4 期。

李葆嘉,1986,《荀子的王者制名论与约定俗成说》,《徐州师范学院学报》第 4 期。

李方桂,1937,《中国的语言和方言》,Journal of Chinese Linguistics,

1973年1月重印。

李方桂,1968,《上古音研究》,商务印书馆,1980年。

李方桂,1977, A Handbook of Comparative Tai, The University of Hawaii Press.

李　娟,1988,《章组字的历史演变——附论现代方言与古音研究的关系》,《语言学论丛》第19辑,商务印书馆。

李　娟,1990,《衡山(南岳)方言字表》,未刊。

李临定,1983,《宾语使用情况考察》,见《李临定自选集》,河南教育出版社,1994年。

李　龄,1959,《四川邛崃话里的后加成分"儿"和"儿子"》,《中国语文》第1期。

李　荣,1952,《切韵音系》,中国科学院出版。

李　荣,1965,《语音演变规律的例外》,见《音韵存稿》,商务印书馆,1982年。

李　荣,1978,《温岭方言的变音》,《中国语文》第2期。

李　荣,1983,《关于方言研究的几点意见》,《方言》第1期。

李　荣,1984,《上古音学术讨论会上的发言》,《语言学论丛》第14辑,商务印书馆,1987年。

李如龙,1984,《自闽方言证四等韵无-i-介音》,《音韵学研究》第1辑,中华书局。

李瑞华,1996,《英汉语言文化对比研究》,上海外语教育出版社。

李小凡,1990,《苏州话的字调转移及其原因》,见《缀玉集》,北京大学出版社。

李新魁,1980,《论"等"的起源和发展》,见《李新魁自选集》,河南教育出版社,1993年。

李永明,1983,《衡阳音系撮要》,《湘潭大学学报》增刊(湖南方言专辑)。

李佐丰,1994,《文言实词》,语文出版社。

梁晓虹,1994,《佛教词语的构造与汉语词汇的发展》,北京语言学院出版社。

梁玉璋,1982,《福州方言的切脚词》,《方言》第1期。

列　宁,《谈谈辩证法问题》,《列宁选集》第2卷,人民出版社,1972年。

列　宁,1915,《黑格尔〈哲学史讲演录〉一书摘要》,见《哲学笔记》,人民出版社,1974年。

林祥楣,1991,《现代汉语》,语文出版社。

林语堂,1927,《前汉方音区域考》,见《语言学论丛》,上海书店,1989年重印。

林语堂,1933a,《陈宋淮楚歌寒对转考》,见《庆祝蔡元培先生65岁论文集》,历史语言研究所集刊外编第一种。

林语堂,1933b,《燕齐鲁卫阳声转变考》,见《语言学论丛》,上海书店,1989年重印。

铃木修次,1986,《汉字的特征》,《国外语言学》第1期。

刘广和,1984,《唐代八世纪长安音声纽》,《语文研究》第3期。

刘　伶,1986,《甘肃张掖方言声母 tʂ tʂʻ ʂ z 与 kk' fv 的分合》,日本 Computational Analysis of Asian & African Languages, March。

刘宁生,1995,《汉语偏正结构的认知基础及其在语序类型学上的意义》,《中国语文》第2期。

刘师培,1907,《骈词无定字释例》,《国粹学报》第3年第5册第33期。

刘叔新,1990a,《汉语描写词汇学》,商务印书馆。

刘叔新,1990b,《复合词结构的词汇属性》,《中国语文》第4期。

刘勋宁,1980,《离石方言字表》,未刊。

刘勋宁,1985,《现代汉语句尾"了"的来源》,《方言》第2期。

刘勋宁,1988,《现代汉语词尾"了"的语法意义》,《中国语文》第5期。

刘又辛,1957,《从汉字演变的历史看文字改革》,见《文字训诂论集》,中华书局,1993年。

刘又辛,1981,《"右文说"说》,同上。

刘又辛,1993,《汉语词族研究的沿革、方法和意义》,同上。

刘又辛、李茂康,1989,《训诂学新论》,巴蜀书社。

刘赜,1932,《古声同纽之字义多相近说》,《武汉大学文哲季刊》第2卷第2期。

陆丙甫,1985,《流程切分和板块组合》,《语文研究》第1期。

陆俭明,1980,《汉语口语句法里的易位现象》,《中国语文》第1期。

陆俭明,1987,《周遍性主语句及其他》,见《句型和动词》,语文出版社。

陆俭明,1988,《现代汉语中数量词的作用》,《语法研究和探索》第4辑,北京大学出版社。

陆俭明,1989,《十年来现代汉语语法研究的理论和方法管见》,《国外语言学》第2期。

陆俭明,1990a,《汉语句法成分特有的套叠现象》,《中国语文》第2期。

陆俭明,1990b,《90年代现代汉语语法研究的发展趋势》,《语文研究》第4期。

陆俭明,1992,《80年代现代汉语语法研究理论上的建树》,见《80年代与90年代中国现代汉语语法研究》,北京语言学院出版社。

陆志韦,1946,《释中原音韵》,《燕京学报》第31期。

陆志韦,1947,《古音说略》,见《陆志韦语言学著作集》(一),中华书局,1985年。

陆志韦,1956,《汉语的并立四字格》,《语言研究》第1期。

陆志韦等,1957,《汉语的构词法》,科学出版社。

陆致极,1985,《关于"非线性"音位学》,《国外语言学》第3-4期。

陆宗达、王宁,1983,《训诂学方法论》,中国社会科学出版社。

罗宾斯,1973,《语言分类史》,《国外语言学》1983年第2期。

罗宾斯(R. H. Robins),1979,《语言学简史》,安徽教育出版社。

罗常培,1931,《知彻澄娘音值考》,见《罗常培语言学论文选集》,中华书局,1963年。

罗常培,1933,《唐五代西北方音》,前"中研院"历史语言研究所。

罗常培,1950,《语言与文化》,语文出版社,1989年重印。

罗常培,1956,《汉语音韵学导论》,中华书局。

罗常培、周祖谟,1958,《汉魏晋南北朝韵部演变研究》,科学出版社。

罗季光,1986,《〈广韵〉开合分韵说质疑》,《音韵学研究》第2辑,中华书局。

吕叔湘,1942,《中国文法要略》,商务印书馆,1982年重印。

吕叔湘,1945,《个字的应用范围,附论单位词前一的脱落》,见《汉语语法论文集》,科学出版社,1955年。

吕叔湘,1946,《从主宾语的分别谈国语句子的分析》,同上。

吕叔湘,1948,《把字用法的研究》,同上。

吕叔湘,1954,《关于汉语词类的一些原则性问题》,见《汉语的词类问题》,中华书局,1955年。

吕叔湘,1963,《现代汉语单双音节问题初探》,《中国语文》第1期。

吕叔湘,1964-1965,《语文常谈》,三联书店,1980年重印。

吕叔湘,1965,《被字句、把字句动词带宾语》,见《汉语语法论文集》

（增订本），商务印书馆，1984年。

吕叔湘，1979a，《汉语语法分析问题》，商务印书馆。

吕叔湘，1979b，《〈通鉴〉标点琐议》，《中国语文》第1-2期。

吕叔湘（主编），1980，《现代汉语八百词》，商务印书馆。

吕叔湘，1986a，《汉语句法的灵活性》，《中国语文》第1期。

吕叔湘，1986b，《中国语法学史稿·序》，语文出版社，1987年。

吕叔湘，1987，《说"胜"和"败"》，《中国语文》第1期。

吕叔湘、朱德熙，1951，《语法修辞讲话》，开明书店。

马蒂索夫（James A. Matisoff），1984，《马蒂索夫教授谈历史语言学和汉藏系语言研究》（徐通锵整理），《语言学论丛》第13辑，商务印书馆。

马尔丁内（A. Martinet），1980，《普通语言学纲要》，国际文化出版公司，1988年。

马风如，1984，《山东金乡话儿化对声母的影响》，《中国语文》第4期。

马建忠，1898，《马氏文通》，中华书局，1956年校注本。

马克思、恩格斯，1845-1846，《德意志意识形态》，《马克思恩格斯全集》第1卷，人民出版社，1965年。

马庆株，1989，《自主动词和非自主动词》，《中国语言学报》第3辑。

马庆株，1990，《数词、量词的语义成分和数量结构的语法功能》，《中国语文》第3期。

马文峰、单少杰，1990，《中国古典直觉思维概论》，《中国社会科学》第2期。

马文忠、梁述中，1986，《大同方言志》，语文出版社。

马希文，1987，《北京方言里的"着"》，《方言》第1期。

马学良，1980，《彝语"二十、七十"的音变》，《民族语文》第1期。

马学良等，1991，《汉藏语概论》，北京大学出版社。

马　真,1980,《先秦复音词初探》,《北京大学学报》1980.5–1986.1。
毛秉生,1983,《衡山音系简析》,《湘潭大学学报》增刊(湖南方言专辑)。
梅　耶,1925,《历史语言学中的比较方法》,科学出版社,1957年。
梅祖麟,1977,《中古汉语的声调与上声的起源》,见《中国语言学论集》,台湾幼狮文化事业公司,1977年。
木村英树,1983,《关于补语性词尾"着"/zhe/和"了"/le/》,《语文研究》第2期。
帕　默(Palmer,F.),1971,《语法》,上海译文出版社。
潘尊行,1923,《原始中国语初探》,《国学季刊》第1卷第3期。
平山久雄,1991,《汉语声调起源窥探》,《语言研究》第1期。
平山久雄,1993,《以声母腭化因素*j代替上古汉语的介音*r》,见唐作藩、孙宏开,1993年。
普里高津等,1984,《从混沌到有序》,上海译文出版社,1987年。
亓艳萍,1996,《小学儿童运用被动句表达的调查研究》,《语言文字应用》第3期。
齐冲天,1981,《汉语单音节词的构成问题》,《语言学论丛》第8辑,商务印书馆。
齐佩瑢,1943,《训诂学概论》,国立华北编译馆;中华书局,1984年重印。
钱玄同,1927,《关于国语罗马字字母的选用及其他》,《新生》周刊第1卷第8期。
钱曾怡,1981,《文登、荣城方言中古全浊平声字的读音》,《中国语文》第4期。
乔姆斯基,1965,《句法理论的若干问题》,中国社会科学出版社,1986年。

乔全生,1983,《洪洞方言志》,《语文研究》增刊。

乔全生,1990,《汾西方言志》,山西高校联合出版社。

桥　本(M. J. Hashimoto),1978,Phonology of ancient Chinese, Study of Languages & Cultures of Asia & Mrica, Monograph Series No. 10.

桥　本,1982,《西北方言和中古汉语的硬软颚音韵尾》,《语文研究》第 1 期。

裘锡圭,1988,《文字学概要》,商务印书馆。

瞿霭堂,1981,《藏语的声调及其发展》,《语言研究》第 1 期。

瞿霭堂,1993,《论汉藏语言的声调》,《民族语文》第 6 期。

荣　晶,1997,《汉语语序的语义基础》,博士学位论文,未刊。

萨丕尔,1921,《语言论》,商务印书馆,1985 年。

邵敬敏,1987,《把字句研究纵横观》,《语文导报》第 7 期。

邵敬敏,1990,《汉语语法学史稿》,上海教育出版社。

沈慧云,1983,《晋城方言的"子尾"变调》,《语文研究》第 4 期。

沈家煊,1995,《"有界"和"无界"》,《中国语文》第 5 期。

沈兼士,1933,《右文说在训诂学上之沿革及其推阐》,见《沈兼士学术论文集》,中华书局,1986 年。

沈兼士,1941,《声训论》,同上。

沈　炯,1987,《北京话合口呼零声母的语音分歧》,《中国语文》第 5 期。

施向东,1983,《玄奘译著中的梵汉对音和唐初中原方音》,《语言研究》第 1 期。

石　锋,1983,《苏州话浊塞音的声学特征》,见《语音学探微》,北京大学出版社,1990 年。

石　锋,1990,《苏州话浊音声母的再分析》,同上。

石毓智,1992,《肯定和否定的对称和不对称》,台湾学生书局。

石毓智,1995a,《时间的一维性对介词衍生的影响》,《中国语文》第1期。

石毓智,1995b,《论汉语的大音节结构》,《中国语文》第3期。

史存直,1986,《句本位语法论集》,上海教育出版社。

孙景涛,1986,《美恶同辞质疑》,《语文研究》第1期。

孙雍长,1985,《王念孙"义类说"笺识》,见《管窥蠡测集》,岳麓书社,1994年。

孙中山,1918,《建国方略·以作文为证》,《孙中山选集》上卷,人民出版社,1956年。

索绪尔,1916,《普通语言学教程》,商务印书馆,1985年。

泰尼埃尔(L. Tesnière),1959,《结构语法基础》,摘要见《西方语言学名著选读》,中国人民大学出版社,1988年。

谭景春,1992,《双向和多指形容词及相关的句法关系》,《中国语文》第2期。

唐作藩、孙宏开,1993,《第七届国际汉藏语言及语言学会议简述》,《国外语言学》第4期。

特鲁贝茨科依,1939,《音位学原理》,《布拉格语言学会论丛》第7卷。

特鲁贝茨科依,1960,《音位学原理》,莫斯科外文出版社(俄文本)。

田希诚,1981,《临汾方言语法的几个特点》,《语文研究》第2期。

托夫勒,《科学和变化》,见普里高津等,1984年。

汪荣宝,1923,《歌戈鱼虞模古读考》,《国学季刊》第1卷第2期。

王福堂,1959,《绍兴话记音》,《语言学论丛》第3辑,上海教育出版社。

王福堂,1964,《晋中榆次、太谷、祁县、榆社、平遥、介休、灵石、孝义方言语音特点简述》(方言调查报告),未刊。

王福堂,1974a,《韶山方言字表》,未刊。

王福堂,1974b,《湘乡方言字表》,未刊。

王国维,《〈尔雅〉草木虫鱼鸟兽释例》,见《王国维遗书》(六),上海古籍书店,1983年。

王洪君,1986,《高安方言字表》,未刊。

王洪君,1987,《山西闻喜方言的白读层与宋西北方音》,《中国语文》第1期。

王洪君,1994a,《生成音系学的形成和发展》,见《海外中国语言学研究》,语文出版社。

王洪君,1994b,《汉语的特点与语言的普遍性》,见《缀玉二集》,北京大学出版社。

王洪君,1995,《普通话的韵母应该怎样分类》,《语文建设》第1期。

王　惠,1992,《从及物性系统看现代汉语的句式》,《语言学论丛》第19辑,商务印书馆。

王　静、王洪君,1995,《动词的配价与被字句》,见《现代汉语配价语法研究》,北京大学出版社。

王　力,1936a,《南北朝诗人用韵考》,《王力文集》第18卷,山东教育出版社,1991年。

王　力,1936b,《汉语音韵学》,《王力文集》第4卷,同上,1986年。

王　力,1943,《中国现代语法》,《王力文集》第2卷,同上,1985年。

王　力,1944,《中国语法理论》,《王力文集》第1卷,同上,1984年。

王　力,1957,《汉语史稿》(上册),《王力文集》第9卷,同上,1988年。

王　力,1961(?),《清代古音学》,《王力文集》第12卷,同上,1990年。

王　力,1963,《中国语言学史》,《王力文集》第12卷,同上,1990年。

王　力,1965,《古汉语自动词和使动词的配对》,《王力文集》第16

卷,同上,1990年。

王　力,1980,《汉语史稿》中册,《王力文集》第9卷,同上,1988年。

王　力,1982,《同源字典》,《王力文集》第8卷,同上,1992年。

王　力,1985,《汉语语音史》,《王力文集》第10卷,同上,1987年。

王　力,1986,《汉语语法史》,《王力文集》第11卷,同上,1990年。

王立达,1961,《太原方言词汇的几个特点和若干虚词的用法》,《中国语文》第2期。

王　宁,1991,《汉字的优化和简化》,《中国社会科学》第1期。

王　前、刘庚祥,1993,《从中医取"象"看中国传统抽象思维》,《哲学研究》第4期。

王若江,1986,《〈文选〉联绵字研究》,硕士毕业论文,未刊。

王士元(Wang, W. S-Y.),1967, Phonological feature of tone, IJAL, 33.2.

王士元(Wang, W. S-Y.),1969, Competing changes as a cause of Residue, Language, 45.

王士元,1984,《王士元教授谈语言的变异与语言的发展》(徐通锵整理),《语言学论丛》第13辑。

王　显,1959,《诗经中跟重言作用相当的有字式、其字式、斯字式和思字式》,《语言研究》第4期。

王玉川,1941,《中国语言中最寻常的怪物——四声》,《国语周刊》(南郑)第15、17期。

温端政、侯精一,1993,《山西方言调查研究报告》,山西高校联合出版社。

文　炼,1995,《关于象声词的一点思考》,《中国语文》第1期。

文　炼、胡　附,1984,《汉语语序研究中的几个问题》,《中国语文》第3期。

巫寿康,1993,《三支论式和三段论是互相独立的两种推理形式》,《哲学研究》第 8 期。

吴竞存、梁伯枢,1992,《现代汉语句法结构与分析》,语文出版社。

吴宗济,1936,《湖北通城(十里市)方言记音》,见《湖北方言调查报告》。

五　臺,1986,《关于"连读变调"的再认识》,《语言研究》第 1 期。

伍铁平、姚小平,1988,《洪堡特〈论人类语言结构的差异及其对人类精神发展的影响〉选评》,见《西方语言学名著选读》,中国人民大学出版社。

萧　璋,1956,《论连动式和兼语式》,《北京师范大学学报》第 1 期。

谢纪锋,1984,《从〈说文〉读若看古音四声》,见《罗常培纪念论文集》,商务印书馆。

谢信一,1989,《汉语中的时间和意象》,《国外语言学》1991 第 4 期,1992 年第 1、3 期。

谢自立,1980,《苏州方言的五个合音字》,《方言》第 4 期。

熊正辉,1982,《南昌方言里曾摄三等读如一等的字》,《方言》第 3 期。

徐　琳、赵衍荪,1984,《白语简志》,民族出版社。

徐世荣,1989,《古汉语反训集释》,安徽教育出版社。

徐通锵,1974,《湘潭(石湖)方言字表》,未刊。

徐通锵,1981a,《历史上汉语和其他语言的融合问题说略》,《语言学论丛》第 7 辑,商务印书馆。

徐通锵,1981b,《山西平定方言的"儿化"和晋中的所谓"嵌 l 词"》,《中国语文》第 6 期。

徐通锵,1985,《宁波方言"鸭"[ɛ]类词和"儿化"的残迹》,见《徐通锵自选集》,河南教育出版社,1993 年。

徐通锵,1987-1988,《语言变异的研究和语言研究方法论的转折》,同上。

徐通锵,1989a,《变异中的时间和语言研究》,同上。

徐通锵,1989b,《音系中的变异和内部拟测法》,同上。

徐通锵,1990a,《结构的不平衡性和语言演变的原因》,同上。

徐通锵,1990b,《山西方言古浊塞音、浊塞擦音今音的三种类型和语言史的研究》,同上。

徐通锵,1991a,《历史语言学》,商务印书馆。

徐通锵,1991b,《百年来宁波音系的演变》,见《徐通锵自选集》,河南教育出版社。

徐通锵,1991c,《语义句法刍议》,同上。

徐通锵,1992,《在"结合"的道路上摸索前进》,(香港)Newsletter,No.13。

徐通锵,1994a,《"字"和汉语的句法结构》,《世界汉语教学》第2期。

徐通锵,1994b,《"字"和汉语研究的方法论》,同上,第3期。

徐通锵,1994c,《音系的结构格局和内部拟测法》,《语文研究》第3-4期。

徐通锵,1994d,《文白异读与语言史的研究》,见《现代语言学》,语文出版社。

徐通锵、王洪君,1985a,《闻喜方言字表》,未刊。

徐通锵、王洪君,1985b,《祁县方言字表》,未刊。

徐通锵、王洪君,1986a,《说变异》,《语言研究》第1期。

徐通锵、王洪君,1986b,《山西闻喜方言的声调》,《语文研究》第4期。

徐通锵、叶蜚声,1979,《"五·四"以来汉语语法研究评述》,《中国语文》第3期。

徐通锵、叶蜚声,1980a,《译音对勘与汉语的音韵研究》,《北京大学学报》第3期。

徐通锵、叶蜚声,1980b,《历史比较法和〈切韵〉音系的研究》,《语文研究》第1期。

徐通锵、叶蜚声,1981,《内部拟测法和汉语上古音系的研究》,《语文研究》第1期。

许宝华等,1982,《新派上海方言的连读变调》,《方言》第2期。

雅洪托夫,1960,《上古汉语的复辅音声母》,见《汉语史论集》,北京大学出版社,1986年。

严学宭,1959,《汉语声调的产生和发展》,《人文杂志》第1期。

严学宭,1979,《论汉语同族词内部屈折的变换模式》,《中国语文》第2期。

严学宭,1984,《论〈说文〉谐声阴、入互谐现象》,中国音韵学研究会第3届年会学术论文。

杨必胜、陈建民,1981,《海丰话语句中的声调问题》,《语言学论丛》第7辑,商务印书馆。

杨成凯,1986,《Fillmore的格语法理论》,《国外语言学》第1、2、3期。

杨即墨,1943,《诗三百篇叠字类辑》,《真知学报》第3卷第1期。

杨耐思,1981,《中原音韵音系》,中国社会科学出版社。

杨时逢,1974,《湖南方言调查报告》,台湾"中研院"历史语言研究所。

杨述祖,1983,《太谷方言志》,《语文研究》增刊。

杨树达,1934a,《古音对转疏证》,见《积微居小学金石论丛》,中华书局,1983年。

杨树达,1934b,《形声字声中有义略证》,同上。

杨树达,1935,《古音哈德部与痕部对转证》,同上。

杨树达,1941a,《释"镝"》,见《积微居小学述林》,中国科学院,1954年。

杨树达,1941b,《论小学书流别》,同上。

杨树达,1946,《说文读若探源》,同上。

姚小平,1992,《Logos 和"道"》,《外语教学与研究》第 1 期。

叶蜚声、徐通锵,1981,《语言学纲要》,北京大学出版社,1991 年。

叶国泉、唐志东,1982,《信宜方言的变音》,《方言》第 1 期。

叶斯柏森,1924,《语法哲学》,语文出版社,1988 年。

叶文曦,1996,《汉语字组的语义结构》,博士学位论文,未刊。

叶祥苓,1983,《吴江方言声调再调查》,《方言》第 1 期。

《鄞县通志·文献志·方言志》。

余迺永,1980,《互注校正宋本广韵》(校本),台湾联贯出版社。

俞　敏,1988a,《等韵》,见《中国大百科全书》(语言文字卷),中国大百科全书出版社。

俞　敏,1988b,《阴阳对转》,同上。

虞　愚,1936,《因明学》,中华书局,1989 年重印。

袁家骅,1981,《汉藏语声调的起源和演变》,《语文研究》第 2 期。

袁家骅,1983,《汉语方言学》,文字改革出版社。

袁毓林,1991,《祈使句和动词的类》,《中国语文》第 1 期。

袁毓林,1992,《现代汉语名词的配价研究》,《中国社会科学》第 3 期。

尉迟治平,1982,《周、隋长安方音初探》,《语言研究》第 2 期。

尉迟治平,1985,《论隋唐长安音和洛阳音的声母系统》,《语言研究》第 2 期。

张伯江、方　梅,1996,《汉语功能语法研究》,江西教育出版社。

张东荪,1936,《从中国语言构造上看中国哲学》,《东方杂志》第 33 卷第 7 号。

张光宇(Kuang-yu Chang),1987,The development of the gengrhyme group in south Chinese, Computational Analysis of Asian & African Languages, No. 3.

张光宇,1989,《闽方言古次浊声母的白读 h-和 s-》,《中国语文》第

4 期。

张归璧,1985,《草开方言的浊音和入声》,见《语言论文集》,商务印书馆。

张济川,1989,《藏语的使动、时式、自主范畴》,《民族语文》第 2 期。

张　静,1977,《"连动式"和"兼语式"应该取消》,《郑州大学学报》第 4 期。

张均如,1992,《侗台语族声调的发生和发展》,见《中国民族语言新探》,四川民族出版社。

张　琨,1972,《古汉语韵母系统与切韵》,见《汉语音韵史论文集》,台湾联经出版事业公司。

张　琨,1975,Tonal development among Chinese dialects,台湾《历史语言研究所集刊》46。

张　琨,1984a,《张琨教授谈汉藏系语言和汉语史的研究》(徐通锵整理),《语言学论丛》第 13 辑。

张　琨,1984b,《论比较闽方言》,《历史语言研究所集刊》55 本 3 分。

张　琨,1985,《切韵的前*a 和后*ɑ 在现代方言中的演变》,台湾《历史语言研究所集刊》56 本 1 分。

张清常,1991,《汉语的颜色词》(大纲),《语言教学与研究》第 3 期。

张寿林,1933,《三百篇联绵字研究》,《燕京学报》第 13 期。

张寿林,1936,《三百篇联绵字考释》,女师学院期刊第 4 卷 1、2 期合刊。

张贤豹,1985,《〈切韵〉纯四等韵的主要元音及相关问题》,《语言研究》第 2 期。

张　旭,1987,《天津话新旧两派声类分析》,《语言研究论丛》第 4 辑,南开大学出版社。

张永言,1981,《关于词的内部形式》,见《语文学论集》,语文出版社,

1992年。

张永言,1984,《上古汉语的五色之名》,同上。

章士钊,1907,《中国国文典》,商务印书馆。

赵秉璇,1979,《晋中话"嵌 l 词"汇释》,《中国语文》第 6 期。

赵清治,1990,《长葛方言的动词变韵》,中国人民大学中文系硕士学位论文,未刊。

赵元任,1922,《中国言语字调底实验研究法》,《科学》第 7 卷第 9 期。

赵元任,1928,《现代吴语的研究》,科学出版社,1956 年重印。

赵元任,1941,Review of Bernhard Karlgren's Grammata Serica,Language,17(1).

赵元任,1948,《北京口语语法》,哈佛大学出版,李荣译,开明书店,1952 年。

赵元任,1959,《语言问题》,商务印书馆,1980 年。

赵元任,1968,《汉语口语语法》,商务印书馆,1979 年。

赵元任,1973,《谈谈汉语这个符号系统》,见《中国现代语言学的开拓和发展——赵元任语言学论文选》,清华大学出版社,1992 年。

赵元任,1975,《汉语词的概念及其结构和节奏》,同上。

赵元任等,1948,《湖北方言调查报告》,商务印书馆。

郑林曦,1987,《普通话三千常用词表》(增订本),语文出版社,1992 年重印。

郑林曦,1992,《普通话三千常用词表》(增订本),语文出版社。

郑张尚芳,1993,《云南白语与上古汉语的音韵、词汇、语法联系看其系属问题》,向第 7 届中国语言学会年会提交的论文,未刊。

钟隆林,1983,《耒阳方言词汇》,《湘潭大学学报》增刊(湖南方言专辑)。

周法高,1962,《中国古代语法·构词编》。

周法高,1970,《中国语文研究》,(日本京都)株式会社中文出版社。

周耀文,1992,《周秦时代是古汉语从无声调向有声调发展的过渡时期》,见《纪念王力先生九十诞辰文集》,山东教育出版社。

周有光,1961,《汉字改革概论》,文字改革出版社。

周祖谟,1942,《宋代汴洛语音考》,见《问学集》,中华书局,1966年。

周祖谟,1963,《切韵的性质和它的音系基础》,同上。

周祖谟,1984,《汉代竹书和帛书中的通假字与古音的考订》,《音韵学研究》第1辑,中华书局。

周祖谟,1988a,《沈兼士》,见《中国大百科全书》(语言文字卷),中国大百科全书出版社。

周祖谟,1988b,《释名》,同上。

朱德熙,1978,《"的"字结构和判断句》,《中国语文》第1、2期。

朱德熙,1979,《与动词"给"相关的句法问题》,见《现代汉语语法研究》,商务印书馆,1980年。

朱德熙,1980a,《汉语句法中的歧义现象》,同上。

朱德熙,1980b,《北京话、广州话、文水话和福州话里的"的"字》,《方言》第3期。

朱德熙,1981,《"在黑板上写字"及相关句式》,《语言教学与研究》第1期。

朱德熙,1982a,《语法讲义》,商务印书馆;北京大学油印出版,1961年。

朱德熙,1982b,《潮阳话和北京话重叠式象声词的构造》,《方言》第3期。

朱德熙,1983,《自指和转指:汉语名词化标记"的、者、所、之"的语法功能和语义功能》,《方言》第1期。

朱德熙,1985,《语法答问》,商务印书馆。

朱德熙,1993,《从方言和历史看状态形容词的名词化》,《方言》第 2 期。

朱德熙等,1961,《关于动词形容词"名物化"的问题》,《北京大学学报》第 4 期。

朱芳圃,1928,《联绵字概说》,《民铎杂志》第 9 卷第 5 期。

朱　星,1995,《中国语言学史》,台湾洪叶文化事业有限公司。

兹维金采夫,1962,《普通语言学纲要》,商务印书馆,1981 年。

Bloch, B., 1948, A set postulates for phomemic analysis, Language 24. 3 – 46.

Bloomfield, L., 1927, Review of Jesperson's *Pilosophy of Grammar*, 参看 Hockett 主编 A. Leonard Bloomfield Anthology, Indiana University Press,1970.

Bloomfield, L., 1939, Linguistic Aspects of Science, The University of Chicago Press.

Bynon, T., 1977, Historical Linguistics, Cambridge University Press.

Fillmore, C. J., 1977, The case for case reopened, in M. Sadock(ed.) Syntax and Semantics. Vol. 8:Grammatical Relations, New York:Academic Press. 59 – 81(中文译为《再论格辨》).

Gleason, H. A., 1961, An Introduction to Descriptive Linguistics, New York.

Greenberg, J. H., 1963, Some universals of grammar with particular reference to the order of meaningful elements, Unversals of Language, MIT Press.

Greenberg, J. H., 1973,《语言学是一门领先的科学》,《国外语言学》1983 年第 2 期。

Haiman, J., 1980, The iconicity of grammar, Language, Vol. 56, No. 3.

Haiman, J., 1985, Natural Syntax, Cambridge University Press.

Halle, M, 1985,《词在记忆中是如何体现的》,《国外语言学》1989 年第 4 期。

Halliday, M. A. K., 1961,《语法理论的范畴》,《语言学译丛》第 2 辑,中国社会科学出版社,1980 年。

Halliday, M. A. K., 1985, An Introduction to Functional Grammar, London.

Harris, Z., 1946,《从语素到话语》,《语言学资料》1963 年第 6 期。

Hockett, C. F. (霍盖特), 1942, A system of descriptive phonology, Language 18.

Hopper, Paul J. & Sandra A. Thompson, 1980, Transitivity in grammar and discouse, Language, No. 2.

Jakobson, R., 1927, The concept of the sound law and the teleological criterion, in R. Jakobson Selected Writings, Mouton & Co. S-Gravenhage, 1962.

Jakobson, R. (雅科布逊), 1941,《儿童语言、失语症和语音普遍现象》,《国外语言学》1981 年第 3 期。

Jakobson, R. (雅科布逊), 1951,《语音分析初探——区别特征及其相互关系》,《国外语言学》, 1981 年第 3-4 期。

Jakobson, R. (雅科布逊), 1957,《类型学研究及其对历史比较语言学的贡献》,《语言学资料》1962 年第 10 期。

Jakobson R., 1966, Selected Writings, IV, Slavic Epic Studies, ed. by Stephen Rudy, Mouton; Hague, Paris.

Jakobson, R., 1980, Implications of language universals for linguistics, Universals of Language, ed. by J. H. Greenberg.

Jeffers, R. J. & Lehiste, 1982, Principles and Methods for Historical Linguistics, MIT.

Köhler, R. , 1987, Systems of theoretical linguistics, Theoretical Linguistics Vol. 14, No. 2/3.

Labov, W. , 1972, On the use of the present to explain the past, reprinted in Readings in Historical Phonology, eds. by Baldi, P. & R. N. Werth, The Pennsylvania State University Press, 1978.

Lamb, S. M. , 1969, Lexicology and semantics, in Linguistics Today, ed. by Hill, New York.

Li, Charles & S. A. Thompson, 1976,《主语和主题:一种新的语言类型学》,《国外语言学》1984 年第 2 期.

Li, Charles & S. A. Thompson, 1981, Mandarin Chinese, University of California Press, Berkeley, Los Angeles.

Lyons, J. , 1968a, Introduction to Theoritical Linguistics, Cambridge University Press.

Lyons, J. , 1977,《乔姆斯基评传》,华东师范大学出版社,1981 年.

Malkiel, Y. , 1968, The inflectional paradigm as an occational determinent of sound change, in Directions for Historical Linguistics, eds. by W. P. Lehmann & Y. Malkiel.

Malkiel, Y. , 1984,《马尔基耶尔教授谈历史语言学》(徐通锵整理),《语言学论丛》第 13 辑.

Marcus, S. , 1973, Linguistics as a pilot science, in Current Trends in Linguistics, 第 12 卷第 4 分册, T. A. Sebeok 主编.

Martinet, A. , 1952, Function, structure and sound change, reprinted in Readings in Historical Phonology, eds. by Baldi, P. & R. N. Werth, The Pennsylvania State University Press, 1978.

Mehta, V. , 1971. 5. 8, Onward and Upward with the Arts, The New Yorker.

Möllendorff,1901,The Ningpo Syllabary,Shanghai.

Morrison, W. T., 1876, An Anglo-Chinese Vocabulary of the Ningpo Dialect,上海。

Тань Аошуан,1989,《现代汉语中的"把"字结构和"被"字结构》,《国外语言学》第4期。

Ting-chi Tang(汤廷池),1972,A Case Grammar of Spoken Chinese Taibei,Tainan:Hai-Guo Book Company.

Weinreich,V.,W. Labov & M. I. Herzog,1968,Emperical foundations for a theory of language change,in Directions for Historical Linguistics, eds. by W. P. Lehmann & Y. Malkiel.

新版后记

徐通锵先生的《语言论》一书原系东北师范大学出版社"中国现代语言学丛书"中的一种，1997年出版之后在语言学界产生了广泛的影响。鉴于该书的学术地位，经徐先生家属授权，现交由商务印书馆重新出版。

本次出版以尊重原书的基本结构和基本观点为前提，从两个方面展开修订：

（一）增补徐先生去世前完成的批注。徐先生去世前根据读者的反馈在原书中留下了许多批注。整理后一共有47条，分为两类：（1）错别字。如原书中"程相清"当为"程湘清"，"冯志韦"当为"冯志伟"，"李作丰"当为"李佐丰"，"Hostorical"当为"Historical"。（2）表述不明确。如原书第47页倒数第4～5行"实现的办法是'比类取象'"，徐先生改为："实现的办法，是根据理据性的直觉来'比类取象'"；原书第365页倒数7～8行"核心字就是一个字所可能组成的字组中居于中心地位的那个字"，徐先生改为："核心字就是语言社团借以与其他现实现象建立起联想关系，从而与表示这一现象的字相结合来组成字组去表达一个新概念的那个字"。

（二）由编辑新发现的错漏与规范问题。其中，错漏问题有四种情况：（1）错别字。如原书"《民锋杂志》"应为"《民铎杂志》"。（2）国际音标的错漏。如原书第157页第1行醴陵方言"春"、"椿"两字的读音为 kuʌŋ¹ 和 kuʌŋ¹。经核对《音系的结构格局和内部拟测法——汉语的介音对声母系统的演变的影响》(《语文研究》1994年第3、4期;另见《汉语研究方法论初探》,商务印书馆,2004年)一文后改为k'uʌŋ¹和k'uʌŋ¹。(3)文字不通顺。如原书260页倒数第6~7行"浊音清化之后制约声调演变的一个关键因素也就消失"一句颇为费解,现改为"浊音清化之后,制约声调演变的一个关键因素也就消失了"。(4)引文不准确。原书第28页倒数第4行"惚恍中有象,惚恍中有物。窈冥中有精",查《老子》原文,应为"惚兮恍兮,其中有象,恍兮惚兮,其中有物。窈兮冥兮,其中有精"。而规范问题主要是正文夹注与参考文献之间的脱节。如原书358页"Fillmore(1977)"条与第449页"《普通话三千常用词表》(增订本,郑林曦,1992)"等在参考文献中缺乏对应,现都已增补。

需要说明的是,如果想了解《语言论》提出的"字本位"思想的进一步发展,可阅读徐先生2001年后相继出版的《汉语研究方法论初探》、《基础语言学教程》和《字本位语法导论》等著作。

因徐先生已去世多年,加之我们学识所限,书稿中还有少量无法解决的问题,只能存疑。欢迎读者将自己发现的问题反馈给我们。

在修订过程中,责任编辑朱俊玄老师付出了大量的时间和精力,以专业的眼光发现了原书中存在的一系列问题,谨致谢忱!

杨立权

2013年10月20日于昆明

图书在版编目(CIP)数据

语言论:语义型语言的结构原理和研究方法/徐通锵著. —北京:商务印书馆,2014(2019.1重印)
ISBN 978-7-100-10011-3

Ⅰ.①语… Ⅱ.①徐… Ⅲ.①汉语—语言学 Ⅳ.①H1

中国版本图书馆 CIP 数据核字(2013)第 121349 号

权利保留,侵权必究。

语 言 论
——语义型语言的结构原理和研究方法

徐通锵 著

商 务 印 书 馆 出 版
(北京王府井大街36号 邮政编码100710)
商 务 印 书 馆 发 行
北京市艺辉印刷有限公司印刷
ISBN 978-7-100-10011-3

2014年10月第1版　　开本 880×1230　1/32
2019年1月北京第2次印刷　印张 20 3/8
定价:58.00元